VICTOR MIRSHAWKA

ENCANTADORAS CIDADES BRASILEIRAS

AS PUJANTES ECONOMIAS ALAVANCADAS PELA VISITABILIDADE

VOLUME I

DVS EDITORA

São Paulo, 2019
www.dvseditora.com.br

ENCANTADORAS CIDADES BRASILEIRAS
AS PUJANTES ECONOMIAS ALAVANCADAS PELA VISITABILIDADE
Volume 1

DVS Editora 2019 - Todos os direitos para a território brasileiro reservados pela editora.

Nenhuma parte deste livro poderá ser reproduzida, armazenada em sistema de recuperação, ou transmitida por qualquer meio, seja na forma eletrônica, mecânica, fotocopiada, gravada ou qualquer outra, sem a autorização por escrito do autor.

Capa e Diagramação: Spazio Publicidade e Propaganda

Dados Internacionais de Catalogação na Publicação (CIP)
(Câmara Brasileira do Livro, SP, Brasil)

Mirshawka, Victor
  Encantadoras cidades brasileiras : as pujantes economias alavancadas pela visitabilidade : volume I / Victor Mirshawka. -- São Paulo : DVS Editora, 2019.

  Bibliografia.
  ISBN 978-85-8289-224-4

  1. Cidades - Brasil 2. Cidades - Condições econômicas 3. Cidades - Administração 4. Cidades criativas 5. Cultura - Aspectos econômicos 6. Desenvolvimento econômico 7. Economia - Brasil I. Título.

19-30306   CDD-363.690981

Índices para catálogo sistemático:

1. Cidades brasileiras : Cultura : Economia criativa
   363.690981

Iolanda Rodrigues Biode - Bibliotecária - CRB-8/10014

Índice

Introdução v

Aracaju 1
Balneário Camboriú 27
Belém 41
Belo Horizonte 101
Blumenau 165
Bonito 191
Brasília 201
Caldas Novas 257
Campina Grande 269
Campo Grande 301
Caxias do Sul 323
Cuiabá 371
Curitiba 397
Fernando de Noronha 447
Florianópolis 467
Locais incríveis que estão próximos de cidades encantadoras ou em outras regiões do País, atraindo muitos visitantes 507

Introdução
(1ª parte)

UM POUCO SOBRE A EVOLUÇÃO DA MINHA VIDA E DA MINHA CARREIRA PROFISSIONAL

Minha família chegou ao Brasil em novembro de 1949, vinda de navio, da Europa.

Nasci no meio da 2ª Guerra Mundial (1939-1945) e devido a essa conflagração fui registrado como tendo nascido na Polônia, na cidade de Tcherni, em 27 de abril de 1941.

Aprendi logo a falar e escrever em português e cursei o que se chamou de primário, ginásio e científico (tive essas duas últimas partes do ensino no que é hoje a escola estadual Alexandre de Gusmão, que fica no bairro do Ipiranga, em São Paulo).

Nessa época, a qualidade de ensino na rede pública era bem melhor que a atual e precisei fazer uma prova de seleção com muitos candidatos para ser aceito na instituição de ensino (IE), isto é, no ginásio!!!

Preparei-me depois para duas carreiras: ser **professor** e **engenheiro eletricista**.

Consegui passar em dois concursos vestibulares e entrar no curso de Física da Universidade de São Paulo e na Escola de Engenharia Mackenzie.

Iniciei, com 18 anos, em 1959, os dois cursos, pois o de Física era noturno e o de engenharia de dia, sendo que nessa época as duas instituições de ensino superior (IESs) estavam na rua Maria Antônia, em São Paulo.

Ao mesmo tempo comecei a ter um certo destaque num esporte – bola ao cesto – e estava, na época, jogando no Esporte Clube Sírio. Naturalmente os treinos e os jogos eram à noite e isso foi tornando cada vez mais difícil para eu frequentar as aulas do curso de Física.

Aí acabei ouvindo o conselho do meu pai: "Como físico não poderia ser engenheiro, mas como engenheiro poderia lecionar!!!"

Segui a sua orientação e no final de 1959 abandonei o curso de Física!!!

Formei-me engenheiro em 1964 e já no decorrer desse ano, como tinha sido monitor de algumas disciplinas, comecei, em caráter excepcional, a lecionar algumas delas para os calouros do curso de engenharia do Mackenzie.

Nesse período em que cursei a engenharia tive um enorme desenvolvimento no basquete e além das muitas vitórias e títulos conquistados com o E. C. Sírio, fui convocado para a seleção brasileira. Em apenas dois anos consegui tornar-me campeão sul-americano, vice campeão pan-americano, campeão mundial, campeão mundial universitário (todos esses títulos conquistados em 1963) e medalhista olímpico em Tóquio, em 1964, com a medalha de bronze, a única que o Brasil conquistou naqueles Jogos Olímpicos!?!?

A minha carreira docente também começou a evoluir, tendo assumido muitas aulas, além de ter-me transferido para a Sociedade Esportiva Palmeiras, que resolveu montar uma equipe competitiva de basquete.

O compromisso com o novo clube e as muitas aulas que assumi foram me afastando da seleção brasileira, tendo meus últimos jogos sido no Pan-Americano de Winnipeg, em 1966, aos quais foi possível ir pois se realizaram num período de férias, com o que não fiquei ausente das minhas aulas.

Aí foram surgindo convites para ser professor na Fundação Educacional de Bauru, em 1966 e na Fundação Armando Alvares Penteado (FAAP) em 1967 com o que, de segunda a sábado estava lecionando diversas disciplinas, para alunos matriculados em vários cursos de engenharia.

Isso impossibilitou atender a convocação para jogar na seleção brasileira que foi disputar o Campeonato Mundial de Basquete de 1967, em Montevidéu, no Uruguai.

Continuei, entretanto, jogando mais alguns anos no Palmeiras, precisando, porém, fazer grandes malabarismos, especialmente quando o clube tinha jogos fora da capital paulista e era necessário ficar alguns dias fora da cidade...

Aliás isso me levou mais tarde a parar temporariamente de jogar no Palmeiras, quando inclusive, assumi novos compromissos educacionais como professor da Escola de Engenharia Mauá.

Voltei a jogar basquete ainda pelo E. C. Sírio (conquistando entre outros o título de campeão sul-americano de clubes) e por alguns meses no Clube Atlético Monte Líbano, quando o seu técnico foi o Amaury Passos – certamente o mais genial jogador de basquete do Brasil com o qual convivi muitos anos no Sírio – e que iniciou aí a fase áurea desse clube.

Na realidade iniciei meu relacionamento com o Amaury no Clube de Regatas Tietê (hoje extinto) no qual ele jogou e com 18 anos tornou-se em 1954 vice-campeão do mundo, no campeonato realizado no Rio de Janeiro e eu aprendia a jogar competitivamente o basquete, na equipe infantil do Tietê.

De 1977 para frente joguei basquete por diletantismo e durante mais de uma década em competições entre veteranos, porém, não só no Brasil como em alguns outros países da América do Sul.

Essa última fase foi um misto de alegria e de decepção!?!?

A alegria, ligada ao fato de me reencontrar esporadicamente com colegas e conhecidos que se dedicaram de forma profissional (apesar de que na minha época o bola ao cesto ainda tinha uma característica mais amadora, entrando em uma fase de transição...) e a decepção foi perceber que fisicamente estava cada vez mais em declínio e que grande parte da agilidade estava desaparecendo e os movimentos que se executou com 20 ou 30 anos, não podiam mais ser feitos...

E aí surgem algumas consequências inesperadas, ou seja, certas partes do seu corpo começam a apresentar falhas devido ao uso excessivo que se deu a elas. No meu caso foram os tornozelos que hoje me impedem de andar com a antiga desenvoltura!?!?

Esse é o resultado indesejado, que todo atleta profissional acaba tendo quando atingir a maturidade ou entrar na velhice!!!

Porém, a minha carreira de professor e de gestor educacional começou a evoluir cada vez mais. Aí está sem dúvida a grande compensação pois tive a possibilidade de desenvolver cada vez mais o meu cérebro, visto que convivi com centenas de milhares de jovens talentosos, dos mais diversos setores, bem como com um grande contingente de excelentes professores, artistas, empresários, autoridades governamentais, políticos e profissionais liberais das mais variada áreas.

Foi muito importante na consolidação da minha cultura e obtenção de conhecimentos o tempo que trabalhei na Escola de Engenharia Mackenzie (quase três décadas) e especialmente na FAAP (aproximadamente cinco décadas) onde inclusive ocupei também o cargo (por mais de 20 anos) de diretor cultural.

Antes disso fui durante um tempo vice-diretor da Faculdade de Engenharia da FAAP (1972 a 1976) e seu diretor (1976 a 1988).

Paralelamente a essas atividades exerci durante um período de tempo no ministério da Educação, o cargo de técnico em assuntos educacionais, fazendo a inspeção de diversas IESs no Estado de São Paulo. Isso me permitiu conhecer como era desenvolvido o processo educacional nelas, fora dos ambientes onde trabalhei como professor.

Como professor, inicialmente me envolvi com a **calculabilidade** (lecionei disciplinas como Cálculo, Cálculo Numérico e Pesquisa Operacional), **probabilidade** (base para entender e bem aplicar a Estatística) **confiabilidade, manutenabilidade, qualidade e criatividade.**

Escrevi algumas dezenas de livros didáticos para serem usados com a finalidade de entender esses assuntos. É uma longa lista que não vou citar.

Como educador, fui aprendendo com o passar dos anos que você educa pelo que diz, pelo que escreve, pelo que faz e inclusive pelos seus pensamentos ou reflexões.

Ao entrar numa sala de aula, a roupa, o tom de voz, a postura, o sorriso ou o azedume de um professor vão educando (ou atormentando...) os seus alunos.

Trata-se do que se pode chamar de **"currículo oculto"** de um professor, que talvez seja o elemento mais poderoso para o desenvolvimento do processo de ensino e aprendizagem.

Sempre busquei fazer com que na educação houvesse um equilíbrio entre a **aquisição de novos conhecimentos** por parte dos estudantes, desenvolvendo eles um esforço próprio, por mim estimulado e o **prazer lúdico** de lecionar, quando procurei divertir os estudantes com algumas piadas ou então descrevendo uma situação hilariante que quebrasse a eventual "chatice" do que se procurava ensinar!!!

Sempre estimulei os meus alunos para que fossem esforçados em tudo que fizessem para se ter um mundo melhor no futuro, para que soubessem pensar de forma autônoma e, especialmente a partir do início da década de 1990, quando me envolvi muito com a criatividade, para que soubessem analisar qualquer situação ou problema sob **três aspectos** – o que tinha de **bom** (ou positivo), o que tinha de **ruim** (ou negativo) e o que tinha de **interessante** (geralmente a condição mais difícil de perceber...).

Sem dúvida, ao lidar por quase cinco décadas com jovens (e, também com adultos ávidos por novos conhecimentos...), isso forçou-me a reeducar-me continuamente, a medida que as diversas gerações de alunos foram passando por mim.

Hoje os jovens andam com uma **"engenhoca terrível"**, ou seja, com um *smartphone* (um dispositivo com muito mais que 1001 utilidades) que os ajuda muito a se distrair, a não querer estudar e principalmente ter vontade de memorizar certas informações que lhe são passadas na escola.

Apesar disso, ninguém vai poder afirmar que isso fará os jovens dispensarem os professores (ou até as orientações dos seus pais) pois eles não estão maduros e equilibrados, para poderem apender por si sós.

É verdade que agora para educar é necessário saber lidar com a imaturidade, inconstância, crises artificiais (deve-se ensinar a desenvolver a resiliência), egoísmos, incapacidade de ver o outro (para praticar a empatia), brutal insegurança sobre que carreira um aluno deve seguir (e de fato é difícil saber qual é o emprego do futuro), arrogância dos estudantes (o que complica o seu engajamento) etc.

De qualquer forma, apesar de não ter obtido um diploma de licenciatura (segui o conselho do meu pai e fiz engenharia, que nunca exerci...), fui um professor de verdade que procurou estar presente, integralmente empenhado, com todo meu corpo e alma no sentido de passar para os meus alunos que uma boa escola e a família de cada um, **podem muito mas não podem tudo!!!**

Transmiti para os meus estuantes que cada um deles deveria aprender o mais que fosse possível pois seria o responsável pelo seu próprio **futuro**, que não é determinado pelos pais e professores, que apenas ajudam para que ele seja promissor!!!

Uma atividade que desenvolvi muito nos últimos 25 anos foi insistir com os alunos e os professores que eles deveriam dar muita atenção para se tornarem mais **criativos**.

Do ponto de vista etimológico, as palavras **criar** e **criatividade** estão relacionadas com a capacidade de produzir ou inventar coisas novas. Criar vem do latim *creare* (erguer) e associada a *crescere*, do indo-europeu (crescer).

E há ainda um significado mitológico, atribuindo-se a criação o sentido de criar a partir da terra, devido à deusa romana da agricultura, Ceres.

Sem dúvida, definir de maneira simples a **criação** e a **criatividade**, não é uma tarefa fácil, e alguns especialistas afirmam que são um atributo de uma pessoa, ou seja, de sua maneira especial de pensar, sentir e atuar conduzindo a elaboração de um produto original, funcional ou estético, que lhe traz um ganho ou para um grupo social ao qual pertence!!!

Dessa maneira a criatividade é uma associação de elementos existentes, porém fazendo também conexões remotas e possibilitando que algo novo se torne real.

Dificilmente uma pessoa se tornará criativa, se ela não for **curiosa** em ter conhecimentos em vários setores.

Sem dúvida é a curiosidade que move pacientemente impacientes diante de um mundo ao qual querem acrescentar algo para que se torne melhor!!!

A criatividade ocorrerá toda vez que uma pessoa disser, realizar ou fizer algo novo, seja no sentido de "**algo a partir do nada**" ou no sentido de dar um novo caráter (ou função) a algo já existente.

Nas minhas aulas e palestras procurei eliminar (ou confirmar) muitos mitos, que se tornaram grandes obstáculos para as pessoas quererem ser criativas [uma imperiosa necessidade para todos agora que estamos na era da **inteligência artificial (IA)** que ameaça eliminar os seres humanos de muitos postos de trabalho].

Entre os mitos mais comuns há os seguintes:

1º) A criatividade é espontaneidade, é divertimento, é coisa de criança!!!

Como se trata de uma brincadeira de crianças seria uma perda de tempo optar pela criatividade, pois não tem valor social.

Claro que isso é um **absurdo** e a revolução digital em que estamos envolvidos agora, mostra que os seres humanos precisarão ser cada vez mais criativos para fazerem coisas que as "máquinas inteligentes não possam"!!!

2º) A criatividade é um dom divino ou resultado da herança genética.

Esta **errada percepção** levou muita gente a imaginar que a criatividade era hereditária, relacionada à genética.

Mas atualmente, está mais que comprovado que é o **ambiente** em que vive uma pessoa que a estimula, ou seja, se ela vive em um ambiente de artistas, pintores, inventores, músicos, esportistas etc. é muito provável que ela desenvolverá também características criativas estimuladas pelo entorno.

Obviamente estudar em excelentes IES, facilita muita gente a se tornar talentosa, e aí pode-se entender o motivo do intenso desenvolvimento de **invenções** que se tornaram **inovações** nos Estados Unidos da América (EUA), onde se localizam as melhores universidades do mundo!!!

3º) A criatividade é coisa de gênios!!!

Sem dúvida os muitos gênios que a humanidade já teve (Leonardo da Vinci, Isaac Newton, Albert Einstein, Pablo Picasso etc.) foram muito criativos, mas graças ao **desenvolvimento cognitivo** obtido nos sistemas educacionais e nos ricos ambientes temos hoje algumas centenas de *startups* que se tornaram **unicórnios** (valendo mais de US$ 1 bilhão) graças a criativos empreendedores que obviamente tiveram ideias geniais que se transformaram em sucessos empresariais (pense em Airbnb, Uber, Netflix, Spotify etc.).

Aliás, as empresas mais valiosas do mundo como a Google, Facebook, Amazon, Alibaba, Bytedance etc. tem como seus criadores pessoas absolutamente normais que tiveram, entretanto, *insights*, ou seja, ideias criativas de muito valor!!!

4º) Mito – A criatividade é coisa de loucos, lunáticos e transgressores.

Nesta visão, a criatividade iria contra as normas, pois é comum pensar que os criativos quebram as normas, são **transgressores**.

Realmente em diversas situações como por exemplo, no campo da moda, dos costumes, nas orientações sexuais etc. nessas últimas décadas têm havido grandes mudanças mas não se pode classificar as pessoas que as promoveram como loucos ou lunáticos...

5º) Mito – A criatividade no fim é uma pura fantasia.

A **fantasia** é importante e hoje os (as) criativos (as) a transformaram em um grande negócio, basta ver o enorme sucesso de bilheteria dos filmes da Marvel (baseados nos heróis dos gibis).

Dessa maneira é necessário dedicar tempo para desenvolver ideias surpreendentes, não baseadas apenas em **fatos**, mas também em **fantasia** e **ficção**, dando liberdade à nossa **imaginação**, procurando depois exercitá-la e transformá-la em algo que encante as pessoas!!!

6º) Mito – A criatividade é inata, não pode ser ensinada!!!
Esse é um dos mitos mais antigos e **falsos**!!!

O notável professor E. P. Torrance, escreveu vários livros importantes sobre como alguém pode se tornar criativo e como a criatividade pode ser ensinada.

Eu mesmo, junto com o meu filho Victor Junior, escrevemos o livro *Qualidade da Criatividade* (que teve várias edições depois de ter sido lançado em 2001) que serviu como livro texto para os muitos cursos que ambos lecionamos em vários lugares.

Enquanto trabalhei na FAAP, no cargo de diretor cultural, procurei que alguma dezenas de seus professores se especializassem para poder dar aulas na disciplina Criatividade, sendo que muitos deles fizeram cursos, inclusive de pós-graduação, às expensas da IES e participaram dos eventos organizados pela Universidade Estadual de Nova York, no seu *campus*, em Buffalo (nos EUA), no seu International Center for Studies in Creativity.

Por sinal foi aí que nas décadas de 1940 e 1950 surgiu o notável trabalho de Alex Osborn, ou seja, o seu ativador criativo denominado *brainstorming* ("tempestade de ideias") e se desenvolveu o Creative Problem Solving Process ("Processo de Solução Criativa de Problemas").

7º) Mito – A criatividade não é inteligência!!!
De fato, a inteligência e a criatividade não têm relação direta, pois há muitas pessoas inteligentes, que porém são pouco criativas.

Aliás, para provocar as pessoas quando lhes falo sobre criatividade, faço a pergunta: **"Quando foi a última vez que você fez alguma coisa pela primeira vez?"**

As pessoas geralmente titubeiam para responder essa "provocação" e mesmo as que vivem envolvidas nas atividades mais rotineiras (inclusive as muito inteligentes) a cada novo dia, acabam fazendo algo novo ou entrando em contato com alguma novidade...

Mas a intenção da pergunta é forçar a pessoa de uma forma planejada a fazer algo novo, todo dia, movida pela curiosidade, pela sua vontade de tornar-se mais criativa!!!

No que se refere à **inteligência** é muito boa a interpretação que foi apresentada pelos estudos de Howard Gardner sobre as **múltiplas inteligências** que um ser humano pode desenvolver, que inclui as que têm uma relação direta com a criação artística, literária, dramática, sonoro-musical etc.

8º) Mito – A criatividade é algo excepcional e extraordinário que só alguns podem ter!!!

Isso não é verdade e de fato, a criatividade pode ser fomentada no cotidiano do dia a dia, bastando adquirir como hábito obter diariamente uma resposta diferente para a pergunta do item anterior ("Quando foi a última vez que você ..."), pensar sobre cada ideia ou solução proposta através de três aspectos (o que tem de **bom**, de **ruim** e de **interessante**) e deixar um tempo para que na sua imaginação analise algo sob a ótica: "Se isso acontecesse o que deveria ser feito?" ou "Se eu soubesse disso antes, como teria agido?"

É exercitando dessa maneira o seu cérebro que uma pessoa se torna criativa!!!

9º) Mito – A criatividade é coisa da arte e dos artistas!!!

Comumente, quando se pensa em criatividade, vêm na cabeça os artistas (que de fato são bem transgressores...) mas a criatividade está em **todos** (nos arquitetos, nos *designers*, nos *chefs* de cozinha, nos esportistas, nos escritores, nos empreendedores em diversos setores etc.).

10º) Mito – A criatividade é o que distingue os publicitários e inventores das outras pessoas.

Isso já foi comentado no 9º Mito, ou seja, **não se deve associar a criatividade** a determinadas profissões (apesar de que algumas são mais propícias para evidenciá-la) pois qualquer que ela seja uma pessoa pode exibir nela o seu talento criativo.

No decorrer da história da humanidade os seres humanos foram transformando suas ideias criativas em grandes progressos nos mais diversos setores, especialmente a partir da 1ª Revolução Industrial que ocorreu no século XVIII e hoje estamos na 4ª Revolução Industrial, buscando conviver com tantos avanços desenvolvidos pela humanidade, para poder ter trabalho e prosperar nessa era da tecnologia, ou seja, da intensa revolução digital.

Pode-se, porém, afirmar que foi a partir de 1950 que começaram os primeiros estudos sistemáticos sobre a **criatividade**.

Assim houve cinco momentos bem claros na sua evolução.

A primeira fase – nas décadas de 1950 e 1960 – foi aquela voltada ao **pensamento criativo** com os estudos sobre os pensamentos convergente e divergente.

A segunda fase – nas décadas de 1970 e 1980, focou-se na solução **criativa de problemas**, quando foram desenvolvidas técnicas para tomadas de decisões e estratégias para aumentar as habilidades criativas.

A terceira fase – final da década de 1980 e o início da década de 1990 – focou-se mais no **viver criativo**, usando a criatividade como um elemento de autotransformação.

A quarta geração da criatividade foi aquela quando a partir de 1995 começou-se a considerá-la como um **bem social** e **indispensável** para o trabalho no futuro baseando-se no conceito: "**Somente o gênero humano** é capaz de **introduzir mudanças significativas em sua forma de vida e de relação com o meio ambiente.**"

Assim sendo, a criatividade passou a ser considerada o motor do progresso da sociedade, pois é através da pessoa criativa e de sua consciência sobre os problemas que devem ser solucionados, que se inicia o processo criativo, ou seja, um processo de transformação gerando-se **valor**!!!

Dessa maneira, **não é possível** explicar o progresso social e o desenvolvimento científico e cultural da civilização, sem analisar as pessoas criativas e inovadoras.

Por isso, nesse contexto, ao se voltar para melhoria social deve-se levar em consideração a formação de pessoas com iniciativa, capazes de desenvolver ideias valiosas ao seu redor e na profissão.

Finalmente no início do século XXI, chegou-se ao quinto momento da evolução do estudo da criatividade, quando o foco se voltou para a **economia criativa** (EC), a **indústria criativa** ou **economia da cultura**, havendo ainda uma falta de consenso sobre a melhor terminologia.

A **economia** normalmente é definida como um sistema para a produção, troca e consumo de bens e serviços, ou seja, lida com o problema de como os indivíduos e as sociedades satisfazem suas necessidades (que são muitas) com os recursos que são finitos (!!!), ou seja, trata-se de alocação de recursos escassos.

Naturalmente no caso da EC, esta questão mudou bastante, pois ela se apoia sobre ideias que não são limitadas da maneira como são os bens tangíveis.

Para a Unctad [sigla em inglês da Conferência da Organização das Nações Unidas (ONU) sobre o Comércio e Desenvolvimento] o significado da EC é: "Um dos setores mais dinâmicos da economia como um todo, gerando crescimento, empregos, divisas, inclusão social e desenvolvimento humano.

É constituída por um ciclo que engloba a criação, produção e distribuição de produtos e serviços que usam o conhecimento, a criatividade e o ativo intelectual dos seres humanos com seus principais recursos produtivos."

A Unesco (sigla em inglês da ONU para Educação, Ciência e Cultura) já trabalha com o conceito de **economia da cultura** definindo-a como: "Criação, produção e comercialização de conteúdos que são intangíveis e culturais em sua natureza, que estão protegidos pelo direito autoral e podem tomar a forma de bens e serviços. São intensivos em trabalho e conhecimento e estimulam a criatividade e incentivam a inovação dos processos de produção e comercialização."

Especificamente, nos EUA, a EC é definida como sendo a que surge com: "Indústrias que têm sua origem na criatividade individual, habilidade e talento e que tenham o potencial para a criação de riqueza e trabalho através de produtos e/ou serviços inovadores."

Há mais de duas décadas também tenho estimulado as pessoas a se envolverem com o **empreendedorismo** não só para criarem os próprios empregos, bem como terem a oportunidade de colocar na prática a sua criatividade.

Aliás nesse sentido escrevi dois livros em 2003, *Gestão Criativa – Aprendendo com os Mais Bem-Sucedidos Empreendedores do Mundo* (em coautoria com Victor Mirshawka Junior) e em 2004, *Empreender é a Solução*, nos quais já estava se antecipando a situação que vivemos hoje no Brasil, com mais de 13 milhões de desempregados e a cada ano muitos postos de trabalho sendo suprimidos, pois os mesmos estão sendo ocupados por robôs!?!?

Mais do que nunca os seres humanos precisam agora valer-se da sua criatividade e tornarem-se **empreendedores**. Um bom campo para isto está nos setores da EC, criando com isso a própria subsistência e empregando também outras pessoas!!! Agora é mais fácil atuar na EC graças aos muitos recursos que proporciona a era digital.

Como já disse, escrevi muitos livros ao longo da minha vida profissional, que tiveram um relativo êxito comercial – boa parte deles para servirem de suporte para várias disciplinas que lecionei em diversas IESs, o que me tornou bem conhecido no meio educacional e por isso fui convidado para apresentar muitas palestras (milhares ao longo da minha vida) em ambientes como seminários, congressos, empresas, associações, IESs etc. bem como vários cursos curtos (algumas centenas).

Especificamente em 1995, percebi que uma área na qual o Brasil apresentava uma grande lacuna era na formação de competentes administradores para o setor público, nas três esferas: **municipal, estadual e federal**.

Estimulado pelas mais importantes figuras da construção civil da cidade de São Paulo, em especial pelo fundador e presidente da empresa Sobloco, Luiz Carlos Pereira de Almeida – que estava nessa época desenvolvendo no litoral paulista o incrível condomínio Riviera de São Lourenço – criei na FAAP, o curso de **pós-graduação** com o nome *Gerente de Cidade*, no qual, entre outros ensinamentos, difundia-se a ideia de que nas prefeituras brasileiras deveria vigorar um modelo de gestão **prefeito – gerente de cidade** (ou *city manager,* em inglês) – muito usado nas cidades dos EUA e em outros países desenvolvidos.

Naturalmente o prefeito deve ser eleito, e o gerente de cidade, indicado por ele. Eles teriam as seguintes responsabilidades e divisão do seu tempo de trabalho: o prefeito envolvido 80% do seu tempo com **ações estratégicas** (atração de investidores para o município, captação de recursos, ouvir as reclamações dos moradores, aprovação de novos projetos etc.) e os restantes 20% em **ações operacionais**.

Já o gerente de cidade, (junto com uma grande equipe de colaboradores) 80% do seu tempo deveria devotar ao trabalho operacional (preocupar-se com a conservação e o bom funcionamento de todos os espaços e locais subordinados à prefeitura, acompanhando a realização de novas obras, controlando a oferta adequada de serviços municipais aos moradores etc.) e participando no restante do seu tempo de eventos de caráter sociopolítico em evolução na cidade.

Esse curso teve um grande sucesso, e foi oferecido em muitas cidades do País, além de obviamente nas instalações da FAAP, sendo que no período de 1996 a 2015 formaram-se nela cerca de 5.000 pessoas, inclusive muitas dezenas daqueles que mais tarde seriam eleitos prefeitos!!!

Nesses últimos cinco anos, devido às mudanças que ocorreram no nosso País e também em todas as outras nações do planeta, provocadas especialmente pela revolução tecnológica, foi necessário mudar radicalmente o conteúdo desse curso para capacitar os formados nele para bem administrar as cidades.

Hoje o maior desafio de um prefeito e de todo o grupo de gestores que o auxilia a administrar uma cidade brasileira começa na **falta de recursos**, ou seja, o que a prefeitura arrecada, quando muito permite atender as suas obrigações legais, isto é, manter a rede de ensino municipal e o sistema de saúde.

Assim não sobra quase nada para que se possa investir em melhorias ou até na boa manutenção do que já está sendo usado.

Mais do que nunca se torna vital descobrir formas para fazer "**mais com menos**", pois as demandas nas cidades não param de crescer, especialmente porque as suas populações estão crescendo a cada ano que passa.

Para incrementar a economia numa cidade, nos tempos atuais é vital que ações estratégicas sejam desenvolvidas que permitam aumentar a **visitabilidade** a ela.

As pessoas vão (ou se mudam) a uma (para) certa cidade por diversos motivos, entre eles: **tratar da saúde, fazer compras, estudar, divertir-se, morar nela** (pois oferece uma excelente qualidade de vida) ou ainda, pois aí é mais **fácil abrir um negócio** ou **encontrar um trabalho!!!**

E aí vale destacar que estamos vivendo uma época em que é difícil saber claramente as duas coisas: qual será o **futuro do trabalho**, bem como qual será o **trabalho do futuro!?!?**

Vivemos no Brasil, em 2019, com um grande número de desempregados, e aí a administração municipal deve procurar ações que possam atrair muitos visitantes para a cidade, tendo especialmente um vasto calendário de eventos (música, gastronomia, esportes, atividades religiosas, encontros culturais, tecnológicos e corporativos, feiras etc.)

Mesmo que temporariamente, isso aumenta em muito a **empregabilidade** na cidade.

É por isso que escrevi em 2016 o livro *Economia Criativa: Fonte de Novos Empregos* no qual destaquei os 18 setores nos quais poderiam ser criados os empregos no futuro, destacando-se muito entre eles os setores de entretenimento e o turismo (especialmente o doméstico).

Aliás no ano seguinte – 2017 – procurei difundir num novo livro como dezenas de grandes cidades no mundo estavam se destacando entre outras coisas pela sua EC.

E no título desse livro *Cidades Criativas – Talentos, Tecnologia, Tesouros, Tolerância*, entende-se claramente porque elas são **atraentes**, ou seja, nelas vivem ou se formam **talentos**; elas estão **tecnologicamente avançadas**; nelas existem museus, palácios, edificações incríveis (seus "**tesouros**") e aceitam-se nelas sem restrições pessoas de várias raças, crenças, preferências sexuais etc., ou seja, respeita-se a **diversidade**.

Naturalmente tudo isso faz com que a visitabilidade a elas seja grande.

Em seguida em 2018, dediquei-me a destacar num livro porque o Estado de São Paulo tornou-se o mais importante do País. O título desse livro é *Cidades Paulistas Inspiradoras – O Desenvolvimento Estimulado pela Economia Criativa*, e nele estão cidades paulistas desde as pequenas, até as médias e as grandes. Em todas elas nota-se que é bem significativa a visitabilidade, se bem que a empregabilidade nelas também se desenvolveu também graças aos setores primário, secundário e terciário, percebendo-se claramente que o PIB (Produto Interno Bruto) dessas cidades depende hoje majoritariamente do **setor de serviços** (educação, saúde, comércio, transporte, segurança, entretenimento etc.)

E agora em 2019, concluí esse novo livro *Encantadoras Cidades Brasileiras – As Pujantes Economias Alavancadas pela Visitabilidade*, no qual claramente se enfatiza como essa visitabilidade pode acontecer e o quanto ela colabora com a geração de empregos e renda para as pessoas.

Claro que quem tem emprego começa a ter mais condições para viver num local melhor, poder deslocar-se de forma mais confortável e educar-se e cuidar de sua saúde, ou seja, respectivamente ter uma melhor **habitabilidade, mobilidade** e **sustentabilidade**.

São esses os "problemas" que numa cidade na qual se tem elevada **empregabilidade**, fica mais fácil resolver.

Naturalmente é na solução dessas questões que deve debruçar-se um prefeito eficaz, tendo a ajuda de gestores criativos, dedicados e competentes.

Todos obviamente pautando suas ações dentro da **legalidade** e praticando uma eficiente **administrabilidade**.

Dessa maneira inclusive estarão aptos para tornar as suas cidades mais inteligentes, uma possibilidade e ao mesmo tempo uma exigência nos anos vindouros!!!

Uma das minhas esperanças é que toda essa série de livros e especialmente esse *Encantadoras Cidades Brasileiras* sirvam de referência para todos aqueles que querem administrar as suas cidades tendo uma economia pujante, alta empregabilidade, possuindo como grande alavanca o crescimento de empregos vinculados à EC, à visitabilidade e inclusive no trabalho nos diversos setores das prefeituras, que precisarão atender bem um número cada vez maior de munícipes.

Na minha vida profissional foi muito útil o tempo que fui diretor cultural da FAAP, quando tive um convívio mais próximo com os programas de todas as suas faculdades e incentivei muito seus professores, como já comentei, a aprenderem criatividade e introduzir esse assunto no currículo como uma disciplina independente.

Foi durante esse período que notei a grande importância da EC, graças às intensas atividades culturais desenvolvidas na FAAP e pelo próprio fato que várias de suas faculdades estarem diretamente ligadas aos setores da EC (arquitetura, artes, *design*, publicidade e propaganda etc.).

Aliás, todas as IESs do País devem pensar em oferecer mais cursos para as carreiras que formem profissionais para os diversos setores da EC.

No livro *Encantadoras Cidades Brasileiras* procurei dar um certo destaque à região norte do Brasil, apesar de que a maior parte dela ainda é a selva amazônica.

Mas todo gestor público deve entender um pouco melhor o que há aí para inclusive conhecer as distintas realidades do nosso País continental.

Não pode de forma alguma ignorar certas características dos municípios da região norte como é o caso do Atalaia do Norte, no Estado do Amazonas, que fica a 1.136 km de Manaus, ocupa uma área de 76.355 km^2 e no início de 2019 tinha uma população estimada de 20 mil habitantes, no qual está a maior reserva de índios isolados do mundo!?!?

Note o (a) leitor (a) que esse é o maior município em área do País, sendo maior que a Suíça (41.285 km^2) ou quase 3,5 vezes maior que o Estado de Sergipe (21.910 km^2).

Como um prefeito deve fazer para administrar um município desse tamanho? Nos Estados do Pará e do Amazonas estão os outros maiores municípios em área do Brasil e, aliás, somando-se as populações de todos que vivem nesses Estados esse número é bem próximo da atual população de São Paulo, que no início de 2019 era de 12,23 milhões.

O que é mais fácil administrar o município de São Paulo ou os Estados de Pará e Amazonas, que ocupam algo próximo de 47% do território nacional?

Não é simples responder essa pergunta. O que se pode afirmar é que o Brasil tem lugares naturais que só existem aqui no planeta todo e isso significa que deveríamos incrementar de forma controlada a visitação a essa região, especialmente de estrangeiros, o que geraria muitos empregos e renda, e permitiria levar o desenvolvimento a essa parte não "descoberta" ainda do País!!!

A leitura desse livro deve servir para que pensemos de forma diferente, busca mexer com os cérebros dos leitores para que possam entender melhor o País em que vivem e como proceder para superar as dificuldades para tornar a sua sobrevivência menos sofrida.

↬ **Quando a leitura de um livro torna-se importante?** Vale a pena repetir o que disse sobre isso Franz Kafka, quando ainda tinha só 21 anos: "Acho que o bom livro não é aquele que nos torna felizes. Acredito que cada pessoa deve procurar mais uma leitura daquilo que a fere, a machuca.

Se o livro que alguém estiver lendo não o acordar a cada página com um golpe na cabeça, para que o está lendo?

As pessoas precisam ler livros que as afetem como uma tragédia, que as entristeçam profundamente, como a morte de alguém que amam mais que a si mesmos, como no caso de um suicídio.

Um livro deve ser o machado para romper o mar congelado dentro de nós. Essa é a minha crença."

Claro que a minha percepção não é tão trágica como a de Franz Kafka, mas procurei evidenciar o estado preocupante em que vivem hoje muitos brasileiros, especialmente nas **cidades encantadoras**; sem empregos, sem boa educação pública, saúde, segurança, habitação etc.

Portanto nesse livro procurei não só destacar a evolução das cidades encantadoras, os seus pontos de atração, as figuras que colaboraram para a sua projeção e progresso, mas também indicar algumas condições de desassossego que nelas existem para principalmente gerar naqueles que as administram a inquietação, para procurarem curá-las dos seus males...

Sei que vivemos num País com poucos leitores, cujo número não está crescendo e a estatística mais recente revela que o brasileiro lê em média apenas 2,5 livros por ano (a maioria de livros religiosos)!?!?

E as outras estatísticas são ainda mais alarmantes: 30% dos brasileiros **nunca compraram** um livro e outros 30%, que se leram algo, o fizeram por exigência da fé, da escola ou do trabalho.

É uma situação lastimável, quando se bsuca ter uma Nação mais culta!!!

Claro que as possíveis melhorias nessa situação incluem a educação (dando maior capacidade de compreensão daquilo que se lê e estimulando de fato a leitura) e acesso aos livros (mais bibliotecas públicas, doações, expansão das livrarias físicas e *on-line*).

Mas estamos vivendo numa época em que está havendo exatamente o contrário, ou seja, não se consegue melhorar a **qualidade da educação** e as livrarias físicas estão fechando as portas pois se vende cada vez menos os livros impressos e, também os livros digitais não conseguem deslanchar.

Mesmo assim revolvi publicar esse livro (de quase 1.700 páginas) em três volumes (portanto todo aquele que me der o prazer de ler os mesmos já estará acima da média nacional de leitura...) para atender a diversas finalidades, sendo uma delas indicar que as profissões com futuro estão de alguma forma ligadas à EC.

AS GERAÇÕES EM CHOQUE, E AS FORÇAS QUE ESTÃO IMPULSIONANDO AS MUDANÇAS NO MUNDO

Recordemos inicialmente as **características das gerações** que se encontram atualmente mescladas nos ambientes de trabalho.

Já não são muitos os representantes da chamada geração *"baby boomer"*, daqueles que nasceram entre 1946 e 1964, que hoje ainda estão trabalhando, com um contingente deles ocupando as mais importantes posições em empresas de diversos setores.

A geração dos que nasceram entre 1965 e 1980 costuma-se chamar de geração X se bem que em inglês a sua denominação é *slacker generation*, que significa a **"geração da preguiça"**, marcada pela apatia e referindo-se a uma pessoa que não queria trabalhar ou então tentava escapar de serviços militares. Nos EUA seus integrantes foram também chamados de aqueles que faziam parte da geração em que diminuiu a taxa de natalidade *"baby bust"* ("fracasso de nascidos").

Seguindo os padrões comportamentais desta geração, muitos *slackers*, podem ter passado por problemas difíceis durante a infância (especialmente nos países europeus), com separações familiares, e assim eventualmente podem ter desenvolvido depressões clínicas.

Costumam ser identificados como pessoas tímidas e bem anti-materialistas, despretensiosas ou até desastradas, buscando inclusive de forma deliberada excluir-se **socialmente**.

Muitas também se envolveram com uma procrastinação excessiva, como foi possível constatar com muitos jovens dos EUA.

Aliás academicamente até poderiam ser considerados estudantes brilhantes, entretanto eles não se esforçavam muito e não conseguiam evoluir muito nem nos estudos ou nas responsabilidades assumidas no trabalho.

Alguns também não se preocuparam muito com a sua aparência ou higiene, viviam desempregados e raramente tinham relações amorosas duradouras, devido à dificuldade de engatar nos relacionamentos pela sua falta de noção do espaço que deveriam ocupar e de desenvolver-se nele.

Já a geração Y é aquela constituída pelos nascidos desde o início da década de 1980 até 1994 e, que também, se tornou conhecida como aquela dos *millennials* ("milenianos").

Essa geração desenvolveu-se numa época de grandes avanços tecnológicos e prosperidade econômica mundial e para ela o **trabalho** tornou-se sinônimo de realização profissional.

Vivendo em ambientes intensamente urbanizados, os *millennials* presenciaram o surgimento de uma das maiores revoluções tecnológicas na história da humanidade: a Internet, que teve um papel fundamental para chegarmos onde estamos hoje como sociedade. A grande preocupação dos integrantes da geração Y foi a de estabelecer um **equilíbrio** entre a vida pessoal e a profissional.

As interações virtuais mudaram não só as relações midiáticas e sociais, mas também as relações no trabalho.

Aposto que você estimado (a) leitor (a), em algum minuto, já se perguntou: **"Como é que as pessoas viviam sem o Google?"**

As pessoas viveram (e muitos até muito bem...), porém não se pode negar que o Google trouxe uma grande porção de novas utilidades para estudar, trabalhar e se entreter, entre outras.

→ **Porém qual é a influência desse início da revolução digital nos *millenials*?**

Se a geração X foi concebida na transição para o novo mundo tecnológico, a geração Y foi a primeira verdadeiramente nascida neste meio, mesmo que ainda na sua fase inicial.

Ao se comparar as gerações X e Y em nível mundial há boas diferenças entre as modalidades de prosperidade econômica e níveis de interação.

Na geração X, a quantidade de elementos lúdicos, de brinquedos, artefatos e eletrodomésticos etc. é muito menor que na geração Y, mas em contrapartida, ela é bem mais duradoura e seus integrantes predispostos a recorrer à manutenção ao invés do descarte e atualização (*up date*) como faziam e desejavam os integrantes da geração Y.

A dinâmica da manutenção e reciclagem econômicas foram dramaticamente alteradas especialmente na virada do milênio, e isso aconteceu quando especialmente nas décadas de 1980 e 1990 potências como os EUA, Japão, os países asiáticos denominados "tigres asiáticos", implantaram o ciclo econômico da reciclagem e descarte como essencial para o circuito econômico da produção, por necessidade ambiental e/ou retorno financeiro.

Foi se formando assim uma geração familiarizada com a baixa durabilidade e efemeridade dos produtos.

Nesse novo **ambiente volátil** começou a notar-se a queda de diversas profissões e a relativização de outras, especialmente muitas das braçais que passaram a ser **automatizadas**!!!

Uma das características básicas que definiu a geração Y foi que os seus integrantes se tornaram ávidos usuários de vários equipamentos de tecnologia, de telefones celulares de última geração (os telefones inteligentes ou *smartphones*) para muitas outras finalidades além de apenas receber ligações como foi a característica das gerações anteriores.

Estima-se que a geração Y representava em 2019, algo como 22% da população global.

Seus integrantes são verdadeiramente a primeira geração globalizada, cresceram com a tecnologia e usaram-na desde a primeira infância.

A Internet é, para eles, uma necessidade essencial e, com base no seu acesso facilitado, desenvolveram uma grande capacidade em estabelecer e manter relações pessoais próximas, ainda que **à distância**!?!?

A tecnologia e os dispositivos móveis – *tablets*, *smartphones* etc. – em particular, criaram condições de comunicação para a geração Y como nenhuma outra geração tinha possuído anteriormente, permitindo partilhar experiências, trocar impressões (opiniões), comparar, aconselhar, criar e divulgar conteúdos, que são o fundamento das redes sociais.

Em 2019, dados mostram que os *millennials* já estão investindo bem mais tempo assistindo vídeos em dispositivos móveis do que vendo TV ao vivo!!!

Pois é, os integrantes da geração Y têm a expectativa de ter informação e entretenimento em qualquer lugar que estejam.

Porém a chamada geração do milênio cresceu em meio a um crescente individualismo e extremada competição.

Os *millennials* trouxeram um ressurgimento do **politicamente correto**!!!

Entre outras características dos *millennials* deve-se destacar que eles não são muito influenciados por publicidade e propaganda, procuram por resenhas em *blogs* antes de comprar algo, valorizam mais a autenticidade do que o conteúdo, se conectam melhor com indivíduos do que com números, amam novas tecnologias e tornam-se consumidores leais das marcas com as quais estabelecem conexões intensas.

A geração Z é a definição sociológica para as pessoas nascidas entre os anos de 1995 e 2010, que é a sucessora da geração Y.

As pessoas da geração Z são conhecidas como sendo **nativas digitais**, muito familiarizadas com a Internet, compartilhando seus arquivos, sempre atentas aos seus telefones celulares, acessando a rede tanto de suas casas, como de qualquer lugar que estejam, estando assim extremamente **conectadas**.

As principais características dos seus integrantes são a compreensão e a abertura social às tecnologias, com a grande nuance dessa geração sendo a de estar continuamente se "movimentando" usando seu *smartphone*, envolvida com algum *videogame*, vendo televisão, conectada com a Internet etc.

A geração Z conviveu com diversas grandes crises econômicas em muitos países importantes do mundo, que tiveram influência sobre todos os outros do planeta, de forma que os seus integrantes passaram a ser dominados por um sentimento de insatisfação e insegurança quanto à realidade e ao seu futuro.

Esta geração evoluiu sentindo um **encolhimento** da classe média alta no mundo, o que levou ao aumento dos níveis de *estresse* nas famílias, pois elas tiveram uma diminuição de renda.

O *habitat* natural da geração Z, bem como também da geração Y, é o **desemprego** e a precariedade da condição financeira das pessoas.

Mesmo assim, a geração Z tornou-se a geração mais **tolerante** que já existiu, a mais aberta à legalização do casamento *gay*, a mais favorável à igualdade de gênero e a menos apegada aos papéis de gênero e a binariedade de gênero!?!?

Estudiosos e pesquisadores que se esmeraram em compreender o comportamento das diferentes gerações chegaram a algumas conclusões sobre possíveis diferenças de comportamento entre os integrantes da geração Y (*millennials*) e da geração Z (chamada por alguns de *centennials*).

As principais são:

1ª) *Millennials* são ambiciosos e os *centennials* são mais equilibrados e astutos.

Pois é, enquanto a geração Y foi encorajada a ir atrás dos seus interesses pessoais, crescendo sob a ideia de um mundo cheio de possibilidades, a geração Z tem um pouco menos de idealismo e funciona de forma mais pragmática.

Os integrantes da geração Z perceberam que as situações são mais sérias e mais competitivas no mundo real, e o sucesso, portanto, se torna algo bem mais complicado para ser alcançado.

2ª) *Millennials* têm uma inteligência interpessoal e os *centennials* têm inteligência mais prática.

Enquanto a geração Y se volta para si mesma, tendo mais facilidade em perceber seus próprios estados de espírito e dar nome às suas emoções, a geração Z vê mais valor na inteligência prática, que pode ser utilizada na solução de problemas do mundo real.

3ª) *Millennials* pressionam o sistema, e os *centennials* se desviam dele.

Os integrantes da geração Y se tornaram habilidosos em usar as mídias sociais para pressionar governos e a sociedade, organizando-se e reunindo-se ao redor de uma mesma causa ou interesse.

Já os membros da geração Z nem mesmo acreditam no sistema.

Para eles, é mais interessante desviar-se das normas e das regras e criar as suas próprias soluções, seus próprios caminhos!!!

Os integrantes da geração Z são multitarefas, otimistas e abertos a mudanças.

Porém também são mais ansiosos, angustiados e desapegados em relação às coisas materiais.

Diferentemente daqueles da geração Y que são mais consumistas!!!

Têm uma postura bem empreendedora (e precisam tê-la para criar os próprios empregos, visto que vivem numa época na qual muitos postos de trabalho estão desaparecendo...) e acham que o trabalho deve ser uma extensão da sua casa (!?!?), daí a necessidade de ele ter que ser satisfatório, e que agregue, conhecimentos e experiências às suas aspirações e sentimentos.

Porém os Zs demandam muito aconselhamento. É preciso prepará-los para serem líderes e oferecer-lhes horário flexível de trabalho para assim conseguir retê-los, particularmente os talentosos.

Para os Zs, o *smartphone* é o meio de interação preferido, seja para comunicação, entretenimento, aprendizado e desenvolvimento corporativo, com o que eles acabam se acostumando a lidar com excesso de informação.

Com isso, entre outras características dos Zs estão a facilidade de ultrapassar fronteiras geográficas através da conexão, pouco relacionamento social fora das redes, extrema necessidade dentro das mídias sociais e forte consciência sobre sua responsabilidade social, com o que forçam as empresas nas quais trabalham a abraçar **causas sociais**!?!?

Entretanto o imediatismo dos Zs não é uma boa característica, mas esse comportamento deve se alterar à medida que eles forem envelhecendo.

Bem, tudo isso acabou gerando um choque de gerações nos locais de trabalho, principalmente com os da geração X que são aqueles que estão nos postos de comando da maioria das organizações.

Depois de passar pelas gerações X, Y e Z, chegou-se à geração Alpha.

Alpha é um termo usado pelo sociólogo australiano Mark Mc Crindle, para designar a nova geração de crianças nascidas a partir de 2010.

Esta geração de acordo com Mark Mc Crindle, é constituída por pessoas muito mais independentes e com potencial muito maior de resolver problemas do que seus pais e avós.

A geração Alpha, claro, tem algumas semelhanças com a geração Z, porém nela se nota a consolidação de alguns comportamentos, especialmente os que dizem respeito ao gênero.

Enquanto as meninas se veem como **superpoderosas** e ampliam seu repertório ("não é que elas deixaram de gostar de princesas, mas elas não enxergam o mundo somente em cor de rosa"), os meninos se consideram **versáteis** e não estranham a participação dos homens nas tarefas domésticas e na criação dos filhos.

As próprias brincadeiras e personagens são mais flexíveis e estão perdendo o seu caráter exclusivo de ser "de menino" ou "de menina".

Características femininas ou masculinas estão deixando de ter tanta importância, o que vale é ter amigos e participar de aventuras em grupos mistos.

Os **alphas** talvez façam parte, de acordo com alguns psicólogos, de uma geração mais inteligente!?!?

Sem dúvida os cérebros dos seres humanos estão passando continuamente por transformações, o que é encarado como uma evolução natural da nossa espécie, possibilitando que as novas gerações sejam mais capazes de resolver problemas do que as anteriores.

Caro (a) leitor (a) mesmo que você leia *e-books*, ouça músicas no seu *smartphone*, assista filmes *on demand* (ou seja, valendo-se do *streaming*), a realidade é que aprendeu a fazer isso ao longo da vida (em alguns casos com certa lentidão...) ao passo que para os seus filhos e especialmente os alphas isso é completamente natural pois eles nasceram imersos em toda essa tecnologia, desfrutando de todas as facilidades da era da informação.

O *smartphone*, o *tablet* e outros equipamentos com tela, tornaram-se aliados no desenvolvimento dos pequenos.

É a geração Alpha que vai acabar selecionando melhor o que se deve consumir nas redes sociais.

Enquanto os *millennials* compartilham tudo o que veem pela frente, os que fazem parte da geração Z estão bastante focados em produzir o seu próprio conteúdo e tudo indica que os alphas, à medida que forem envelhecendo, serão os que vão conviver de forma mais harmoniosa com o contexto virtual, usando bastante a comunicação por vídeo, tornando o comando de voz cada vez mais comum, bem como o uso da IA.

Uma característica bem distinta dos que fazem parte da geração Alpha é o fato que um grande contingente deles consiste em **filhos** únicos.

Um outro fato é que o cérebro dos que fazem parte da geração Alpha está se desenvolvendo de maneira ainda pouco conhecida, o que obviamente deve preocupar muito os **pais** e os **educadores**.

E muitos deles lamentavelmente estão despreparados para lidar com essa geração, ou seja, seus filhos ou seus alunos.

Mas as especialistas "tranquilizam", afirmando que isso não é motivo para uma crise!?!?

Afinal todas as outras gerações anteriores viveram também os seus conflitos e acabaram achando uma via de entendimento e adaptação, e isso não deve ser diferente com os alphas no futuro.

É claro que determinar lacunas ou passos dados por uma geração em relação a outra é muito relativo.

Isso porque todos os seres humanos estão em constante desenvolvimento de acordo com as suas necessidades.

É um equívoco buscar "engessar" gerações por serem de épocas diferentes.

O que se deve fazer ao falar das características de cada uma é destacar que os seres humanos caminham para determinados rumos de acordo com as características de cada fase e que ocorrem trocas de aprendizados entre uma geração e outra.

O que não pode acontecer, entretanto, é o acesso desigual à tecnologia digital, pois isso sim provocaria um grande abismo entre integrantes de uma mesma geração, em especial da Alpha.

Com desigual distribuição dos avanços tecnológicos, incluindo seus aspectos positivos e negativos, as pessoas mais ricas e mais alfabetizadas tecnologicamente terão uma vantagem muito superior do que as que não tiverem esse *status*, o que evidentemente pode gerar consequências indesejáveis de disrupção social.

As crianças da geração Alpha além de serem mais independentes, provavelmente serão mais criativas e por isso acabarão propondo muitas soluções inovadoras de grande alcance.

A tendência é que, quando adultas, não buscarão **carreiras** sólidas, ou seja, nos seus currículos se notará muito a rotatividade nos empregos e nas funções exercidas.

Aliás, suas opções profissionais mostrarão que se preocupam bastante com a sustentabilidade do planeta e que se orientarão valendo-se bastante de um pensamento mais sistêmico!?!?

→ **Será que é isso mesmo que veremos os jovens e as crianças de hoje fazendo por volta de 2040?**

Infelizmente, os mais recentes diagnósticos feitos por especialistas norte-americanos, sobre as universidades dos EUA são bem assustadores, ou seja, que elas estão gestando uma geração raivosa e um tanto quanto arrogante, mas que não está apta para o mercado de trabalho de um futuro tão próximo como a 3ª década do século XXI.

Imagine então o (a) estimado (a) leitor (a) o que se está ensinando nas IESs brasileiras (inclusive nas melhores...)!?!?

O pior de tudo é que o fetiche em relação a esses jovens que fazem parte da geração Z (especialmente os dos países mais desenvolvidos como os EUA) continua existindo, declarando-os mais evoluídos que aqueles das gerações anteriores (incluindo os da geração Y).

Infelizmente, o que está acontecendo, foi bem contado no livro *The Coddling of American Mind* (*"Mimando a Mente Americana"*), escrito em 2018 pelo psicólogo cognitivista Greg Lukianoff e o psicólogo social Jonathan Haidt, que está impactando não só o mundo acadêmico, como o mundo corporativo.

Os autores destacam que no ambiente universitário norte-americano no lugar de haver um forte foco na formação dos jovens para as mais diversas carreiras passando-lhes conhecimento e aptidões para atender os empregos do futuro, o que se nota é a efervescência e o surgimento de dois grupos básicos: os **opressores** e os **oprimidos**, que estão se degladiando cada vez mais.

E o pior é que em cada um desses grupos estão além dos alunos, os professores e membros da administração dessas IESs.

Justamente, de acordo com os autores, aí está a grande falha do processo de ensino e aprendizagem que está em evolução nos EUA, quando as universidades estão "ensinando" seus alunos para buscarem um mundo mais justo através de maneiras erradas, apoiadas na polarização política, que inclusive tornam os jovens estudantes muito ansiosos e desiludidos com o próprio sistema.

Isso é totalmente diferente de fazer os estudantes a pensar de forma livre, serem críticos e muito criativos, para poderem atuar com desenvoltura como tenho destacado, nos vários setores da EC, de estarem aptos a administrar as cidades (nas quais viverão cada vez mais pessoas nesse planeta) com o menor nível de burocracia, procurando torná-las inteligentes, sustentáveis e atraentes e principalmente rompendo todos os paradigmas, indicando a forma correta de como deve acontecer a interação da IA, com a **inteligência humana** (IH) para que de fato aconteça a melhoria da qualidade de vida de todos os seres humanos!!!

A expressão "**nem-nem**" serve para classificar os jovens que **não trabalham nem estudam**!!!

Resultante das significativas mudanças no mercado de trabalho que aconteceram nos últimos anos, esse **contingente** representa não só no Brasil, mas em quase todos os países do mundo, especialmente os da Europa, a parcela da população que expressa uma grande **apatia**, justamente no momento da sua vida, em que deveria estar fazendo grandes **planos para o futuro**!!!

Num primeiro momento, associou-se esse comportamento a um grande desencanto da juventude, particularmente a integrante da classe média, com a educação formal, que teria sido inútil para criar possibilidades de encontrar um trabalho que combinasse seus ideais de vida com uma remuneração condizente.

A **opção pelo ócio** que essa juventude adotou parece ter sido uma resposta deliberada em vista dessa perspectiva desanimadora: a **falta de emprego**!!!

Entretanto, numa pesquisa feita recentemente constatou-se que a maioria absoluta dos "nem-nem" não está ociosa por opção (!?!?), mas sim por **despreparo**, o que torna o problema muito mais complexo.

Numa pesquisa recente do Ipea (Instituto de Pesquisa Econômica Aplicada) foram entrevistados cerca de 15 mil jovens entre 15 e 24 anos, e obtidos dados sobre as suas habilidades cognitivas e socioeconômicas, que permitiram vislumbrar um quadro bem detalhado do fenômeno dos "nem-nem".

Assim, 23% dos jovens pesquisados no Brasil de fato nem trabalham e nem estudam, 36% deles estão procurando trabalho, 44% se dedicam a cuidados familiares e 79% desempenham tarefas domésticas e apenas 12% não fazem nada disso!?!?

Ou seja, os jovens "nem-nem" desempenham algumas atividades importantes para a economia familiar e não deixam de procurar emprego no mercado de trabalho, ainda que lhes seja muito difícil encontrar vagas, já que sua educação é falha.

Além disso, essa pesquisa, em seu aspecto qualitativo, mostrou que os "nem-nem" são o grupo social que expressou a maior preocupação com a violência urbana, além de identificar o tráfico de drogas como uma tentação para afastá-los do caminho do trabalho e da educação, visto que oferece a possibilidade de obter dinheiro fácil.

Obviamente essa pesquisa indicou claramente que a despeito de alguns poucos avanços que se obteve na nossa área educacional, a qualidade de ensino oferecido aos jovens, tanto na rede pública como na privada está longe do que vem sendo exigido no novo mercado de trabalho, influenciado cada vez mais pela revolução digital, que está valorizando habilidades que se adaptam às diferentes circunstâncias (uso da IA, dos robôs, das proporcionadas pelos avanços tecnológicos, Internet das Coisas etc.), e não a rígida especialização profissional que caracteriza ainda a maioria das carreiras tradicionais.

Como o mundo está mudando muito mais depressa que as pessoas têm capacidade de acompanhar, isso tem provocado uma grande lacuna (*gap*) entre as competências e aptidões que as pessoas possuem e as que são desejadas atualmente e daqui para frente no mercado de trabalho.

Existem atualmente **seis forças** que estão impulsionando mudanças no mercado de trabalho e na sociedade, consequentemente influenciando a menor ou maior empregabilidade das pessoas.

Elas são:

1ª) Força – O uso da força de trabalho líquido.

A expressão **trabalho líquido** se deve ao sociólogo e filósofo polonês Zygmunt Bauman (1925-2017), que popularizou o conceito de **modernidade líquida**, ou seja, que vivemos numa época de muita volatilidade, incerteza e insegurança, isto é, num ambiente no qual vão proliferar, cada vez mais, os **empregos temporários**, de meia jornada, porém com grande possibilidade de se ter muitos **desempregados crônicos**.

2ª) Força – A nova ordem no trabalho é estar conectado, mostrar-se colaborativo e ser criativo.

O mundo do trabalho atual é fortemente movido pelo entusiasmo, pelas ideias e pala colaboração.

Estima-se que em 2019 existiam no mundo cerca de 60 milhões de pessoas trabalhando em aproximadamente 200.000 espaços compartilhados (*coworking*) existentes em muitas cidades do planeta, especialmente os criadores de *videogames*, *designers*, publicitários, cineastas, artistas, estilistas, escritores etc., ou seja, profissionais talentosos que atuam nos vários setores da EC.

Por isso para alguns especialistas, essa nova economia é a do **compartilhamento**.

3ª) **Força – As pessoas estão se engajando cada vez mais em atividades voluntárias.**

Um exemplo típico disso é o surgimento da *Wikipédia*, que se tornou a maior enciclopédia *on-line* do mundo por causa do poder de sua comunidade global de editores voluntários.

Dessa maneira, centenas de milhares de pessoas dedicaram e dedicam algumas horas do seu tempo livre por mês para ajudar a construir essa base de conhecimento, sem receber nenhum tipo de pagamento pela sua **colaboração**!!!

Um outro exemplo é o do aplicativo (*app*), Moovit considerado o *Waze* do transporte público, que oferece em tempo real as informações sobre rotas e horários de ônibus, trens e metrô.

Acredita-se que no final de 2019 o *app* era "alimentado" com as informações de cerca de 140 mil voluntários.

4ª) **Força – Estamos na era das pessoas que fazem, os *makers*.**

Ao se iniciar a terceira década do século XX certamente haverá no mundo dezenas de milhões de pessoas que estarão desenvolvendo novos objetos, ou melhorando os existentes, valendo-se dos avanços da tecnologia, como por exemplo, as impressoras a três dimensões (3D) cada vez mais sofisticadas, eficientes e baratas.

Convencionou-se chamar essas pessoas de *makers*, muitos dos quais são criativos microempreendedores.

Eles inclusive estão se agrupando em espaços de associação criativa que constituem laboratórios para **fazer** (*do* em inglês).

Esses locais tornaram-se conhecidos como *makerspaces* ou *Fab Labs* (abreviação de *fabrication laboratory*).

Nesses espaços, cada talentoso *maker* tem à sua disposição os mais sofisticados materiais e ferramentas de trabalho (isso inclui impressoras 3D, robôs etc.) além de estar conectado com o mundo.

Vive-se, portanto, numa época do **"faça você mesmo"**, especialmente nas cidades encantadoras descritas nesse livro.

5ª) Força – O surgimento de muitos novos empregos na economia do compartilhamento.

Cada ano que passa surgem novas oportunidades para as pessoas que estão focadas em maximizar a utilidade de um bem, naturalmente sendo recompensadas ou ganhando algo pelo seu uso ou ocupação.

As três oportunidades principais para esse tipo de negócio são:

- As pessoas não precisam ser as proprietárias únicas de muitas coisas.
- O mercado de coisas usadas as faz bem mais baratas do que as novas, sem que com isso elas tenham desempenho inferior às mesmas...
- Existência de diversas plataformas nas quais as pessoas possam lançar seus produtos ou serviços sem precisar se preocupar com a infraestrutura.

6ª) Força – É a economia criativa (EC) que vai gerar muitos novos empregos nesses tempos da 4ª Revolução Industrial.

Foi por isso, como já citei, que escrevi o livro *Economia Criativa: Fonte de Novos Empregos*.

Victor Mirshawka
Professor, engenheiro, escritor e gestor educacional

IULIIA TIMOFEEVA / SHUTTERSTOCK.COM

Uma vista da famosa praia de Atalaia na capital sergipana.

Aracaju

PREÂMBULO

É boa a infraestrutura de Aracaju, assim como é vasta a gama de atrações oferecidas pela capital sergipana. Tanto que, para muitos turistas, o banho de mar acaba ficando em segundo plano. A orla da praia de Atalaia, por exemplo – um dos cartões-postais da cidade – disponibiliza ao longo dos seus 6 km de extensão uma ciclovia, um calçadão e quadras esportivas.

Mas Atalaia também é famosa pelo trecho conhecido como Passarela do Caranguejo, repleto de quiosques, bares e restaurantes, que oferecem a melhor gastronomia local (um ponto de encontro para turistas e moradores, especialmente no período noturno). A região abriga ainda o Centro de Cultura e Arte da capital sergipana

Também vale muito a pena visitar o Mercado Municipal de Aracajú, onde são comercializados itens bastante diversificados, que incluem desde alimentos (como castanha de caju, queijos, ervas, rapadura e tapioca) até peças de artesanato (como objetos de cerâmica, por exemplo), e tudo a preços populares. O local é composto por três espaços interligados, incluindo bares e restaurantes (como o *Caçarola*, no 2º andar, onde é possível saborear pratos incríveis!).

Os que vão a Aracajú nunca deixam de recordar a sua visita à pequena ilha Croa do Goré (localizada no rio Vaza-Barris, ao sul da cidade), que somente é visível na maré baixa. Ela é acessível por meio de embarcações – lanchas, barcos ou catamarãs – que partem da orla do Pôr do Sol, na praia do Mosqueiro. Aliás, essa orla tem cerca de 600 m de extensão, sendo um local incrível para se apreciar o pôr do sol.

Também na cidade está situado o Museu da Gente Sergipana, um espaço no qual se celebra de forma interativa a identidade do povo local. A concepção artística do projeto é de Marcello Dantas, que também foi o responsável pelo incrível Museu da Língua Portuguesa em São Paulo. No museu de Sergipe é possível vislumbrar elementos que retratam as festas, as praças, os personagens ilustres, os itens da culinária, os ecossistemas locais etc., tudo devidamente apresentado com bastante criatividade e tecnologia.

Mas além de tudo isso é claro que o turista também terá a opção de curtir as belas praias de Aracajú, cujas águas, aliás, não são muito claras. Neste caso, para os que buscam cenários mais selvagens o ideal é dirigir-se para o norte do Estado, enquanto ao sul está localizada a lindíssima praia do Saco!!!

A HISTÓRIA DE ARACAJU

Ocupando cerca de 181,86 km², Aracaju é um município litorâneo e também a capital do Estado de Sergipe. Ela é cortada pelos rios Sergipe e Poxim. De acordo com estimativas do IBGE (Instituto Brasileiro de Geografia e Estatística), até o final de 2018 viviam ali cerca de 665 mil habitantes.

Os municípios limítrofes de Aracaju são: Barra dos Coqueiros, Nossa Senhora do Socorro, São Cristóvão, Itaporanga d'Ajuda e Santo Amaro das Brotas, que para alguns constituem a Grande Aracaju, cuja população total chega a 1,05 milhão de habitantes.

Apesar de Aracaju ser a menos populosa entre as capitais nordestinas, ela está numa importante posição estratégica no País, por ser um centro urbano, econômico, cultural e político. Ela é também a capital estadual com a menor desigualdade social (a lacuna existente entre os mais ricos e mais pobres). Além disso, ela também é considerada uma das cidades **com hábitos mais saudáveis do País**, servindo de exemplo no que se refere a projetos de locomoção urbana por meio de ciclovias.

Aracaju também é a capital com um dos menores custos de vida e com o menor índice de fumantes do Brasil. Por causa de todos esses fatores e índices, ela é chamada de "**capital nordestina da qualidade de vida**."

Para ampliar sua visitabilidade, a cidade tem se concentrado recentemente em ações que incrementem o **turismo**, criando alojamentos coletivos de qualidade – os chamados *hostels*, ou albergues. Aliás, para atender melhor aos visitantes (e também aos próprios moradores), foram feitas muitas melhorias no transporte público, o que possibilitou a todos maior facilidade de acesso às linhas de ônibus, que agora são monitoradas em tempo real por meio de GPS (sistema de posicionamento global).

O topônimo "**Aracaju**" pode ter sua origem no termo tupi "*arákaîu*", cujo significado é "**cajueiro das araras**", onde *ará* significa arara e *akaîu* é cajueiro. Aliás, costuma-se dizer que vem daí um dos apelidos da capital aracajuana: "**cidade das araras e dos cajus**". Por outro lado, conta-se que no passado, no local onde se localizava a rua da Aurora (atual avenida Ivo de Prado), havia vários cajueiros em toda a sua extensão onde costumavam pousar muitos papagaios e muitas araras. E essa história apenas reforça o que já foi dito sobre o nome da cidade e seu apelido.

E por falar na rua Aurora, foi ela que serviu de base para que todas as demais ruas do centro da cidade fossem projetadas, formando um tabuleiro de xadrez, cujo ponto central abriga agora a praça Olímpio Campos (ou praça da Catedral). A história da cidade de Aracaju está relacionada àquela da cidade de São Cristóvão, a antiga capital da capitania de Sergipe (atual Estado de Sergipe).

Na realidade foi o militar português Cristóvão de Barros que, depois de ter atacado as tribos indígenas ali existentes e matado seus líderes, criou a cidade de São Cristóvão, junto à foz do rio Sergipe, em 1º de janeiro de 1590. Bem mais tarde ela se tornaria a capital provincial, porém, para chegar até ela havia o inconveniente de ter de se navegar por um rio que **não comportava** navios de grande porte. Por conta disso, com o intuito de resolver esse problema, a partir de 1854 o governo provincial se transferiu para a praia e passou a ocupar o local onde se situa hoje a cidade de Aracaju, perto da foz do rio Sergipe, a alfândega e a Mesa de Rendas Provinciais (destinada a fiscalizar o porto e operar despachos aduaneiros). Também foi construída no local uma agência do correio, uma subdelegacia policial e um pequeno porto batizado de Atalaia.

Contudo, a província precisava de um porto de grande porte capaz de alavancar seu progresso. Assim, em 2 de março de 1855 a Assembleia Legislativa da província aprovou a sugestão do presidente da província de Sergipe Del Rey, Inácio Joaquim Barbosa, no sentido de transferir a capital de Sergipe de São Sebastião para a nova cidade portuária que seria erguida.

Embora tal decisão tenha sido recebida com grande surpresa pelos presentes na Assembleia (!?!?), o presidente estava decidido a fazê-lo e, em 17 de março de 1855, apresentou um projeto de elevação do povoado de Santo Antônio de Aracaju à categoria de cidade e a **transferência** da capital da província para esta nova cidade foi efetivada. A partir daí ela passou a se chamar simplesmente Aracaju.

Recorde-se que, segundo registros históricos, o povoado de Santo Antônio de Aracaju às margens do rio Sergipe, próximo à região onde ele desemboca no mar, surgiu em 1699. Durante mais de 156 anos ele não apresentou qualquer crescimento significativo, até ser transformado em capital. Por esse motivo, Inácio Joaquim Barbosa é considerado desde 1855 como o "**fundador de Aracaju**", havendo inclusive um monumento em sua homenagem na orla de Atalaia. Todavia, pelo fato de não existir um retrato do presidente da província, tal monumento não é uma estátua, apenas uma estrutura de aço de 5,5 m de altura e 2.200 kg!?!?

Somente a partir de 1865 foi que a nova capital começou a se firmar, surgindo ali a primeira fábrica têxtil no ano de 1884. Dois anos mais tarde, em 1886, viviam em Aracaju cerca de 1.500 pessoas. Em 1900 iniciaram-se ali o processo de pavimentação de ruas com pedras regulares e obras de embelezamento e saneamento básico. As primeiras vias foram organizadas de forma a lembrar um tabuleiro de xadrez, sendo que o responsável pelo desenho foi o engenheiro Sebastião José Basílio Pirro. Durante a construção surgiram muitos obstáculos, pois a região continha pântanos, pequenos lagos e áreas de mangue.

Apesar de a data de fundação da cidade ser do conhecimento de todos, ninguém sabe dizer com certeza qual o ponto inicial do processo de urbanização. Contudo, é provável que a ocupação tenha começado a partir da atual praça General Valadão, onde ficava o porto. Atualmente existe em Aracaju um bairro denominado América, onde as ruas recebem os nomes dos países desse continente. Também há na cidade uma região em que as ruas são denominadas com os Estados da federação, além de um bairro denominado Getúlio Vargas, que foi presidente do País!!!

No que se refere à **religião**, a maior parte da população de Aracaju é **cristã**, com destaque para a **religião católica**. Esta é administrada pela arquidiocese de Aracaju e pelas dioceses de Estância e Propriá. Estima-se que até 2019, 69% da população de Aracaju se identificasse como católica. Os evangélicos, com suas várias denominações, somavam 15,5% dos habitantes; cerca de 8% dos moradores afirmaram não seguir nenhuma religião, podendo ser ateus, agnósticos ou deístas; os demais habitantes se dividiam entre o espiritismo, a fé mórmon, a umbanda etc. Estima-se que o PIB (Produto Interno Bruto) de Aracaju em 2019 tenha sido de R$ 8,2 bilhões, sendo que a **indústria** e principalmente os **serviços** foram os setores de maior relevância para a economia aracajuana.

No que se refere a centros comerciais, a cidade possui três *shopping centers* de grande porte. O mais antigo deles é o RioMar, inaugurado em 1989 e expandido repetidas vezes, em 2008, 2011 e mais recentemente em 2017. Trata-se de um ótimo lugar para se passear, comprar e comer. Ele está localizado na península do Serigy, mais especificamente no bairro Coroa do Meio, às margens do rio Sergipe. O mais interessante é que o empreendimento está ligado ao continente pela ponte Godofredo Diniz, que dá acesso à avenida Beira Mar, no bairro 13 de Julho, uma das regiões mais nobres da capital sergipana.

O segundo *shopping* da região é o Jardins, inaugurado em 1997 e expandido nos anos de 1998, 2004 e 2006 para atender à demanda dos visitantes. Localizado no bairro de mesmo nome, nos arredores do parque das Sementeiras, o empreendimento foi o grande responsável pelo crescimento de seu entorno, que ganhou vários prédios residenciais valorizados. Esse *shopping* disponibiliza lojas renomadas, como C&A, Riachuelo, Renner, Americanas, Magazine Luiza, Casas Bahia e Centauro, além de outras bastante conhecidas localmente, como a Esplanada, a Rede Emanuelle e a Insinuante.

O *shopping* mais novo é o Aracaju Parque, o primeiro da zona norte da cidade. Na verdade, no início de 2019 estavam sendo concluídas suas obras, mas já promete se tornar mais uma ótima opção de compras e divertimento para os moradores e turistas. Localizado às margens do rio Sergipe, bem próximo do centro histórico e comercial da capital sergipana, ele oferecerá uma vista privilegiada de Aracaju e também das cidades vizinhas de Barra dos Coqueiros (à qual se chega atravessando a ponte João Alves) e Nossa Senhora do Socorro.

A construção do quarto centro comercial está planejada para outra localização privilegiada, ou seja, bem diante da ponte Gilberto Vilanova de Carvalho, sobre o rio Poxim. Ele ficará na entrada viária do conjunto Augusto Franco, que dá acesso ao bairro Farolândia, na zona sul da capital sergipana.

Não se pode esquecer do centro empresarial JFC TradeCenter, um ótimo local para quem busca fazer negócios, realizar consultas ou está apenas atrás de bom entretenimento e/ou gastronomia de qualidade. No âmbito dos supermercados, a cidade também conta com importantes redes, como Gbarbosa (com sede em Aracaju), Bompreço, Atacadão, Makro, Extra, Mercantil Rodrigues, Todo Dia, Pão de Açúcar, entre outros.

Também é preciso mencionar os mercados municipais da cidade, como o Albano Franco, Antônio Franco e Thales Ferraz, que representam outra grande atração na cidade. Neles é possível adquirir os itens mais diversos, que abrangem desde produtos artesanais e peças de vestuário até ervas medicinais, comidas típicas e hortifrutigranjeiros. Vale lembrar que já está em construção um novo mercado popular com foco na venda de eletrônicos. A ideia é oferecer algo como uma *China Town*, e num local bastante privilegiado, ou seja, ao lado do terminal de ônibus do Mercado Albano Franco.

Além dos centros comercial e mercados já mencionados, que empregam milhares de pessoas e são visitados semanalmente por dezenas de milhares de outras, é preciso destacar também o tipo de comércio que acontece nos bairros Siqueira Campos e Santos Dumont (ambos voltados para artigos mais populares e baratos) e no badalado 13 de Julho (repleto de lojas, butiques e *delicatessens* direcionadas a um público de maior renda).

Na região metropolitana de Aracaju, mais precisamente na cidade de Nossa Senhora do Socorro, está o *shopping* Prêmio, que também oferece diversas opções de lazer, entretenimento, compras e alimentação, e é um ótimo lugar para se visitar com a família.

Por conta da distância em relação ao centro comercial da cidade, a região do bairro Atalaia é, comparativamente, uma da mais carentes em termos de serviços. Todavia, até mesmo ali o comércio tem crescido de forma vertiginosa devido à ampliação do turismo na cidade, bem como à construção de novos condomínios residenciais habitados por moradores oriundos de outras localidades, que valorizam bastante a vida na enseada das praias locais. Por essa razão, também chegaram à orla de Atalaia diversas redes *fast food* especializadas em produtos de preço mais acessível, como Subway, McDonald's etc., além de hotéis como o Ibis Budget e academias como a Smart Fit.

Vale lembrar que a orla de Atalaia se encontra estrategicamente localizada a apenas 3,5 km do aeroporto de Aracaju, que recebe nada menos que 24 voos diários provenientes das mais variadas localidades. Por outro lado, partem de lá voos diretos e diários para Brasília, Campinas, Maceió, Recife, Rio de Janeiro, São Paulo e Salvador. Em 2013 o terminal de passageiros passou por uma significativa reforma e ampliação, o que permitiu um aumento no trânsito de pessoas no local e, por conseguinte, em Atalaia.

Naturalmente, também é possível chegar a Aracaju utilizando-se rodovias. As federais são a BR-101, no sentido sul/norte, que se encontra em processo de duplicação em todo o território sergipano, e a BR-235, no sentido litoral/interior, que foi reformada e permite a conexão de Aracaju com o interior da região norte e nordeste, notadamente com o polo de Petrolina e Juazeiro, que se localiza nas divisas dos Estados da Bahia e Pernambuco, a 422 km da capital sergipana.

Já através das rodovias estaduais é possível sair/chegar de/a Aracaju de várias formas. Uma delas é pela SE-201, usando a ponte Aracaju-Barra dos Coqueiros, que liga a capital sergipana à região do rio São Francisco, no sentido norte, ou seja, indo em direção à fronteira dos Estados de Sergipe e Alagoas. Outra opção é a SE-100, que utiliza a ponte Joel Silveira, ligando o litoral sergipano à capital, mais especificamente a praia do Saco e o mangue Secol, localidades que ficam a 80 km de Aracaju.

Além disso, após a construção da ponte Gilberto Amado, concretizou-se uma nova rota de ligação à Salvador diretamente pelos litorais dos Estados da Bahia e Sergipe, paralelamente à BR-101. Existe também a SE-90, uma rodovia que parte da BR-101 em Nossa Senhora do Socorro e leva a Aracaju pela ponte sobre o rio do Sal, no bairro do Lamarão; a SE-65, chamada de rodovia João-Bebe-Água, que liga Aracaju à antiga capital São Cristóvão; a SE-466, que liga São Cristóvão a Aracaju, via Caipe Novo, até o bairro Santa Maria; a ponte José Rollemberg Leite, que liga o conjunto Marcos Freire II (em Nossa Senhora do Socorro) a Aracaju pelo bairro Porto Dantas; e, finalmente, a avenida Santa Gleide (no Jardim Centenário), que dá acesso à avenida Lauro Porto (em Nossa Senhora do Socorro), que leva até à BR-101.

Também é possível chegar a Sergipe pelo porto local, desembarcando no terminal marítimo Inácio Barbosa, que recentemente passou por um processo de revitalização e ampliação para receber melhor os passageiros!!! Distante a 15 km da capital, ele está localizado no município de Barra dos Coqueiros, na região metropolitana de Aracaju, e tem capacidade para receber embarcações de grande porte.

Dentro da cidade o transporte público é feito por ônibus, havendo três grupos concessionários: o Progresso, o Fretcar e o Itamaracá, que opera em sociedade com o grupo Parvi (Viação Atalaia), cujos ônibus interligam os municípios da região metropolitana. Hoje é possível conhecer toda a cidade e inclusive algumas outras que compõem a Grande Aracaju pagando apenas uma passagem – R$ 4,00 (preço de 2018) – e realizando as conexões nos terminais de integração. Para chegar a diversos pontos da cidade é necessário fazer conexões entre os terminais de integração, sendo que dois deles se localizam no centro, um na zona oeste e três na região metropolitana, ou seja, os terminais Marcos Freire, Campus e Barra dos Coqueiros.

A quantidade de taxis em Aracaju é bem superior à média de muitas cidades brasileiras, o que tem provocado já há alguns anos uma grande disputa entre as empresas e tornado o preço das corridas bastante competitivo. Considerando-se que os trajetos são curtos, e (ainda) não se verificam grandes congestionamentos como em outras capitais estaduais, os próprios aracajuanos se utilizam constantemente desse meio de transporte, dado o custo-benefício nesses deslocamentos.

Além dos táxis comuns, existem na cidade os táxis-especiais ou táxis-lotação, que cumprem roteiros pré-determinados de maior distância e que só fazem algumas poucas linhas geralmente levando e trazendo moradores de bairros periféricas para o centro de Aracaju.

Esse modal teve origem nas antigas *kombis* que até a década de 1960 faziam o transporte de passageiros para esses bairros antes da sistematização do transporte coletivo por ônibus, adaptando-se ao modal táxi por compartilhamento, com uma frota de veículos relativamente novos e com um preço um pouco maior do que o ônibus comum, o que tornou esse tipo de transporte bastante atraente ao usuário.

Atualmente, um dos mais polêmicos temas urbanos da capital sergipana é a entrada de aplicativos de transporte por compartilhamento (Uber, 99 entre outros), os mototáxis e os táxis comunitários, que se deslocam do centro para núcleos urbanos com sérias carências de transporte coletivo, como o que ocorre nos bairros de Santa Maria, Jabutiana, Coroa do Meio etc.

Alguns projetos tramitam na Câmara Municipal defendendo a legalização desses meios de transporte, mas o poder executivo municipal por enquanto tem proibido esses modais, usando inclusive o atributo de multar e apreender esses veículos!?!?

Alguns prefeitos já prometeram a implantação em Aracaju do *bus rapid transit (BRT)*, ou seja, do ônibus de trânsito rápido e, para a realização desse projeto chegou-se inclusive a contratar o escritório do ex-prefeito de Curitiba, Jaime Lerner. A ideia era criar corredores livres nas principais artérias da cidade e instituir o **veículo leve sobre trilhos** (VLT), porém, até 2019 nada disso aconteceu.

A capital sergipana também não possui no momento nenhuma perspectiva de implementar linhas de metrô. Tudo indica que uma alternativa para se conseguir avanços no transporte público seria reformar às antigas e obsoletas linhas férreas da antiga RFFSA (Rede Ferroviária Federal S.A.), que estão em desuso em todo o Estado de Sergipe. Isso provavelmente possibilitaria uma melhoria na mobilidade urbana, além de uma integração com outras cidades históricas da região metropolitana por onde passam essas linhas – São Cristóvão, Riachuelo, Itaporanga d'Ajuda e Laranjeiras –, que ostentam grande **valor turístico**.

Se levado adiante, esse projeto certamente ocasionaria **maior eficiência econômica** ao integrar e facilitar o deslocamento urbano na região metropolitana da capital aracajuana. Ademais, olhando-se mais para o futuro, seria igualmente possível religar a malha ferroviária já existente em Sergipe com as do sudeste brasileiro por meio da já existente Linha Norte da Viação Férrea Federal do Leste Brasileiro via Salvador.

Em consonância com o fato de Aracaju ser reconhecida como "**a capital da qualidade de vida**", a cidade chegou a ganhar certo destaque com um inovador sistema de deslocamento urbano chamado *Caju Bike*, em que um certo número de bicicletas era disponibilizado em plataformas espalhadas em algumas regiões da cidade (no centro e na zona sul, mais especificamente). Os equipamentos podiam ser usados tanto para a prática de atividades físicas quanto como meio de transporte limpo e eficiente. Nesse último caso havia a possibilidade de o ciclista fazer a integração modal em alguns terminais de ônibus, nas imediações das principais faculdades e áreas de lazer de Aracaju.

Infelizmente o *Caju Bike* não evoluiu satisfatoriamente desde sua implantação em 2014, sempre apresentando deficiências que provocavam reclamações por parte dos usuários locais e dos turistas. Outra dificuldade do sistema foi o fato de ele não ter se expandido para as demais regiões da cidade, ou seja, onde estavam localizadas as principais ciclovias da cidade, nas avenidas Tancredo Neves, Rio de Janeiro e São Paulo. Infelizmente esse projeto foi suspenso.

Apesar disso, a magrela continua a ampliar sua importância na cidade, pois além de permitir um fácil deslocamento, inclusive pelas vielas de Aracaju, é um transporte ecologicamente correto. Antes com apenas duas ciclovias – a da avenida Rio de Janeiro, que foi rebatizado com o nome Augusto Franco, e da avenida Beira Mar (na zona sul) – a cidade recebeu investimentos federais provenientes do ministério das Cidades para a construção de muitas delas. Assim, alguns anos atrás foi construída a ciclovia ao longo da avenida São Paulo, que deu continuidade àquela da avenida Rio de Janeiro. Esta, por sua vez, agora foi expandida para outros locais, como o conjunto Orlando Dantas e a avenida Beira Mar, às margens do rio Sergipe. Em 2019, a cidade tinha mais de 110 km de ciclovias, sendo considerada a capital estadual no País, com a maior malha cicloviária por número de habitantes!!!

Como Aracaju é atravessada por quatro rios, o **transporte hidroviário** já foi muito importante nos primórdios da cidade, que tinha linhas regulares para Santo Amaro, Maruim, São Cristóvão e Itaporanga d'Ajuda. Na década de 1970 foi inaugurado no centro o terminal hidroviário Jackson de Figueiredo. Até o ano de 2006 existiam duas linhas oficiais, uma para Barra dos

Coqueiros e outra para Atalaia Nova, ambas usando o rio Sergipe. Com a inauguração da ponte Construtor João Alves a concessão das linhas fluviais à empresa H. Dantas foi suspensa e o modal ônibus passou a ser usado.

Mas o transporte hidroviário é barato e poderia ser mantido para beneficiar a população mais carente e dar uma pluralidade das opções modais semelhante ao que ocorre entre as cidades do Rio de Janeiro e Niterói, ou em Belém ou ainda em Manaus, nas quais as lanchas saem de locais nos quais existem também terminais de ônibus. A prova da popularidade do **transporte fluvial** pelo rio Sergipe se nota na presença de pequenas canoas motorizadas chamadas de "**tó-tó-tó**" que continuam funcionando, que cobram metade do preço da passagem de ônibus e ligam o antigo terminal hidroviário da Barra dos Coqueiros com o atracadouro do Mercado Municipal em Aracaju.

É bom todo mundo saber que Aracaju foi a **segunda cidade brasileira a criar uma rua exclusiva para pedestres** (!!!), ou seja, a rua João Pessoa, um calçadão localizado no centro, em 1982 (a título de curiosidade, o primeiro surgiu em 1972, em Curitiba, capital paranaense, e é a movimentada rua XV de Novembro). Anos também depois foram calçadas no mesmo trecho as ruas Laranjeiras e São Cristóvão. Alguns calçadões dedicados ao lazer foram implantados na cidade, como os da avenida Beira Mar e na orla da Atalaia, ambos na zona sul, e o da avenida Visconde de Maracaju, na zona norte.

Infelizmente, até os dias atuais, Aracaju não tem uma política definida por lei para a padronização de suas calçadas, desse modo, o **desrespeito** ao pedestre é uma **constante** em toda a cidade. Constata-se assim em quase todas as calçadas um desnivelamento, bem como a sua ocupação irregular para atividades comerciais. Os passeios públicos são estreitos, danificados e não apresentam qualquer padronização.

No que se refere a praças, com exceção do centro da cidade, os bairros aracajuanos possuem poucas delas. Vale ressaltar que a **arborização** é importantíssima para o pedestre numa cidade de clima tropical, em que as temperaturas são elevadas o ano todo. Todavia, lamentavelmente, bairros populosos (como Siqueira Campos ou Santos Dumont), e comerciais (como São José) e até mesmo os mais centrais da cidade, têm uma grande carência em termos de arborização e passeios públicos.

No tocante a passarelas, existem apenas três na cidade, duas das quais encontram-se na BR-235, entrada/saída principal de Aracaju. A terceira está situada na avenida Tancredo Neves, nas imediações do DETRAN/SE

(Departamento Estadual de Trânsito). Porém, com o crescimento urbano bastante acelerado das últimas duas décadas, está se tornando urgente a instalação de novas passarelas, em especial em alguns pontos de grande fluxo de pedestres, onde as vias são largas e movimentadas, como por exemplo as avenidas Maranhão, Heráclito Rollemberg, Rio Branco e General Euclides Figueiredo.

Felizmente foram feitas diversas obras estruturantes que amenizaram os problemas de trânsito em Aracaju. Entretanto, outros planos mais ousados, como a construção de uma via expressa passando por vários bairros não foi concretizada até hoje...

A velocidade máxima permitida nas ruas e avenidas de Aracaju é controlada por lombadas eletrônicas e fotossensores, entretanto, o desrespeito aos limites de velocidade se mantém e com isso ainda ocorrem muitos acidentes, inclusive com vítimas fatais.

Aracaju possui atualmente dois terminais rodoviários. Um deles é o terminal José Rollemberg Leite, localizado na avenida Tancredo Neves, na entrada da cidade, para quem vem pela BR-101. Ele é conhecido como "rodoviária Nova, e recebe ônibus de viações estaduais, regionais e nacionais. Portanto, pode-se chegar à capital e partir dali rumo a várias cidades do nordeste e inclusive do sul do País. As viações presente incluem: Rota Transportes, Água Branca, Real Alagoas, (Gontijo, Progresso, Itapemirim, Emtram, Expresso Guanabara, Coopertalse e Coopetaju. Do fluxo total de passageiros no terminal José Rollemberg Leite, cerca de 19% são viajantes de outros Estados.

O outro terminal rodoviário chama-se Luiz Garcia, mas é mais conhecido como rodoviária Velha. Ele está localizado no centro da cidade e foi inaugurado em 1962. Deixou de receber ônibus interestaduais em 1978, quando foi inaugurada a nova rodoviária. Até 1994 operou apenas com as linhas da região metropolitana de Aracaju e em 1995, com a entrada do sistema de transporte alternativo de cooperativas, retomou as operações para todo o Estado. No terminal atuam as empresas Rota Transportes, Via Norte, Coopertalse e Coopetaju.

A mobilidade urbana melhorou muito em Aracaju, quando foi construída a ponte Construtor João Alves (ou ponte de Aracaju para Barra dos Coqueiros, cidade construída na ilha de Santa Luzia). O nome da ponte é uma homenagem ao pai do governador que promoveu a construção, João Alves Filho, que foi inaugurada em 24 de setembro de 2006. Os aracajuanos até sugeriram outro nome para a ponte, mais especificamente o de Zé Peixe, uma figura emblemática e bastante conhecida, não apenas por ter atravessado o rio Sergipe a nado já com idade bem avançada, mas principalmente por ter sido um prático experiente (profissional que ajuda navios a entrarem e saírem dos portos) e conhecido em todo o País.

De qualquer modo, com a inauguração dessa ponte, o litoral norte do Estado, que vai da foz do rio Sergipe até a foz do rio São Francisco, ficou bem mais acessível para os turistas que chegam a Aracaju. O projeto dessa ponte foi bem arrojado para os padrões locais e ela se tornou a 2ª maior ponte urbana do País quando a obra foi finalizada em 2006. Na construção dessa obra trabalharam cerca de mil operários e ela se transformou num cartão-postal de Aracaju, pois está perfeitamente integrada ao rio Sergipe, podendo ser vista desde o centro da cidade até a foz do rio à beira do oceano, sob vários ângulos.

Outro cartão-postal da cidade é a orla de Atalaia. Com 6 km de extensão, ela está situada a apenas 9 km do centro da cidade e é ali que estão localizados, e plenamente integrados à paisagem, muitos dos principais hotéis da cidade. Também se encontram ali muitos dos melhores restaurantes de comida típica, localizados mais especificamente numa região denominada Passarela do Caranguejo, na qual há um monumento a céu aberto na forma de caranguejo gigante, onde é possível tirar belas fotos da praia ao lado do "crustáceo", que tão bem caracteriza a culinária local.

Entre os hotéis da orla aracajuana, seguramente o que mais se destaca é o Radisson, com boa localização, ótimas acomodações, área de lazer (piscina, sala de ginástica etc.) e comida saborosa. Mas existem pelo menos outros quinze nos quais o hóspede poderá desfrutar de uma ótima estádia, recebendo a atenção de funcionários atenciosos. Dentre eles estão: Íbis; Aruanã Eco Praia (de frente para a praia); Pousada do Sol; Celi; da Costa (na praia dos Artistas); Real Classic; Aracaju Praia; Quality (ao lado de um *shopping*, que oferece boa comida); Del Mar; ViaMar Praia; Aquários Praia; Jatobá Praia; Del Canto; Araras Praia e Go Inn.

No que se refere a restaurantes, aí vão algumas sugestões: *Mangará* (culinária nordestina), *Carne de Sol do Ramiro* (especialidades nordestinas), *Porto Madero* (*buffet* de frutos do mar e carnes grelhadas), *DiVino Vinhos & Gourmet* (pescados e filés, além de massas e risotos), *Carro de Bois* (uma fina *steakhouse*), *Churrascaria Sal e Brasa Aracaju* (uma *steakhouse* descontraída), *Pitú com Pirão da Eliane* (frutos do mar); *Shouri* (culinária japonesa);

Casa do Forró Cariri (especialidades nordestinas); *La Vecchia Ristorante e Pizzaria* (comida italiana); *La Tavola* (comida italiana); *Sollo* (talvez o melhor restaurante de Aracaju...).

Além da praia é claro, com sua ampla faixa de areia até o mar, a orla de Atalaia possui em sua estrutura alguns lagos artificiais, pista de corrida e pontos com fontes de água com iluminação e sonoridade especiais. Existem também várias áreas para práticas esportivas, como quadras poliesportivas, clube de tênis, kartódromo e rampas de *skate* e patins espalhadas por toda a extensão da orla.

Tradicionalmente nos finais de semana ocorrem ali diversos eventos culturais, tais como o popular *Som da Calçada*, que agita a juventude, que acontece numa área conhecida pelos aracajuanos como "**calçadão da Cinelândia**".

Na orla de Atalaia há tanto as feiras permanentes quanto as itinerantes, nas quais se vende artesanato e comidas típicas. O espaço mais famoso é o chamado Centro de Arte e Cultura J. Inácio, que conta com 48 estandes nos quais se pode adquirir as melhores obras artísticas e de artesanato dos artistas sergipanos. Mas o visitante especialmente não pode deixar de passar na Feira do Turista e na Passarela do Artesão, pois aí vai encontrar de fato o artesanato local e poderá deliciar-se com comidas típicas.

No que se refere a belas esculturas a céu aberto na região da orla está o monumento aos Formadores da Nacionalidade, que foi erigido para homenagear as personalidades da nossa história. Dessa forma tem-se no local estátuas representando Joaquim José da Silva Xavier, o Tiradentes, Zumbi dos Palmares, dom Pedro II, José Bonifácio de Andrade e Silva, Joaquim Nabuco, princesa Isabel, duque de Caxias, barão do Rio Branco, Getúlio Vargas, Juscelino Kubitschek, dentre outros.

Ademais, na orla situa-se o igualmente importante Espaço de Convivência Cultural que, por estar integrado em localização com a praça dos Arcos – que tem a bela estrutura *Arcos* – desempenha a função de exibir a memória e ser um resgate cultural de um passado conhecido talvez pelos sergipanos, mas não pela maioria dos visitantes da cidade. Quem entra nesse espaço fica conhecendo personalidades de grande importância para a cultura local, como Gumercindo de Araújo Bessa (grande jurista sergipano), João Batista Fernandes (jornalista, crítico literário e filólogo), Tobias Barreto (filósofo e escritor), Silvio Romero (deputado provincial e federal de Sergipe), Jose Calasans (intelectual e magistrado), Fernando Pessoa (advogado, professor e crítico), João Ribeiro (jornalista, historiador e membro da Academia Brasileira de Letras – ABL) e Horácio Hora (importante pintor do romantismo brasileiro).

Por fim, e não menos importante, encontra-se na orla de Atalaia o Oceanário de Aracaju. Sob uma vista aérea a sua estrutura tem o aspecto de uma tartaruga e internamente abriga não só tartarugas, mas também diversos outros animais marinhos em 20 aquários e tanques. Essa construção, bem como o pórtico na sua entrada, são homenagens a essas espécies que habitam a costa sergipana.

Na costa de Aracaju existem praias **oceânicas** e **fluviais**. Entre as primeiras estão as de Refúgio, Náufragos, Robalo, Aruana, Atalaia, Coroa do Meio, Artistas e Havaizinho, das quais as três últimas revelam-se impróprias para a balneabilidade). Já as praias **fluviais** são a Croa do Goré, a orla Pôr do Sol, a Bico do Pato, a 13 de Julho (ou Formosa) e a Prainha, no bairro Industrial, sendo que, lamentavelmente, essas três últimas também são impróprias para o uso. Como se pode reparar, entre os diversos desafios que terão de ser enfrentados pela administração municipal está o de limpar essas praias, o que com certeza aumentará a **visitabilidade** da cidade.

No que concerne à **educação**, estima-se que em Aracaju, no início de 2019, estivessem matriculados no ensino como um todo (pré-escola, fundamental, médio e superior) cerca de 160 mil pessoas, das quais 29 mil estudantes eram universitários. Na rede particular de ensino tem-se algo próximo de 100 estabelecimentos de ensino, enquanto nas redes municipal e estadual eles somam cerca de 170.

Entre as escolas municipais de ensino fundamental (EMEFs) de Aracaju, há várias muito boas, como a Jornalista Orlando Dantas, a Prof. Alcebíades Melo Vilas Boas, a Olga Benário e a Elias Montalvão, todas com boa avaliação, mas há algumas dezenas de outras que oferecem um ensino satisfatório!!!

Por outro lado, são muitas as IEs estaduais que oferecem excelente ensino aos aracajuanos. Entre elas destacam-se entre as mais bem avaliadas as seguintes: Augusto Maynard, Atheneu Sergipense, 17 de Março, Prof. Joaquim Vieira Sobral, Leandro Maciel, São José, Tobias Barreto, Rodrigues Dória, Dom Luciano José Cabral Duarte, Olímpia Bittencourt, Barão de Mauá, Vinte e Quatro de Outubro, José Augusto Ferraz, entre outras.

Na rede privada de Aracaju tem-se cerca de duas dezenas de bons colégios, com ótima avaliação, como: Prof. José Olino (apenas até o ensino fundamental), Millennium (talvez o melhor de Aracaju), CCPA, Orlando Dantas (professores dedicados), Arquidiocesano Sagrado Coração de Jesus (com profissionais gabaritados que oferecem excelente educação, seguindo a tradição católica), Intellectus (do maternal ao 9º ano, tendo inclusive aulas de robótica), Salesiano Nossa Senhora Auxiliadora (com excelente quadro de professores, onde incentiva-se o esporte, a educação bilíngue, o ensino da robótica, a cidadania cristã e a honestidade), Coesi (Colégio de Orientação e Estudos Integrados, que nasceu em 12 de fevereiro de 1982, numa modesta casa, pela iniciativa de Maria Aparecida Santos Nunes.), Lavoisier, Adventista, Esplendor (boa estrutura e metodologia), Elite, Delta (ótima IE), Salvador (apesar de tradicional, soube se adaptar bem às tendências atuais); Dom Fernando Gomes, Americano Batista, entre outros.

Cursar **creche** e **pré-escola** na rede pública é um dos fatores que mais tem impulsionado o desempenho escolar das crianças nas séries seguintes, e isso está **comprovado** em especial nos países mais desenvolvidos do mundo. Estimava-se que no inicio de 2019, havia cerca de 13.000 crianças na pré-escola, um número baixo.

Para os brasileiros, especialmente os mais pobres, como se nota em Aracajú, esta vantagem não está acontecendo!?!? **E por que isso acontece?** Porque o bom atendimento na educação não chegou a quem mais precisa dele no nosso País!!!

Comparações internacionais apontam que as IEs brasileiras têm realmente condições de atendimento **inferiores** a de países desenvolvidos. Um dos pontos mais críticos é o número de criança para cada professor. No Brasil são 14 na creche e 21 na pré-escola, enquanto nos países desenvolvidos esta média é de apenas 8 e 14 respectivamente, segundo levantamento da OCDE (Organização de Cooperação e Desenvolvimento Econômico). Claro que com tantas crianças para atender, fica mais difícil oferecer a atenção adequada para cada uma delas. Há também os problemas no financiamento desta etapa, e no Brasil em 2018 investiu-se somente **0,7%** do PIB (Produto Interno Bruto) no **ensino infantil** !?!? E essa diferença fica ainda mais acentuada se for considerado o valor investido por criança ao ano, sendo que no Brasil é 2,3 vezes menos que nos países da OCDE.

Num estudo realizado em 2011, no Instituto de Pesquisa Econômica Aplicada (Ipea), liderada pelo economista Ricardo Paes de Barros, os pesquisadores analisaram as creches do Rio de Janeiro e constataram que: "As crianças que foram para as IEs consideradas de alta qualidade (20% melhores) apresentaram depois uma idade mental e social entre 1,8 e 2,3 meses maior do que as que estiveram nas IEs que faziam parte das 20% piores. A pesquisa mostrou que o gasto nas 20% melhores creches chegou a ser 72% maior do que nas 20% piores.

Infelizmente a creche no Brasil foi formada com base na ideia de assistência, não da educação. As crianças, em grande parte até recebem um tratamento adequado em termos de higiene e alimentação, porém, enquanto permanecem alí, recebem poucos estímulos. As turmas são grandes e em muitos casos elas passam grande parte do tempo assistindo TV!?!? Uma boa qualidade de ensino infantil deve ter, pois, turmas pequenas, com crianças que fiquem em salas com brinquedos de montar; que haja nas IEs espaço para diferentes atividades, inclusive cantinhos com livros e que seus professores saibam dividir bem o tempo das crianças, para brincar, estudar e descansar."

Felizmente, apesar de várias deficiências que devem ser corrigidas, a proporção atual de crianças matriculadas nas creches e pré-escolas aumentou bastante, devido a várias legislações que impulsionaram este crescimento. Uma lei federal determinou que todas as crianças entre 4 e 5 anos precisavam estar matriculadas a partir de 2016. Ainda que esta exigência não tenha sido atendida até o início de 2019 (está em 92% do atendimento), em breve isso irá acontecer. Outra legislação o Plano Nacional de Educação (PNE), determinou que 50% das crianças de 0 a 3 anos devem estar em creches até 2024 (no início de 2019 esse atendimento chegou a 31%).

Em grande parte, essa pressão por aumento de vagas vem da necessidade das mães precisarem trabalhar (pelo menos aquelas que têm emprego....) e ter que deixar os filhos em algum lugar seguro. Dessa maneira o atendimento público do ensino infantil tornou-se uma nova obrigação das prefeituras (a grande maioria delas vivendo em crise financeira...) precisando para atender esssa demanda, de apoio dos governos estaduais e do federal. E essa amarração, determinada pela Constituição, tem sido mais um dificultador para o ensino infantil. Se a União tem enfrentando sérios problemas orçamentários, a situação dos municípios é maior ainda..... É verdade que recentemente foi aprovado um importante documento de caráter normativo – a Base Nacional Comum Curricular (BNCC) -, que pode auxiliar e melhorar a qualidade das creches e pré-escolas. A BNCC começou a ser implementada em 2019 estabelecendo o que cada criança e jovem deverá aprender a cada ano, da educação infantil ao ensino médio. E o documento determina, por exemplo, que crianças na faixa de 2 e 4 anos devem saber criar sons com materiais, objetos e instrumentos musicais para acompanhar diversos ritmos. E que na etapa seguinte a criança deve poder expressar-se livremente por meio de desenhos, pinturas, colagens, dobraduras e esculturas. Antes do BNCC, não estava claro o que cada criança devia aprender em cada etapa.

O que as **cidades encantadoras** como Aracaju devem priorizar para, inclusive, justificar este qualificativo é daqui para frente, investir pesadamente na educação infantil, não é?

As IESs públicas são a Universidade Federal de Sergipe (UFS), com o *campus* II, no bairro Cidade Nova, e o Instituto Federal de Sergipe (IFS), *campus* Aracaju. Há ainda duas dezenas de IESs privadas, destacando-se entre elas a Universidade Tiradentes (UNIT), com *campi* em Farolândia e no centro; a Faculdade Maurício de Nassau (Uninassau), com *campus* Siqueira Campos; a Faculdade Sergipana; a Faculdade Serigy e a Faculdade de Negócios de Sergipe.

No que se refere a UFS, ela surgiu e partir da universidade de Sergipe através da lei Nº 1.194 de 11 de julho do governo estudantil e passou a ser federal em 28 de fevereiro de 1967 pelo decreto-lei Nº 269 e instituída em 15 de maio de 1968. Hoje possui *campi* nas cidades de São Cristóvão (onde está a maioria dos seus mais de 100 cursos de graduação), Aracaju, Itabaiana, Laranjeiras, Lagarto e Nossa Senhora da Gloria, com a pretensão de se expandir para outros municípios.

Estima-se que no início de 2019 estudavam na UFS cerca de 26.500 alunos (uns 24.600 nos cursos de graduação e os restantes 1.900 nos de pós-graduação) e trabalhavam nela aproximadamente 1.380 docentes. A UFS oferece algumas dezenas de mestrados, 13 doutorados e 9 cursos de especialização. Milhares de pessoas já se formaram na UFS e algumas delas obtiveram grande destaque no cenário nacional como os advogados Carlos Ayres Britto [que foi inclusive presidente do Supremo Tribunal Federal (STF)], Albano do Prado Pimentel Franco (que foi senador e governador do Estado), Marcelo Déda Chagas (que foi deputado estadual, federal, prefeito de Aracaju e governador do Estado, até falecer em 2013); o químico industrial Antônio Carlos Valadares (político que se tornou senador) e o médico Eduardo Alves de Amorim, entre outros.

Um grande benefício que a UFS presta aos sergipanos em geral é também a manutenção do seu Hospital Universitário, que é totalmente integrado ao SUS (Sistema Único de Saúde) e atende por ano cerca de 180 mil pessoas (a maioria dos bairros mais carentes de Aracaju, mas também de outros municípios de Sergipe e até dos Estados circunvizinhos). Ele ocupa uma área de 50.570 m², doada pelo governo do Estado, através da lei Nº 2.769 de 21 de dezembro de 1989. Abriga em suas dependências, a unidade de anatomia patológica, o núcleo de processamento de dados, o Centro de Ciências Biológicas e da Saúde, a administração, ambulatórios, laboratório de análises clínicas, farmácia, centro cirúrgico (com três salas de cirurgia, as enfermarias com capacidade máxima de 100 leitos, incluindo a UTI (unidade de terapia intensiva), estando em construção uma maternidade.

Desde 2013 a UFS conduz uma parceria com a empresa norte-americana Cisco Systems, em um projeto-piloto de **telemedicina**, ou seja, atendimento médico via telepresença, que visa aproximar profissionais da saúde das cidades de Lagarto e Tobias Barreto e especialistas do Hospital Universitário da UFS, em Aracaju. As **clínicas de saúde da família** das duas cidades são conectadas a hospitais e especialistas do Hospital Universitário. A meta é melhorar o acesso ao atendimento especializado e a qualidade no serviço e na vida das crianças e de suas famílias.

O recurso da telepresença também pode ser utilizado no oferecimento de treinamentos e nas apresentações de projetos de alunos nos cursos de medicina da UFS. Essa colaboração permite não apenas ampliar os conhecimentos, mas garantir o treinamento das equipes de assistência locais, facilitando-lhes o acesso a conteúdos científicos disponíveis nos centros de excelência. Graças às contínuas descobertas científicas e aos avanços das tecnologias da informação e comunicação (TICs), que possibilitam formas democráticas de acesso ao conhecimento, a UFS instituiu desde 2006 o seu Centro de Educação Superior a Distância (Cesad) que atualmente oferece muitos cursos de graduação (licenciaturas).

Cada curso de licenciatura oferecido pelo Cesad, oferece ao aluno um processo pessoal de construção da aprendizagem, desenvolvendo habilidades competências, atitudes e valores necessários a sua formação profissional e vida pessoal. Na verdade, convém destacar que o aluno que ingressa através do Cesad é um aluno regular da UFS com a particularidade de realizar vestibular em seu próprio município e de participar das aulas através de um ambiente virtual de aprendizagem cujo acesso também é realizado em seu polo. Assim, seu diploma é expedido e validado da mesma forma que os alunos presenciais da UFS.

Acima de tudo é vital entender que o aluno Cesad é um aluno da UFS!!! Por isso, é aplicada aos cursos oferecidos pelo Cesad a mesma qualidade de seus cursos presenciais, assim como os mesmos rigores acadêmicos inclusive no tocante à avaliação da aprendizagem.

A **saúde** em Aracaju é administrada pela sua secretaria de Saúde, que planeja e executa as ações na área, de acordo com os princípios do SUS. Existem na cidade quatro estabelecimentos públicos para internação, além de 16 privados. Estima-se que em 2018 houvesse cerca de 2.700 leitos, dos quais 2.100 estavam disponíveis para o SUS, e distribuídos entre o Hospital Santa Isabel (que além de boa estrutura conta com uma equipe dedicada), o Hospital Universitário da UFS (também considerado de boa qualidade, mas no qual há grande dificuldade de atendimento por parte dos aracajuanos) e o Hospital João Alves. Além desses, há também em Aracaju o Hospital da Polícia Militar, que oferece um bom atendimento, além de ter profissionais e médicos excelentes.

Entre os hospitais particulares deve-se destacar o da Unimed, que foi inaugurado em 2007 e possui 66 leitos, um pronto-atendimento e centro de diagnóstico. A Unimed oferece ainda outros serviços de atendimento médico espalhados pela cidade. Há também na cidade o Hospital Gabriel Soares (Hapvida), o Hospital São Lucas, o Hospital Primavera, a Clínica Renascença, o Cemar, além de outros. Naturalmente, pela quantidade de pacientes que esses estabelecimentos de saúde recebem, um bom contingente não fica nada satisfeito com o tratamento que recebe, o que obviamente indica que a qualidade do serviço oferecido precisa melhorar muito!!!

Um fato bem interessante no tocante à saúde é que Aracaju é a capital estadual brasileira com o menor índice de fumantes no País – **menos de 7% dos seus moradores tem esse vício!!!** O que também ajuda bastante na área da saúde é o fato de que na capital sergipana, 99,3% da população é abastecida com água tratada, e 96,8% das residências têm coleta de lixo, embora o saneamento básico ainda seja deficitário, alcançando apenas 48% dos habitantes.

Quando o assunto é **entretenimento**, em Aracaju são promovidas muitas festas. Logo de início deve-se recordar, entretanto, que a partir da década de 1990 o Carnaval na cidade infelizmente passou por um período de estagnação, em especial com o fim dos bailes em clubes como os do Iate Clube, da Associação Atlética, do Cotinguiba e do Vasco, bem como dos desfiles das escolas de samba que ocorriam na avenida Barão do Maruim!! Também nessa década foi extinto o grito de Carnaval que ocorria na praça Fausta Cardoso, chamado de Clube do Povo. Aliás, não se pode esquecer que ainda antes disso, na década de 1980, os blocos de rua praticamente já haviam desaparecido.

Em paralelo à decadência do Carnaval na capital sergipana, surgiu na cidade o Pré-Caju, um evento pré-carnavalesco (!?!?), inspirado no Carnaval de Salvador, realizado pelo empresário Fabiano Oliveira por intermédio da Associação Sergipana de Blocos e Trios, que fazia um percurso que se tornou conhecido como **Corredor da Folia**. No início o trajeto chegou a ter mais de 5 km, partindo da concentração na praça da Bandeira, percorrendo toda a avenida Beira-Mar, passando pela zona nobre do bairro 15 de Julho, na zona sul da capital e chegando ao seu destino, na ponte Godofredo Diniz, localizada no bairro Coroa do Meio.

Em duas ocasiões, entretanto, os festejos foram experimentalmente realizados na área dos mercados municipais. De 1992 a 2014, particularmente os expoentes do axé *music* fizeram dessa festa a maior prévia dos chamados festejos do Rei Momo, firmando-se inclusive no calendário nacional turístico, e divulgando a capital sergipana.

Em novembro de 2014 os organizadores do evento, alegando falta de patrocínio e em meio a denúncias do Tribunal de Contas da União (TCU), por não prestação adequada de contas de verbas oriundas do ministério do Turismo, declararam o fim do Pré-Caju e a sua realização a partir de 2015 passou a ser em um local fechado no bairro Coroa do Meio, com a denominação *Fest Verão Sergipe*.

O fato positivo para o **entretenimento** é que a partir de 2005 o Carnaval de rua em Aracaju, seguindo uma tendência nacional cada vez mais pronunciada, está sendo resgatado e atualmente grandes blocos desfilam pelas ruas da cidade, sobretudo na região central, a exemplo do Rasgadinho e do Carro Quebrando, tocando principalmente frevos e marchinhas.

E no mês de junho a capital sergipana verá um verdadeiro arraial na Vila do Forró, na orla de Atalaia e no **Forró Caju**, na praça dos mercados municipais. Nesses locais – onde já se apresentaram grandes nomes do forró, como Elba Ramalho, Wesley Safadão, Zé Ramalho, Calcinha Preta, Aviões do Forró, Banda Calypso, Desejo de Menina, entre outros – pode-se acompanhar as exibições de centenas de **quadrilhas juninas**, desde as escolares (comemorando o término do semestre letivo) até as mais acostumadas às competições regionais e nacionais. Aliás, vale lembrar que algumas quadrilhas de Aracaju estão entre as melhores do País, a exemplo de Unidos em Asa Branca, Século XX, Xodó do Maranhão e Maracangalha.

A Festa de São João em Aracaju é fundamentalmente um evento com tradição familiar. Assim, em muitas ruas de diversos bairros da cidade onde vivem pessoas de classes sociais distintas, é comum ver arraiais montados pelas próprias comunidades ou por algumas famílias nas suas residências, nas quais têm-se muito forró, alegria, mesas repletas de bebida e comidas típicas (milho, pamonha, pé-de-moleque, canjica, caruru, amendoim, bolos diversos etc.).

Todavia, se não faltam na cidade opções para os que gostam de **agitação**, também para os que preferem **tranquilidade** não faltam boas alternativas. Isso se aplica tanto aos aracajuanos quanto aos visitantes – e, em especial, a esse último grupo. Na verdade, há muitas opções para momentos de descontração e meditação, que podem ser passados em alguns dos bons parques da cidade como: Sementeiras, Cajueiros, Cidade, Teófilo Dantas e João Cleófas.

Para os que gostam de admirar templos religiosos, em particular os católicos, o ideal é reservar um bom tempo para visitar a catedral metropolitana, a igreja de Santo Antônio (localizada em um dos pontos mais altos de Aracaju) e a igreja do Salvador, que estão entre as principais da capital sergipana.

Já para os que adoram agregar **turismo** e **conhecimentos**, vale a pena programar uma visita ao Centro Cultural, ao Centro de Memória Lourival Baptista, ao Memorial Zé Peixe, ao Memorial da Bandeira e aos museus da Gente Sergipana, do Artesanato e da Rua. Além disso, existem atualmente em Aracaju pelo menos uma dezena de boas galerias de arte.

No que se refere a **edificações históricas** (especialmente as tombadas...), quem tem uma queda para arquitetura não pode deixar de visitar os edifícios *Atalaia* e *Estado de Sergipe*, a estação ferroviária *Leste Brasileiro*, os mercados Antônio Franco e Thales Ferraz, os palácios Ignácio Barbosa, Serigy e Olímpio Campos (que é também um museu), bem como a ponte do Imperador e o terminal rodoviário Luiz Garcia.

Também se destacam em Aracaju alguns teatros, como o Tobias Barreto, o Atheneu, o Lourival Baptista e o Tiradentes. Já as maiores bibliotecas (e com os maiores acervos) são a Epifânio Dória, a Clodomir Silva e a Ivone de Menezes Vieira. No âmbito da comunicação, existe mais de uma dezena de estações de rádio FM e algumas AM na capital sergipana, portanto, se você estiver preso no trânsito poderá facilmente sintonizar em uma delas. Mas se estiver em casa e preferir a TV, as principais emissoras do País possuem afiliadas em Aracaju, mas a cidade também é atendida pelos sistemas de TV a cabo, além de oferecer os usuais serviços de *streaming*.

No âmbito esportivo, a cidade conta com três estádios de futebol que estão aptos a receber partidas de equipes profissionais. São eles: o João Hora, o Sabino Ribeiro e o Lourival Baptista. Esse último é conhecido como "Batistão", tem capacidade para 15.595 torcedores e recebe todos os jogos principais, inclusive, é claro o clássico do futebol sergipano, quando se enfrentam as equipes do Sergipe e do Confiança.

A cidade possuiu atualmente cinco clubes profissionais de futebol em atividade:

Associação Desportiva Confiança, chamada pelos torcedores de Confiança, que tem como suas cores o azul e o branco. O clube, conhecido pelas alcunhas de "**gigante operário**", "**gigante azulino**" e "**dragão do Bairro Industrial**", e cujo mascote é o dragão, nasceu dentro da fábrica de tecelagem Confiança, após uma competição de voleibol, no bairro Industrial, onde os seus idealizadores (em 1º de maio de 1936), Joaquim Sabino Ribeiro Chaves, Epaminondas Vital e Isnard Cantalice, lançaram o desafio de fundar um clube focado em basquete e voleibol, inicialmente para os operários da fábrica. Somente em 1949 surgiu o time de futebol, realizando diversos amistosos. Já em 1951 a equipe conquistou pela primeira vez o título estadual. Em 1º de maio de 1955, graças ao seu padrinho Joaquim Sabino Ribeiro Chaves, o Confiança realizou o sonho de todo time de futebol e construiu seu estádio de futebol, batizado de Proletário Sabino Ribeiro, cuja capacidade era de 4.000 espectadores. De 1951 a 1966, um período de 15 anos, o Confiança conquistou 12 campeonatos estaduais, confirmando sua supremacia e o título de maior clube do Estado de Sergipe. Ele também conquistou acesso à Série C do Campeonato Brasileiro, competição da qual inclusive participou em 2019, sendo o único clube do Estado a ter subido na era dos pontos corridos. Além disso, o Confiança destaca-se por possuir hoje a maior torcida no Estado de Sergipe, que em muitas de suas partidas lota o estádio Batistão, com capacidade para 15.000 espectadores. É também o detentor da melhor campanha no Campeonato Brasileiro entre os clubes sergipanos, com sua participação no Campeonato Brasileiro de Futebol de 1977 e a melhor campanha na Copa do Brasil, com sua participação na edição de 2002, quando alcançou a 3ª fase. Até 2019 já acumulou 21 títulos do campeonato sergipano.

- **Clube Sportivo Sergipe**, que é também conhecido como "**derrubador de campeões**" e "**o mais querido**", sendo considerado o clube historicamente mais tradicional e de maior torcida no Estado. Tem o seu uniforme nas cores vermelho e branco. Sua mascote é o **diabo rubro**!!! Atualmente a equipe dispões de uma boa infraestrutura, após a reforma de 2013 de seu estádio, o João Hora, situado no bairro Siqueira Campos. Todavia, assim como o seu arquirrival, o Confiança, a equipe manda a maioria de seus jogos no Batistão. Trata-se do clube mais vitorioso do Estado, com 34 títulos estaduais, seis deles consecutivos (de 1991 a 1996).
- **Cotinguiba Esporte Clube**, que é conhecido como o "**decano da fundição**" ou "**tubarão da praia**". Era o clube mais antigo da cidade, fundado em 1909. Assim como no caso do Sergipe, suas atividades estavam voltadas mais para as competições de remo. Ele conta com uma boa sede social no bairro São Jose. Possui seis títulos estaduais, porém, está inativo desde 2008, ano em que disputou a Série A2 do estadual.
- **Vasco Esporte Clube**, chamado pelos seus torcedores de "**time da cruz de malta**", numa clara imitação ao famoso "irmão cruzmaltino" carioca. Nem os tempos de glória do Vasco terminaram pois encerrou suas atividades no futebol, a estrutura do clube está bem abandonada e danificada, sendo que sua a sede social está sendo usada basicamente para a realização de *shows* populares de música.
- **Aracaju Futebol Clube**, foi fundado em 2004, sendo o clube mais jovem de Aracaju. Suas cores são o verde e o branco. Sua sede fica na avenida Pedro Valadares, no famoso bairro Jardins. Atualmente disputa o campeonato sergipano da Série A2.

No decorrer da Copa do Mundo de Futebol, realizada no Brasil em 2014, Aracaju foi escolhida para ser o centro de treinamento da seleção da Grécia, o que permitiu estabelecer um estreito vínculo entre os dois povos, que tem por tradição a sua simplicidade e o grande acolhimento aos seus visitantes. Esse laço cordial fez com que os aracajuanos torcessem pelos gregos, mas infelizmente eles foram eliminados logo na primeira fase.

Já no decorrer dos Jogos Olímpicos de 2016, que aconteceram no Rio de Janeiro, a delegação de futebol do Japão, em sua preparação teve acesso exclusivo ao estádio Batistão e por outro lado as demais equipes e atletas das modalidades de **ginástica artística** e **natação** tiveram à sua disposição o ginásio Constâncio Vieira e o parque aquático Zé Peixe, respectivamente.

Aliás, com o intuito de fortalecer os laços com os diversos povos, a riqueza da receptividade do povo aracajuano tem sido catalisadora de um recente e intenso processo de internacionalização pelo qual estão passando as instituições locais. Assim, ídolos mundiais e campeões olímpicos, como o ucraniano Andriyovych Govorov e os bielorrussos Vitaly Scherbo, Inna Zhukova e Yulia Raskin estiveram ali treinando e fazendo demonstrações que foram observadas com admiração pela população local.

No que se refere às seleções brasileiras em suas várias modalidades olímpicas, a cidade tradicionalmente tem sido escolhida como a base para o treinamento da seleção brasileira de **ginástica rítmica**. Com tudo isso, apesar de muitas coisas que devem ser ainda melhoradas em Aracaju, a cidade merece o apelido de "**capital nordestina da qualidade de vida**" e sem dúvida justifica o seu lema *Pax et labor* ("Paz e trabalho"), pois é isso que os aracajuanos procuram **ter** e **fazer**!!!

Uma vista panorâmica do Balneário Camboriú (BC).

Balneário Camboriú

PREÂMBULO

Ao longo dos anos o Balneário Camboriú (BC) vem se tornando uma das cidades que mais atrai turistas, tanto do Brasil quanto do exterior. Isso fez com que no final de 2017 sua Câmara Municipal aprovasse um projeto de lei que estabeleceu uma multa de R$ 500 a R$ 2,6 mil para pedintes que perambulassem nas imediações dos semáforos. O objetivo da medida foi provavelmente eliminar a imagem de eventual pobreza dos que vivem no município, e uma situação deprimente a ser observada pelos visitantes.

Claro que se trata de uma lei municipal cuja eficácia é um tanto duvidosa, uma vez que dificilmente os pedintes em questão terão recursos para pagar as multas estipuladas. O fato é que, pelo menos até agora, o prefeito em exercício, Fabrício Oliveira, ainda não a sancionou!?!?

Uma das coisas que mais encantam os visitantes do BC é o seu teleférico que inicia o percurso na estação Barra Sul, na divisa entre as avenidas Normando Tedesco e Atlântica, vai até a segunda estação, localizada no parque Unipraias e finalmente termina na estação Laranjeiras, em frente à praia de Laranjeiras, na avenida Rodesindo Pavan.

Um dos problemas atuais de BC é a falta de água. Aliás, no dia 15 de dezembro de 2018, o nível do rio que abastece o município estava com o nível de 1,2 m – o normal é de 1,35 m – e quando ele baixa a 0,8 m a Emasa (empresa municipal de saneamento) já não consegue bombear água para seus reservatórios, o que interrompe o abastecimento!!!

O município inaugurou em novembro de 2018 um grande reservatório e também fez diversos investimentos na rede de distribuição para evitar o desabastecimento. Porém, o consumo no BC aumentou muito, isso porque no verão a população flutuante chega a 450 mil pessoas, o que inclusive forçou a prefeitura a lacrar os chuveiros no calçadão à beira-mar.

Nas construções mais recentes no BC, algumas com até 80 andares, os reservatórios de água são cinco vezes maiores que o normal, chegando a ter uma capacidade de 150 mil litros. Porém, com a alta ocupação que existe neles, a água desses reservatórios acaba logo... Com isso, muitos condomínios de alto padrão, além de terem aposentado as mangueiras para a limpeza de áreas comuns, limitaram também a ocupação dos apartamentos sob a penalidade de multa (!?!?), recomendando sete pessoas por unidade – em especial na virada do ano – ou cinco pessoas, nos apartamentos de dois quartos.

Que diria que a falta de água poderia um dia limitar (ou pelo menos atrapalhar...) a **visitabilidade** a BC?

A HISTÓRIA DO BALNEÁRIO CAMBORIÚ (BC)

Balneário Camboriú (BC) é um município da Região Metropolitana da Foz do Rio Itajaí (RMFRI), localizado no litoral norte do Estado de Santa Catarina. Em 2019, estimou-se que vivessem ali cerca de 135 mil pessoas. O município ocupa uma área de apenas 46,24 km², sendo o 2º menor em área no Estado. Ele faz limite com os municípios de Itajaí, Itapema e Camboriú. A cidade, com suas colinas íngremes que chegam quase até o mar, tornou-se muito popular entre os moradores dos países sul-americanos, em especial daqueles que vivem no Paraguai, Uruguai e Argentina, que promovem uma verdadeira invasão, particularmente no verão brasileiro, para aproveitar suas praias. Muitos chegam de avião e desembarcam em Florianópolis, que fica a 80 km da cidade; outros optam pelo aeroporto internacional Ministro Victor Konder, no município de Navegantes, localizado a apenas 34 km do balneário.

Já os turistas domésticos, além de poderem utilizar os aeroportos já citados, também têm a oportunidade de desembarcar em Joinville e completar os 96 km que separam as duas cidades, seja de carro ou de ônibus – que, aliás, é o modal de preferência da maioria das pessoas que vem descansar e se divertir em BC.

Ainda no que se refere a **mobilidade**, BC possui um sistema não integrado de transporte municipal (sem terminais), operado pela Lond Part S.A. Transportes Urbanos – Expressul. Já o terminal rodoviário do BC funciona desde 20 de julho de 1988, na avenida Santa Catarina, Nº 347, ficando a cerca de 3 km do centro da cidade. Ele possui, em sua totalidade, 15 plataformas de embarque e desembarque. Em uma área de aproximadamente 5.000 m² a rodoviária dispõe de lanchonetes, bilheterias, Polícia Militar e Federal, Juizado de Menores, praça de alimentação, centro de informações, banco 24h, imobiliárias, sanitários, uma sala de espera com mais de 100 assentos e inclusive uma academia.

As empresas que operam atualmente no terminal são cerca de 20, entre elas algumas bem renomadas, como a Viação Itapemirim S.A. e Nossa Senhora da Penha S.A., que permitem acesso ao BC das mais longínquas cidades brasileiras, possibilitando que visitantes de todo o País cheguem à "**capital catarinense do turismo**".

Acredita-se que os primeiros habitantes da região tenham sido os **povos coletores**, os quais foram derrotados por volta de 1000 pelos índios carijós.

Estes, por sua vez, seriam escravizados a partir do século XVI pelos colonos vindos da capitania de São Vicente. Todavia, a ocupação definitiva da região começaria somente com a chegada do açoriano Baltasar Pinto Corrêa. O povoamento de origem europeia da região teve início em 1758, quando os luso-açorianos e algumas famílias oriundas de Porto Belo, em Açores, se estabeleceram em um local denominando Nossa Senhora do Bonsucesso, que mais tarde seria chamado de Barra.

O ano de 1836 marcaria a chegada ao local de Thomaz Francisco Garcia, juntamente com sua família e alguns escravos. Viria daí a denominação atribuída ao lugarejo: Garcia. Em 1848 ele se transformou em **distrito** da cidade de Itajaí, chamado de bairro da Barra, com a construção da igreja de Nossa Senhora do Bom Sucesso. Já em 1884 ele foi desmembrado de Itajaí, e deu origem à cidade de Camboriú.

A partir daí muitas famílias de origem alemã procedentes do vale do rio Itajaí se sentiram atraídas para a região, tanto pela fertilidade do solo como pelo bom clima da região. Em 1930, por conta da privilegiada posição geográfica, iniciou-se a fase de ocupação da área proferida pelos banhistas e em 1932 foi construído o primeiro hotel, na confluência das atuais avenidas Central e Atlântica.

Em 20 de outubro de 1954, pela lei municipal Nº 18, foi criado um distrito com a denominação de Praia de Camboriú, subordinada ao município de Camboriú, que deveria vigorar até 1958. Porém, devido ao intenso crescimento desse distrito, pela lei estadual Nº 960, de 8 de abril de 1964, ele foi desmembrado de Camboriú e tronou-se o município de Balneário de Camboriú. Finalmente, pela lei estadual Nº 5630 de 20 de novembro de 1979, o município de Balneário de Camboriú, passou a chamar-se apenas Balneário Camboriú (BC).

A cidade começou a crescer muito depois de 1960, quando aconteceu a inauguração da rodovia BR-101. A versão mais aceitável para o topônimo Camboriú é a do padre Raulino Reitz, que a teria encontrado em mapas bem antigos onde havia registros do rio Camboriú antes do povoamento da região por pessoas de origem europeia. Assim, o topônimo Camboriú viria do tupi, formado pela aglutinação das palavras *kamuri* ("robalo") e '*y* ("rio"). Portanto, "camboriú" significaria "**rio dos robalos**". Entretanto, se observarmos o adjetivo **balneário** – cuja origem é a palavra latina "*balneariu*" – veremos que no dicionário *Michaelis* ela é explicada como: locais de banho ou estâncias de água onde pessoas podem tomar banhos medicinais!!! Em Portugal, por sua vez, o termo "balneário" também pode ser usado para "definir o local onde, além de tomar banho, o indivíduo pode trocar de roupa, vestir-se etc.".

Atualmente, no que se refere à construção de prédios, BC possui uma das maiores densidades do País. E embora sua população fixa seja de cerca de 135 mil habitantes, em termos de casas, edifícios e hotéis a estrutura da cidade comporta uma população de quase 600 mil pessoas – uma marca que é, aliás, é facilmente ultrapassada em certas datas como *réveillon*, quando muitos milhares de visitantes chegam à cidade.

A despeito disso, BC é um dos municípios que ocupa excelente posição no *ranking*, no que concerne a qualidade de vida no País. Recentemente a empresa Urban Systems avaliou a **qualidade de vida** das cidades médias brasileiras, em especial as que possuem mais de 100 mil habitantes, e BC ficou na **5ª posição**!!! De fato, BC possui um Índice de Desenvolvimento Humano Municipal (IDHM), classificado entre os mais altos do País. O IDHM é obtido usando-se como critérios a **educação**, a **demografia** (BC é o município com a maior densidade demográfica do Estado), a **saúde** (estimava-se que em 2018 a expectativa de vida média no município era de 79,2 anos), a **renda**, o **trabalho**, a **habitação** e a **vulnerabilidade social**.

Cerca de 22% da população do município é composto por **idosos**. A secretaria municipal de Desenvolvimento e Inclusão Social, em parceria com a secretaria municipal de Saúde e com a Fundação Municipal de Esportes oferece atividades físicas para os idosos na orla da praia Central, com acompanhamento e monitoramento, enquanto que o Núcleo de Atenção ao Idoso (NAI) realiza também atendimento de saúde especialmente para os que estão na "terceira idade".

A população atual de BC é uma mistura de descendentes de alemães, poloneses, portugueses e italianos.

No tocante à **saúde**, no BC há alguns bons hospitais e centros médicos, como: Hospital e Maternidade Santa Luzia, que é particular e, de modo geral, tem sido bem avaliado pelos clientes; o Hospital do Coração, no qual as pessoas têm recebido excelente atendimento; o Hospital Municipal e Maternidade Ruth Cardoso; o Hospital Dia; o Hospital de Olhos de Santa Catarina; o Oftalmos – Hospital da Visão, que, além de ótimos profissionais, conta com uma clínica bem equipada e preparada, e goza do prestígio de ser uma das melhores do Estado. Há também o Hospital Unimed, que conta com uma boa equipe de médicos e enfermeiros. Porém, por causa da forte demanda, os pacientes precisam esperar longos períodos para serem atendidos. Embora a saúde seja um dos grandes desafios do Brasil, até que de modo geral, as pessoas são bem atendidas no BC.

Segundo estimativas, em 2018 o PIB de BC alcançou quase R$ 2,9 bilhões, estando entre os 200 maiores do País. As principais atividades econômicas do município são o comércio, a construção civil e o turismo. No BC os moradores locais e os visitantes têm alguns lugares bem interessantes para fazer compras. Este é o caso do *shopping center* Shore Break, no qual se pode comprar roupas femininas, masculinas, sendo especializado em moda praia e *streat wear*; do *shopping* Céu Aberto, no qual todos os locais de alimentação são incríveis, já o comércio nem tanto; *Casahall Design District*, com ótimos opções de compra, grande variedade de produtos e num ambiente agradável e moderno; Atlântico *Shopping* no centro da cidade, com destaque para o piano logo na entrada, possuindo boas lojas, boas opções de restaurantes, como o *Jim Ly Chinês* e área de diversão para as crianças; Balneário *Shopping*, com amplos corredores, muitas opções de compras, bons preços, ótimos cinemas e praça de alimentação e um eficiente sistema no estacionamento que indica as vagas existentes.

A atividade da construção civil é muito intensa e bem valorizada. A ocupação dos terrenos se dá, transformando-os em edificações residenciais (a grande maioria) e comerciais, e acredita-se que no final de 2018 houvesse na cidade algo próximo de 1.150 edifícios de classes média e alta.

Por conta do grande número de arranha-céus e da quantidade de turistas que recebe em especial nos meses de dezembro, janeiro e fevereiro – que em média já ultrapassou 1,5 milhão – BC se tornou recentemente conhecida como a "**Dubai brasileira**". Num incrível artigo para a revista *Veja* (edição de 13 de abril de 2017), com o título *A Praia dos Espigões*, a autora Maria Clara Vieira relatou que a avenida localizada à beira mar abriga quatro dos dez edifícios mais altos do Brasil, mas em breve ostentará seis deles...

Ela destacou ainda: "Basta uma rápida caminhada pelos 7km da avenida Atlântica, a principal via da cidade, para notar a quantidade – e a exuberância exageradamente altiva – dos arranha-céus que nela se espremem. O edifício mais alto de BC é o *Millenium Palace*, da FG Empreendimentos, uma gigante da construção civil, que desde 2004 domina o mercado local. Inaugurado em 2014, o imóvel de 46 andares (cerca de 184 m de altura), custou cerca de R$ 800 milhões e todos os apartamentos de 300 m² foram rapidamente vendidos. O que demorou mais foi a venda de uma das três suítes, com piscina de borda infinita dentro da sala e uma deslumbrante vista para o mar, cujo valor é de R$ 14 milhões."

Altevir Baron, diretor comercial da FG Empreendimentos, empresa que já ergueu cerca de 45 prédios residenciais tanto na orla quanto fora dela, comentou o seguinte: "Aqui na cidade a competição deixou de ser só pela altura. Agora o padrão tem de ser o mais elevado possível." E de fato o elevado padrão de BC se tornou algo importantíssimo, e para notar isso basta que se visite qualquer prédio de luxo localizado na cidade.

Esse o caso das construções da empreiteira Pasqualotto, que iniciou suas obras em BC em 2014 e já fez muito alarde com seu projeto de estreia, um complexo de duas torres batizado de *Yachthouse Residence Club*, que deve ser concluído em 2019 e se tornar o edifício mais alto do Brasil, com 81 andares e 274 m de altura!!! O *Yatchhouse* foi projetado pelo italiano Pininfarina, o ultra renomado escritório de *design* responsável pelas linhas dos automóveis Ferrari. A empresa Pasqualotto superou diversos problemas ambientais que inclusive exigiram reformulações no projeto, e estava tocando a todo vapor a construção das duas torres, ambas tão altas que os pretendentes a ocupar os apartamentos mais altos foram levados pelos corretores num passeio de helicóptero, para que tivessem a exata noção da vista que desfrutarão após a compra.

E quem já comprou uma das coberturas – avaliada em R$ 30 milhões – foi o craque de futebol Neymar Jr, que aliás dizem ser amigo pessoal da família Pasqualotto!?!? Já entre seus futuros vizinhos nos 264 apartamentos do *Yatchhouse* estão os cantores sertanejos Luan Santana e Sorocaba (da dupla com o Fernando) e o pagodeiro Alexandre Pires.

Alcino Pasqualotto, que comanda a construtora junto com o seu pai, Lindomar, comentou: "Os moradores do *Yachhouse* não vão precisar sair do condomínio para praticamente nada, pois aqui eles terão *spa*, academia, três restaurantes, dois helipontos, e acesso exclusivo a uma marina. Ainda por cima, eles poderão passar todo o seu tempo de lazer convivendo com pessoas da mesma classe social."

Com seus prédios monumentais à beira-mar, BC virou um imã para pessoas com bastante dinheiro (celebridades, empresários, fazendeiros), em especial dos Estados de Santa Catarina, Mato Grosso do Sul, Paraná e Rio Grande do Sul, além do Paraguai, que querem ter o seu espaço na beira da praia para relaxar, longe do eixo Rio de Janeiro-São Paulo, ou então da região nordeste. Estatísticas mostram que somente 30% dos donos de apartamentos de frente para o mar em BC moram nos seus imóveis o ano inteiro. Porém, entre os felizes proprietários de unidades residenciais em BC, estão o nosso renomado ex-tenista Gustavo Kuerten, o empresário e ministro da Agricultura Blairo Maggi, seu primo Fernando Maggi, um dos reis mundiais da soja, que tem um apartamento no imponente *Millenium*.

Tatiana Cequinel, da terceira grande construtora local, a Embraed, detalhou: "O público que compra nossos apartamentos não tem pudor em exibir sua riqueza. Eu mesma já precisei alterar projetos modernos e minimalistas porque não vendiam nada!!!" Assim, a Embraed se consagrou no BC pelo acúmulo de símbolos de ostentação, como colunas greco-romanas, lustres gigantes, escadarias de mármore, estátuas de anjos e muito, mas muito dourado. Essas características – e mais uma imensa estátua alada com uma cúpula transparente – estão presentes no nosso residencial *Villa Serena*, de 47 andares."

Aliás, em que pese o luxo, o *Villa Serena* sofreu por alguns anos com a conflituosa convivência entre jovens sem limites e famílias conservadoras, o que acabou lhe rendendo a fama de "**prédio da bagunça**"!?!? A própria síndica do edifício, Alessandra Badalotti, relatou: "Isso foi durante um tempo uma torre de Babel, de gente com muito dinheiro e bastante indisciplinada, mas depois de muito trabalho consegui colocar uma certa ordem aqui no residencial."

Quem não fica muito feliz com toda essa expansão vertical em BC são os "verdadeiros" balneocamboriuenses, ou seja, os "praianos", como se autodenominam os nascidos na cidade, pois com essa barreira de prédios altíssimos à beira-mar, só é possível curtir o sol na areia até as 14h!!! Depois desse horário a sombra dos edifícios se projeta sobre toda a área. Além disso, a proximidade entre os prédios impede que a brisa marítima chegue às ruas de trás, provocando um terrível efeito estufa no verão.

Alguns especialistas em meio ambiente explicam que o problema no BC não é só a **verticalização** propriamente dita, mas a falta de planejamento ao realizá-la!?!? Só para fins de comparação, em Xangai, na China, os prédios são tão altos ou até mais altos que os do BC, entretanto, os recuos são grandes e entremeados de áreas verdes. O fato é que a ideia de empilhar moradias (ou escritórios) visa economizar espaço e concentrar pessoas para que estas possam trabalhar umas bem perto das outras em escritórios. Ela surgiu no fim do século XIX, como resultado do enorme crescimento (e em muitos casos desordenado) das cidades. Naturalmente isso só se tornou possível depois da invenção do **elevador**!!!

À medida que os prédios foram sendo erguidos, a competição pelo primeiro lugar na guerra pelas alturas foi se acirrando, até a liderança se tornar uma questão de honra, principalmente em cidades como Nova York e Chicago, ambas nos EUA, nas quais os canteiros de obras floresciam da noite para o dia. Hoje são os chineses que consideram uma questão de **visibilidade** e **pujança** levantar arranha-céus cada vez mais altos e exuberantes, pois isso gera a divulgação do País no mundo inteiro.

Já em Dubai, nos Emirados Árabes, onde está localizado o edifício *Burj Khalifa* ("**torre do califa**") com 828m de altura (que ainda é o mais alto do planeta...) e Abu Dhabi, capital do país, os investimentos maciços em grandes arranha-céus têm sido feitos para estimular outras fontes de renda além do petróleo, como o **turismo** e o **comércio**.

Apesar de estar ainda bem longe de algumas cidades mundiais que se destacam justamente por seus prédios altíssimos, o BC já atingiu a marca de "**capital brasileira dos arranha-céus**". Neste sentido, foram inaugurados recentemente o *Eleganza Tower* (44 andares) e o *Epic Tower* (55 andares), e já estão agendadas para 2019 e 2022 duas inaugurações de grande porte: dos edifícios *Infinity Coast* (66 andares) e *One Tower* (70 andares), respectivamente. O fato é que o município litorâneo de BC, com suas águas cristalinas e areia branquinha, só foi descoberto para o turismo nos anos 1980. Levou um bom tempo para que o local perdesse a imagem de pequeno reduto de pescadores e ganhasse fama como orla fervilhante, ocupada por prédios belíssimos até aonde a vista alcançasse.

Hoje o **turismo** é a principal fonte de renda da cidade – representa algo próximo de 20% do PIB local –, e sua capacidade de acomodar turistas continua se expandindo, ano a ano. Estima-se que no final de 2018 houvesse em BC cerca de 25 mil leitos, divididos entre hotéis, pousadas e casas de veraneio. A cidade começou também a se destacar pela sua vida noturna, com a abertura de muitas casas que apresentam músicas sertanejas, assim como baladas mundialmente conhecidas!!!

Entre as atrações turísticas oferecidas pelo município, destacam-se o teleférico, que conecta o complexo turístico parque Unipraias. Ele liga a praia Central à praia das Laranjeiras, a às demais praias da região sul da cidade, como: Taquaras, Taquarinhas, Pinho (a primeira praia oficial de nudismo do Brasil), Estaleiro e Estaleirinho. Essas praias são interligadas por uma estrada denominada Linha de Acesso às Praias (LAP), mais conhecida como Interpraias, que se estende até os limites do município de Itapema.

Infelizmente nos últimos tempos, devido à grande presença de turistas nas praias locais, algumas delas estão se tornando inapropriadas para banhos...

As pessoas que visitam BC também gostam de ir até a ilha das Cabras, um importante ponto turístico local. As travessias até a praia mais próxima (das Laranjeiras) são feitas à bordo de navios semelhantes a embarcações piratas do século XVII, que dão uma volta na ilha antes de retornarem ao BC. Outra atração da cidade é uma estátua semelhante ao Cristo Redentor do Rio de Janeiro, chamado de "Cristo Luz", que ostenta, entretanto, algumas diferenças. Além de ser um pouco menor que a estátua da "cidade maravilhosa", ela retrata Jesus com um círculo no ombro esquerdo, que simboliza o sol, e abriga um holofote que brilha para toda a cidade.

Outro local bastante visitado é a capela de Santo Amaro, antiga igreja matriz do Bom Sucesso, que ajuda um pouco a contar a história da região. Sua construção foi autorizada no início do século XIX, mas especula-se que a obra somente tenha iniciado em 1849, no antigo "arraial do Bom Sucesso". Trata-se de uma edificação singela, quase desprovida de ostentação, que segue as linhas gerais do "modelo original" da igreja jesuíta de Nossa Senhora das Graças de Olinda, no Estado de Pernambuco, que serviu de base para a arquitetura luso-brasileira até o limiar do século XX. A assimetria nas paredes laterais, as vigas de arranque na parte superior da edificação, a diferença de materiais e a incomum mudança de "matriz" para "capela" são indícios de que o projeto original tenha sido descartado e a obra continuada de forma mais simplificada.

Tombada como **patrimônio histórico** pelo governo do Estado de Santa Catarina pelo decreto Nº 2992, de 25 de junho de 1998, e pelo município do BC pelo decreto Nº 3007, de 10 de setembro de 1998, a capela passou por processo de restauro no ano de 2008, com recursos estaduais e municipais. Segundo a história oral registrada na comunidade, isso se deve ao fato de a comunidade ter encontrado recursos naturais potencialmente mais rentáveis rio acima, mudando a sede para onde hoje é o município de Camboriú, do qual, como já foi dito BC se emancipou em 1964. A capela situa-se no bairro da Barra, em frente à praça dos Pescadores e da Escola de Arte e Artesanato Cantando, Dançando e Tecendo nossa História, sediada na *Casa Linhares*.

A *Casa Linhares*, remanescente dos anos 1950, é uma edificação em alvenaria, de dois pavimentos, com telhado de quatro-águas, sustentado por vigas de madeira maciça "falquejada", que no linguajar local significa "cortada a facão". A história que envolve a casa reforça bastante a riqueza do local. Construída para a moradia do casal Ademar Linhares e Néia Bastos, com os recursos provenientes de uma boa negociação do café da região, teve suas telhas especialmente encomendadas com a primeira forma da Cerâmica Bastos, em Camboriú.

Ademar Linhares, montou a primeira mercearia do local, que abastecia todas as famílias que moravam nas praias agrestes. Posteriormente a casa abrigou a primeira farmácia da Barra e uma barbearia e atualmente, devido às suas características estéticas, históricas e de localização, está instalada nela a já citada Escola de Arte e Artesanato.

Para o pessoal mais maduro, algo bem interessante e bastante comum no município é a prática de bocha e do dominó nas praias, assim como a prática de atividades aeróbicas e caminhada. Outros esportes também são praticados pelos locais, como corridas, passeios de bicicleta, *rollerskate* etc.

No que se refere a **cultura**, a do BC tem como base a luso-açoriana. Neste sentido, entre as manifestações locais estão o Folguedo do Boi-de-Mamão, as Cantorias de Terno de Reis e a brincadeira do boi. Essas manifestações podem ser facilmente percebidas no bairro da Barra e nas praias do sul. Quando o assunto é artesanato, encontra-se no local muita cerâmica artesanal e lançaria de barro. Por causa da migração de pessoas motivadas a viver próximas do oceano Atlântico, isso a partir da década de 1960, houve um significativo aumento demográfico na região, agregando outras apropriações culturais às manifestações locais e contribuindo para uma maior **diversidade cultural** na cidade, em especial na região central.

Em termos de comida, na região planta-se a mandioca e pratica-se a pesca artesanal da tainha. Aliás, na gastronomia são bem populares as derivações de pratos à base de frutos do mar e farinha de mandioca, como sopa de siri, pirão com peixe, tainha escolada (tainha cortada pelo dorso, salgada e seca ao sol, assada na grelha), sopa e bolinho de peixe, sardinha frita, em conserva ou a jato.

No primeiro jornal brasileiro criado especialmente para a indústria do turismo nacional, o *Brasilturis* (na realidade uma revista), no seu número de julho de 2018, o articulista Leonardo Neves, em seu artigo *Retrofit milionário e mudança de gestão*, explicou a modernização pela qual passou o *Infinity Blue Resort & Spa* para poder receber mais visitantes, oferecendo-lhes mais conforto e opções de entretenimento.

Ele destacou: "O *Infinity Blue Resort & Spa* está passando por um *retrofit* geral, que consumirá mais de R$ 10 milhões, envolverá todas as acomodações do empreendimento, e deverá ser concluído até novembro de 2019!!! Essa reforma não irá contemplar apenas a estética das 122 acomodações, nas quatro categorias (superior, luxo, superluxo e *master*), mas também a parte estrutural do *resort*. Naturalmente o seu centro de convenções (bastante usado) que foi construído para abrigar até 1.200 pessoas também está sendo reformado, para que possa receber eventos nos mais diversos formatos. Todo o complexo de lazer está sendo modernizado, de modo que em seus 800.000 m² haverá piscinas, uma área verde e um *spa*, além de uma faixa de areia semiexclusiva da praia dos Amores. E não se pode esquecer que o hotel já oferece várias outras atividades para o entretenimento de seus hóspedes, como: *slackline, waterline*, escalada, minigolfe, academia, arco e flecha, caminhadas etc. O fato é que todos que se hospedam no *Infinity* recebem um carinho especial, particularmente as crianças até 3 anos, que têm ao seu dispor o Espaço Baby. Os restaurantes e bistrôs do hotel servem gastronomia nacional e internacional, acompanhada de uma extensa carta de vinhos e cervejas artesanais. Não é por acaso que quando ocorre a *Oktoberfest* em Blumenau, os visitantes não se incomodam de viajar durante 2 h de carro para se hospedar no Infinity Blue Resort & Spa, apenas para poder descansar divinamente e, se for o caso, retornar para curtir mais alguns dias do festival cervejeiro..."

Os visitantes que chegam a BC podem, em contrapartida, hospedar-se em cerca de quatro dezenas de bons hotéis, entre os quais estão: Parnaso, Praia do Estaleiro Guest House, Felissimo Exclusive Reserva Praia, D'Sintra, Marambaia Hotel e Convenções, Mercure Camboriú, Slaviero Conceptual Brut (ideal para a lua de mel dos recém-casados, com banheira de hidromassagem, decoração com velas e flores nos quartos), Marimar The Place, Rieger, Sibara Flat & Convenções, Plaza Camboriú, Villa de Mar, Atobá Praia, Ibis Camboriú Praia, Itália, Hotel das Américas, Sanfelice, Bella Camboriú, Pires, H Hotel, Gumz, Costa Sul Beach, Centromar, Melo, San Marino Cassino, Açores, Sandri City, Costa do Marfim, Gênova, Rosenbrock, Vieira's, Gracher Praia, Barra Sul, Fisher, Sagres Praia, Açores e Ilha de Madeira entre outros,

Esse grupo de hospedarias mostra que BC está bem servida de locais para os visitantes se hospedarem, não é mesmo? No BC há uma série de locais nos quais os turistas também podem se alimentar bem e passar momentos agradáveis, como é o caso dos locais a seguir: *Didge Australian Bar & Restaurant*, onde o ambiente é maravilhoso e dá ao visitante a impressão de estar na Austrália. A comida é saborosa, os pratos são criativos e a música é boa; o *BAR101*, uma mistura de *pub* e restaurante; o *Maple Bar & Grill*, um restaurante que faz jus à fama de ser um dos melhores da cidade, e a consolidação de um projeto do *chef* de cozinha com longa carreira numa das mais importantes cidades do Canadá; *Village Pizza Bar*, que serve excelente comida italiana; *Phard Restaurante Gourmet*, focado em frutos do mar, comida brasileira e sul-americana; *Lagostão Restaurante*; *Bistrô Palatare*; *Temakiart*; *Kai Sushi*; *Pizza Bis*; *Lago da Sereia*; *Guacamole Cocina Mexicana*; *Les Paleteros*; *Mundo Selvagem Natural*; *Taf's Guaraná Natural*, entre outros.

O prefeito de BC, Fabrício Oliveira, relatou: "BC não é somente um destino praiano atraente, mas uma futura metrópole moldada para o **turismo**. A cidade recebeu 4,2 milhões de turistas em 2017, um número 22% superior ao registrado em 2016, consolidando-se como a **6ª cidade mais procurada** por visitantes no País. Aliás, a própria cidade junto com alguns destinos no seu entorno, como Itajaí e Penha (município no qual fica o Beto Carrero World, o maior parque temático da América Latina), constitui um polo de turismo, que oferece diversas opções de hotéis, gastronomia e, principalmente **diversão**!!!

O crescimento a passos largos é visível no cenário da cidade. Prédios residenciais de luxo, hotéis, *shoppings*... estão sendo erguidos em ritmo acelerado, sempre à beira-mar. Entre eles está o prédio que será o mais alto do Brasil, com 81 andares, que entre os proprietários tem alguns notáveis, como o nosso craque do futebol, Neymar Jr, e o aplaudido cantor sertanejo Luan Santana. Nossa oferta hoteleira é ampla e em todas as categorias, ou seja, tem tudo para acomodar adequadamente qualquer perfil de visitante, do mais exigente àquele que só deseja ter um lugar para deixar suas malas e ter uma boa cama par dormir...

Uma das nossas apostas para captar mais turistas é o novo Centro de Convenções (obra inaugurada em 23 de dezembro de 2018). Nele foram investidos R$ 135 milhões. Com esse novo local a cidade deixará de depender da estrutura de eventos existente em Itajaí, e poderá se candidatar para a promoção do turismo corporativo. Vale ressaltar que a movimentação turística em BC já contribui com 13% para o PIB do Estado de Santa Catarina.

BC deverá receber cerca de R$ 100 milhões do Prodetur + Turismo, uma ação do ministério do Turismo que financia obras turísticas no País. A chegada desses recursos permitirá o alargamento da orla da praia (o que triplicará sua largura, passando dos atuais 25 m para 75 m, em toda a sua extensão, de 6 km). Já temos a aprovação do Instituto do Meio Ambiente de Santa Catarina para a realização dessa obra. Vamos revitalizar também a avenida Atlântica, afinal a nossa cidade vive do turismo e precisamos constantemente ir aprimorando as nossas estruturas."

No dia 15 de novembro de 2018, ocorreu a estreia do Vôlei Balneário Camboriú, com uma missão bem clara, manter-se inicialmente na Superliga, ou seja, na elite nacional do vôlei feminino e no futuro buscar conquistas maiores.

O jogo inicial foi no ginásio Hamilton Cruz.

Transferido de Londrina, onde não obteve o apoio financeiro, o clube desembarcou no BC, para tentar nessa incrível cidade litorânea, reviver os sucessos do passado sob o comando do experiente técnico Maurício Thomas.

A presidente da equipe é a medalhista olímpica de Sidney 2000, Elisângela Almeida.

Essa é a primeira vez que BC tem um time no principal torneio feminino da modalidade do País, o que certamente atrairá para os jogos da equipe não só os camburienses, mas de fãs do vôlei que vivem nas cidades próximas.

É a Embraed Empreendimentos, uma importante construtora que patrocinou a equipe. Infelizmente, a participação do Vôlei Balneário Camboriú, na sua primeira Superliga Feminina foi lamentável, tendo terminado em último lugar e por isso foi rebaixado, mas isso não deve desanimar aqueles que lidam com o esporte!?!?

Toda a cidade de porte médio deve ter pelo menos uma equipe competitiva em alguma modalidade esportiva pois isso estimula a visitação a ela!!!

Uma vista aérea de Belém.

Belém

PREÂMBULO

A mesma foz do rio Amazonas que em 1927 tanto impressionou o escritor Mário de Andrade (1893-1945) durante sua visita de reconhecimento ao Brasil, atualmente ainda encanta aos **milhões de turistas** que todos os anos fazem esse mesmo tipo de passeio de barco. Aliás, em seu livro O Turista Aprendiz, o famoso escritor destacou: "A foz do Amazonas é uma dessas grandezas tão grandiosas que ultrapassa as percepções fisiológicas do homem!!!"

Na época ele hospedou-se no Grande Hotel, que já foi demolido, e, de acordo com a história, naquela mesma noite teria ido até o cine Olympia, o cinema mais antigo do Brasil, inaugurado em julho de 1912, e ainda em pleno funcionamento nos dias de hoje com a denominação Espaço Municipal Cine Olympia. Como observado em seu próprio diário, Mario de Andrade relatou que chegara à cidade **"antes da chuva"** e que **"o calor era tanto que vinha dos mercados um cheiro de carne seca"**. E por falar em mercado, o Ver-o-Peso, que já naquela época deslumbrou Mario de Andrade, fora construído para receber as mercadorias que os ribeirinhos traziam para abastecer a capital.

Vale ressaltar que esse entreposto continua sendo até hoje um dos pontos mais efervescentes da cidade. Na sua parte coberta, montada em ferro pré--moldado trazido da Europa, funciona o mercado de peixes, onde desde as primeiras horas do dia são comercializados os mais diversos peixes. A fartura, entretanto, é bem menor do que aquela da época em que pelos seus corredores caminhou Mário de Andrade...

Também são vendidas nesse mercado as deliciosas frutas da região, como o açaí, o cupuaçu, e, um pouco mais adiante, é possível encontrar a parte mais curiosa do mercado, ou seja, a que se dedica ao comércio de ervas, folhas e tudo que se pode imaginar de plantas medicinais amazônicas. Aí o cliente chega e diz qual é a doença (diabetes, hipertensão etc.), e logo surge alguma espécie milagrosa e, entre elas, até para **doenças abstratas,** como a do **amor!!!**

O visitante que quiser seguir a trilha de Mário de Andrade, não poderá deixar de visitar o Theatro da Paz, inspirado no Scala de Milão. Nele a plateia era dividida de acordo com as classes sociais, o térreo dedicado aos abastados e os andares superiores deixados para a plebe!?!? Essa divisão ainda é mantida, com os preços dos ingressos variando de acordo com a localização. Vale ressaltar que o camarote que no passado fora destinado ao imperador hoje é de uso exclusivo do governador do Estado!?!?

Interessante, não é mesmo? Mas isso é apenas um aperitivo de tudo o que o visitante terá a sua disposição ao passar pela **encantadora Belém!!!**

A HISTÓRIA DE BELÉM

Com uma área total de 1.059 km², Belém é a capital do Estado do Pará e, segundo estimativas, até o final de 2018, viviam ali cerca de 1,5 milhão de habitantes, o que tornava o município o 12º mais populoso do Brasil. Na Região Metropolitana de Belém (RMB), que engloba, além da capital, os municípios de Ananindeua, Benevides, Marituba, Santa Barbara do Pará, Santa Isabel do Pará e Castanhal, viviam no início de 2019 cerca de 2,58 milhões de pessoas, sendo esta, portanto, a 11ª área mais populosa do País.

O topônimo Belém tem origem no hebraico *Beit Lechem*, que significa "**casa do pão**". Em meados do século XVI, a região onde hoje se encontra Belém do Pará – que já era chamada assim desde a época do reinado de Felipe II, de Portugal – era apenas um pequeno lugarejo, conhecido como local de moradia dos índios tupinambás e pacajás, comandados pelo cacique Guaimiaba, que ao longo do posterior processo de colonização se tornariam escravos.

Em 1580, a implantação do núcleo do atual município em Mairi aconteceu pelas mãos do capitão Francisco Caldeira Castelo Branco, a mando do rei da União Ibérica dom Manuel, na época da conquista da foz do rio Amazonas (marcando o início da ocupação militar pela União Ibérica, ou seja, da dinastia filipina na região) para a defesa luso-espanhola contra a entrada na Amazônia de estrangeiros que disputavam o domínio do território, e, ao mesmo tempo, garantir uma efetiva colonização.

Em 12 de janeiro de 1616 o capital Castelo Branco, antigo capitão-mor do Rio Grande do Norte, fundou no igarapé do Piri, um fortim de madeira chamado forte do Presépio e a capela Nossa Senhora da Graça, dando com isso a origem ao povoado denominado Feliz Lusitânia, consagrado à padroeira Nossa Senhora de Belém.

Em seguida iniciou-se um período de batalhas contra a invasão de estrangeiros (holandeses, franceses e ingleses) no vale amazônico. Nessa mesma época também houve conflitos contra tribos indígenas tupinambás e pacajás, que se revoltaram contra os processos de colonização e escravidão. Então, após sucessivas vitórias, criado em 1616, o povoado foi elevado à categoria de **município** e, mais tarde, também de capitania, com a denominação de Santa Maria de Belém do Pará ou Nossa Senhora de Belém do Grão Pará (!?!?), a mando de Felipe III, também rei da Espanha, Portugal e Algarves, Nápoles, Sardenha e Sicília.

Na realidade, foi em 1621 que, para concretizar a posse do território o rei Felipe III transformou-o em capitania do Grão-Pará e criou o Estado do Maranhão, com sede em São Luís, formado pelas capitanias de Grão-Pará, Maranhão e Ceará. Em 1654, por causa da crescente importância econômica de Belém, fez-se necessário renomeá-lo, tornando-o Estado do Maranhão e Grão-Pará; então, em 1751 aconteceu uma nova mudança, dessa vez para Estado de Grão-Pará. Finalmente, em 1772, Maranhão alcançou sua designação final.

Em 1625, na área do igarapé do Piri (onde está atualmente o mercado Ver-o-Peso), os portugueses instalaram o posto fiscal comercial "**casa de haver o peso**" ou "**lugar para ver o peso**" para garantir o controle do peso e a arrecadação de tributos dos gêneros trazidos para a sede da capitania do Grão-Pará. Devido à sua posição estratégica na desembocadura do rio Amazonas, pelo rio Guamá, ele acabaria se tornando o maior entreposto comercial da região, assim como o ponto de entrada e saída de embarcações (pelos rios Amazonas e Guamá) que transportavam produtos extraídos da região amazônica – as chamadas "**drogas do sertão**" (cujo destino seriam os mercados locais e internacionais) – e a carne (comercializada com preços baixos, por conta dos grandes rebanhos existentes na ilha de Marajó). O local também serviu como ponto de chegada de produtos europeus.

Em 1627, a importância do entreposto se estabeleceu com a concessão de **primeira** légua patrimonial pelo governador e capitão general do Maranhão e Grão-Pará, Francisco Coelho de Carvalho, por meio da carta de sesmaria, à Câmara de Belém, que só foi demarcada oficialmente em 1703!?!? Porém faltavam recursos para o desenvolvimento dos serviços públicos administrados pela Câmara. Afim de solucionar esse problema, um julho de 1687, os membros da Câmara endereçaram a Pedro II, rei de Portugal, uma representação pedindo a concessão do tributo do "**haver-o-peso**".

Então, em março de 1688 houve a liberação real concedendo a renda desse posto fiscal para a Câmara de Belém. A primeira légua patrimonial é uma porção de terra com o tamanho de um arco de légua (cerca de 4.110 ha) a contar do marco da fundação da cidade, das margens do rio Pará em sentido ao sul e do rio Guamá, em sentido norte, ou seja, o arco formado pelas atuais avenidas Doutor Freitas e Perimetral e a avenida Arthur Bernardes, com marco demarcatório desse limite nas confluências das avenidas Doutor Freitas com a Almirante Barroso (originalmente o bairro do Marco da Légua).

Em 1655, por conta do aumento de sua importância econômica, Belém passou a crescer mais para o interior e a avançar sobre a mata no sentido contrário ao litoral. Em 1751 a cidade já era considerada como o maior entreposto comercial da região, tanto para a distribuição de produtos destinados aos mercados locais e internacionais, quanto para o recebimento daqueles chegados da Europa. A foz foi transformada na doca do Ver-o-Peso, onde foram montadas as atividades da Casa de Haver-o-Peso.

Devido à sua distância dos núcleos decisórios das regiões nordeste e sudeste do Brasil, assim como pelas suas ligações íntimas com Portugal, em Belém a Independência do País só foi reconhecida em 15 de agosto de 1823, ou seja, quase um ano após a sua proclamação. A **Cabanagem** – também conhecida como **guerra dos Cabanos** – foi uma revolta popular e social, ocorrida no período regencial brasileiro. Ela foi influenciada pela Revolução Francesa e ocorreu na província do Grão-Pará, que abrangia os atuais Estados de Pará, Amazonas, Amapá, Roraima e Rondônia, entre os anos de 1835 e 1840, e foi comandada por Felix Clemente Malcher, Antônio Vinagre, Francisco Pedro Vinagre, Manoel Vinagre, Eduardo Angelim e Vicente Ferreira de Paula.

Por causa da extrema pobreza, da fome e das doenças que marcaram o início desse período, o processo de Independência do Brasil não ocorreu de imediato no Pará e, a irrelevância política à qual foi relegada a província pelo príncipe regente Pedro I, fez com que se mantivesse aí uma forte influência portuguesa por mais tempo...

Os índios e os mestiços, na sua maioria, bem como os integrantes da classe média (cabanos) uniram-se contra o governo regencial nesta revolta, com o objetivo de aumentar a importância do Pará para o governo central brasileiro e esse enfrentar de alguma forma a questão da pobreza do povo dessa região, cuja maior parte morava em cabanas de barro (de onde se originou o nome da revolta).

Em 1835, os cabanos, comandados por Antônio Vinagre, invadiram o palácio do governo de Belém, mataram o então presidente da província, Bernardo Lobo de Sousa junto com muitas outras autoridades. Com o extermínio do governo local, os cabanos iniciaram o seu primeiro governo, colocando no poder o militar Clemente Malcher, que era tenente-coronel.

O novo governo entretanto traiu o movimento demonstrando sua fidelidade ao governo português, inclusive reprimindo a revolta que o levou ao poder, ameaçando inclusive deportar alguns líderes cabanos como Eduardo Angelim e o lavrador Vicente Ferreira de Paula. Inconformados, os cabanos mataram Malcher, que teve seu corpo arrastado por Belém, e colocaram no poder Francisco Vinagre. Todavia, repetindo o que aconteceu no primeiro governo, o novo líder também traiu o movimento. Disposto a negociar com o governo central, Vinagre demonstrou interesse em ceder seu poder a alguém indicado pelos portugueses. Os revoltosos descontentes depuseram Vinagre e colocaram em seu lugar o terceiro presidente cabano, o jornalista Eduardo Angelim. Porém, tanto ele como o próprio movimento acabaram enfraquecidos com a diminuição de apoio por parte das elites locais.

Em 1836, o governo central do Pará, comandado pelo brigadeiro Francisco José de Sousa Soares de Andréa, o barão de Caçapava, subordinado ao império, fez um bombardeio nos esconderijos cabanos e conseguiu prender Eduardo Angelim. Então os cabanos se esconderam nas matas de Belém para tentar novamente tomar o poder através de táticas de guerrilha. Após cinco anos de combate, o governo regencial conseguiu reprimir a revolta, por conta da fraqueza política do movimento e da ausência de um líder experiente.

No início dessa guerra, estima-se que vivessem na província de Grão-Pará cerca de 120 mil pessoas. Ao final do conflito, entretanto, a população foi reduzida para 80 mil moradores, o que representou um total de **40 mil mortes**, das quais, a grande maioria foi de índios, negros e mestiços. Apenas 15% dos mortos foram brancos, e desses, somente a metade eram portugueses. O fato é que a guerra dos Cabanos terminou sem que os revoltosos atingissem seus objetivos, e isso fez com que grupos de negros fossem para o interior da província para formar comunidades de quilombolas e grupos indígenas iniciassem atividades agrícolas de subsistência ou de extrativismo de borracha.

Embora a cidade estivesse abalada pela Cabanagem, a Casa de Haver-o-Peso funcionou até 1835, quando em outubro daquele ano, o presidente Bernardo de Souza Franco extinguiu a repartição fiscal e ela foi arrendada e destinada a vender peixe fresco até 1847. Quando o contrato terminou, o prédio foi demolido. Em 1866, permitiu-se a abertura dos rios Amazonas, Tocantins, Tapajós, Madeira e Negro para navegação de navios mercantes de todas as nações, o que contribuiu muito para o desenvolvimento da capital paraense.

Para consolidar esse ato e firmar a presença imperial no norte após a Cabanagem, foi anunciado que dom Pedro II viria à cidade para proclamar oficialmente a abertura do rio Amazonas. Sendo assim, foi construído um **Arco Triunfal** pela Companhia do Amazonas, para a recepção do imperador. Porém, esse Arco não foi preservado, pois tratava-se de um recurso cenográfico da Companhia do Amazonas e não de uma edificação arquitetônica de fato.

Nesse período a fotografia passou a ter uma maior presença e difusão em Belém, com grande contribuição do fotógrafo português Felipe Augusto Fidanza, que registrou a chegada do imperador dom Pedro II à cidade em 1867, ele que foi um grande incentivador da arte, bem como a sua passagem pelo Arco Triunfal.

Durante o ciclo da borracha, que se estendeu de 1879 a 1912, houve um aumento da importância comercial de Belém, principalmente no cenário internacional. Por causa desse comércio da borracha, Belém foi **considerada uma das cidades mais desenvolvidas do País**, não somente pela sua posição estratégica no litoral, mas também porque sediava um grande número de casas bancárias, tinha residências espetaculares dos seringalistas ("**barões da borracha**") e havia nela muitas outras instituições importantes.

O apogeu do ciclo da borracha foi de 1890 a 1920, quando a cidade conseguiu ter tecnologias e edificações que as outras cidades das regiões sul e sudeste brasileiras ainda não possuíam. Assim, por exemplo, o cine Olympia, um dos mais luxuosos e modernos da época, foi inaugurado em abril de 1912, auge do cinema mudo e a cidade tinha o Theatro da Paz, um dos mais belos do Brasil, o mercado Ver-o-Peso (candidato a uma das **7 Maravilhas do Brasil**), a maior feira livre da América Latina; o palácio Antônio Lemos; a Estrada de Ferro de Bragança (EFB); a espetacular praça Batista Campos, entre outros locais relevantes.

Desse modo, nesse período houve a atração de significativos contingentes de imigrantes franceses, espanhóis, japoneses, portugueses e outros grupos menores, que vieram para trabalhar na agricultura na zona bragantina. No final do século XIX, surgiu o discurso de progresso e controle social baseado na ciência e no saneamento (política de combate aos cortiços em bairros pobres perto do centro) estimulado pelo receio das elites republicanas em relação à massa de trabalhadores (livres e escravos) que se aglomerava nas cidades e se organizava politicamente. Mas de fato o que acabou acontecendo foi a expulsão dos moradores integrantes das camadas mais pobres dos bairros centrais para novos bairros periféricos, promovendo a **segregação**.

Vale lembrar, entretanto, que essa população negra – até então concentrada no bairro do Umarizal – que já havia se destacado culturalmente desde 1848, quando organizara a primeira festa do Divino Espírito Santo, com seus quinze dias de duração. Liderado pelo mestre Martinho, natural de Óbidos, o evento contava com muitos atrativos (danças, bailes e outras recreações) e mais tarde daria origem aos cordões de bumbá e pastorinhas, assim como aos encontros de samba noturno. Todavia, todo esse grupo de moradores precisou se transferir para outros bairros periféricos, como Pedreira, Guamá, Jurunas, Cremação e Sacramenta.

Essa dispersão dos moradores do Umarizal, tornou o bairro da Pedreira um centro de batuques e sambas e nos demais bairros ficaram os terreiros de macumba modernizada e sincretizada, de antigo batuque, de babaçuê, de candomblé da Bahia, de umbanda carioca e traços da pajelança cabocla!!! A negação da cultura afro-brasileira afetou bastante o **ritmo carimb**ó ao longo de toda a primeira metade do século XX.

Ele sofreu sempre uma repressão por séculos devido à origem indígena com influência negra, e em 1880 chegou inclusive a ser proibido explicitamente pelo governo de Belém através do **Código de Posturas de Belém**, no capítulo intitulado "Das bulhas e vozeiras" que destacava: "É proibido (...) fazer batuques ou samba, tocar tambor, carimbó ou qualquer outro instrumento que perturbe o sossego durante a noite etc." Até mesmo no interior do Estado, os festeiros onde o gênero era muito apreciado foram perseguidos pela polícia e mal vistos pela **"boa sociedade local"**.

Nessa época, o indígena teve uma participação direta na economia local, conquistando áreas reservadas, afastadas dos centros urbanos para praticar sua cultura após diversos conflitos com os colonizadores. Com isso, entretanto, foi crescendo o comércio de escravos, trazidos para fazerem os mais variados serviços, com o que surgiu a figura do **caboclo** (mistura de índio com branco) que se desenvolveu com a **miscigenação**.

No governo provincial de Rufino Enéas Gustavo Galvão, o visconde de Maracaju, iniciou-se em 1883 a construção da EFB, que foi inaugurada em 1884 (e funcionou até 1964) para transportar a produção agrícola da região, seguindo o caminho do Maranhão, que foi criado pelos índios tupinambás, melhorado pelo militar Pedro Teixeira e tratava-se de uma rota terrestre e fluvial para se chegar ao Maranhão. Com isso tornaram-se mais fáceis as transações comerciais entre Belém e Bragança, que antes ocorriam somente através do deslocamento no rio Caeté.

Inicialmente, essa ferrovia tinha apenas 29 km, fazendo a ligação entre o bairro de São Brás (em Belém) e a colônia de Benevides. Em 1885, ela foi estendida em outros 29 km, porém as obras foram paralisadas até 1902, e somente retomadas em 1908, quando alcançou sua extensão máxima.

Após a demolição da Casa do Haver-o-Peso, só em 1899, é que foi iniciado no mesmo local a construção do Mercado Municipal de Peixe (ou Mercado Ver-o-Peso), por Le Rocque Pinto & Cia, seguindo a estética francesa de *art noveau*, na antiga praça do Pelourinho, onde havia uma feira de produtos hortifrutigranjeiros, bem perto do Mercado Municipal da Carne, que foi inaugurado em 1867. Ele foi inaugurado em 1901, durante o governo de Augusto Montenegro, localizado agora no *boulevard* (avenida) Castilhos França.

O dinheiro gerado com a comercialização da borracha foi essencial para se poder fazer a **reurbanização** de Belém, tendo como referência a capital francesa, Paris. Isso começou a ser feito a partir de 1897, pelo intendente Antônio Lemos, que governou a cidade de 1897 a 1911, e modernizou bastaste a capital paraense bem no início da República. Ele promoveu a renovação estética e higienística da cidade no chamado período *belle époque* de Belém, ou seja, no período áureo da borracha.

Antônio Lemos desenvolveu assim o projeto de construção que chamou de Paris na América. Ele queria que Belém fosse uma *petit* Paris ("pequena Paris"), seguindo toda a influência da arquitetura *art déco* e da *belle époque* europeia.

Ele assim atendeu ao novo gosto da elite do látex (com destaque aos seringalistas, isto é, dos "barões da borracha") e também para demonstrar aos investidores estrangeiros que Belém era segura e saudável para se transformar em um centro financeiro, além de ser uma cidade luxuosa, consumista e com muita diversão. Ressalte-se que nessa época, a maior parte da população da cidade era tão pobre que não tinha dinheiro sequer para comprar peixe, mas uma minoria abastada queria adotar hábitos europeus!?!?

Pode-se dizer que em 1902, o intendente completou boa parte de seu projeto, que incluíu a construção de muitas obras, dentre as quais: diversos palacetes, Bolsa de Valores, grandes teatros, necrotério e grandes praças com lagos e chafarizes. Ele também providenciou o alargamento de vias, assim como o calçamento de quilômetros de ruas com pedras importadas da Europa. Nos principais bairros foi construída toda a malha de esgoto. Rios e córregos foram aterrados. Grandes áreas foram arborizadas e centenas de mudas de mangueiras foram plantadas ao longo das novas avenidas, fazendo surgir pela cidade belos bulevares, sempre ao melhor estilo francês.

Todo esse desafio foi delegado a um grupo de engenheiros europeus, que incluía alguns dos responsáveis pela reforma urbanística da própria capital francesa. Nessa época, a **fotografia** se tornou um elemento significativo para registrar as transformações urbanas realizadas pelo intendente e senador Antônio Lemos, o que lhe serviu de propaganda política das realizações de seu governo. Esses registros resultaram no Álbum de Belém, com capa em baixo relevo, produzido em 1902 em Paris, sob a direção de Felipe Augusto Fidanza e texto de Henrique Santa Rosa, no qual se destacou uma imagem idealizada, reinventando um imaginário social e cultural de Belém ao estilo parisiense.

Foram os donos do Grande Hotel e do Palace Theatre (atual hotel Princesa Louçã, em frente ao bar do *Parque*), os empresários Carlos Teixeira e Antônio Martins, que deram mais um destaque para Belém no cenário nacional, quando em 1912 inauguraram o cine Olympia.

Em 1911, a **divisão administrativa** do município de Belém era em três distritos: Belém (sede), Santa Isabel do Pará (até 1931, quando se emancipou) e Castanhal (até 1932, quando foi elevado à categoria de município). Em 1930, a divisão administrativa do município era em cinco distritos: Belém (sede), Santa Isabel do Pará, Acará, Castanhal e Conceição do Araguaia (até 1935, quando foi elevado à categoria de município).

Por outro lado, em 1936 essa divisão administrativa passou a ter 11 distritos, a saber: Belém (sede), Aicaraú, Barcarena, Caratateua, Conde, Genipauba, Ilha das Onças, Itupanema, Mosqueiro, Pinheiro e Val de Cães.

Finalmente, em 1938, houve outra reorganização administrativa e os distritos continuaram 11, mas houve uma grande redistribuição: Belém (sede, Ilha das Onças e Genipauba), Aicaraú, Ananindeua, Barcarena (Itupanema), Benfica, Murucupi (ex-Conde), Engenho Araci (ex-Araci), Mosqueiro, Pinheiro, Caratateua), Santa Isabel do Pará e Val de Cães.

A partir da década de 1940, a cidade passou por uma grande **verticalização**, devido à grande valorização das suas áreas, a começar pelos terrenos na avenida Presidente Vargas. Verificou-se um aumento significativo na altura dos edifícios construídos ali. Surgiram novas modalidades em termos de seletividade social, caracterizada por arrojados projetos arquitetônicos, pela incorporação de sofisticados equipamentos de lazer na área condominial e dos altos preços dos imóveis. É claro que isso criou uma **segregação sócio-espacial** para segmentos sociais de classes média e alta.

Em 1948, a divisão administrativa do município foi alterada outra vez significativamente, passando a contar com apenas **quatro distritos**: Belém, Icoaraci (ex-Pinheiro), Mosqueiro e Val de Cães. Na década de 1950 os bairros localizados nas zonas norte e sul apresentaram índices de crescimento populacional muito expressivos, e passaram a ser chamados de **populares**, como por exemplo: o crescimento de Marambaia de 112,04%; o de Sacramenta foi de 210, 60%, o de Souza foi de 201,22%. Em contrapartida, em bairros mais antigos houve diminuição populacional ou um crescimento tímido. No bairro do Comércio, por exemplo, a redução foi de 15,57%; em Reduto, de 23,21%; enquanto em Cidade Velha o crescimento foi de apenas 23,25%. Esses bairros foram ocupados por uma população considerada mais pobre e por famílias com muitos filhos, vivendo em pequenas residências precárias ou em ocupações de estrutura desordenada e caracterizada por ruas tortuosas com muito mato e às margens lodosas dos igarapés. Enquanto isso, a área central da cidade se esvaziava, sendo invadida pelo comércio. Por outro lado, os bairros iniciais na zona leste se estabilizaram em amplos quarteirões, tendo largas avenidas.

No período de 1960, a segunda légua patrimonial de Belém foi estruturada ao longo da avenida Augusto Montenegro. Ela, que originalmente fora ocupada por fazendas, a partir dos anos 1960 recebeu os conjuntos habitacionais destinados em princípio aos remanejados das obras de infraestrutura no centro da cidade, seguidos nos anos 1980 por ocupações informais e por condomínios de alta renda a partir dos anos 1990.

Foi em 1960 que ocorreu a criação do *campus* principal da Universidade Federal do Pará (UFPA) em Belém, o *campus* universitário do Guamá. Nesse mesmo ano iniciou-se a desativação da EFB, por conta da queda em seu faturamento e ao transporte cada vez mais intenso nas rodovias. Foi em 1965 que o ministro da Aviação, Juarez Távora (do governo do presidente Humberto de Alencar Castello Branco), ordenou a destruição das locomotivas e das principais estações ferroviárias do Estado, sob a justificativa do déficit anual, demolindo a estação ferroviária de São Brás e construindo a estação rodoviária de Belém, na administração do interventor Alacid Nunes.

Nesta época os terrenos sem alagamentos da primeira légua patrimonial de Belém estavam ocupados. Com o avanço da rodovia Belém-Brasília, iniciada na década de 1950 com o presidente Juscelino Kubitschek e o começo da construção da rodovia de acesso aos distritos de Icoaraci e Outeiro, seguindo o traçado da antiga EFB, isso alavancou o crescimento urbano e a expansão imobiliária (de modo não planejado e carente de boa infraestrutura, porém progressivamente valorizada) nas áreas de várzea, por meio de construção de conjuntos habitacionais e assentamentos populacionais nos eixos viários das rodovias BR-316 e Augusto Montenegro.

Foi surgindo assim a "**Nova Belém**" na sua **segunda légua patrimonial** (ela foi doada em 1899 graças à Lei de Terras do Estado do Pará para a intendência municipal). Formou-se assim um novo modelo no tecido urbano, contrapondo-se ao encontrado na área central da cidade, com ocupação de modo não planejado do espaço e de diferentes tipologias de assentamentos habitacionais. A partir de 1995, se iniciou o movimento Orla Livre, que voltou-se contra a ocupação irregular das margens do rio Guamá e da baia de Guajará, lutando para garantir o usufruto por parte da população desses espaços para lazer, cultura e esporte, buscando a valorização do patrimônio histórico, do turismo e da habitação de melhor qualidade, além do seu desejo para se criar um plano de gestão integrada da orla de Belém, no sentido inclusive de requalificá-la.

Preocupado com este anseio, o então prefeito Edmilson Rodrigues no decorrer dos seus mandatos de 1996 a 2004, implantou o projeto **Janelas para o Rio**, que tinha como objetivo criar espaços públicos na orla para que os munícipes pudessem utilizá-los para o seu lazer e outros fins sociais, preservar a identidade ribeirinha do caboclo amazônico e combater a especulação imobiliária e a apropriação privada desigual dos equipamentos e investimentos públicos em áreas em que estava se desenvolvendo um processo maléfico de segregação socioespacial.

Neste sentido ele construiu o complexo Ver-o-Peso, a praça Princesa Isabel e a Vila da Barca, com o que houve uma apropriação e valorização da orla da cidade, seguindo o que determinavam o Estatuto da Cidade (de acordo com a lei federal Nº 10.257/2001) e o Plano Diretor Urbano (que, inclusive, exigia a criação de **zonas especiais de interesse social** – as ZEISs). Lamentavelmente, tais áreas foram por muito tempo desprezadas pelo poder público, com o que se tornaram facilmente ocupadas de forma desordenada por empresas privadas, como estâncias, lojas, marcenarias, pequenos portos etc.

Atualmente o município de Belém tem um total de 71 bairros distribuídos em 8 distritos administrativos, a saber: o Centro, Benguí, Entroncamento, Guamá, Icoaraci, Mosqueiro, Outeiro e Sacramenta. Note-se que a partir da revisão do Plano Diretor da cidade, em 2008, quando se identificou que no distrito Entroncamento, onde estava o bairro Universitário, os bairros adjacentes a ele eram integrantes de uma ZEIS, ou seja, regiões que deviam receber um tratamento diferenciado para viabilizar as ações de urbanização, regularização fundiária e habitação, e já o bairro Universitário estava inserido no ZEIA (Zona Especial de Interesse Ambiental), vetado portanto para fins habitacionais, sendo destinado a ter aí apenas instituições de ensino, pesquisa e extensão.

O bairro Universitário, entretanto, foi se desenvolvendo juntamente com a expansão urbana da cidade para a periferia, com a crescente demanda da sociedade, desde as primeiras ocupações nos anos 1950 até agora. Mas é nele que estão agora importantes IESs ou empresas como: a Companhia de Saneamento do Pará, a Eletrobras/Eletronorte, o Parque de Ciência e Tecnologia do Guamá, a Universidade Federal Rural da Amazônia e a UFPA.

A atuação do movimento Orla Livre voltou a intensificar-se durante o período de 2012 a 2014 para impedir a implantação de vários projetos imobiliários residenciais nas margens do rio Guamá e a e baia de Guajará, que são **áreas de preservação permanente** (APPs). Atualmente a rede de abastecimento de água chega a 83% das residências, mas somente 10% da descarga domiciliar está conectada à rede coletora de resíduos, o que provoca o descarte inadequado dos dejetos em 14 bacias que abastecem a cidade, 11 delas ligadas ao rio Guamá.

Belém é a capital estadual mais chuvosa do Brasil, devido ao seu clima tropical. A precipitação pluviométrica ao longo do ano acaba alcançando valores próximos de 3084 mm. A menor temperatura na cidade até agora, foi registrada em 26 de agosto de 1984, sendo de 18,5ºC e a maior no dia 12 de dezembro de 2003, quando se chegou a 37,4ºC. No que se refere à divisão populacional, há um significativo desequilíbrio em Belém, uma vez que as mulheres constituem 54,3% dos habitantes – o que naturalmente deixa muita mulher solteira na capital paraense...

Em termos de distribuição territorial, Belém se divide em duas partes: uma área continental, com cerca de 176,57 km² e uma área insular, composta de 42 ilhas (com área de 329,94 km²) situadas no oceano Atlântico, com destaques para a ilha de Mosqueiro (211,79 km²), a mais extensa delas e as ilhas de Caratateua (31,45 km²), Catijuba (15,8 km²) e Combu (14,93 km²).

Belém limita-se com os municípios de Ananindeua, Marituba, Santa Bárbara do Pará e Barcarena, além das baías do Marajó e Guajará. A topografia do município de Belém, é baixa e pouco variável, com seu ponto de altitude máximo alcançando os 25 m na ilha do Mosqueiro, sendo que boa parte da cidade se encontra entre 3 m e 4 m, fazendo com que ela sofra muito com as marés altas, quando em várias partes são observados alagamentos bem prejudiciais.

Infelizmente o município de Belém ao longo do tempo sofreu um forte desmatamento e com isso agora mais de 56% da sua cobertura vegetal encontra-se alterada ao que era alguns séculos atrás. Passam por Belém os rios Guamá e o Maguari (que banha a RMB). A baia do Guajará, formada pelo encontro da foz do rio Guamá com a do rio Acará banha a capital paraense e outras cidades do Estado.

No que se refere à ancestralidade da população, em 2018 estimou-se que ela fosse composta em 53,7% por europeus, 26,5% por indígenas e 16,8% por africanos. Atualmente, a expansão da capital paraense fez surgirem cidades-dormitório, como é o caso de Ananindeua, que se emancipou de Belém em 1994, e de Marituba, que ficam às margens da rodovia BR-316, que termina na capital paraense.

O pior é que nessas duas cidades há um elevado índice de favelização. Em 2018, estimou-se que em Marituba, cerca de 74% dos domicílios particulares estavam ocupados de forma irregular, enquanto em Ananindeua, esse percentual chegou a 59%. De fato, no ano de 2018 viviam nessas cidades, respectivamente, 145 mil e 538 mil habitantes. Não se pode, entretanto, esquecer que esse processo de favelização começou desde que começou a construção da BR-10, que ligou Belém a Brasília. O fato relevante é que em ambas prefeituras vem sendo feito um processo paulatino de regularização e entrega das residências aos moradores...

No que concerne à **religião**, a maior parte dos moradores de Belém segue o **catolicismo** (73%), mas existem diversos outros credos na cidade, como o protestantismo (20,3%), o espiritismo (2,1%) e o restante entre outras religiões.

Entre os eventos realizados pela Igreja Católica, destaca-se o **Círio de Nazaré**, a maior festa cristã do País em devoção a Nossa Senhora de Nazaré. Ela acontece anualmente no 2º domingo de outubro, reunindo alguns **milhões de fiéis**. Trata-se da maior procissão católica do mundo, sendo celebrada na cidade desde 1793. Atualmente as manifestações de devoções religiosas estendem-se por quinze dias. Entre os pontos altos dessa manifestação, destacam-se a romaria fluvial, a romaria rodoviária, a moto-romaria, transladação, a procissão do Círio, o Círio propriamente dito e o Recírio.

Em outubro de 2017 a cantora Fafá de Belém estava divulgando a 7ª edição do *Varanda de Nazaré*, um projeto que reúne artistas em Belém no Círio de Nossa Senhora de Nazaré, e para isso ela fez um encontro com eles no seu amplo apartamento em São Paulo. Depois, numa entrevista para a repórter Paula Reverbel, do jornal *O Estado de S.Paulo* explicou:

"Pouco conhecida ainda no País, essa manifestação religiosa é celebrada em Belém por cerca de 2,5 milhões de pessoas em média. Os moradores da cidade pintam as suas casas, mudam a mobília e se juntam desde o café da manhã na expectativa de ver a passagem da imagem de Nossa Senhora. Para nós, o Círio de Nazaré é mais importante que o Natal!!!

Minha perplexidade foi saber, já que estou morando em São Paulo, que especialmente aqui a maioria das pessoas não sabe do que se trata. Por isso me transformei em uma espécie de embaixadora da cultura paraense para o resto do País. Acho que falta um cuidado e um olhar mais delicado sobre essa procissão. A **visitabilidade à cidade** no sábado e no domingo, somados todos os participantes, eles superam em número três vezes mais que todos os que participam do Carnaval em Salvador. Aí comecei a pensar no que se poderia fazer para ajudar as pessoas a entender melhor tudo que envolve essa procissão. Inclusive para estimular as pessoas a irem a Belém para aproveitar sua gastronomia, observar sua arquitetura e ficarem lá não somente dois dias, mas a semana toda do Círio, pois é uma procissão de fé, independente da religião.

Claro que a religião católica é o que está à frente, por causa da Nossa Senhora de Nazaré, que aliás aparece na cidade toda, de todas as formas, com imagens colocadas até em balão. Ela fica tão próxima que ninguém a chama de Nossa Senhora de Nazaré, pois ela é a confidente, a amiga, a mãezinha. Para ela se dizem coisas que não se diz a ninguém!?!? Então ela é 'Naza', 'Nazinha', 'Nazica', 'Nazerazinha'... É nossa mãe, colega!!! Dá para entender...

Tem Círio também no Rio de Janeiro, pois lá a comunidade paraense é grande, em especial na Tijuca e o dom Orani, que já foi o arcebispo de Belém, promove um Círio no Leme e no centro em Copacabana. Desde 2014 faço o Círio aqui perto de São Paulo, em Osasco. Também a partir de 2014 passei a levar artistas, cantores e outros convidados, como por exemplo a Marilia Gabriela, que ficam em camarotes como aqueles que se montam nos desfiles de Carnaval, e assim o povo que passa na procissão fica muito feliz e grita entusiasmado o nome deles. Entre a procissão noturna e a diurna acontece a *Festa da Chiquita*, que é o maior baile LGBT (lésbicas, *gays*, bissexuais e transgêneros) e que acontece no meio da procissão.

Quando a procissão noturna passa, a imagem da Nossa Senhora de Nazaré para diante do palco da *Festa da Chiquita*, com todos já vestidos de transformistas, de *drags*, enfim, fantasiados, eles de mãos dadas rezam uma *Ave Maria* e a procissão anda. Só quando acaba a procissão é que essa festa começa. Dessa forma a fé não é exclusiva, é **inclusiva**. Pois bem, estou me esforçando para que durante essa procissão todos fiquem mais felizes, desfrutem também de alegria, sabendo que, de fato, sob o manto de Nossa Senhora cabem todos!!!"

Essa festa tem dois grandes símbolos: a **corda** e a **berlinda**. A corda mantida bem firme por milhares de mãos, possibilita unir o povo milimetricamente, que se empurra, mas ninguém se machuca... A berlinda é o andor envidraçado, que carrega a pequena e bela imagem da Virgem de Nazaré, com o filho ao colo, concentrando-se aí as duas das mais fortes expressões da nossa percepção: o **sagrado** e a **maternidade**: Essa imagem reúne o anelo por um mundo melhor, terno, como desejaríamos a nossa vida: tranquila e florida **Nossa Senhora de Nazaré é essa utopia do possível!!!**

A capital paraense possui muitas igrejas, capelas e santuários católicos, entre os quais destacam-se a catedral metropolitana de Belém, a basílica de Nossa Senhora de Nazaré, a igreja de Santo Alexandre (atualmente está aí o Museu de Arte Sacra), o santuário de Nossa Senhora de Fátima, a igreja Nossa Senhora das Mercês, a igreja Nossa Senhora do Carmo, entre outras. No início do século XX, a Igreja Batista da cidade de Belém recebeu dois missionários batistas sueco-americanos, Daniel Berg e Gunnar Vingren. Ambos já haviam trabalhado nos EUA, juntamente com o reverendo Nelson e, enquanto este ia e voltava de seu país em busca de fundos para a obra, os dois permaneceram no Brasil, aproveitando todas as oportunidades para converterem o maior número possível de pessoas ao pentecostalismo.

Todavia, em 1910, depois de provocarem algumas discordâncias, ambos foram convidados a sair de Belém, mas relutaram em acatar essa ordem. Em vez disso, eles decidiram criar sua própria congregação. Para isso eles reuniram um grupo significativo de pessoas que concordava com seus ensinamentos... Mais tarde essa congregação passou a se chamar Igreja Evangélica Assembleia de Deus, que com o tempo se tornaria **a maior igreja evangélica do Brasil**, assim como **a maior igreja pentecostal do mundo!!!**

Foi por essa razão que Belém se transformou no berço da doutrina pentecostal evangélica do País e também é por isso que ela é o palco de grandes eventos religiosos nacionais. Como já mencionado, depois dos católicos, os evangélicos formam o 2º maior grupo de devotos na cidade, dessa maneira, existe ali um grande número de casas de oração, dentre as quais as principais são da Assembleia de Deus (a primeira fundada no País), a Igreja Internacional da Graça de Deus; a Igreja do Evangelho Quadrangular, a Igreja Universal do Reino de Deus e a Igreja Batista. Outras denominações evangélicas estão também presentes na cidade, como a Igreja de Jesus Cristo dos Últimos Dias, Igreja Anglicana, Igreja Adventista do Sétimo Dia e Testemunhas de Jeová.

A maioria dos judeus em Belém chegou à cidade no século XIX, oriunda do Marrocos. Essas pessoas descendiam dos refugiados da Inquisição na Espanha e em Portugal, no fim do século XV. Os judeus chegaram a Belém em busca de um lugar onde pudessem professar sua fé em liberdade, bem como enriquecer com o que fossem capazes de extrair da região. Belém, por sua vez, os atraiu por ser uma cidade portuária atingida pela carta régia que abriu suas portas para as nações amigas. Ao chegarem a Belém os judeus fundaram a primeira comunidade judaica da Amazônia e do Brasil República, e alguns deles se espalharam ao longo do rio Amazonas. Porém, posteriormente eles voltaram para a capital paraense por conta do fortalecimento dessa comunidade.

No que se refere à **economia**, a belenense se baseia primordialmente nas atividades de comercio, serviços e turismo, embora também seja bastante desenvolvida a atividade industrial, havendo na cidade em 2018, um grande número de indústrias alimentícias, navais, metalúrgicas, pesqueiras, químicas e madeireiras. Estima-se que o PIB de Belém nesse ano tenha sido de cerca de R$ 31 bilhões. Na realidade o setor primário também não pode ser desprezado, pois atualmente há muita gente que sobrevive graças às atividades ligadas principalmente à **agricultura**.

Aliás, as produções agrícolas urbanas concentram-se no cultivo de produtos tradicionais, como: açaí, macaxeira, cupuaçu e maxixe. Embora haja um certo destaque a estes quatro produtos, outros também são relevantes no contexto do município, como o caruru, o coco e o cheiro verde. Dentro dessa perspectiva, a agroindústria parece ser uma possibilidade bem promissora para a geração de renda e empregos em pequenos negócios ou unidades produtivas.

Porém, existem limitações, com muitas APAs e refúgio para a vida silvestre, o que impede mais gente se envolver com a agricultura. Assim, por incrível que pareça a mão de obra local não é abundante... Apesar de tudo isso, em 2016 o Instituto de Desenvolvimento Florestal e da Biodiversidade do

Estado do Pará iniciou o projeto Agrovárzea, com a finalidade de incentivar a **agricultura familiar** aliada ao **turismo rural** em comunidades de populações tradicionais nas APAs, nos refúgios silvestres e na região insular da capital, ou seja, em Combu, Sítio Bom Jesus, Abacatal, Santo Amaro e Ponta Negra.

O projeto Agrovárzea criou inclusive **unidades de referência tecnológica**, com atividades teóricas e práticas referentes ao manejo adequado de sistemas agroflorestais, priorizando a diversificação da produção, porém, focado nas espécies nativas, junto com a conservação da biodiversidade com geração de renda através da venda direta de produtos, principalmente na ilha do Combu e no refúgio Metrópole da Amazônia. Ele também possibilitou aos participantes outras atividades, como intercâmbios de métodos, vivências rurais, feiras em instituições e capacitações abordando temas como elaboração de roteiros turísticos e a oferta da hospitalidade.

Em 2016, em paralelo com o projeto Agrovárzea, a prefeitura de Belém celebrou um convênio de cooperação com a Agência de Inovação Tecnológica da UFPA, com o qual foi levado para as ilhas do estuário de Belém, capacitação tecnológica para o incentivo da cadeia produtiva agrícola do açaí e do cacau, aproveitando os conhecimentos tradicionais na ilha do Combu, onde se produzem chocolates selvagens tipicamente amazônicos e licores nas várzeas orgânicas de cacau.

Isso, como resultado, possibilitou um melhor desenvolvimento sustentável dos ribeirinhos que trabalhavam com produtos da biodiversidade local, que inclusive começaram a ver os seus produtos ganharem espaço não só no mercado nacional, como também no internacional. Foram desenvolvidos também outras ações para ajudar os agricultores familiares que viviam nas ilhas no sentido de beneficiar toda a cadeia produtiva da agricultura familiar, ou seja, no seu ciclo todo que vai desde o processo de produção até a comercialização do seu frango verde (sem antibióticos, quimioterápicos ou fortalecedores) e seus produtos orgânicos. Eles conseguiram bons financiamentos para mais unidades habitacionais e para melhorias das instalações que tornassem a produção mais eficiente e, ao mesmo tempo, possibilitasse a melhoria da qualidade dos produtos.

Foi também criado o projeto Polo Gastronômico da Amazônia que concedia incentivos fiscais para que empresários do ramo da alimentação comprassem os produtos oriundos das ilhas. A rede municipal de ensino resolveu preparar as merendas escolares com alguns produtos das ilhas. Nos cardápios de muitos restaurantes foram impressas as localizações dos produtores familiares que plantavam nas ilhas, indicando passeios nelas, incluindo café da manhã, a observação de plantas nativas, como a andiroba, a pupunha, o cupuaçu e a gigantesca samaumeira (conhecida como a "árvore da vida" ou "escada do céu", pois chega a ter 70m de altura). Por exemplo, graças ao projeto Colheita Comunitária dos Açaizais, muita coisa melhorou para aqueles que praticavam a agricultura familiar na ilha de Jussara, principalmente na extração do açaí. Isso porque a comunidade adotou a exploração racional dos açaizeiros (praticando a cultura do manejo) com o uso de intervenções técnicas nas áreas de plantio, e começou a praticar os princípios agroecológicos. Destinou para a comercialização do palmito apenas as árvores que não estivessem frutificando com qualidade. Aprendeu a reduzir as perdas a partir do descarte adequado; conservando as espécies nativas que, inclusive, proporcionam alimentação aos animais.

Com a aplicação da cultura do manejo, as famílias passaram a ter uma renda bem maior e, nos períodos de colheita, chegavam facilmente a receber R$ 6.000 por mês com a venda do açaí!!! Um fato bem relevante foi a participação feminina no processo, que começou por volta de 1990, com o movimento Mulheres das Ilhas de Belém, que passaram a ter um papel de destaque nessa nova ruralidade. A atuação desse movimento abrangeu as ilhas de Cotijuba, Nova, Jutuba, Paquetá, Tatuoca, Urubuoca e adjacentes, no entorno de Belém.

Segundo dados da Empresa de Assistência Técnica e Extensão Rural (Emater), as mulheres locais se tornaram as representantes junto às instituições assistenciais e aos agentes financeiros, onde aproximadamente 50% do crédito rural, como o Programa Nacional de Fortalecimento de Agricultura Familiar (Pronaf), foi formalizado por elas, devido a terem uma importante posição (ou poder) na administração familiar. Complementando a sua renda o movimento Mulheres das Ilhas de Belém permitiu também a elas a produção a venda da priprioca (uma erva aromática e medicinal (com perfume amadeirado) para a empresa Natura; a confecção de biojoias com conchinhas, palha de costa, folha de ajirú e semente de açaí.

Na realidade, para executarem a confecção das biojoias, as mulheres precisam participar do projeto profissionalizante Escola Ribeirinha de Cotijuba, realizado em parceria com o Instituto Peabiru, o Instituto Lojas Renner e com o envolvimento da *designer* Tita Maria e do fotógrafo Rafael Araújo.

Em Belém existe um **polo joalheiro** (Espaço São José Liberto) e entre as empresas que estão aí instaladas destacam-se a Amazonita e a Ourogema, que possuem lojas onde os clientes (visitantes) podem adquirir objetos incríveis. Cada uma dessas empresas possui uma linguagem própria nos seus produtos, porém, ambas expõem nas mesmas vitrines. As peças da Amazonita têm mandalas e símbolos ligados a crenças. A grande preocupação dos seus proprietários é a de oferecer produtos diferenciados com forte apelo regional e qualidade técnica. Aliás, esse polo lança anualmente um catálogo de produtos que promove os *designers*, especialmente de joias e todos os produtos das empresas aí instaladas.

Algo incrível que existe em Belém é a perfumaria Chamma da Amazônia. Ela surgiu ainda na década de 1950, quando Oscar Chamma decidiu valorizar a matéria-prima da região, formulando perfumes com patchuli, priprioca, alfazema e outras ervas encontradas na Amazônia. Batizada inicialmente como Casa Chamma, a empresa fez muito sucesso em Belém, até que um incêndio interrompeu o sonho de continuar divulgando a riqueza dos cheiros locais. Parecia ser o fim da história, mas alguns anos depois, Fátima Chamma abraçou o antigo sonho do pai e, com muita paixão e profissionalismo nasceu a Chamma da Amazônia.

Ela fez uma parceria com o Programa de Incubação de Empresas de Base Tecnológica, da UFPA. O projeto prosperou e, em 1999, a empresa estava pronta para se expandir, o que aconteceu por meio de um sistema de *franchising*. Em 2019 a marca Chamma completou 59 anos, mantendo sua **tradição** (saber fazer a partir do conhecimento familiar, artesanal e cultural), focada na **sustentabilidade** (sem agredir o meio ambiente e utilizando-se de materiais e processos limpos), valendo-se de **tecnologias** (trabalhando com eficiência e buscando a inovação) e tendo como base a **essência amazônica** (regional, ambiental e cultural).

Se você, caro(a) leitor(a), não foi ainda a Belém, peça para alguém que vá para lá para lhe trazer algum perfume regional ou então um óleo aromático, ou quem sabe das suas linhas *spa* ou lavanda. Você ficará realmente encantado(a) com qualquer um desses produtos e em breve, irá por conta própria para Belém, para trazer muitos deles, viu?

A RMB é a região mais dinâmica do Estado e juntamente com a cidade de Barcarena (fica próxima de Belém) constitui o 2º maior parque industrial da Amazônia. Por outro lado, o porto de Belém é também o segundo maior movimentador de contêineres da Amazônia. Com a revitalização dos distritos industriais de Icoaraci e do município de Ananindeua, a implantação da hidrovia do Tocantins e com a provável chegada da ferrovia Norte-Sul, a RMB aguarda um novo ciclo de grande desenvolvimento.

Em Icoaraci, é preciso destacar a EC como base de sustentação da região, uma vez que ela abriga o maior polo de produção cerâmica marajoara do País. Os maiores **centros comerciais** de Belém levando-se em conta a área bruta locável (ABL), são Bosque Grão-Pará, com 44.682 m^2; Castanheira, com 42.500 m^2; Boulevard, com 40.000 m^2; Pátio Belém, com 37.179 m^2 e Parque *Shopping*, com 31.275 m^2. Nesses *shoppings* trabalham muitos milhares de pessoas que atendem algumas dezenas de milhares de consumidores que circulam neles diariamente. Ai vão alguns detalhes a respeito de cada um desses *shoppings centers*:

→ **Bosque Grão-Pará** – Ele foi inaugurado em 26 de agosto de 2015, sendo bem grande e tem ótima localização. Possui várias opções em termos de lojas, bares, restaurantes e casas de *shows*, atendendo assim aos mais variados gostos. É uma pena que não tenha um estacionamento coberto. Poderia ter um maior número de lojas...

→ **Castanheira** – É atualmente o *shopping* mais movimentado de toda a RMB, e não é para menos: ele está localizado num lugar privilegiado, ou seja, na entrada/saída da rodoviária de Belém. Ele possui cerca de 150 lojas-satélite e diversas âncoras. O local oferece uma ampla praça de alimentação, que também é bonita e confortável, na qual o visitante tem as mais variadas opções para se alimentar. Possui também um parque de diversões, o *Amazon Fantasy*, que ocupa 1.300 m^2, um local onde crianças e adultos têm a oportunidade de vivenciar momentos divertidos de lazer. As sete salas de cinema desse *shopping* são digitais e, diga-se de passagem, um espetáculo à parte. Elas são da Moviecom, uma das maiores e mais modernas redes do País. Trata-se, sem dúvida, do melhor local para se assistir às grandes estreias da sétima arte. Não é para menos que por esse *shopping* passam mensalmente cerca de 1,5 milhão de pessoas e utilizam o estacionamento cerca de 145 mil automóveis. Esse *shopping* tem agora um grande concorrente na RMB, com a abertura do Metrópole Ananindeua (com uma ABL de 51.000 m^2), um empreendimento do grupo Sá Cavalcante, que está localizado estrategicamente na rodovia Mario Covas com a BR-316, em Ananindeua. Ele tem cerca de 220 lojas e 10 salas de cinema. Embora ainda esteja em fase de ajustes, já atrai diariamente algumas dezenas de milhares de consumidores.

- > *Boulevard* – Para alguns clientes é o que tem o mais exuberante projeto arquitetônico em termos de beleza e *design* do Estado do Pará, possuindo uma ampla quantidade de lojas, que vendem produtos de qualidade, tendo bons restaurantes (como o *Armazém*), cinema, espaço para as crianças, um bom estacionamento e é o lugar para ver gente bonita...
- > **Pátio Belém** – Um *shopping* muito bom, em especial para fazer compras para quem deseja adquirir bons artigos de cama, mesa e banho (tem lojas da Hering, Abuze.com etc.) Fica no centro da cidade, com fácil acesso, tem espaço para as crianças, boa praça de alimentação, cinema, exposição de arte e cultura e inclusive atrações musicais.
- > **Parque** – E um dos melhores *shoppings* de Belém, que foi inaugurado em 25 de abril de 2012, com diversas lojas que, inclusive, vendem artigos por preços atraentes. É um ótimo lugar para passear, tomar um chope ou comer um lanche. Tem cinema, várias opções de distração para as crianças e ainda um bom estacionamento.

Um local relativamente novo em Belém é o *Shopping* das Fábricas, no qual os consumidores podem adquirir em especial artigos da chamada moda praia (feminina e masculina), peças de bijuteria, equipamento de surfe etc., por preços bem acessíveis.

Entre os principais mercados municipais da cidade estão o Ver-o-Peso, tradicionalmente chamado de "Verópa", que é muito mais que apenas um centro comercial: ele é também um símbolo de Belém, além de ser a sua maior atração turística. Ele é visitado por mais de 50 mil pessoas diariamente, com um movimento médio de R$ 4 milhões por dia. O segundo é o Mercado de São Brás, no qual funcionam lojas de artesanato, produtos agrícolas, domésticos e vestuário. Ele está localizado na praça Floriano Peixoto, próximo à antiga EFB e foi construído em 1911, como política de descentralização do abastecimento da cidade (para os bairros), do então intendente Antônio Lemos.

No que concerne à **educação**, Belém tem figurado entre as capitais estaduais em que os alunos apresentam o **pior desempenho** no Ideb, assim como no Enem. A rede municipal de Belém tinha em 2018 cerca de 185 unidades distribuídas entre aquelas dedicadas à educação infantil e ao ensino fundamental, e algumas delas oferecem um ensino de qualidade como a Ernestina Rodrigues. Há na cidade algumas dezenas de IEs estaduais (muitas delas além do ensino médio também oferecem o ensino fundamental) e várias delas preparam muito bem seus alunos para que possam ingressar no ensino superior. Neste sentido destacam-se a Eunice Weaver, Hilda Vieira, Dom Pedro I, Santa Maria de Belém e Augusto Meira.

A rede privada de ensino oferece também educação infantil, ensino fundamental e ensino médio e visivelmente essas IEs particulares são bem melhor avaliadas do que as públicas similares. Entre as de maior destaque estão a Escola e Colégio Pequeno Príncipe, o Centro Educacional Triunfo, a Escola Santa Emília (para alguns a melhor de Belém), a Brazilian International School (na qual se estimula aprender bem o português e o inglês desde o ensino infantil), a Escola Intelecto, Escola Nossa Senhora do Perpétuo Socorro, Escola Adventista de São Brás Altamir de Paiva, Creche Escola Espaço da Criança etc.

Também no campo da educação não se pode deixar de citar o que o Serviço Nacional de Aprendizagem Industrial (Senai) oferece em muitas das cidades encantadoras aqui mencionadas, assim como em outras, com o objetivo principal de aumentar a produtividade e a competitividade da indústria brasileira, com a criação de soluções inovadoras para a indústria nos seus Institutos de Inovação (25 distribuídos em várias cidades) e de Tecnologia (com uma rede de 58 unidades).

Esses institutos são focados no desenvolvimento de pesquisa aplicada, serviços tecnológicos de alta complexidade e na criação de produtos e processos inovadores para pequenas, médias e grandes empresas.

Cada instituto é um ambiente de contínua interação entre a indústria, os empreendedores, as universidades, os outros institutos de pesquisa existentes e as fontes de capital, em suas diversas formas. Por exemplo, no segmento de tecnologias em materiais e estruturas em Belém tem-se o Instituto Senai de Inovação com foco em tecnologias minerais. Aliás, é o momento de destacar também que o Senai é o maior complexo privado de educação profissional e serviços da América Latina. Desde sua criação em 1942 até hoje, ele oferece cursos em uma grande variedade de níveis da educação profissional e tecnológica.

Ao término de 2017, os números do Senai eram os seguintes: 2.372.421 alunos matriculados;1.313.002 ensaios laboratoriais realizados; 541 unidades fixas; 452 unidades móveis, 2 barcos-escola; 189 laboratórios de serviços. E o Senai continua se expandindo!!! **E qual é o resultado disso?**

Isso possibilita uma aceleração cada vez maior do fluxo de conhecimento científico e tecnológico orientado para resultados efetivos no segmento industrial!!! Infelizmente, corre-se o risco de as diversas entidades que fazem parte do Sistema S (que inclui obviamente o Senai) passarem em 2019 por um corte na arrecadação, pois o governo federal considera que os diversos setores produtivos que contribuem para o mesmo estão muito penalizadas, além disso, os recursos arrecadados não estão sendo bem utilizados!?!? Isso de fato seria uma pena, pois poucas são as IEs públicas que oferecem a qualidade de ensino do Sistema S, em especial no setor profissionalizante.

Entre as IESs públicas tem-se a UFPA, a melhor do Estado e da região norte e além dela há outras cinco públicas, tendo instalações em Belém: Centro de Instrução Almirante Braz de Aguiar, Universidade do Estado do Pará (UEPA), Instituto Federal do Pará (IFPA), Universidade Federal Rural da Amazônia e a Universidade de Taubaté.

Já entre as IESs particulares, destacam-se em Belém as seguintes: Faculdade Educacional da Lapa, Faculdade Pan Amazônica, Centro de Educação da Amazônia, Centro Universitário do Pará (CESUPA), Escola Superior da Amazônia, Faculdade de Belém, Faculdades Integradas Ipiranga, Faculdade Teológica Batista Equatorial, Faculdade do Pará, Faculdade de Estudos Avançados do Pará, Faculdade Ideal, Faculdade Integrada Brasil-Amazônia, Instituto de Estudos Superiores da Amazônia, Associação Proativa do Pará, entre outras.

Em Belém há algumas bibliotecas públicas com bons acervos, como a da UFPA a biblioteca Clara Galvão, a biblioteca Irmãos Guimarães, a do IPHAN (Instituto do Patrimônio Histórico e Artístico Nacional), a biblioteca municipal Avertano Rocha, a biblioteca pública Arthur Vianna, onde os alunos podem fazer pesquisas para poderem concluir seus trabalhos discentes.

De acordo com o *ranking* das universidades do País, o RUF, elaborado pelo jornal *Folha de S.Paulo*, em 2018 a UFPA foi considerada a melhor e mais conceituada IES de toda a região norte, porém, alcançou apenas a 25ª posição no País. Já de acordo com o levantamento da Quacquarelli Symonds, em 2014 a UFPA ocupou a 161ª posição entre as universidades classificadas como as melhores na América Latina. De fato, ela se tornou internacionalmente conhecida pela sua produção científica sobre a Amazônia e oferece atualmente 340 cursos de graduação nos *campi* de Belém, Abaetuba, Altamira, Ananindeua, Bragança, Breves, Cametá, Capanema, Castanhal, Salinópolis, Soure e Tucuruí.

Vários grupos de pesquisa de importância nacional fazem parte dos quadros da UFPA e dentre as áreas de pesquisa mais destacadas encontram-se a genética, as geociências e as neurociências. A UFPA foi criada em 2 de julho de 1917, e algumas de suas faculdades, como as de Medicina e Direito (originalmente Faculdade Livre de Direito foi fundada em 31 de março de 1902) estão entre as mais antigas do Brasil e foram por ela encampadas.

Sua área territorial é de aproximadamente 3.328.655 m², enquanto sua área edificada é de cerca de 204.930 m². Estima-se que no final de 2018 cerca de 62 mil alunos estudassem na UFPA (cerca de 49 mil nos cursos de graduação, e o restante nos cursos de pós-graduação) e 2.600 docentes trabalhavam nela.

Já a UEPA, além de possuir uma sede em Belém, conta com outros *campi* em mais de 14 municípios do Estado do Pará. Atualmente a UEPA oferece 31 cursos de graduação, em diversas áreas de conhecimento (incluindo medicina e engenharias), oito cursos de mestrado e um de doutorado. Estima-se que no final de 2018 estivessem matriculados na UEPA cerca de 17.500 alunos nos cursos de graduação, 16.400, nos de pós-graduação (*lato* e *stricto sensu*) e no EAD. Trabalhavam na UEPA aproximadamente 1.850 docentes.

Num Estado no qual a **diversidade** é a grande marca, a UEPA tem como **missão** produzir, difundir conhecimentos e formar profissionais éticos e com responsabilidade social. Dessa maneira, todas as suas ações são voltadas para a excelência acadêmica e o desenvolvimento do Estado e da região amazônica, por meio de um diálogo permanente com a sociedade. A partir de 2016, o Enem (Exame Nacional do Ensino Médio) é a única forma de acesso aos cursos de graduação da UEPA, sendo que os estudantes do Estado do Pará recebem um bônus em suas notas!!!

No que se refere às IESs privadas, por exemplo, em 1º de outubro de 1986 foi criada em Belém a Associação Cultural e Educacional do Pará, como uma instituição de **direito privado**, sem fins lucrativos e de caráter educacional. Uma de suas finalidades era manter o Centro de Ensino Superior do Pará. Com o passar do tempo ele foi evoluindo até que em 14 de junho de 2002 recebeu seu credenciamento como **centro universitário**, surgindo assim o CESUPA.

A conquista alcançada representou o coroamento de um trabalho desenvolvido pelo conjunto institucional e consagrou um projeto educacional construído com segurança e equilíbrio, e sintonizado com a realidade socioeconômica dos que vivem na RMB. O CESUPA, comprometido com os princípios de qualidade e de contemporaneidade, incorporou em seu projeto acadêmico, essencialmente, as funções de ensino e extensão, se bem que contemplou também a pesquisa em algumas áreas de sua atuação específica. A proposta acadêmica do CESUPA foi sendo construída a partir de um caráter integrador, de modo a superar a dicotomia na **formação geral** *versus* **formação específica**.

Essa concepção integradora envolveu um tríplice aspecto: a integração da teoria à prática, integração de ensino e serviço e integração interdisciplinar. Caminhando sempre nesse sentido, almejou-se obter no final do processo uma educação que proporcionasse – e continue proporcionando – aos concluintes a devida competência para que possam resolver os problemas que enfrentarem em seu trabalho, valendo-se de ações integradas, críticas, eficientes e comprometidas com a realidade social.

O CESUPA reconhece também a importância da continuidade na aquisição de conhecimentos e, por isso, oferece cursos de mestrado acadêmico e profissional, especialização e residência, abertos para estudantes e profissionais das áreas multidisciplinares da saúde, de ciências exatas e tecnologia, e de ciências sociais. Nesses cursos de pós-graduação são combinadas abordagens teóricas e práticas em salas de aula, laboratórios e instituições parceiras. O quadro docente do CESUPA nesses cursos é composto por profissionais experientes e qualificados, capazes de garantir aos participantes uma formação compatível com as demandas do mercado de trabalho.

Muitas das IESs privadas há pouco citadas também se desenvolveram de forma semelhante ao CESUPA, com o que os belenenses têm muitas opções para se tornarem profissionais liberais bem preparados e exercer bem suas profissões, inclusive em vários setores da EC, tornando Belém cada vez mais **encantadora** e **criativa**.

Antes de encerrarmos o tópico **educação**, e retornando à oferta de **ensino público**, vale a pena fazermos duas ressalvas quanto ao que de fato o torna **ineficiente**, e não apenas em Belém, mas em todas as demais cidades encantadoras mencionadas neste livro. O estudo *Aspectos Fiscais da Educação no Brasil*, elaborado pela secretaria do Tesouro Nacional indicou o seguinte: "O gasto federal com a educação cresceu substancialmente entre 2008 e 2017, quando a despesa da União com essa fatia específica teve um aumento real de 91%." Nosso País tem gasto 6% do seu PIB com a **educação pública**, o que representa mais, inclusive, que os países da OCDE. Porém, o grande problema é que o retorno desse pesado investimento não é percebida pelos alunos na qualidade do ensino.

Em 2017 o governo federal gastou R$ 117,2 bilhões em educação, dos quais R$ 75,4 bilhões foram destinados ao ensino superior e R$ 34,6 bilhões foram investidos na educação básica. Ainda que a União tenha, nos ensinos fundamental e médio apenas um papel supletivo em relação aos Estados e municípios, é gritante a disparidade de volume de recursos, em especial pelo fato de o principal déficit educacional estar no ensino básico.

Porém, o que se deve lamentar é que uma parte significativa dessa despesa não está associada à educação propriamente dita, mas ao incrível aumento no número de funcionários do ministério da Educação, que passou de 189 mil em 2008 para 299 mil em 2017. É, portanto, urgente repensar o investimento federal nesse setor, que precisa se concentrar no aprofundamento do aprendizado dos alunos, não na ampliação do ministério, **não é mesmo?**

Que bom seria se esses salários pudessem ser economizados e repassados em forma de recursos para que Estados e municípios pudessem investir em educação, em especial a **infantil**! De fato, se quisermos que as nossas crianças aprendam mais e melhor devemos fazer o que já acontece nos países com os mais bem-sucedidos sistemas educacionais do mundo. Atualmente muitas pesquisas já confirmaram que a primeira infância é a etapa mais **impactante** do desenvolvimento de uma criança. Os estímulos certos são cruciais, uma vez que 90% das conexões cerebrais são feitas até os 6 anos. Além disso, **brincar** é coisa séria para uma criança. É brincando que a criança pequena aprende. Rabiscar, pintar, inventar histórias, correr etc., tudo isso não é apenas diversão. É por meio da brincadeira que a criança reage às emoções, age sobre os objetos, entende seu corpo, se comunica e descobre a lógica. Assim, o papel do professor na educação infantil (para crianças até 5 anos) **não é** o de **dirigir a brincadeira**, **mas** sim **mediá-la**!!! Ele precisa saber criar desafios para essas crianças, para que, além de se divertir elas aprendam com cada atividade!!!

Mas o grande problema é que não temos nem professores bem capacitados para esse trabalho – uma pesquisa recente indicou que é muito pequeno o percentual de pessoas que deseja se tornar professor(a) – e, o pior de tudo, os municípios não têm recursos para ter escolas em número suficiente para atender a essas crianças!?!?

No tocante à **saúde**, estima-se que no início de 2019 houvesse na cidade cerca de 500 estabelecimentos, entre hospitais, prontos-socorros, postos de saúde, serviços odontológicos etc., sendo que 27% deles eram públicos e, a grande maioria, municipais, e apenas alguns estaduais ou federais. Também havia cerca de 4.300 leitos para internação nas redes pública e privada. Um dado positivo sobre Belém é que, pelo menos até 2017, 95,5% das crianças menores de 1 ano ali residentes estavam com sua carteira de vacinação em dia.

Entre os hospitais públicos de Belém destacam-se:

- **Galileu** – Com ótimo atendimento e boa estrutura, ele é provavelmente o melhor hospital do Estado do Pará.
- **Centro Hospitalar Jean Bitar** – É um hospital de referência, que oferece aos pacientes excelente atendimento, a ponto de muitos deles não acreditarem estar em um nosocômio público...
- **Universitário Bettina Ferro de Souza** – Excelente atendimento, sendo inclusive uma referência no tratamento de crianças com deficiência.
- **Universitário João de Barros Barreto** – Oferece tratamento humanizado. Possui excelentes profissionais, particularmente em algumas especialidades, como pneumologia, endocrinologia etc., e ele se destaca também pela sua limpeza, enfermaria e o setor administrativo.
- **Santa Maria** – Precisa passar por muitas melhorias, pois tem sido mal avaliado pelos munícipes.
- **Regional Abelardo Santos** – Há um esforço de todos, com os recursos que dispõem para oferecer um bom atendimento aos pacientes que, porém, isso nem sempre ocorre...
- **Pronto Socorro Municipal de Guamá** – É um hospital de urgência e emergência de médio porte, porém é preciso que a administração realize um trabalho de motivação junto a todos os funcionários que ali trabalham, desde os mais simples até os médicos, para que estes se mostrem mais dedicados. O poder público também deve se mostrar mais atento, pois faltam muitas coisas nesse hospital, que inclusive precisa de reformas!!!
- **Infantil Santa Terezinha** – Todos os funcionários e a equipe médica trabalham de forma dedicada, demonstrando empatia em relação aos problemas enfrentados pelas crianças e pelos seus pais.

Já entre os hospitais particulares têm-se:

- **Guadalupe** – Ele melhorou muito depois que foram feitas reformas em seus prédios. Nesse hospital é oferecido um atendimento super-humanizado. Ele conta em uma excelente equipe de enfermagem e médicos bem qualificados.
- **Unimed** – Foi fundado em 2001, ficando na rua Domingos Marreiros Nº1825, tendo 55 leitos (com UTI para adulto com 15 leitos, a pediátrica com quatro leitos e a semi-intensiva com três leitos). A Unimed em outros endereços na cidade tem três unidades de emergência, dois centros de diagnóstico por imagem, laboratórios, farmácia, unidade assistencial e um Espaço Viver Bem.
- **Oncológico Infantil Octávio Lobo** – As crianças recebem aí de fato um tratamento especial e talvez seja o hospital melhor avaliado em Belém.
- **Beneficência Portuguesa** – Talvez seja um dos hospitais mais bem equipados e qualificados de Belém (corpo técnico, equipe de enfermagem, equipe médica, funcionários). Os que trabalham nesse hospital o fazem com boa integração, comprometidos com o bem-estar dos pacientes. É um hospital de referência em Belém.
- **HSM** – O atendimento especialmente no posto de urgência e emergência é feito de forma atenciosa, gentil e rápida pelos seus técnicos.
- **Porto Dias** – Como a demanda nele é muito grande, as pessoas têm que esperar bastante, o que causa bastante insatisfação, demonstrada por pessoas que já estão nervosas com o próprio estado de saúde.

Quando o assunto é **transporte**, estima-se que no início de 2019 havia em Belém uma frota de cerca de 470 mil veículos, dos quais aproximadamente 230 mil sendo automóveis, 165 mil motocicletas, 18 mil camionetes, 9.500 caminhões, 15.300 motonetes, 3.900 ônibus, 3000 micro-ônibus, 1.100 caminhões-trator e os restantes outros tipos de veículos.

Com tudo isso, o congestionamento nas ruas e avenidas de Belém é **inevitável** em praticamente todos os horários do dia. O transporte público é mais em ônibus e pela frota de táxis, mas os munícipes têm reclamado muito da qualidade do serviço. O aeroporto internacional de Belém, Júlio Cezar Ribeiro de Souza é o mais movimentado da região norte do Brasil, em quantidade de passageiros transportados (em 2017 eles foram 3.312.101), ocupando a 14ª colocação no *ranking* de aeroportos do País em movimentação.

Em 1934, o general Eurico Gaspar Dutra, então diretor de Aviação Militar, designou o tenente Armando Serra de Menezes para escolher em Val-de-Cans (que também é escrito Val-de-Cães) um terreno onde seria construído um aeroporto. Ali foi construída uma pista de terra, no eixo leste, com 1.200 m de extensão e 50 m de largura, um pátio de estacionamento e um hangar de estrutura de concreto para aviação militar, que ficou conhecido como o **hangar amarelo**, pela cor de sua pintura.

Com a eclosão da 2ª Guerra Mundial, as bases e os aeroportos do litoral brasileiro passaram a ter grande relevância para o controle das rotas marítimas vitais do oceano Atlântico no sul. Ainda mais especiais eram as bases do norte e nordeste, pois davam o indispensável apoio logístico aos milhares de aviões que, saindo das fábricas do Canadá e dos EUA, eram transladados para as operações no norte da África e na Europa, reabastecendo-se em algum aeroporto do Brasil.

Após prolongadas negociações entre Brasil e EUA, foram construídas em Val-de-Cans duas pistas medindo 1.500 m de extensão e 45 m de largura, com base de concreto e revestimento asfáltico, além de modernas instalações aeroportuárias capazes de atender com eficiência a civis e militares. Val-de--Cans e as outras bases aéreas utilizadas pelos norte-americanos durante a 2ª Guerra Mundial, assim que ela terminou em 1945, foram entregues ao ministério da Aeronáutica, que em Belém construiu só em 1958, a primeira estação de passageiros para o uso geral das companhias de aviação.

Em 24 de janeiro de 1959 foi inaugurado oficialmente o aeroporto internacional de Belém de Val-de-Cans, mas somente em janeiro de 1974, ocorreria a transferência oficial da administração do ministério da Aeronáutica para a Infraero (Empresa Brasileira de Infraestrutura Aeroportuária). A partir daí ele passou por várias fases de reformulação e modernização, transformando-se, desde 2001, no exemplo de padrão que a Infraero foi tentando implementar em todos os seus aeroportos.

Imponente em meio à vastidão da Amazônia, o desenho do edifício do aeroporto ostenta planos curvos na cobertura para permitir que a luz natural penetre por toda a extensão do grande terminal. O arquiteto Sérgio Parada, responsável pelo projeto, abusou da criatividade e introduziu totens de múltiplo uso com projetores de luz, sistema de som, ar-condicionado e muitos telefones públicos (tão importantes naquela época...). Esse terminal é totalmente climatizado e tem o seu interior ornamentado com plantas da região amazônica que se encontram próximas de uma fonte capaz de imitar o barulho da chuva, que cai praticamente todos os dias na cidade... Os portadores de necessidades especiais têm atendimento individualizado, com equipamentos próprios nesse terminal.

Tradicionalmente denominado aeroporto Val-de-Cans, a partir de 13 de abril de 2010 ele recebeu o nome de Júlio Cezar Ribeiro (1837-1887), um pesquisador pioneiro no uso de balões. Esse aeroporto é sem dúvida o grande responsável pelo **incremento do turismo na região**, pois agora tem capacidade para receber quase 8 milhões de passageiros por ano, e vem sendo bastante usado para o transporte de carga. Aliás, estima-se que em 2018 tenham sido movimentadas ali quase 19 mil toneladas.

Atualmente ele conta com uma sala para embarque internacional, seis portas de embarque e desembarque, sendo uma reversível, uma internacional e quatro domésticas. Ele também oferece aos usuários uma estrutura com 30 balcões de *check-in*, quatro esteiras de restituição de bagagem, sistema eletrônico informativo de voos, vários estabelecimentos comerciais, além de um terraço panorâmico instalado num espaço climatizado, que possibilita a visualização de embarque e desembarque de passageiros sem o inconveniente da poluição sonora.

Seu terminal ocupa uma área de 33.255 m^2, tem duas pistas de pouso, sendo a maior de 2.800 m de extensão, um pátio para aeronaves de 88.384 m^2 e um estacionamento para quase 700 veículos.

Hoje operam nele seis companhias aéreas: MAP Linhas Aéreas, que faz somente voos domésticos, Gol, Azul, Latam que operam tanto as linhas domésticas quanto os voos internacionais, e TAP Air Portugal e Suriname Airways que fazem só voos internacionais. O aeroporto está localizado a 12 km do centro de Belém, mas, infelizmente, os passageiros não dispõem de muitas opções de transporte para chegar ao terminal!!! O aeroporto possui algumas cooperativas de táxi que atuam dentro do terminal de passageiros, com pontos de atendimento espalhados nos saguões de embarque e desembarque de passageiros, mas há poucas linhas de transporte público que fazem a ligação do terminal com o centro da cidade. Depois da inauguração do *shopping* Grão Pará, quando algumas linhas tiveram o trajeto alterado para passarem em frente a ele, a promessa era de que um dia um *BRT* atenderia o aeroporto internacional Júlio Cezar Ribeiro de Souza, mas até agora isso não se concretizou.

A prefeitura de Belém tem se preocupado muito com a **mobilidade** na cidade, como já aconteceu há mais de uma década no entorno do bairro Universitário, onde foram executadas várias ações de intervenção a fim de ordenar o uso do espaço. Ali ocorreu a duplicação da avenida Perimetral da Ciência, uma importante via de transporte de passageiros e cargas do centro da cidade até o bairro, que faz a ligação entre a zona sul da cidade e os municípios do interior através do acesso da Estrada Nova. Essa duplicação se arrastou por vários governos, tendo apenas uma parte concluída no mandato da governadora Ana Júlia Carepa (2007 a 2010), juntamente com a construção de um terminal de passageiros de transporte urbano, no portão III da cidade universitária, onde se localiza a UFPA, no período que antecedeu a realização em Belém do Fórum Social Mundial em 2009. O bairro Universitário continuou recebendo melhorias, mas ainda há nele muitos espaços de convivência e equipamentos públicos de prestação de serviços e vias de circulação que precisam de aprimoramentos. Em 2013 o governo estadual iniciou outras importantes obras para a melhoria da mobilidade urbana, realizando os prolongamentos das avenidas Independência e João Paulo II, concentrando-se em duas etapas: a primeira com 3,1 km a partir da avenida João Paulo II até a entrada do parque tecnológico da UFPA, cuja conclusão ocorreu em 2016; a segunda fase, com 1.440 m de extensão, foi o trecho entre o parque e o terminal de ônibus da UFPA.

No setor da **comunicação**, em Belém e em todo Estado do Pará há um duopólio, ou seja, duas empresas familiares controlam mais de 90% do que é veiculado para a população. A família Maiorana é a controladora da organização Rômulo Maiorana (ORM), retransmissora local da rede Globo e proprietária da TV Litoral, da rádio Liberal (AM e FM) e dos jornais impressos *O Liberal* e *Amazônia Jornal*. Já a família Barbalho, dos políticos Jader Barbalho, Elaine Barbalho e Helder Barbalho, é a proprietária da RBA, afiliada da rede Bandeirantes, proprietária das rádios Clube do Pará (AM), 99 (FM) Diário (FM) e do jornal impresso *Diário do Pará*. Claro que há outros veículos de comunicação em Belém, assim como outras emissoras de TV, de rádio e outros jornais impressos de menor tiragem e circulação. De fato, a televisão paraense é constituída por várias outras emissoras, algumas afiliadas a grandes redes de TV brasileiras, enquanto outras atuam apenas como retransmissoras de TV, sem a inserção de programação local. Os canais abertos disponíveis são: TV Cultura do Pará (afiliada da TV Cultura), TV Boas Novas Belém, SBT Pará, TV Record Belém, TV Grão-Pará (afiliada da rede Gazeta), TV Metropolitana (rede Brasil), rede Vida, Record News,

TV Ideal, TV Aparecida, TV Nazaré, TV Canção Nova, RIT, rede Mundial, rede TV Belém (Rede TV!) e TV Novo Tempo. As transmissões digitais do Estado do Pará se iniciaram no dia 26 de julho de 2009, e a emissora pioneira dessa tecnologia foi a RBA TV. Atualmente ela está bem dispersa e as pessoas podem assistir programas de TV em diversos dispositivos, especialmente nos *smartphones*. Ainda existem em Belém jornais circulação menor e mais reduzida, dentre os quais o *Jornal Pessoal*, do jornalista Lúcio Flávio Pinto, que é quinzenal.

Quando o assunto é **esporte**, em Belém estão sediados os três principais clubes de futebol do Estado. Os dois primeiros são o Clube do Remo e o Paysandu Sport Club, conhecidos por sua rivalidade. O terceiro tradicional clube de futebol do Pará é a equipe da Tuna Luso, fundada pela comunidade portuguesa de Belém. O estádio olímpico local é o Mangueirão, cuja capacidade é para 50 mil torcedores e foi inaugurado em 1978. Reformado em 2002, ele tem recebido grandes públicos, em especial nas várias ocasiões em que recebeu a seleção brasileira de futebol. Todavia, seu recorde ocorreu em 11 de julho de 1999, antes mesmo de sua reforma, no jogo entre o Clube do Remo e o Paysandu Sport Club, quando foi contabilizada a presença de 65 mil torcedores.

O Clube do Remo foi fundado em 5 de fevereiro de 1905, como Grupo do Remo, e então reorganizado 1911, somente recebendo seu nome atual em 1914. Hoje ele é popularmente chamado de **"leão azul"**, apelido que faz referência à mascote e à cor oficial da agremiação, o azul marinho. Todavia, a equipe tem várias outras alcunhas: **"clube de Periçá"**, **"o mais querido"**, **"rei da Amazônia"**, e **" o filho da glória e do triunfo"**. Ele possui o estádio Baenão (uma homenagem a um grande atleta e dirigente do clube, Evandro de Melo Almeida, falecido em 1964), mas também manda seus jogos no estádio olímpico Mangueirão.

Como já mencionado, seu maior adversário é o Paysandu, cujo clássico – o famoso **"Re-Pa"** – é tido como uma das maiores rivalidades do futebol brasileiro, reunindo sempre dezenas de milhares de espectadores. Entre as equipes do norte brasileiro é a equipe com uma das maiores torcidas, sendo que em 2005, quando foi campeão da Série C, contou com uma média de 30.869 torcedores por jogo, sendo recordista de público e, inclusive superando todas as demais séries!!!

No futebol profissional o Remo possui muitas conquistas oficiais, destacando-se 45 Campeonatos Paraenses e um Campeonato Brasileiro da

Série C. Aliás, a equipe já participou de 16 edições da Série A, 21 edições da Série B, quatro edições da Série C e quatro edições da série D do Campeonato Brasileiro. Além disso, disputou com destaque de vários torneios realizados na região norte, bem como de jogos internacionais. Em 2018 o time disputou a série C do Campeonato Brasileiro.

Já nos esportes olímpicos, o **leão azul** também conseguiu diversos resultados expressivos. No remo, seu esporte de origem, foi campeão náutico do Pará; na natação, já contou com diversos atletas campeões brasileiros, sul-americanos e até mundiais; no basquete está entre os maiores vencedores do Estado; no vôlei, chegou a participar da Liga Nacional e também já teve boa participação em competições oficiais de futebol de salão. Já teve seu auge nos jogos de boliche e, mais recentemente, envolveu-se nos jogos eletrônicos, disputando em várias modalidades como *League of Legends (CBLoL), CrossFire, Heroes of the Storm* e *Counter-Strike:Go*.

O Paysandu Esporte Clube, que também é conhecido só como "**papão da Curuzu**", é uma agremiação poliesportiva brasileira fundada em 2 de fevereiro de 1914 por amigos membros do Nort Clube. Ele tem hoje várias outras alcunhas, como: "**papa-títulos do norte**", "**esquadrão de aço**", "**papão da Amazônia**", "**alviceleste**", "**lobo-mau**" (a mascote do time é o lobo) e "**clube do suíço**". Inicialmente deve-se explicar que na assembleia na qual o nome do clube, foi escolhido, presidida por Hugo Manoel de Abreu Leão, optou-se Paysandu Foot-Ball Club – uma "homenagem" ao lamentável acontecimento na cidade uruguaia Paysandu com participação de tropas e esquadra brasileira. Alguns dias depois, mais precisamente na terceira reunião da diretoria em 19 de fevereiro, o Foot-Ball Club foi substituído por Sport Club.

No que se refere ao apelido "**clube do suíço**", este se deve ao fato de que um dos grandes jogadores do futebol do Pará, Antônio Manoel de Barros Filho, estudara na Suíça juntamente com seu irmão, Abel Barros. Antônio Manoel de Barros Filho nasceu em 1899, mas faleceu ainda bem moço, aos 23 anos, em 2 de julho de 1922. Ele, entretanto, jogava com eficiência em qualquer posição, embora se destacasse mais como lateral-esquerdo ou centro médio. Foi sempre o capitão do time, função que na época incluía a de treinador!!!

A expressão "**papão da Curuzu**", pela qual o Paysandu se tornou tão conhecido, foi criada em 1948 pelo jornalista Everardo Guilhon, ao escrever para o jornal *A Vanguarda,* que a equipe era tão boa que metia medo nos seus adversários, como se fosse um **bicho-papão**. Mais do que isso: um dia ele colocou numa manchete: "Hoje treina o bicho-papão!!! Nessa época o time já era chamado de **"esquadrão de aço"**, pois passava facilmente pelos seus adversários. Juntando tudo isso, surgiu o famoso "papão da Curuzu", pois a equipe tornou-se o maior papão de títulos de futebol do norte do País.

Entre suas conquistas estão: uma Copa dos Campeões; dois Campeonatos Brasileiros da série B; uma Copa Norte; duas Copas Verde e 47 títulos estaduais. Foi o único da região é ter disputado a competição Libertadores da América (em 2013). Como já mencionado, seu principal rival é o Remo (já ocorreram mais de 700 jogos Re-Pa). Possui uma das 20 maiores torcidas do Brasil. Foi no final do mês de julho em 1918 que o Paysandu adquiriu o seu campo da empresa Ferreira & Comandita, que viria a se tornar o estádio Leônidas Sodré de Castro, a popular Curuzu (uma referência ao fato de que um lado do estádio fica na travessa Curuzu, aliás num bairro em que suas ruas e travessas tem nomes que lembram eventos da guerra do Paraguai).

Ele passou por várias reformas e ampliações, sendo que agora sua capacidade foi ampliada para 20.000 espectadores, com 40 camarotes refrigerados, 1.800 cadeiras cativas, tribunas de honra e arquibancadas numeradas, conforme preceitua o Estatuto do Torcedor.

Em maio de 2016, o Paysandu inaugurou o hotel Antônio Diogo Couceiro, que passou a ser o local de concentração da equipe bicolor para seus jogos em Belém. Este foi um dos grandes marcos da gestão do presidente Alberto Maia, que contou com a colaboração dos engenheiros Tony Couceiro (filho do homenageado, Antônio Diogo Couceiro, ex-presidente do clube), Leonardo Maia e do arquiteto Carlos Tadeu.

A partir dessa data, o futebol profissional do Paysandu passou a ter sua própria casa, literalmente. O imóvel conta com 19 quartos duplos, podendo comportar 38 pessoas. Foram construídos também uma recepção, uma sala de refeições, uma cozinha industrial e uma sala de palestras para 60 pessoas. O clube é o único do norte do Brasil a possuir uma estrutura hoteleira dentro de suas dependências, que, aliás, está localizada atrás das arquibancadas do estádio da Curuzu. O Paysandu tem uma boa sede social e também uma sede náutica. Infelizmente em 2018 o Paysandu foi rebaixado para a Série C do Campeonato Brasileiro.

A Tuna Luso Brasileira, também conhecida só por Tuna Luso ou apenas Tuna, tem hoje como alcunhas **"elite do norte"**, **"águia guerreira"** e **"águia do Souza"**. Sua história tem grande conexão com a chegada em Belém, em

13 de novembro de 1902, do cruzador português *D. Carlos*, que recebeu muitas homenagens. Durante os festejos, um grupo de jovens portugueses se reuniu no *Café Apolo*, onde Antônio Augusto Lobo propôs a fundação de um **conjunto musical** para apresentar-se em festas cívicas, recreativas e de beneficência. Após outras reuniões, em 12 de dezembro foi definido que o grupo se chamaria Tuna Luso Caixeiral – onde **tuna** significa orquestra ou conjunto popular; **luso** faz referência à nacionalidade de seus fundadores e **caixeiral** representa a área de atuação dos integrantes, visto que todos trabalhavam como caixeiros, no comércio.

A instalação oficial da Tuna se deu somente em 1º de janeiro de 1903. Sendo essa data reconhecida como a de sua fundação. No início a equipe foi chamada de Real Tuna Luso Caixeiral, devido à influência do rei de Portugal, Carlos I. Porém, após a proclamação da república (portuguesa), em 5 de outubro de 1910, o título real foi retirado. Posteriormente, em 1926, foi rebatizada como Tuna Luso Comercial e, por fim, em 12 de junho de 1967, passou a se chamar Tuna Luso Brasileira.

Com o passar do tempo a Tuna foi se destacando em várias outras modalidades esportivas, como o remo, a natação e o futebol de salão, nas quais obteve várias conquistas. Todavia, o futebol ainda é o responsável pelo maior reconhecimento do clube no cenário esportivo nacional, algo que inclusive estimulou o futebol feminino e as categorias de base.

Tradicionalmente a Tuna é a terceira força do futebol paraense, ficando atrás do Clube do Remo e do Paysandu Sport Club, seus rivais históricos. A equipe já foi dez vezes campeã paraense e possui dois títulos de divisões de acesso do Campeonato Brasileiro, a Taça de Prata de 1985 e a Série C do Campeonato Brasileiro, de 1992. Infelizmente, a Tuna Luso Brasileira caiu para a Série D do Campeonato Brasileiro e desde 2009 não tem conseguido acesso para a Série C.

O estádio olímpico de Belém (o Mangueirão) também já recebeu grandes plateias, particularmente quando ali se realizaram competições de **atletismo**. Nele aconteceu, em 2004, o *Grand Prix Brasil* de atletismo, que atraiu cerca de 42.000 pessoas, o recorde de público em competições de atletismo na América do Sul. Nos diversos eventos de atletismo realizados na cidade, estiveram em Belém alguns dos mais famosos atletas brasileiros, que obtiveram destaque nas mais importantes competições do mundo, como os Jogos Olímpicos e os Jogos Pan-americanos. Entre eles: Jadel Gregório, Maurren Higa Maggi, Fabiana Murer, Hudson de Souza, Fabio Peçanha, Sandro Viana, Vicente Lenilson, André Domingos, Sabine Heitling. Eles competiram contra os principais atletas do mundo em suas modalidades.

Anualmente Belém recebe o *Rallye Iles du Soleil* ou *Rallye Transamazone*, uma das mais importantes regatas do iatismo mundial. Este é um evento anual no qual se busca inclusive exibir o potencial turístico das cidades incluídas no percurso, portanto, ele acaba destacando substancialmente os municípios paraenses de Luiz Corrêa, Soure (na ilha de Marajó), São Sebastião da Boa Vista, Breves, Porto de Moz, Almeirim, Monte Alegre, Alter do Chão, Santarém, Afuá e a própria Belém.

Em 2016 foi inaugurada a Arena Guilherme Paraense ("Mangueirinho"), originalmente com capacidade para 12 mil pessoas. Desse modo, Belém também passou a contar com um local espetacular para receber grandes disputas de basquete, vôlei, futsal etc.

Em Belém o visitante pode conviver com várias **formas culturais**. Assim, na **música** ele pode conviver com vários ritmos, sendo os mais populares o brega paraense, o tecnobrega, o carimbó, o lundu e a marujada. Na década de 1960, artistas independentes iniciaram o seu envolvimento no processo de experimentação estética e artística da "**moderna música popular brasileira**", inaugurada com o aparecimento da **bossa nova** no Brasil. Em Belém, foram realizados vários eventos de música seguindo essa tendência até a década de 1970.

Por exemplo, em 1967 aconteceu o primeiro Festival de Música Popular Paraense; os festivais da Casa da Juventude Católica e entre os anos de 1968 e 1969 uma série de festivais universitários. O carimbó se tornou um autêntico gênero e ritmo musical amazônico paraense, chamado também como "**samba de roda do Marajó**" e "**baião típico de Marajó**".

Esse ritmo foi defendido principalmente pelos mestres Pinduca e Verequete, responsáveis por popularizá-lo tanto no Estado como nacionalmente, no período de 1970 a 1980. Nas últimas décadas, após a proibição governamental no município de Belém devido a sua origem indígena e negra, o carimbó ressurgiu como estilo regional e como uma das principais fontes rítmicas locais de gêneros contemporâneos, como lambada e tecnobrega.

O processo de popularização desse gênero ocorreu devido ao interesse de setores estudantis e da classe média politizada, envolvidos nos debates de experimentação estética e artística das décadas de 1960 e 1970. Surgiram grupos folclóricos, bandas de baile, diversos artistas gravaram discos que passaram a ser tocados nas rádios. Apareceram artistas como Lucindo,

Pinduca, Cupijó, Verequete, entre outros, e suas gravações conseguiram destaque no cenário nacional e até no internacional.

O carimbó tornou-se **patrimônio cultural imaterial brasileiro** em setembro de 2014, aprovado por unanimidade pelo conselho do IPHAN. Em 26 de agosto foi instituído em Belém o Dia Municipal do Carimbó, celebrando a data de nascimento de Verequete, um dos mais importantes mestres do ritmo no Estado, devido a sua trajetória na composição da música, no tradicional estilo **"pau de corda"**.

Augusto Gomes Rodrigues que foi mais conhecido como mestre Verequete, o **"rei do carimbó"**, gravou ao longo de sua vida 12 discos. Ele faleceu em 2009, com 93 anos. Atualmente quem visita Belém sempre espera ver algo desse tipo, seja nas apresentações de grupos folclóricos, seja nas danças ou nos *shows* dos cantores regionais dos blocos de rua.

Uma boa resposta para esse desejo é ver uma apresentação do grupo folclórico Os Baioaras, que surgiu em 1980, a partir de um trabalho de dança e música regionais, realizado em escolas pelo seu fundador, o mestre Venâncio. Embora tenha pouco tempo, ele já conseguiu uma ampla aceitação e passou a se apresentar em espaços públicos, clubes, teatros, feiras, eventos nacionais e internacionais, com o carimbó (dança de roda que teve origem na ilha de Marajó), o lundu (dança afro-brasileira cabocla, surgida a partir de uma mistura de batuques dos escravos bantos, e trazida ao Brasil de Angola com ritmos portugueses), o caboclinho, boi de Belém etc.!!!

Toda a família do mestre Venâncio atua no grupo, seus filhos, netos e bisnetos, continuando a transmitir a tradição das danças paraenses para os jovens e para a comunidade como um todo, oferecendo além de apresentações e palestras, vídeos de dança. Quem for a Belém não pode deixar de ver uma apresentação dos Baioaras!!!

Belém tem um **vasto patrimônio arquitetônico e cultural**. Os primeiros **tombamentos** realizados pelo IPHAN aconteceram em 1940, ao se reconhecer a coleção arqueológica e etnográfica do Museu Paraense Emílio Goeldi e incluindo-se também a ocupação pré-colonial dessa parte da Amazônia.

Em 1941, seguindo uma proposta modernista na construção da identidade nacional, quando foram escolhidos os períodos colonial e barroco brasileiros como representantes da autêntica arte e arquitetura brasileiras, as seguintes igrejas foram protegidas: dá Sé, do Carmo, de São João Batista e de Santo Alexandre (esse foi o primeiro conjunto arquitetônico, urbano-paisagístico tombado em Belém). Depois dele foi tombado um antigo colégio e convento dos jesuítas, em 1964. Desse conjunto também fazia parte o cemitério de Nossa Senhora da Soledade e a praça Frei Caetano Brandão (antigo largo da Sé) e o antigo Hospital Militar.

Os tombamentos das décadas de 1970 e 1980 visavam proteger alguns conjuntos arquitetônicos do século XIX e do início do século XX, como o palacete Pinho, junto das avenidas Governador José Malcher e Nazaré, constituídos por sobrados azulejados que representam uma forma de morar menos luxuosa; o conjunto arquitetônico e paisagístico Ver-o-Peso e as áreas adjacentes, o que inclui os mercados municipais e as praças Pedro II e do Relógio (ou praça Siqueira Campos), onde está localizado um relógio inglês de quatro faces com 12 m de altura, inaugurado em 1930 por ordem do intendente Antônio Faciola, com o objetivo de homenagear Antônio da Silveira Campos, um herói revolucionário do forte Copacabana.

Em 1981 foi tombado o engenho Murutucu, ou melhor, as ruínas de um próspero engenho de cana-de-açúcar, construído no século XVII, quando este foi considerado como uma obra de engenharia naval amazônica, que funcionava por meio de um inovador sistema de força impulsionado pela maré represada.

Aliás, esse engenho encerrou suas funções em 1850 devido ao desaparecimento dos "**senhores do engenho**", e acabou sendo abandonado. Destaca-se no local a capela de Nossa Senhora da Conceição, dos frades carmelitas, que data de 1711, cuja reforma foi realizada por Antônio Lundi, que lhe incorporou traços neoclássicos. Atualmente o Murutucu pertence à Embrapa (Empresa Brasileira de Pesquisas Agropecuárias).

A partir do ano 2000, o IPHAN buscou proteger algumas das principais manifestações culturais e/ou religiosas paraenses, como o Círio de Nazaré (também reconhecido pela Unesco como patrimônio da humanidade) e o ritmo e dança do carimbó.

Em 2012 foi a vez de se tombado o conjunto arquitetônico urbano-paisagístico dos bairros da Cidade Velha e Campina e do largo das Mercês, além de uma área do entorno, conhecida também como **Centro Histórico de Belém**, formado por cerca de 2.800 edificações (agora protegidas), entre palacetes, palácios, sobrados e casas comerciais, com o que se reconheceu a importância e a dimensão dessas construções com toda a sua trajetória e as transformações desde o século XVII até o século XXI.

O Centro Histórico tem como característica principal a herança arquitetônica do período Brasil colônia, ou seja, do núcleo colonial, que nasceu com a construção do forte do Presépio (forte do Castelo) a mando da coroa portuguesa. Na Cidade Velha surgiu a primeira rua da cidade, a rua Norte (atualmente chamada rua Siqueira Mendes), que liga a Feira do Açaí ao largo da Sé, onde se encontram os bares e restaurantes simples, bem antigos e os prédios coloniais com azulejos portugueses.

O complexo Feliz Lusitânia, localizado no bairro da Cidade Velha, faz parte hoje do Centro Histórico revitalizado e inclui a catedral metropolitana da cidade, a igreja das Mercês, a sede da prefeitura, a praça Frei Caetano, a Casa das Onze Janelas, a Corveta Museu Solimões e o complexo de Santo Alexandre (onde está localizada a igreja e o Museu de Arte Sacra do Pará, considerado um dos mais belos do Brasil). Além desses monumentos tombados (verdadeiros "**tesouros**"), em Belém existem muitos outros marcos e edificações monumentais que se tornaram atrações turísticas, como:

- **Basílica Santuário de Nossa Senhora de Nazaré** – Construída em 1909, é a única da Amazônia brasileira. Sua história e simbolismo exercem uma profunda influência no imaginário religioso paraense, sendo que em 2006 ela foi elevada à categoria de Santuário Mariano Arquidiocesano.
- **Memoria da Cabanagem** – Localizado na entrada de Belém, é um monumento projetado pelo famoso arquiteto Oscar Niemeyer, em homenagem ao movimento cabano.
- **Estação das Docas** – Inaugurado em 2000, é um complexo no qual se reúne arte, lazer e gastronomia. A Estação, como é conhecida, possui um moderno terminal fluvial, o Amazon River, como ancoradouro flutuante, capaz de aportar até quatro embarcações de 70 pés. Diariamente saem daí diversos passeios fluviais pela orla e pelas ilhas de Belém.
- **Espaço São José Liberto** – É um antigo presídio construído em 1749, que em 2002 foi transformado em um local para abrigar o polo joalheiro, a Casa do Artesão, uma capela e o Museu das Gemas do Pará. Hoje o Espaço São José Liberto se transformou em referência para o mercado joalheiro paraense, por conta das joias em ouro e gemas produzidas pelos ourives e *designers* paraenses.
- **Hangar** – Na realidade, trata-se do Centro de Convenções e Feiras da Amazônia, inaugurado em 2007. O local tem uma área total de 64.000 m^2 e 25.000 m^2 de área construída, totalmente integrada ao ambiente amazônico. Atualmente o Hangar está equipado com os

últimos recursos tecnológicos e dispõe de infraestrutura e equipamentos para atender aos mais variados tipos de eventos, como feiras, congressos, convenções, encontros religiosos, seminários, simpósios, formaturas, exposições etc., o que permite que em Belém se tenha o chamado "**turismo de negócios**".

- ↠ **Mercado de São Brás** – Construído na praça Floriano Peixoto, em 1911, a edificação mescla os estilos *art nouveau* e neoclássico. Atualmente em suas dependências funcionam lojas de artesanato, produtos agrícolas, produtos de uso doméstico e vestuário.
- ↠ **Mangal das Garças** – Trata-se de um belo parque zoobotânico às margens do rio Guamá, em pleno Centro Histórico, inaugurado em 2005. Ele surgiu como resultado de um trabalho de revitalização de uma área de 40.000 m² no entorno do arsenal da Marinha.
- ↠ **Orla de Icoaraci** – Distante aproximadamente 20 km do centro de Belém, é nessa orla do distrito de Icoaraci (um importante polo de artesanato de cerâmica), que estão localizados diversos bares e restaurantes da cidade, além de outras áreas de lazer e feiras de artesanato.
- ↠ **Parque da Residência** – Foi a residência oficial dos governadores do Estado do Pará, mas agora abriga a sede da secretaria executiva de Cultura do Pará.
- ↠ **Planetário Sebastião Sodré da Gama** – Ele foi inaugurado em 1999, sendo o primeiro planetário da região norte, considerado um dos melhores do País.

Claro que há muitos outros pontos turísticos espetaculares na cidade e que até já foram citados anteriormente, como o complexo Ver-o-Peso, o Jardim Botânico Bosque Rodrigues Alves, o Bioparque Amazônia (inaugurado em 1989, repleto de jacarés), o bondinho de Belém, os palácios Antônio Lemos (construído em 1883 e que agora é a sede da prefeitura) e o Museu Lauro Sodré (construído em 1883 e sede do Museu do Estado do Pará desde 1994), o Theatro da Paz, a praça Batista Campos, considerada a mais charmosa de Belém, entre eles.

Ao falar de Belém, não se pode esquecer uma tradição familiar tipicamente ribeirinha, que enriquece a cultura e embeleza os barcos da região. Trata-se dos trabalhos dos artistas pintores – os chamados "**abridores de**

letras" – que batizam as embarcações pintando seus cascos com pincel com os nomes escolhidos pelos seus proprietários, utilizando letras bem grandes, coloridas e decorativas, que chamam a atenção de todos. A origem dessa arte tipográfica ocorreu em um intercâmbio gráfico, que teria surgido da visualização da arte durante o trajeto das embarcações entre os municípios ribeirinhas, quando os "abridores de letras" eram influenciados ao observar as pinturas de outros artistas.

Em 2014, criou-se na UFPA o projeto Letras que Flutuam, aprovado no edital Amazônia Cultura, que resultou numa expedição que conseguiu identificar a existência de cerca de 41 desses pintores nos municípios de Belém, Barcarena, Abaetatuba, Igarapé-Miri, o que permitiu conscientizar a nova geração sobre a necessidade de preservar e expandir para outras áreas essa tradição dos "abridores de letras", que está se enfraquecendo...

Vale ressaltar que o intercâmbio com outras culturas é tudo que uma cidade encantadora como Belém deveria expandir cada vez mais para ser capaz de aprender com outras cidades, seja no próprio País ou no exterior. Aliás, é por isso que Belém assinou acordos de "**cidade-irmã**" com Aveiro (em Portugal), Fort-de-France (na Martinica), Belém (na Palestina), Nanyang (na China) e com as cidades brasileiras de Campinas, Goiânia e Manaus. Esse processo de aproximação deveria ser ampliado e colocado em prática, particularmente enviando-se jovens para passar algum tempo estudando e assimilando o que há de bom na cultura das cidades-irmãs.

Os locais em que se aprende mais rapidamente sobre a **cultura** – que é o conjunto e as relações dos modos de pensar, sentir e fazer adotados por uma sociedade, em sua busca da solução dos problemas da vida humana associativa – são os **museus**, e em Belém há muitos. E aí vão os nomes de alguns deles: Corveta Museu Solimões, Museu das Onze Janelas (artistas brasileiros do século XX), Museu da Primeira Comissão Demarcadora de Limites, Museu da Santa Casa de Misericórdia, Museu da UFPA, Museu das Gemas do Pará, Museu de Artes de Belém, Museu de Arte da CCBEU (Centro Cultural Brasil-Estados Unidos), Museu de Artes Populares, Museu de Arte Sacra, Museu do Círio, Museu do Estado do Pará, Museu do Forte Presépio, Museu do Judiciário, Museu Naval da Amazônia, Museu da Navegação, Museu do Porto de Belém e Museu Paraense Emílio Goeldi (criado em 6 de outubro de 1866, a mais antiga instituição de pesquisa da região amazônica, e referência mundial na Amazônia).

Note-se que em 2018 o Museu Paraense Emílio Goeldi passou por grandes dificuldades financeiras e quase fechou... Graças a uma liberação excepcional de R$ 3 milhões pelo presidente Michel Temer isso não se concretizou. O orçamento anual do museu é da ordem de R$ 12 milhões e isso é insuficiente para manter cerca de 19 coleções científicas com mais de 4,5 milhões de itens.

Não se pode esquecer que na década de 1950 iniciou-se o movimento regional e popular paraense "**raio-que-o-parta**" – predominantemente nos municípios de Belém, Cometá e Soure –, com o objetivo de trazer para a região as novidades da **arquitetura modernista**, que já existiam no sudeste do Brasil. Os estilos *art nouveau* e *art* déco foram os antecedentes da arquitetura moderna em Belém. O uso do azulejo foi muito comum nas construções locais, entretanto, tratava-se de um material de valor elevado, utilizado somente por pessoas com bom poder aquisitivo.

Em contrapartida, os cacos de azulejos rejeitados nas obras, passaram a ser usados pela população carente, o que demonstrava ser possível alcançar a modernidade com criatividade e ao custo baixo. Assim, popularizou-se a criação de mosaicos feitos com esses cacos. Painéis figurativos foram criados nas fachadas das residências (principalmente nas platibandas, a elevação superior da fachada), com o que os mestres de obra e os engenheiros civis buscaram modernizar as construções das residências burguesas ou os edifícios públicos. Na maioria dessas obras, os mosaicos formavam figuras geométricas, com linhas retas e quebradas semelhantes a raios, em referência às formas modernistas. É dessa maneira que se explica o movimento "raio--que-o-parta", que fez parte de uma produção considerada não oficial que caracterizou a maioria das metrópoles do Terceiro Mundo, sendo assim tachada de modismo, e não de algo erudito...

Mas o modismo modernista também se manifestou em Belém em outros elementos estéticos, como molduras de janelas com laterais inclinadas; pestanas protegendo portas e janelas; telhado inclinado para dentro do terreno; painéis em combongós cimentados ou esmaltados em cores fortes; apoio de marquises e coberturas com colunas em forma de "V"; em muretas e em contornos de jardineiras. Além das figuras geométricas, também foram feitas imagens de elementos da natureza, formas onduladas, símbolos religiosos, personagens de histórias infantis e letras formando palavras com o uso de cores vibrantes.

A capital paraense desponta cada vez mais como um grande **destino turístico**, já sendo a segunda cidade mais visitada da Amazônia. Na verdade, quem visita Belém conta com diversas opções de eventos culturais e religiosos de grande repercussão, assim como com diversos pontos turísticos, pois a cidade é bem rica em construções históricas e edificações importantes, igrejas, parques e museus.

Belém começou a explorar o **mercado da moda** com os eventos *Belém Fashion Days*, que já está entre os cinco maiores eventos de moda do País, e o *Amazônia Fashion Week*, que já é o maior evento de moda da Amazônia.

Belém é o mais antigo município da Amazônia, e possui agora uma adequada infraestrutura para a realização dos mais variados eventos, destacando-se como já foi dito, o estádio olímpico, com arena poliesportiva; o Centro de Convenções Hangar e o Centro Cultural e Turístico Tancredo Neves (Centur), bem como de um aeroporto internacional para receber visitantes de todas as partes do mundo. Belém se tornou de fato o palco de grandes eventos. Além de diversas atrações de lazer na RMB, os visitantes da capital são particularmente cativados pela sua **gastronomia**. Além disso, a capital paraense tem agora eventos fixos de grande porte, como a Feira Pan-amazônica do Livro (a quarta maior do gênero do País); a Feira Supernorte (o maior evento empresarial da região norte do País, ao qual comparecem anualmente cerca de 50 mil participantes); a Feira Internacional de Turismo da Amazônia (com algo como 20 mil participantes), entre outros.

O que tem agradado muito aos turistas que chegam a Belém são os passeios até as 18 ilhas próximas da capital – neste sentido destacam-se a do Combu e a dos Papagaios (onde acontece uma imperdível revoada ao amanhecer de milhares de papagaios da espécie *Amazona amazónica*).

Em geral nessas ilhas ficam os lares de muitos ribeirinhos, além de uma natureza ainda muita bem preservada. Em suas pequenas canoas esses ribeirinhos costumam levar frutas e peixes para Belém, em especial para comercializá-los no mercado Ver-o-Peso. Os turistas que atravessam o rio Guamá, num percurso de 30 min, percebem claramente a transição entre a cidade e a natureza, à medida em que os sons e as luzes urbanas vão ficando para trás e os sons da floresta tomam conta...

As ilhas mais próximas são bastante frequentadas nos fins de semana, até mesmo por belenenses. Eles chegam logo pela manhã para tomar um banho de rio e degustar os pratos típicos da culinária paraense nos restaurantes locais, que embora simples, servem comida de qualidade.

Já para os turistas que dispõem de mais tempo, a sugestão é visitar as ilhas de Mosqueiro (com 17 km de praias de água doce, com movimento de maré, ou seja, é um "rio de ondas") e a de Outeiro, mais distantes, porém com melhor infraestrutura. E, se for possível, o visitante não deve deixar de tomar uma lancha e visitar a ilha de Marajó, que é a principal de um arquipelágo que é composto de 2.500 ilhas, sendo o maior flúvio-marítimo do planeta. Durante a viagem ele certamente verá centenas de guarás encarnados, muitos colhereiros cor-de-rosa, garças brancas, tuiuiús, manaris etc. Ela fica a cerca de 87 km da capital paraense.

Mas a aventura maior fica por conta da própria estadia na ilha, que não dispõe ainda de uma estrutura apropriada para o transporte interno. A vila mais procurada pelos turistas é Soure, onde aliás atraca a lancha. De lá, pega-se um taxi ou uma mototáxi para fazer os passeios ou chegar até as pousadas. Um dos passeios mais requisitados é visitar a praia do Pesqueiro. Outra opção é a praia Barra Velha, localizada nas proximidades do centro da vila, em cujo centrinho funcionam apenas dois restaurantes, o *Ilha Bela* e o *Patú-Anú*, nos quais é possível saborear o filé marajoara coberto com um muçarela de búfala da região.

Marajó, como definiu o escritor Mario de Andrade, ostenta uma outra espécie de paisagem amazônica, sendo talvez um dos poucos lugares onde a natureza ainda permaneceu intocada nessas últimas décadas. O local possui muitos ingazeiros, que cobrem as margens do rio, além de campos imensos de um verde claro e intenso!!!

A praia em Marajó (a ilha principal) é bem bucólica, com água ora mais doce, ora mais salobra, dependendo da incidência do oceano, e aí o visitante no lugar de mergulhos prefere desfrutar o sossego e o isolamento.

Quem vai a Marajó pode dançar o carimbó, montar num búfalo, adquirir uma peça artesanal feita com a técnica policromada da cerâmica marajoara (a mais antiga do Brasil e uma das mais antigas das Américas) e descansar numa rede.

O projeto **Economia da Experiência** foi desenvolvido pelo ministério do Turismo, em parceria com o Sebrae (Serviço Brasileiro de Apoio às Micro e Pequenas Empresas) nacional, sob a gestão do Instituto Marca Brasil e dos Sebraes regionais. No caso da capital paraense, a então diretora superintendente do Sebrae Pará, Cleide Cilene Tavares Rodrigues, explicou: "A escolha de Belém pelo ministério do Turismo para fazer parte do **projeto Economia de Experiencia** foi uma decisão muito feliz, pois o tema se encaixava em perfeita harmonia e sintonia com as **crenças**, os **cheiros** e os **sabores** da '**cidade mais encantadora e charmosa**' da Amazônia, também chamada de '**metrópole da Amazônia**' ou '**cidade das mangueiras**'.

O projeto se concentrou na cadeia produtiva do turismo de uma cidade e, em particular, abrangeu os empreendimentos turísticos de micro e pequeno portes, tendo como principal objetivo prover apoio para que os atores da cadeia fizessem inovações em seus atrativos, tendo como ponto central a '**emoção**' e o '**conhecimento**' que as experiências com a cultura local pudessem proporcionar aos usuários de seus produtos e serviços. A cidade de Belém proporciona diversas possibilidades em termos de cultura e lazer. A cidade é rica em história, cultura e em natureza, o que pode ser observado facilmente em diversos de seus pontos turísticos. Em função de suas exuberantes e diversificadas opções gastronômicas, de entretenimento e atividades culturais, a cidade já desponta como um grande roteiro turístico do Brasil, gerando uma excelente oportunidade para investimentos turísticos, já estando entre as 10 cidades mais movimentadas e atraentes do País."

O professor Amilton Arruda, coordenador do programa Laboratório em *Design* Estratégica do Centro Ricerche Istituto Europeo di *Design* (CRIED) de São Paulo, que organizou a publicação *Design Estratégico: Uma Experiência Metodológica Aplicada ao Setor de Turismo – Belém das Crenças, Cheiros e Sabores* (2010) destacou: "Ao entrarmos em contato com a realidade local de Belém, tão rica, tão proveitosa e tão estimulante na busca de novas oportunidades ficou claro para os consultores e *designers* do CRIED que a temática não poderia ser outra: '**A Belém das crenças, dos cheiros e dos sabores!!!**'

Procuramos e acredito que encontramos a justa medida nos resultados entre os limites do *designer* – nossos desejos, nossas crenças projetuais e nossos paradigmas – e os limites dos empresários com seus empreendimentos, ou seja, com suas forças, sua cultura e seu conhecimento do merca! Entre as riquezas de Belém pode-se citar a procissão Círio de Nazaré, as danças regionais (sobretudo o carimbó), a cultura mulata, cabocla e ribeirinha, os múltiplos e curiosos ingredientes da culinária e gastronomia regional."

As raízes do conceito **economia da experiência** surgiram em 1999, a partir da publicação de dois trabalhos revolucionários. O livro *A Sociedade dos Sonhos*, do dinamarquês Rolf Jensen, e o estudo feito por James Gilmore e Joseph Pine, *The Experience Economy* (*A Economia da Experiência*). Inicialmente, Rolf Jensen, considerado um dos mais importantes estudiosos do mundo dos hábitos de consumo da humanidade, introduziu no pensamento contemporâneo um conceito extremamente visionário: a **sociedade dos sonhos**, que estaria destinada a substituir (!?!?) a **sociedade da informação**.

Para ele a sociedade dos sonhos significava uma mudança fundamental no paradigma da produção industrial e da oferta de serviços, com o componente emocional, assumindo uma posição central na lógica do consumo, com predominância dos **acontecimentos exclusivos e eternamente memoráveis** pela sua **forma**, pelo seu **sentido** e pela **emoção vivenciada**!!!!

Paralelamente a isso os renomados especialistas de mercado, Joseph Pine e James Gilmore, professores da famosa Universidade Harvard, em Boston (EUA), no seu estudo sobre tendências de vida e consumo na atualidade – *The Experience Economy* – chegaram à conclusão de que as ofertas para contemplar as novas demandas deveriam priorizar "**a promoção e a venda de experiências únicas**", ou seja, "**emoções memoráveis para os consumidores**".

Sendo assim, os negócios, desde então, precisariam passar a fundamentar as suas atividades em suas próprias histórias, isto é, na narrativa e na cultura dos destinos onde estão inseridos, e não mais nas informações desconectadas com dados impessoais. Seguindo a orientação desses estudiosos, o turismo em muitos lugares passou a desenvolver suas ofertas a partir da ideia de personalização, ou seja, de uma "**sensação de exclusividade**", deixando de ser uma atividade de interesses gerais, e passando a ser, portanto, algo de **interesse especial**!!!

Dessa maneira para caracterizar produtos e serviços como "**experiências turísticas**", a preocupação com o bem-estar dos visitantes, tornou-se – no que se refere ao desenvolvimento de novas competências e à reestruturação de antigas ofertas – o elemento norteador para os atores envolvidos com o projeto.

Entretanto, não são as iniciativas isoladas que garantem a satisfação plena dos visitantes – assim como o desenvolvimento efetivo de um destino – mas, principalmente, a articulação harmônica de um conjunto complexo de elementos, de modo a constituir um "**cardápio de emoções**" a ser vivenciado e ofertado. Dessa forma, quanto mais sincronizadas e coordenadas forem as relações entre as entidades locais, tanto mais numerosos serão os benefícios tangíveis para todos.

Com o avanço da **economia da experiência** percebeu-se claramente que as pessoas estavam realmente dispostas a pagar mais por um produto ou serviço que apresentasse uma densidade cultural exclusiva, onde a magia e a paixão estão presentes de forma natural e verdadeira. Belém pode ser chamada de a "**cidade morena**", por causa da grande miscigenação que ocorreu do povo português com os índios tupinambás, o que lhe permitiu interagir bastante com a cultura, história, natureza e com os costumes locais.

Belém tem a chuva da tarde, a alegria do seu povo que dança o carimbó de forma contagiante, permite recordar os tempos áureos da era da borracha, participar do Círio do Nazaré e visitar as suas igrejas; possibilita conviver com o cheiro do cupuaçu, do bacuri, das várias ervas, dos peixes e dos temperos; experimentar o gosto do açaí, batido na hora e consumido *in natura*, do tacacá e da maniçoba; sentir a textura do tururi, do miriti; apreciar as cerâmicas marajoara e tapajônica; passar pelos "túneis de mangueiras", com tudo isso fazendo da cidade **um encanto e uma agradável surpresa para despertar os sentidos!!!**

É essa mistura das culturas e dos costumes indígenas, portugueses e africanos que deu origem à cultura paraense, única, percebida por meio de sua arquitetura, gastronomia, de suas manifestações culturais, de seu artesanato e de suas peculiaridades, que são muito importantes e devem ser valorizadas para que se possa oferecer uma experiência memorável, incentivando com isso o retorno dos visitantes, despertando inclusive a curiosidade de potenciais turistas para eles quererem ter a mesma emoção!!!

Segue uma lista de locais incríveis de Belém para apreciar sua gastronomia, nos quais o visitante se surpreenderá, ficará encantado e nos quais certamente encontrará algumas delícias para saborear:

- *Amazon Bar* – Foi a primeira cervejaria a ser fundada em Belém, ainda no ano de 2000, utilizando matéria prima importada. Ela já amealhou um prêmio internacional pela cerveja de bacuri, mas continua sempre buscando surpreender seus clientes com novos sabores. Quando o assunto é comida, seus pratos mais vendidos são a linguiça por metro e o bolinho empanado de pato no tucupi.

- *Dom Giuseppe* – O nome do restaurante é uma homenagem ao pai do proprietário, que acreditava na ideia de "**pegar o cliente pelo estômago**". Os pratos do cardápio são tipicamente italianos, é claro, e o sucesso do negócio se deve à filosofia implementada de oferecer mais do que a qualidade da comida. O objetivo é surpreender sempre, não apenas com entradas e sobremesas à base de receitas locais (paladar), mas também com brindes com aromas locais (olfato).

- *Manjar das Garças* – Inaugurado em 2005, ele atrai o público das classes A e B. Fica anexo ao complexo turístico Mangal das Garças.

A principal característica de seus pratos é a mistura da alta gastronomia. São elaborados com ingredientes típicos da região e com outros importados. Sua comida é deliciosa!!!

- *Marujos* – Esse restaurante possui dois pontos comerciais, o primeiro inaugurado em 1996, na praia de Salinas, que só funciona no verão. O segundo foi aberto em 2004 na Estação das Docas e traz no cardápio a gastronomia local, especialmente mariscos e peixes. Ele se tornou bastante visitado pelo fato de apresentar excelente música ao vivo e uma ótima vista do rio.

- *Novo Trapiche* – Inaugurado em 2008, o estabelecimento se destaca pela excelente comida servida por quilo, assim como pela música ao vivo e a dança no salão. Aproximadamente 70% de sua clientela é local. A casa tem capacidade para atender a 600 pessoas. Ele se tornou bastante conhecido na cidade por sua famosa *happy hour* no *deck*, assim como pela intensa programação noturna, com *shows* de música e danças regionais.

- *Point do Açaí* – Esse restaurante explora bastante o açaí na sua gastronomia, oferecendo ao cliente a possibilidade de consumir essa fruta nas mais diversas combinações (arroz, feijão, peixes, camarão, outros frutos do mar). A frase que move o restaurante é: "**Açaí é tudo!!!**" Aliás ele está em alguns endereços em Belém.

- *Raízes do Pará* – Tornou-se conhecido pelos seus pratos típicos fartos, assim como pelos preços relativamente baratos. Seu prato mais conhecido é a "**costela no saco.**"

- *Divina Comida* – Atualmente possui duas unidades, uma localizada na avenida Serzedêlo Corrêa e a outra no Tribunal de Justiça. Sua clientela é formada por turistas, empresários e profissionais que trabalham ou estão hospedados nas redondezas. A empresa tem mais de duas dezenas de empregados e atende em média 220 clientes por dia, sendo que aos domingos o movimento é maior. O motivo de estar sempre lotada se deve ao fato de a casa funcionar sob uma diretriz clara: "**Servir as pessoas!**"

- *Saldosa Maloca* – Com 36 anos de existência, está localizado na ilha do Combu, sua segunda instalação física, isso por conta de problemas de erosão provocados por enchentes. Para chegar ao restaurante é necessário fazer uma travessia de barco de 15 min. Seu cardápio é composto por pratos típicos do Estado do Pará, com ênfase nos peixes, frutos do mar e sucos de frutas. Sua clientela principal é composta por famílias de Belém e profissionais em viagem de trabalho (!?!?). O restaurante tem capacidade para atender até 340 pessoas por dia, e o maior movimento tem sido aos domingos, quando recebe uma média de 300 pessoas. Nele criou-se uma identidade visual que representa a cultura do Pará, um ambiente representado por crenças, pelos cheiros e sabores emanados de produtos naturais e artesanais (há uma loja anexa na qual é possível adquiri-los) e o entretenimento é completado com apresentações artísticas da cultura local.

→ *Tapioquinha da Amazônia* – Essa lanchonete tem no seu cardápio cerca de **85 tipos de tapioca**, embora os sabores mais comercializados sejam os tradicionais, ou seja, com queijo e manteiga. A matéria-prima, isto é, a goma, é de boa qualidade, o que representa um dos diferenciais dessa lanchonete. A marca da casa é o desenho de uma mandala que representa a vitória régia. O público que mais recorre a essa lanchonete é formado principalmente por turistas, mas também por moradores de Belém que adoram a iguaria. Todos sempre aproveitam cada nova oportunidade de degustar as "novas" tapiocas, as opções do dia e a personalização dos recheios. A novidade é que agora são vendidos nela outros produtos ligados à preparação da tapioca, como goma, doce de cupuaçu etc., e, com isso, o número de clientes vem crescendo. Afinal, o produto "**tapioca**" é natural, artesanal, saboroso e saudável. Assim, esse alimento de origem indígena se sobressai da concorrência, como por exemplo das *pizzarias* (de origem italiana), das temakerias (de origem japonesa) e da creperias (de origem francesa).

→ *Tomaz Culinária do Pará* – O local oferece um ambiente agradável serve pratos clássicos, como o tacacá e a maniçoba (opções de meia porção ou inteira). O atendimento é considerado excepcional.

→ *Avenida* – Tradicional restaurante que serve pratos típicos do Pará, como pescada amarela e pirarucu, além de bons doces. É um excelente lugar, com um clima romântico, intimista e superdiscreto.

→ *Grão Culinária Saudável* – Um ótimo restaurante, com ambiente familiar para quem tem bom gosto e paladar. Oferece pães sem glúten, caldos e a sua *pizza* com massa de arroz e carne seca, além de criativa, é bem gostosa...

- *Picui Rural* – Oferece uma comida nordestina muito boa. O atendimento é excelente e os preços são acessíveis.
- *Roxy Bar* – Um excelente lugar para se encontrar, jogar conversa fora noite a dentro, comer grelhados e tomar cerveja, tudo isso enquanto se escuta boa música.
- *Casa Mia* – Um ótimo lugar para se provar uma comida deliciosa e ouvir boa música. Os preços são regulares.
- *Lá em Casa* – Um ótimo restaurante com ambiente climatizado, amplo e com cardápio variado de pratos originais, mas que também oferece serviço de *buffet*. O local oferece ainda outro espaço aberto no *hall* do *shopping*.
- *Famiglia Sicilia* – Um espaço aconchegante e decorado de forma artística. O local serve vinhos e massas caseiras, além de risotos e filé à parmegiana. Muitos o consideram como o melhor restaurante italiano de Belém...
- *La Traviata* – Uma ótima cantina, na qual todos os pratos são bons e as *pizzas* também. Também há os que o consideram como o melhor restaurante italiano da cidade.
- *Xícara da Silva* – Trata-se de uma *pizzaria* com aromas e sabores italianos, mas serve também cafés especiais e deliciosas sobremesas. O local se distingue pelo ambiente bastante acolhedor, pela maravilhosa decoração e forte experiência visual.
- *Izumo* – Oferece um menu japonês contemporâneo de pratos frios e preparados na chapa fumegante e servidos num salão climatizado e informal.
- *Hakata* – Especializado em gastronomia japonesa e asiática casual, servida em chapas de ferro quentes com pratos aromáticos e fumegantes. O cliente, entretanto, acaba saindo do salão principal com cheiro de fritura do *steak*...
- *Narita* – A comida servida é deliciosa, em especial o filé de frango empanado e o peixe ao estilo japonês. Os preços são um atrativo à parte!
- *Sushi Ruy Barbosa* – O local oferece receitas criativas da comida japonesa, desde os *carpaccios* até os grelhados, que podem ser acompanhados de bons vinhos. O ambiente é bem elegante.

- → ***Govinda*** – É um restaurante vegetariano que oferece um *buffet* diversificado de comida lacto-vegetariana, com um toque da culinária indiana, além de sucos com sabores maravilhosos.
- → ***Le Massilia*** – Localizado no interior do hotel Le Massilia, tem-se nele culinária francesa com tons regionais. Sua decoração remete a Maselha, na França. Seu ambiente é bem acolhedor e sem dúvida serve a melhor comida francesa de Belém.

Naturalmente, depois de tudo o que se falou sobre a culinária belenense, é impossível discordar do merecido título de **cidade criativa** no campo da **gastronomia** conferido a Belém pela Unesco em 2015, não é mesmo?!?! Feliz, o então prefeito, Zenaldo Coutinho declarou: "Esse título representa o reconhecimento internacional de valor cultural da nossa gastronomia. O grande charme da nossa gastronomia é que ela não é só para a elite, mas sim para o conjunto da sociedade belenense."

A Belém gastronômica é um interessante caldeirão de misturas étnicas. A comida indígena paraense – a única verdadeiramente brasileira, segundo o filósofo José Arthur Giannotti – tem sabores africanos, portugueses, alemães, japoneses, libaneses, sírios, judeus, barbadianos, espanhóis, franceses e italianos. Todos esses povos que chegaram a Belém se encontraram com a cozinha nativa e foram incorporando a ela seus ingredientes. A forte influência indígena foi, portanto, o que permitiu a criação de pratos como pato no tucupi, tacacá, maniçoba, tucunaré cozido, caruru etc., normalmente acompanhados com jambu e farinha de água, ou delícias como o açaí.

Há quem diga que o sabor dos peixes e das frutas paraenses é realmente diferente. Com mais de uma centena de espécies de comestíveis, essas frutas regionais podem ser encontradas no mercado Ver-o-Peso, nas feiras livres, nos supermercados e em outros mercados do município, e são elas as responsáveis diretas pelo sabor das sobremesas que enriquecem a mesa paraense. Entre elas destacam-se o açaí, o cupuaçu, a castanha do Pará, bacuri, tucumã, murici, piquiá, taperobá.

Aproveitando tais peculiaridades, uma grande divulgação é feita da culinária paraense no Festival Ver-o-Peso da cozinha paraense. O mais representativo prato típico do Estado é aquele no qual se degusta o **vinho de açaí** (a versão mais pura da fruta) em uma cumbuca ou tigela, com pouco açúcar para não virar sobremesa, acompanhando de farinha de água ou farinha de tapioca e alguma proteína ou comidas salgadas, como camarão, charque frito e/ou peixe assado (que, aliás, é oferecido em diversas barracas do mercado Ver-o-Peso). Diga-se de passagem, esse prato foi escolhido como um **símbolo da culinária** em Belém por meio de uma votação popular em um concurso ocorrido durante a comemoração dos 400 anos de fundação da cidade em 2015, promovido pela TV Liberal. Está também em Belém o restaurante *Remanso do Bosque*, que já foi considerado um dos 50 melhores restaurantes da América Latina. Seu sucesso se deve ao cardápio, cujos pratos utilizam ingredientes típicos da Amazônia.

Veja a seguir algumas explicações sobre algumas das atrações gastronômicas do Pará:

- A **maniçoba** é um alimento de origem indígena. A iguaria se parece com uma feijoada, contudo, em vez do feijão, a carne vai ao fogo com a maniva (folha de mandioca triturada), que deve ser cozida por sete dias!!!
- O pato no **tucupi** é feito com jambu e tucupi, um líquido amarelo extraído da mandioca, separado da goma de tapioca e temperado com especiarias.
- O **tacacá** é feito com tucupi bem quente derramado sobre a goma, misturado e acrescido de folhas de jambu e camarões.
- A **farinha de água** é elaborada a partir da mandioca fermentada, sendo granulada, seca e crocante. Ela é muito boa para preparar farofas e fazer empanados; acompanha carnes e peixes.
- O **açaí** é um fruto amazônico do qual se faz um caldo roxo e denso, que já conquistou o País. Ele é usado em sorvetes, sucos, doces, licores, drinques, mas, especialmente no Pará, sendo consumido com farinha de tapioca e peixe frito, podendo também ser utilizado para incrementar outros pratos salgados.

E por falar em açaí, conseguir esse fruto exige bastante esforço e habilidade de quem o colhe. Os profissionais precisam ter o corpo leve para serem capazes de executar o serviço, pois, num só dia de trabalho terão de subir e descer do açaizeiro umas 25 vezes. A técnica é a seguinte: o catador apoia o pé na peconha, um laço feito especialmente para esse propósito, e literalmente o utilizam para subir tronco acima com a força de suas pernas e braços. O mais complicado é que tudo precisa ser feito entre as 6h e 9h da manhã, antes, portanto, que o sol esquente e oxide os frutos. Vale lembrar que a partir das 9h os termômetros facilmente alcançam os 30ºC em praticamente todas as partes do Estado do Pará, que é responsável por 80% de toda a produção de açaí do País.

Por outro lado, dependendo do tamanho do cacho de açaí e da mão do catador, a cada vez que ele desce só consegue trazer de dois a quatro ramos. Não é possível atirar os frutos lá de cima, uma vez que danificadas não interessam aos compradores. Os cuidados que o açaí demanda desde que é retirado do pé até ser processado são tão importantes que o comércio no mercado Ver-o-Peso só acontece de madrugada, antes de o sol aparecer!!! As rasas (cestos de palha) em geral precisam ser vendidos num intervalo de 24 h, a partir da colheita, afinal, quando mais velhos os frutos ficam mais secos, menos valiosos e menores os preços obtidos.

De mercados como o Ver-o-Peso, os frutos vão para o processamento, onde os chamados batedores de açaí trituram-no com água, separam os caroços e vendem a polpa resfriada de acordo com a espessura: açaí **grosso**, **médio** e **fino**. Ainda tem o **especial**, que alguns paraenses chamam de "**papa**" – a primeira pasta saída da máquina, a mais cobiçada, que traz a mínima adição de água, na qual uma "**colher fica de pé**", sendo o produto mais cobiçado e caro!!!

O empresário Nazareno Alves, dono de fábricas e do restaurante *Point do Açaí* em Belém, relatou: "O turista que vai aos meus restaurantes recebe no prato peixe, carne, salada e até batata frita, e ao lado está a tigela de açaí, na qual se mistura farinha de mandioca e de tapioca, que estão em outras tigelas. Ai eu lhe digo para dar uma garfada no peixe e, com ele na boca, engolir também o conteúdo de uma colher de açaí. A mistura dos dois é feita na boca, surgindo um sabor incrível."

Deve-se ressaltar que em 2018, na 15ª edição do Festival Ver-o-Peso, lançado pelo *chef* Paulo Martins (1946-2010), um pioneiro na disseminação da cultura paraense, continuou-se com o foco na **grande diversidade** da **culinária local**, considerada **a mais antiga do País**. São os historiadores e estudiosos da gastronomia que sustentam essa tese sobre a culinária amazônica, que, aliás, nesse final da 2ª década do século XXI vive um momento fértil de investimento público e expansão, rompendo fronteiras.

Nessa edição do festival, celebrou-se, por exemplo, a cultura do búfalo e os traços tropeiros da cozinha do Marajó; os produtos da floresta densa e dos povos tradicionais que viviam perto do rio Xingu; a farinha de água e os frutos do mar da região de Bragança; a cozinha ribeirinha dispersa nas diversas ilhas que ficam próximas de Belém.

Hoje, Paulo Martins é nome de um instituto liderado pela sua filha Joanna, voltado ao aprofundamento dos conhecimentos ligados a essa cozinha, que tem promovido cursos de culinária imersiva amazônica, nos quais se conjuga teoria e vivência nas comunidades indígenas. Sob o comando de Joanna, a empresa Manioca desenvolve produtos a partir de ingredientes amazônicos e busca divulgar produtos como chocolate, cachaça de jambu (uma erva que provoca dormência na boca), farofas e doces.

Realmente em Belém vive-se um momento bem fecundo para a **culinária**, inclusive com os governos municipal e estadual procurando aprofundar o intercâmbio entre os *chefs* e produtores de alimentos. Neste sentido, a gastronomia foi colocada como uma das cadeia produtivas prioritárias e por isso investiu-se cerca de R$ 28 milhões no Centro Global de Gastronomia e Biodiversidade da Amazônia, no qual, e quando totalmente pronto, haverá restaurante, laboratório, curso superior, uma feira etc.

Deve-se destacar que nos dias 26 e 27 de janeiro de 2019 ocorreu em Belém a 1ª edição do Festival da Fartura, no qual os visitantes tiveram a oportunidade de provar pratos de *chefs* famosos vindos do País inteiro, além de saborear os produtos locais e participar de aulas práticas de culinária. Um dos destaques foi o *chef* Saulo Jennings, do restaurante *Casa do Saulo* (que fica em Alter do Chão), que serviu o **prato feito tapajônica** – pirarucu laqueado, com melaço de tucupi, vinagrete de feijão-manteiga, arroz de chicória e farinha puba.

O Estado da Bahia dominou por muito tempo o cenário nacional do cacau, mas o que pouca gente sabe é que a primeira muda plantada em território baiano com fins de cultivo, isso no século XVIII, veio do Pará. Ainda assim, o Pará passou décadas engatinhando na produção nacional, mas nos últimos anos, inclusive em 2016, ficou na dianteira do Estado da Bahia, que naquele ano sofreu muito com a seca que reduziu bastante sua safra.

No Pará se produz um cacau com mais gordura e notas frutadas, e surgiram produtores de chocolate de origem (sem misturas com amêndoas de outras terras), ou seja, marcas como De Mendes, Nayah, Amazônia Cacau e Cacau Way, além da dona Nena, que vende inclusive seus chocolates para restaurantes renomados, como o *D.O.M.* e o *Remanso do Bosque*.

Em 2018, ocorreu em Belém a 6ª edição do Festival de Chocolate e Cacau, organizado pelo empresário Marco Lessa (similar àquele que se realiza em Ilhéus, na Bahia, desde 2009). Um grande público compareceu ao evento para poder se deliciar com chocolates incríveis, dentre os quais:

- **Nayah** - Em 2015, a Nayah lançou sua primeira linha de chocolates, depois de montar uma pequena fábrica com dinheiro recebido de um prêmio de empreendedorismo. A empresa é fruto de um projeto acadêmico da engenheira de alimentos Luciana Ferreira Centeno, que estagiou na Barry Callebaut, na Bahia, e fez um curso de chocolate no exterior. A sua linha inicial tinha oito barras, sendo cinco de chocolate e três de "**cupulate**" (com amêndoas de cupuaçu, primo botânico do cacau, que é feito também por marcas como a baiana Amma). Aliás, no que se refere a barras saborizadas (com jambu, açaí, café e outros ingredientes) a Nayah lançou ainda a linha **70% de cacau de origem**, em que as regiões (todas paraenses) são identificadas no rótulo: Barcarena, Tucumã, ilha do Combu, Medicilândia e Tomé-Açu. O *terroir* é sentido na boca, assim, por exemplo, o chocolate de Barcarena é denso e adocicado, enquanto o de Medicilândia deixa na boca um sabor mais tostado.

- **Cacau Way** – Existem produtores de cacau na região de Medicilândia pelo menos desde a década de 1970, quando o governo paraense estimulou o plantio, com o fluxo de migrantes na região durante a construção da Transamazônica. Lembrou a engenheira agrônoma Hélia Felix, da Cooperativa Agroindustrial da Transamazônica (Coopatrans), que montou em 2014 a fábrica Cacau Way na cidade, para processar o chocolate: "As amêndoas antes saíam daqui e faziam a fama da Bahia, mas agora com a Cacau Way isso mudou!!!" A linha principal da Cacau Way é composta por cinco barras: 30% e 50% cacau, ambas ao leite, 52% (com manteiga de cupuaçu), 65% e 70% (esta última, a única sem lecitina de soja). A marca usa cerca de 15% das amêndoas que os cooperados produzem, sendo a maior parte exportada ou vendida para fábricas brasileiras, como a pequena Java, em Belo Horizonte.

- **Amazônia Cacau** – Ela nasceu há uns 13 anos, por iniciativa de Cesar De Mendes e um sócio, mas em 2013, quando De Mendes resolveu se voltar ao chocolate de várzea ("**selvagem**"), a empresa foi vendida para Alexandre Távora, quando ganhou um aspecto novo e teve seu catálogo incrementado. Hoje ele possui mais de 20 produtos, entre barras puras, bombons, licores, geleias e tabletes saborizados (com doce de cupuaçu, açaí etc.).

- **De Mendes** – Cesar De Mendes já foi apelidado no suplemento *Paladar*, do jornal *O Estado de S.Paulo*, como o "**Indiana Jones do chocolate**", assim que ele descobriu uma variedade de cacau no Pará, que com a ajuda do ambientalista Roberto Smeraldi, batizou-a de ***Jari Picante***. Ela está em dois dos quatro tabletes De Mendes, que trazem a latitude e longitude das plantações nos rótulos, e são vendidos inclusive em alguns lugares em São Paulo. No ramo desde 2005, o engenheiro químico Cesar De Mendes lançou sua marca própria em 2013. A variedade *Jari* ele compra da Cooperflora, que coleta cacau à beira do rio Jari. Já a chamada variedade *Maranhão* vem de comunidades de várzea em Barcarena. Apesar de não plantar cacau e só fazer o chocolate (cerca de 350 kg por mês), De Mendes ensinou os extrativistas da floresta a fermentar as amêndoas de cacau por cerca de 12 dias (bem acima da média, que é de 5 a 7 dias). Isso resulta em chocolates de sabores complexos – a barra 65% (*Jari*) traz frutas como manga e kiwi à boca; já a 63% (*Maranhão*) tem bom defumado e nível de gordura, que lembram o *bacon*. Não consumindo toda a produção, Cesar De Mendes até estimula colegas a comprarem parte dela para que os extrativistas continuem estimulados a fermentar o cacau com essa qualidade e não se voltem só para o açaí e à castanha-do-pará, por exemplo.

E não se pode deixar de relatar o incrível produto de dona Nena!?!? Pois é, à beira de um igarapé do rio Guamá, a 15 min de barco do centro de Belém, na ilha de Combu, vive a dona Izete dos Santos Costa, ou simplesmente dona Nena, que planta o cacau, colhe, fermenta, seca e tritura pessoalmente as amêndoas. Depois disso ela prepara um chocolate enrolado em folha que, de tão bom, já chegou a atravessar o País para ser utilizado na cozinha de *chefs* renomados, como Alex Atala, no *D.O.M.*

Ela vendeu seu chocolate pela primeira vez durante um evento em 2006. Atualmente o produto de dona Nena é uma espécie de **poqueca de cacau** (ou panqueca enrolada em folha). Depois de fermentar por até sete dias e secar em uma barcaça, as amêndoas dos cerca de 1.200 pés de cacau nativo da ilha são torrados em um forno doméstico, descascados à mão sem ajuda de máquinas e triturados em um moinho de grãos que dona Nena comprou numa loja de ferragens no mercado Ver-o-Peso. Nele as amêndoas entram inteiras e saem em pasta, direto para a folha de cacau, sem passar por conchagem – um processo que afina os grânulos e dá uma textura aveludada ao chocolate. Assim, o da dona Nena é um tanto "arenoso", de textura grossa, mas por outro lado, não recebe qualquer outro ingrediente – leite, manteiga, açúcar ou aditivos. É 100% cacau!!!

No *D.O.M.*, de Atala, ele vai num prato salgado com codorna e num doce, com manga e puxuri. No *Remanso do Bosque*, do *chef* paraense Thiago Castanho, ele vira *mousse* de chocolate. Dona Nena ficou tão famosa com esse seu produto que já recebeu na ilha pessoas bem ilustres, como o príncipe da Noruega, que a visitou e provou de sua **poqueca**!!!

Caro(a) leitor(a), não esqueça, pois, de quando for a Belém, descobrir as lojas onde se vendem chocolates das marcas citadas, e evidentemente comprar muitas barras para trazer e presentear amigos e parentes. Com certeza você será bastante elogiado (a) e até invejado (a) por já ter provado essas iguarias!!!

No que se refere à **hospedagem** de turistas, em Belém existem hoje hotéis de várias classes. Um considerado cinco estrelas é o Atrium Quinta das Pedras, situado em uma construção restaurada do século XVIII, que já foi um orfanato. Ele possui restaurante, piscina externa e academia. Além disso, oferece café da manhã e *Wi-Fi* gratuitos. Trata-se na realidade de um hotel casual, localizado a 3 min a pé do parque ecológico Mangal das Garças. O local tem recebido boas avaliações dos hóspedes.

Já na categoria quatro estrelas, vale destacar o Princesa Louçã com vista para a baía do Guajará. Ele está localizado a 16 min a pé do mercado Ver-o-Peso. Há também o Golden Tulip, que ocupa um edifício moderno localizado no centro comercial e fica a 8 min a pé do Museu Cultural da UFPA, e a 12 min a pé da basílica Nossa Senhora de Nazaré. Outra opção é o Radisson Hotel Maiorana, que ocupa um edifício bem moderno localizado a 1,6 km do Museu Paraense Emílio Goeldi.

Esses três hotéis, além de quartos confortáveis, possuem restaurante, piscinas e oferecem café da manhã gratuito e outros serviços para os hóspedes.

Por exemplo, no que concerne ao hotel Radisson, ele já foi eleito pela empresa que atua no setor de viagens e hotelaria *Trip Advisor* como o 11º melhor do País, e foi o vencedor do prêmio *Traveller Choice 2015*. Dispõe de

135 apartamentos superespaçosos nas categorias superior, executiva, luxo, *business club* e presidencial, e suas metragens variam de 42 m² a 110 m².

Todas as suas suites dispõem de frigobar, excelentes aparelhos de TV, cofre eletrônico, Internet de alta velocidade e os hóspedes têm um delicioso café da manhã no restaurante *Dear Rosso*, como cortesia. O Radisson tem salas adequadas para realização de eventos, como palestras, convenções corporativas e treinamentos de funcionários de empresas. Possui assim três salas que podem comportar de 30 a 300 pessoas, conforme o formato em que forem arrumadas. Em resumo, o Radisson de Belém é uma excelente escolha para atender tanto ao público de viagens de trabalho quanto de lazer, ficando em um ponto estratégico próximo de diversos pontos turísticos da cidade, como a basílica de Nazaré, o Theatro da Paz, a Estação das Docas e também dos escritórios das grandes empresas instaladas em Belém.

Claro que há uma boa quantidade de hotéis três estrelas, entre eles estão: O Vibe Hostel & Arts, no qual os hóspedes podem participar de baladas; o Sagres, que possui uma área de lazer muita boa; Tulip Inn Belém Nazaré, próximo do Theatro da Paz; Tulip Inn Belém Batista Campos, ao lado do *shopping* Pátio Belém; Regente Belém, numa rua bem arborizada no centro da cidade; Belém Soft, com uma excelente localização e quartos simples; Bristol Umarizal, com quartos limpos e adequados; Grão Pará, localizado em frente à praça da República, com pontos de ônibus e táxi na porta; Beira Rio, com um restaurante rústico construído sobre o rio; Machado's Plaza, com quartos simples e um restaurante casual; Hangar, um hotel moderno localizado a 1,8 km do aeroporto e a 3,2 km do estádio da Curuzu; New Inn Batista Campos, cujos quartos são modernos, minimalistas, casuais e bem arejados; Ipê, que oferece quartos discretos, localizados a 16 min a pé do Museu Paraense Emílio Goeldi; Belém Centro, bem próximo da Estação das Docas e do mercado Ver-o-Peso.

Em praticamente todos esses hotéis os hóspedes têm acesso a café da manhã e *Wi-Fi* gratuitamente, além de algumas outras amenidades. É claro que também existem outros hotéis ainda mais econômicos na cidade, mas um empreendimento bastante interessante que surgiu na capital foi o Amazônia *Hostel*, que na verdade é um albergue. A palavra *hostel* significa albergue e, conforme explica seu proprietário, isso faz com que o local funcione de forma diferente de um hotel, pois a casa aluga camas no lugar de quartos. Isso o torna bem mais acessível, fazendo com que sobre muito mais dinheiro para o turista investir no turismo local!!!

Esse albergue é associado à Federação Brasileira de Albergues da Juventude e também faz parte da rede Hostelling International – um selo internacional de **conforto, segurança e receptividade**. Aliás, o Amazônia *Hostel*, tanto em sua fachada, como nos seus materiais de comunicação, utiliza somente a marca desse selo internacional. Os alberguistas são pessoas mais interessadas em conhecer novas culturas, prezando o envolvimento com crenças, cheiros e sabores, assim como a economia nos serviços de hospedagem. Eles se contentam com o mínimo ofertado em termos de conforto e segurança.

Todavia, o albergue Amazônia *Hostel* não descuidou do charme, tendo algo de ecológico (um apelo ambiental simples e rústico), de refinado e minimalista e até de romanesco (rebuscado, cenográfico e épico), procurando encantar os hóspedes pela gastronomia e pelas surpresas que lhes proporciona, como comer um tacacá (caldo muito apreciado pelos paraenses) nos finais de tarde. O Amazônia *Hostel* recebeu a chancela de **Centro de Cultura e Paz** da Unesco

Já existem em Belém algumas pousadas com *design* sustentável, como é o caso da Ecopousada Miriti, situada no centro histórico e comercial de Belém, a poucos metros da praça da República e do Theatro da Paz, no qual prevalece um ambiente acolhedor e ares de refúgio. A Ecopousada Muriti desenvolve realmente todas as suas atividades de maneira sustentável, tendo como missão: serviços de hospedagem de alta qualidade com responsabilidade socioambiental. Tem menos de duas dezenas de quartos, por isso oferece um atendimento bem personalizado, num ambiente familiar e tranquilo, um verdadeiro oásis na área mais movimentada da cidade!!!

Uma vista aérea da região da Pampulha em Belo Horizonte (BH).

Belo Horizonte (BH)

PREÂMBULO

Há quem diga que há poucos atrativos nos centros urbanos jovens, mas isso não se aplica a Belo Horizonte (BH), que em 2019 completou 122 anos de existência.

De fato, talvez a única coisa de que o visitante sinta falta em BH seja uma praia, afinal, boa parte das cidades encantadoras descritas nesse livro estão à beira do oceano Atlântico. Em compensação, o turista encontrará nela **belos horizontes**, além de um ambiente em que prolifera a **tradição botequeira** de seus moradores, que passam agradáveis momentos nos melhores bares ali existentes. E essa é uma atividade atraente que acaba convencendo o turista a experimentar o mesmo, em especial na época do festival *Comida di Buteco*.

E na hora de "butecar" não se pode esquecer do bar da *Esquina*, cujo casarão já abrigou a primeira cervejaria de Minas Gerais, na qual tem-se um chope supergelado e petiscos deliciosos.

E para quem quer uma extensa carta de cervejas, cachaças e drinques, a sugestão é o *Café com Letras*, que é um misto de bar, centro cultural e livraria, ou seja, um endereço da Savassi que faz o tipo descolado e reflete todo o espírito boêmio de BH.

Entre alguns outros exemplos de bares incríveis em BH têm-se o *Mercearia 130*, no qual há tira-gostos maravilhosos como o *steak tartare*, ou então, é possível aproveitar uma perfeita relação custo-benefício, com seu almoço executivo. Outra casa de qualidade é a *Osso - Mind the Bones*, que fica numa esquina no bairro de Lourdes. Ali, sentado numa de suas mesinhas na rua, é possível degustar uma deliciosa porção de coxinhas de camarão com catupiry ou seus mini hambúrgueres. Mas existem ainda os diversos bares localizados na rua Sapucai, uma das áreas mais badaladas de BH, dentre os quais estão o *Salumeria Central*, o *Dorsê*, o *Benfeitoria*, entre outros.

Muita gente, especialmente o mineiro, acha que o pão de queijo é a vida!!! E um dos melhores lugares para se comer essa iguaria em BH, junto com combinações variadas – como costela de boi e vinagrete ou frango com jiló –, é na *A Pão de Queijaria*.

Porém, se o visitante tem inclinação por sorvete cremoso, a indicação é o *Mi Garba*, cuja casquinha artesanal é feita na hora, espalhando um cheiro delicioso de *waffle* pela loja. Claro que em BH outras boas sorveterias, como a *LulloGelato*.

Já para os amantes de um bom café a melhor pedida é o *Café Américo*, onde o visitante poderá acompanhar a torrefação de grãos especiais e provar cafés sofisticados.

A HISTÓRIA DE BELO HORIZONTE

Belo Horizonte, ou simplesmente BH, é a capital do Estado de Minas Gerais. Em 2019 sua população estava bem próxima dos 2,6 milhões, o que a tornava o 6º município mais populoso do País, segundo o IBGE. A cidade ocupa uma área de 331 km², e sua geografia é bastante diversificada, apresentando morros e baixadas. Ela dista 716 km de Brasília, sendo a segunda capital estadual mais próxima do DF, atrás apenas de Goiânia. Os municípios limítrofes de BH são Vespasiano, Ribeirão das Neves, Contagem, Ibirité, Brumadinho, Nova Lima, Sabará e Santa Luzia.

O clima na região é ameno, apresentando uma média anual de 21ºC. Isso provavelmente se deve ao fato de a capital estar localizada a uma altitude média de 810 m, enquanto o ponto mais alto do município é a serra do Curral, que atinge 1.538 m.

Todavia, o efeito da intensa urbanização acabou provocando o surgimento de **ilhas de calor**, assim como alterações na circulação das massas de ar frio. Durante o inverno elas têm sido fortemente bloqueadas pela alta pressão da massa de ar seco, que predomina nessa época do ano.

Localizada na bacia do famoso rio São Francisco, a cidade de BH não é banhada por nenhum grande rio. Porém, a capital mineira é cortada por vários córregos e também por ribeirões – a maioria canalizados –, como o Arrudas e o da Onça, afluentes do rio das Velhas.

O ribeirão Arrudas atravessa a cidade de oeste para leste, enquanto mais ao norte, integrado à bacia do ribeirão da Onça, corre o ribeirão Pampulha. Este foi represado para formar o reservatório (lago) de mesmo nome, que, aliás, é um dos recantos de turismo e lazer da cidade.

As precipitações ocorrem sob a forma de chuva e, em algumas ocasiões de granizo, podendo ser de forte intensidade e ainda virem acompanhadas de raios e trovoadas. O índice pluviométrico é em média de 1.400 mm por ano, sendo o mês de dezembro o de maior precipitação.

Até o século XVII, o atual Estado de Minas Gerais era habitado pelos índios do tronco linguístico macro-jê. A partir dessa época, entretanto, essas tribos quase foram exterminadas pela ação dos bandeirantes provenientes de São Paulo, que chegaram à região em busca de escravos e pedras preciosas. Para a imensa faixa de terras ao longo do rio das Velhas, que foram assenhoreadas pelo bandeirante paulista Bartolomeu Bueno da Silva (mais tarde chamado de Anhanguera II), veio o seu primo e futuro genro, João Leite da

Silva Ortiz, à procura de ouro. Em 1701 ele passou também a ocupar a serra dos Congonhas – que mais tarde receberia o nome de serra do Curral – e suas encostas, onde estabeleceu a fazenda do Cercado, base do núcleo do Curral del Rei. Nesse local ele desenvolveu uma pequena plantação e criou gado, utilizando-se do trabalho escravo dos indígenas.

O povoamento aos poucos foi se firmando, até que em 1711 Ortiz obteve uma carta de sesmaria, que lhe garantia a concessão da área que "começava do pé da serra do Curral e seguia até Lagoinha". Ali ele se dedicou ao plantio de roças, criação e negociação de gado, aos trabalhos de engenho e, provavelmente, à mineração de ouro nos córregos. O progresso da fazenda atraiu outros moradores e um arraial começou a se formar. Aos poucos o local se transformou num dos pontos de concentração dos rebanhos trazidos do sertão da Bahia e do vale do rio São Francisco para o abastecimento das zonas auríferas.

Apoiado na pequena lavoura, na criação do gado e na comercialização de farinha, o arraial começou a progredir. A topografia da região favoreceu o estabelecimento de uma povoação voltada para a agricultura e a vida pastoril. Os habitantes deram ao local o nome de Curral del Rei, por conta do cercado de curral que ali existia. Era ali que se reunia o gado que havia pago as taxas do rei, segundo a tradição vigente. O arraial contava com cerca de 30 ou 40 cafuas cobertos de sapé e pindoba, entre os quais foi erguida uma capelinha à margem do córrego Acaba-Mundo (local onde atualmente está localizada a catedral da cidade). A sua frente ficava um cruzeiro e na lateral um rancho de tropas.

Algumas poucas fábricas primitivas foram instaladas na região, mas concentravam-se basicamente na tecedura de algodão e na fundição de ferro e bronze. O granito e o calcário eram extraídos das pedreiras. Com o tempo, as frutas colhidas e a madeira retirada da região começaram a ser comercializadas em outras localidades. O que inicialmente era apenas um agrupamento de 30 ou 40 famílias se transformou num povoado com cerca de 18 mil habitantes, um número bastante expressivo.

Em 1750, por ordem da coroa portuguesa, foi criado o distrito de Nossa Senhora da Boa Viagem do Curral, então sede da freguesia de mesmo nome instituída de fato em 1718 em torno da capela que havia ali, construída pelo padre Francisco Homem, filho de Miguel Garcia Velho. O Curral del Rei foi elevado à condição de freguesia em 1780, embora continuasse subordinado a Sabará. O local englobava as regiões (ou curatos) de Sete Lagoas, Contagem, Santa Quitéria (Esmeraldas), Buritis, Capela Nova de Betim, Piedade do Paraopeba, Brumado, Itatiaiuçu, Morro de Mateus Leme, Neves, Aranha e Rio Manso.

No centro do arraial os devotos ergueram a igreja matriz de Nossa Senhora da Boa Viagem. Então, com a extinção dos curatos, a jurisdição do Curral del Rei viu-se novamente reduzida ao primeiro arraial com uma população de 2.500 habitantes (o local somente alcançaria os 4.000 moradores no final do século XIX). Dessa maneira, enquanto Vila Rica, Sabará, Serro Frio e outros núcleos mineradores foram se tornando centros mais populosos e ricos, Curral del Rei, cuja vocação era o comércio de gado sertanejo estacionou em seu desenvolvimento, não oferecendo um lucro substancial para que as pessoas se fixassem no local.

Isso aconteceu na mesma época em que o apogeu de Ouro Preto – que perduraria até o fim do século XVIII – passou a declinar por conta do esgotamento das jazidas, quando o ciclo de ouro deu lugar à pecuária e à agricultura com o que foram surgindo novos núcleos regionais, o que inaugurou uma nova identidade para Minas Gerais.

Até então Ouro Preto era a capital de Minas Gerais, mas, uma vez que já não apresentava alternativas viáveis para um maior desenvolvimento físico urbano, tornou-se necessário transferir a capital para outra localidade. Com a proclamação da República e a descentralização federal, as capitais estaduais passaram a ter maior relevo. Isso reforçou a ideia de mudança da sede do governo mineiro, pois a "antiga" Ouro Preto estava **travada** pela topografia!!!

O governador Augusto de Lima encaminhou a questão para o Congresso mineiro, que, reunido em Barbacena, em 17 de dezembro de 1893, instituiu uma lei para que se encontrasse uma nova cidade para ser a capital. Cinco localidades foram sugeridas: Juiz de Fora, Barbacena, Várzea do Marçal, Paraúna e BH (na época Curral del Rei). Depois de muitos debates, o Congresso decidiu que a nova capital seria na região onde está hoje BH. Isso se deu pelo fato de o seu território oferecer as condições ideais para uma futura expansão, e estar no centro da unidade federativa, a apenas 100 km de Ouro Preto, o que facilitaria a mudança.

Acessível por todos os lados, embora circundada por montanhas, a região de Curral del Rei era rica em cursos de água. A área destinada à nova capital estava entre as serras do Curral e de Contagem, protegida dos ventos frios e úmidos do sul e dos ventos quentes do norte. O local era também arejado pelas correntes amenas do oriente, que chegam da serra da Piedade, e das brisas férteis do oeste, que vem do vale do rio Paraopeba.

Em 1893 o arraial foi elevado à categoria de **município** e **capital** de Minas Gerais, sob a denominação de Cidade de Minas. Em 1894 foi desmembrado do município de Sabará e, no mesmo ano, começaram os trabalhos de construção pela Comissão Construtora da Nova Capital, chefiada pelo engenheiro Aarão Reis, com um prazo de **cinco anos** para o término dos trabalhos.

Em maio de 1895, Aarão Reis foi substituído pelo engenheiro Francisco de Paula Bicalho. Então, dois anos mais tarde, em 12 de dezembro de 1897, o então presidente de Minas Gerais, Crispim Jacques Bias Fortes, **inaugurou a nova capital** (!!!), que já contava nessa época com 10 mil habitantes. Em 1901 a Cidade de Minas teve o seu nome modificado para Belo Horizonte (BH).

A cidade de BH foi projetada por Aarão Reis, o engenheiro-chefe da Comissão Construtora da Nova Capital, sendo uma das primeiras cidades brasileiras planejadas. Vale ressaltar que algumas fontes a citam como a primeira, enquanto outras afirmam que teria sido a terceira, após Teresina e Aracaju, ou até mesmo a quarta, sendo Petrópolis a primeira. O que de fato importa é que os elementos vitais do seu traçado incluem uma malha perpendicular de ruas cortadas por avenidas em diagonal, quarteirões de dimensões regulares e uma avenida em torno do seu perímetro, chamada avenida do Contorno.

Em seu relatório apresentado em 15 de abril de 1895, Aarão Reis escreveu: "Foi organizada a planta geral da futura cidade, dispondo-se na parte central, no local do atual arraial, a área urbana de 8.815.382 m^2, dividida em quarteirões de 120 m por 120 m pelas ruas, largas e bem orientadas, que se cruzam em ângulos retos, e por algumas avenidas que as cortam em ângulos de 45º.

Às ruas fiz dar a largura de 20 m, necessária para a conveniente arborização, a livre circulação dos veículos, o tráfego de carruagens e trabalhos da colocação e reparações das canalizações subterrâneas. Às avenidas fixei a largura de 35 m, suficiente para dar-lhes a beleza e o conforto que deverão, de futuro, proporcionar à população."

Entretanto, Aarão Reis não queria ter uma cidade que como um sistema pudesse se expandir indefinidamente.... Assim, entre a paisagem urbana e a natural, ele previu uma zona suburbana de transição, mais solta, que conectasse os dois setores por meio de um bulevar circundante: a avenida do Contorno, bastante flexível e que se integrava perfeitamente na composição essencial.

A concepção do seu plano fundia as tradições urbanísticas norte-americanas e as europeias do século XIX. O tabuleiro de xadrez da primeira era foi corrigido por meio das amplas artérias oblíquas e espaços vazios, uma preocupação constante com as perspectivas monumentais que provinham do Velho Mundo, com marcadas influências de Georges-Eugène Haussmann (1809-1891), que remodelou Paris.

Assim surgiu BH, como uma tentativa de se representar a síntese urbana do que havia de melhor no final do século XIX. E, com certeza, o objetivo de se ter a partir desse feito uma das maiores e mais importantes cidades brasileiras do século XX foi atingido!!! Seguramente isso ocorreu, uma vez que o projeto da cidade foi inspirado nas mais modernas cidades do mundo na época, como Paris e Washington.

Em seu Plano Diretor estavam evidentes algumas preocupações básicas, como as condições de higiene e a circulação de pessoas. Por isso, a cidade foi dividida em **três zonas principais**: área central urbana; área suburbana e área rural. A primeira receberia toda a estrutura urbana de transportes, educação, saneamento e assistência médica, e abrigaria os edifícios públicos dos funcionários estaduais. Também seriam instalados ali os estabelecimentos comerciais. Seu limite era a avenida do Contorno, que na época se chamava 17 de Dezembro.

A região suburbana, formada por ruas irregulares, só deveria ser ocupada mais tarde, portanto não recebeu de imediato a infraestrutura urbana. Já a área rural seria composta por cinco colônias agrícolas com muitas chácaras e funcionaria como um cinturão verde, abastecendo a cidade com produtos hortifrutigranjeiros.

Para a concretização desse projeto o arraial de Curral del Rei foi completamente destruído, e seus habitantes transferidos para outros lugares. Eles não tinham condições de adquirir os valorizados terrenos da região central da nova capital e, desse modo, foram "empurrados" para fora dela. Na época também se acreditava que não ocorreriam problemas sociais com a saída dos operários após a conclusão das obras, porém, o que aconteceu foi o oposto. Sem lugar para ficar (antes viviam na obra), esses trabalhadores acabaram formando favelas na periferia da cidade, juntamente com muitos dos antigos moradores de Curral del Rei.

A cidade foi inaugurada em 12 de dezembro de 1897, mas de fato ela ainda estava **inacabada**!?!? A expansão urbana, entretanto, ocorreu de forma rápida, o que atrapalhou bastante o plano original. Quando a construção foi iniciada os idealizadores previram que a cidade teria 100 mil habitantes quando completasse 100 anos!!! Essa, entretanto, se revelou uma grave falha de previsão, que aliás continuaria a se repetir ao longo de toda a história da cidade.

BH jamais chegou a ter um planejamento que realmente se antecipasse aos desafios da grande metrópole que se tornaria. De fato, a nova capital chegou a provocar certa frustração para o Estado nas primeiras décadas de sua existência, apesar de estar ligada por ferrovias ao Rio de Janeiro (capital do Brasil, na época) e ao sertão, ou seja, ao interior do País. Seu desenvolvimento até 1922 foi mínimo, porém, por conta das proclamadas virtudes do seu clima a cidade foi se tornando atraente, em especial para o **tratamento da tuberculose**. Com isso multiplicaram-se na região hospitais, pensões e hotéis.

Na década de 1920 surgiu em BH uma geração de escritores de **raro brilho**, que se destacaria no cenário nacional. Ela era composta por: Carlos Drummond de Andrade, Ciro dos Anjos, Pedro Nava, Alberto Campos, Emílio Moura, João Alphonsus, Milton Campos, Belmiro Braga, Abgar Renault etc. Eles costumavam se encontrar no bar do *Ponto*, na confeitaria *Estrela* ou no *Trianon*, para produzir os textos que revolucionariam a literatura brasileira.

Fora isso, até 1930 a cidade exerceu uma função quase estritamente administrativa. Porém, a partir daí BH começou a se consolidar como capital, a despeito das críticas de alguns e dos louvores de outros. Ela foi deixando de ser uma teoria urbanística para se tornar uma conquista humana; um local que **não existia apenas para ser visto, mas para ser vivenciado!!!**

Nesta época o município já contava com cerca de 120 mil habitantes e passava por problemas de ocupação, o que gerou uma crise de carência de serviços públicos. Fez-se necessário, portanto, um novo planejamento para que BH recuperasse sua condição de cidade moderna e sustentável. Entre as décadas de 1930 e 1940 houve um avanço na industrialização da cidade. O destaque foi sem dúvida a criação do Conjunto Arquitetônico da Pampulha, inaugurado em 1943, por encomenda do então prefeito Juscelino Kubitschek (JK). Nesse projeto foram reunidos os maiores nomes do modernismo brasileiro, com projetos de Oscar Niemeyer, pinturas de Cândido Portinari, esculturas de Alfredo Ceschiatti e jardins de Roberto Burle Marx. Ao mesmo tempo, o arquiteto Sílvio de Vasconcelos também criou muitas construções de inspiração modernista, notadamente as casas do bairro Cidade Jardim, que passaram a caracterizar a nova fisionomia da cidade.

Na década de 1950 a população da cidade dobrou novamente, passando de 350 mil para 700 mil habitantes!!! Então, como uma resposta a esse crescimento desordenado, o prefeito Américo René Gianetti deu início à elaboração de um Plano Diretor para BH. Desse modo, na década de 1960, muitas demolições foram feitas, transformando o perfil da cidade. Ela passou a ter muitos arranha-céus, e asfalto no lugar de árvores!?!? BH começou a ganhar ares de metrópole. A conurbação da cidade com os municípios vizinhos foi se ampliando e, rapidamente, ela alcançou 1 milhão de habitantes.

Com isso, os espaços vazios do município praticamente se esgotaram. O crescimento populacional passou a acontecer nos municípios conurbados a BH, como Sabará, Ibirité, Contagem, Betim, Ribeirão das Neves e Santa Luzia. Na tentativa de resolver os problemas provocados pelo crescimento desordenado, instituiu-se a Região Metropolitana de Belo Horizonte (RMBH), e foi criado o Plambel, extinto somente em 1996, que desencadeou diversas ações visando conter o caos metropolitano.

Já a década de 1980 foi marcada pela valorização da memória da cidade, com a alteração na orientação do seu crescimento. Por isso foi necessário tombar vários edifícios de importância histórica. Teve inicio a implantação do metrô de superfície. Em 1984 começou a importante obra de canalização do ribeirão Arrudas, que só foi concluída em 1997, com o que se colocou um fim nas enchentes no centro da capital mineira!?!?

Entretanto, diversos outros problemas foram surgindo e alguns permanecem até hoje. Um deles foi a degradação da lagoa da Pampulha, um dos principais cartões-postais da cidade. De fato, por conta da poluição de suas águas ele se tornou um lago praticamente morto. A cidade foi palco ainda de grandes manifestações, visando a queda da ditadura militar no Brasil. O movimento teve a liderança de Tancredo Neves, que na época era o governador do Estado.

A fisionomia urbana da cidade foi novamente alterada com a proliferação de prédios em estilo pós-moderno, em especial na zona sul. Isso aconteceu graças aos projetos de um grupo de arquitetos, no qual despontava Éolo Maia. Nessa mesma década a cidade passou a ser servida pelo aeroporto internacional de Confins, localizado no município de Confins, a 38 km do centro de BH.

Recorde-se que em 1980, cerca de 850 mil pessoas tomaram a então praça Israel Pinheiro (conhecida como praça do Papa) para receber o próprio papa João Paulo II. Diante da multidão de fiéis e da vista privilegiada da cidade, o papa exclamou: "**Pode-se olhar para as montanhas e para BH, mas sobretudo, quando se olha para vocês, é que se deve dizer: que belo horizonte!!!**" Sua manifestação colaborou muito para que a praça ficasse conhecida hoje como praça do Papa.

Hoje a praça do Papa recebe muitas famílias e grupos de amigos que vão aí fazer seus piqueniques, passear com seus bichos de estimação e tocar violão.

E caminhando uns 10 min dessa praça, chega-se ao parque das Mangabeiras, que tem um mirante incrível para daí poder se observar o pôr do sol, tendo a sensação de estar no topo da cidade.

No início da década de 1990 a cidade enfrentava um período de pobreza e degradação, com 11% de sua população vivendo na **miséria absoluta**, e 20% das crianças belo-horizontinas sofrendo de desnutrição. Porém, ainda em 1990 foi aprovada a Lei Orgânica do Município e, em 1996, um novo Plano Diretor para a cidade, com o que o restante dos anos 1990 destacou-se pela valorização dos espaços urbanos.

Embora a RMBH tivesse sido criada em 1973, pode-se dizer que seu fortalecimento no que se refere a uma gestão integrada só começou a ser percebido no final da década de 1990. Ela reúne 34 municípios que passaram a cooperar mais entre si para a resolução de problemas comuns. Nessa época espaços públicos como a praça da Liberdade, a praça da Assembleia e o Parque Municipal, até então abandonados e desvalorizados, foram recuperados e a população voltou a frequentá-los e a cuidar de sua preservação!!!

Em 2019, viviam na RMBH cerca de 6 milhões de pessoas, sendo atualmente a 3ª maior aglomeração urbana do Brasil, atrás apenas daquelas que se têm em torno de São Paulo e do Rio de Janeiro. Estima-se que em 2019 o PIB da RMBH tenha sido de aproximadamente R$ 205 bilhões, sendo que cerca de 46% desse valor se deve ao município de BH (R$ 94,3 bilhões). Dessa forma, a capital mineira é a **4ª cidade mais rica do País**, atrás apenas de São Paulo, Rio de Janeiro e Brasília.

No que se refere a **ecologia** e **meio ambiente**, lamentavelmente nota-se que em BH não se procurou preservar a vegetação original, e isso também ocorreu em toda RMBH. Os ambientes naturais foram modificados de modo significativo pelos seres humanos. Com o desenvolvimento industrial, piorou muito a qualidade do ar nos últimos anos na RMBH. Segundo levantamentos do IBGE, é aí que mais se emite ozônio no Brasil. Enquanto o padrão do Conselho Nacional de Meio Ambiente (Conama) é de emissão de 160 mg/m^3 por ano, o índice emitido na capital mineira é de 300 mg/m^3!!!

Em contrapartida, BH é uma das capitais estaduais mais **arborizadas** do País, sendo este um dos motivos para ter sido brindada com o título de **"cidade jardim"**. De fato, nesses últimos tempos foram plantadas cerca de 650 mil árvores na cidade, sendo que o número total delas já ultrapassa os 2,3 milhões, quando considerados os parques e as áreas de preservação. Talvez isso seja uma tentativa de compensar o intenso desmatamento ocorrido no passado, quando grande parte da mata atlântica existente no município há muitas décadas, foi destruída.

E por falar em parques, existem em BH cerca de 27, aos quais acrescentam-se algo como 500 praças e várias áreas verdes. Aliás, o percentual de áreas verdes por habitante em BH está bem próximo do recomendado pela OMS (uma árvore por habitante ou 12 m^2 de área verde por habitante). O parque municipal Américo Renné Giannetti é o mais antigo jardim público da cidade. Sua construção foi inspirada nos parques franceses que surgiram na *belle époque* ("época bela"). Ele foi inaugurado em 1897, no terreno da antiga chácara do Sapo, que pertencia a Aarão Reis. No local, que também abriga o **orquidário municipal**, é possível observar cerca de 50 espécies de árvores. Atualmente o local encontra-se enclausurado pelos arranha-céus do centro da cidade.

Outro belo parque de BH é o das Mangabeiras, na serra do Curral. Trata-se da maior área verde da cidade e um dos maiores parques urbanos da América Latina, com 2.300.000 m^2. Outro parque muito bonito e bastante visitado é o parque ecológico Promotor Francisco Lins do Rego, que ocupa uma área de 300.000 m^2. Localizado na ilha da Ressaca, na lagoa da Pampulha, esse parque é popularmente conhecido como parque ecológico da Pampulha.

O parque do Museu de História Natural da Universidade Federal de Minas Gerais (UFMG) é outro local bastante frequentado. Criado em 1968, ele ocupa uma área de 600.000 m^2 e ao longo de suas trilhas podem ser avistados diversos exemplares da flora (pau-brasil, sapucaia, barriguda etc.) e da fauna (mico-estrela, macaco-prego, saracura, jacu etc.) nacionais, originais da mata atlântica regional.

Muitos dos parques belo-horizontinos são de responsabilidade do governo municipal e, neste sentido, a prefeitura criou em 1983 a secretaria municipal de Meio Ambiente, cuja atribuição é administrar a política ambiental do município. Isso inclui o licenciamento, a fiscalização, o desenvolvimento e a educação ambiental, além, é claro, da própria administração dos parques, das praças e dos jardins. Em 1985 foi instituído o Conselho Municipal do Meio Ambiente (Comam), um órgão colegiado com função normativa e deliberativa, composto por representantes de vários setores da sociedade.

Muitas áreas verdes do município de BH têm sido destruídas por conta do grande crescimento das favelas na cidade. Estima-se que em 2018 existissem cerca de 170 favelas no município, onde viviam cerca de 600 mil pessoas. Esses agrupamentos surgiram conforme foram chegando ao município muitos migrantes atraídos principalmente pela possibilidade de trabalharem na construção civil.

O processo de povoamento de BH aconteceu de forma gradual, principalmente por migrantes oriundos do interior mineiro. Todavia, vieram para o local pessoas de várias regiões de outros Estados, bem como imigrantes oriundos de diversas partes da Europa, o que tornou BH uma **aglomeração multirracial**. Em 2018, as estimativas eram de que a população de BH fosse formada majoritariamente por brancos e pardos, com respectivamente 47% e 43%. O restante era composto por negros (9%), amarelos e indígenas (1%).

No que se refere à **religião**, também em 2018 estimava-se que a população belo-horizontina fosse composta majoritariamente por católicos (60%) e evangélicos (27%). Não seguiam qualquer religião 8,3%, enquanto os 4,7% restantes se dividiam em espíritas, testemunhas de Jeová, budistas, umbandistas, judaístas, islâmicos, hinduístas etc.

A cidade possui algumas igrejas católicas de grande valor arquitetônico e artístico. Esse é o caso, por exemplo, da igreja de São Francisco, na Pampulha, cujo projeto arquitetônico é de Oscar Niemeyer, e o cálculo estrutural de Joaquim Cardoso. No interior dessa edificação está a Via Sacra (caminho sagrado) elaborada por Cândido Portinari, constituída por 14 belos painéis que, juntos, são considerados como uma de suas obras mais significativas. Os painéis externos figurativos também são de Cândido Portinari, enquanto o painel abstrato é de Paulo Werneck. Os jardins foram projetados por Roberto Burle Marx, enquanto os baixos-relevos do batistério foram esculpidos em bronze por Alfredo Ceschiatti.

Vale ressaltar que, embora tenha demorado quase 20 anos, mais uma vez a máxima de que o "**mineiro come quieto**" se mostrou correta!!! Basta dizer que, depois de constar desde 1996 na lista de indicados do Brasil ao título de **patrimônio cultural da humanidade**, o Conjunto Arquitetônico da Pampulha retomou o interesse em sua candidatura em 2012. Finalmente, em 17 de julho de 2016 ele conquistou esse importante título concedido pela Unesco.

O mais icônico entre os quatro edifícios que compõem o conjunto é sem dúvida a igreja de São Francisco de Assis, cujos contornos ondulados e azulados lhe garantiram o **charme** inconfundível dos cartões-postais. Ao seu redor estão o prédio horizontal do antigo cassino que, em 1959, foi transformado num museu; a Casa de Baile, que atualmente é o Centro de Referência em Urbanismo, Arquitetura e *Design* de BH; e o Yatch Golf Clube (atualmente Iate Tênis Clube), tombado pelo IPHAN em 1994. Com o título recebido, Pampulha se tornou o 20º sítio brasileiro na lista da Unesco, encerrando um ciclo que começou em outra cidade mineira, Ouro Preto, eleita em 1980. Minas Gerais é o Estado brasileiro que mais conta com representantes com esse título – quatro até agora, incluindo o santuário de Bom Jesus de Matosinhos, na cidade de Congonhas do Campo, e o centro histórico de Diamantina. Isso se dá, é claro, por causa dos verdadeiros **"tesouros"** da humanidade existentes no Estado mineiro.

Mas voltando às construções religiosas, outros santuários que merecem ser destacados por sua arquitetura são a basílica de Nossa Senhora de Lourdes, com seu estilo neogótico, localizada no bairro de Lourdes. Há também a igreja São José, no hipercentro, e a igreja São Judas Tadeu, no bairro da Graça. A igreja católica reconhece como padroeira da cidade Nossa Senhora da Boa Viagem.

No âmbito **político**, em BH foram realizadas muitas articulações que impactaram o cenário nacional. Esses encontros ocorreram em lugares como o palácio da Liberdade e em outros espaços bastante populares da cidade, como o *Café Pérola* e o *Café Nice* (1939). Vários prefeitos de BH acabaram se tornando governadores de Estado e, dois deles, inclusive alcançaram o posto de presidente da República: Venceslau Brás Pereira Gomes (1914 a 1918) e Juscelino Kubstschek de Oliveira (1956 a 1961).

Aliás, é interessante lembrar que, ainda na República Velha, BH também já havia tido um papel político importante no País, quando Antônio Carlos Ribeiro de Andrade foi eleito prefeito da cidade e presidente do Estado, e se tornou o principal articulador não apenas da candidatura à presidência por Getúlio Vargas, mas também da Revolução de 1930. A cidade de BH também é a terra natal da ex-presidente da República, Dilma Rousseff, que sofreu *impeachment* ("impedimento") em 2016, sendo afastada do cargo em seguida.

A Lei Orgânica do Município, promulgada em 21 de março de 1990, determinou que a ação administrativa do Poder Executivo fosse organizada segundo critérios de descentralização, regionalização e participação popular. Isso fez com que a cidade fosse dividida em **nove grandes regiões administrativas**, cada uma dessas secretarias de Administração Regional funcionando como uma miniprefeitura e liderada por um secretário nomeado pelo prefeito.

O Poder Legislativo é representado pela Câmara Municipal, composta por 41 vereadores e em complementação ao processo legislativo e ao trabalho das secretarias de administração regional existe também uma série de conselhos municipais, cada qual focado sobre temas diferentes (idosos; direitos da mulher; antidrogas; assistência social; pessoas com deficiência; juventude, criança e adolescente etc.), compostos obrigatoriamente por representantes dos vários setores da sociedade civil organizada.

Pertence à prefeitura de BH – ou ela é sócia majoritária em seus capitais sociais – uma série de empresas e autarquias responsáveis por aspectos diversos dos serviços públicos e da economia da cidade. São elas:

- **Empresa Municipal de Turismo (Belotur)**, que é a responsável pela organização de grandes eventos e pela promoção turística da cidade, estando vinculada diretamente ao gabinete do prefeito.

- **Beneficência da Prefeitura Municipal de BH**, voltada para a previdência social municipal, que fornece aos servidores atendimento médico, odontológico e psicológico, bem como promove atividades culturais, estimulando a formação profissional e oferecendo algum tipo de lazer.

- **Empresa de Transportes e Trânsito de BH**, que é responsável pelo bom funcionamento dos sistemas de transporte público geridos pela prefeitura, como as linhas de ônibus municipais. Também é responsável pela fiscalização de trânsito e aplicação de multas (em cooperação com o DETRAN).

- **Companhia Urbanizadora de BH**, que é uma empresa de economia mista, sendo responsável por executar a política de habitação popular e coordenar e executar projetos de obras de urbanização de vilas e favelas em colaboração com as secretarias de Administração Regional.
- **Empresa de Informática e Informação do Município de BH**, que é responsável pela infraestrutura eletrônica e informática da prefeitura.
- **Superintendência de Limpeza Urbana**, que é vinculada à secretaria municipal de Políticas Urbanas. Essa autarquia executa os serviços cotidianos de coleta domiciliar de resíduos, varrição, capina e aterramento de resíduos, coleta seletiva e reciclagem, seja de papel, metal, plástico e vidro, seja de entulho e resíduos orgânicos.
- **Superintendência de Desenvolvimento de Capital**, que é a empresa pública responsável pela elaboração e implementação da política de estruturação urbana da cidade.

À primeira vista tem-se a impressão que essas empresas e autarquias são necessárias para uma gestão eficaz de BH, porém, o que se tem notado na prática é que elas tem sido **pouco eficazes** em solucionar os diversos problemas e oferecer os diversos serviços que os munícipes demandam!?!

É importante agora contar um pouco o quanto BH deve a JK.

JK foi prefeito de BH entre 1940 e 1945. Nessa época a cidade era culta, embora provinciana e dominada pelo pensamento conservador. JK assumiu o poder municipal claramente comprometido com a industrialização e a modernização da cidade. Aliás, seu objetivo era fomentar o desenvolvimento de toda RMBH. Neste sentido, uma de suas primeiras ações foi promover, na região do lago da Pampulha, um conjunto arquitetônico que valorizasse a beleza do local e fosse um **marco na história da arte brasileira**. Na ocasião JK disse: "Um prefeito não deve pensar tão somente nas coisas práticas. A beleza sob todas as formas, precisa fazer parte de suas cogitações."

Na época, graças à indicação de Rodrigo Melo Franco de Andrade, então diretor do IPHAN, o prefeito convidou para o trabalho um jovem arquiteto: Oscar Niemeyer. Nasceu aí a mais fecunda parceria entre um artista e um governante em toda a história brasileira!!! Claro que toda essa coragem não ficaria impune. A amizade entre JK e os comunistas Niemeyer e Portinari provocou-lhe danos políticos, e algumas ameaças eleitorais, mas ele soube sobreviver!!!

JK tinha planos, projetos e, principalmente, uma **ideologia**. Sabia que para se formar uma nova sociedade era preciso uma nova fórmula, e ele se identificava bastante com os conceitos de **transformação** e **modernidade** – talvez de uma maneira até excessivamente romântica. Assim, ele precisou enfrentar a poderosa Igreja Católica, que, por intermédio de seu arcebispo em BH, se recusava a sagrar a igrejinha da Pampulha.

Longe de esmorecer, JK empreendeu novas ações artísticas que iam de encontro ao academicismo vigente. Sabendo que fazia a história do amanhã, JK implantou o Museu Histórico de BH e, em 1944, promoveu a **primeira exposição de arte moderna na cidade**, com obras de Portinari, Tarsila do Amaral, Anita Malfatti, Guignard, Di Cavalcanti, Lasar Segall e Volpi, entre outros.

Na ocasião, durante uma polêmica palestra, Oswald de Andrade enfatizou: "Em 1922 São Paulo começava. Hoje, BH conclui." Todavia, o vandalismo de alguns, que chegaram a rasgar com gilete algumas telas, não afastou o corajoso prefeito de seus compromissos e, logo após o evento, ele criou uma Escola de Arte Moderna em BH, entregando sua direção ao pintor Alberto da Veiga Guignard.

Em março de 1944, JK inaugurou a Escola de Belas Artes, hoje Escola Guignard, integrada à Universidade do Estado de Minas Gerais (EG/UEMG). Um sinal de mudança e uma imagem da utopia modernista de JK, essa IES desafiava seu tempo, eternizando-se na memória da cidade. As palavras de JK pronunciadas no dia da sua inauguração, foram mais que uma confissão de fé na capacidade criativa do **jovem artista mineiro**. Elas pressupunham o desejo de que ele fosse o sujeito da mudança, que descobrisse as possibilidades de quebrar a tradição do mestre, que soubesse e quisesse mudar o ritmo da marcha e romper com o *continuum* da história. Na ocasião JK disse: "Esta escola será a semente de prodigiosa fecundidade, na qual alunos e mestres se desafiarão no seu amor pela arte...!"

Se a vontade política de JK criou uma moderna IES de arte em BH, coube, entretanto, ao artista Alberto da Veiga Guignard (1896-1962) dar-lhe o formato crítico de um espaço humanizador. Foi ele que inventou uma forma diferente de escola para o artista e para a sua criação. Guignard desembarcou em Minas Gerais em março de 1944, procedente do Rio de Janeiro, onde chegara em 1929 após formação artística na Europa. Ele nascera em Nova Friburgo, no Estado do Rio de Janeiro, e em seu currículo constava um curso realizado na Academia de Belas Artes de Munique (Alemanha), além de estudos complementares nas cidades de Florença (Itália) e Paris (França).

Guignard elegeu o desenho como elemento central de sua metodologia de ensino na formação do artista, e também promoveu várias viagens para os seus alunos, para que ampliassem seus horizontes, abrindo espaço às contradições dialéticas entre o tradicional e o moderno. Neste sentido, muitas viagens foram organizadas às cidades antigas do ciclo de ouro de Minas Gerais, assim como aos modernos centros culturais do País. Ele costumava dizer: "Quero que meus alunos aprendam a criar. Eles podem pintar o que quiserem, desde uma banana, o rosto de uma mulher ou um cenário de Ouro Preto, mas devem sempre exibir uma composição, ou seja, uma sintaxe que organize os elementos no espaço pictórico de sua obra em busca de uma linguagem, de uma expressão."

Guignard dedicou-se integralmente à Escola de Belas Artes, permanecendo nela por 18 anos consecutivos, até falecer em 1962. Hoje essa IES tem o seu nome e vivifica sua memória, mas deixou seu endereço original no Parque Municipal e mudou-se para um dos recortes da serra do Curral, moldura da cidade, onde a geografia lembra as pinturas do próprio mestre Guignard.

Voltando a JK, vale lembrar que depois de comandar a prefeitura de BH ele foi eleito governador do Estado, para o mandato de 1951 a 1955, e as mesmas ações arrojadas que adotara como prefeito estruturariam sua determinação no novo cargo. A jovem e provinciana BH clamava pelo seu futuro e o tradicional e diversificado Estado de Minas Gerais exigia atitudes mais consistentes e soluções para os seus desafios maiores. Durante seu mandato JK reafirmou e intensificou sua parceria com Oscar Niemeyer, que, a pedido do governador projetou uma série de edificações nas quais seu talento plástico se consolidou.

Ao mesmo tempo, JK ampliou seus conhecimentos e estruturou seus discursos, afirmando o modernismo como **meta** e a industrialização como **estratégia**. Para ele a Nação se afirmaria por meio do desenvolvimento industrial e artístico, como destacou em seu discurso na inauguração da Exposição Internacional de Arte Moderna de BH, em 1952: "Uma Nação se afirma através de sua arte e de sua cultura. Impõe-se pelo desenvolvimento industrial, pelas conquistas da técnica, pelo progresso das suas instituições. Mas somente a arte retrata sua alma e lhe configura a fisionomia moral. Só é realmente grande o povo que alcança a graça de dispor de notáveis interpretes de sua inteligência e de sua sensibilidade, e é com seus artistas e homens de pensamento que se prolonga a ressonância da civilização que constrói.

Assim aconteceu com às civilizações antigas, imortais porque vivas nos seus filósofos e poetas, nos seus pensadores e seus artistas. Assim sucederá sempre, porque se tudo é efêmero, entretanto permanece e sobrevive o sonho do homem, resistindo a todo aniquilamento. A **arte** é, por conseguinte, uma bandeira de fé e certeza nos destinos supremos do ser humano. É ela que contém a palpitação de suas esperanças mais profundas e de suas aspirações mais eloquentes. É ela que o induz à meditação e à contemplação menos contingente, orientando-o para aqueles horizontes mais amplos e para aquele infinito em que o espírito se sente dominado pela emoção do intraduzível, do inarticulado, do que apenas através dos símbolos ganha forma, esplende e se oferece sem permitir que se esgote nunca a sua riqueza comunicativa."

É incrível como há cerca de 67 anos tivemos esse discurso de um governante tão visionário, que enxergava a importância das indústrias culturais e os diversos setores criativos como sustentáculos da pujança do Brasil. Na época de JK não se falava em EC, mas ela sem dúvida vai ser a solução para que um grande percentual dos seres humanos trabalhe nos seus vários setores, usando a tecnologia para expressar com mais precisão e rapidez as suas ideias criativas.

Nelson Rodrigues assim qualificou JK: "Amigos, o que importa é o que Juscelino fez do homem brasileiro. Deu-lhe uma nova e violenta dimensão interior. Sacudiu dentro de nós insuspeitadas possibilidades. A partir de Juscelino, surgiu o novo brasileiro!!!" Pois bem, seguindo a sua ascensão em cargos no governo, JK venceu as eleições presidenciais e governou o País entre 1956 e 1961. Ao assumir a presidência do Brasil ele já era um homem maduro e um político experiente.

O menino do interior, o homem sofisticado e o político carismático alimentavam os sonhos daquele que, desde o início, quis escrever – e o **fez** – seu nome na nossa história. Enquanto a tradição autoritária sonhava com intermináveis períodos de poder, JK enfrentou o tempo em nome da democracia com o seu *slogan*: "**Avançar 50 anos em 5**". A modernidade aqui era sinônimo de dinamismo, velocidade, empreendedorismo, ação e cultura. Com essas armas, JK aparelhou-se para implantar no Brasil o mais fecundo e fascinante período de toda a nossa história.

O modernismo, enfim, chegou ao poder. A indústria automobilística passou a ser uma realidade, e a construção de Brasília trouxe ao seu governo o sentido épico que o projeto para um novo País exigia. Em todos os segmentos de arte o País se destacava, pois havia uma nova geração que, capitaneada pelos artistas, acreditava na sua capacidade e na sua força empreendedora que a imagem do **presidente "bossa-nova"** transmitia.

No decorrer de sua presidência JK recebeu artistas famosos, como Marlene Dietrich, Kim Novak, Marlon Brando, entre outros, assim como intelectuais do porte de Jean Paul Sartre e Simone de Beauvoir. Apareceu ao lado de instrumentistas e cantores como na recepção ao famoso artista norte-americano Louis Armstrong, quando esteve acompanhado por Dorival Caymmi, Lamartine Babo e Pixinguinha, bem como por outros seresteiros. Ele também fez uma recepção inesquecível para os campeõs mundiais de futebol em 1958, no primeiro título do Brasil.

Vivemos numa época em que o *marketing* e a imagem fazem da atividade política, muitas vezes, uma espécie de palco de cinismo, mas JK no seu tempo ensinou que a história só reserva espaço para os tiranos ou para os libertadores. E ele soube, por seus gestos, construir o seu legado de integridade e afeto que permanecerá para sempre na mente do povo brasileiro!!!

No tocante a **economia** de BH, o **setor primário**, ou seja, o agropecuário, é praticamente irrelevante diante de todas as riquezas produzidas na cidade, contribuindo com apenas 0,01% do PIB, enquanto o **setor secundário** participa com cerca de 19%. É bem verdade que as primeiras atividades produtivas surgiram antes da fundação do município. Assim, no arraial de Curral del Rei se produziam equipamentos e bens de consumo para o abastecimento da região mineradora, especialmente com os produtos agrícolas e gado.

Mas de fato as primeiras atividades industriais surgiram no século XIX em Nova Lima, com a instalação da Saint John del Rey Mining Co., em 1834, e da Cia. Mineira de Fiação e Tecidos, em 1879, em Marzagão, distrito de Sabará. Essas duas cidades hoje fazem parte da RMBH. No século XIX surgiram outros empreendimentos, como o estabelecimento de fiação e tecelagem em 1838, no distrito de Neves Venda Nova; uma fundição de ferro e bronze em 1845, próxima à lagoa Maria Dias, onde hoje é o cruzamento da avenida Paraná com a rua Carijós no centro de BH; uma fundição, num lugar denominado Cardoso, em 1885, e uma pequena manufatura de velas de sebo para fornecimento à Companhia de Morro Velho.

Pode-se dizer que foi a partir de 1968, quando foi instalada em BH a refinaria Gabriel Passos, que começou o surgimento de grandes empresas na cidade. Certamente um grande impulso para o crescimento industrial na RMBH foi a instalação em Betim, em 1973 da Fiat Automóveis, a primeira montadora fora do eixo Rio de Janeiro-São Paulo. A Fiat hoje lidera a produção e as vendas no mercado automobilístico do País, e tornou-se a mais importante unidade do mundo fora da Itália. Sua fábrica em Betim transformou-se na maior produtora de veículos da empresa no mundo. A entrada em operação da montadora de veículos e o seu gradativo aumento de produção foi extremamente importante para a consolidação do segmento de bens de capital e de bens de consumo duráveis em Minas Gerais.

A Fiat nos últimos anos foi se expandindo no Brasil e inaugurou uma nova fábrica em Goiana, no Estado de Pernambuco, onde produz o *Jeep* e a *Picape Toro*, agora que as marcas Fiat e Chrysler fazem parte do grupo FCA (Fiat Chrysler Automobiles). O País nas décadas de 1980 e 1990 viveu períodos de recessão e estagnação econômica e BH procurou desenvolver no seu parque industrial, fábricas não poluentes e de alta tecnologia, com o que acabou se tornando um dos mais importantes polos industriais do País, com o surgimento de empresas de ponta nas áreas de confecção, calçados, informática, alimentação, aparelhos elétricos e eletrônicos, perfumaria etc.

Neste sentido, foram criadas estruturas produtivas leves, promoveu-se uma ampla terceirização de atividades e feitos grandes investimentos em *marketing*. Um exemplo claro e recentíssimo de que a RMBH se transformou em um centro de tecnologia foi o anúncio em 7 de abril de 2018 da criação de um Centro Global de Inovação e Logística na cidade de Contagem, por meio de uma PPP entre o governo do Estado de Minas Gerais e a empresa Hyperloop Transportation Technologies, uma das companhias que procura tornar realidade o sistema de transporte de pessoas em cápsulas de alta velocidade. Esse é um projeto idealizado pelo bilionário norte-americano Elon Musk, fundador da empresa espacial Space X, e pela fabricante de carros elétricos Tesla.

A Hyperloop Transportation Technologies vai inicialmente utilizar um espaço de 4.000 m² em um local cedido pelo poder público, contratar engenheiros formados nas universidades mineiras e investir no começo R$ 26 milhões. Bibop Gresta, presidente e fundador da Hyperloop, afirmou que a empresa estudou 140 países e então reduziu a lista para 11 que pareciam viáveis, antes de definir o Brasil como o mais adequado para a empreitada. Ele disse: "Escolhemos finalmente o Brasil, pois ele sempre liderou nossos estudos de viabilidade. E a decisão final recaiu sobre a RMBH, pois aqui havia boa mão de obra e uma clara necessidade de transporte de cargas eficiente e no futuro seguramente de pessoas em nossas cápsulas, viajando em tubos que se movimentarão em alta velocidade."

É o **setor terciário** que gera cerca de 81% do PIB de BH. Com um diversificado setor de comércio e de prestação de serviços, e contando com uma desenvolvida rede de hotéis, restaurantes e agências bancárias, BH tornou-se um **polo de turismo de negócios** do País, sediando já há um bom tempo importantes eventos nacionais e internacionais.

No início do século XX a cidade se destacou como centro de comércio de gado e de redistribuição de mercadorias, beneficiada pela sua localização estratégica como passagem dos caminhos do comércio viajante e pelo posicionamento equidistante dos grandes polos consumidores do País e das grandes capitais brasileiras: São Paulo, Rio de Janeiro e, a partir de 1960, Brasília. É esse o diferencial de posicionamento que permite que diversos tipos de eventos sejam captados para que a sua realização aconteça na capital mineira.

Não se pode esquecer que BH é também o **portão de entrada** para todo aquele que deseja visitar as cidades históricas mineiras, como Ouro Preto, Mariana, Sabará, Caetê, Santa Luzia, Congonhas, Diamantina, São João del Rei e Tiradentes. Outro fator importante que facilita a **visitabilidade** a BH é a existência de um setor de serviços bem significativo e com infraestrutura capaz de atender bem aos moradores e, em especial, aos turistas. Nesses últimos 15 anos cresceu bastante o parque hoteleiro da cidade, e houve também o aumento do número de *apart*-hotéis.

Também não é possível ignorar que vivemos na época do **compartilhamento**, em que as pessoas podem hospedar-se em residências particulares, via empresas como Airbnb, por exemplo.

Entre os melhores hotéis de BH, nos quais os visitantes encontram um ambiente agradável, deve-se citar:

- **Radisson Blu** – Um dos hotéis mais procurados na cidade, que oferece café da manhã e *Wi-Fi* grátis aos seus hóspedes.
- **Holliday Inn** – Onde os hóspedes desfrutam de um excelente custo-benefício, uma vez que o hotel dispõe de uma ótima estrutura que inclui restaurante, bar, piscina externa, academia e *business center*.
- **Mercure BH Lourdes** – É bastante demandado por oferecer um espaço bem confortável e ficar bem próximo dos excelentes botecos da cidade. O hotel dispõe de piscina interna, restaurante, bar e *spa*. É um ótimo local para quem pretende aproveitar a vida noturna da cidade.

- **Quality Afonso Pena** – Possui quartos amplos e um ótimo serviço, além de ficar bem próximo dos principais bares e restaurantes de BH.
- **Suites Sion** – O hotel conta com restaurante, bar, academia e *business center*, e oferece serviço de quarto e culinária excelentes. O café da manhã é uma atração a parte, pois é servido na cobertura, que oferece uma vista fantástica da cidade.

Além desses e de outros hotéis disponíveis na cidade, recentemente uma ótima notícia para os hóspedes que desejam hospedar-se em BH foi a inauguração em outubro de 2018 do hotel Fasano, no bairro de Lourdes, a poucas quadras da praça da Liberdade. Ele está rodeado por grandes espaços culturais, como o Museu das Minas e do Metal e o Centro Cultural Banco do Brasil. O hotel Fasano de BH se tornou viável graças a uma parceria entre a construtora mineira Concreto, que investiu na edificação, e o grupo Fasano, que se encarregou da operação.

O hotel tem apenas 77 quartos, um restaurante (o *Gero*), um bar (o *Baretto*), um *spa* e um espaço de eventos dedicado especialmente ao mercado corporativo. O projeto do hotel é do arquiteto carioca Thiago Bernardes, que não esqueceu de incluir nele a cultura mineira, em especial na decoração. No *lobby* e nos quartos há peças como cadeiras e baús que foram garimpados nas lojas da tradicional e encantadora cidade mineira de Tiradentes. A identidade de Minas Gerais também se revela na carta de cachaças, com 23 rótulos, todas mineiras, obviamente. A bebida é servida no restaurante, no bar e no *lobby* do hotel. No caso do restaurante, a cachaça pode ser harmonizada com os pratos italianos preparados pelo *chef* siciliano Fabio Aiello.

O sócio-diretor do grupo Fasano, Constantino Bittencourt, explicou: "A cidade tem uma grande pujança econômica e não tinha até a abertura do nosso hotel nenhum estabelecimento a altura de sua importância e das personalidades e dos empresários que a visitam. Ninguém pode esquecer que o PIB de Belo Horizonte é o quarto maior do País."

Infelizmente, pouco mais de um mês após a inauguração do hotel Fasano em BH, o icônico hotel Othon – até então o único hotel cinco estrelas da cidade, que ocupava um imponente prédio na paisagem do viaduto Santa Tereza, de cujo topo era possível desfrutar de um panorama incrível, com destaque para o Parque Municipal – declarou o encerramento de suas atividades. Isso aconteceu em 18 de novembro de 2018 e, com o fechamento, 170 funcionários perderam seus empregos!!!

Aliás, como uma nota negativa, vale lembrar que desde a explosão turística na capital mineira – ocorrida durante o Campeonato Mundial de Futebol de 2014, quando BH foi uma das sedes – até o final de 2018, **foram fechados 24 hotéis**. Já como fato positivo, no decorrer desse mesmo ano de 2018, cerca de 1 milhão de visitantes se hospedaram em BH e, felizmente, a cidade agora conta com o hotel Fasano, um cinco estrelas!!!

Um dos motivos da **grande visitabilidade** de BH é o fato de a cidade ter se tornado conhecida como "**a capital nacional dos botecos**". E realmente existem na cidade cerca de 14.500 estabelecimentos desse tipo, o que significa que há mais bares *per capita* em BH do que em qualquer outra cidade do Brasil. A **culinária** mineira é outra importante atração, sendo consumida, sempre acompanhada de boas bebidas. Aliás, todos os anos, no mês de abril, acontece o festival *Comida di Buteco*, uma competição anual de bares. O evento, é claro, serve de pretexto para que a cada noite as pessoas visitem um dos diversos bares e botecos da capital mineira, sempre em busca dos melhores petiscos – ou "tira-gostos", como dizem os mineiros. Os vencedores dessa acirrada competição – eleitos por um grupo de jurados e também pelos comilões de plantão (por votação popular) – acabam sendo revelados depois de uma concorrida eleição, que leva em conta uma série de fatores (**higiene, temperatura da cerveja, serviço** e, principalmente, o **melhor petisco!!!**).

E já que o assunto é **comida**, vale ressaltar que boa parte do **potencial turístico** de BH está de fato na sua **gastronomia!!!** De acordo com o levantamento da Belotur, esse foi o item que mais foi elogiado por aqueles que visitaram a cidade em 2018. Aliás, segundo o ministério do Turismo, no ano de 2016, a capital mineira só ficou atrás de Belém nesse quesito, levando-se em conta a avaliação dos turistas estrangeiros no Brasil.

A chamada zona boêmia da cidade não se concentra só no centro. Ela está espalhada por outros bairros, como Savassi, Funcionários, São Pedro, Santa Tereza, São Bento, Santo Antônio, Lourdes e Serra. Existem atualmente em BH diversos restaurantes e bares temáticos, que invadiram as esquinas dos locais mais badalados. Também há diversas casas noturnas, cafés, casas de espetáculo, danceterias etc., que atendem aos mais diversos públicos, dos mais conservadores aos mais vanguardistas. Assim, dependendo do desejo do cliente, é possível achar locais que ofereçam ambientes eruditos e sofisticados, opções mais rústicas e populares, e, até mesmo, a possibilidade de se curtir uma noite bem agitada.

Um lugar icônico de BH é o *Café Nice*, localizado na praça Sete, um local bastante badalado. Embora seja um estabelecimento modesto, coberto por azulejos desbotados, a casa tem quase oito décadas de história. Em seus primeiros anos de funcionamento o local tinha como cliente assíduo o próprio JK, que costumava ir ali para tomar café, prosear e, é claro, **fazer política**!!! Aliás, segundo o atual proprietário, Renato Caldeira, JK foi responsável pelo surgimento de uma lenda urbana: "**Quem não toma café no *Nice*, não ganha a eleição para presidente!!!**"

De fato, nos últimos anos a casa se tornou parada quase obrigatória para políticos em campanha presidencial. E a história mostra que esse mito tem algo de verdade... Em 1989, o então candidato à presidência Leonel Brizola (1922-2004), chegou de caminhão ao café, porém, o tumulto foi tão grande que ele não conseguiu atravessar a rua para entrar no *Nice*. **Ele não venceu a eleição**!!! No mesmo ano, o ex-presidente Luiz Inácio Lula da Silva, fez uma passeata da praça da Liberdade até a praça Sete, mas, ao chegar à cafeteria pediu apenas um suco de laranja. **Perdeu**!!! Quem **ganhou a eleição** daquele ano foi Fernando Collor de Mello, que, por sua vez, provou do cafezinho da casa. É bem verdade que ele não conseguiu concluir seu mandato, mas...

Lula só voltaria ao local em 2002 e, dessa vez, não recusou uma xícara de café. Ele saiu **vitorioso na eleição**... Em 2014, Marina Silva também fez uma visita, mas preferiu beber chá. **Não foi eleita**!?!? No mesmo ano, Aécio Neves fez uma carreata que lotou a avenida Afonso Pena, o que impediu que o candidato conseguisse chegar ao café. **Também não ganhou**!?!?

No caso de Dilma Rousseff, tanto em 2010 quanto em 2014 a candidata bateu ponto no estabelecimento e **tomou o cafezinho**. Ela venceu os dois pleitos, embora não tenha terminado o segundo mandato... No início de 2018 ainda era possível adquirir o chamado *kit Nice* – um pão de queijo e um cafezinho coado –, por R$ 5,30, e muita gente costumava ir ao estabelecimento pensando que, talvez, aquilo pudesse impulsionar sua carreira!?!?

Já para quem está interessado em **compras e alimentação**, outro local muito visitado em BH é o Mercado Central, inaugurado em 7 de setembro de 1929 (chamado inicialmente Mercado Municipal). Mas, por incrível que pareça, após quase nove décadas de existência, esse mercado passou praticamente imune à onda de "gurmetização". Hoje possui mais de 400 lojas, oferece serviço de informação bilíngue, e atrai todos os dias milhares de visitantes de todos os lugares do Brasil e do mundo. Algumas barracas expõem pilhas de queijos e bacias de pimenta, outras vendem cachaça, ervas e artesanato. Muitos visitantes vão ao local pois num dos restaurantes podem provar o fígado com jiló preparado na chapa e um legítimo feijão tropeiro.

Seus estabelecimentos continuam investindo na chamada "baixa gastronomia", ou seja, na simplicidade e nos preços razoáveis. Não é, pois, por acaso que os novos expoentes da culinária local estejam sempre ali adquirindo produtos para seus estabelecimentos. Este é o caso de Leonardo Paixão e também do *chef* Frederico Trindade, que, aliás, recomenda aos visitantes experimentar a broa de fubá da casa *Comercial Sabiá*, acompanhada de um cafezinho de marca própria, cultivado na serra da Canastra.

Outro lugar interessante para se conhecer em BH fica no cruzamento da rua da Bahia com a avenida Augusto de Lima, onde no passado funcionou o Grande Hotel de BH, ponto de encontro dos modernistas mineiros, entre eles Carlos Drummond de Andrade (1902-1987) e Pedro Nava (1903-1984). O hotel foi demolido no fim da década de 1950, dando lugar ao edifício *Maletta*, que logo se tornou o centro da boemia da capital mineira, dos intelectuais e dos artistas – um verdadeiro ponto de resistência ao governo militar.

No 2º andar do *Maletta*, antes de existir o Clube da Esquina, Milton Nascimento se apresentava aí tocando contrabaixo, num trio formado por ele, Wagner Tiso e Paulinho Braga. Porém, a parte mais visitada do *Maletta* se chamava *Cantina do Lucas*, cujo nome era inspirado no *maître* do restaurante do Grande Hotel. Lá o prato mais pedido era o filé do *maître* Lucas, e os protagonistas não eram músicos nem escritores, mas os ativistas ou militantes contrários à ditadura que se instalara no Brasil.

Outro personagem importante do local foi o garçom Olympio, nascido na Espanha, que fugira do seu país quando este ficou sob o jugo do ditador Franco e que sentia forte antipatia pelo governo militar. Tanto que ele criou um código com os frequentadores, que em grande parte eram da esquerda e, sempre que notava a presença de algum "dedo-duro" a serviço do governo, dizia: "**Estamos sem filé à cubana!!!**" Esse prato, aliás – composto por filé à milanesa, batata palha, banana, abacaxi, ovo, cebola e bacon –, ainda consta do cardápio da cantina. No início de 2018 ele custava R$ 81,40 e a porção era bem generosa, capaz de alimentar duas pessoas!!!

Quem hoje visitar BH e quiser se sentir num ambiente de extrema direita, deve ir ao bar *Destro* (fica no bairro Sion, uma zona boêmia da capital mineira) que foi inaugurado em abril de 2019, e cujos proprietários são declarados adeptos do presidente Jair Bolsonaro. No seu cardápio os pratos têm nomes sugestivos como *Triplex* (ossobuco, queijo da serra da canastra e mandioca cozida), *A Lula Já Presa* (anéis de lula) etc. Apesar de ser um bar com temática da direita, as pessoas da esquerda são bem-vindas!?!?

E já que o assunto é **gastronomia**, não se pode esquecer que, em especial nessa última década, surgiu uma talentosa leva de cozinheiros em BH, que exploram muito bem a culinária contemporânea a partir de produtos tradicionais mineiros e brasileiros. Esse é o caso do *chef* Leonardo Paixão, que em 2013, recém-chegado da França onde estudou culinária e estagiou em vários restaurantes, acabou abrindo o *Glouton*.

Seu objetivo inicial era oferecer uma cozinha puramente francesa, mas a necessidade de renovar constantemente o cardápio, assim como a proximidade com produtos locais, fez com que a "**mineirice**" naturalmente invadisse seu menu. Ele comentou: "Na hora de finalizar os pratos, não tinha como escapar e eu sempre acabava introduzindo esse gosto de comida caseira mineira."

Um dos pratos preferidos de Leonardo Paixão é a **papada de porco**, um corte tipicamente mineiro, acompanhado de mil folhas de mandioca e molho de laranja. A finalização, porém, é idêntica à de outra receita tradicional francesa de vitela. Atualmente a faceta europeia do restaurante aparece sobretudo nas técnicas utilizadas na preparação dos pratos, por isso, pode-se dizer que o *Glouton* é um restaurante franco-mineiro.

Outro representante dessa nova geração da cozinha mineira é o restaurante *Trindade*, comandado por Frederico Trindade. Ele também estudou na França, onde trabalhou na *maison Troisgros*, que tinha três estrelas pelo *Guia Michelin*. No Brasil, passou pelo renomado *D.O.M.*, do *chef* Alex Atala. O *Trindade* já nasceu com uma casa contemporânea brasileira, em 2011. Inspirado por Atala, mas também por nomes como dona Nelsa Trombino, fundadora do tradicional *Xapuri*, Frederico Trindade diz valorizar o pequeno produtor local e ingredientes tradicionais, mas sem deixar de combinar a culinária internacional e a brasileira. Um desses exemplos é o seu *guioza* (prato típico da culinária chinesa), um pastelzinho com recheio de pezinho de porco, frango caipira com tucupi e *pickles*.

E aí vão mais algumas sugestões de bons lugares para você se alimentar magnificamente em BH:

- → *Taste Vin* – Serve comida europeia e oferece uma excelente carta de vinhos.
- → *Província de Salerno* – Especializado em pratos tradicionais italianos.

- *Sapore D'Italia* – Também serve pratos com receitas italianas clássicas.
- *Taberna Livorno* – A casa, que oferece alta gastronomia e ótimos vinhos, conta com uma atmosfera conveniente, sendo ideal tanto para um jantar romântico como para uma *happy-hour* com os amigos.
- *Parada Cardoso* – Um estabelecimento rústico e de clima acolhedor, inspirado numa pequena estação de trem. A casa oferece diversas opções de *pizza* artesanais.
- *Olegário* – Segundo os clientes, a *pizza* dessa casa é espetacular.
- *Osteria Degli Angeli* – Um lugar muito bem decorado e aconchegante que serve comida italiana.
- *Vecchio Sogno* – Premiado restaurante italiano.
- *Domenico Pizzeria e Trattoria* – Restaurante sofisticado que serve bons vinhos e *pizzas* especiais.
- *Anella* – Um bistrô que serve massas especiais.
- *Quinta do Ouro* – Um ambiente harmônico e bem decorado, onde a comida é deliciosa.
- *La Macelleria Lourdes* – É um *mix* de restaurante, mercearia e açougue.
- *La Macelleria Anchieta* – Oferece várias opções de carnes grelhadas em um açougue *gourmet*.
- *Tchê Parrilla* – Dispõe de um cardápio com grande variedade de carnes e preço proporcional à qualidade.
- *AA Wine Experience* – Um bistrô moderno com *lounge*, que serve lagosta e pratos grelhados rápidos e possui uma ampla carta de vinhos.
- *Maharaj* – Uma casa com decoração temática e especializada em comida indiana, incluindo pratos vegetarianos, cordeiro e molhos picantes.

O fato de BH estar procurando se destacar no campo da gastronomia se comprova pela promoção da 5ª edição do Festival Gastronômico Fartura, que ocorreu nos dias 22 e 23 de setembro de 2018. O evento contou com 70 atrações de todo o País, espalhadas em cinco espaços distintos. No espaço *Chefs e Restaurantes*, o visitante teve a oportunidade, por exemplo, de experimentar as receitas de Rodolfo Mayer, do famoso restaurante *Angatu*, da cidade de Tiradentes, ou então de Nati Tussi, do *Roister*, de Porto Alegre, entre outros renomados *chefs*.

Cozinheiros famosos também prepararam pratos diante do público no espaço *Cozinha ao Vivo*, e as milhares de pessoas que compareceram ao Fartura puderam ver como Carlos Bertolazzi faz seu arroz de pato, ou então testemunhar de que maneira a campo-grandense Danielle Thomaz prepara sua carne de jacaré. Sem dúvida esse evento só deve crescer cada vez mais nos anos vindouros.

BH de fato tem se destacado pela sua capacidade desenvolver duas modalidades de turismo: **de eventos** e **cultural**. Essa delineação do desenvolvimento do setor terciário da economia com o incremento do setor turístico integrou a política de estímulos adotada, que, aliás, ganhou reforços graças ao sucesso que a cidade vem experimentando no campo artístico cultural.

A cidade de fato tem organizado congressos, convenções, feiras, eventos técnico-científicos e exposições, causando com isso uma grande movimentação na economia, e aumentando dessa forma a ocupação da rede hoteleira e intensificando o consumo de serviços de bares, restaurantes e transportes, além do incremento promovido nas vendas nos centros comerciais.

No âmbito do **comércio**, assim como em todas as grandes cidades um enorme contingente de belo-horizontinos trabalha nos centros comerciais locais, que, por sua vez, recebem muitos milhares de clientes todos os dias, sendo que uma grande parte dessa multidão vêm de outras cidades da RMBH. Entre os *shoppings* que se destacam na capital mineira estão:

- *BH* – Está localizado no bairro Belvedere, entre a BR-356 e o anel rodoviário. Nele se tem uma grande variedade de lojas, uma boa praça de alimentação e um grande estacionamento, além de um cinema incrível.
- *Boulevard* – Foi inaugurado em 1996. O local oferece um ambiente tranquilo, com ótimas opções de compras, além de espaços de lazer e praça de alimentação.
- *Diamond Mall* – É de propriedade da Multiplan e do Clube Atlético Mineiro, cuja sede social fica ao lado. Nele as pessoas têm ótimas e diversificadas opções em termos de alimentação.
- *Minas* – Localizado na avenida Cristiano Machado, no nordeste de BH, ao qual o acesso é rápido de ônibus, metrô e automóvel.

- *Estação* – Ocupa dois prédios espetaculares, com estacionamento coberto e uma linda estação de metrô bem ao lado.
- *Cidade* – Foi inaugurado em 1973 e completamente reestruturado em 1993. Ele está localizado no centro da cidade, sendo um ótimo lugar para jantar.
- *Centro Comercial Top* – Oferece excelentes opções em termos de alimentação, compras de artigos de conveniência.
- *Pátio Savassi* – Talvez o mais badalado por conta de sua localização.

Muito do sucesso alcançado no incremento da **visitabilidade** à capital mineira se deve ao trabalho do Belo Horizonte Convention & Visitors Bureau, uma organização constituída de forma cooperativa por empresas que compartilhavam de um mesmo objetivo: fazer o *marketing* da cidade. O intuito é trazer para BH congressos, feiras, convenções e eventos e, ao mesmo tempo, contar com o apoio dos grupos capazes de atrair turistas e moradores para participar deles.

Essa organização tem fundamentado seu trabalho em ações bem sérias, como, por exemplo, o *Estudo de competitividade dos destinos indutores do turismo nacional*, realizado em 2008 pelo ministério do Turismo, pela Fundação Getúlio Vargas e pelo Sebrae. Nele foram analisados e destacados aspectos como infraestrutura geral, o *marketing* realizado e a capacidade empresarial da cidade que deseja realizar um evento e que o mesmo seja prestigiado por um grande público.

No tocante à **saúde**, em 2017 BH dispunha de um total de 36 hospitais, sendo um municipal, dois federais, sete estaduais e o restante filantrópicos e privados. Havia cerca de 5.600 leitos para internação na capital mineira, e a rede pública contava com 142 postos de saúde, 150 ambulatórios e mais de cinco centenas de equipes do Programa Saúde da Família (PSF), que dão cobertura a cerca de 78% da população da cidade.

Infelizmente a qualidade do atendimento oferecido ainda é **precária**, com grandes filas e um tempo de espera prolongado quando se busca médicos especialistas. Há também a falta frequente de medicamentos básicos nos postos de saúde e uma óbvia sobrecarga na demanda, o que torna o sistema bastante ineficiente.

As unidades voltadas para o atendimento de urgências médicas no município, chamadas de UPAs e prontos atendimentos conveniados e do SUS, também têm sofrido com a falta crônica de médicos, assim como com as longas filas e a falta de estrutura geral, o que impossibilita um bom atendimento. Há quase três dezenas de ambulâncias do SAMU (Serviço de Atendimento Móvel de Urgência), a maioria delas equipadas para atendimentos de rotina, embora também existam algumas que ofereçam atendimento especializado, particularmente para a saúde mental.

Ainda no **campo da saúde**, há alguns dados bastante interessantes a respeito de BH. Um deles é a presença na cidade do grupo Pardini, que oferece diagnóstico de **medicina personalizada** em sete especialidades: oncologia, neurologia, cardiologia, bem-estar, doenças raras, genética clínica e saúde materno-infantil.

A medicina personalizada faz uso da genética e da genômica para obter diagnósticos mais precisos e ágeis, e indicar tratamentos individuais. A maior parte dos exames é realizada pelo grupo Pardini na RMBH, sendo o terceiro maior do País em medicina diagnóstica. O grupo tem parceria com cerca de 5.700 laboratórios, com o que oferece medicina personalizada em 1.900 municípios distribuídos pelo Brasil. O Pardini tem ainda a maior planta de automação laboratorial da América Latina.

O outro destaque da cidade é o Hospital e Maternidade Sofia Feldman, extremamente elogiado pelas pessoas que dependem do SUS. De fato, ele é tão bem-conceituado que muitos moradores que possuem planos de saúde privados também recorrem a ele. Tal preferência tem uma boa explicação: nele há uma ótima estrutura para a realização de partos na água e de cócoras, bem como diversas alternativas para o alívio da dor da parturiente, como o uso da bola suíça, da escada de *ling*, de massagens, homeopatia, auriculoterapia, florais, escalda-pés e ioga. Isso torna essa maternidade um dos melhores estabelecimentos do País para a realização do parto normal, com um índice de 75%, contra uma média de 15% no restante do País.

Atualmente há cerca de 17 mil profissionais da saúde mantidos pela prefeitura, dos quais cerca de 2.700 são agentes comunitários. Outros 1.400 realizam serviços de controle de endemias, como a dengue, o que gera um gasto anual de aproximadamente R$ 1,7 bilhão.

Entre os hospitais públicos de destaque está também o Belo Horizonte, que embora conte com uma estrutura ruim, oferece ótimo atendimento por parte dos funcionários, sejam eles médicos, enfermeiros ou técnicos em enfermagem; a Rede Sarah de Hospitais de Reabilitação, um bom nosocômio que conta com funcionários atenciosos; o Hospital Universitário Ciências

Médicas, que atende integralmente pelo SUS e tem recebido boas avaliações dos pacientes; o Felício Rocha, um dos maiores, mais importantes e mais demandados de BH, entre outros.

A capital mineira também conta com vários hospitais particulares, dentre os quais estão o da Unimed, inaugurado em 2010, com 264 leitos e a Maternidade Unimed, que abriu em 2004 e conta com 111 leitos. Aliás, a Unimed também está presente em algumas cidades da RMBH. E os belo-horizontinos podem recorrer ainda aos seguintes hospitais particulares: Lifecenter; Cirurtec Hospitalar (com excelente avaliação por parte dos pacientes em relação ao atendimento); Madre Teresa (também com avaliações bem positivas); Socor; Luxembrugo (onde os médicos e equipe de enfermagem são entrosados e atenciosos); Hospital Mulher e Maternidade Santa Fé (que tem convênio com a Unimed).

Um hospital de BH que ganhou bastante repercussão nacional e internacional foi o Mater Dei, que recebeu o craque da seleção brasileira de futebol, Neymar Jr., para a realização de uma cirurgia no pé. A operação aconteceu no dia 3 de março de 2018, quando a administração do estabelecimento precisou tomar medidas bem restritivas para limitar a circulação de curiosos, jornalistas e até mesmo de médicos e enfermeiros no local. O objetivo foi manter a privacidade do jogador, que ficou em um quarto especial ao qual o acesso era autorizado apenas para poucos visitantes.

Esse hospital foi construído de modo a atender todos requisitos necessários para que a cidade fosse uma das sedes da Copa do Mundo de Futebol de 2014. Aliás, como uma triste lembrança, foi justamente no Mineirão em BH que o Brasil foi vencido pela Alemanha pelo acachapante placar de 7 x 1!?!? **Você se lembra disso?**

No que se refere a **educação**, os relatórios do Ideb têm indicado que o município de BH ocupa os primeiros lugares no *ranking* entre as capitais estaduais. Na classificação geral do Enem, por exemplo, algumas escolas da cidade já apareceram entre as 20 melhores do País. Esse é o caso dos colégios Bernoulli, Santo Antônio e Colegium.

Aliás, na prova do Enem de 2017 o primeiro lugar foi alcançado pelo Colégio Bernoulli, sendo que outras três IEs da capital mineira – Santo Antônio, Santo Agostinho e Magnum Nova Floresta – ficaram entre as 10 melhores do País (entre as escolas de grande porte, com acima de 60 alunos cursando o 3º ano do ensino médio).

No que se refere ao Colégio Bernoulli – que nasceu como um curso pré-vestibular em 2000 e agora se prepara para abrir turmas de ensino infantil –, é importante lembrar que esse foi o **quinto ano seguido** em que essa IE ocupou o primeiro lugar do Enem em sua categoria. Localizado numa região nobre da capital mineira, em 2018 cobrava mensalidades que chegavam a R$ 2.212.

O diretor do grupo Rommel Fernandes, formado pelo Instituto Tecnológico de Aeronáutica (ITA), explicou: "Os nossos 298 alunos que participaram do Enem chegaram, na média, a 712,91 pontos na parte objetiva e 840,81 na redação. Em nosso colégio, até o 2º ano do ensino médio, a formação tem que ser completa para que no 3º ano tudo seja bastante objetivo. Nessa série a gente pensa como se deve atuar para maximizar a probabilidade de um aluno entrar na faculdade almejada, passando nos mais concorridos vestibulares do País.

Assim, desaparecem as aulas de educação física, artes, teatro, trabalhos em grupo, excursões etc., e, em seu lugar, entram nove simulados do Enem ao longo do ano. Os alunos do 3º ano são inclusive transferidos para a nossa unidade do curso pré-vestibular. O conteúdo do pré-vestibular é idêntico ao do 3º ano. As turmas de 50 alunos têm aulas à tarde e aos sábados, duas redações por semana, olimpíadas de diversas disciplinas e preparação extra para algumas IESs, em especial as públicas, que são as mais demandadas."

Como se percebe, essa estratégia do Colégio Bernoulli está dando certo e, inclusive, sua nova unidade em Salvador alcançou a 7ª melhor nota do País, já com a sua primeira turma de 3º ano, entre as escolas de pequeno porte, ou seja, com até 60 alunos prestando o Enem. Hoje cerca de 400 IEs no Brasil usam o material didático do grupo. Para conseguir uma vaga no Colégio Bernoulli, o aluno tem que passar numa prova de seleção na qual é preciso obter no mínimo 60% de acertos.

Outro dado interessante sobre o Bernoulli é que nele os alunos **não são separados em turmas**, seja por rendimento ou área de conhecimento. A IE acredita que não é uma boa ideia destacar as diferenças entre os alunos. Assim, a escola busca evitar essa prática e diminuir a pressão sobre os vestibulandos!!!

Entretanto, o que se consegue no Colégio Bernoulli é uma **exceção**, pois em algumas regiões periféricas e bem empobrecidas de BH, o **aparato educacional** de nível fundamental e médio é ainda bem deficitário. Nesses locais nota-se infelizmente muita violência que se manifesta em assaltos, brigas e vandalismo, o que acaba impondo muitas barreiras ao bom aproveitamento escolar e, ao mesmo tempo, se constituindo numa das principais causas do aprendizado ineficiente e da evasão escolar.

No início de 2019 havia em BH cerca de 700 estabelecimentos de ensino fundamental, quase 600 instituições de ensino infantil, aproximadamente 260 IEs de nível médio e cerca de 60 IESs. No total havia algo próximo de 700 mil alunos estudando em todos os níveis na capital mineira, assim como aproximadamente 170 mil docentes. Isso significa que BH possui uma das maiores redes de ensino do País, destacando-se nela diversas universidades públicas e privadas, algumas das quais já se tornaram centros de referência em suas áreas.

Esse é o caso da Universidade Federal de Minas Gerais (UFMG), da Universidade do Estado de Minas Gerais (UEMG), da Escola de Governo da Fundação João Pinheiro (FJP) e do Centro Federal de Educação Tecnológica de Minas Gerais (CEFET-MG).

A UFMG é uma IES pública federal sediada em BH. Trata-se da maior universidade do Estado, possuindo *campi* também nas cidades mineiras de Montes Claros e Tiradentes. Além de desenvolver programas e projetos de ensino nos níveis de graduação e pós-graduação, e pesquisas e extensão sob a forma de atividades presenciais e a distância, em oito áreas de conhecimento, a UFMG oferece ainda cursos de educação básica e profissional de nível médio na Escola Fundamental, no Colégio Técnico, no Núcleo de Ciências Agrárias e no Teatro Universitário.

De acordo com o ministério da Educação, a UFMG é a segunda universidade que mais recebe recursos do governo federal, uma vez que também é uma das IESs que mais oferece cursos e programas para ensino, pesquisa e extensão. Em 2013, o *US World University Rankings* classificou a UFMG com a 2ª melhor universidade federal brasileira, e a 4ª melhor universidade do País.

No RUF 2018 ela apareceu como a 3ª melhor IES brasileira entre as públicas. Nos anos recentes a Organização Mundial de Propriedade Intelectual (OMPI), tem colocado a UFMG como uma das principais IESs responsáveis pelo registro de patentes brasileiras no mercado internacional. Em 2010, por exemplo, ela foi a universidade que mais requereu patentes no Brasil – foram 350 nacionais e 110 internacionais.

A UFMG é a mais antiga universidade de Minas Gerais, tanto que sua história se confunde com a das primeiras IESs do Estado. Ela foi criada em 1927, com o nome de Universidade de Minas Gerais (UMG), como uma IES privada, decorrente da união da Faculdade de Direito (criada em Ouro

Preto em 1892 e transferida para BH em 1898), da Escola Livre de Odontologia (criada em 1907), da Faculdade de Medicina (fundada em 1911) e da Escola de Engenharia (inaugurada também em 1911). Ela recebia subsídios do Estado.

Em 1949 a UMG foi **federalizada**, incorporando ao seu patrimônio territorial uma extensa área na região da Pampulha, onde atualmente está localizado o principal *campus*. O nome atual, UFMG, só foi adotado em 1965. A **cidade universitária** da UFMG possui uma área de 5.375.579 m², sendo que dos quase 420.000 m² de área construída, 350.000 m² são ocupados por prédios escolares e laboratórios. Num dia letivo normal, circulam pelo *campus* Pampulha cerca de 55 mil pessoas. Note-se que em 2019 estavam matriculados em todos os *campi* da UFMG cerca de 49 mil alunos (cerca de 34 mil em cursos de graduação e outros 15 mil cursando pós-graduação). A UFMG conta hoje com aproximadamente 3.150 docentes e alguns milhares de funcionários administrativos.

Em BH a UFMG possui o *campus* Saúde, no centro da capital mineira, onde estão a Faculdade de Medicina (com 2 mil alunos), a Escola de Enfermagem (com 200 alunos) e o Hospital das Clínicas, considerado um centro de referência e excelência no campo da saúde. Esse hospital ocupa uma área de cerca de 50.053 m², tendo um prédio principal e sete ambulatórios. Nele os alunos de Medicina e Enfermagem, assim como os que frequentam os cursos de Farmácia, Fisioterapia, Psicologia, Terapia Ocupacional, Fonoaudiologia e Nutrição realizam suas atividades práticas, ou seja, fazem residência e realizam estágios. Aliás, os cursos de educação básica e profissional mantidos pela UFMG também funcionam como um campo de experimentação para a área de **licenciatura** e se constituem como lugar de produção teórica e metodológica sobre as questões referentes a estes níveis de ensino.

A UFMG conta ainda com alguns órgãos localizados fora desses dois *campi* principais, como o seu Centro Cultural, seu Conservatório e a Fundação Mendes Pimentel, instalados nos centro da cidade, assim como o Museu de História Natural e o Jardim Botânico, localizados no bairro Horto. A UFMG criou em 2001 a Rede de Museus e Espaços de Ciências e Tecnologias, na qual se agregou um grande conjunto de instituições, buscando-se dessa forma somar esforços, otimizar recursos, encontrar soluções para problemas comuns, definir estratégias, planejar ações conjuntas, ampliar o intercâmbio com o público e agir de forma solidária, preservando a identidade, as características e a missão de cada espaço que a compõe.

Essa Rede da UFMG é integrada por nove espaços de ciências e tecnologia, espalhados por várias partes da RMBH. São eles: o Centro de Memória da Engenharia, o Centro de Memória da Medicina, o Centro de Referência em Cartografia Histórica, o Espaço do Conhecimento, a Estação Ecológica, o Laboratório de História e Educação em Saúde, o Museu de Ciências Morfológicas, o Museu de História Natural e Jardim Botânico e o Observatório Astronômico Frei Rosário.

A UFMG tem também um *campus* cultural na cidade de Tiradentes, mais especificamente o Museu Casa de Padre Toledo. Já em Montes Claros a UFMG tem instalado o seu Instituto de Ciências Agrárias, que fica numa fazenda-escola, localizada a 7 km do centro da cidade, que ocupa uma área de 232,3 ha. Nesse instituto são oferecidos seis cursos de graduação, um mestrado voltado para o desenvolvimento de tecnologias de convivência com o semiárido do norte mineiro.

Ao lado dos cursos superiores funciona ainda hoje nessa unidade da UFMG o Colégio Agrícola Antônio Versiani Athayde, criado em abril de 1964 e incorporado ao patrimônio da universidade em 1968.

Sem dúvida no decorrer de sua existência formaram-se na UFMG pelo menos algumas centenas de alunos geniais, que tiveram grande influência na política, nos negócios, nas artes, nas ciências, nos esportes etc. De fato, poucas IESs brasileiras podem se gabar de que, dos seus bancos escolares, saíram quatro ex-presidentes do Brasil: Artur Bernardes, Juscelino Kubitschek de Oliveira, Tancredo Neves e Dilma Rousseff, além de vários ex-alunos que se tomaram governadores, ministros, senadores, deputados federais e prefeitos, como é o caso, por exemplo, do ex-governador e senador Antônio Anastasia.

Aí vão os nomes de alguns "notáveis" que se graduaram na UFMG: o jurista José Francisco Rezek, que foi presidente do TSE; o empresário e banqueiro Aloysio de Andrade Faria; os escritores Carlos Drummond de Andrade, Otto Lara Resende, Pedro Nava e Fernando Sabino; o artista plástico Paulo Nazareth; o ator Jonas Bloch; o economista Cláudio de Moura Castro; o cientista social Simon Schwartzman; o médico Ivo Pitanguy e o craque de futebol Eduardo Gonçalves de Andrade, o Tostão, que ficou conhecido como "**o mineirinho de ouro**" ou "**rei branco**", campeão do mundo, e que formou-se em medicina.

Já a UEMG é a 3ª maior universidade do Estado, tendo vários *campi* educacionais, onde são oferecidos diversos cursos de graduação e pós-graduação distribuídos por BH e mais 15 cidades mineiras. Estima-se que em 2018 estivessem matriculados em todas as unidades cerca de 23 mil alunos, dos quais 21.400 nos cursos de graduação e cerca de 1.600 nos de pós-graduação. O número de docentes era de cerca de 1.630, e, segundo o RUF 2018, a UEMG estava na 84ª posição entre as universidades públicas brasileiras. A UEMG foi criada com o advento da Constituição do Estado de Minas Gerais, em 1989, como uma entidade pública, sob a forma de autarquia, com reitoria na capital e unidades localizadas nas diversas regiões do Estado.

O parágrafo 1º do artigo 82 da Constituição estadual facultou às fundações educacionais de ensino superior instituídas pelo Estado optar por serem absorvidas como unidades da UEMG. Esse procedimento foi praticado no início por nove IESs sediadas nas cidades de Campanha, Carangola, Diamantina, Divinópolis, Ituiutaba, Lavras, Passos, Patos de Minas e Varginha. Além disso, foram incorporadas a UEMG as seguintes instituições públicas estaduais: Fundação Mineira de Arte Aleijadinho (FUMA), Fundação Escola Guignard, Instituto de Educação e Serviço de Orientação e Seleção Profissional (SOSP).

Em 2005 foi oferecida as IESs **agregadas** a opção de se tornarem **associadas** e, nessa época, optaram por manter sua autonomia em relação à UEMG, às de Lavras, Patos de Minas e Varginha, e as seis que restaram, alguns anos mais tarde, mais precisamente com a publicação da lei estadual Nº 20.807, de 26 de julho de 2013, foram incorporadas a UEMG, tornando-se suas unidades. Na capital mineira a UEMG tem **cinco** unidades acadêmicas:

- ➤ **Escola Guignard** – Como já foi dito, originou-se da Escola de Belas Artes e em 1994 foi transferida para um novo prédio, junto à serra do Curral, uma obra do arquiteto Gustavo Penna, repleta de simbolismos, que reafirmam a tradição cultural de Minas Gerais numa linguagem contemporânea. Vale ressaltar que a revista *Projeto* classificou essa obra entre as trinta de maior relevância no Brasil.

- ➤ **Escola de *Design* e de Música** – Ambas possuem uma origem comum e foram incorporadas a UEMG. A Sociedade Mineira de Concertos Artísticos, presidida por Clóvis Sagado, e a Sociedade Coral de BH, presidida por Carlos Vaz, se associaram para fundar a Universidade Mineira de Arte (UMA), que iniciou suas atividades no ano seguinte, como Escola de Música e, na sequência, criou a Escola de Artes Plásticas e Arquitetura, atual Escola de *Design*. Como se nota, muitas décadas atrás os talentosos educadores mineiros já vislumbravam a importância que essas IESs teriam na formação de profissionais que atuassem nos vários setores da EC!!!

→ **Faculdade de Educação (FaE)** – Ela foi incorporada a UEMG em 1994, ou seja, quando agregou-se a ela o curso de Pedagogia do Instituto de Educação de Minas Gerais (IEMG), que foi fundado em 1906, tendo sido um colégio modelo da cidade. De fato, a real origem desse curso de Pedagogia na educação mineira data de 1928, com o surgimento da Escola de Aperfeiçoamento, cuja finalidade principal era preparar docentes para a atuação nas Escolas Normais. Em 1948, passou a ser oferecido ali o curso de Administração Escolar, com a função precípua de preparar profissionais para atuação nas escolas da rede estadual e em órgãos do sistema educacional, como o próprio órgão central e as inspetorias regionais e municipais de ensino. Em 1970 surgiu efetivamente o curso de Pedagogia, quando por força da lei Nº 5540/68, o curso de Administração Escolar teve suas atividades encerradas, uma vez que se passou a ser exigido nível superior à formação do profissional ali preparado. A FaE, devido ao seu curso de Pedagogia, é considerada uma das melhores IESs do País e tem continuamente melhorado suas instalações para que os alunos tenham a melhor estrutura para participar do seu processo de ensino e aprendizagem.

→ **Faculdade de Políticas Públicas (FAPP) Tancredo Neves** – Ela foi criada em 10 de setembro de 2005 e tem foco no desenvolvimento de projetos de interesse comum e na oferta de cursos que atendam às reais necessidades da administração pública. Atualmente a FAPP oferece os cursos de Gestão de Recursos Humanos, Gestão do Terceiro Setor e Gestão Pública, inclusive usando o sistema EAD.

Já a FJP é uma entidade do governo de Minas Gerais, de apoio à secretaria estadual de Planejamento e Gestão, e aos demais sistemas operacionais do Estado. Desse modo ela atua nas áreas de ensino de graduação, especialização e mestrado em Administração Pública, assim como na avaliação de políticas públicas e na produção de indicadores estatísticos, econômico-financeiros e sociais. A FJP presta ainda serviços técnicos mediante contratos e convênios, atendendo prioritariamente a demandas do governo do Estado de Minas Gerais, a outros governos estaduais, organismos nacionais e internacionais, prefeituras e câmaras municipais, universidades, empresas privadas e estatais e entidades representativas dos diversos segmentos sociais. A FJP está instalada numa área total de 13.000 m², na alameda das Acácias, no bairro São Luís, na Pampulha, a 5 min do aeroporto da Pampulha. O nome da fundação é uma homenagem ao político João Pinheiro da Silva, presidente de Minas Gerais em 1890 e no período de 1914 a 1918.

Por sua vez o CEFET-MG é uma autarquia federal brasileira, vinculada ao ministério da Educação, que oferece ensino médio, cursos técnicos, superiores e de pós-graduação (*stricto sensu* e *lato sensu*), contemplando também de forma indissociada, o ensino, a pesquisa e a extensão na área tecnológica e no âmbito da pesquisa aplicada. Ele possui três *campi* em BH e outros em oito cidades do Estado. Estima-se que em 2018 estudassem na IES um total de 16.300 alunos, e trabalhassem nela cerca de 1.050 docentes.

Vale lembrar que em 23 de setembro de 1909 o então presidente do Brasil, Nilo Peçanha, através do decreto Nº 7.566, criou a Escola de Aprendizes Artífices de Minhas Gerais, instalada na avenida Afonso Pena, em BH (onde hoje funciona o Conservatório de Música da UFMG), na qual foi oferecido ensino primário profissionalizante para adolescentes carentes de 12 a 16 anos.

Naquela época, BH ainda não apresentava demanda para a área industrial e, por isso, os alunos eram formados para atuar como artesãos manufatureiros, por meio de cursos de serralheria, sapataria, ourivesaria, marcenaria e carpintaria. Somente em 1942, com a chegada da industrialização, é que a escola se tornou técnica, primeiro com o nome de Escola Técnica de BH e, a partir de 1959, com a denominação de Escola Técnica Federal de Minas Gerais. Então, em 30 de junho de 1978 a IE se transformou em CEFET-MG, após a aprovação de um lei pelo Congresso Nacional.

Essa mudança representou um grande avanço institucional, uma vez que ampliou as possibilidades em termos de oferta de educação tecnológica em nível superior, incluindo licenciatura e pós-graduação, além dos cursos técnicos de educação continuada e das atividades de pesquisa. Em 2011 o diretor-geral da CEFET-MG, Márcio Silva Basílio, iniciou uma campanha para transformá-la em Universidade Tecnológica Federal, o que acabou não acontecendo até agora, em virtude da experiência negativa ocorrida com a transformação do CEFET-PR na Universidade Tecnológica Federal do Paraná!?!?

O fato é que o CEFET-MG se transformou em referência nacional, e não só por ter se tornado uma das IESs mais concorridas do País, com uma quantidade enorme de candidatos por vaga oferecida, mas pela fama que conquistou tanto no ensino médio como no superior. Isso deveu-se ao desempenho de seus alunos e ao trabalho profícuo dos seus professores. Assim, nas avaliações do Enem dos últimos cinco anos, algumas das unidades do CEFET-MG têm ficado na lista das **20 melhores escolas públicas do Brasil**.

Como uma IES cujo objetivo é o preparo de uma força de trabalho qualificada, tão demandada para o desenvolvimento sustentável do País, o CEFET-MG vem conquistando ao longo do tempo diversos prêmios, isso graças às pesquisas e inovações tecnocientíficas desenvolvidas por seus alunos e professores. Seu corpo discente têm participado bastante de eventos como a Feira Brasileira de Ciência e Engenharia, Criatividade e Inovação (Febrace), a Intel Internacional Science and Engineering Fair (Intel-Isef), das Olimpíadas Brasileiras de Astronomia, Física, Informática e Matemática das Escolas Públicas etc., nas quais já conquistou prêmios como Jovem Cientista, Inovação e Criatividade Tecnológica do Confea (Conselho Federal de Engenharia e Agronomia), o prêmio Odebrecht de Desenvolvimento Sustentável. Algumas grandes realizações de alunos que estudaram no CEFET-MG são:

- O ex-aluno Nélio José Nicolai inventou o sistema de identificação de chamadas telefônicas (Bina).
- A equipe Trincabotz CEFET-MG sagrou-se campeã brasileira de combate de robôs no Robocore Winter Challenge 2010, que foi realizado em Campos de Jordão nos dias 4, 5 e 6 de setembro daquele ano.
- A Cefast Aerodesign do CEFET-MG sagrou-se campeã da SAE Aerodesign East Competition, principal competição do mundo envolvendo estudantes da área de aeronáutica, numa disputa que aconteceu de 29 de abril a 2 de maio de 2010, em Forth Worth, no Texas (EUA)

E os prêmios continuam sendo conquistados pelos estudantes do CEFET-MG.

Que orgulho que o processo de ensino e a aprendizagem no CEFET-MG dá para a educação brasileira, **não é mesmo**?

Entre as IESs privadas destacam-se a Pontifícia Universidade Católica de Minas Gerais (PUC Minas), a Fundação Dom Cabral (FDC), a Kroton Educacional.

A PUC Minas é uma IES privada e católica instalada em BH que possui quatro *campi* e atualmente tem unidades nas cidades de Arcos, Betim, Contagem, Guanhães, Poços de Caldas, Serro e Uberlândia.

Em 1926, quando BH vivenciava o modernismo, a antiga fazenda da Gameleira cedeu seu espaço para o seminário Coração Eucarístico. Durante mais de 30 anos essa IE dedicou-se exclusivamente à formação religiosa, mas em 1958 dom João Resende Costa, com a ajuda de outros religiosos e de um pequeno grupo de professores criaram a Universidade Católica de Minas Gerais, abrindo cursos de formação para professores e oferecendo à juventude que concluía seus cursos nos colégios da capital mineira, uma opção para continuarem seus estudos numa universidade comprometida com os valores cristãos e as ideias de liberdade democrática e justiça social.

O rico conjunto arquitetônico do antigo seminário, com um portal magnífico, emoldurado por jardins, foi tombado como patrimônio histórico e cultural do município, no qual surgiu inclusive o bairro Coração Eucarístico, onde atualmente está a maior concentração das atividades da PUC Minas. Ela tem ainda atividades em unidades dispersas pelos bairros Barreiro e São Gabriel e na praça da Liberdade, além da sua sede da PUC Minas Virtual. Atualmente, em todas as suas unidades do Estado de Minas Gerais, estão matriculados aproximadamente de 64 mil alunos (cerca de 49 mil em cursos de graduação e outros 15 mil nos de pós-graduação), e para atendê-los a universidade conta com o trabalho de aproximadamente 5 mil pessoas, das quais cerca de 2.350 são docentes.

A PUC Minas figura no *ranking* das melhores universidades da América Latina, da *QS World University Rankings* – e de acordo com o RUF 2018, a PUC Minas ficou na 9ª posição entre as universidades privadas. A PUC Minas é detentora de uma estrutura *multicampi*, que reúne aproximadamente uma centena de prédios, laboratórios, bibliotecas, museus, salas multimídia, teatros, auditórios, hospitais veterinários, clínicas de fisioterapia, de odontologia e de psicologia, canal de TV e outros equipamentos. De fato, a PUC Minas investiu e se expandiu muito nos últimos anos no que se refere a atividades de pesquisa, extensão e pós-graduação, mestrado e doutorado, tendo uma grande interação com o setor produtivo e científico, além de ter feito um estreitamento de suas relações com a sociedade, ao dar ênfase aos projetos de inclusão social e redução das diferenças.

A PUC Minas foi pioneira no Brasil, ao criar em 2003, com a ajuda da CEMIG (Companhia Energética de Minas Gerais S.A.), um Laboratório de

Estudos Climatológicos, conhecido como Tempo Clima PUC Minas, situado no núcleo universitário de Contagem e entre alguns dos seus serviços faz a previsão do tempo com sete dias de antecedência nos 853 municípios do Estado. Nesse laboratório também são ofertados vários cursos (geoprocessamento, clima e saúde, meteorologia, mudanças climáticas etc.).

A PUC Minas possui o Museu de Ciências Naturais, que por meio de exposições, da educação e da pesquisa, preserva o patrimônio natural, histórico e cultural do Brasil. Ele possui coleções da fauna brasileira atual de mamíferos, aves, répteis e anfíbios, principalmente de espécies do cerrado. No local também há gente que desenvolve pesquisas nas áreas de paleontologia, zoologia e conservação da natureza. Esse museu conta com um Jardim de Borboletas, que é um local com ambiente adequado para as borboletas, onde elas podem se abrigar e se alimentar em todos os estágios de sua vida.

O local também funciona como uma ferramenta de educação ambiental para a conscientização sobre a importância de se preservar a **biodiversidade**. Algumas das plantas que existem nesse Jardim, e fornecem o néctar para as borboletas, são o bico de papagaio, a flor de maio, a sálvia de jardim, a zínia, o beijinho etc. Já as plantas hospedeiras de lagartas são o manacá de cheiro, as cássias, os maracujás, a jurubeba, o sanquésia etc. No museu também são oferecidas visitas monitoradas para grupos organizados, principalmente de crianças. Essas visitas são comandadas por educadores não formais, que são universitários das áreas de Ciências Biológicas, História, Filosofia e Pedagogia.

Esses educadores são capacitados e têm condições de explicar o conteúdo das exposições, esclarecendo quaisquer dúvidas a respeito do acervo do museu para os visitantes. Durante as férias nos meses de janeiro e julho, no Museu de Ciências Naturais, são oferecidas atividades de lazer educativo para crianças e adolescentes, que podem participar de atividades diferenciadas, relacionadas ao trabalho dos biólogos. São módulos com duração de 3h que incluem oficinas, jogos educativos, visitas guiadas e obviamente um lanche para os jovens visitantes!!!

A PUC Minas possui também um Centro de Memória e de Pesquisa Histórica (CMPH), cujo acervo é composto por documentos textuais, iconográficos, cartográficos e audiovisuais, desde 1942 até os dias atuais. Nele estão também os acervos privados dos renomados professores Arduíno Bolívar, João Camillo de Oliveira Torres e do padre Alberto Antoniazzi, além dos documentos do Diretório Central dos Estudantes (DCE). As consultas dos documentos devem ser feitas nas dependências do CMPH, mas muitas outras informações podem ser obtidas utilizando-se a Internet.

Aliás, ao se falar de informações, dados e explicação bibliográficas e conceituais, deve-se destacar o Sistema Integrado de Bibliotecas da PUC Minas, que é composto por 14 bibliotecas distribuídas nos seus *campi*, unidades e polos de EAD, que tem no total um acervo com aproximadamente 850 mil livros, além de centenas de milhares de periódicos acadêmicos, videoteca, mapas, normas e catálogos técnicos, teses e dissertações. Todo esse acervo pode ser consultado pela Internet, com informações atualizadas, possibilitando renovar, reservar e até mesmo solicitar unidades pelo malote. A PUC Minas conta com uma emissora de televisão universitária, que produz sistematicamente mais de uma dezena de programas próprios.

Muitos alunos que se formaram na PUC Minas alcançaram um grande destaque na vida pessoal, na política, no setor empresarial, no campo da comunicação, nas artes etc. Dois bons exemplos disso são a jurista, professora e magistrada brasileira Cármen Lúcia Antunes Rocha – que integra o STF, tendo inclusive ocupado a presidência da casa até 2018 – e o jornalista e apresentador de TV da Globo, Francisco de Assis Pinheiro, ou Chico Pinheiro, como é popularmente conhecido.

Outra instituição educacional privada importante é a Fundação Dom Cabral (FDC), criada em 1976, sendo uma escola nacional de negócios cujo padrão e atuação são internacionais. Ela trabalha na capacitação de executivos, empresários e gestores públicos, e foi eleita em 2017 não apenas a melhor **escola de negócios** da América Latina, mas também a 12ª do mundo, de acordo com o *ranking* elaborado pelo renomado jornal inglês *Financial Times*.

Originalmente ela surgiu de um desdobramento do Centro de Extensão da PUC Minas, sendo uma organização sem fins lucrativas e de utilidade pública. Com sólida articulação internacional, a FDC oferece acesso a importantes centros produtores de tecnologia de gestão e modernas correntes de pensamento empresarial. Estima-se que até o fim de 2019 cerca de 45 mil pessoas que atualmente trabalham em empresas de médio e grande porte tenham passado por seus programas, em um dos seus *campi* espalhados por BH, Nova Lima e, inclusive, São Paulo e Rio de Janeiro.

A FDC possui alianças internacionais com duas importantes escolas de negócios: a INSEAD, na cidade de Fontainebleau (na França), e a Kellogg

School of Management, em Illinois (nos EUA). Além disso, ela tem acordos de cooperação para desenvolver programas e projetos conjuntos de pesquisa com as seguintes IESs: ESADE Business School (na Espanha), Judge Business School – Universidade de Cambridge (no Reino Unido) e Porto Business School (em Portugal), entre outras.

Também não se pode deixar de citar a Kroton Educacional, considerada hoje a **maior empresa privada do mundo** no **ramo da educação**. Fundada em 1966 em BH, a partir de uma escola que oferecia cursos pré-vestibular chamada Pitágoras, a Kroton está atualmente sediada em São Paulo. Ela atua em todos os níveis escolares – pré-escola, ensino fundamental e médio (inclusive para adultos), vestibular, cursos livres, educação superior e pós-graduação.

Segundo estimativas, no ano de 2019 estudavam na Kroton mais de 1,5 milhão de alunos, sendo 290 mil nos cursos de educação básica espalhados nos 127 *campi* da IE e nos mais de 800 polos de EAD, divididos em 11 marcas distribuídas por todos os Estados brasileiros. São 21 *campi* com a marca Pitágoras; 10 com a marca Unic; 5 com a marca Unopar e mais 10 com as marcas UNIME, Ceuma, Unirondon, Fais, Fama e União, em 10 Estados do País. Ela também opera 804 escolas associadas no Brasil sob a marca Pitágoras, bem como cinco IEs parceiras no Japão e uma no Canadá.

Em julho de 2014 a Kroton Educacional fundiu-se com a sua maior rival, a Anhanguera, convertendo-se dessa forma na maior empresa de ensino superior do mundo por capitalização de mercado. Em 1º de julho de 2016 a Kroton fez uma oferta para a compra do grupo educacional Estácio de Sá, num negócio avaliado em R$ 5,5 bilhões, porém, tal aquisição não foi aprovada pelo tribunal do Conselho Administrativo de Defesa Econômica (CADE), órgão antitruste brasileiro. Na época, julgou-se que a operação geraria vários níveis de concentração, inclusive com a formação de monopólios.

Vale lembrar que o Kroton Educacional também está envolvido com a importação e exportação, venda no atacado e varejo, e distribuição de livros didáticos e revistas. Além disso, licencia produtos pedagógicos relacionados com a escola. Hoje, a empresa parece ter menos espaço para crescer no seu principal segmento de atuação – o das faculdades, um mercado onde a empresa garantia mais de 93% de suas receitas. Importante lembrar que o crescimento das IESs no País tem sido pequeno (ou até insignificante), seja por causa do encolhimento do financiamento estudantil ou por conta das altas taxas de desemprego.

Assim, a Kroton Educacional se voltou para as escolas de ensino fundamental e médio. No início de abril de 2018 anunciou a compra do Centro Educacional Leonardo da Vinci, localizado em Vitória, no Espírito Santo. Em 23 de abril do mesmo ano ela também anunciou a compra da Somos Educação, da Torpon Gestora de Recursos. O valor da operação foi de R$ 4,6 bilhões, podendo alcançar os R$ 6,2 bilhões, considerando o que precisa ser pago aos minoritários.

A Somos é a dona do Anglo; da escola de idiomas Red Balloon; das editoras Ática, Scipione e Saraiva, assim como dos sistemas de ensino Anglo, pH, GEO, Maxi, Ético, entre outros. Ela possui cerca de 42 escolas próprias e 120 de idiomas, nas quais estudam 35 mil alunos. Além disso, a Kroton Educacional tem algo próximo de 2.800 escolas parceiras ou associadas (que, juntas, têm quase 1 milhão de alunos), que usam seus sistemas de ensino e fazem parcerias com suas editoras.

Bem, se a Kroton já tinha a maior arrecadação no campo da educação privada no Brasil, agora ela está ainda mais poderosa. Isso deve preocupar bastante as autoridades governamentais, pois isso, de certa forma inviabiliza o surgimento e bom desenvolvimento das pequenas escolas. Afinal, estas não têm como competir com a gigante, que acaba alcançando grandes economias de escala!!!

E, a outra verdade que não se pode esquecer é o fato de o ensino na rede pública nacional não atender adequadamente os anseios de educação para crianças e jovens, o que continuará permitindo que IEs privadas encontrem um campo fértil para crescer e chegar à magnitude da Kroton Educacional.

Voltando às universidades particulares, no Estado de Minas Gerais existem algumas outras que possuem *campi* em várias cidades do interior, assim como em BH. Esse é o caso da Universidade José do Rosário Vellano (Unifenas) e da Universidade do Vale do Sapucaí (Univás).

Também estão em BH mais de uma dezena de faculdades, como: Promove, COTEMIG, Batista e Centro Universitário Una privadas. Assim, existe na cidade uma população universitária que supera os 150 mil alunos (em cursos de graduação e pós), e mais de 50% deles se mudam para a capital mineira para estudar. **Isso é que o que se pode chamar de grande visitabilidade, não é?**

BH conta com diversas instâncias oficiais que se dedicam ao fomento do setor de **tecnologia** e **ciência**. Esse é o caso do Instituto de Pesquisas Econômicas, Administrativas e Contábeis de Minas Gerais (Ipead), que realiza justamente pesquisas aplicadas, serviços de consultoria e assessoria, e oferece treinamentos especializados relacionados a ciências econômicas, administrativas, contábeis, demográficas e afins.

Existe também a Fundação Ezequiel Dias (FUNED), que é referência nacional na produção de medicamentos e soros, na pesquisa em saúde pública e nas ações de vigilância sanitária, epidemiológica e ambiental. E há ainda várias outras instituições que atuam em diversas áreas englobadas no campo científico e tecnológico, como o Centro de Pesquisas René Rachou (CPqRR), o Centro Tecnológico de Minas Gerais (CETEC) e a Fundação Zoobotânica de BH. Também as universidades localizadas em BH participam ativamente nas áreas de ciências e tecnologia. Desse modo, é na Fundação Christiano Ottoni (FCO) que se promovem técnica e financeiramente os programas acadêmicos de ensino, pesquisa e extensão da UFMG, em especial da sua Escola de Engenharia e o Centro de Pesquisa Professor Manuel Teixeira da Costa (CPMTC – IGC – UFMG) que é o órgão complementar do Instituto de Geociências da UFMG, que apoia e promove a realização de diversos projetos de pesquisa, cursos de pós-graduação e graduação e prestação de serviços em geologia e áreas afins das geociências.

Como BH tem importantes IESs com relevante trabalho em pesquisa, e como houve incentivo tanto da prefeitura como do governo estadual, estimulando o ensino do empreendedorismo, particularmente no ensino médio, a capital mineira tornou-se um celeiro de *startups*. A primeira *startup* que surgiu foi a Akwan (fundada pelos professores da UFMG), comprada pelo Google em 2005 por US$ 225 milhões. Depois foram surgindo *startups* como a Méliuz, Sympla, Hotmart etc.

No que se refere a **segurança** e **criminalidade**, BH tem índices bem preocupantes em relação a outras grandes cidades e capitais estaduais no tocante aos homicídios, óbitos por acidentes de transporte, contato de jovens adolescente com o consumo de drogas nas escolas etc., o que segundo alguns especialistas, em especial os que se referem à criminalidade se devem a grande **desigualdade de renda** e a existência de **grandes favelas**, controladas por **traficantes**!!!

Quanto a **habitabilidade**, estima-se que em 2018 houvesse em BH cerca de 690 mil domicílios (casas, apartamentos, cômodos etc.), sendo que algo próximo de 68% deles eram imóveis próprios, cerca de 21% alugados e, o restante, estava cedido ou ocupado de outra forma. Grande parte do município conta com água tratada (99,44% dos domicílios), coleta de lixo

(97%), escoadouro sanitário (94%), energia elétrica (praticamente 100%), telefonia fixa e celular. Boa parte do lixo é jogado no aterro de Sabará, bem próximo do leito do rio das Velhas!?!?

O abastecimento de água de BH é feito pela Companhia de Saneamento de Minas Gerais (Copasa), que está próxima da sua capacidade de atender a demanda dos moradores da cidade!?!? Já o serviço de fornecimento de energia elétrica é feito pela CEMIG, que em 2018 atendia a cerca de 950 mil consumidores.

Em BH foi inaugurado em 7 de junho de 2006 a estação de tratamento de esgotos (ETE), da bacia do ribeirão das Onças, com capacidade de tratar cerca de 155 milhões de litros de esgoto por dia, gerados na RMBH, tendo uma eficiência de 70% de remoção da carga poluidora. Considerado na época a maior da América Latina, ela ocupa uma área de 653.000 m², dos quais 243.000 m² são de área construída, e que custou R$ 100 milhões. Com a inauguração desta ETE, a Copasa passou a ter condições de tratar **100% do esgoto coletado em BH!!!**

No âmbito do **transporte**, na capital mineira ele é administrado pela Empresa de Transportes e Trânsito de BH. O sistema de transporte coletivo por ônibus transporta diariamente cerca de 1,6 milhão de passageiros e abrange aproximadamente 300 linhas exploradas por cerca de 50 empresas, que operam uma frota de quase 3.000 veículos com idade média de 6 anos.

Desde 1995 vem sendo implantado na cidade o Plano de Reestruturação do Sistema de Transporte Coletivo de BH, que busca aprimorar o sistema de ônibus para criar uma rede de transporte integrada (metrô e ônibus municipais e intermunicipais). O sistema se divide em dois subsistemas: Tronco-alimentado e Interbairros.

Por outro lado, o sistema de táxi de BH é considerado o **melhor** da América Latina e serve inclusive de referência para outros Estados brasileiros. Ele possui uma frota de cerca de 6.015 táxis padronizados na cor branca, operada por aproximadamente 12 mil taxistas que sofrem atualmente uma acirrada concorrência de sistemas compartilhados de transporte, como o Uber e similares...

Já o metrô de BH é operado pela Companhia Brasileira de Trens Urbanos (CBTU), e possui atualmente 21 estações com 34 km de extensão. O sistema transporta cerca de 280 mil usuários por dia. A operação comercial do metrô de BH teve início em 1º de agosto de 1986, mas somente em 7 de novembro de 2005 foram concluídas as obras da Linha 1 do metrô da cidade!?!?

Em 17 de setembro de 2011, a então presidente da República, Dilma Rousseff, liberou as verbas para a extensão de metrô até Novo Eldorado, a modernização da Linha 1, a efetivação de parte das Linhas 2 (de Barreiro ao Calafate) e 3(da Lagoinha a Savassi), além de um projeto executivo da expansão até Betim. Por seu turno, o transporte coletivo de passageiros em *vans* ou "peruas" foi proibido em BH desde 5 de julho de 2001, quando a prefeitura recebeu o aval da Justiça para barrar os veículos que praticavam o transporte não-regulamentado de passageiros na capital mineira, que chegou a ter nesse ano cerca de três mil perueiros. Atualmente estima-se que ainda existam aproximadamente duas centenas de veículos clandestinos – geralmente carros de passeio – circulando na madrugada e nos fins de semana, nas horas em que a fiscalização não atua.

Acredita-se também que a capital mineira tivesse no início de 2019 cerca de 1,52 milhão de automóveis. Vale lembrar que a frota de carros no século XXI, ou seja, nesses últimos 19 anos, vem crescendo a taxas que variam de 3% a 7% ao ano. Enquanto isso, a taxa de crescimento no número de motos foi de 11% ao ano.

Infelizmente enquanto os ônibus continuam lotados na capital mineira (com mais de 80 passageiros), os carros continuam a circular vazios (uma taxa média de ocupação de 1,4 passageiros por carro, causando com isso grandes congestionamentos. Nos horários de pico, em certas partes do centro da cidade a velocidade média cai de 18 km/h para 7 km/h!?!? No que se refere ao uso de bicicletas como meio de transporte, em BH ele ainda é bem pouco significativo.

Para ligações intermunicipais, BH conta com o terminal rodoviário Governador Israel Pinheiro, que foi inaugurado em 9 de março de 1971. Há também a Estação Central, onde se pode adquirir passagens de trem até Vitória, no Estado do Espírito Santo, por meio da Estrada de Ferro Vitória a Minas (EFVM).

A RMBH possui quatro aeroportos. Um deles é o internacional Tancredo Neves, ou aeroporto de Confins, que foi construído na década de 1980, sendo um dos mais modernos do Brasil, capaz de receber 22 milhões de passageiros por ano, com conforto e comodidade. Com a conclusão da Linha Verde, na maior parte do dia o trajeto de Confins até o centro de BH pode ser feito em cerca de 35 min, se for feito de automóvel. Estima-se que em 2019 o seu movimento foi de cerca de 10,4 milhões de passageiros.

O segundo aeroporto mais importante é o Carlos Drummond de Andrade, conhecido popularmente como aeroporto da Pampulha. Ele está instalado numa área de 2.000.000 m² na região da Pampulha, fica a uns 8 km do centro da cidade e opera voos regionais para o interior de Minas Gerais e para outros Estados limítrofes.

Existe ainda o aeroporto Carlos Prates, de uso geral de aviões de pequenos porte e helicópteros. Ele também está voltado para a aviação desportiva, sendo um polo formador de profissionais da aviação. A partir de 2006 também começou a operar na RMBH o aeroporto industrial de Confins, com o seu serviço mais voltado para a exportação.

No que se refere a **cultura**, em BH a responsável por esse setor é a Fundação Municipal da Cultura (FMC), criada pela lei Nº 9011, de 1º de janeiro de 2005, cujo objetivo é planejar e executar a política cultural do município por meio da elaboração de programas, projetos e atividades que visem o desenvolvimento cultural. O órgão, diretamente vinculado ao gabinete do prefeito, integra a administração pública indireta do município e atualmente é composto por 29 unidades culturais – 17 centros culturais; cinco instituições de acervo, memória e referência cultural; cinco bibliotecas e dois teatros municipais. Ele possui autonomia administrativa e financeira, assegurada especialmente por dotações orçamentárias, pela posse de patrimônio próprio e pela capacidade de aplicar suas receitas e assinar contratos e convênios com outras instituições.

BH também levou bem a sério a política de estabelecimento de acordos com **cidades-irmãs**, incentivando bastante o intercâmbio, em especial o de caráter cultural, com cidades que possuam algo em comum com a capital mineira. Neste sentido, a troca de informações e o aumento de comércio entre elas são os meios para torná-las cada vez mais próximas. Atualmente a cidade possui 18 cidades-irmãs: Austin, Fort Lauderdale e Newark, nos EUA; Luanda, em Angola; Zahlé, no Líbano; Granada, na Espanha; Homs, na Síria; Masaya, na Nicarágua; Trípoli, na Líbia; Porto, em Portugal; Minsk, na Bielorrússia; Havana, em Cuba; Nanquim, na China; Belém, na Palestina; Tegucigalpa, em Honduras; Cuenca, no Equador; Calcutá, na Índia e Lagos, na Nigéria.

No processo de inserção de uma cidade nesse mundo globalizado, os **acordos de cooperação** são essenciais, pois permitem que seja feita a troca ou o compartilhamento de experiências bem-sucedidas em diferentes áreas. No caso de BH esses acordos incluem o planejamento urbano e o desenvolvimento do turismo e de atividades voltadas para a educação e para a proteção do meio ambiente. Atualmente os acordos de cooperação em vigor são os que foram celebrados com Chicago, nos EUA; Turim, na Itália e Soyapango e San Salvador, com El Salvador.

No âmbito do **cinema**, a primeira empresa cinematográfica de BH foi a Companhia Barrucci, que surgiu em 1905. A partir daí o contato do público com o **cinematógrafo** tornou-se constante e, pouco tempo mais tarde, os filmes deixaram de ser exibidos em espaços privados, domésticos, e passaram a ocupar o Teatro Soucasseaux, que na época era o maior da cidade. Então, com a instalação do primeiro cinematógrafo permanente na capital, em 1906, o Teatro Paris se transformou no espaço efetivo de exibição de filmes. Mais tarde, em 1912, o Teatro Paris se tornaria o Cine Odeon, uma importante referência para a vida cinematográfica da cidade – cujo posterior fechamento levou o poeta Carlos Drummond de Andrade a lamentar e escrever o poema *O Fim das Coisas*, em 1928.

A partir dos anos 1920 a cidade e o cinema passaram a desenvolver uma relação mais complexa, com significativa influência na vida cultural local. Entretanto, na década de 1970, teve início o processo de sucateamento das salas de cinema, que passaram a exibir filmes de qualidade duvidosa, justificando-se essa atitude, pois dessa forma seus custos eram menores para os proprietários... Então, ao longo das décadas de 1980 e 1990, a decadência das grandes salas belo-horizontinas alcançou um patamar semelhante ao de outras capitais do País, que foram fechadas, transformadas em igrejas evangélicas ou demolidas para dar lugar a novas construções. Daí para frente, todas as salas de cinema passaram a se concentrar nos *shopping centers* mineiros. No que se refere a produção cinematográfica, são poucos os filmes produzidos em BH, sendo que, com frequência, essas produções são curta metragens que expressam o dia a dia do indivíduo, fazendo parte do chamado **cinema popular!!!**

No que se refere a **música**, é interessante notar que muitos artistas reconhecidos no País e no exterior surgiram em BH. O Clube da Esquina foi um movimento musical originado em meados da década de 1960 e, a partir dele, seus integrantes passaram a influenciar muito a música da cidade e do Estado. Ele contou com artistas importantes no cenário regional e nacional, como Tavinho Moura, Wagner Tiso, Milton Nascimento, Lô Borges, Beto Guedes, Flávio Venturini, Toninho Horta, Márcio Borges, Fernando Brant e o grupo 14Bis.

Outros artistas importantes que surgiram no cenário da cidade foram: Paulinho Pedra Azul, Vander Lee, Skank, Pato Fu (que foi inclusive selecionada pela revista *Time* como uma das melhores bandas do mundo), Sepultura, Jota Quest, Tianastácia, a dupla César Menotti e Fabiano e os corais Ars Nova e Madrigal Renascentista. Além disso, nasceram em BH conjuntos que apostaram muito na criatividade, como o grupo Uakti, cujos instrumentos musicais eram feitos de madeira, plástico, vidro e metais. O nome do grupo se baseia num mito dos índios tukano, e reflete o sentimento indígena presente em seus trabalhos.

A cidade sedia anualmente grandes festivais populares, como o *Axé Brasil*, de música baiana, e o *Pop Rock Brasil*, de música *pop*, que atraem para o estádio do Mineirão dezenas de milhares de pessoas. Mas BH também se consagrou como um dos grandes polos nacionais da **música eletrônica**, realizando diversos eventos do gênero com bandas e DJs (*disk jockeys*) de renome internacional e, com isso, atraindo para a cidade muitos turistas de todas as partes do Brasil. Não se pode esquecer, por exemplo, o *Festival Creamfields Brasil*, realizado na cidade de BH e em mais 12 países além do nosso.

Na música eletrônica destaca-se o *funk*, que embora esteja presente em BH desde a década de 1970, só começou a se popularizar a partir de 1990. Hoje o estilo está presente no circuito cultural formal em grandes danceterias, nas rádios e ainda em bailes promovidos nas comunidades mais carentes, em especial nas quadras de escolas.

No caso da **música erudita**, desde os anos de 1940 existem em BH grupos de pessoas que cantavam e promoviam eventos orquestrais. Atualmente o erudito vem sendo divulgado em parques e teatros, apresentando repertórios cada vez mais prestigiados pela população. Neste sentido, destacam-se em BH as apresentações da Orquestra Sinfônica de Minas Gerais, criada em 1976. Vale lembrar que até 21 de fevereiro de 2008, essa era a orquestra oficial do Estado de Minas Gerais, quando então foi criada a nova Orquestra Filarmônica!!!

Quando o assunto é **literatura**, desde as primeiras décadas de existência da cidade, ela já revelava uma vocação clara. Na década de 1920, por exemplo, jovens idealistas e poetas, com frequência se encontravam na rua da Bahia (na época, a principal via da cidade) para falar sobre o tema. Aliás, foi na década de 1920 que surgiu em BH a já mencionada **"geração de raro brilho"**, para produzir os textos que revolucionaram a literatura brasileira!!!

Em 1925, Carlos Drummond de Andrade e seus companheiros lançaram *A Revista*, que embora tenha existido por pouco tempo, foi um veículo importante de afirmação do **modernismo** em Minas Gerais. Ao longo dos anos surgiram muitos outros intelectuais e poetas em BH, como Fernando Sabino, Hélio Pellegrino, Otto Lara Resende, Ziraldo, Paulo Mendes Campos, entre outros.

Hoje, no setor literário, destaca-se também a realização anual do Concurso Nacional de Literatura Prêmio Cidade de BH, que foi instituído pelo decreto Nº 204 de 1947, sendo promovido pelo município de BH e coordenado pela FMC. Ele tem como finalidade distinguir obras inéditas, em **língua portuguesa**, de autores brasileiros natos ou naturalizados, premiando em três categorias: **ensaio, poesia** e **autor estreante** e **dramaturgia**.

No **teatro**, os grandes expoentes foram o grupo Galpão e o Giramundo Teatro de Bonecos. Este último, aliás, desde sua criação em 1970 se tornou um importante grupo especializado em teatro de bonecos, criando inclusive um museu de bonecos.

Muitos outros grupos artísticos brasileiros que se tornaram famosos no cenário nacional tiveram sua origem em BH, como por exemplo o Primeiro Ato e o Corpo. De fato, talvez o grupo Corpo seja o mais famoso grupo de dança contemporânea do País. Ele foi criado em 1975 e, a partir daí, aclamado por plateias do mundo todo, em suas várias apresentações no exterior. Já no campo da atuação, importantes atores de televisão e teatro são oriundos de BH, como Débora Falabella, Isis Valverde, Gustavo Winter etc.

Já se tornou uma tradição na cidade a realização de encontros, mostras e festivais artísticos. Assim, todos os anos acontecem em BH o Festival Internacional de Teatro, Palco e Rua; o Festival Internacional de Dança; o Festival Internacional de Corais; o Festival de Arte Negra; o Festival Internacional de Curtas e a Mostra de Cinema Mundial - *Indie* Brasil. Já em caráter bienal, são realizados na capital mineira o Encontro Mundial de Artes Cênicas, o Encontro Internacional de Literatura em Língua Portuguesa, o Festival Mundial de Circo do Brasil e o Festival Internacional de Quadrinhos. E além desses eventos, há a Campanha de Popularização do Teatro e da Dança, que acontece nos meses de janeiro a março, quando dezenas de peças teatrais são apresentadas a preços populares à população, levando um grande número de pessoas aos teatros da capital mineira.

No **campo do folclore**, a cidade se destaca pela realização de exposições e eventos abertos ao público. Vários grupos como o Aruanda, conhecido internacionalmente como "**voluntários da cultura**", fazem trabalhos árduos de pesquisa, preservação e divulgação do folclore nacional. São mais de 100 danças pesquisadas em todas as regiões do País, e mais de 3.100 espetáculos realizados no Brasil e no exterior pelo Aruanda. Isso qualifica o grupo como uma referência nacional em manifestações populares. Em várias de suas apresentações dentro e fora do País são divulgadas as belezas de BH.

Durante outros períodos festivos na capital mineira, várias atividades e diversos eventos são desenvolvidos. Um bom exemplo é o que acontece ao longo do Carnaval, quando são realizadas várias oficinas e diversos concursos, desfiles e outras atividades pela cidade. Aliás, no Carnaval de 2018, quem foi à capital mineira, teve a oportunidade de curtir e brincar em um dos cerca de 480 blocos que se movimentaram pelas suas ruas. Também ocorrem apresentações especiais nos teatros da cidade, dedicadas às crianças no mês de outubro. São realizadas exibições de vídeos, exposições, apresentações circenses e de teatro, que compõem uma programação exclusivamente dedicada às crianças, em especial em 12 de outubro.

É em novembro que acontece o Festival de Arte Negra, promovido pela prefeitura. Esse projeto, que reúne artistas, estudiosos brasileiros e de outros países, integra um conjunto de ações no plano das políticas objetivando a avaliação, o combate e a superação de problemas que historicamente excluem a população negra de BH, e de todo o País, da pauta básica de direitos conferidos pela condição de cidadania. Já no mês de dezembro, o destaque é a comemoração do aniversário de BH, que, embora seja no dia 12, conta com eventos durante vários dias desse mês!!!

No que concerne **artes visuais**, é preciso destacar a Escola Guignard, que formou artistas plásticos importantes no circuito mineiro, nacional e internacional. Entre eles destacam-se Amílcar de Castro, Farnese de Andrade, Leda Gontijo, Franz Weissmann, Mary Vieira, Maria Helena Andrés, Mário Silésio, Yara Tupynambá e Inimá de Paula.

Atualmente a cidade possui uma grande quantidade de museus e galerias de arte, que exibem parte da história da arte moderna brasileira. Neste sentido, destacam-se:

- **Museu Histórico Abílio Barreto** – Seu acervo é um conjunto de itens que revelam os vários sentidos e as diversas trajetórias da cidade, expondo documentos textuais, iconográficos, bidimensionais e tridimensionais relativos às origens, formação e desenvolvimento de BH.

- **Museu de Artes e Ofícios** – O primeiro empreendimento museológico brasileiro dedicado integralmente ao tema do trabalho, das artes e ofícios no País!!!
- **Museu de Arte da Pampulha** – Ele integra o Conjunto Arquitetônico da Pampulha – que enfoca as tendências artísticas variadas exibidas em mostras, pesquisas e conceituação, sendo o seu acervo composto por obras da **arte contemporânea brasileira.** É no **Museu de Arte de Pampulha** que acontece o Salão Nacional de Arte de BH, um evento voltado para artistas emergentes ou em início de carreira. O objetivo desse projeto é criar maior engajamento do museu com a produção emergente, propiciando o contato do artista jovem com um amplo leque de leituras a respeito de sua obra. Do processo de seleção, de âmbito nacional, resulta a escolha de dez artistas que recebem uma bolsa mensal (válida por um ano) para participarem de cursos ou atividades de aperfeiçoamento de suas aptidões!!!

O período de instalação e consolidação de BH, como já foi dito, aconteceu entre 1894 e 1930, com o que a capital mineira nasceu transpirando contemporaneidade e ecletismo. Aos elementos da arquitetura greco-romana foram incorporados modismos que caracterizaram a década de 1920, como o primado geométrico do *art déco*. A influência da *belle époque*, ocorrida na mesma época na França, também foi percebida em muitas praças e espaços públicos da capital mineira. Também não se pode esquecer que arquitetos franceses, assim como mestres de obras e operários italianos, representaram uma boa parte da mão de obra usada na construção de BH.

O crescimento vertical de BH começou na década de 1930, quando surgiram as primeiras grandes estruturas de concreto. A partir de 1935, em virtude das profundas mudanças vividas no Brasil, inclusive na política industrial, a cidade passou por um acelerado processo de desenvolvimento urbano. Naquele período, o arquiteto italiano Raffaello Berti teve grande influência na arquitetura da cidade. Mesmo não podendo assinar seus projetos, por causa da legislação que negava a autoria a profissionais estrangeiros, são atribuídos a ele várias obras arquitetônicas, com o edifício da prefeitura, a sede do Minas Tênis Clube e a Santa Casa de Misericórdia.

No início da década de 1940, o então prefeito JK trouxe para BH o urbanista francês Alfred Hubert Donat Agache (1875-1959), com o objetivo de urbanizar a região da Pampulha e instalar ali uma lagoa artificial.

Atualmente, algumas das várias construções que melhor representam a arquitetura urbana da capital mineira estão no bairro Savassi, um bairro nobre, de classe alta, situado no centro sul de BH. Ele engloba a praça da Liberdade, um grande centro comercial – o *shopping* Pátio Savassi -, parte da avenida do Contorno, e o início da avenida Nossa Senhora do Carmo. O local tornou-se muito conhecido pela grande quantidade de bares e pelo forte comércio localizado ali, sendo uma das regiões mais prestigiadas da capital.

Amílcare Savassi, um padeiro italiano, estabeleceu-se na praça Diogo de Vasconcelos na década de 1930. Sua padaria foi batizada com seu sobrenome e, com o tempo, o povo passou a designar a praça pelo nome do próprio estabelecimento. A partir daí, e de maneira sucessiva, toda a região compreendida pela área do antigo bairro Funcionários foi ganhando tal designação. Mas não se pode esquecer da "influência" de um grupo de rapazes que costumava se reunir às portas da padaria Savassi, e que se tornou famoso por suas peripécias noturnas. Sem dúvida eles contribuíram bastante para a popularização do nome do logradouro.

Em 2006, a prefeitura desmembrou o bairro Funcionários, criando os bairros de Savassi e da Boa Viagem, sendo que apenas a área a nordeste continuava sendo chamada de Funcionários. A partir de 2011, a praça Savassi passou por uma grande reestruturação, quando foram construídos no local um estacionamento subterrâneo e uma ciclovia.

Um grande símbolo da região é a Feirinha do Savassi, realizada às quintas-feiras no quarteirão da rua Paraíba, entre a avenida Getúlio Vargas e a rua Inconfidentes. Apesar de sua importância, há uma pressão por parte do Ministério Público do Estado de Minas Gerias no sentido de transferi-la, por conta de sua proximidade com a escola estadual Bueno Brandão.

O Savassi possui uma agitada vida noturna. Isso se deve às cerca de duas dezenas de movimentados bares e lanchonetes existentes no local. Há também várias casas noturnas (umas dez) e cafés convidativos (mais de uma dezena). Não há dúvida, portanto, de que todo aquele que visitar BH precisa passar pelo menos umas duas noites no Savassi!!!

No tocante ao **esporte**, é o futebol que atrai muitos fãs na cidade e, vale ressaltar que, de uns anos para cá, a prática do futebol feminino também passou a ter certa relevância. Mas, no que se refere ao futebol masculino, a capital mineira possui três clubes de futebol, sendo que dois deles são reconhecidos nacional e internacionalmente: o Clube Atlético Mineiro (CAM) e o Cruzeiro Esporte Clube. O terceiro é o América Futebol Clube, que também já alcançou relevância no cenário nacional.

O CAM, popularmente conhecido apenas por Atlético, tinha no passado o nome de Athlético Mineiro Football Club. A equipe, que atualmente é uma das mais populares do Brasil, foi fundada em 25 de março de 1908 por um grupo de estudantes de classe média de BH. Suas cores tradicionais são o preto e o branco e o símbolo é o **galo**, mascote oficial desde a década de 1930. O time também é chamado por vários apelidos: "**galão das massas**", "**galo doido**", "**galo das Américas**", "**alvinegro**", "**campeão dos campeões**" e "**o time do impossível**".

Embora o clube já tenha se destacado em outras modalidades esportivas ao longo dos anos, seu reconhecimento e suas principais conquistas foram alcançadas no futebol. O clube é o maior campeão do Estado de Minas Gerais, com 44 títulos de Campeonato Mineiro. Ele também é o maior vencedor do grande clássico estadual, contra o seu principal rival, o Cruzeiro.

No âmbito nacional, o Atlético foi campeão brasileiro em 1971, quando seu técnico era o famoso Telé Santana (1931-2006). Ele comandou uma equipe repleta de craques, dentre os quais destacou-se Dada Maravilha, o artilheiro da competição com 15 gols. Alguns anos mais tarde o Atlético conseguiria formar um time ainda mais brilhante, com Toninho Cerezo, Palhinha, João Leite, Luisinho, Paulo Isidoro, Reinaldo (considerado o melhor jogador de toda a história do clube), entre outros.

O Atlético conquistou ainda outros três títulos oficiais: duas vezes a Copa dos Campeões (1937 e 1978), e a Copa do Brasil (2014). Já na esfera internacional, a equipe possui quatro títulos oficiais: Copa Libertadores da América (2013), duas Copas Conmebol (1992 e 1997) e uma Recopa Sul-Americana (2014).

O hino do clube data de 1969 e é de autoria de Vicente Motta, um mineiro natural de Montes Claros que exalta as campanhas vitoriosas do Atlético. Hoje o clube possui um grande patrimônio, que inclui a sede própria no bairro de Lourdes, o clube Labareda, a loja do Galo, a Cidade do Galo (talvez o maior e mais completo centro de treinamento e concentração da América do Sul, construído na cidade de Vespasiano), a Vila Olímpica e o *Diamond Mall*, um *shopping center* localizado no centro da capital mineira, inaugurado em 1996.

Um fato bem curioso relacionado ao clube é que o atual prefeito de BH, Alexandre Kalil, é ex-presidente da equipe. Ele é também um neófito na política, mantendo em 2018 altos índices de aprovação por parte dos munícipes. Aliás, após se eleger sob o *slogan* "**Chega de político!!!**", ele que é um empresário já conseguiu fazer as pazes com a política, embora tenha estabelecido uma forma de governar **sem troca de cargos** (!!!). Até o momento, ele é o único prefeito entre todas as capitais estaduais que tem seguido essa premissa à risca em sua gestão.

Alexandre Kalil terminou seu primeiro ano de administração em 2017, com um significativo enxugamento da máquina pública e com as contas em ordem. Ele também adquiriu 250 novos ônibus e abriu 17 mil novas vagas na educação infantil. O prefeito também escolheu para ocupar os cargos de secretários municipais pessoas competentes, independentemente de com quem elas tivessem se ligado no passado. Ele utilizou como critério a **meritocracia**.

Após aprovar a reforma administrativa por 38 votos a zero, em junho de 2017, mas ter enfrentado dificuldades para aprovar uma proposta que reduzia benefícios de servidores (aprovada por 24 a 15), ele disse: "Eu aceito a oposição, o que não aceito é **traição**. Tratar a oposição de um jeito e a situação de outro é algo que existe desde a proclamação da República. Assim, não aceito que isso seja colocado como retaliação."

Apesar de Alexandre Kalil as vezes perder as estribeiras e dizer alguns palavrões em seus discursos, em 2018 a sua popularidade entre os belo-horizontinos ainda estava em alta, o que possibilitou que seus momentos de destempero quando se envolve em discussões mais ásperas fossem perdoados... Aliás, ele mesmo se justificou: "Na realidade, não gosto de falar palavrão, até porque minha bancada é a evangélica!!!"

O prefeito, entretanto, tem sido criticado por dedicar uma parte do seu tempo recebendo pessoas na prefeitura para tratar de assuntos do seu clube, o Atlético Mineiro. Ele rebate as críticas dizendo que também tem recebido na prefeitura os dirigentes do Cruzeiro e do América. Um fato, porém, é indiscutível, o íntimo relacionamento do prefeito com Rubens Menin, dono da construtora MRV (uma das patrocinadoras do clube), que doou R$ 200 mil para a campanha do prefeito.

Porém, muito mais importante que isso é o fato de a MRV ter doado um terreno, onde será construído o futuro estádio do Atlético – obra já aprovada pelo conselho do clube – e ter assumido o pagamento de R$ 60 milhões pelos *naming rights* ("direito sobre a propriedade do nome") do estádio, ou seja, da futura Arena MRV.

O próprio Atlético Mineiro deverá gastar R$ 410 milhões na obra, que não contará com dinheiro público. Neste sentido, o clube deve vender o *shopping Diamond Mall*, que hoje está arrendado, e obter assim a maior parte dos recursos de que precisará. A construção do estádio já foi aprovada pela Câmara dos Vereadores.

Entretanto, o que não está claro é porque o clube deseja investir tanto dinheiro na construção de um estádio, principalmente levando-se em consideração que em 2019 ficou muito claro que os gastos feitos na construção de estádios por clubes e governos foram excessivos e inclusive inúteis. Houve no Brasil uma "amalucada farra" na construção de novos estádios visando preparar o País para a realização da Copa do Mundo de Futebol, em 2014. O fato é que o **"sonho da casa própria"** pode até fazer sentido para alguns torcedores do clube, mas, para um clube de futebol é apenas um fetiche (e, por sinal, um fetiche bem caro!!!).

Tal associação, entretanto, não significa causalidade, isto é, equipes não se tornam grandes porque constroem estádios!!! Por outro lado, talvez elas não o fizessem se tivessem a sua disposição espaços adequados para seus jogos. Ocorre que esse é justamente o caso do CAM: o clube tem o privilégio de contar com dois espaços recém-reformados, podendo utilizar o Mineirão (para os jogos com públicos maiores) ou o estádio Independência (para as demais partidas)!!!

Voltando ao tema esporte, no CAM outras modalidades esportivas importantes ao longo da história foram: o **voleibol**, esporte no qual o clube ainda é o segundo maior campeão estadual (atrás apenas do Minas Tênis Clube); o **atletismo**, que rendeu ao clube várias conquistas importantes (em especial na famosa Corrida Internacional de São Silvestre) e o **futsal**, com o Atlético Pax de Minas, que contou com craques como Manoel Tobias e Falcão. Vale lembrar que essa equipe dominou essa modalidade esportiva no Brasil e no mundo, conquistando a Taça Brasil (1985), a Liga Futsal (1997 e 1999) e a Copa Intercontinental (1998). Atualmente o CAM é um dos clubes de futebol mais populares do Brasil.

O Cruzeiro Esporte Clube é uma associação poliesportiva, com sede em BH. Ele foi fundado em 1921, com o nome de Sociedade Esportiva Palestra Itália, mas foi rebatizado com o seu nome atual em 1942, em uma referência ao Cruzeiro do Sul, símbolo da pátria, por imposição do governo federal. Vale lembrar que, naquela época, o uso de quaisquer símbolos oriundos da Alemanha, Itália e Japão – nações inimigas do Brasil no contexto da 2ª

Guerra Mundial – foram proibidos no País. Tanto que, inicialmente as cores do clube eram as da bandeira italiana, mas passaram a ser o azul e o branco.

Reconhecido como um dos maiores clubes do futebol brasileiro e internacional, o Cruzeiro foi duas vezes vice-campeão da Copa Europeia/Sul-Americana, e tem no seu currículo continental dois títulos da Copa Libertadores da América (1976 e 1997), um da Recopa Sul-Americana (1998), um da Copa Ouro e um da Copa *Master* da Supercopa (ambos em 1995).

No âmbito nacional, a equipe celeste detém quatro conquistas do Campeonato Brasileiro (1966, 2003, 2013 e 2014, sendo uma delas como Taça Brasil) e seis da Copa do Brasil (1993, 1996, 2000, 2003 2017 e 2018, sendo o atual recordista). Em tem termos estaduais, o Cruzeiro já foi campeão mineiro 37 vezes.

Até o final de 2018, o Cruzeiro foi o clube brasileiro com o maior número de vitórias nos jogos na Copa Libertadores da América (86) e no Campeonato Brasileiro de Futebol (mais de 630).

Jogaram pelo Cruzeiro alguns craques incríveis, como Tostão, Dirceu Lopes, Wilson Piazza, Raul Plassmann, Joãozinho, Nelinho, Ronaldo, Fred etc., e atualmente ainda joga pela equipe o goleiro Fábio, jogador que mais vestiu a camisa do clube em toda a sua trajetória (mais de 695 jogos!!!).

Em termos de torcida, o Cruzeiro possui a maior de BH (estima-se que sejam cerca de 9 milhões de torcedores espalhados por todo o País). Trata-se do clube mais popular do Estado de Minas Gerais, com quase o dobro da torcida do rival Atlético Mineiro. A mascote do time é a **raposa**, que, aliás, foi desenhada pelo chargista Fernando Pieruccetti (mais conhecido como Mangabeira), em 1945. Ele teria se inspirado em Mário Grosso, ex-presidente do clube, conhecido por sua esperteza e astúcia no comando dos negócios. Mas a inspiração também teria vindo do fato de a raposa ser um animal que se alimenta tipicamente de galináceos, o que seria uma clara alusão ao seu maior rival, o CAM.

O hino oficial do Cruzeiro foi escrito por Jadir Ambrósio em 1965, que o batizou de **Hino ao Campeão Cruzeiro Esporte Clube**. Sua letra é muito bonita, e diz:

"*Existe um grande clube na cidade,*
Que mora dentro do meu coração.
Eu vivo cheio de vaidade,

Pois na realidade, é um grande campeão.
Nos gramados de Minas Gerais
Temos páginas heroicas imortais
Cruzeiro, Cruzeiro, querido,
Tão combatido, jamais vencido!"

O complexo estrutural do clube, para alguns, é o mais moderno do Estado de Minas Gerais e um dos mais modernos do Brasil e da América Latina. Com menos de 100 anos de vida, o Cruzeiro dispõe agora de dois centros de treinamento (um para os jogadores profissionais e outro para as categorias de base), uma sede administrativa e os complexos esportivos (sedes urbana e rural).

Em outros esportes, o Cruzeiro recentemente tem se destacado no vôlei, depois que firmou uma parceria com a Associação Social e Esportiva Sada. A equipe se tornou a mais poderosa do País, ao conquistar três Mundiais de Clubes de Voleibol, quatro Sul-Americanos, quatro Superligas Nacionais, duas Copas Brasil, duas Supercopas Brasileiras e oito Campeonatos Mineiros.

No atletismo o Cruzeiro também tem uma equipe bem forte. Nela estão vários atletas importantes, que disputam as mais diversas corridas de nível nacional e mundial.

A terceira equipe de futebol em BH é o América Futebol Clube, que ultimamente vem conquistando certo destaque. Aliás, até o Campeonato Brasileiro de 2018, os três clubes mineiros mencionados faziam parte da Série A – a elite do futebol profissional brasileiro –, composta de 20 equipes. Porém em 2018, o América infelizmente foi rebaixado para a Série B!?!?

O América Futebol Clube, também conhecido como América Mineiro, foi fundado em 30 de abril de 1912, preservando até hoje o mesmo nome e escudo desde a sua criação. Suas cores originais são o verde e o branco, mas o preto na camisa foi incorporado em 1970. O time também atuou com uniformes vermelhos entre 1933 e 1942, em protesto contra a introdução do profissionalismo no futebol.

O América possui a terceira maior torcida de Minas Gerais, sendo um dos clubes mineiros mais tradicionais e bem-sucedidos do Estado. A equipe já conquistou 16 títulos estaduais e foi vice-campeão em outras 15 oportunidades. As 10 primeiras conquistas foram sequenciais, entre 1916 a 1925, um recorde nacional de títulos consecutivos (ao lado do ABC de Natal), sendo que a conquista mais recente foi em 2016. Dentre os demais títulos, destacam-se as conquistas nacionais do Campeonato Brasileiro de Futebol da Série B (em 1997 e 2017), o Campeonato Brasileiro de Futebol Série C, em 2009 e a Copa Sul-Minas, em 2000. O clube também possui alguns títulos importantes nas categorias de base, tendo uma sólida tradição na formação de novos jogadores, entre os quais destacam-se Tostão, Palhinha, Gilberto Silva, Euller, Alex Mineiro, Fred etc.

Primeiro mascote do América foi o Pato Donald, entretanto, desde 1944 passou a ser um "**coelho**", uma criação do cartunista do jornal *Folha de Minas*, Fernando Pieruccetti. Outras alcunhas do América são "**decampeão**" e "**coelhão**".

O hino oficial do América é aquele composto por Vicente Motta, todavia, na década de 1990 Fernando Brandt e Tavinho Moura compuseram um segundo hino (não oficial) para o clube, que não obteve grande aceitação entre os seus torcedores. Além destes, o América tem o *Hino da torcida*, composto pelo comediante Fernando Ângelo.

No que se refere a estádios, como já foi dito, a cidade conta com dois de grande porte. O primeiro é o Governador Magalhães Pinto, mais conhecido como Mineirão. Trata-se do maior estádio de Minas Gerais e o quinto maior do País, com capacidade para 62.170 espectadores. O segundo é a Arena Independência, que pertence ao América Mineiro, o único grande clube de BH a mandar seus jogos em estádio próprio. Em 2012 – ano do centenário do clube –, o estádio foi reinaugurado e tem agora capacidade para 23.018 torcedores.

Além desses estádios BH possui três grandes ginásios: o Jornalista Felipe Drummond (o Mineirinho), com capacidade para 25.000 pessoas; o Chevrolet/Marista *Hall*, do colégio Marista, uma arena multiuso com capacidade para cerca de 3.700 pessoas, bastante utilizada ultimamente para *shows* e eventos culturais e artísticos, e a Arena Juscelino Kubitschek, uma arena multiuso do Minas Tênis Clube, com capacidade para 4.000 espectadores.

A cidade é sede de vários eventos desportivos de outras modalidades, como a Volta Internacional da Pampulha (em 2018 teve a sua 20ª edição), uma corrida disputada num percurso de 17,8 km, em comemoração ao aniversário da capital mineira. Também no campo do atletismo, realiza-se em BH desde 2008 a Meia Maratona Linha Verde, na qual os competidores percorrem um trajeto de 21 km entre a rodovia MG-10 e a praça Rui Barbosa.

E para quem curte outros esportes, vale lembrar que está localizado na cidade de BH o Minas Tênis Clube, uma agremiação fundada em 15 de novembro de 1935, que alcançou destaque nacional e internacional em várias modalidades olímpicas. Há mais de sete décadas o clube constitui grandes times de voleibol masculino e feminino, além de ótimas equipes de natação, basquete, futsal, judô, ginástica artística e tênis, é claro. Em tempo, no dia 26 de abril de 2019, a equipe de voleibol feminino do Minas Tênis tornou-se campeã brasileira. No turfe, BH já se destacou com as corridas que aconteceram entre 1964 e 2006 no hipódromo Serra Verde, no bairro de mesmo nome. Infelizmente isso já não acontece mais na cidade, se bem que o Jockey Club de Minas Gerais promete em breve construir um novo hipódromo!?!?

BH foi uma das 12 cidades que sediaram a Copa do Mundo de 2014, mas, além disso, a capital mineira também foi uma das subsedes dos Jogos Olímpicos de Verão, que aconteceram no Rio de Janeiro em 2016.

O visitante de BH sem dúvida precisa programar uma ida ao Instituto Cultural Inhotim, uma sociedade civil de interesse público, com curador, diretoria e apoio de pessoas jurídicas que controlam verbas de patrocínio próprio e também de incentivos captados via lei Rounaet.

Ele fica no município de Brumadinho, a 63 km de BH, podendo-se chegar até o mesmo pela rodovia BR-381. No início de 2019, Brumadinho ocupou lamentavelmente o noticiário nacional e internacional quando aconteceu a tragédia de ruptura de uma barragem de uma mineradora que opera no município que provocou uma enorme destruição, centenas de mortes e grande poluição nos rios.

No que se refere ao instituto, ele nasceu do sonho de Bernardo Paz, um empresário que defende a cultura adquirida na vida. Esse homem – um tipo místico e avesso a badalações – se tornou famoso por trocar sua rica coleção de **arte moderna** por **arte contemporânea**!!!

Certa vez, em 2012, ele explicou: "A arte moderna não ensinou nada a ninguém. Eu comprei muitas obras de arte moderna. Hoje, tenho pavor dela." Ele colocou sua coleção particular de arte contemporânea no acervo inicial do museu e passou também a usar os proventos de sua empresa mineradora na incorporação de novas obras de artistas contemporâneos, feitas especificamente para o Inhotim.

O instituto ocupa uma área doada por Bernardo Paz. Era uma fazenda com 140 ha de mata nativa e secundária, localizada num encrave de cerrado com campo rupestre. Hoje existe ali um jardim inspirado no trabalho de Roberto Burle Marx, que, aliás, comentou certa vez: **"Ninguém deveria morrer antes de ver o Inhotim."**

Roberto Brant, membro do Conselho Administrativo de Inhotim, num texto publicado no jornal *Folha de S.Paulo* em 18 de fevereiro de 2018, destacou: "Inhotim é um acontecimento que não poderia jamais ter sido previsto. Não estava situado na ordem natural das coisas e seu aparecimento, além de inesperado, foi uma novidade absoluta. O Brasil **nunca esteve na vanguarda da arte no mundo**, e Minas Gerais não seria, por nenhum cálculo, o lugar natural para um empreendimento de arte contemporânea desta dimensão, deste alcance. **No entanto, Inhotim existe!!!**

E existe em Brumadinho, guardado entre os braços fortes das montanhas de Minas Gerais. Não foi uma iniciativa coletiva, nem um sonho das elites. Foi criação e obra de um único indivíduo que o imaginou do **nada**.

Hoje é uma realidade: uma exposição permanente, em campo aberto, das últimas criações de arte contemporânea internacional, ancorada em renomados artistas plásticos brasileiros, como Tunga, Cildo Meireles, Miguel Rio Branco e Adriana Varejão, tendo como pano de fundo um luminoso jardim botânico e mostrando a arte eterna da natureza brasileira. E a concepção, a iniciativa e o financiamento da estranha aventura foram obra de um único homem: **Bernardo Paz**.

Ele mobilizou artistas e curadores em todo o mundo e terminou sendo um empreendimento sem igual no mundo, de importância central na arte contemporânea. **Quanto custou tudo isso?** É muito difícil dizer!!!"

Quando Inhotim foi aberto, em 2006, teve uma visitação inicial de 7.000 pessoas. Então, somente no ano de 2017 o local recebeu **350 mil visitantes** e, nos últimos 12 anos foram **3 milhões** (!!!), dos quais cerca de 15% eram estrangeiros – o que pode até ajudar a viabilizar a implantação do aeroporto internacional de Betim, com picos diários de 12 mil pessoas. Todavia, a renda de público não é suficiente para manter o local, que emprega 500 funcionários, quase todos da região. Essas pessoas administram tudo dentro do parque: um restaurante de luxo, lanchonetes, sanitários, vários prédios de galerias com obras de autores nacionais e internacionais, além de diversos eventos culturais.

Recentemente descobriu-se que Bernardo Paz não pagou os impostos devidos, e que para honrar essas dívidas do grupo Itaminas (do qual foi proprietário) estimadas em R$ 471,6 milhões, ele se dispôs a entregar suas peças expostas no instituto. E isso de fato aconteceu. No dia 27 de abril de 2018, o empresário reduziu em pelo menos cinco vezes o valor total de 20 obras de arte (!?!?) e fechou um acordo para o pagamento de sua dívida tributária com o Estado de Minas Gerais. O conjunto em questão é formado por quatro obras de Adriana Varejão, quatro de Cildo Meireles, quatro de Delson Uchôa, três de Chris Burden e uma de cada um dos seguintes artistas: Matthew Barney, Doug Aitken, Doris Salcedo, Dan Graham e Amílcar de Castro.

Pelo fato de estar incluído num programa especial que aceita pagamentos em obras de arte, o montante da dívida caiu para R$ 111,7 milhões, valor que consta do termo de quitação. Porém, o acordo também ampliou a participação do governo estadual na gestão do Inhotim. Assim, a partir de agora, há um representante público no conselho de administração do instituto, o que o impedirá, por exemplo, de se desfazer de quaisquer outras obras de arte ou de paisagismo, realizar fusões ou cisões, vender, alugar, transferir ou ceder terrenos. O museu também renunciou a quaisquer indenizações e não poderá se opor no caso de **tombamento** pelo governo mineiro.

Naturalmente, nesse processo de homologação a Justiça contratou peritos para que estes estabelecessem o preço de todas as obras, sendo que o menor valor por eles apontado foi o considerado para a celebração do acordo. Sobre esse assunto o secretário de Cultura do Estado de Minas Gerais, Ângelo Oswaldo, comentou: "Houve a necessidade de Bernardo Paz resolver o problema em que se envolveu, mas o Estado não poderia cometer a irresponsabilidade de deixar que esse patrimônio entrasse em colapso. Inhotim é o **segundo atrativo mais visitado do Estado**. Foi ele que realmente colocou Minas Gerais no cardápio do **turismo mundial**. Seria uma perda artística, cultural, histórica e turística irreparável.

Inhotim tornou-se uma importante fonte de geração de renda. Qualquer país do mundo daria tudo para ter o Inhotim. Com esse acordo, tem-se mais segurança para a preservação de todo o projeto Inhotim, garantindo a perenização desse relevante acervo artístico, pois as obras permanecerão no museu a título de comodato, sem a possibilidade de serem removidas ou vendidas."

Que ótimo que uma solução positiva para todos os envolvidos foi encontrada, "**perdoando-se**" de certa forma as irregularidades praticadas pelo empresário Bernardo Paz, mas, ao mesmo tempo, estimulando a continuidade do Inhotim, agora sob a fiscalização do Estado. Afinal, segundo alguns especialistas o valor total do seu acervo é de **US$ 1,5 bilhão**!?!?

Infelizmente, o Ministério Público de Minas Gerais, no final do 1º semestre de 2019 emitiu um parecer contrário à transferência de 20 obras de arte do Instituto Inhotim ao governo mineiro para o pagamento de dívidas do empresário Bernardo de Mello Paz.

A promotoria entende que o acordo fechado em 2018 pode ser lesivo aos cofres do Estado, já que as obras permaneceriam no Inhotim mesmo após a transferência da propriedade ao governo estadual.

Por sua vez, em nota o governo de Minas Gerais disse discordar da opinião do Ministério Público, visto que a dívida é antiga e não há perspectiva de seu recebimento via execução fiscal, gerando o risco de prescrição.

Assim, defende, o acordo baseando-se no fato de que "**não seria prejudicial, ou pelo menos seria menos prejudicial do que a situação atual.**"

Caro(a) leitor(a), depois de ter lido tanta coisa sobre BH, será que você seria capaz de rapidamente listar as 11 melhores atrações da capital mineira? Bem, então aí vai uma lista prontinha, com **11 atrativos**, para visitar, ver, apreciar, admirar ou deliciar-se:

1. Visitar o cartão-postal da cidade – o Conjunto Arquitetônico da Pampulha.
2. Visitar o Inhotim.
3. Ir a praça da Liberdade, palco dos maiores movimentos desencadeados na cidade, e onde existem dezenas de atrativos aos domingos.
4. Ver uma mostra no Centro Cultural Banco do Brasil.
5. Deliciar-se com alguma comida típica no Mercado Central.
6. Percorrer o Museu Memorial Minas Gerais Vale e aprender algo sobre a cultura mineira.
7. Admirar as atrações do palácio das Artes.
8. Passear no parque municipal das Mangabeiras, um dos maiores do País.
9. Visitar o mirante das Mangabeiras para apreciar uma belíssima vista da cidade.
10. Assistir a um jogo no Mineirão.
11. Apreciar o acervo do Museu de Artes e Ofícios, e conhecer a história dos ofícios antigos que deram origem às ocupações profissionais modernas.

Bom passeio!

As casas típicas em Blumenau, na Vila Germânica.

Blumenau

PREÂMBULO

A cidade de Blumenau tem se sobressaído em vários aspectos no cenário nacional: **indústria, tecnologia, educação e saúde**. Todavia, foram as malharias e a indústria têxtil que mais se destacaram na cidade, transformando-a no lugar perfeito para o **turismo de compras**.

Blumenau também se sobressai pelas inovações em seu moderno parque tecnológico, sendo também conhecida como a "**cidade do conhecimento**". No âmbito da **educação**, a cidade possui várias IESs com excelentes programas de graduação e pós-graduação, sendo uma **referência no ensino fundamental** e **médio**.

Por ser considerada um centro de excelência na saúde, a cidade já foi eleita pela Organização das Nações Unidas (ONU) **uma das dez melhores cidades para se viver** no Brasil, destacando-se com notáveis conquistas na área tecnológica, modernos hospitais e clínicas médicas especializadas.

No âmbito do **turismo**, a cidade se distingue em diferentes setores. Assim, quem chega a Blumenau pode escolher entre **várias outras opções de turismo**, como:

- **Compras** – Possui um comércio desenvolvido e cheio de opções, destacando-se os cristais e a moda.
- **Negócios** – Conta com infraestrutura completa para eventos e feiras internacionais.
- **Natureza** – Oferece alternativas variadas para quem curte as mais variadas atividades ligadas à natureza, da prática de *rafting* a passeios a cavalo e caminhadas por trilhas pela mata atlântica.
- **Cultura** – Dispõe de museus, galerias, teatros, confrarias e 32 associações de atiradores que mantêm atividades durante o ano todo.
- **Rural** – Oferece oportunidades para que o turista conheça a colônia alemã da cidade.
- **Lazer** – Oportunidade de o turista participar das várias festas temáticas da região: *Oktoberfest*, *Festitália* e *FestFolk*; e de curtir o Natal e a Páscoa, quando a cidade reúne pessoas que chegam de todos os lugares do País e do mundo, além dos próprios blumenauenses.

Diversão, tradição, gastronomia e gente bonita – com os sorrisos mais encantadores do sul do País – fazem uma combinação simplesmente perfeita. O fato é que Blumenau surpreende o turista a cada esquina, a cada festa e em cada atração!!!

A HISTÓRIA DE BLUMENAU

Blumenau é um município do Estado de Santa Catarina que ocupa uma área de 519,84 km². Em 2019 viviam ali cerca de 355 mil habitantes e os seus municípios limítrofes são Massaranduba, Jaraguá do Sul, Botuverá, Guabiruba, Indaial, Pomerode, Luiz Alves e Gaspar.

Além dessas cidades, outras também fazem parte da Região Metropolitana do Vale do Itajaí (RMVI), que tem Blumenau como cidade-sede, e conta no total com 1,5 milhão de habitantes. Atualmente Blumenau tem um IDH de 0,809, sendo uma das melhores cidades de Santa Catarina.

A cidade foi fundada pelo filósofo e farmacêutico alemão Hermann Bruno Otto Blumenau, que chegou ali em um barco, navegando no rio Itajaí-Açu. Ele nasceu em 26 de dezembro de 1819, em Hasselfelde, na Alemanha, e se tornou procurador da Sociedade Protetora dos Imigrantes Alemães. Quem guiou o fundador nessa aventura foi o caboclo Ângelo Dias que conhecia a região. Ele concordou em povoar o terreno obtido do presidente da província de Santa Catarina, uma doação de duas "léguas cúbicas" desde a foz do ribeirão Garcia. Hermann B.O. Blumenau desembarcou na foz do ribeirão Garcia em 2 de setembro de 1850 e dividiu o território em lotes para os colonos compatriotas – vieram inicialmente com ele 17 deles – para que pudesse ali edificar suas moradias, majoritariamente casas feitas com a técnica **enxaimel** ou *Fachwerk* (utilizam-se peças de madeira horizontais, verticais e inclinadas, formando um engradado rígido, preenchido com barro amassado e tijolos).

Deve-se lembrar que Hermann B.O. Blumenau, visitou antes do Rio Grande do Sul, e outros locais em Santa Catarina, tendo ido ver ali a colônia alemã de São Pedro de Alcântara, antes de optar pelo vale do rio Itajaí, que explorou detalhadamente com o seu compatriota Ferdinand Hackradt.

Foi no intervalo existente entre as fozes dos ribeirões Velha e Garcia que ele definiu o atual centro da cidade, cujo nome é evidentemente uma homenagem ao seu fundador!!! Por ocasião da instalação dos primeiros colonos, Blumenau já tinha dissolvido sua sociedade com Hackradt. Daí em diante, foram muitos os obstáculos que Hermann Blumenau teve de enfrentar para consolidar o povoado, e acabou pedindo ajuda ao governo imperial. Foi então que dom Pedro II adquiriu a colônia, indicando o próprio Blumenau como seu diretor em 1860.

A despeito das enchentes, das brigas no sertão selvagem com os animais e por indígenas, por obra de Hermann Blumenau e dos imigrantes dispostos a fixar-se ali em quantidades numerosas, que a colônia prosperou. Todavia, isso não aconteceu sem conflitos com os habitantes originais da região. A região de Blumenau era habitada pelos índios xoclengues, que tiveram suas terras invadidas pelos imigrantes, o que originou várias desavenças, das quais os indígenas saíram **derrotados** e acabaram sendo escravizados ou mortos!?!?

Durante muitos anos só existiu um meio de transporte na região: o rio Itajaí, pelo qual navegavam canoas e navios de pequeno porte.

Com o passar do tempo a cidade de Blumenau também recebeu muitos imigrantes italianos, o que originou conflitos entre eles e os colonos alemães!?!? Os italianos eram quase todos católicos, enquanto muitos dos alemães que aí chegaram eram luteranos. Além disso, os italianos foram assentados em lotes periféricos e montanhosos, enquanto os alemães ocuparam as melhores terras!?!? A maioria dos imigrantes originais veio de pequenas aldeias alemãs, como Pahnstangen, na Turíngia. De qualquer modo, é importante mencionar que, na época da guerra do Paraguai, muitos moradores que escolheram Blumenau como nova residência, apresentaram-se como voluntários e rumaram para o *front* para defender o País.

Blumenau foi elevada à categoria de distrito em 1873. Então, em 4 de fevereiro de 1880 ele foi desmembrado de Itajaí, surgindo assim o município de Blumenau, com 13 mil habitantes na época. Em 1881 foi publicado o primeiro periódico da região, o *Blumenau – Zeitung* (*"Jornal de Blumenau"*), que circulou sem interrupção até os últimos dias de 1938.

Dentre os imigrantes, vieram para Blumenau pessoas bem famosas, como o biólogo Fritz Müller, que colaborou com as ideias de Charles Darwin. Ao longo do século XX, Blumenau foi se desenvolvendo com suas edificações e casas (muitas delas inteiramente inspiradas na arquitetura alemã), assim como com suas indústrias de produtos manufaturados. Nela também se criaram muitos jardins e deu-se bastante atenção à **educação**.

Já no século XXI, Blumenau passou por um processo de revitalização de suas principais ruas, seguindo certos padrões estéticos, como a utilização de *paver* com piso tátil para deficientes visuais e utilizando mobiliários padronizados. Isso teve início na importante rua 15 de Novembro, próxima do rio Itajaí-Açu (e continuou posteriormente nas ruas Amazonas e Hering).

Aliás, no ano de 2008, Blumenau sofreu muito com a rápida subida do nível desse rio, por conta das fortes e contínuas chuvas na região. Isso fez com que se registrasse um aumento de 350% no nível de seu leito em comparação à mesma época de 2007. Tal situação provocou alagamentos, deslizamentos de terra e, inclusive, desmoronamentos em diversas partes da cidade. As aulas tiveram de ser suspensas e o ano letivo terminou antecipadamente, enquanto os serviços de transporte de ônibus foram temporariamente paralisados devido às interrupções nos percursos. O sistema somente voltou a funcionar poucos dias depois do ocorrido.

Após ter decretado inicialmente o **estado de emergência na cidade**, em 24 de novembro de 2008 o então prefeito João Paulo Kleinübing, precisou decretar o **estado de calamidade pública**. O resultado de tudo isso foi a necessidade de se providenciar a remoção de cerca de 50 mil habitantes dos locais onde originalmente eles viviam, e, infelizmente, houve a morte de 24 moradores. Com o final das chuvas, Blumenau começou a receber ajuda do governo do Estado e da União para a reconstrução de ruas, pontes etc., o que somente seria concluído depois de alguns anos da ocorrência dessa tragédia.

Deve-se destacar que a altitude média do município de Blumenau é de 21 m em relação ao nível do mar. Assim, quando o nível do rio Itajaí-Açu sobe além de 10 m a situação já provoca muita preocupação, uma vez que as áreas mais próximas começam a ficar alagadas. O município possui um relevo bastante acidentado, caracterizado por serras na região sul e vales e ribeirões – Garcia e da Velha – no norte. Ele também possui alguns morros bem elevados, como o Spitzkopf (com 940 de altura), o Loewski (980 m) e o Santo Antônio (970 m).

Deve-se recordar que Blumenau em sua extensão máxima chegou a possuir uma área de 10.610 km². Porém, em 1930 a cidade sofreu a perda de Rio do Sul. Cinco anos depois foram desmembrados Ibirama, Timbó, Gaspar e Indaial. Na época, os territórios eram bem maiores do que são hoje. Em 1936, foi a vez de Rodeio. Em 1948, Taió e Itaporanga também se separaram de Blumenau. No início da década de 1960 uma nova onda de desmembramentos criou 31 novos municípios. Todavia, Blumenau continua influenciando bastante todas as regiões que se separaram do município. Nota-se tal situação principalmente pela quantidade de pessoas que a cidade recebe, seja para estudar, cuidar da saúde, fazer compras ou, em especial, para se divertir em suas festas.

Em termos de **composição**, pode-se dizer que atualmente **cerca de 50%** da população de Blumenau é de **descendência alemã**. Outra grande parcela possui **ascendência italiana**, uma vez que as cidades ao redor de Blumenau foram quase todas colonizadas por imigrantes chegados da Itália. Descendentes de portugueses de diversas origens também se fazem presentes na região, ainda que em número mais modesto. No que se refere à composição étnica do município, estima-se que em 2019 ela fosse a seguinte: 89,6% era de brancos, 8,4% pardos e 1,6% afrodescendentes, com o restante sendo composto de amarelos e indígenas. Já no que concerne a **religião**, em 2019 cerca de 64% da população era católica; 29% evangélica; 3% sem religião e os demais moradores eram espíritas, budistas, mórmons etc.

No que se refere a **habitabilidade**, também em 2019 estimou-se que houvesse no município cerca de 91 mil residências, existindo assim uma grande carência habitacional. Isso justifica a existência de aproximadamente duas dezenas de favelas, com uma média de 10 mil domicílios. Elas surgiram por causa de dezenas de loteamentos clandestinos e irregulares. Ressalva-se, entretanto, que embora sejam favelas, elas não são cortiços.

Quando o assunto é **educação**, Blumenau vivencia uma situação curiosa e ao mesmo tempo lamentável. Ao longo de muitas décadas o governo brasileiro ignorou os apelos dos moradores para a implantação de escolas públicas no município, o que forçou os imigrantes a construírem escolas particulares. Por conseguinte, na maioria dessas IEs a educação não era oferecida em português. Para se ter uma ideia, por volta de 1903, o município tinha 4.000 alunos matriculados, frequentando uma de suas 95 escolas. Todavia, desse número total **apenas quatro** eram públicas e ministravam suas aulas **exclusivamente em português**. Cinco escolas ofereciam o curso em alemão e português; quatro em alemão e polonês; uma em italiano e alemão, e **81** escolas ministravam aulas **somente em alemão!?!?**

Ressalte-se que o uso da língua alemã não era bem visto por certos membros do governo brasileiro e, a partir da década de 1910, passou a ser combatido pelas autoridades governamentais, inclusive com tentativas de se eliminar o idioma alemão por meio de **subsídios** a escolas particulares que lecionassem somente em **português**!!! Assim, já em 1930 havia em Blumenau 55 escolas estaduais e 134 particulares, com cerca de 12 mil alunos. Nessa época o município já apresentava um notável desenvolvimento educacional.

O então prefeito da cidade, Cândido de Figueiredo, explicou isso da seguinte forma: "Temos aqui uma educação de muita qualidade, que não existe, em nenhum outro município do Estado, quiçá do País. Aqui o alemão é a língua que mais se fala, e mesmo quem não é de origem alemã precisou aprendê-la, visto que ela é essencial – especialmente para as transações comerciais."

Em seu livro *Nacionalização do Vale do Itajaí*, o autor Rui Alencar Nogueira, participante da campanha de nacionalização, classificou Blumenau como "**uma cidade esquisita**", onde a língua alemã era usada na região "**sem constrangimentos**", até mesmo nas repartições públicas. O autor enfatizou ainda em seu livro que "parecia incrível que pudéssemos entrar numa cidade dentro do nosso próprio território na qual nos sentíssemos contrafeitos!!!"

Esse mesmo sentimento foi compartilhado pela escritora cearense Rachel de Queiroz na crônica *Olhos Azuis*, publicada em 1949 na famosa revista *O Cruzeiro*. A autora escreveu: "[...] a sensação que se tem em Blumenau é de estar em País estrangeiro, e um país estrangeiro inamistoso. Tal sensação nos é transmitida não somente pela cor do cabelo e dos olhos dos habitantes; não só pelos nomes que se ostentam nas placas das lojas e dos consultórios; não só pelo estilo arquitetônico. Mas antes e acima de tudo, pela fala daquela gente [...]. Gente que fala mal, com sintaxe germânica, com uma pavorosa pronúncia germânica [...]. Alguém tem que dar um jeito nesse problema enquanto ele não vira um drama."

Com a campanha de nacionalização imposta na década de 1930 pelo presidente Getúlio Vargas, as escolas germânicas **foram fechadas**!!! Falar línguas estrangeiras em público tornou-se crime!?!? Em um contexto **nacionalista**, para o Estado Novo, a língua portuguesa era a única nacional e o uso de idiomas de imigrantes era uma "anomalia" que deveria ser aniquilada!?!?

Como consequência da nacionalização, o uso da língua alemã passou a ficar limitado apenas à oralidade em Blumenau, uma vez que o ensino dela na escola foi suprimido. Atualmente, a maioria dos alunos de Blumenau que estuda nas escolas públicas aprende as diversas matérias **exclusivamente em português**!!! Entretanto, algumas escolas particulares que ensinam em alemão foram reabertas na década de 1970, mas representam um número bastante reduzido no momento.

Por falta de estudos sobre o tema, não se sabe quais dialetos alemães são ainda falados em Blumenau, embora o idioma usado no município "pareça se aproximar muito da variedade padrão da língua germânica". Nas últimas gerações têm-se observado o **abandono** do uso do idioma alemão, sobretudo entre os jovens, que o falam com dificuldade ou sequer o falam!?!? Na zona rural, entretanto, a língua alemã ainda permanece como língua materna, uma vez que as crianças chegam à escola com o pleno conhecimento do idioma.

Blumenau possui três símbolos oficiais: seu **brasão**, sua **bandeira** e seu **hino**. O brasão blumenauense é constituído por seis elementos. No topo, vê-se a descrição da fachada de um castelo reproduzido várias vezes, com suas ameias em destaque, um símbolo da municipalidade. Logo abaixo estão representadas as províncias germânicas, das quais vieram os maiores grupos de imigrantes para colonizar o município. Na parte central estão os símbolos nacionais e estaduais, simbolizando a mistura entre Brasil e Alemanha.

No lado esquerdo do brasão está a representação de Hermann Blumenau, a partir de imagens de arquivo. No lado direito encontra-se um machadeiro, simbolizando os primeiros colonos da cidade. Abaixo deles aparece uma roda dentada de engrenagem que remete à grande indústria blumenauense, principal atividade do município. Por fim, a fita por cima da roda dentada aponta para a fidelidade ao Estado e ao País. Aliás, o lema da cidade é *Pro Sancta Catherina et Brasilia*, cujo significado é: "**Por Santa Catarina e pelo Brasil**".

A bandeira de Blumenau é composta do brasão da cidade inserido no círculo amarelo. Este, por sua vez, encontra-se centralizado num retângulo, sobre quatro listras vermelhas e três listras brancas. As cores da bandeira repetem aquelas das fitas e dos laços com os quais as mulheres blumenauenses enfeitaram a bandeira imperial empunhada pelos 56 voluntários de Blumenau na guerra do Paraguai, em 1865.

O hino da cidade, intitulado simplesmente "***Hino de Blumenau***", foi instituído pela lei ordinário Nº 5514/00, em 22 de agosto de 2000, por ocasião das comemorações de 150 anos da cidade. Sua música foi composta por Edson Luis da Silva e a letra foi criada por Márcio Volkmann.

Blumenau estabeleceu alguns acordos que a tornaram **cidade-irmã** de Weingarten (na Alemanha), Badajoz (na Espanha), Bariloche e Pesadas (na Argentina), Osorno (no Chile) e as cidades brasileiras de Macapá, Petrópolis e Campinas. O objetivo desses acordos é buscar um maior conhecimento do que ocorre em outras cidades do País e do exterior, visando o estabelecimento de parcerias capazes de auxiliar na solução de problemas enfrentados (e até os já solucionados), assim como o desenvolvimento de um maior intercâmbio cultural e educacional.

Apesar de Blumenau figurar no quarto lugar entre as maiores economias de Santa Catarina – atrás de Joinville, Itajaí e Florianópolis – a cidade possui uma forte influência no Estado no setor secundário, sendo, juntamente com Joinville e Itajaí, os maiores centros industriais. A principal atividade econômica de Blumenau é a **indústria têxtil**, com fabricantes de grande porte como a Companhia Hering, a Dudalina, a Karsten e a Teka, além de muitas outras médias e pequenas empresas que já conseguiram destaque nacional. Está na cidade a Haco Etiquetas, a **maior fabricante do mundo de etiquetas**.

Blumenau também se destaca em outras setores industriais, como o metalúrgico, o mecânico e o de material elétrico, sendo o maior polo produtor de transformadores do Brasil com empresas como Trafovale, Blutrafos, ABB Transformadores etc. Outro setor de destaque para a economia da cidade é o de **informática**, sendo Blumenau a sede do chamado "Vale do *Software*" e a pioneira do setor no Estado, uma vez que nela foram desenvolvidos diversos programas importantes, alguns deles nascidos na Blusoft, uma incubadora de empresas.

Blumenau há muitos anos já se sobressaiu no cenário nacional com o seu polo de *software*, que teve origem no decorrer de 1969 com a fundação do Centro Eletrônico da Indústria Têxtil (Cetil). As principais empresas têxteis da época – Hering, Karsten, Sulfabril, Artex, Teka e Altenburg – precisavam processar suas notas fiscais, livros contábeis e folhas de pagamento de uma forma ágil, porém, não existia um serviço como este na região, assim resolveram se unir e montar algo próprio.

Como nesta época a tecnologia era algo realmente caro e de conhecimento de poucos, este grupo resolveu fundar um centro de treinamento no qual foram capacitados muitos blumenauenses em TI (tecnologia da informação). Só mais tarde, em 1975, foi que a Universidade Regional de Blumenau (URB) criou um curso de técnico de processamento de dados e por volta de 1988 surgiu finalmente o curso de bacharel em Ciências de Computação. Alguns dos professores de hoje da URB são remanescentes da extinta Cetil Treinamentos e sem sombra de dúvida eles formaram muitos jovens talentosos para o setor de informática, principalmente no desenvolvimento de *software*.

Já um mercado novo em Blumenau, mas em rápida expansão, é o da produção de **cervejas artesanais**, com destaque para a Eisenbahn e a Bierland. Aliás, em março de 2017 Blumenau recebeu o título de "**capital nacional da cerveja**". Isso ocorreu por várias razões, a começar pela existência da *Oktoberfest*, que em 2017 ultrapassou a marca de 520 mil visitantes. Ao longo dos 19 dias da festa (de 4 a 22 de outubro daquele ano) os participantes consumiram mais de 750 mil litros de chope.

Além da *Oktoberfest*, também acontece no mesmo período o Festival Brasileiro da Cerveja (que celebrou a 10ª edição em 2018), no qual se dá espaço aos pequenos produtores da bebida. Atualmente existe em Blumenau a Escola Superior de Cerveja e Malte, que oferece graduação em engenharia de produção cervejeira e que, ainda em 2016, recebeu mais de mil alunos. O objetivo da IES é formar profissionais talentosos e garantir assim um melhor desempenho do setor a cada ano. Não se pode esquecer, afinal, que no centro de Blumenau fica o Museu da Cerveja, que, entre outras coisas, guarda as chopeiras e os canecas usados nas primeiras edições da *Oktoberfest*.

A *Oktoberfest* acontece na Vila Germânica, um local que funciona o ano inteiro. Ali está localizado o bar *Bier Vila*, que reúne cerca de 400 rótulos de cerveja. Uma parede com 30 torneiras exibe a seleção de bebidas servidas sob pressão. A grande variedade até confunde os leigos, mas a equipe local ajuda bastante na decisão sobre o que beber e, depois do brinde (*prost!*, em alemão) dá para continuar bebericando um bom tempo nas mesinhas ao ar livre.

Entre as cervejarias veteranas da cidade está a Eisenbahn. A bebida foi desenvolvida em 2008 por Jarbas Mendes e seus filhos Juliano e Bruno. Ambos estudaram em Boston (EUA), onde conheceram a cerveja artesanal Samuel Adams, que os inspirou a produzir a Eisenbahn em Blumenau. Agora pertencente a Heineken, a cerveja não abandonou sua terra1 natal. No bar *Estação Eisenbahn* o cliente tem a sua disposição ao menos 12 rótulos, todos de bebidas produzidas na fábrica anexa. Além disso o visitante, amante de cerveja, tem aí possibilidade de tomar alguma edição especial, como a *Eisenbahn Altbier*.

Outra marca tradicional da cidade é a Bierland, que foi aberta em 2003. A partir de outubro de 2017 a cervejaria dobrou sua capacidade de produção, que chegou aos 280 mil litros de cerveja por mês. Dá mais nova leva de cervejarias, há a Container, inaugurada em 2014, que segue a escola inglesa. Aliás, essa influência britânica é notada claramente na decoração do *pub*, situado ao lado da fábrica. Nesse bar, com luz baixa e *rock* como trilha sonora, é possível provar suas cinco receitas.

Ainda mais recente é a Cerveja Blumenau, que nasceu como uma marca cigana, ou seja, sem endereço fixo. Desde setembro de 2016, entretanto, a cervejaria conta com um amplo espaço no bairro de Itoupavazinha. Ali são fabricadas as 11 bebidas da casa, entre elas a *Capivara Little IPA*, premiada em um festival na Bélgica, que pode ser degustada no bar anexo. Pode-se ainda agendar uma visita guiada, que termina com degustação e custa R$ 25 por pessoa.

Blumenau tem uma **economia** vigorosa e bem reforçada pelo **setor terciário**, ou seja, pela **prestação de serviços** e o **turismo de eventos**, contando com várias feiras de projeção internacional, que geralmente são realizadas na Vila Germânica. Em 2017 a cidade alcançou US$ 550 milhões em exportação, o que representou cerca de 8% do total exportado pelo Estado de Santa Catarina.

Atualmente, no que se refere à **educação**, especificamente na rede municipal de ensino de Blumenau, estima-se que no início de 2019 estivessem matriculados 42 mil alunos em suas cerca de 43 escolas. Já nas escolas estaduais (cerca de 35) e nas particulares estudavam mais de 23 mil alunos. Todavia, contando a pré-escola, o fundamental, o médio e o superior, em 2019 havia em Blumenau aproximadamente 3.600 profissionais voltados para o trabalho de ensinar. Contando os alunos em todos os níveis, em 2019 havia cerca de 93 mil, sendo que 24 mil no ensino superior (graduação e pós), boa parte dos quais eram oriundos de outras cidades!!!

Aliás, Blumenau sedia duas universidades: a Fundação Universidade Regional de Blumenau (FURB) e a Universidade Federal de Santa Catarina (UFSC), cujo *campus* foi implementado em 2014.

A FURB, desde 1964, vem contribuindo decisivamente para a transformação de várias gerações, mudando o jeito de ser, pensar e viver da cidade e da região. Interagindo com a sociedade, a IES gera inteligência tecnológica, científica e projetos que buscam a consciência ambiental, a preservação dos recursos naturais da região e, especialmente, tornar Blumenau cada vez mais uma **cidade criativa**!!!

Em 2019, estudavam na IES cerca de 17.500 alunos. Eles estavam espalhados pelos vários *campi* da universidade, frequentando os cerca de 40 cursos de mais de 50 especialidades, com quase uma dezena de programas de mestrado próprios recomendados pela Capes (Coordenação de Aperfeiçoamento de Pessoal de Nível Superior). Fazem parte do universo FURB três institutos de pesquisa, 180 projetos de iniciação científica e quase 420 atividades de extensão, que promovem a melhoria da qualidade de vida dos munícipes.

Cerca de 3.000 pessoas são atendidas por ano nas suas clínicas odontológicas. Os diferentes cursos, institutos e projetos voltados à ciência são equipados com o que há de mais avançado em termos de tecnologia, o que faz da FURB uma referência estadual e nacional (ocupou a 58ª posição no RUF 2018). Por exemplo, seu laboratório de análise de combustíveis é o responsável pela fiscalização de todo o combustível consumido em Santa Catarina; os equipamentos instalados no seu laboratório de Moda estão entre os mais modernos do País. A sua biblioteca tem um acervo de mais de 500 mil volumes, que também estão à disposição da comunidade. Além disso, a FURB tem um excelente complexo esportivo. É importante destacar a atenção que é dada aos seus educadores, que têm à disposição **processos de reeducação**, ou seja, estão em constante aperfeiçoamento, que inclusive alcança também os seus processos pedagógicos.

A UFSC tem um *campus* em Blumenau, que ainda é relativamente pequeno, mas com grande potencial. As salas estão no bloco A, em frente da rua João Pessoa. Seus laboratórios encontram-se no bloco B, na parte de trás.

Seguindo uma tendência nacional, a partir dos anos 2000 Blumenau passou a contar com outras IESs, como a Uniasselvi; o Instituto Federal Catarinense, as faculdades do Senac, do Senai, o Instituto Blumenauense de Ensino Superior, a FAE Centro Universitário, a Universidade Corporativa Dom Henrique de Sagres e a unidade da Sociedade Educacional de Santa Catarina. Hoje existem em Blumenau vários polos de EAD de IESs, como a Unicesumar.

O analfabetismo (indivíduos acima dos 16 anos que não sabem ler) encontra-se abaixo dos 2%, enquanto o IDH educacional em Blumenau já foi avaliado em 0,945, um índice considerado bem elevado!!!

E já que se está falando de **analfabetismo** e **educação**, no que se refere a esses tópicos, não faltam em Blumenau questões controversas. Entretanto, existe ao menos um pensamento em relação ao qual tem-se na secretaria municipal de Educação um consenso: **a qualidade do professor é indispensável para garantir o bom aprendizado!!!**

É verdade que a atual evolução da EAD de certa forma colocou o docente numa condição de protagonista secundário, pela quantidade de elementos tecnológicos introduzidos nessa forma de ensino. Mas, falando do ensino presencial, quando os adolescentes terminam a educação básica, sem conseguir interpretar um texto ou sequer entender como os números são importantes para se poder quantificar os eventos mais simples que estão envolvidos na vida deles, a visão romântica do mestre como um abnegado em transferir conhecimentos cede lugar à ideia do **professor incompeten-**

te, como se fosse ele o maior responsável pela má qualidade da educação brasileira.

O fato é que o docente não deveria ser habitualmente visto como **herói** ou **vilão**. Ele é, sim, um profissional que precisa ser mais bem formado, valorizado e cobrado, além de receber as condições materiais para realizar adequadamente seu trabalho. Recorde-se que no nosso País o esforço de universalizar o acesso à **educação básica** na década de 1990 exigiu um aumento rápido do número de professores, um crescimento que não foi acompanhado pelos investimentos necessários na sua formação, nos seus salários e nas suas condições de trabalho.

Dessa forma, em 2019 o País continua com uma alta percentagem de professores sem a formação em nível superior e na área em que atuam!?!? Por exemplo, segundo um censo oficial, na disciplina Física, 70% dos professores não têm licenciatura na área!?!? Muitos professores são contratados por jornadas reduzidas e, para aumentar seus rendimentos, acumulam compromissos, tendo de trabalhar em diferentes escolas e níveis de ensino.

A duração da jornada docente no Brasil é diversa, mas há casos em que ela ultrapassa as 44 h semanais estabelecidas na Constituição. Cabe a cada rede optar por contratos de 30 h ou 40 h. Naturalmente jornadas duplas (ou até triplas...) reduzem o tempo para o planejamento de atividades, enfraquecem os laços entre os professores, a escola e a comunidade, e ainda contribuem para o alto nível de absenteísmo docente, que, segundo estimativas atingiu em 2019, 10% dos professores!!!

Embora há mais de 10 anos o governo federal tenha estabelecido um piso nacional para os professores das escolas públicas – em 2018 foi de R$ 2.455,00 – os salários do magistério continuam baixos. E o problema vai além do valor baixo da remuneração. Segundo análise do BID (Banco Interamericano de Desenvolvimento), falta também ao Brasil uma estrutura salarial que, ao longo da carreira, remunere melhor os professores conforme a efetividade de seu desempenho.

Atualmente, a carreira docente na rede pública do País se caracteriza pela estabilidade no emprego e por algumas promoções vinculadas ao tempo de serviço e ao acúmulo de certificações em cursos vinculados ao ensino. Todavia, pesquisas internacionais indicam que o aumento do salário dos professores tem efeitos sobre a atuação dos docentes que já estão em exercício!!!

Além disso, uma remuneração significativa ajuda a despertar o interesse de mais jovens pela profissão, o que também atrairia muitos daqueles bem talentosos... Com baixos salários e diante de condições de trabalho desfavoráveis (como, por exemplo, os casos de agressão e desrespeito dos alunos aos professores), o **magistério perdeu prestígio** e se tornou pouco atraente para jovens estudiosos e talentosos.

Aliás, em 2015, no relatório Pisa (sigla em inglês para Programa Internacional de Avaliação de Alunos), somente **5%** dos jovens brasileiros de 15 anos disseram ter a intenção de se tornar professores da **educação básica**, enquanto **21%** declararam desejar se tornar **engenheiros**!!! Já nos países como Coreia do Sul, Japão ou Finlândia, reconhecidos como excelentes exemplos em educação, a percentagem de estudantes que terminam o ensino médio e planejam entrar para o magistério excede os que desejam ser engenheiros!!! De fato, ao se analisar com mais detalhes o que os países de maior destaque educacional têm em comum, contata-se que lá, **quem pretende se tornar professor faz parte dos 30% dos melhores alunos do nível médio**!!!

Diferentemente do que ocorre aqui no Brasil, onde muitos jovens escolhem a carreira de professor não por **mérito** ou **vocação**, mas porque é relativamente mais fácil e barato ingressar num curso de Pedagogia ou concluir alguma licenciatura,

Por essa razão, uma grande parcela dos professores em nosso País provém de famílias de baixa renda, e que tiveram de trabalhar em algum setor com baixa remuneração enquanto cursavam a faculdade... O que preocupa bastante atualmente é o fato de que muitos dos futuros profissionais do ensino estão se formando pela modalidade EAD. Segundo pesquisas, cerca de 40% dos alunos do EAD em 2018 desejavam se tornar professores. É verdade que com boa tecnologia é possível ter uma razoável formação, porém, o que se percebe é que esses cursos são bem inadequados, uma vez que no fim da 2ª década do século XXI eles ainda reproduzem o modelo de aula expositiva do século XX.

É necessário apresentar outros processos de ensino e aprendizagem, aumentar o protagonismo da tecnologia, utilizar modelos de trabalho em grupo, promover mais debates e discussões entre os alunos e oferecer muitas atividades práticas, pois o aprendizado empírico continua sendo vital.

Aliás, as experiências internacionais indicam claramente que na formação inicial de um professor é imprescindível integrá-la com a prática, isto é, com os estágios supervisionados que sejam bem mais do que assistir às aulas ministradas por outros professores, especialmente pela modalidade EAD. Por exemplo, na cidade-Estado de Cingapura, uma potência educacional, os estágios ocorrem em escolas escolhidas pelo governo, desde o primeiro ano da faculdade. E já nos dois últimos anos da faculdade os futuros docentes ficam responsáveis por turmas em certos momentos.

Como se nota, não faltam bons exemplos para melhorar a carreira do professor em nosso País, que ainda sofre muito com a precariedade em sua formação. Milhões de pessoas trabalham como docentes na educação básica no Brasil. De fato, estima-se que no início de 2019 fossem cerca de 2.235.000 profissionais. Porém, para sobreviver, esses professores – cerca de 28% deles – precisam trabalhar em dois turnos semanais de 20 h, enquanto outros – cerca de 10% do total –, chegam a trabalhar três turnos por semana. Isso significa que muitos docentes chegam a ser responsáveis pelo ensino de até 500 alunos a cada ano, o que realmente os deixa esgotados e com dificuldades para preparar boas aulas, fazer as avaliações adequadas do desempenho dos mesmos e, inclusive, planejar inovações na forma de ensinar suas disciplinas.

Isso também está acontecendo em Blumenau, não é? Certamente! E por isso não se pode descuidar da tarefa de valorizar cada vez mais a profissão de professor, sem cujo trabalho eficiente jamais teremos no Brasil uma juventude realmente talentosa...

No que se refere à **saúde**, a blumenauense tem no IDH uma avaliação 0,824, considerado alto. A expectativa de vida dos moradores da cidade já ultrapassa os 76 anos. Em 2018 existiam em Blumenau mais de 200 estabelecimentos voltados para a **saúde**. Desse total, cerca de 25% eram públicos e os 75% restantes particulares (apenas oito dos quais sem fins lucrativos).

Entre os hospitais que funcionam em Blumenau deve-se citar inicialmente o Santo Antônio, que é público. Cabe salientar que não é de hoje que as blumenauenses, assim como outras mulheres da região, têm procurado o plantão desse hospital em busca de um atendimento mais humano, natural e que fuja da atual realidade brasileira, onde boa parte dos partos acaba em alguma complicação... A maioria das pessoas que foram atendidas nele acabou concordando que o atendimento da equipe médica e das enfermeiras é feito de forma profissional, porém sempre com simpatia e cordialidade. Além disso, a triagem é executada de forma rápida e eficiente.

Outro bom hospital da região é o Santa Isabel, que foi fundado e mantido pela Sociedade Divina Providência. Trata-se de um **hospital geral** que se caracteriza pelo oferecimento de serviços de alta complexidade e por seu pioneirismo no Estado de Santa Catarina, tendo médicos, técnicos e enfermeiros muito prestativos, de acordo com a opinião da maioria dos pacientes!!!

Entre os hospitais privados destacam-se o bem-conceituado Santa Catarina, que é particular. Além dele há ainda o Dia Unimed, que foi inaugurado em 2009 no qual são feitas cirurgias tendo ele 19 leitos. Além disso, a Unimed tem aí também um pronto-atendimento com especialidades em clínica médica e pediatria, e um centro de diagnósticos por imagem, e oferece também atenção integral à saúde.

Na cidade de Blumenau há uma curiosidade desagradável no campo da saúde, isso porque os moradores dali são os que têm a **2ª maior taxa de câncer de pele do mundo**, ficando atrás somente de Queensland, na Austrália. Esse fato se deve à grande quantidade de pessoas com pele muito clara e biótipo pouco adequado a regiões tropicais, uma tendência predominante na cidade.

No tocante ao **transporte**, vale destacar que em 4 de fevereiro de 1980 foi inaugurado o terminal rodoviário de passageiros Prefeito Hercílio Deeke, que acabou se constituindo em uma das principais portas de acesso a Blumenau. Ele possui uma área de 11.654 m², abriga 20 estações para embarque e desembarque e semanalmente recebeu em 2018 (em média) algo próximo de 12.350 passageiros (embarque e desembarque).

A rodoviária tem uma boa infraestrutura para a venda de passagens intermunicipais e estaduais, lanchonetes funcionando 24 h, serviços de táxi e ônibus coletivo urbano. No pavimento superior funciona a sede administrativa do Seterb, que inclui os vários setores de Transporte, uma Escola Pública de Trânsito, a assessoria jurídica e a presidência da autarquia. Fora essa rodoviária, a cidade também dispõe de seis terminais urbanos integrados – Aterro, Fonte, Garcia, Velha, Fortaleza e PROEB –, mas há planos para a construção de outros dois – Água Verde e Itoupavas.

Estima-se que no início de 2019 a frota blumenauense fosse de aproximadamente 235 mil veículos, obviamente com predominância de automóveis. Isso dá uma média de **um carro por cada dois habitantes.** Cabe à Guarda Municipal de Blumenau a responsabilidade de atender a todas as ocorrências pertinentes ao trânsito na cidade, cuidando das travessias de pedestres nas vias públicas, inclusive das crianças nas áreas escolares, e dos acidentes na área sob sua jurisdição.

O aeroporto de Blumenau atende somente aeronaves de pequeno porte. Ele possui uma única pista de 1.450 m de comprimento e, diariamente, opera somente até o pôr do sol, com boas condições visuais. Vale ressaltar que há mais de uma década o governo municipal iniciou o processo de homologação do aeroporto para operações comerciais, com linhas periódicas junto à Agência Nacional de Aviação (Anac), mas até agora nada de prático aconteceu.

É preciso registar aqui uma iniciativa incrível do povo de Blumenau. O primeiro planador construído no País foi o *Phoenix*, pela Sociedade Blumenauense de Aviação (*Fliegerbund Blumenau*), pilotado pelo experiente aviador alemão Muetze, que fez o histórico voo em 7 de março de 1927, na cidade de Gaspar.

A partir de 2009, implantou-se na cidade o aluguel de bicicletas, sendo Blumenau a primeira cidade da região sul a implantar esse sistema. Porém, devido à **baixa procura**, o sistema foi desativado em janeiro de 2011. Esse desinteresse foi justificado pela precariedade da estrutura cicloviária local e à complexidade do sistema de aluguel, que envolvia aquisição de passe com o cartão de crédito e o uso do celular para a liberação das bicicletas!?!?

Blumenau é o município pioneiro das **comunicações** em Santa Catarina, pois nele foi instalada em 1934 a primeira emissora de rádio do Estado, a Rádio Clube, além da primeira estação de televisão, em 1969, a TV Coligadas. A cidade possui três redes de televisão local, a TV Galega, criada em 1997; a FURB TV, afiliada a Sesc TV e ao canal Futura. Além disso há o TVL, um canal de notícias da cidade. Além disso, estão aí as filiadas das principais redes do País: a RBS TV Blumenau (rede Globo), a Band SC (Bandeirantes), a SBT Santa Catarina (SBT) e a RIC TV Blumenau (Record).

Atualmente a cidade possui dois jornais que abrangem também seus municípios vizinhos. O *Jornal de Santa Catarina* e a *Folha de Blumenau*. No âmbito estadual existe o *Diário Catarinense*. O serviço telefônico fixo é atendido pela empresas Oi, GVT e NET, enquanto o serviço móvel é fornecido pela Oi, Vivo, Claro, TIM e Nextel, que pouco a pouco vão fazendo com que as pessoas abandonem a telefonia fixa.

No que concerne ao **turismo**, a secretaria de turismo de Blumenau é bastante ativa e disponibiliza quatro roteiros que englobam os diversos aspectos de interesse da cidade. Assim, todos os visitantes que chegam às Centrais de Atendimento ao Turista (CATs) são atendidos com informações e sugestões sobre os atrativos da cidade. Naturalmente, o que mais atrai as pessoas para irem a Blumenau são os festivais e eventos locais, com destaque para a *Oktoberfest*; a *Festitália*; o *Stammtisch* (e o encontro das Confrarias), que ocorre a cada seis meses; o Festival Nacional de Danças Folclóricas (*FestFolk*) e a *TexFair*.

A já mencionada *Oktoberfest*, cujo significado é "**festa de outubro**", foi criada em 1984 para aumentar o ânimo da população que havia acabado de passar pelas maiores enchentes da história de Blumenau, nos anos de 1983 e 1984. O festival foi inspirado na homônima *Oktoberfest* de Munique, na Alemanha, e se tornou a maior festa alemã do Brasil. Em 2017, estimou-se que no decorrer dos 19 dias da festa a economia da cidade tenha recebido a injeção de cerca de R$ 75 milhões.

O turismo ecológico em Blumenau tem o nome de **Roteiro da Natureza Fritz Müller**, em homenagem ao **cientista** e **naturalista** de mesmo nome que morou e estudou a fauna e a flora da cidade. Esse roteiro inclui nove atrações e treze trilhas, com destaque para a visita ao Museu de Ecologia Fritz Müller, fundado em 1936 – que funciona na antiga casa do cientista e tem caráter educativo em relação às questões ambientais – e ao Museu da Água, onde é possível ver todo o processo de purificação da água recolhida do rio Itajaí-Açu, assim como todos os métodos utilizados na cidade durante a sua história. Também fazem parte do roteiro passeios a parques ecológicos, como o parque natural municipal São Francisco de Assis, o parque das Nascentes, o Nova Rússia e o parque ecológico Spitzkopf, nos quais existem trilhas que passam pelas áreas remanescentes de mata atlântica.

E por falar em meio ambiente, em 10 de fevereiro de 1977 foi criada a Fundação Municipal de Meio Ambiente (FAEMA), inicialmente apenas como um órgão auxiliar, que passou a cuidar especialmente do meio ambiente. Nos anos 1970, a maioria das pessoas ainda desconhecia o significado da palavra ecologia. O ambientalismo não era um movimento organizado, não mobilizava ativistas, não tinha bancada política, nem ganhava tanta atenção da mídia. Para se ter uma ideia, o Greenpeace foi fundado no Canada em 1971, e o Partido Verde que nasceu na Europa, surgiu na década de 1980.

Tudo que dizia respeito à preservação dos ecossistemas ainda engatinhava. Em termos ambientais, o que existia parecia estar numa "**terra sem lei**"!?!? Em Santa Catarina o pioneirismo de Blumenau já tantas vezes demonstrado, seria novamente decisivo para a formação de uma nova consciência. A cidade, que já foi a primeira do Estado a ter iluminação pública (o que ocorreu em 1909), estava pronta para apresentar uma outra novidade.

Assim ela foi a primeira do Estado de Santa Catarina, e a segunda do Brasil, a criar uma entidade dedicada exclusivamente à questão ambiental.

Na sua origem, a FAEMA chamou-se em certo tempo de AEMA (Assessoria Especial do Meio Ambiente), vinculada à assessoria da secretaria municipal de Planejamento, com *status* também de secretaria.

Quando Blumenau foi literalmente engolida por um turbilhão, que entraria para a história como o seu mais grave desastre natural, ou seja, as enchentes de 1983 e 1984, a AEMA acabou tendo um papel relevante na formação de uma consciência dos problemas relacionados à natureza. Tão logo as águas baixaram, fiscais e funcionários da prefeitura, da AEMA, da Defesa Civil e dos Bombeiros trabalharam diuturnamente na recuperação de áreas degradadas, nas margens dos rios, barrancos, regiões ribeirinhas, na destinação adequada a produtos venenosos que se espalharam por toda a cidade, na orientação à população, no reflorestamento (mudas tiveram de ser produzidas e trazidas de São Paulo, tamanha foi a demanda...).

Some-se à sensação de desespero das pessoas agredidas pelas enchentes o fato de que todas as estações de rádio nesses dias pararam de funcionar, não se sabia o que fazer com os cadáveres, com as gestantes, os doentes... Mas a experiência foi fortificadora, porque para a arrecadação de fundos e elevar o moral e a autoestima da cidade foi organizada a primeira *Oktoberfest* – que se tornaria a maior festa de chope do Brasil!!!

Para que tragédias daquela gravidade não voltassem a acontecer também foram tomadas providências. Foi criado um sistema de proteção a enchentes que hoje é referência em todo o Brasil, e que é testado de seis em seis meses. O Plano Diretor de Blumenau foi alterado. Nos prédios nenhum dos serviços essenciais (água, luz e gás) poderia mais ficar instalado abaixo de 15 m de altura. Nenhuma estação de rádio poderia funcionar em construções a menos de 16 m de altura. As ruas foram mapeadas para se descobrir as regiões propensas a inundações. Em 1999 a AEMA se tornou Fundação Municipal de Meio Ambiente, mas a identificação dos blumenauenses com o nome AEMA era tamanha que se optou por apenas acrescentar uma letra à sigla, e assim surgiu a FAEMA!!! Ela passou a cuidar de sete unidades de conservação e de um museu dedicado ao meio ambiente, que homenageia Fritz Müller.

São três APAs, e também duas áreas de relevante interesse ecológico (ARIE) e três parques naturais municipais. Aliás, em 2005, a FAEMA mobilizou a cidade para selecionar a árvore símbolo da cidade, e a escolha não poderia ser diferente: recaiu sobre o **ipê-roxo** a árvore preferida pela população para simbolizar Blumenau!!!

Entre as APAs de Blumenau, estão a Raulino Reitz (1919-1990) – uma homenagem a esse famoso botânico – e a das Ilhas Fluviais (cerca de 60 ilhas que se espalham num determinado trecho do rio Itajaí-Açu. As ARIEs são as que abrangem a foz do ribeirão Garcia e a Roberto Miguel Klein, um terreno plano no qual estão árvores trazidas de várias partes do Brasil e de outros continentes.

Os parques naturais municipais são o das nascentes do ribeirão Garcia, o que inclui a APA São Francisco de Assis (uma área de 23 ha localizada em pleno centro, atrás do *shopping center* Neumarkt) e o Bromberg.

Entre os principais locais de lazer em Blumenau estão a rua XV de Novembro, a principal rua da cidade, onde acontecem dentre outras coisas os desfiles da *Oktoberfest* e o *Stammtisch*. Aliás, no tempo da colonização, esta rua chamava-se Wurstrasse (algo como rua da Linguiça ou Salsicha), por ser estreita e cheia de curvas. O local passou recentemente por uma reurbanização, tornando-se também um cartão-postal da cidade.

E ao longo dos 1.590 m de extensão da rua XV de Novembro há muitos lugares que merecem atenção especial dos visitantes: o Teatro Carlos Gomes, o Castelinho (uma réplica da prefeitura de Michelstadt, o segundo atrativo turístico mais fotografado do sul do País) e a catedral São Paulo Apóstolo, um moderno templo católico em que predomina a ausência de estatuário. Essa catedral tem grandes vitrais que criam belos efeitos de luminosidade e coloração e sua imponente torre, com um desenho único, com sinos eletrônicos, domina a paisagem no seu entorno.

Entre outros atrativos de visitação obrigatória estão o mirante Beira-Rio (construído em comemoração aos 150 anos da cidade, que marca o local da chegada dos primeiros imigrantes), o monumento com poema de Lindolf Bell (um dos principais poetas catarinenses), o monumento Dr. Blumenau, o monumento Voluntários da Pátria, o marco com o nome dos primeiros imigrantes e o busto de Victor Konder.

Além disso não se pode deixar de citar vários locais e edificações históricas como a praça Dr. Blumenau, inaugurada em 1999; o mausoléu Dr. Blumenau, inaugurado em 1974, ano do sesquicentenário da imigração alemã no Brasil, o prédio da primeira agência do Correios na cidade, a biblioteca Fritz Müller, o Arquivo Histórico Professor José Ferreira da Silva (concentra as informações histórico-culturais da cidade e da região), o Museu da Família Colonial (um complexo de três casas, que guarda o acervo dos tempos coloniais), o Museu da Cerveja, a ponte Aldo Pereira de Andrade, que foi construído com material importado da Alemanha (conhecido como ponte da estrada de ferro, que liga o centro ao bairro Ponta Aguda), o Relógio das Flores, inaugurado em 2000, o único do Estado.

Os blumenauenses também contam com vários centros de compras, sendo os principais o *shopping* Neumarkt, o maior do Estado de Santa Catarina, na rua 7 de Setembro, que conta com 6 salas de cinema da rede GNC, sendo uma sala 3D (três dimensões) e outra *VIP* (sigla inglesa de *very important person*, ou seja, pessoa muito importante); o Blumenau Norte *Shopping*, que tem sete salas de cinema da rede Cinépolis, sendo três delas 3D; o *Shopping Park* Europeu, que possui cinco salas de cinema da rede Arcoplex, duas com tecnologia 3D e ainda os *shoppings* H e o Beira-Rio, localizados na rua XV de Novembro. Em todos esses centros comerciais trabalham milhares de pessoas e eles recebem diariamente muitos milhares de clientes.

Outro lazer para os blumenauenses é o parque Ramiro Rudeguer, que possui excelentes espaços para caminhadas e atividades físicas.

Os visitantes percebem imediatamente que a **cultura da cidade** foi fortemente influenciada pela germânica, e que foi cultivada bastante pelos imigrantes alemães que colonizaram a região. Demonstrações da cultura alemã podem ser vistas na arquitetura, nas diversas sociedades que existem na cidade, nas festas e nos grupos de dança. Os imigrantes alemães trouxeram consigo uma tradição arquitetônica que é facilmente observável através da técnica **enxaimel**.

Tais construções podem ser facilmente observadas nas casas da zona rural do município, bem como da zona urbana, onde há vários exemplares que fazem referência ao enxaimel na rua XV de Novembro, notadamente o edifício da antiga Lojas Moellmann (atual Castelinho da Havan).

Outros bons e importantes exemplares são o prédio no qual está a prefeitura, construído em 1982 e as lojas do parque Vila Germânica. Mas em Blumenau existem outros estilos, como é o caso da **igreja evangélica**, que possui características góticas. Sua alta estrutura de madeira, em forma de arco, é dotada de acústica que valoriza os cânticos dos corais e a sonorização do órgão.

Os visitantes têm a possibilidade de hospedar-se em diversos hotéis que existem em Blumenau. Entre eles destacam-se os seguintes: Glória, que possui ótimos quartos, boa localização, café da manhã de ótima qualidade e funcionários atenciosos; Sesc, que possui um excelente restaurante e uma piscina linda; Slaviero Essential, com quartos despojados numa opção até simples com frigobar, café da manhã e estacionamento; 10 Blumenau com cama confortável, ar condicionado, chuveiro excelente e um ótimo café da manhã; Presto, que possui também um excelente restaurante; Steinhausen Colonial, com boas acomodações e café da manhã excelente; Himmelblau Palace, próximo ao *shopping* Neumarkt, a 4 min a pé do teatro de artes cênicas Carlos Gomes e a uma caminhada de 7 min da catedral São Paulo Apóstolo; Ibis, bem discreto, com quartos casuais e um bar aberto 24 h, *Wi-Fi* e café da manhã gratuitos; Plaza Blumenau, com quartos elegantes num edifício moderno com café da manhã gratuito, uma boa piscina e academia, além de um restaurante no qual é possível ter um jantar sofisticado; Mansiones, com café da manhã maravilhoso, várias opções de frutas, pães, bolos e frios; Blumenhof, uma casa em estilo alemão da Baviera, entre outros.

Já quando o assunto é **gastronomia**, inicialmente o visitante deveria concentrar-se em desfrutar da cozinha alemã, uma das suas características principais, que pode ser encontrada na Vila Germânica. A base da culinária alemã é predominantemente a carne de porco e o marreco. Todavia, o segredo das receitas germânicas está nos acompanhamentos, dentre eles o *kassler* (bisteca de porco levemente defumada e grelhada), o chucrute (repolho branco cozido em conserva) e as morcilhas (linguiças de sangue de porco, que podem ser claras ou escuras), mostarda e raiz forte completam os pratos. como o *eisbein* (joelho de porco) e o marreco com repolho roxo, para citar apenas os mais famosos. Dentre os doces, o mais conhecido é a cuca de farofa. Porém, o destaque mesmo é o *apfelstrudel*, uma massa folhada recheada de maçã, assada no forno, que é imperdível. Naturalmente, para acompanhar essas refeições a sugestão é uma cerveja artesanal, das muitas produzidas na cidade.

E, por falar em marreco, caso alguém queira experimentar uma receita de marreco recheado que é servida há mais de 30 anos no restaurante *Abendbrothaus*, precisa fazer reserva com antecedência, pois ele só funciona aos domingos. O restaurante está localizado na Vila Itoupava (25 km do centro da cidade) e esse prato é o único da casa que vem com oito acompanhamentos (dentre os quais a salada de batata, o chucrute e o purê de maçã).

Em Blumenau há pelo menos umas três dezenas de restaurantes bem recomendados, e entre eles destacam-se o *Mortadella*, uma casa rústica com arte e luz natural, que oferece *pizzas* artesanais (destaque para as de linguiça e carne seca), além de massas, *bruschettas*, vinhos e cerveja; o *Park Blumenau*, uma casa germânica que serve pratos alemães internacionais e uma cerveja de marca própria; *Nibles Food & Fun*, uma hamburgueria onde também é possível comer costelinha de porco ao molho *barbecue*; *Pepper Jack*, uma lanchonete com ambiente descontraído ao melhor estilo norte-americano, com fartos hambúrgueres, *brownies, milk shakes* e margueritas; *Figueira*, um espaço aconchegante e natural, que oferece uma gastronomia encorpada de carnes nobres grelhadas (para alguns a melhor carne assada de Blumenau), além de petiscos e vinhos. Certamente há outros bons restaurantes, mas caberá a você, caro(a) leitor(a), descobrir, e isso, visitando Blumenau é claro.

Em Blumenau desenvolveu-se uma **considerável produção literária**, o que tornou inclusive esse ramo cultural economicamente viável, com o que surgiram livrarias, editoras, gráficas etc. com o suporte de profissionais como ilustradores, artistas gráficos e escritores. A manifestação literária na cidade remete ao início da colonização, com a produção ainda em língua alemã!!! Todavia, foi notadamente o poeta Lindolf Bell, nascido em Timbó, no Estado de Santa Catarina, um marco na história da literatura da cidade. Suas obras obtiveram relevância e alcance nacional, destacando-se com o que escreveu na *Catequese Poética*, nos anos 1960.

Já nos anos 1970 e início da década de 1980, destacaram-se os nomes de Vilson do Nascimento e Lauro Lara, o primeiro com influência surrealista, o segundo por introduzir o realismo fantástico. Ainda nesse período merece menção a obra *A Superfície*, de Ricardo Hoffmann. Aliás, nos anos 1980 a cidade viu surgir a voz de Eulália Radtke, Urda Alice Krueger, Roberto Diniz Saut e a dos **poetas independentes**, com destaque para Carlos Vinci, Tânia Rodrigues, Douglas Zunino, Raquel Furtado e Rosane Magaly Martins, e os eventos da *Blumenau Poética*.

No que se refere ao **esporte**, em Blumenau existem diversos clubes, dentre os quais destacam-se: Grêmio Esportivo Olímpico, Guarani Esporte Clube (GEC), Clube Náutico América e Tabajara Tênis Clube, além dos clubes de apoio à comunidade como o Lions Club e o Rotary Club. Na cidade há diversos espaços para a prática de voleibol, futsal, basquete e handebol, todos de forma competitiva. Isso acontece principalmente nos dois ginásios da cidade, o Sebastião Cruz (conhecido como "Galegão"), localizado no parque Vila Germânica, e aquele do complexo esportivo do Sesi.

Apesar de não ser um esporte tão popular, há os que gostam do *badminton* e podem praticá-lo no Clube Badminton Itoupava, ou então no GEC. O remo é praticado no rio Itajaí-Açu, e também há o aeroclube de Blumenau, perto do aeroporto da cidade, para os amantes de "aventuras no ar". Também encontram-se em Blumenau alguns clubes com times de futebol profissional, como o Palmeiras, o Olímpico, o Guarani e o Blumenau. Atualmente a cidade é representada no campeonato estadual de futebol (na 2ª divisão) pelo Metropolitano.

Na cidade existem times de futebol de salão, como o A.D. Hering e o APAMA/SC, que disputam o campeonato estadual; a ADEBLU, com diversas modalidades esportivas, e o Handebol Blumenau, time feminino que disputa a Liga Nacional. Em 2019, Blumenau tinha uma equipe de basquete que estava disputando a LBF (Liga de Basquete Feminina). Houve época, em especial no período de grandes vitórias de Gustavo Kuerten, que o tênis teve certa relevância na cidade, com a organização de eventos importantes. Porém, nesses últimos anos eles deixaram de acontecer.

Muito do desenvolvimento recente de Blumenau se deve à boa gestão municipal do prefeito João Paulo Kleinübing, em seus dois mandatos consecutivos (de 2005 a 2012), durante os quais ele buscou consolidar os seguintes projetos estruturadores:

1º) Desenvolver o **turismo de lazer e de eventos**, aproveitando as características naturais, a imagem de organização e a tradição alemã da cidade.

2º) Fortalecer a **infraestrutura viária** do município, com ênfase em se ter acessos duplicados à cidade e interligação entre os bairros.

3º) Melhorar substancialmente a infraestrutura de **saneamento básico** do município, com ênfase no tratamento de esgoto e na despoluição dos ribeirões e dos rios.

4º) Incrementar a economia, através da **diversificação do setor de serviços**, com um maior foco nos polos de saúde e de TIC.

5º) Promover maior **assistência aos cuidados com a saúde**, ao **esporte** e ao **lazer**, valorizando a qualidade de vida dos cidadãos blumenauenses.

6º) Ampliar a **liderança** e o **pioneirismo** através de maior representatividade política e econômica em âmbito estadual e nacional.

7º) Modernizar a **administração pública**, garantindo aos cidadãos blumenauenses transparência, eficiência e acesso facilitado aos serviços públicos.

8º) Tornar a **educação** a base para um crescimento sustentável do município.

9º) Estabelecer **políticas públicas** de longo prazo, consolidando-as no Plano Diretor do município.

10º) Defender e valorizar a **marca Blumenau**, tornando-a referência de qualidade para produtos e serviços aos munícipes e aos visitantes.

11º) Priorizar a **política de assistência social**, proporcionando autonomia ao munícipe pela sua inclusão social e produtiva, e garantindo os direitos da criança e do adolescente.

Há mais de uma década sugeri ao prefeito João Paulo Kleinübing um 12º projeto, ou seja, "Facilitar o acesso a Blumenau, tendo aí um aeroporto internacional, que permitisse a chegada de visitantes de todas as partes do Brasil e do exterior, caminhando assim para ser uma **aerotrópole**." Ele gostou da ideia, mas transformá-la em realidade até hoje não foi possível...

Na realidade, o que inspirou bastante o prefeito João Paulo Kleinübing a definir os projetos estruturadores foram os textos escritos pela historiadora Sueli Petry, pelo empresário Ronaldo Baumgarten e pelo publicitário Cao Hering, contextualizando a cidade de Blumenau que em 2020, deveria ser **"a melhor cidade do País para se viver"**!!!

Eles descreveram o seu sonho no início da década de 2010 da seguinte maneira: "Estamos em 2020 e todos os blumenauenses vivem felizes, orgulhosos de sua cidade. Após algumas gestões públicas de sucesso, e tendo à frente uma nova geração de líderes, Blumenau vive um novo tempo, fruto da parceria entre o poder público e o privado, com grandes investimentos executados em função de um amplo e inteligente planejamento.

As oportunidades aumentaram, a população com boa qualidade de vida também!!! Houve uma melhora urbana sensível. O saneamento básico e o atendimento à população carente está longe dos índices europeus, mas os últimos governos municipais se concentraram bastante na tarefa. O crescimento harmonioso da economia, nos mais diversos segmentos, não esqueceu a sua vocação maior – o **setor têxtil** –, e garante hoje pleno emprego a toda população.

Blumenau se tornou referência nacional nas áreas de saúde e educação, garantindo assim o atendimento a essas duas maiores ansiedades das pessoas, bem como isso gerou empregos de alta qualificação. Os turistas nos redescobriram, pois voltamos a lhes oferecer boas opções: restaurantes típicos remodelados, vários pontos de venda com nossos produtos em feriados e fins de semana e outras atrações interessantes.

Nas entradas principais da cidade existem lindos pórticos, cumprimentando os visitantes e desejando-lhes uma feliz permanência. O rio Itajaí-Açu voltou a ser admirado por todos, pelas suas águas límpidas e repletas de peixes. Nenhum povo tem história se não preservar os referenciais de sua identidade, contidos nos acervos documentais das mais diversas tipologias (pública, privada ou institucional), e os mesmos estão preservados e reunidos em ambientes apropriados que dão maior visibilidade, credibilidade, segurança e condições de acesso aos pesquisadores e usuários contemporâneos.

Blumenau está harmonizada entre o passado e o presente. Seus museus e centros culturais restaurados, tornaram-se uma excelente opção para o turismo cultural e também para a nossa gente. Em vários pontos da cidade surgiram novas opções de espaços histórico-culturais, que absorveram os muitos acervos particulares.

Finalmente, Blumenau – com toda essa beleza proporcionada por sua geografia generosa, e habitada por gente com mania de ordem e limpeza – sempre mereceu estar de bem com a vida, como agora. **Seria um grande desperdício se não fosse assim, não é?"**

Pois é, já estamos em 2019, o prefeito de Blumenau é Napoleão Bernardes Neto, e estamos bem próximos de 2020. O que está se constatando é que muito do sonho de Petry, Baumgarten e Hering está longe de ter acontecido, apesar de que diversas melhorias almejadas até aconteceram na cidade. O que se nota é que é fácil sonhar, mas transformar toda essa imaginação em realidade não é nada fácil, em especial quando o País se envolveu nos últimos anos em um grande declínio econômico, social e moral, motivado em parte pela ineficiência do governo federal!!!

Um aspecto do rio Sucuri, em Bonito, no qual são feitos muitos passeios.

Bonito

PREÂMBULO

Quem vai a Bonito não pode deixar de fazer uma "**flutuação**", isto é, boiar correnteza abaixo utilizando-se de um equipamento denominado *snorkel*, tampouco de mergulhar num dos vários rios transparentes que banham o município. Esta última atividade, aliás, é uma experiência que permite ao visitante observar de perto os peixes de volumes e cores os mais variados, num cenário que representa uma espécie de pintura impressionista dessa maravilha da natureza!!!

Claro que também há coisas incríveis para se observar na fauna, como os cervos-do-pantanal, os macacos prego na mata ciliar, os tucanos ao pôr do sol, os periquitos-rico se alimentando de sementes, os jacarés-de-papo-amarelo à beira de lagoas, os lagartos e centenas de pássaros de vários tamanhos.

Não é por acaso que muitos visitantes de Bonito são provenientes dos países europeus, e ficam deslumbrados não só com essa riqueza da fauna, mas também da flora. Eles se encantam ao visitarem as cavernas, ao se banharem nas cachoeiras, ao nadarem nas águas cálidas dos rios. Os visitantes também ficam totalmente enfeitiçados pela gastronomia e pelo artesanato locais.

E você, caro(a) leitor(a), já conhece Bonito? **Não!?!?** Então estabeleça isso como uma prioridade quando estiver planejando suas próximas férias!!!

A HISTÓRIA DE BONITO

Bonito é um município brasileiro da região centro-oeste, situado no Estado do Mato Grosso do Sul. Ele ocupa uma área de 4.934,32 km² e tinha, em 2019, uma população estimada de 25 mil habitantes. Os municípios limítrofes são Bodoquena, Miranda, Aquidauana, Nioaque, Guia Lopes da Laguna, Jardim e Porto Murtinho.

Atualmente a cidade se tornou um **polo ecoturístico** em nível mundial, tendo como principais atrações as suas paisagens naturais, os mergulhos em rios de águas transparentes, as cachoeiras, as grutas, as cavernas e as colinas. Juntamente com os municípios de Jardim, Guia Lopes da Laguna e Bodoquena, é o principal município que integra o complexo turístico do parque nacional da serra da Bodoquena, que apresenta muitas atrações para os turistas, pois possui diversos tipos de fauna e flora. O parque foi criado em 2000, e possui 76.440 ha. E já de antemão me desculpando pela repetição, é justamente por tudo isso que **Bonito é considerado um dos lugares mais bonitos do Brasil!!!**

Existem no município mais de 4.000 espécies de plantas, e suas águas e seus rios abrigam mais de 2.000 tipos de peixes e animais aquáticos. O núcleo habitacional que se transformou na sede do município de Bonito iniciou-se nas terras da fazenda Rincão Bonito, que foi adquirida pelo capitão Luiz da Costa Leite Falcão. Ele chegou na região em 1869 e foi considerado o desbravador de Bonito, além de seu primeiro escrivão e tabelião.

Em 11 de novembro de 1915, pela lei estadual Nº 693, foi criada inicialmente o distrito de Paz de Bonito. A área foi desmembrada do município de Miranda, mas, administrativamente, continuava subordinada a ele. Após sua fundação, houve a criação do território federal de Ponta Porã, pelo decreto lei Nº 5839, de 21 de setembro de 1943 e a ele foi anexado o distrito de Paz de Miranda.

Então, por força do ato das disposições constitucionais transitórias da Constituição federal, esse território foi reintegrado ao Estado de Mato Grosso, assim como o distrito pertencente ao município de Miranda. Finalmente, pela lei estadual Nº 145 de 2 de outubro de 1948, ele foi elevado à categoria de município, tendo por sede a cidade de Bonito, constituindo termo judiciário da comarca de Aquidauana, com um único distrito, o da sede municipal, situação mantida pelo decreto Nº 1738, de 30 de dezembro de 1953, que fixou o quadro territorial administrativo-judiciário do Estado, para vigorar no quinquênio de 1954 a 1958. Em 1977 o município passou a fazer parte do atual Estado de Mato Grosso do Sul.

Uma curiosidade sobre a região diz respeito à guerra do Paraguai, que teve início em 1864. Nela os soldados uruguaios que entravam em terras brasileiras traziam consigo ouro para garantir seu sustento e poder fazer algumas compras. Muitas batalhas aconteceram onde hoje é o Estado do Mato Grosso do Sul e antes dos confrontos os uruguaios procuraram esconder o precioso metal, enterrando-o para que não fosse encontrado e roubado. Para isso, em geral procuravam uma figueira típica da região que servisse como ponto de referência e então o escondiam debaixo de sua sombra, a uma certa distância da árvore.

No retorno das batalhas, os soldados que conseguiam voltar desenterravam seus "tesouros". Como muitos não conseguiram voltar vivos, ainda hoje tem gente, em especial bonitenses, achando que existe a possibilidade de encontrarem algum tesouro perdido debaixo de alguma figueira...

A cidade de Bonito está localizada no planalto da Bodoquena (popularmente conhecido como serra da Bodoquena) e a depressão do Miranda, ficando a 265 km da capital estadual, Campo Grande, outra cidade encantadora do Estado. Aliás, embora Bonito possua seu próprio aeroporto regional, capaz de receber o *Airbus 320* ou o *Boeing 732*, é normalmente no aeroporto da capital que o visitante costuma pousar antes de se dirigir para a "**capital ecoturística brasileira**" (Bonito") por transporte rodoviário.

Como já mencionado, a cidade encontra-se em meio a um dos vales do planalto da Bodoquena, cuja rocha predominante é o calcário. Assim, existem muitas grutas e cavernas no local – na verdade, mais de cem cavernas incríveis. No subsolo do município há rochas que acumulam água proveniente da chuva, formando assim o lençol freático da região. A água atravessa rupturas de algumas partes das rochas calcárias, recolhendo os sais minerais. Com isso, as águas que saem das nascentes são ricas em bicarbonato de cálcio e magnésio, apesar de continuarem incolores.

As cavernas de Bonito são bem úmidas, e algumas possuem até lagos em seu interior. Dentro delas é possível vislumbrar formas que descem dos tetos (estalactites), assim como outras que partam do piso (estalagmites). Em geral esses locais são bem escuros, o que os torna lares perfeitos para pequenos seres vivos como os morcegos, por exemplo. Estes, por sinal, desempenham um papel fundamental no transporte e na disseminação de sementes, o que ajuda a constituir e garantir a cadeia alimentar dentro desses ambientes.

Entrar nessas cavernas não é fácil, pois elas não foram "feitas" para a ocupação humana, apesar de que existem algumas às quais o acesso é mais tranquilo. Mesmo assim, caminhar dentro desse espaço sozinho (sem um guia) pode acarretar danos no interior. Um detalhe que poucos conhecem é que as cavernas são uma **propriedade federal**!?!? O município de Bonito pertence à bacia hidrográfica do rio Paraguai, que é uma sub-bacia do rio Miranda. Uma vez que os rios da região têm origem em rochas calcárias, eles possuem uma característica bastante peculiar, ou seja, suas águas são transparentes ou cristalinas. Os principais rios são: Miranda, Formoso, Prata, Perdido, Mimoso, Peixe, Anhumas, Olaria e Sucuri.

Nas regiões mais montanhosas de Bonito, as águas desses rios vão descendo pelos morros e ao encontrarem algum obstáculo, o cálcio que está na água se precipita. Pouco a pouco eles formaram as quedas que, depois de muitos anos, se transformaram em cachoeiras. Por conta disso, Bonito possui cachoeiras com características bem peculiares. Em primeiro lugar, elas são pequenas e de volume reduzido. Há períodos do ano, entretanto, que elas aumentam de tamanho. Em segundo lugar, sobre essas cachoeiras crescem plantas, o que dá ao visitante a impressão de que elas – as cachoeiras – estão vivas!?!?

Por tudo isso – e por muitas outras razões – que, sem dúvida, é o **turismo** a principal atividade em Bonito, assim como em alguns outros municípios vizinhos. Em Bonito há um conjunto de equipes, empresas, ONGs e órgãos governamentais que buscam organizar e coordenar o ecoturismo, visando sempre a sustentabilidade local e a conservação da natureza, ou seja, com a interferência mínima na mesma por parte dos milhares de visitantes que anualmente chegam ao município.

Em Bonito existe um calendário contendo todos os eventos que acontecerão ao longo do ano (ou em alguns meses do ano), a saber:

- **Janeiro – Festa de Santos Reis** – Trata-se de uma longeva tradição religiosa e familiar. Ela é organizada por um grupo de 15 pessoas, e começa a ser preparada já no dia 25 de dezembro, quando o grupo sai do pesqueiro Arizona, onde acontece a Santa Ceia. Esse grupo segue rumo aos outros pesqueiros, sempre cantando, pedindo prendas e rezando o terço em cada passagem. Pousam nos pesqueiros e seguem no dia seguinte. Entre 4 e 5 de janeiro, esse grupo arrecada as prendas para a festa que que aconteceu no dia 6 de janeiro. Vale a pena recordar que a Festa de Santos Reis é uma manifestação cultural religiosa festiva, sendo classificada no Brasil como **folclore**, e praticada pelos adeptos e simpatizantes do catolicismo, no intuito de rememorar a atitude dos três reis magos (Baltasar, Belchior e Gaspar), que partiram em uma jornada à procura do prometido Messias (o menino Jesus Cristo) para prestar-lhe homenagens e dar-lhe presentes. Essa história está relatada na *Bíblia*, assim como o nascimento de Jesus Cristo, em 25 de dezembro. Já a data adotada para a visitação dos três reis magos foi 6 de janeiro. Em vários países de origem latina, em especial aqueles cuja cultura possui origem espanhola, essa data se tornou a mais importante comemoração católica, inclusive em comparação ao próprio Natal. Na cultura tradicional brasileira, os festejos natalinos eram celebrados por grupos que visitavam as casas, tocando músicas alegres em louvor aos "**santos reis**" e ao nascimento do Cristo. Eram manifestações festivas que se estendiam até a data consagrada aos três reis magos, ou seja, 6 de janeiro. Com frequência, esses grupos eram organizados com objetivos filantrópicos, para atender a propósitos sociais. Cada grupo – que em alguns lugares recebe o nome de **Folia de Reis** e em outros **Terno de Reis** – é composto de músicos que tocam instrumentos confeccionados, em sua maioria, de forma artesanal e caseira. São tambores, reco-reco, flauta e rabeca (uma espécie de violino rústico), além da tradicional viola caipira e do acordeão, que também é conhecido em certas regiões do País como sanfona, gaita (gaúcha) ou pé-de-bode. Além dos músicos instrumentistas e cantores, o grupo muitas vezes se compunha também de dançarinos, palhaços e outras figuras folclóricas, todos devidamente caracterizados segundo as lendas e tradições locais, como, aliás, acontece hoje em Bonito. Todos se organizam sob a liderança do mestre da folia e seguem com reverência os passos da bandeira, cumprindo rituais tradicionais de inquestionável beleza e riqueza cultural. As canções são, como sempre, sobre temas religiosos, com exceção das que são tocadas nas tradicionais paradas para o jantar, almoço ou repouso dos foliões, quando acontecem animadas festas com cantores e danças típicas regionais, como catira, moda de viola e cateretê. A Festa de Santos Reis em Bonito tem peculiaridades que não são vistas em outras cidades brasileiras e por isso é algo que um visitante não deve perder...

- ➤ **Abril – Festa do Peão de Boiadeiro** – Acontece do fim de abril até o fim de maio. Nela tem-se a presença maciça de peões que representam as fazendas de todo o Estado de Mato Grosso do Sul, que concorrem a troféus em várias competições.

- ➤ **Julho – Festival de Inverno de Bonito** – Ele está inserido em um conjunto de ações desenvolvidas e apoiadas pelo governo municipal e o setor envolvido com o turismo, com o objetivo de atrair visitantes. O evento dura cinco dias, e combina música, apresentações teatrais, exposições de artes plásticas e fotografias, cinema voador, palestras e várias festas.

- ➤ **Agosto – Encontro Estadual Clubes de Laço** – Ele acontece geralmente no final de agosto com a presença de 11 clubes de laço do Estado. O evento se tornou ainda mais animado pela realização simultânea de bailes bastante concorridos.

Quem chega a Bonito tem à sua disposição alguns bons hotéis e algumas agradáveis pousadas, como é o caso do Pirá Miúna (com piscina, quartos confortáveis, bons lanches no restaurante e excelente localização); Paraíso das Águas (limpo, organizado, situado na rua principal, junto aos restaurantes e às lojas de artesanato); Bonsai (com uma boa área, bem localizado, tranquilo, limpo e funcionários bem educados); Marruá (com estrutura muito boa, áreas verdes, piscina, sauna, excelente café da manhã e *Wi-Fi* gratuitos) e há ainda os hotéis Wetiga, Refúgio, Ecotel, Araras, entre outros.

Nos locais que se classificam como pousadas ou hotéis pousada, destacam-se: Lucca, Calliandra, Diamante (localizado a uns 3 km do centro, mas perto da saída para vários pontos turísticos!), Galeria Artes, Voo das Garças, São Jorge, Carandá, Paraíso, etc.

O visitante tem também muitas opções, caso queira ter uma boa **refeição**, pois poderá escolher entre vários restaurantes:

- ➤ *Juanita* – Serve comida regional, incluindo um excelente pacu na brasa, com acompanhamentos tradicionais, oferecendo ao cliente um ambiente campestre e aconchegante.

- ➤ *Casa do João* – Serve pratos como traíra, pintado a urucum e pratos típicos da região pantaneira, num ambiente bem confortável.

- ➤ *O Casarão* – Serve *buffet* com comida bem saborosa, sendo que o filé de tilápia é um prato quente excelente e o seu doce de leite é do outro mundo...

- ➤ *Marco Velho* – Embora o ambiente seja simples, a comida é deliciosa e os preços bem em conta.
- ➤ *Toca do Peixe* – Oferece comida de qualidade e os garçons são muito prestativos. O lugar fica próximo da praça central da cidade e os preços são bem acessíveis. Para alguns o melhor do estabelecimento é a deliciosa comida, como é o caso do seu risoto de banana da terra.
- ➤ *Tapera* – O destaque aqui é o filé *mignon* ao molho madeira com pimenta verde.
- ➤ *Sale & Pepe* – Serve um espetacular *sashimi* feito com os peixes locais, ou então a piraputanga com farofa de banana, tendo uma *chef* supercuidadosa e carinhosa no preparo da comida.

E há ainda os restaurantes O *Rei da Carne de Jacaré*, *Aipim*, *Cupim*, *Aquário*, *Pantanal Grill*, *Turquesa* (no qual é servido um misto de comida árabe e pratos naturais), entre outros.

Naturalmente há em Bonito algumas *pizzarias*, hamburguerias, sorveterias, lanchonetes com bons sucos e cafés sofisticados, e inclusive locais especializados em guloseimas, como é o caso do *Jaracatiá - Bombons do Cerrado*, onde a senhora Margarida vende maravilhosos bombons com sabores de frutas da região (jaracatiá de madeira, seriguela, guavira, castanha barú, pequi etc.).

Para uma cidade pequena, Bonito está muito bem abastecida de hotéis e restaurantes, não é?

Mas é claro que pode aconteceu um imprevisto com a saúde de um visitante (ou morador) e nesse caso, é possível recorrer ao hospital Darci João Bigaton, que orgulha a secretaria de Saúde de Bonito, pois a grande maioria das pessoas que é atendida ali elogia seu corpo médico e os demais funcionários.

Esse hospital recentemente sofreu uma significativa reforma e nele foram ampliadas várias de suas alas e houve a recepção de novos equipamentos (monitores paramétricos, amninoscópio, aspirador cirúrgico, novos colchões, novos carros de refeição aquecida, de transporte e de higienização etc.)

Em 2018, Paulo Ney Fraga de Sales foi empossado como novo presidente do Hospital Darci João Bigaton. Ele reside em Bonito desde 2013, mas antes disso já havia desenvolvido diversas atividades ligadas a conselhos consultivos nas áreas da saúde, segurança e educação no País, entre elas na Fundação Zerbini de São Paulo.

Em seu discurso, Paulo Ney Fraga de Sales enfatizou: "Para mim é um grande orgulho e uma grande responsabilidade dirigir essa instituição civil de direito privado, sem fins lucrativos, filiação política ou partidária, cujo objetivo é manter em suas dependências serviços especializados condizentes com o desenvolvimento da ciência médica, proporcionando **assistência médica e hospitalar gratuitas** ou de custo bem reduzido, focada especialmente em atender os doentes mais carentes. Procurarei desenvolver uma gestão eficiente, com especial atenção no controle de gastos para que tenhamos recursos para promover novos investimentos e, com isso, fazer com que nossos serviços se aprimorem ainda mais."

A ainda o Hospital Águas de Miranda, algumas clínicas e postos de saúde mantidos pela prefeitura!!!

E uma pergunta que certamente o(a) leitor(a) tem em mente nesse exato momento é: "**Como faço para chegar na encantadora Bonito?**"

Bem, Bonito dista cerca de 300 km da encantadora Campo Grande, capital sul-mato-grossense, e daí até ela as estradas estão asfaltadas. Quanto ao tráfego, ele só é mais pesado na época de escoamento de safra, quando as rodovias ficam repletas de caminhoneiros. O melhor caminho para quem deseja ir até Bonito a partir de Campo Grande é, seguir até Sidrolândia pela BR 60/419 e de lá continuar por Nioaque e Jardim, finalmente chegando a Bonito. Já quem desembarca no aeroporto de Campo Grande tem três alternativas.

A primeira é alugar um carro e ir direto para Bonito, o que facilitará a ida direta aos passeios, pois alguns deles são distantes do centro da cidade. A segunda é adquirir uma passagem numa *van* que sai do próprio aeroporto, o que evitará que o passageiro tenha de ir até Campo Grande para pegar um ônibus. No aeroporto há diversas agências que oferecem esse serviço, assim como vários horários de partida. A terceira opção é ir de ônibus, porém, não é a opção mais rápida. A empresa que oferece a rota é a Cruzeiro do Sul e, embora disponibilize diversos horários, o trajeto leva cerca de 5 h, enquanto de carro é possível chegar ao destino em 3 h 30 min.

Há uma quarta opção, que é chegar a Bonito diretamente em seu próprio aeroporto, mas neste caso as opções de voo são bem reduzidas. Atualmente a única empesa que opera até a cidade é a Azul. Os voos partem de Viracopos, em Campinas e fazem uma parada em Corumbá, já no Mato Grosso do Sul, antes de pousar em Bonito. O percurso total é de 3 h 25 min, e os preços são bem salgados!!!

Apesar dessa dificuldade – que, aliás, os órgãos de turismo que atuam no Brasil deveriam eliminar ou, pelo menos, minimizar –, conhecer Bonito e passar ali alguns dias certamente fará parte das melhores recordações da vida de uma pessoa!!!

Em Brasília, uma vista do Congresso Nacional.

Brasília

PREÂMBULO

O lema de Brasília é *Venturis ventis* ("**Aos ventos que hão de vir**"), e de fato, os brasilienses torcem para a vinda desses ventos para que a temperatura caia um pouco e aumente a umidade.

Apesar de o índice pluviométrico médio anual na cidade ser de aproximadamente 1540 mm, com as chuvas concentradas entre os meses de outubro a abril, entretanto na estação seca de maio a setembro é comum os níveis de umidade relativa do ar ficarem frequentemente abaixo de 30%, bem abaixo, portanto do considerado ideal pela OMS, que é de 60%.

Esse clima tropical de altitude, de verão chuvoso e inverno seco, favorece a realização de diversos eventos nacionais e internacionais na cidade todos os anos. O lago Paranoá é o "mar" dos brasilienses e, além de amenizar o clima da região, permite a prática de vários tipos de esporte: *windsurf*, vela, esqui aquático e pesca amadora.

Em Brasília há muitas áreas públicas, como é o caso do principal parque da Cidade Dona Sarah Kubitschek – o **maior parque urbano do mundo** –, no qual há quadras de vôlei, lagos artificiais, parque de diversões, centro hípico, pistas para caminhada (com 4 km, 6 km e 10 km), pistas para patinação e ciclismo; e do parque Ana Lídia, um espaço com brinquedos, criado especialmente para a diversão das crianças.

Na cidade de Brasília também há muitos templos e muitas igrejas incríveis. Uma das que se destacam é a igrejinha Nossa Senhora de Fátima, que foi projetada por Oscar Niemeyer, e cuja arquitetura lembra o chapéu de uma freira. Ela foi construída em 1958 a pedido de Sarah Kubitschek, esposa do então presidente Juscelino Kubitschek (JK).

A HISTÓRIA DE BRASÍLIA

Brasília, a nossa capital federal e a sede do governo no Distrito Federal (DF), está localizada na região centro-oeste do País, numa região denominada de planalto central.

O DF é uma das 27 unidades federativas do Brasil, sendo a menor de todas elas. É a única que não tem municípios, sendo dividida em 31 regiões administrativas (RAs). Um dos gentílicos tanto do DF quando de Brasília é "**brasiliense**", que significa "brasileiro".

Estimava-se que no início de 2019 vivessem no DF cerca de 3,1 milhões de habitantes – na área metropolitana algo próximo de 4,35 milhões – sendo assim ela é a **terceira cidade** mais populosa do País. O DF ocupa uma área de 5.779,997 km².

A capital brasileira é a maior cidade planejada e construída do mundo no século XX!!! A cidade possui o maior PIB *per capita* (algo próximo de R$ 82 mil por ano) em relação às capitais estaduais, o quarto maior entre as principais cidades da América Latina e cerca de três vezes maior que a renda média brasileira.

Como capital nacional, Brasília abriga a sede dos três poderes da República – Executivo, Legislativo e Judiciário – e 130 embaixadas estrangeiras. A política de planejamento da cidade, como a localização dos prédios residenciais em grandes áreas urbanas, a construção da cidade tendo enormes avenidas e a sua divisão em blocos numerados e setores pré-determinados – **hoteleiro**, **bancário**, de **embaixadas** etc. –, provocou debates entre arquitetos e urbanistas do mundo todo sobre o estilo de vida que se devia ter nos grandes centros.

Na realidade o plano urbanístico da capital, conhecido como **Plano Piloto**, foi elaborado pelo urbanista Lúcio Costa, que aproveitando o relevo da região, adequou-o ao projeto do lago Paranoá, concebido em 1893 pela missão Cruls. A cidade começou a ser planejada e desenvolvida em 1956, por Lúcio Costa e pelo arquiteto Oscar Niemeyer, com os cálculos estruturais tendo sido feitos pelo engenheiro Joaquim Cardoso. Brasília foi inaugurada em 21 de abril de 1960, pelo então presidente Juscelino Kubitschek (JK), tornando-se formalmente a terceira capital do Brasil, após Salvador e Rio de Janeiro.

A palavra Brasília é usada como um sinônimo do DF, no entanto, como já foi dito, o DF é composto de 31 RAs, das quais apenas uma é o centro da entidade: a RA I, que é basicamente formada pela Plano Piloto e pelo Parque Nacional de Brasília. As publicações demográficas geralmente não fazem esta distinção e listam a população brasiliense como sinônimo da população do DF, considerando-se o conjunto como uma única entidade.

O DF, por sua vez, acumula características de município e Estado, sendo que as suas RAs também são chamadas de "**cidades-satélites**", porém não são tratadas como municípios!?!? Os municípios limítrofes do DF são Águas Lindas de Goiás, Cidade Ocidental, Cristalina, Formosa, Novo Gama, Santo Antônio do Descoberto, Padre Bernardo, Planaltina, Valparaíso de Goiás e Cabeceira Grande.

"**Candango**", o outro nome utilizado para designar os brasilienses, foi originalmente usado para se referir aos trabalhadores que em sua maioria saíram da região nordeste do Brasil e migraram para Brasília para trabalhar na construção do que seria a futura capital do País.

Uma das vertentes etimológicas diz que o termo "candango" vem do termo quimbundo *kangundu*, diminutivo de *kingundu* (que quer dizer ruim, ordinário, vilão). Esse foi o termo usado pelos escravos africanos para designar os portugueses. Porém, de acordo com o dicionário *Michaelis*, "candango" significa: "Trabalhador, estudante vindo de fora da região para estabelecimento de residência. Nome com o qual se designam os trabalhadores comuns que colaboraram na construção de Brasília."

Assim em Brasília a população local é constituída por migrantes de quase todas as regiões do País. Estimativas de 2019 davam conta de que 48% dos moradores da capital nasceram na própria capital federal, onde viviam também cerca de 13,5 mil estrangeiros, trabalhando principalmente nas embaixadas instaladas na cidade.

Voltando a certas decisões históricas, convém lembrar que ainda em 1761, o marquês de Pombal, então primeiro-ministro de Portugal, propôs mudar a capital do império para o interior do Brasil colônia. Por sua vez, o jornalista Hipólito José da Costa, fundador do *Correio Braziliense*, primeiro jornal brasileiro, editado em Londres, na Inglaterra, redigiu em 1813 artigos em defesa da interiorização da capital do nosso País para uma área **"próxima às vertentes dos caudalosos rios que se dirigem para o norte, sul e nordeste."**

Por sua vez, José Bonifácio de Andrade e Silva, o patriarca da Independência, foi a primeira pessoa a se referir à futura capital do Brasil, isso em 1823, como "Brasília". Desde a primeira Constituição republicana, de 1891, havia um dispositivo que previa a mudança da capital federal do Rio de Janeiro para o interior do País, determinando como "pertencente à União, no planalto central, uma área de 14.400 km², que seria oportunamente demarcada para nela estabelecer-se a futura capital federal."

Um fato interessante dessa época foi o sonho premonitório do padre italiano são João Belchior Bosco, no qual disse ter visto uma terra de riquezas e prosperidade situada próxima a um lago e entre os paralelos 15 e 20 do hemisfério sul!!! Acredita-se que o sonho do padre tenha sido uma profecia sobre a futura capital brasileira, pelo qual o padre, posteriormente canonizado, tornou-se o **padroeiro de Brasília**.

No ano de 1891, foi nomeada a Comissão Exploradora do Planalto Central do Brasil, liderada pelo astrônomo Luís Cruls e integrada por médicos, geólogos e botânicos, que fizeram um levantamento sobre a topografia, o clima, a geologia, a flora, a fauna e os recursos materiais da região do planalto central. Essa área ficou conhecida como o **quadrilátero Cruls** e foi apresentada em 1894 ao governo republicano, sendo que a comissão designou Brasília como o nome de "**Vera Cruz**".

Em 1922, no ano do centenário da Independência do Brasil, o deputado Americano do Brasil, apresentou um projeto à Câmara dos Deputados, incluindo entre as comemorações a serem celebradas, o lançamento da **pedra fundamental** da futura capital no planalto central.

Na época, o então presidente da República, Epitácio Pessoa, baixou o decreto Nº 4.499, de 18 de janeiro de 1922, determinando o assentamento de uma pedra fundamental e designou para a realização desta missão o engenheiro Balduíno Ernesto de Almeida, diretor da Estrada de Ferro de Goiás (EFG), com sede em Araguari, no Estado de Minas Gerais.

No dia 7 de setembro de 1922, com uma caravana composta por 40 pessoas, foi assentada a pedra fundamental no morro do Centenário, na serra da Independência, situada a 9 km de Planaltina.

Em 1954, o marechal José Pessoa Cavalcanti de Albuquerque foi convidado pelo então presidente Café Filho para dirigir a Comissão de Localização da Nova Capital Federal, encarregada de examinar as condições gerais de instalação da cidade a ser construída.

Em seguida, Café Filho homologou a escolha do local da nova capital e delimitou a área do futuro DF, determinando que a comissão encaminhasse o seu estudo sobre todos os obstáculos e problemas relacionados para promover essa mudança!!! Foi essa comissão a responsável pela exata escolha do local onde hoje se ergueu Brasília.

A idealização do Plano Piloto foi também obra dessa comissão, que em robusto relatório redigido pelo marechal José Pessoa Cavalcanti de Albuquerque, com o título de *Nova Metrópole do Brasil*, detalhou para o presidente Café Filho como poderia se construir a nova capital.

Nesse relatório o nome da nova capital seria Vera Cruz, para caracterizar o sentimento de um povo que nasceu sob o signo da Cruz de Cristo. Porém, o marechal José Pessoa Cavalcanti de Albuquerque entrou em conflito com o presidente JK, e retirou-se da comissão, sendo substituído pelo coronel de Exército Ernesto Silva, que era o secretário dessa comissão e médico.

Em seguida, em 1956, ele também foi nomeado para comandar a Comissão de Planejamento da Construção e Mudança da Capital Federal e para ser o diretor da Companhia Urbanizadora da Nova Capital (Novocap), cargo que ocupou de 1956 a 1961. Foi ele que assinou o edital de concurso do Plano Piloto, que foi publicado no *Diário Oficial* em 30 de setembro de 1956.

Recorde-se que no ano de 1955, durante um comício na cidade goiana de Jataí, o então candidato a presidência JK, foi questionado por um eleitor se respeitaria a Constituição, interiorizando a capital federal, ao que ele respondeu: "Se for eleito vou transferir a capital!!!" E eleito, JK estabeleceu a construção de Brasília como a **meta-síntese** de seu **plano de metas**!!!

O traçado das ruas de Brasília obedeceu ao Plano Piloto implantado pela empresa Novocap, a partir de um anteprojeto do arquiteto Lúcio Costa, escolhido através de um concurso público nacional. Foi o arquiteto Oscar Niemeyer que projetou os principais prédios públicos da cidade, cujos cálculos estruturais, como já foi dito, foram feitos pelo engenheiro Joaquim Cardoso.

Para fazer a transferência simbólica da capital do Rio de Janeiro para Brasília, JK fechou solenemente os portões do palácio do Catete em 21 de abril de 1960, às 9 h da manhã, transformando-o a partir daquela data e horário no Museu da República, ao que o povo **reagiu com aplausos**!!! A cidade de Brasília foi inaugurada no mesmo dia, poucas horas depois do evento no Rio de Janeiro – a data, aliás, coincide com a execução de Joaquim José da Silva Xavier, o Tiradentes, líder da Inconfidência Mineira.

O princípio básico das estratégias políticas de JK, de acordo com ele próprio, foi apropriado do moralista francês Joseph Joubert, segundo o qual **"não devemos jamais cortar um nó que podemos desatar"**. Com base nessa máxima, JK viabilizou a construção de Brasília, oferecendo várias benesses à oposição, criando fatos consumados e queimando etapas, sem se preocupar que isso pudesse promover uma grande inflação no País.

Apesar de a cidade ter sido construída em tempo recorde, a transferência da infraestrutura governamental só ocorreu durante os governos militares, já na década de 1970. E ainda no século XXI, alguns órgãos do governo federal continuam sediados no Rio de Janeiro... Porém, o efeito provocado pelo modernismo da cidade recém-construída notou-se claramente na declaração do cosmonauta Yuri Gagarin, o primeiro homem a viajar para o espaço, que ao visitar Brasília em 1961 declarou: "**Tenho a impressão de que desembarquei num planeta diferente, não numa parte da Terra!!!**"

Alguns dos fatores que mais influenciaram a transferência da capital foram a segurança nacional, pois acreditava-se que em uma capital no litoral, o País estava muito vulnerável a ataques estrangeiros (um argumento militar-estratégico que teve como precursor Hipólito José da Costa), e a promoção da interiorização do povoamento e do desenvolvimento e integração nacional, já que, devido a fatores econômicos e históricos, a população brasileira concentrou-se na faixa litorânea, ficando o interior do Brasil pouco povoado.

Assim, a transferência da capital para o interior forçaria o deslocamento de um contingente populacional e a abertura de rodovias, ligando a capital às diversas regiões do País, o que levaria a uma maior integração econômica. Todavia, planejada para ter uma população de 500 mil habitantes no ano de 2000, Brasília atingiu 1,515 milhão de moradores já em 1991. Ela atualmente é a sétima em concentração urbana, depois de São Paulo, Rio de Janeiro, Belo Horizonte, Recife, Porto Alegre e Salvador. **Que crescimento incrível em apenas 59 anos, não é mesmo?**

Como anteriormente mencionado, o projeto urbanístico vencedor do concurso de 1957, para o plano da Nova Capital, foi elaborado por Lúcio Costa. Ele teve sua forma inspirada pelo **sinal de uma cruz**, porém, até hoje o formato da área é popularmente comparado ao de um **avião**. Desse modo, na extremidade noroeste do Eixo Monumental ficaram os edifícios regionais, enquanto no extremo sudeste, perto das margens do lago Paranoá, foram erguidos os edifícios do governo federal, em torno da praça dos Três Poderes, o centro conceitual de Brasília.

Além disso, a cidade foi dividida em setores temáticos, como o de Habitações Coletivas, Comercial, Hospitalar, Hoteleiro, Cultural e de Diversões.

Lúcio Costa também projetou o Eixo Monumental como uma área aberta no centro da cidade onde ficou situada a Esplanada dos Ministérios, com um amplo gramado retangular cercado por duas grandes vias expressas, que constituem a principal avenida da cidade, na qual estão localizados os muitos edifícios públicos, monumentos e memoriais brasilienses.

Este é o corpo principal do "**avião**" que forma a cidade. Aliás, de certa forma, o Eixo Monumental assemelha-se ao *National Mall* da capital norte-americana, Washington, sendo a via pública mais larga do mundo, com cerca de 250 m de largura!!! A praça dos Três Poderes é um amplo espaço aberto entre os **três edifícios monumentais** que representam os três poderes da República, o palácio do Planalto (Executivo), o Supremo Tribunal Federal – STF (Judiciário) e o Congresso Nacional (Legislativo).

Os conjuntos habitacionais de baixo custo foram construídos pelo governo no Plano Piloto. As zonas residenciais da cidade foram organizadas em "**superquadras**", nas quais foram construídos grupos de edifícios de apartamentos, juntamente com uma determinada quantidade e tipo de escolas, lojas e espaços cobertos. Dessa maneira, no extremo norte do lago Paranoá, separado do centro da cidade, há uma península com muitas casas de luxo e um bairro semelhante ao que existe na margem da RA chamada Lago Sul.

Originalmente, os planejadores da cidade imaginaram extensas áreas públicas ao longo das margens do lago, mas durante o desenvolvimento inicial da capital, clubes privados, hotéis e residências de luxo ocuparam a área em torno da água. Bem separadas da cidade de Brasília estão as suburbanas cidades-satélites de Taguatinga, Samambaia, Núcleo Bandeirante, Ceilândia, Planaltina, Gama e Sobradinho, que, exceto pelas duas últimas, não foram planejadas e se desenvolveram de forma mais ou menos imprevista!?!?

Apesar de diversas distorções, a cidade passou a granjear de um certo renome internacional pela presença nela em larga escala da **arquitetura modernista** e pelo seu plano urbanístico um tanto utópico. Por exemplo, em uma visita a Brasília a famosa escritora francesa Simone de Beauvoir, queixou-se, enfatizando: "**Aqui todas as superquadras exalam o mesmo ar de monotonia elegante.**"

Diversas falhas atualmente são constatadas na cidade, como o **privilégio** que se deu desde o início ao **transporte rodoviário**. Mesmo assim, o projeto de Brasília produziu uma cidade com uma qualidade de vida relativamente alta, na qual seus moradores vivem em áreas arborizadas, podem praticar esportes, têm várias opões de lazer e os locais em que moram possuem pequenas áreas comerciais, livrarias e cafés em suas proximidades.

Nos anos iniciais, o trânsito brasiliense costumava ser muito tranquilo, o que infelizmente já não ocorre mais. Apesar das diversas características positivas – para muitas pessoas Brasília não deixa de ser uma "**ilha da fantasia**" –, o fato é que elas apenas evidenciam ainda mais o forte contraste em relação às cidades vizinhas no Estado de Goiás, no entorno do DF, marcadas pela pobreza e desorganização.

Os críticos da grande escala de Brasília têm caracterizado a cidade como **uma fantasia platônica modernista sobre o futuro**!!!

De qualquer maneira, em 2017, a cidade solicitou a Unesco sua inclusão na RCC, na categoria *design*, e de fato foi aceita, uma vez que realmente se destaca nesse quesito. Aliás, para não dizer que só a arquitetura chama a atenção em Brasília, a capital nacional também tem se tornado famosa pela sua culinária. Entretanto, deve-se ressaltar que Brasília já nasceu com um *design* incrível, e agora, como integrante da RCC, renascerá todos os dias estimulando cada vez mais os profissionais brasilienses dessa área para que desenvolvam seus negócios e promovam importantes eventos relativos ao tema!!!

Voltando às narrativas do passado, conta-se que certa vez, quando Brasília ainda era um grande canteiro de obras, em 1958, levaram uma garrafa de *whisky* para brindar com o presidente JK. De copo na mão ele reclamou da falta de gelo. Foi então que o céu se fechou e uma chuva de granizo despencou sobre o planalto central. Essa história foi testemunhada pelo jornalista Murilo Melo Filho e reproduzida no livro *Feliz 1958 – O Ano que Não Devia Terminar*, mostra como naquele tempo nada parecia impossível para JK.

Aliás, deve-se dizer que ele promoveu a modernização do País, não só através da mudança de sua capital, e no pesado investimento em sua industrialização, mas também por meio da **produção artística nacional**, buscando o **novo**, sem deixar de conservar as raízes tradicionais. De fato, as ações que promoveu influenciaram diretamente a nossa cultura, criando um clima que estimulou a experimentação artística em todo o território nacional.

Assim surgiram uma nova poesia, uma nova pintura, um cinema novo, um novo samba. Tornou-se dessa maneira impossível pensar em JK, no "**presidente bossa-nova**", sem pensar em Brasília. Considerada um marco de urbanismo moderno do século XX, a cidade foi reconhecida em 1987 como **patrimônio cultural da humanidade**!!!

E de fato a capital brasileira impressiona pela quantidade de obras de arte que podem ser vistas em suas construções e espaços públicos, muitas realizadas pelos artistas que fizeram parte da exposição *Arte Moderna* de 1944, realizada em BH.

Realmente Brasília, devido ao seu incrível conjunto arquitetônico e urbanístico, tem a maior área tombada do mundo, com **112,5 km²**.

A cidade tem um estatuto único no Brasil, já que é uma divisão administrativa distinta de um município legal, como são as demais cidades brasileiras. Algo semelhante ao que acontece com Washington, no distrito de Columbia (D.C.), nos EUA e em Camberra, na Austrália.

O DF possui uma grande variedade de **vegetação**, reunindo 150 espécies. A maioria é nativa, típica do cerrado, e de porte médio, com uma altura variando entre 15 m e 25 m. Muitas delas já foram tombadas pelo patrimônio ecológico local para garantir sua preservação, sendo que algumas das principais são: a pindaíba, a paineira, o ipê-roxo, o ipê-amarelo, o pau-brasil e o buriti.

A preservação da vegetação no DF é um tema recorrente, em especial pela preocupação em se conservar a flora original. O desmatamento provocado pela expansão da agricultura é um dos problemas que enfrenta o DF, pois a Unesco tem divulgado que desde o início da construção da capital 57% da vegetação original não existe mais. Assim, para concretizar uma efetiva preservação da vegetação, o **governo do Distrito Federal** (GDF) tem desenvolvido diversos programas de conscientização e de reformas estruturais objetivando diminuir essa degradação e, ao mesmo tempo, impedir a extinção da fauna e a poluição dos rios da região.

É no DF, que ficam as cabeceiras dos afluentes dos três maiores rios brasileiros – do rio Maranhão (afluente do rio Tocantins), do rio Preto (do rio São Francisco) e dos rios São Bartolomeu e Descoberto (tributários do rio Paraná).

E por falar em rios, os que banham o DF estão bem supridos pelos lençóis freáticos, razão pela qual não secam, mesmo durante a estação seca. Todavia, com o intuito de acumular a quantidade de água suficiente para os que vivem no DF, foi realizado o represamento de um dos rios da região, o Paranoá, para a construção de um lago artificial, que recebeu o mesmo nome. Com 48 km² de área, um perímetro de 111,8 km, e uma profundidade máxima de 38 m, esse lago possui uma grande marina e é frequentado por praticantes de *wakeboard*, *windsurf* e pesca profissional. Com isso, Brasília tornou-se até conhecida como a "**capital mundial das águas**" e, curiosamente, conseguindo até sediar importantes eventos tratando de temas como o suprimento de água para a população!?!?

Apesar do seu terreno plano, o DF possui riquezas naturais em abundância, bem como um dos mais ricos ecossistemas existentes no País, o **cerrado**, que ocupa 90% da região. Estando numa altura de mais de 1.000 m em relação ao nível do mar, além de ter uma rica malha hídrica, o DF possui muitas cachoeiras, grutas e lagoas. Assim, os visitantes têm a possibilidade de apreciar formações rochosas e vulcânicas com milhões (ou bilhões) de anos, vegetação típica e exuberante, além de cânions (vales estreitos) e piscinas naturais.

O **turismo rural** e **ecológico**, bem próximo da capital federal, tem boa infraestrutura para receber visitantes de todas as idades, que vem em busca de lazer, aventura, desportos radicais e belezas naturais. Eles vão a essas reservas ecológicas que existem na região que lhes asseguram ótimos passeios a pé pelas trilhas nas matas.

Infelizmente Brasília possui a **maior** desigualdade de renda entre as capitais brasileiras, além de ser uma das capitais em que mais se registram homicídios para cada 100 mil habitantes (são 42 em cada 100 mil). Isso talvez seja porque na RA de Ceilândia está localizada a segunda mais populosa favela do Brasil, a comunidade do Sol Nascente, com quase 95 mil habitantes, porém, segundo as estimativas de lideranças locais, a população verdadeira está superando 110 mil habitantes, o que a levaria ao patamar da favela da Rocinha no Rio de Janeiro, a maior do País.

Localizada a 30 km da praça dos Três Poderes, a comunidade de Sol Nascente compete de fato em tamanho com a da Rocinha, no Rio de Janeiro. Ela ocupa uma área equivalente a mil campos de futebol (um campo tem, em média, 105 m de comprimento e 70 m de largura), e entre seus poucos serviços públicos estão três escolas e uma UBS (Unidade Básica de Saúde). Não há nenhuma delegacia, e grande parte das casas não tem esgoto. As ruas não são asfaltadas e ficam repletas de lixo por causa da precariedade na coleta.

É difícil entender essa situação que ocorre em Sol Nascente pois o GDF recebe um apoio significativo da União – em 2017 o valor do Fundo Constitucional do Distrito Federal (criado em 1988 e regulamentado em 2002) foi de R$ 13 bilhões, mais que a receita corrente líquida individual de 14 Estados brasileiros.

Mas as dificuldades do GDF hoje são tão grandes que **não consegue sequer pagar os salários dos funcionários em dia**!!! Há quem diga, que a partir de 2019 uma das prioridades do atual governador do DF, Ibaneis Rocha, é investir bastante para melhorar a infraestrutura da Sol Nascente. **Será que isso ocorrerá?**

O IDH do DF já alcançou valores elevados (0,824), mas isso não impediu a **desigualdade social**, tampouco significa que em Brasília ela seja pequena!?!?

Além disso os índices de **criminalidade** são especialmente elevados no entorno do DF. De acordo com os sociólogos, a criminalidade no DF, particularmente nas cidades-satélites é uma herança do crescimento desordenado da cidade. Existem diversas propostas para se tentar diminuir a criminalidade na capital brasileira, bastante divulgadas em 2019, mas com certeza uma medida que seria eficiente é ter um **melhor policiamento** na região para retrair a violência. E note-se que a segurança pública do DF é que a tem proporcionalmente o maior efetivo no País, estando muito bem equipada...

O DF é pessoa jurídica de direito público interno, ente da estrutura político-administrativa do Brasil de natureza *sui generis* (singular), pois não é nem Estado nem município, mas um ente especial que acumula as competências legislativas reservadas a ambos, conforme dispõe o artigo 2, parágrafo 1º da Constituição federal, que lhe dá uma natureza híbrida de Estado/município.

Seu poder legislativo, é representado pela Câmara Legislativa do DF, cuja nomenclatura representa uma mescla de Assembleia Legislativa (o poder legislativo das demais unidades da federação) e da Câmara dos Vereadores (legislativo dos municípios), sendo formada por **24 deputados distritais**.

Brasília também não possui prefeito, pois o artigo 32 da Constituição Federal de 1988 **proíbe expressamente** que o DF seja **dividido** em municípios, sendo considerado uno. Seu último prefeito foi Wadjô da Costa Gomide, em 1969, quando o cargo foi transformado em governador. Parte do orçamento do governo distrital é proveniente, como já foi dito, do Fundo Constitucional do DF, que em 2019 estava previsto para cerca de R$ 16,4 bilhões.

No Brasil, por definição legal, "**cidade**" é a sede de um "**município**". A partir do Estado Novo, pelo decreto-lei Nº 311, todas as sedes de municípios passaram a ser cidades, sendo que, até então, as menores sedes de municípios eram denominadas "**vilas**". No DF, entretanto, os diversos núcleos urbanos são chamados de RAs, sendo a principal delas a do Plano Piloto, que de uma certa forma se confunde com a ideia de Plano Piloto. Brasília é, portanto, constituída por toda a área urbana do DF, e não apenas pela parte tombada pela Unesco ou RA central, pois a cidade é polinucleada, formada de várias RAs, de forma que as regiões periféricas estão articuladas às centrais.

Há quem argumente que por todo o Brasil existam várias regiões metropolitanas (como as citadas nesse livro) nas quais as cidades periféricas acabam articuladas em relação às cidades principais, sem que deixem por isso de ser consideradas cidades. A diferença é que elas são sedes de município.

Aqui cabe uma ressalva e uma atualização. No dia 27 de setembro de 2018, faleceu Joaquim Roriz, que governou o DF por quatro mandatos, o último deles encerrado em 2006. Ao longo de sua carreira política foi ainda vereador em Luziânia (sua cidade natal), deputado estadual, deputado federal, prefeito interventor de Goiânia e vice-governador de Goiás, ministro e senador (por um breve período).

Como governador do DF, suas gestões foram marcadas pelo intenso assistencialismo, com destaque para a distribuição de lotes a famílias de baixa renda nas cidades-satélites, o que geraria sérios problemas nesses locais, uma vez que essa prática atraiu muita gente para essas regiões, que invadiu outras áreas...

Apesar de todas essas conceituações e da legislação que fundamenta o DF, há muita gente que continua pensando que Brasília é apenas a RA de Brasília (formada por parte do Plano Piloto e pelo Parque Nacional de Brasília). Não se pode também esquecer que alguns núcleos urbanos, como Planaltina e Brazlândia são mais antigos do que a própria Brasília. Assim, por exemplo, Planaltina já existia como município do Estado de Goiás antes de perder parte de seu território para o DF.

Mas o curioso é que a lei de organização do DF é uma **lei orgânica**, típica de municípios e não uma Constituição, como ocorre nos Estados da federação brasileira, apesar de ela regular tanto matérias típicas das leis orgânicas municipais quanto das constituições estaduais. Ademais, todas as RAs do DF dispõem de certa autonomia político-administrativa, sendo seus administradores regionais indicados pela população local de cada RA, através de um processo seletivo dos candidatos indicados pelas entidades representativas de diversos segmentos da sociedade.

Mas deve-se ressaltar que órgãos oficiais como o IBGE (Instituto Brasileiro de Geografia e Estatística), Ipea, Dieese (Departamento Intersindical de Estatística e Estudos Socioeconômicos) etc., não distinguem Brasília do DF para efeitos de contagem e estatística, pois seus dados são sempre apresentados levando-se em conta o município. Como o DF não possui município, ele é considerado como um único **ente**!!!

Apesar de ser o centro político do País, Brasília também é um importante centro econômico brasileiro, sendo a terceira cidade mais rica da Nação, com um PIB estimado em 2018 de R$ 240 bilhões. Infelizmente esse padrão de vida, de acordo com pesquisa da empresa de consultoria Mercer fez Brasília aparecer na lista das **50 metrópoles mais caras do mundo**!!!

No que se refere a **habitabilidade**, alguns dos lançamentos imobiliários mais caros do País acontecem agora em Brasília, o que evidencia a grande desigualdade prevalente na região, afinal, enquanto os mais ricos vivem nessas residências, os mais pobres acabam tendo de recorrer às favelas...

Um fato curioso é que a cidade de Brasília sediou a 8ª edição do Fórum Mundial da Água, que terminou após vários dias de debates e eventos em 23 de março de 2018, época que a cidade estava saindo de uma grande **falta de água**!?!? Aliás, nessa semana, mais precisamente no dia 22 de março, quando se comemora o **Dia Mundial da Água**, os milhares de participantes do evento ouviram dos especialistas que de cada sete pessoas no mundo, uma tinha de caminhar mais de 1 km, para ter o mínimo de acesso a água para sobreviver durante um dia com não mais de 20 litros.

Divulgou-se ainda que 47% da população mundial viverá em condições de estresse por falta de água até 2030, e 66% dessa população sofrerá com grande escassez de água pelo menos durante um mês por ano. E por sinal, no Brasil, onde existe abundância de águas, as secas são cada vez mais frequentes e severas. O País tem 13% da água superficial doce no mundo, mas, ao mesmo tempo, possui somente 3% da população mundial. Entretanto, 81% da disponibilidade hídrica nacional encontra-se na região amazônica, uma área pouco adensada e povoada. Enquanto isso, no litoral do País, onde estão reunidos 45% de nossa população, a disponibilidade hídrica é de apenas 3%.

E o pior de tudo é que em muitas de nossas cidades de grande porte, como é o caso de Brasília, há uma imensa desigualdade no que se refere ao saneamento e ao acesso da população à água, que não é distribuída com a mesma eficiência nas várias RAs que a compõem. Brasília sofreu bastante com a falta de água em 2017, e isso deverá se repetir nos próximos anos se não forem encontradas formas de evitar o desperdício desse recurso; se não for feito um uso mais racional da água obtida e se não se conseguir não apenas outras maneiras de captá-la, mas também outras fontes de abastecimento para a capital do País.

A principal atividade econômica na capital federal resulta de sua função administrativa. Por ser uma **cidade tombada** pelo IPHAN, e que já recebeu em 1987 o título de **patrimônio cultural da humanidade** da Unesco, a ocupação do território do DF tem características diferenciadas para a preservação da cidade. Desse modo, GDF optou por incentivar o desenvolvimento de indústrias não poluentes, como as de *software*, vídeos, cinema etc., setores típicos da EC, dando ênfase à preservação ambiental, à manutenção do equilíbrio ecológico e à preservação do patrimônio da cidade.

A **economia** de Brasília sempre teve como principais bases as vendas no varejo e a construção civil. Esta última, aliás, tem evoluído, na medida em que vem sendo liberados (ou invadidos) muitos espaços. E a cidade continua recebendo grandes contingentes de novos moradores e dessa maneira a demanda pelo setor **terciário**, ou seja, dos diversos serviços, vai crescendo, percebendo-se isso principalmente pela abertura de novas lojas.

A **agricultura** e a **avicultura** já ocupam um certo lugar de destaque na economia brasiliense. Existe um cinturão verde na Região Integrada de Desenvolvimento (RIDE) do DF e entorno, no qual se produzem hortifrutigranjeiros, inclusive enviando-se alimentos para as cidades próximas de Brasília.

A capital é uma das cidades mais arborizadas do País, tendo mais de 5 milhões de árvores no seu território. Desse total, algo próximo de 1 milhão são frutíferas, e dessas aproximadamente 200 mil são mangueiras, que produzem em média 300 mangas em cada pé!!! Você já imaginou quantas frutas os brasilienses têm de graça na época em que elas amadurecem?

No que se refere ao **comércio**, atualmente, Brasília tem ao menos duas dezenas de bons centros de compras, destacando-se entre eles:

➢ *Park* **Brasília** – Faz parte da história de Brasília há mais de 30 anos, tendo muitas lojas, agências de turismo, várias lojas boas (como por exemplo a Brooksfield, Calvin Klein, Malwee, Lacoste, Jorge Bischoff, Nike Store, Oakley, Osklen, RiHappy, Ricardo Almeida etc.), excelentes locais para se fazer um lanche ou até mesmo uma boa refeição em restaurantes como *Abbracio, Barbacoa, Confraria do Camarão, LaTambouille, Madero Steak House, Outback Steakhouse, Pinguim* etc.), e agradáveis lugares para o lazer (como boliche no *Park Bowling*, diversão na *Hot Zone*, brinquedoteca *Park Check*, simulações de tiro e combate no *Sniper*) ou assistir a um bom filme no cinema.

- **Iguatemi Brasília** – Tem um bom cinema, praça de alimentação razoável, pouca variedade de lojas e aos domingos, às vezes nele ocorrem peças infantis no teatro da livraria Cultura.
- **Pátio Brasil** – Um ótimo lugar com grande variedade de lanchonetes e lojas de roupas. Está bem localizado no setor comercial sul (Asa Sul), com boa praça de alimentação e, especialmente no Natal, tem uma decoração muito bonita. Está bem próximo dos bons hotéis e às vezes nele acontecem eventos maravilhosos.
- **Taguatinga** – É um excelente *shopping*, um dos maiores e mais bonitos do DF. Além de ter um ambiente muito agradável para todas as idades(de crianças a adultos), possui uma grande variedade de lojas, boa praça de alimentação, um ótimo cinema e outras opções de diversão, como uma pista de patinação no gelo.
- **Terraço** – É um ótimo lugar para fazer compras, com boa variedade de lojas, bons restaurantes, várias opções de lazer, incluindo cinemas. Nele o estacionamento é **pago**!!!
- **Brasília** – Com boas lojas (Lunettier, Jorge Bischoff etc.), boa variedade de produtos, porém os preços são um tanto quanto salgados. Possui uma boa praça de alimentação, com diversos restaurantes e serviços, como agência bancária, lotérica etc.
- **Conjunto Nacional** – Este foi o primeiro *shopping* de Brasília e o segundo a ser construído no Brasil, tendo sido inaugurado em 21 de novembro de 1971, continuando a ser um dos centros comerciais mais tradicionais da cidade. Ele tem 6 lojas âncoras e o número de lojas e serviços é de 320.
- *Pier* 21 – Está bem localizado, com várias opções de lazer (boliche, cinema, boate etc.), diversas lojas (com muitas promoções), boa praça de alimentação (restaurantes, *pizzarias*, lanchonetes etc.) e muita gente bonita circulando.
- *Boulevard* – Também muito bem localizado, mas na Asa Norte, oferecendo muitas opções de lojas para boas compras. Tem hipermercado, academia, boa praça de alimentação, cinema e espaço para crianças.
- **ID** – Tem uma boa variedade de lojas no segmento de móveis e decoração, mas poucas opções para outros artigos. Seus restaurantes geralmente estão lotados (*Mangui, Madero* etc.). Porém, é um *shopping* muito limpo e organizado.

- ⇢ *Felicittá* – Tem lojas bem bacanas, consultórios médicos, laboratórios, supermercado e várias opções de restaurantes com comida muito boa.
- ⇢ *Águas Claras* – Possui uma boa variedade de lojas, boa praça de alimentação, cinema, loja de *games*, bancos, etc., mas falta um estacionamento coberto!!!
- ⇢ *Liberty Mall* – É um *shopping* com ótimos cinemas, boa gama de serviços, mas poucas opções de marcas de grife (tanto no que se refere a moda quanto a gastronomia).
- ⇢ *Fashion Mall* – Possui boas salas de cinema, uma boa praça de alimentação (pode-se tomar aí um chopinho bem gelado), mas com poucas opções de lojas. O espaço, entretanto, é bem estruturado.
- ⇢ *Vitrinni* – Tem algumas lojas variadas, academia e o destaque vai para as boas opções de restaurantes.

Apesar da crise econômica enfrentada pelo Brasil entre 2015 e 2018, ainda é nesses *shopping centers* que trabalha um grande contingente de pessoas, atendendo diariamente algumas centenas de milhares de clientes que vivem em Brasília, bem como as pessoas que visitam a cidade.

Tanto os que vivem no DF, como os visitantes que chegam a Brasília encontram aí a possibilidade de fazerem ótimas compras de artigos de qualidade e com preços bastante acessíveis (ou até baixos) fora dos grandes *shoppings*. Para os adeptos do estilo *vintage* que buscam a sustentabilidade e compras baratas, as lojas de produtos de segunda-mão são uma boa alternativa. E elas estão espalhadas por toda a cidade oferecendo uma grande variedade de artigos.

Outra boa sugestão para as compras são as feiras de artesanato e de roupas, dentre elas a mais tradicional, - a Feira da Torre – localizada bem no centro, que conta com barracas de artesanato e comida. Mas há também aquelas nas quais se vendem móveis, eletrodomésticos, brinquedos, peças de decoração etc. Aliás, essas feiras já se tornaram locais comuns aos quais vão os brasilienses e especialmente os visitantes, havendo pelo menos uma para cada necessidade do freguês!!! A Feira dos Importados é a mais visitada e variada, tendo peças de vestuário, brinquedos, artigos de mesa e eletrônicos.

Já uma bem comum é a Feira do Guará, focada mais em vestuário e alimentos. A Feira dos Goianos fica em Taguatinga, e é bastante procurada por seus preços populares. Mas existem também as feiras itinerantes que acontecem em lugares diferentes a cada mês, como a Feira da Lua e o BSB Mix, nas quais são vendidos itens conforme as últimas tendências da moda, sempre a preços acessíveis.

Todavia, para as compras mais requintadas os brasilienses preferem mesmo os centros comerciais mais elegantes ou as vitrines de "ruas", como por exemplo as localizadas na moderna superquadra comercial sul CLS 304, que abriga várias lojas e multimarcas de primeira linha, além de outras atrações.

Graças principalmente ao fato de a cidade ser um patrimônio cultural da humanidade, Brasília recebe anualmente cerca de 1,2 milhão de visitantes, muitos deles querendo ver os diversos projetos arquitetônicos de Oscar Niemeyer. O **turismo cívico** também é bastante valorizado, pois como não poderia deixar de ser, estão em Brasília todos os principais órgãos governamentais da administração direta, assim como os representantes dos três poderes republicanos.

Os principais monumentos (ou "**tesouros**") da cidade, que atraem tantos visitantes, encontram-se no chamado Eixo Monumental. Ali estão a catedral militar Rainha da Paz; a praça do Cruzeiro (memorial da Primeira Missa); o memorial JK; o memorial dos Povos Indígenas; o complexo poliesportivo Ayrton Senna, no qual se tem o ginásio de esportes Nilson Nelson e o estádio nacional de Brasília, Mané Garrincha; o centro de convenções Ulysses Guimarães; a torre da TV; o Teatro Nacional Cláudio Santoro; o Complexo Cultural da República João Herculino, ou seja, a Biblioteca Nacional de Brasília Leonel de Moura Brizola e o Museu Nacional Honestino Guimarães; a catedral metropolitana de Brasília Nossa Senhora Aparecida; a Esplanada dos Ministérios; o palácio da Justiça; o palácio Itamaraty; a praça dos Três Poderes, na qual se tem o Congresso Nacional (sede do Poder Legislativo brasileiro), o palácio do Planalto (sede do Poder Executivo brasileiro), o STF (sede do Poder Judiciário brasileiro) e o panteão da Pátria e da Liberdade Tancredo Neves.

É claro que há outros locais interessantes para serem visitados em Brasília, como o palácio da Alvorada (residência oficial do presidente da República), o Catetinho, o santuário Dom Bosco, o Museu Vivo da Memória Candanga e a ponte Juscelino Kubitscheck ("terceira ponte" ou ponte JK), premiada internacionalmente (no lago Paranoá, entre o setor de clubes esportivos Sul, na Asa Sul e o setor de Habitações Individuais Sul, no Lago Sul).

Brasília tornou-se bastante conhecida por suas comunidades espiritualistas (como a Cidade Eclética, a Cidade da Paz e o Vale do Amanhecer, em Planaltina), localizadas nos seus arredores, assim como pelos modernos templos religiosos erguidos ali, como o da Boa Vontade.

Por estar localizada a mais de 1.000 m acima do nível do mar, no imenso platô do planalto central, onde nascem diversos rios de algumas das grandes bacias hidrográficas brasileiras, a cidade oferece aos seus moradores, e especialmente aos visitantes, a possibilidade de se envolverem com o **ecoturismo**. Brasília possui várias áreas verdes como o parque da Cidade Dona Sarah Kubitschek, o parque nacional de Brasília, mais conhecido como Água Mineral, o parque Olhos D´Água, o Jardim Botânico, o Jardim Zoológico e o parque ecológico Burle Marx, entre os principais.

O **turismo histórico** na capital federal não deve se restringir ao período posterior a sua fundação, mas também apoiar-se sobre fatos anteriores a 1960, como percorrer a estrada geral do Sertão, com mais de 3.000 km, aberta em 1736, para ligar Salvador até Vila Bela da Santíssima Trindade, antiga capital do Estado do Mato Grosso.

No que se refere a **educação**, em Brasília, já no período da sua construção tinha-se como propósito **diferenciar-se nos processos de ensino e aprendizagem** do restante do Brasil. Sob os pressupostos do movimento Escola Nova, comandado pelo educador Anísio Teixeira, e seguido, em especial, pelo antropólogo Darcy Ribeiro, que quis **priorizar** o desenvolvimento do **intelecto** em **detrimento** da **memorização**.

Dessa forma, as escolas primárias foram divididas entre **escolas-classe** e **escolas-parque**. Nas primeiras as crianças passariam 4 h por dia aprendendo conteúdos e nas demais, mais 4 h praticando atividades extracurriculares: artes e esportes, por exemplo. Infelizmente, nem em Brasília, tampouco nas outras grandes cidades esse modelo conseguiu evoluir, apesar de que nos últimos anos muitos municípios têm procurado oferecer o ensino em **tempo integral**, seguindo um modelo similar.

O fato é que a falta de recursos financeiros não permite ao governo, seja no âmbito municipal, estadual ou federal, oferecer a todos um **ensino de qualidade**, e, assim, manter o aluno na escola durante um período de 8 h, oferecendo-lhe refeições, aulas de artes e esportes. Aliás, a própria disciplina de Educação Física, em muitos casos, sequer tem sido oferecida aos jovens, o que obviamente tem como reflexo o nosso péssimo desempenho em diversos esportes. Por outro lado, sem uma iniciação nos esportes a criança não aprende na prática nem o que significa agir em equipe nem a esforçar-se ao máximo para atingir um objetivo por si mesma, que é a grande lição dos esportes individuais.

Brasília tem um vasto sistema de ensino primário e secundário, público e privado, e uma variedade de escolas técnicas. Em 2019 havia na cidade cerca de 870 estabelecimentos de ensino fundamental, 650 unidades pré-escolares, cerca de duas centenas de escolas de nível médio e aproximadamente três dezenas de IESs.

Algumas escolas sempre figuram entre as cem melhores do País, como é o caso dos colégios particulares Olimpo (Asa Sul), Olimpo (Águas Claras) e Ideal. As estimativas no início de 2019 eram de que houvesse cerca de 430 mil alunos matriculados até o ensino médio e 17.800 docentes registrados no DF. Já no que se refere ao Ideb, a capital brasileira tem obtido notas na faixa de 5,6 na primeira fase do ensino fundamental (anos iniciais) e de 4,6 na segunda fase (anos finais).

Nesses últimos anos, o **fator educação** no IDH de Brasília atingiu o patamar próximo de 0,9, considerado alto, em conformidade com os padrões do Programa das Nações Unidas para o Desenvolvimento (PNUD). Por seu turno, a taxa de alfabetização dos brasilienses acima dos dez anos está em 97%, ou seja, acima da média nacional, que é de 91,2%.

Em Brasília, espalhados por diversas regiões estão os chamados **centros de ensino fundamental**, ou seja, na Asa Norte, na Asa Sul, Gama, Ceilândia, Guará, Cruzeiro etc. Em muitas dessas IEs públicas têm-se bons professores que procuram oferecer um ensino de qualidade, passando para os alunos muitos conhecimentos e preparando-os para a prática da cidadania, da diversidade, da tolerância e do respeito. Porém, são visíveis as limitações existentes no ensino público, que precisa de mais recursos, inclusive em sua infraestrutura (quadras esportivas, bibliotecas, laboratórios etc.).

Há também em Brasília um razoável número de **centros de ensino médio** dispersos na Asa Norte, na Asa Sul, em Gama, Taguatinga, Paranoá, Guará etc. Muitos deles contam com bons professores; alguns têm excelente proposta pedagógica integradora, em que são desenvolvidos projetos que estimulam a criatividade e outras habilidades cognitivas dos alunos. Entretanto, o que falta no entorno dessas IEs, é um melhor policiamento para impedir a presença de traficantes de drogas e o barulho provocado por certos eventos musicais, gincanas etc.

Na rede de ensino privada há à disposição dos brasilienses muitas IEs que oferecem desde a educação infantil até o ensino fundamental e o ensino médio. Entre as escolas particulares em Brasília merecem destaque:

- **Viraventos** – Onde as crianças têm aulas de inglês e educação física.
- **Saga** – Que conta com boa infraestrutura e excelente avaliação pelo seu ensino.
- **Canarinho** – Conta com professores capacitados e coordenadores excepcionais sendo um local excelente para um incrível desenvolvimento das crianças.
- **Nossa Senhora de Fátima** – Uma IE franciscana focada nos valores humanos que oferece uma educação cujo objetivo é preparar o jovem para a vida futura.
- **Ursinho Feliz** – Conta com professores dedicados e cuidadosos que desenvolvem esforços no sentido de passar a melhor educação para as crianças.

Já entre os colégios particulares, também há vários que oferecem um bom ensino médio, preparando adequadamente os alunos para que obtenham vagas em boas faculdades, passem nos concursos públicos, obtendo boas notas em seus exames e testes de classificação. É o caso por exemplo, de:

- **Leonardo da Vinci** – Oferece um ensino incrível, tendo professores competentes e atenciosos.
- **Dom Bosco** – Uma excelente IE mantido pelos salesianos.
- **Adventista** – Uma IE na qual se aborda com eficiência as disciplinas tradicionais do currículo, mas também se dá atenção à religião.
- **Madre Carmen Sallés** – Colégio fundado em 1962, que abrange o ensino infantil, fundamental e médio, privilegiando a religião católica.
- **Galois** – Conta com boa avaliação pelo ensino que oferece.
- **Mackenzie** – Com excelente avaliação, oferecendo a mesma qualidade de ensino que a consagrou em São Paulo.
- **Marista João Paulo II** – Atende alunos da educação infantil ao ensino médio, oferecendo a todos instrução de qualidade, valorizando sempre os potenciais dos estudantes.
- **Batista** – Uma escola bem conceituada, principalmente por ter um bom quadro de docentes.

- **Seriös** – Uma IE na qual a aprendizagem é intensa em todas as fases.
- **Alub** – Colégio cujo foco é mudar a vida dos jovens através da educação.
- **American School** – Oferece currículos credenciados tanto nos EUA como no Brasil até o 2º grau, com aulas em inglês, com estilo norte-americano de ensino e aberta a alunos de todas as nacionalidades.
- **Avidus School** – IE bilingue, na qual se procura fazer com que os educandos sejam os verdadeiros protagonistas do amanhã.

A novidade em 2019 na rede pública de ensino do DF é a **escola militarizada**. Começou a ser desenvolvido um projeto-piloto com quatro colégios públicos, nos quais se prevê a inclusão de militares na coordenação das unidades. Com a mudança, estudantes passaram a usar uniformes com inspiração militar e deixar brincos e *piercings* em casa, além de adotar o mesmo padrão para os cabelos: raspados para os alunos e coques para as alunas.

Essa proposta de levar militares para atuar nas escolas públicas foi apresentada por Ibaneis Rocha, assim que foi eleito como governador em outubro de 2018, embalado pelo discurso de campanha do presidente Jair Bolsonaro, que prometeu incentivar a militarização do ensino. O assessor especial da secretaria de Educação do GDF, Mauro Oliveira, comentou: "Até 2022, na gestão de Ibaneis Rocha, pretendemos chegar a 40 IEs com esse perfil militar (de um total de 693), nas quais certamente se terá mais disciplina e segurança.

Em cada escola dessas haverá a presença de 25 policiais, cada uma delas receberá cerca de R$ 200 mil para reformas e nelas estudarão jovens do 6º ao 9º ano, com as vagas distribuídas por sorteio."

O GDF informou que a seleção dos quatro primeiros colégios foi norteada por três critérios: o desempenho no Ideb, o IDH da população que mora em torno das escolas e o índice de violência na região. Dessa forma, os mais vulneráveis tiveram a preferência. No início de 2019 havia no País cerca de 120 escolas públicas no País com gestão compartilhada com militares (metade delas no Estado de Goiás), e isso certamente inspirou também a iniciativa privada). Dessa maneira, no DF, uma rede particular com 10 unidades foi aberta em 2019, com a promessa de transmitir aos alunos **"disciplina, civismo e conhecimento"**.

Batizada de colégio Marechal Duque de Caxias, a rede tem 4 mil alunos. Do ensino infantil ao médio, nele os alunos têm de aprender agora detalhes sobre a bandeira nacional ou sobre a vida de duque de Caxias, o patrono do Exército brasileiro. O coordenador da IE e militar da reserva Nelson Gonçalves de Souza explicou: "Aqui o conhecimento é dado sem viés ideológico. O governo brasileiro a partir de 1964 não é ensinado como golpe ou revolução, mas sim um ciclo em que o País foi governado por militares. No *slogan* da escola a **disciplina** está em primeiro lugar. O professor dá aula durante 45 min e não é preciso desperdiçar tempo esperando os alunos ficarem quietos. Ao entrar na sala de aula o professor é apresentado aos estudantes por um chefe da classe e imediatamente saudado!!!" Vamos ver nos próximos anos se realmente nessas IEs o desempenho dos alunos nos diversos exames de avaliação de conhecimentos será melhor que o alcançado até agora, não é?

Dentre as principais IESs da cidade destacam-se a Universidade de Brasília (UnB), o Instituto Federal de Brasília (IFB), a Universidade Católica de Brasília (UCB), o Centro de Ensino Unificado Brasília (UniCEUB), Centro Universitário do Distrito Federal (UDF), Instituto de Educação Superior de Brasília (IESB) e União Pioneira da Integração Social (UPIS), entre outras.

A UnB é pública federal conta atualmente com quatro *campi*, com uma área total de 4.787.449 m², sendo que já existe um projeto para a construção de um quinto *campus* em Paranoá. Hoje os *campi* estão divididos da seguinte forma: *campus* Darcy Ribeiro, no Plano Piloto, o mais antigo e que abriga a maioria dos cursos, além dos órgãos administrativos e de apoio da IES, como a reitoria (por sinal o fundador e primeiro reitor da UnB foi o antropólogo e parlamentar Darcy Ribeiro); *campus* Planaltina, onde fica a Faculdade UnB Planaltina, com foco na área agrária; *campus* Gama, onde está localizada a Faculdade UnB Gama e é ministrado o curso de Engenharia em cinco habilitações (Automotiva, Eletrônica, Aeroespacial, de Energia e de *Software*); *campus* Ceilândia, onde fica a Faculdade UnB Ceilândia, com foco nos cursos da área de saúde.

Das 67 universidades federais mantidas pelo ministério da Educação com os recursos da União, a UnB é a universidade com o quarto maior orçamento, - atrás apenas das universidades federais do Rio de Janeiro, Minas Gerais e da Fluminense (UFF) -, que está próximo de R$ 1,7 bilhão.

Quando Brasília tinha apenas dois anos de idade, em 21 de abril de 1962, ela ganhou a UnB, que foi fundada com a promessa de **reinventar a educação superior**, entrelaçar as diversas formas de saber e formar profissionais engajados na transformação do País. A construção do *campus* brotou da união de mentes geniais, ou seja, do inquieto antropólogo Darcy Ribeiro, que definiu as bases da IES; do educador Anísio Teixeira, que planejou o modelo pedagógico; e do arquiteto Oscar Niemeyer, que transformou suas ideias em prédios.

Essas mentes privilegiadas desejaram criar uma experiência educadora que unisse o que havia de mais moderno em pesquisas tecnológicas com uma produção acadêmica capaz de melhorar o prestígio dos pesquisadores e inventores brasileiros. As regras, a estrutura e a concepção da UnB foram definidas pelo **plano orientador**, uma espécie de Carta Magna, datada de 1962, e ainda hoje em vigor. Esse plano tornou-se a **primeira publicação** da editora UnB e expressa o espírito inovador da IES na frase: "**Só uma universidade nova, inteiramente planificada, estruturada em bases mais flexíveis, poderá abrir perspectivas de pronta renovação do nosso ensino superior**."

Trilhar esse caminho, no entanto, exigiu muitos esforços. Apesar do projeto original de construção de Brasília já ter previsto um espaço para a UnB, foi preciso lutar bastante para garantir a sua inauguração. Tudo isso porque o seu *campus* ficava muito próximo da Esplanada dos Ministérios e algumas autoridades não queriam que os estudantes interferissem na vida política da capital. Finalmente, em 15 de dezembro de 1961, o então presidente da República, João Goulart, sancionou a lei Nº 3.998 que autorizou a criação da universidade.

Na época, Darcy Ribeiro e Anísio Teixeira convidaram cientistas, artistas e professores das mais tradicionais IESs brasileiras para assumir o comando das salas de aula na jovem UnB. Em seu livro *A Inovação da Universidade de Brasília*, Darcy Ribeiro escreveu: "Chegaram mais de 200 sábios e aprendizes, selecionados pelo seu talento para plantar na UnB sua sabedoria.

A UnB foi organizada como uma fundação, a fim de libertá-la da opressão que o burocratismo ministerial exerce sobre as universidades federais. Assim ela deveria reger a si própria, livre e responsavelmente, não como uma empresa, mas como um **serviço público** e **autônomo**."

Desse modo, a estrutura administrativa e financeira da UnB estava amparada em um conceito novo para os anos 1960. E, de fato, até hoje a **autonomia** da UnB é a menina dos olhos dos gestores universitários: um **verdadeira tesouro**.

A inauguração da UnB assemelhou-se com o que ocorreu na construção da capital federal. Quase tudo era canteiro de obras, e poucos prédios estavam prontos. O auditório Dois Candangos, por exemplo, onde aconteceu a cerimônia de inauguração, foi finalizado 20 min antes do evento, que foi marcado para as 10 h da manhã. Aliás, o nome do espaço homenageia os pedreiros Expedito Xavier Gomes e Gedelmar Marques, que morreram soterrados em um acidente durante as obras.

No livro *UnB – Invenção e Descaminho*, publicado em 1978, de autoria do professor e ex-reitor da UnB Darcy Ribeiro, ele conta sobre os primeiros anos da IES, antes do golpe militar de 1964, bem como as amarguras vividas pela UnB durante a ditadura. A IES foi palco da insatisfação e revolta dos estudantes com a situação, em especial com o fato de que seus idealizadores foram demitidos e muitos docentes tiveram de se exilar no exterior.

Aliás, em 1968 a UnB foi invadida pelas tropas repressivas, pois foi considerada foco de deliberação de ideias subversivas, quando vários alunos e professores foram detidos e presos. Vladimir Carvalho elaborou um documentário com o título *Barra 68 – Sem Perder a Ternura*, que foi lançado em 2000, e fala sobre esse episódio.

Atualmente a UnB tem 25 unidades de ensino, pesquisa e extensão, e oferece cursos em várias áreas de conhecimento. Ela foi a primeira universidade pública federal a implantar, em 2003, uma política de ações afirmativas para a inclusão social, ou seja, o sistema de cotas para negros, reservando para eles 20% das vagas no vestibular tradicional. E além dos cursos de graduação, a UnB oferece cursos de pós-graduação *stricto sensu* e *lato sensu*, tendo atualmente cerca de 76 cursos de mestrado, 63 de doutorado e 11 de mestrado profissional, vários deles com conceitos bem elevados atribuídos pela CAPES.

A UnB oferece hoje diversos cursos de graduação (bacharelado e licenciatura) utilizando a modalidade EAD, e conta inclusive com polos em várias cidades de diversos Estados do País. Entre eles um bem curioso é o de licenciatura em Música, que funciona em um modelo semipresencial. A UnB também conta com uma ampla biblioteca central, cujo acervo é o maior da região centro-oeste do País, e o terceiro do Brasil, atrás somente da Biblioteca Nacional do Rio de Janeiro e da Biblioteca Mario de Andrade de São Paulo.

Além da parte acadêmica, a UnB também possui uma boa equipe de basquete masculino que disputa o campeonato do DF e entorno. Ela também tem organizado os Jogos Universitários de Brasília, com o apoio dos clubes esportivos do DF, sendo que da 32ª edição, realizada em 2017, participaram mais de 5 mil atletas oriundos de todo o País, que disputaram 23 modalidades esportivas.

Segundo a Times Higher Education, a UnB está entre as 20 melhores universidades da América Latina e, de acordo com o RUF 2018, ela ficou em 9º lugar entre todas as universidades públicas do País. Estima-se que no início de 2019 estivessem matriculados na UnB algo em torno de 39.500 estudantes (cerca de 29.500 nos cursos de graduação e o restante nos de pós-graduação) e que o número de docentes fosse de quase 2.300.

Alunos de outros países também podem ingressar na UnB por meio de contratos e acordos promovidos com embaixadas internacionais, sendo estes estudantes transferidos de universidades de seus países de origem ou não. A UnB mantém muitos acordos com os países da África, recebendo um número significativo de alunos desse continente. Já estudantes de outras universidades federais brasileiras podem concorrer ao processo seletivo para mobilidade estudantil.

O IFB é uma IES pública federal com sede em Brasília no DF, tendo dez *campi* denominados: Brasília, Ceilândia, Estrutural, Gama, Planaltina, Recanto das Emas, Riacho Fundo, Samambaia, São Sebastião e Taguatinga.

O *campus* Brasília foi criado em 2008, por meio da lei Nº 11.892. Esta unidade oferece formação técnica nas áreas de Informação e Comunicação, Artes, Hospitalidade e Lazer e Serviço Público. Também são oferecidos ali dois cursos técnicos integrados ao ensino médio, nas áreas de Informática e Eventos. Além disso, existem os seguintes cursos técnicos: Informática (Desenvolvimento de Sistemas), Eventos e Serviços Públicos. Há ainda dois cursos superiores: licenciatura em Dança e tecnólogo em Gestão Pública.

A vocação desse *campus* foi definida através de consultas à sociedade e tendo como base dados socioeconômicos da região. São ainda oferecidos no IFB cursos de formação inicial e continuada, bem como projetos de extensão. Trabalham ali professores especialistas, mestres e doutores e essa parte da IES está localizada na Asa Norte.

Já a UCB é uma universidade brasileira de caráter filantrópico e confessional, com sede em Águas Claras, no DF. Possui atualmente cinco *campi*: Águas Claras, Ceilândia, Sobradinho, Asa Norte e Asa Sul. Ela ocupa uma área total de 620.000 m^2 e uma área construída de aproximadamente 116.000 m^2, onde estão cerca de 147 laboratórios.

A história da UCB começou em 1974, como Faculdade Católica de Ciências Humanas, oferecendo os cursos de Administração, Economia e Pedagogia. Com o passar dos anos suas faculdades e seus cursos foram se multiplicando e, em 1980, ela passou a se chamar Faculdades Integradas da Católica de Brasília.

Ao final de 1994, a IES foi finalmente reconhecida pelo então Conselho Federal de Educação, através da portaria ministerial Nº 1.827 de 28 de dezembro daquele ano, como Universidade Católica de Brasília (UCB) e sua instalação oficial ocorreu em 23 de março de 1995.

Atualmente, a UCB conta com três unidades associadas: o Colégio Dom Bosco, o Colégio Maria Auxiliadora e a Fundação Universa, na qual são ofertadas a maioria dos cursos de pós-graduação *lato sensu* (cerca de 45). Possui cinco bibliotecas físicas e uma virtual com mais de 120 mil títulos; o Hospital da UCB, a editora Universa; e o Católica EAD.

No *campus* avançado Asa Norte funcionam 13 programas de pós-graduação *stricto sensu*, sendo nove mestrados e quatro doutorados. A UCB disponibiliza atualmente para milhares de estudantes, diversos cursos de graduação (cerca de 34) em várias áreas de conhecimento. Ela também oferece para outros milhares de alunos cursos na modalidade EAD (tecnólogo, bacharelado e licenciatura).

A grande vantagem para o estudante em aproveitar os cursos de EAD dessa IES é a possibilidade de frequentar as aulas em alguma cidade onde exista um polo da UCB, uma vez que eles estão espalhados não apenas pelas principais capitais do País, mas também pelas mais importantes cidades Brasil e do exterior, como: Japão, EUA e Angola.

Cada um desses polos oferece apoio ao estudante que lá estiver, oferecendo a ele acesso a um computador com Internet (com horário devidamente agendado), uma biblioteca virtual, apoio de uma coordenação profissional que garante toda a atenção necessária, servindo de ponte com a UCB.

Estima-se que no início de 2019 estivessem matriculados na UCB cerca de 17.000 alunos e trabalhassem na IES aproximadamente 860 docentes. Em 2018 a UCB foi eleita a melhor IES privada do centro-oeste do País, sendo que os seus cursos de Medicina e Odontologia receberam nota máxima do ministério da Educação. A IES recebeu ainda o título de quarta melhor universidade particular do Brasil e de oitava melhor universidade particular da América Latina no *ranking* Times Higher Education 2018. Já de acordo com o RUF 2018, ela ficou em 7º lugar entre as universidades privadas brasileiras.

A UCB é administrada pela União Brasiliense de Educação e Cultura, uma associação fundada em 1972 pelos maristas, lassalistas, salesianos e estigmatinos.

O Uni CEUB é uma IES particular com sede em Brasília, no DF, e com *campi* na Asa Norte, Asa Sul, no Núcleo Bandeirante, em Taguatinga e em Águas Claras.

A IES foi inaugurada em 1968, com o nome de Centro de Ensino Unificado de Brasília (CEUB), sendo a primeira em Brasília a oferecer os cursos de ensino superior no período noturno. O ministério da Educação transformou a IES no primeiro centro universitário de Brasília, na década de 1990, e aí ele passou a ser conhecido como Uni CEUB, se bem que ainda é popularmente chamado pelo nome antigo.

Trata-se do centro universitário mais estrelado da região centro-oeste do País, de acordo com o *Guia Nacional de Estudantes* (elaborado pela editora Abril), tendo recentemente conquistado 5 estrelas nos seus cursos de Direito, Relações Internacionais e Administração; 4 estrelas nos cursos de Jornalismo, Educação Física, Biomedicina e Fisioterapia; e 3 estrelas nos cursos de Publicidade e Propaganda, Psicologia e Ciências Contábeis. De acordo com o ministério da Educação está classificado entre os três melhores centros universitários do País e, no início de 2019, tinha cerca de 26.500 alunos.

O UDF é uma IES particular criada em 1967. Foi a primeira da rede privada a ter o seu curso reconhecido na capital brasileira. Tornou-se bastante conhecida graças ao seu excelente curso de Direito. Hoje, além de oferecer diversos cursos de graduação e pós-graduação *lato sensu*, o UDF se mantém em plena expansão, oferecendo novos cursos de graduação para atender às necessidades regionais.

Pela excelência já conquistada nos projetos realizados e nos serviços educacionais oferecidos – ostentando a singularidade do pioneirismo e preservando o conceito de qualidade conquistado especialmente na sociedade brasiliense – a UDF busca se tornar uma referência nacional. Estima-se que no início de 2019 estudassem na UDF aproximadamente 16.500 alunos e trabalhassem na IES cerca de 315 docentes e 260 funcionários. Hoje o UDF faz parte da Cruzeiro do Sul Educacional, um dos grupos mais representativos, diversificados e eficientes no campo da educação superior no Brasil. Ele tem à sua frente a Universidade Cruzeiro do Sul, de São Paulo, junto com outras seis importantes IESs.

O IESB ou Centro Universitário IESB, como agora é chamado, é uma IES particular com sede em Brasília, que surgiu em 1993, mas só acrescentou a expressão "**centro universitário**" ao seu nome em 2011.

O IESB possui três *campi*: o *campus* Edson Machado, na Asa Sul; o *campus* Giovanina Rímoli, situado na Asa Norte e o *campus* Oeste, que fica em Ceilândia. Todas as instalações do IESB são modernas, o que o consolida como uma das melhores IESs do centro-oeste do País. O laboratório de Gastronomia do IESB já foi considerado o mais moderno entre todos os similares no Brasil.

Nos seus cursos, esta IES tem conquistado muitas estrelas no *Guia Nacional de Estudantes*, por isso tem recebido muitas matrículas. Estima-se que no início de 2019 o total de estudantes matriculados no IESB fosse de 21 mil. O IESB também já firmou muitas parcerias internacionais com outras IESs e, por isso, recebe muitas visitas de profissionais e estudantes de várias partes do mundo em seus três *campi*.

A UPIS é uma IES privada com sede em Brasília. Ela foi fundada em 5 de dezembro de 1971 e hoje oferece 16 cursos de graduação em várias áreas de conhecimento, todos com certificação internacional de qualidade. Aliás, o ex-presidente do Brasil, Fernando Collor de Mello, estudou na UPIS, na qual concluiu o bacharelado em Ciências Econômicas.

A UPIS é a IES que mais investe em esporte no DF. Os atletas contam com o apoio da direção da IES nas mais diversas modalidades, que proporciona a eles condições de treinamento, suporte com equipe especializada, técnicos e preparadores físicos. Neste sentido, para receber o apoio da UPIS o aluno/atleta deve, entretanto, obter um bom desempenho acadêmico. Um dos destaques da UPIS é a sua equipe de voleibol, que tem usado o ginásio da Associação Atlética Banco do Brasil para a realização de seus jogos.

No que se refere as bibliotecas públicas do DF as melhores também estão mais no Plano Piloto, como é o caso da biblioteca da UnB, da biblioteca da Câmara dos Deputados e do Senado, da Biblioteca Demonstrativa de Brasília e da Biblioteca Nacional Leonel de Moura Brizola (inaugurada em 2006).

Deve-se destacar que, lamentavelmente, houve no Brasil uma **expansão desordenada** de IESs (em especial das particulares) ao longo dos últimos quatro anos, período em que, paralelamente, uma recessão abalou o País e, sem dúvida, levou o ensino superior à **estagnação**!!!

Dessa maneira, se no fim da década de 1990, oito em cada dez alunos que ingressaram no ensino superior conseguiram seus diplomas em um horizonte de 4 a 6 anos – o que é compatível com a duração média dos cursos no País –, nas décadas seguintes uma série de problemas foram surgindo e fizeram com que a taxa de conclusão de cursos superiores no prazo esperado caísse significativamente, até chegar a pouco menos de 50%. Tanto que a partir de 2014, menos de **cinco alunos em cada dez** passaram a se formar num tempo considerado normal ou sequer razoável!?!?

Nas universidades federais, o percentual de formaturas após uma média de cinco anos de curso recuou de cerca de 80% no início dos anos 2000 para 46,5% entre 2015 e 2018, **a menor proporção já vista**, levando-se em conta as diferentes carreiras almejadas nas IESs públicas, abaixo dos 47,8% registrados nas IESs privadas.

Vale ressaltar que essas taxas são bem baixas em comparação aos padrões internacionais. Por exemplo, segundo dados recentes, no Reino Unido o percentual de formatura é de 79%, um patamar próximo do que acontece em outros países desenvolvidos.

Uma combinação de fatos como evasão, trancamentos e adiamentos das formaturas, de certa maneira explica esse preocupante cenário no ensino superior brasileiro. Alguns desses motivos, por sua vez, estão relacionados a problemas que o País tem enfrentado nos últimos anos e que ameaçam estender ainda mais essa atual fase negativa e o **lento progresso** vivenciado pelo ensino superior nacional.

O mais evidente entre esses motivos é a **crise econômica**. Nesse início de 2019, vive-se ainda uma elevada taxa de desemprego e nota-se uma expansão da ocupação, principalmente no **setor informal**, o que contribuiu realmente bastante para uma **freada** no processo de avanço que o ensino superior vivia desde o fim dos anos 1990.

Na realidade, entre 1994 e 2014, o número de pessoas **ingressando** nas universidades foi crescendo a uma média de 10% ao ano, saltando de 463 mil alunos para 3,1 milhões de estudantes. Em 2015, "sentiu-se" um baque e houve um recuo de 6% no número de ingressantes. Entre 2016 e 2018, o número voltou a crescer, porém em um ritmo muito lento.

No início de 2018 os matriculados nas IESs superavam um pouco mais de 8 milhões. Porém, os **trancamentos** foram aumentando muito a partir de 2011 e em 2018 **superaram a quantidade de formaturas!?!?** E essas tendências ocorreram tanto no setor público como no setor privado. A exceção é a modalidade EAD, que vem crescendo e já soma mais de 30% do total de ingressos, provavelmente por representar uma opção mais flexível e barata para se estudar.

Durante um período, especialmente entre os anos de 2010 e 2014, o acesso a IESs particulares foi alavancado pelo Fies (Fundo de Financiamento Estudantil), uma modalidade de crédito estudantil à base de subsídios públicos. Aliás, beneficiados por condições muito favoráveis, em que o risco de inadimplência nos financiamentos foi arcado principalmente pelo governo federal, os vários grupos de ensino privados **saíram à caça de alunos!?!?**

Claro que aconteceram também outras iniciativas para ampliar e facilitar o ensino superior no País, como a criação de várias IESs gratuitas pelos governos municipal, estadual e federal, o aumento de vagas em universidades públicas no período noturno, o lançamento do ProUni (Programa Universidade para Todos do governo federal), que concedeu bolsas para alunos de baixa renda em IESs privadas, bem como a ampliação de ações afirmativas como **cotas** e **bônus**.

Aliás, todas essas ofertas foram bem recebidas, em especial pela população carente de recursos financeiros, mas que desejava ter uma **qualificação avançada**. Recorde-se que em 2007, a parcela dos brasileiros de 25 a 34 anos com diploma universitário era de apenas **10%**, um percentual muito baixo para um país que deseja alcançar destaque no mundo por sua competitividade pelos seus talentos. Em dez anos, ou seja, em 2017, esse percentual saltou para **17%**, permanecendo, entretanto, muito baixo para os padrões internacionais.

Em 2017, a média desse indicador nas nações que fazem parte da OCDE, era de **44%**. No início de 2019, a demora na conclusão dos cursos universitários no País indicava claramente que uma grande parcela de alunos havia **desistido de se formar**... Claro que a crise econômica contribuiu muito para essa decisão ao criar dificuldades como a falta de recursos para pagar as mensalidades das IESs ou uma menor disponibilidade de tempo para o estudo em horários flexíveis. Diga-se de passagem, uma novidade é que, nos últimos anos, uma parte significativa dos novos alunos universitários é constituída de **adultos que voltaram a estudar!!!**

No entanto, nem todo diploma conquistado nos últimos anos tem levado o seu dono a uma rápida inserção no mercado de trabalho em uma área compatível com a formação adquirida e, em muitos casos, nem mesmo garantiu um emprego formal em algum outro setor. Por exemplo, muitos dos novos formados em Pedagogia, ou que obtiveram alguma licenciatura na época em que o Brasil viveu um *boom* (explosão) na contratação no campo da educação (no início da década de 2010), **não conseguem agora um emprego com carteira assinada!?!?** Como a área de educação concentra quase 20% dos alunos universitários do Brasil (um percentual muito elevado para os padrões internacionais!?!?), o que provavelmente ocorreu foi um excesso de trabalhadores nesse nicho específico.

De fato, até mesmo os engenheiros (que representam 11% dos alunos universitários), uma categoria que, segundo os empresários era marcada pela escassez de mão de obra, enfrentaram um forte desemprego. Já no final dessa 2ª década do século XXI, um grande percentual de engenheiros – cerca de 30%– não atua no mercado formal, e dentre os recém-formados que estão ocupados, mais da metade desempenhava funções que **demandam qualificações menores!?!?**

Para muitos especialistas em educação, a baixa qualidade de alguns cursos criados em meio à rápida expansão do ensino superior, acentuada pelas deficiências de formação dos alunos herdadas do ciclo escolar básico, são pontos que podem explicar parcialmente a **dificuldade de inserção laboral** em praticamente todas as áreas. Outra razão é o possível descasamento entre a formação em termos de área e o conteúdo, e as necessidades reais dos empregadores.

Todos esses problemas têm levado a alertas sobre a importância de se promover esforços no sentido de se compreender melhor as reais necessidades do mercado de trabalho e inclusive melhorar a gestão da qualidade dos gastos públicos com a educação superior. De acordo com um estudo recente do Banco Mundial, há uma **grande ineficiência** nos gastos do governo com o ensino superior no País, os quais poderiam ser reduzidos **pela metade**!!!

Uma das propostas do Banco Mundial é o de impor um limite de dispêndio por aluno nas universidades públicas, que seria baseado nos gastos das **IESs mais eficientes**!!! Outra recomendação dessa instituição financeira é a cobrança de tarifas de estudantes com maior renda, abrindo espaço para aumentar os financiamentos para os alunos dos estratos menos favorecidos.

Naturalmente essa "**sugestão**" do relatório do Banco Mundial, que foi revelada em novembro de 2017, causou polêmica e alvoroço. Na realidade, não se pode deixar de aceitar que a universidade pública gratuita representa um subsídio para uma grande parcela de alunos que podem pagar por seus estudos e que justamente ingressaram nela passando no concurso vestibular, pois se formaram antes nos melhores colégios e cursaram cursos preparatórios, pelos quais pagaram e, desse modo, ocuparam as vagas daqueles mais carentes e menos preparados...

Vivemos numa época em que a situação financeira está crítica, tanto para a União quanto para os Estados, o que significa que está extremamente difícil para ambos manterem suas universidades. Isso, nos próximos anos, certamente levará a alguma alteração no que se refere ao ensino superior gratuito para todos!?!?

E com certeza existem excelentes exemplos internacionais – como o da Austrália, por exemplo, onde os que se formam, quando começam a trabalhar repassam ao governo uma parte do seu salário para cobrir os gastos pelo ensino gratuito que receberam – para ajudar o País a promover essas alterações no ensino superior público...

No tocante aos **transportes**, por estar localizada no centro do País, Brasília acaba servindo como ligação terrestre e aérea (*hub*) não apenas com todas as outras regiões e cidades brasileiras, mas também com muitas estrangeiras. Para se ter uma ideia do fluxo de viagens, o aeroporto internacional Presidente Juscelino Kubitschek (JK), localizado na RA do Lago Sul, foi o **primeiro** da América do Sul a **operar com pistas simultâneas**. O acesso ao aeroporto JK é feito por um sistema viário próprio, a DF-25, que se estende por parte do perímetro do aeroporto e se conecta com a rodovia BR-450.

No que se refere à movimentação de passageiros, o JK é o **terceiro** aeroporto do País, tendo atingido seu pico em 2015 com um fluxo total de 19.821.796 pessoas. Porém, por conta da crise econômica que abalou o País nos três anos seguintes, esse movimento caiu para cerca de 16,4 milhões de passageiros. Em março de 2017 o terminal 2 foi desativado e, desde então, toda a estrutura para o atendimento de passageiros vem sendo feita num único terminal. Contudo, já em 2018 o movimento voltou a subir, alcançando cerca de 18 milhões. Considerando que hoje a capacidade total desse aeroporto é para 21 milhões de passageiros, talvez seja uma boa ideia dar andamento aos planos de ampliação, afinal, com o País voltando a crescer, é bem provável que o número de passageiros rapidamente ultrapasse sua capacidade atual.

O trabalho de construção do aeroporto teve início em 6 de novembro de 1956 e durou pouco mais de seis meses. A obra exigiu o desmatamento de uma área de 1.334.000 m², a terraplanagem de 178.500 m², a estabilização de uma base de 40.900 m², e o revestimento de uma área de 73.500 m², além de serviços topográficos, de localização e nivelamento. Embora o projeto original da pista fosse para 3.300 m de comprimento, em sua primeira etapa ela ganhou apenas 2.400 m e uma largura de 45 m. Seu primeiro terminal de passageiros foi construído em madeira e serviu à cidade até 1971!?!? Como curiosidade, a primeira pessoa a sobrevoar e pousar em Brasília, quando a capital brasileira ainda estava em construção, foi a piloto Ada Rogato.

Em 1990 o aeroporto internacional de Brasília começou a ganhar sua forma atual, contando com um corpo principal e um satélite circular destinado aos serviços de embarque e desembarque. A primeira etapa desse projeto foi inaugurada em 1992 e incluiu a construção do viaduto de acesso ao terminal de passageiros e uma cobertura metálica de 11.726 m².

O satélite foi inaugurado em 1994, na segunda etapa, quando também foram entregues uma parte reformada no corpo central do terminal de passageiros e nove pontes de embarque. Nessa época entrou em operação no aeroporto o Sistema Integrado de Tratamento de Informação Aeroportuária, que possibilitou a automação no controle de diversas atividades. Aliás, o aeroporto de Brasília foi o primeiro na América Latina a receber este sistema.

A conclusão da terceira etapa das obras garantiu aos usuários uma nova área de embarque e desembarque internacional, um terraço panorâmico, um *finger* (equipamento que liga o avião ao terminal) e uma praça de alimentação funcionando 24h. Essa reforma alcançou uma área de 17.285 m², com a instalação de uma galeria com fontes, jardinagem e um espaço para exposições.

O leilão do aeroporto de Brasília acabou ocorrendo no início de fevereiro de 2012, quando ele foi adquirido pelo consórcio Inframérica – o mesmo que arrematou o aeroporto de São Gonçalo de Amarante, na Grande Natal – por R$ 4,5 bilhões.

Desde o dia 1º de dezembro de 2012 o aeroporto vem sendo expandido e modernizando. No dia 31 de março de 2014, foi inaugurado o **píer sul**, com onze novas pontes de embarque e, em julho do mesmo ano, foi inaugurado o **píer norte**. A partir daí, contando com o corpo central e o satélite, o aeroporto passou a contar com 28 pontes de embarque. O aeroporto JK também possui um espaço adequado para o pouso de helicópteros. Em 2016 iniciou-se a construção de cinco hotéis, um *shopping center* e um novo terminal internacional para 1,5 milhão de passageiros.

Importante lembrar que desde novembro de 2015 a Força Aérea Brasileira (FAB) autorizou a operação simultânea das duas pistas do aeroporto

JK, uma com 3.200 m e outra com 3.300 m de extensão. Assim, é como se existissem na capital federal dois aeroportos "independentes", observando-se **apenas os protocolos** para que as aeronaves decolem sempre no sentido pré-determinado para cada pista: numa para o norte ou para o leste; e a na outra para o sul ou para o oeste.

Vale recordar que em março de 2016 a FAB **suspendeu** as operações simultâneas após dois incidentes consecutivos nos quais, por erros de digitação, as aeronaves viraram erradamente (ao menos uma delas...) e entraram em rota de colisão. Todavia, em 18 de julho do mesmo ano, a operação simultânea foi retomada, após a implementação de cartas de procedimento diferentes e independentes para cada pista. O objetivo dessa medida foi eliminar qualquer possibilidade de erros de programação.

Atualmente a rota aérea mais longa operada a partir desse aeroporto é Brasília-Lisboa (pela TAP – Transportes Aéreos Portugueses); já a mais curta é Brasília-Goiânia. Operam no aeroporto JK aviões comerciais para voos domésticos as empresas Azul, Gol e Latam, mas há também algumas companhias estrangeiras com voos internacionais, como a American Airlines, Copa, TAP, Cubana de Aviación etc. Infelizmente algumas rotas internacionais foram canceladas nos últimos anos, como as das empresas Air France e Delta, porém, ainda permanecem na capital algumas rotas internacionais operadas pela Gol e Latam.

Oito rodovias radiais fazem a ligação da capital federal com outras regiões do Brasil. Mas a atual conjuntura do sistema de transportes do DF criou um quadro de pouca mobilidade urbana, pois o serviço de ônibus é notadamente ineficiente e caro, com o que estimulou-se muito o uso do automóvel particular. Isso fez com que crescesse em demasia o número de carros na cidade, bem acima da capacidade das suas ruas e avenidas.

Segundo estimativas, no início de 2019 já havia na cidade cerca de 1,43 milhão de veículos – algo como um automóvel para cada 2,2 habitantes do DF – e, infelizmente para o tráfego brasiliense, a cada mês entram em circulação cerca de 7 mil carros novos!?!?

Atualmente os ônibus brasilienses transportam pouco mais de 19 milhões de passageiros por mês. Esse número é muito pequeno para que se possa considerar o sistema de transporte público como de boa qualidade. Além disso, a frota em questão é constituída por muitos veículos velhos que já ultrapassaram os sete anos de vida útil, limite imposto por lei para esse tipo de serviço.

Há alguns anos tentou-se amenizar esse quadro com a construção do metrô, porém, a extensão limitada das linhas e o próprio crescimento da cidade fizeram com que essa "novidade" não aliviasse de modo significativo o problema do trânsito brasiliense. De fato, desde o início das obras em 1991, o metrô tem gerado grandes prejuízos para o governo. Em 2018, por exemplo, ele transportou cerca de 160 mil passageiros por dia, que chegavam ou partiam do Plano Piloto (onde está localizada a rodoviária), Ceilândia, Taguatinga, Guará, Águas Claras e Samambaia.

Também já está em funcionamento há quase uma década a integração dos sistemas de micro-ônibus e metrô com bilhetes eletrônicos, além de alguns corredores especiais para ônibus (também integrados ao metrô). Um ganho para o transporte de passageiros em Brasília ocorreu quando da inauguração, em julho de 2010, do novo terminal rodoviário interestadual, localizado ao lado da Estação *Shopping* do metrô.

Um fato que merece destaque é a estrutura cicloviária de Brasília. A capital federal é a cidade brasileira com **a terceira maior rede de ciclovias do País: 420 km!** De fato, Brasília e São Paulo foram as cidades brasileiras que mais ampliaram as respectivas estruturas para o uso de bicicletas nos últimos anos, apesar de ambas serem bastante criticadas tanto pelas falhas quanto pela baixa qualidade das vias construídas ou demarcadas.

Quando a capital federal foi inaugurada – em 21 de abril de 1960 –, o então presidente JK encerrou as festividades com uma **corrida de carros!!!** Na ocasião, os velozes automóveis "voaram" pelas longas pistas asfaltadas, criando ali a metáfora de um Brasil que precisava **crescer e acelerar rumo ao futuro!!!**

Décadas depois daquela competição, e a exemplo de todas as grandes e encantadoras cidades brasileiras, Brasília convive com dois problemas que parecem não ter solução: **congestionamentos diários** e **aumento ininterrupto na frota de veículos**. Os que estudaram a origem dessa situação apontaram como causa dessa **crise de mobilidade** algo que já foi mencionado: o papel secundário reservado ao transporte público nas cidades.

Segundo os especialistas em mobilidade urbana, para se modificar tal situação não basta apenas começar a priorizar os meios coletivos de transporte, destinando a eles mais espaço e investimentos. É vital enfrentar os privilégios usufruídos pelos veículos individuais nas principais cidades, em especial nas "cidades encantadoras".

Uma clara evidência da primazia do automóvel nas políticas públicas está na edição recente do estudo da Associação Nacional de Transportes Públicos (ANTP), segundo o qual foram gastos no ano de 2018, em âmbito nacional, R$ 11,8 bilhões com a **manutenção de vias dedicadas ao transporte individual!!!**

Nesse mesmo ano, o total investido na preservação de trajetos utilizados por meios de transporte coletivo recebeu apenas R$ 3,4 bilhões (valor que já inclui os metrôs). E essa defasagem continua se mantendo, apesar do fato de que aproximadamente metade da população que vive nas cidades de grande e médio porte do País se utilizar de ônibus, trens e metrôs. Ou seja, para essas pessoas **o transporte coletivo é um gênero de primeira necessidade!!!**

Vale lembrar que o grande estímulo ao uso do automóvel surgiu com o próprio JK, nos anos 1950. Na verdade, um dos capítulos do plano de metas do então presidente, cujo título era "**50 anos em 5**", trazia a promessa de aumentar de cerca de 31 mil para 170 mil a produção anual de automóveis no País (produção que em 2018 ultrapassaria os 2,8 milhões de carros e ônibus, muito acim de que JK poderia ter imaginado)!?!? O governo tinha naquela época um grupo executivo com a tarefa de planejar o apoio à indústria automobilística, cujo desenvolvimento fez muito sentido naquele tempo...

O BNDE (atual BNDES – Banco Nacional de Desenvolvimento Econômico e Social) fazia parte desse conselho e via com bons olhos o incentivo à produção de veículos, que desencadearia repercussões positivas na economia do País. Vale lembrar que gastos energéticos ou emissão de poluentes não eram preocupações naquela época!?!?

Lamentavelmente, nos anos seguintes a grande maioria das prefeituras das cidades brasileiras não conseguiu acompanhar esse *boom* automobilístico. Assim, não foi possível desenvolver um sistema viário adequado, tampouco impulsionar de modo correto os sistemas de ônibus para que os usuários pudessem deslocar-se de forma rápida e mais barata do que com o uso de seus próprios automóveis.

Na maioria das vezes, as linhas de ônibus só cresceram graças à exploração desse serviço por empresas privadas e, nesse arranjo, elas passaram a competir apenas pelas rotas mais rentáveis, deixando de lado os bairros menos populosos e distantes. Não houve, portanto, um planejamento central por parte das prefeituras.

Quando finalmente os governos – em suas várias esferas – decidiram assumir o controle sobre o desenvolvimento do transporte público em suas regiões, eles se depararam com a total dependência das cidades em relação às empresas de ônibus que haviam sobrevivido à disputa por passageiros.

Ainda que de maneira pouco planejada, foi graças aos sistemas de ônibus que a população brasileira – **cada vez mais urbana** – passou a se deslocar nas cidades, principalmente para ir ao trabalho, visto que os trilhos não se tornaram suficientes para que os trens fizessem esse transporte.

Até 2015, de acordo com a ANTP, o ônibus era o principal meio de transporte dos brasileiros, perdendo apenas para os trajetos feitos a pé!?!? Porém, em 2016 verificou-se que o **automóvel ultrapassara o ônibus**, com cerca de **16,2%** dos deslocamentos no País sendo feitos em veículos individuais. Os ônibus caíram para o segundo lugar, com **15,9%**. Em terceiro lugar ficaram as motos, com **2,9%**. Os trens e metrôs vinham por último, com **2,7%** das viagens realizadas.

Desde o ano 2000 a frota total do Brasil (automóveis, motocicletas, caminhões, ônibus etc.) mais que triplicou, pulando de 30 milhões para cerca de 103 milhões no final de 2018, sendo a imensa maioria de veículos de **transporte particular e individual**!!! Entre os anos de 2003 e 2018 houve, segundo a ANTP, quedas consecutivas no número de viagens feitas por meio de transporte público nas cidade e, paralelamente, um aumento significativo no uso de automóveis e, principalmente, de motocicletas.

O transporte sobre trilhos poderia ter ajudado a aliviar a pressão sobre ruas e avenidas, mas a **era dos metrôs** só teve início a partir da década de 1970, com a inauguração dos primeiros trechos urbanos em 1974, em São Paulo, e em 1979, no Rio de Janeiro. Em Brasília, o metrô somente entrou em operação em 17 agosto de 1998 e, mesmo assim, em caráter experimental, com um trecho de apenas 22,3 km, que evoluiu para chegar até 42,38 km.

Os estímulos à expansão do número de veículos individuais prosseguiram na década de 1990, quando se registraram novas rodadas de incentivos à produção e à aquisição de automóveis. Contudo, diferentemente do ocorrido na época de JK, esse segmento industrial deixou de ser considerado apenas um agente de desenvolvimento nacional, ganhando *status* não somente de incrementador das exportações brasileiras, mas também de um grande gerador de empregos em toda a cadeia que envolve a produção de veículos.

Com isso, a cada ano mais e mais carros novos surgem nas ruas e avenidas de Brasília e de outras cidades encantadoras, provocando congestionamentos cada vez mais frequentes e nos mais diversos horários. De fato, os problemas com **mobilidade** aumentaram, a despeito da implementação e integração paulatina de estruturas, como pistas de corredores de ônibus ou de *BRTs*, que, aliás, nem sempre adotaram às melhores opções técnicas. Desse modo, esse quadro até certo ponto caótico no que se refere à mobilidade não é necessariamente fruto de desmando ou da falta de planejamento atuais, mas de décadas de escolhas e políticas ruins!?!?

Como já foi dito, a capital federal conta atualmente com uma linha de metrô de superfície para as cidades-satélites e em 2014, época da realização da Copa do Mundo de Futebol no Brasil, a cidade implantou corredores para *BRT*. Todavia, essa linha precisa agora agregar uma linha de VLT, que correria pelo eixo central. Atualmente uma alimentação adicional é feita com as redes de ônibus.

No que se refere à **saúde**, estima-se que em 2018 Brasília possuísse um total de 1.920 estabelecimentos de saúde, dos quais cerca de 170 eram públicos e 1.750 privados. Juntos eles dispunham de 6.300 leitos para internação, sendo que aproximadamente 3.700 deles eram para uso de pacientes do SUS.

Trabalhavam nesse setor algo próximo de 27.000 profissionais, incluindo-se nesse total médicos de família, cirurgiões gerais, cirurgiões dentistas, anestesistas, clínicos gerais, fonoaudiólogos, ginecologistas-obstetras, pediatras, nutricionistas, psiquiatras, psicólogos, fisioterapeutas, radiologistas, farmacêuticos, enfermeiros, técnicos em enfermagem, auxiliares de enfermagem etc.

Também em 2018, verificou-se que a taxa de mortalidade infantil estava em 10,2 por mil nascimentos, enquanto a taxa de óbitos ficava em 4 para cada mil habitantes. Mas o DF também apresenta alguns índices assustadores, sendo, por exemplo, o recordista no número de mortes de mulheres por câncer de mama. Além disso, a taxa de mortalidade provocada por câncer de pulmão é bastante elevada, certamente por conta do alto grau de tabagismo verificado na cidade.

O sistema de saúde pública de Brasília possui um dos maiores (e talvez melhores) projetos de informatização do Brasil, mas isso não impede que ele recebe as mais variadas críticas e reclamações – como é comum em todas as outras grandes cidades brasileiras –, principalmente por causa do mau atendimento e da ineficiência.

Entre os hospitais, seguramente o mais importante do DF é o Hospital de Base de Brasília, que é público e atende pelo SUS. Trata-se do segundo maior hospital em número de leitos da região centro-oeste do País (aproximadamente 840). Sua área construída é de 52.000 m², e em suas instalações estão incluídos 200 banheiros e 14 elevadores. Ele foi inaugurado em 12 de setembro de 1960 – data do aniversário do então presidente da República JK –, e conta hoje com cerca de 3.600 servidores. Em média, ele realiza anualmente 620 mil atendimentos ambulatoriais e de emergência, além de aproximadamente 12.300 cirurgias.

Em 14 de março de 1985 o hospital atendeu a um paciente bastante ilustre: o presidente eleito Tancredo Neves, um dia antes de sua posse. Na ocasião ele sentiu fortes dores abdominais e teve de ser submetido a uma intervenção cirúrgica de emergência. Posteriormente ele foi transferido para o Instituto do Coração, em São Paulo, onde faleceu algumas semanas mais tarde.

Essa cadeia de eventos provocou diversos comentários agressivos e até injustos contra o hospital, que chegou a ser considerando responsável pelo trágico desfecho, e até incompetente para oferecer o tratamento adequado ao presidente eleito. Porém, ele acabou se tornando uma referência no tratamento oncológico, de epilepsia e de esclerose múltipla, assim como na medicina nuclear e na realização de transplantes. O Hospital de Base também é especializado em alguns tipos de residências – uma fase vital para a boa formação dos médicos –, sendo as principais, nas áreas de cirurgia geral e cirurgia torácica.

Mas existem outros hospitais importantes no DF, como:

- **Hospital Universitário da UnB** – Ele conta com médicos, atendentes e estagiários atenciosos, porém, não é fácil marcar consultas ali, seja pela grande demanda ou pelo atendimento telefônico falho oferecido pela instituição.

- **Hospital Geral de Brasília (HGB)** – Oferece um bom atendimento a todos os pacientes.

- **Hospital de Apoio (HAB)** – Excelente atendimento oferecido especialmente para os pacientes terminais.

- **Hospital da Criança José Alencar** – Foi inaugurado em 23 de novembro de 2011 e com apenas oito anos de existência já realizou cerca de 3,3 milhões de atendimentos. Conta com profissionais extremamente competentes e interessados em restaurar a boa saúde das crianças.

Em Brasília também existem vários hospitais regionais, sendo que o mais proeminente é o da Asa Norte, uma instituição que conta com bons profissionais (particularmente sua equipe especializada em queimaduras), mas carece de mais insumos e de uma estrutura mais adequada; o da Asa Sul, que é ótimo no atendimento de grávidas; o do Paranoá, que tem entretanto recebido muitas críticas dos pacientes.

Há ainda o hospital de Brazlândia, cujo atendimento é considerado mediano, pois o número de médicos é reduzido; o de Taguatinga, que embora tenha sofrido bastante com a crise econômica (como todos os hospitais do País), conta com uma equipe bastante elogiada, seja no concerne aos agentes de vacinação como aos cirurgiões; o de Guará, que conta com funcionários simpáticos e atenciosos, mas em número reduzido, o que provoca muita demora no atendimento; o de Planaltina, que não dispõe de médicos em número suficiente e não oferece nenhum conforto aos pacientes internados; o de Santa Maria, o segundo maior do DF (384 leitos, dos quais 40 são para UTI); o de Samambaia, que apesar da boa estrutura oferece um atendimento falho. Em Brasília também há um Hospital Militar cuja estrutura é muito boa.

Na **rede privada de saúde** tem-se os seguintes nosocômios: São Francisco, que precisa melhorar bastante em termos de atendimento; Santa Helena, que apresenta diversas falhas em seus sistemas de gestão; Santa Luzia, que foi inaugurado em 1971 e dispõe de bons médicos em diversas especialidades, mas oferece um atendimento insatisfatório aos pacientes; Maria Auxiliadora, que apesar da quantidade de pacientes oferece um atendimento eficaz por parte do seu corpo médico; São Mateus, que possui bons profissionais e médicos muito atenciosos, mas essa instituição, entretanto, apresenta graves falhas na recepção, o que demonstra a insatisfação por parte dos funcionários em relação ao tratamento recebido dos gestores do hospital; Oftalmológico, cujas avaliações são excelentes.

Atualmente existem em Brasília diversos centros médicos e várias clínicas particulares nas quais os pacientes podem se tratar dos mais variados problemas – urológicos, ortopédicos, oncológicos, oculares, gástricos, cardíacos, hematológicos etc.

No âmbito de **cidades-irmãs**, Brasília possui um grande número de parcerias com importantes cidades do mundo todo. Na Europa, por exemplo, elas são: Abergement-la-Ronce (na França), Amsterdã (na Holanda), Berlim (na Alemanha), Lisboa (em Portugal), Roma (na Itália) e Viena (na Áustria); nas Américas: Boston e Washington (ambas nos EUA), Buenos Aires (na Argentina), Bogotá (na Colômbia), Guadalajara (no México), Lima (no Peru), Montevidéu (no Uruguai); Santiago (no Chile) e, inclusive, Diamantina (no

Estado de Minas Gerais). Também fazem parte da lista: Abuja (na Nigéria), Camberra (na Austrália), Doha (no Qatar), Luxor (no Egito) e Chaoyang, um distrito de Beijing (Pequim) e Xian (ambas na China).

De fato, a capital brasileira – que também é conhecida como "**capital da esperança**" – deveria intensificar tais parcerias, quem sabe promovendo alguma festividade mensal e convidando a cidade-irmã aniversariante do mês a apresentar no DF algum evento que desse destaque às atividades da EC desenvolvidas e praticadas na mesma e que permitissem aumentar a visitabilidade a Brasília.

Em 12 de dezembro de 2007, o *Bureau* Internacional de Capitais Culturais nomeou Brasília como a **capital americana da cultura** para o ano de 2008, sucedendo assim a cidade peruana de Cusco. Na ocasião, a instituição promoveu uma votação popular que elegeu as **sete maravilhas** do patrimônio cultural e material de Brasília. Elas são: a catedral metropolitana, o Congresso Nacional, o palácio da Alvorada, o palácio do Planalto, a ponte JK, o templo da Boa Vontade e o santuário Dom Bosco.

- **Congresso Nacional do Brasil** – Esse edifício, assim como a maioria dos prédios oficiais da cidade, foi projetado por Oscar Niemeyer, seguindo o estilo da arquitetura moderna brasileira. Ele é formado por duas estruturas no formato de calotas, que podem ser vistas desde o Eixo Monumental. A calota da esquerda é a sede do Senado, enquanto a da direita é a sede da Câmara dos Deputados, e, entre ambas existem duas torres de escritórios. Mas o Congresso também ocupa outros edifícios no entorno, alguns deles interligados por um túnel. Na frente de todo esse conjunto há um grande gramado e um lago; do outro lado fica a praça dos Três Poderes.

- **Palácio da Alvorada** – Inaugurado em 1958, ele também foi concebido por Oscar Niemeyer, e uma das primeiras estruturas erguidas na nova capital. Está localizado sobre uma península às margens do lago Paranoá e, ao olhar para o prédio, o visitante tem a sensação de estar diante de uma caixa de vidro aterrada suavemente sobre o solo, com o apoio externo de finas colunas. O edifício conta com uma área total de 7.000 m^2 e está dividido em três pisos. Dentro dele há um auditório, uma cozinha, uma lavanderia, um centro médico, um centro administrativo, quatro suítes, dois apartamentos privados, uma biblioteca, uma piscina, sala de música, duas salas de jantar, várias salas de reunião etc.

- **Palácio do Planalto** – Ele abriga o gabinete do presidente do Brasil, sendo, portanto, a sede do Poder Executivo federal. Está no Plano Piloto da cidade e foi um dos primeiros edifícios construídos na capital. Sua construção começou em 10 de julho de 1958, conforme o projeto de Oscar Niemeyer e foi concluído a tempo para sediar as festividades da inauguração da nova capital.
- **Catedral de Brasília** – A catedral metropolitana Nossa Senhora Aparecida também é uma obra idealizada por Oscar Niemeyer. Na época da inauguração da capital havia no local apenas uma área circular de 70 m de diâmetro, da qual se elevariam mais tarde 16 colunas de concreto (pilares de secção parabólica) com um peso de 90 t. A catedral só foi inaugurada oficialmente em 31 de maio de 1970, já com os vidros externos transparentes. Na praça que dá acesso ao templo existem quatro esculturas em bronze – dos evangelistas Mateus, Marcos, Lucas e João –, cada uma com 3 m de altura. Elas foram criadas em 1968, pelo escultor brasileiro Alfredo Ceschiatti, com a colaboração de outro escultor nacional, Dante Croce. Os vitrais coloridos são de Marianne Perretti e um painel em cerâmica de Athos Bulcão no batistério. A Via Sacra está representada nas 15 telas do renomado pintor brasileiro Di Calvacanti. No interior da nave estão as esculturas de três anjos – Miguel, Gabriel e Rafael – suspensos por cabos de aço.
- **Ponte JK** – Inaugurada em 15 de dezembro de 2002, ela serve como ligação entre o Lago Sul, o lago Paranoá e a RA de São Sebastião à parte central do Plano Piloto, por meio do Eixo Monumental. Ela foi estruturada pelo engenheiro Mário Vila Verde, mas seu projeto arquitetônico foi elaborado pelo arquiteto Alexandre Chan – que, inclusive, ganhou a medalha Gustav Lindenthal pelo projeto. A ponte é constituída por três arcos de aço assimétricos, com 60 m de altura, que se cruzam diagonalmente. Seu comprimento total é de 1.200m e ela tem 24 m de largura, divididos em duas pistas, cada qual com três faixas de rolamento. A estrutura conta com duas passarelas laterais para o uso de ciclistas e pedestres. O comprimento total dos vãos é de 720 m. O custo total do projeto foi de R$ 56,8 milhões.
- **Templo da Boa Vontade** – Tem uma estrutura em forma de pirâmide é composta por sete faces revestidas em mármore branco. O interior do edifício é um local para meditação e autorreflexão e,

segundo estimativas da secretaria de Estado de Turismo do Distrito Federal (Setur-DF), é o **templo mais visitado da capital brasileira**, recebendo anualmente mais de um milhão de pessoas. Seu piso em espiral convida os visitantes a percorrerem uma faixa de cor escura e outra de cor clara. No meio do trajeto é possível vislumbrar aquela que é considerada a **maior pedra de cristal puro do mundo**, que emana energias positivas. Essa caminhada simboliza a busca do ser humano por um ponto de equilíbrio. Esse templo ecumênico foi inaugurado em 1989 pelo seu idealizador, José de Paiva Netto, e sua pira foi acesa no dia 9 de abril de 1993.

→ **Santuário Dom Bosco** – Ele foi construído em homenagem ao padroeiro de Brasília, são João Belchior Bosco (dom Bosco). No centro da nave encontra-se um lustre de 3,5 m de altura, formando por 7.400 peças de Murano, que simboliza Jesus Cristo, a luz do mundo. Suas paredes são formadas por 80 colunas com mais de 15 m de altura, que se unem no alto em arcos góticos. Sua estrutura é composta por 2.200 m² de vitrais que combinam 12 tonalidades de azul, e foram montados em suave *dégradé*, com pontilhados na cor branca. Esses vitrais foram projetados pelo arquiteto brasileiro Cláudio Naves, e fabricados em São Paulo pelo artista belga Hubert Van Doorne. As portas de ferro e bronze são do escultor Gianfrancesco Cerri e descrevem a vida de dom Bosco, além de simbolizar textos bíblicos. Olhando-se em cada um dos quatros ângulos do santuário, vê-se uma coluna de vitrais róseos, que juntas complementam a suavidade do local. No interior a sensação do visitante é de estar sob um céu estrelado.

Os principais **museus** da cidades também estão localizados no Eixo Monumental. Esse é o caso, por exemplo, do Panteão da Pátria e do Museu da Liberdade Tancredo Neves, que foi projetado por Oscar Niemeyer e tem a forma de uma pomba. Essa obra somente foi inaugurada em 1986 e abriga o *Livro dos Heróis da Pátria*, com a história daqueles que teriam lutado pela união da Nação.

Outro museu importante é o Memorial JK, que guarda diversos objetos pessoais do então presidente (fotos, presentes, cartas etc.), além de abrigar o túmulo do idealizador da cidade. Por sua vez, o Memorial dos Povos Indígenas tem como objetivo mostrar um pouco da riqueza das culturas indígenas nacionais.

Em 15 de dezembro de 2006 foi inaugurado o Complexo Cultural da República, que é formado pela Biblioteca Nacional de Brasília e pelo Museu Nacional da República. A biblioteca ocupa uma área de 14.000 m² e conta com salas de leitura e estudo, um auditório e uma coleção de mais de 320.000 itens. Já o museu ocupa 14.500 m², e conta com dois auditórios com 780 lugares e um laboratório. O espaço é usado principalmente para exposições de arte temporárias.

Fora do Eixo Monumental tem-se ainda o Museu de Arte de Brasília, que conta com exposição permanente de arte moderna, e o Museu de Valores do Banco Central.

Já no setor de Diversões Norte encontra-se o principal teatro da cidade, o Teatro Nacional Claudio Santoro. O prédio, que ostenta o formato de uma grande pirâmide, conta com três salas que homenageiam os grandes compositores Villa-Lobos e Alberto Nepomuceno de Oliveira, e o famoso dramaturgo Martins Pena.

Vários edifícios em Brasília estão, porém, muito mal conservados, ou seja, são muitos os prédios vazios ou subutilizados a poucos quilômetros do palácio do Planalto. Um exemplo lamentável é o do famoso Teatro Nacional Cláudio Santoro. O professor Frederico de Holanda, doutor em arquitetura e urbanismo da UnB fez o seguinte comentário (publicado no jornal *O Estado de S.Paulo* em 16 de setembro de 2018): "O estado em que está esse teatro é um verdadeiro escândalo, pois está praticamente em ruínas há anos. E é um equipamento único, emblemático."

Esse é o teatro mais importante da capital federal, que marca o início da fileira norte de blocos ministeriais da Esplanada. Ele foi construído a partir de 1960, mas somente inaugurado em 1981. O Teatro Nacional Claudio Santoro tem suas três salas, com capacidade de 1.900 espectadores, interditadas desde janeiro de 2014. Isso porque o Corpo de Bombeiros e o Ministério Público apontaram diversas falhas de segurança e acessibilidade. Após pequenos reparos que custaram cerca de R$ 41,5 mil, em dezembro de 2017, o GDF abriu aos turistas somente o *foyer* de uma das salas, e elaborou um plano de recuperação em cinco etapas. O fato é que para a plena realização dessa reforma são necessários algumas dezenas de milhões de reais. Quem sabe parte desses recursos será conseguida para que finalmente a partir de 2019 essas obras sejam iniciadas, não é?

Brasília também realiza anualmente diversos eventos, que costumam atrair muitos visitantes. No campo da **moda**, por exemplo, acontece o *Capital*

Fashion Week. Esse evento, a exemplo do que acontece no *São Paulo Fashion Week,* procura divulgar nacionalmente as marcas brasilienses e os modelos criados em Brasília e na região centro-oeste.

O **Carnaval** de Brasília é marcado pelos belos desfiles de escolas de samba que acontecem no Ceilambódromo. As principais concorrentes são a Acadêmicos da Asa Norte, a ARUC (Associação Recreativa Cultural Unidos do Cruzeiro) e a Asa Imperial.

No que se refere ao **cinema**, na produção local destaca-se o trabalho do diretor Afonso Brazza, que se tornou *cult* com seus filmes policiais de baixo orçamento. Outro cineasta radicado na capital brasileira, muito conhecido não somente na cidade, mas em todo o País, é o documentarista Vladimir Carvalho. Ele é professor da UnB, e já produziu 21 filmes documentários. Parte dessas películas fala sobre a própria história e as realidades sociocultural e política do DF e do Estado de Goiás.

Anualmente acontece o Festival de Brasília do Cinema Brasileiro, realizado desde 1965, quando se chamava Semana do Cinema Brasileiro. O evento firmou-se como um dos mais tradicionais do Brasil, sendo comparável ao Festival do Cinema Brasileiro de Gramado, no Estado do Rio Grande do Sul. Porém, ele sempre preservou a tradição de somente inscrever e premiar filmes brasileiros, princípio que nos momentos mais críticos da história cinematográfica brasileira foi abandonado por Gramado.

No dia 14 de setembro de 2019 foi aberto o 51º Festival de Brasília do Cinema Brasileiro, tendo diante de si o enigma: "Por que no País que conta atualmente com a melhor geração de cineastas desde os anos 1960, não se consegue fazer com que os espectadores se interessem por seus filmes?"

As explicações podem ser muitas, e de acordo com Eduardo Valente, que foi o curador do festival, elas estão nas transformações que vem ocorrendo no mercado cinematográfico mundial. Neste sentido ele declarou: "Inicialmente deve-se salientar que houve uma radicalização dos custos dos *blockbusters* (filmes de grande popularidade e enorme sucesso financeiro), valendo-se inclusive de eficientes tecnologias digitais e a evolução de um campo minado, em que a exibição em *streaming* ganhou peso, com o que o número de filmes e séries cresceu muito, as salas de cinema foram perdendo audiência e a própria distribuição acabou estrangulando as possibilidades dos filmes nacionais de serem exibidos ao público."

O vencedor da 51ª edição foi o lindo filme mineiro *Temporada*, sobre a travessia de vida de uma personagem feminina que tem Grace Passô (ela recebeu o troféu de melhor atriz) no comovente papel de Juliana. Ele foi dirigido por André Novais Oliveira, mas dificilmente atrairá muitos espectadores, pois está longe de ser um entretenimento descontraído!!!

No campo da **música**, no final dos anos 1970 predominavam em Brasília os ritmos regionais, como o forró e a música sertaneja. Foi nessa época que despontou no grupo Secos e Molhados, o cantor Ney Matogrosso, que, aliás, trabalhava antes como profissional da área de saúde na capital federal.

No início dos anos 1980, surgiram no cenário nacional várias bandas de *rock* oriundas de Brasília – e todas com influência *punk*. Entre elas estavam Legião Urbana, Capital Inicial e Plebe Rude. Também nessa época, Oswaldo Montenegro (um carioca criado em Minas Gerais) se tornou conhecido na cidade ao montar espetáculos que traziam no elenco nomes como o de Cássia Eller (1962-2001), por exemplo.

Também nessa fase apareceram o *reggae* de Renato Matos e outros movimentos culturais que criaram o projeto Cabeças, do qual surgiram vários dos artistas de Brasília. Na década seguinte despontaram o *hardcore*, com os Raimundos, e o *reggae* do Natiruts. Alguns músicos e cantores que moraram em Brasília durante esse período foram o próprio Ney Matogrosso, Zélia Duncan e os membros das bandas Legião Urbana e Paralamas do Sucesso.

Atualmente Brasília conta com o *Festival Porão do* Rock, no qual se busca revelar novas bandas no cenário nacional. Esse evento foi lançado em 1998, por um grupo de músicos que se reunia no subsolo de um prédio comercial em uma das quadras da Asa Norte. Ele ganhou sua primeira versão em maior escala no estacionamento do estádio Mané Garrincha, onde é realizado desde então.

Também acontece anualmente na capital o *Brasília Music Festival*. Mais recentemente o choro vem ganhando adeptos no DF, resultando na criação de clubes de choro, como o Clube de Choro de Brasília. Mas a capital também tem se firmado no *hip hop*, sendo originários da cidade os grupos Câmbio Negro, Viela 17, Guind'art 121 e o *rapper* GOG.

Com todas essas **atrações**, a cidade precisa diariamente hospedar milhares de visitantes. Por causa disso, ela conta com uma razoável rede hoteleira, concentrada na Asa Sul e na Asa Norte. Essa rede foi ampliada na época da Copa do Mundo de 2014, quando foram inaugurados hotéis novos como o Fusion, o Athos Bulcão etc. Entre os hotéis classificados como cinco estrelas estão:

- **Windsor Plaza Brasília** – Um hotel de luxo, muito elegante, que possui quartos e suítes com vista para a cidade. Ele tem uma piscina externa, restaurante, bar e fica a 12 min de caminhada do metrô; 8 min a pé da famosa torre de TV e a 13 km do aeroporto internacional de Brasília. Nele o hóspede tem *Wi-Fi*, estacionamento e café da manhã gratuitos.
- **Hotel Nacional** – Ele ocupa um edifício imponente dos anos 1960, às margem do icônico Eixo Monumental. Atualmente o hotel é relativamente simples, e fica a 1,7 km da catedral metropolitana e a 12 min a pé da estação rodoviária interurbana. Ele oferece acomodações tradicionais, tem piscina externa, *spa* e espaço para eventos. O café da manhã para o hóspede é gratuito.
- **Blue Tree Premium Jade Brasília** – O hotel oferece quartos modernos, piscina externa, restaurante, sauna e café da manhã gratuito e de ótima qualidade. Está localizado a 1,4 km da estação *Shopping* do metrô, e a 11 km do aeroporto internacional de Brasília.
- **Grand Mercure Brasília Eixo Monumental** – É um hotel bem sofisticado situado no centro da cidade. Ele fica em frente ao *shopping* Brasília, a 14 min a pé da estação Central do metrô e a 2,3 km da catedral metropolitana. Possui quartos bastante refinados, além de três restaurantes, bar, piscina externa e sauna. Nele o hóspede tem *Wi-Fi*, estacionamento e café da manhã gratuitos.

Já entre os hotéis quatro estrelas, existem os seguintes:
- **Windsor Brasília** – É um hotel refinado localizado na Asa Norte, a 9 min de caminhada da estação Central do metrô, a 15 min do Teatro Nacional Cláudio Santoro e a 2 km da catedral metropolitana. O prédio é bem alto e luxuoso, e possui quartos modernos, piscina coberta, academia e restaurante. Nele o hóspede tem *Wi-Fi*, estacionamento e café da manhã gratuitos.
- **Mercure Brasília Líder** – Situado em um edifício simples, com exterior sofisticado em cerâmica, esse moderno e elegante hotel fica a 9 min a pé do estádio nacional Mané Garrincha e a 2,1 km da catedral metropolitana. Seus quartos são bem confortáveis e modernos. O estabelecimento possui piscina externa, um restaurante badalado, uma academia e, para os hóspedes, *Wi-Fi* e estacionamento são gratuitos.

- **Brasília Imperial** – Trata-se de um hotel moderno, com quartos sofisticados, bar no saguão e espaço para reuniões. Nele o hóspede não paga estacionamento, *Wi-Fi* ou café da manhã. Está localizado a 11 min a pé da estação Central do metrô e a 2,8 km do estádio nacional Mané Garrincha.
- **Nobile Suites Monumental** – É um hotel localizado na Asa Norte, com quartos modernos, restaurante, piscina externa e um centro comercial. O preço é ótimo, se comparado aos outros hotéis da mesma categoria, mas precisa melhorar um pouco os serviços oferecidos aos hóspedes.
- **Carlton** – É um hotel relativamente simples e discreto, localizado na Asa Sul do DF, numa rua bem arborizada a 2 km da estação Galeria do metrô e a 8 min a pé da plataforma de observação da torre de TV de Brasília. Possui quartos e suítes confortáveis, restaurante, piscinas interna e externa, academia e centro comercial. Oferece *Wi-Fi* e estacionamento gratuitamente.
- **Esplanada Brasília** – É um hotel casual com quartos aconchegantes, um restaurante tranquilo e centro comercial. Oferece gratuitamente ao hóspede um bom café da manhã.
- **Quality Hotel & Suites Brasília** – Dispõe de quartos, suítes e apartamentos sofisticados e ocupa um edifício contemporâneo. Possui restaurante, piscina externa e centro comercial, e oferece aos hóspedes translado para o aeroporto e café da manhã gratuitos. Fica a 6 min a pé da estação do metrô *Shopping* e a 1,3 km do *shopping center Park*.
- **Golden Tulip Brasília Alvorada** – É um hotel tranquilo que ocupa um edifício bonito e contemporâneo à beira do lago Paranoá, na Asa Norte. Fica a 12 min de caminhada do palácio da Alvorada. Tem piscinas interna e externa, quartos iluminados com varanda e minicozinha, *spa* e restaurante *self-service*. Os hóspedes tem café da manhã e *Wi-Fi* gratuitos.
- **Brasília Palace** – Um hotel elegante e futurista, projetado pelo arquiteto Oscar Niemeyer. Está localizado a 4 min a pé do ponto de ônibus e a 15min do palácio da Alvorada. Trata-se de uma hospedagem bem moderna, com um restaurante bem sofisticado, um bar descontraído ao lado da piscina e um centro comercial. Nele o hóspede tem *Wi-Fi* e café da manhã gratuitos.

→ **Mirante Lodge** – É uma hospedagem aconchegante, numa excelente localização, com uma vista maravilhosa.

Claro que em Brasília há dezenas de hotéis três estrelas e muitos até com classificação inferior, com diárias bem baratas. Veja algumas das várias opções:

→ **Brasília Apart** – É um hotel bem casual, localizado a 12 min de caminhada dos jardins da Esplanada dos Ministérios e a 1,9 km da catedral metropolitana. Tem quartos discretos, piscina e restaurante, e oferece *Wi-Fi* e estacionamento gratuitos aos hóspedes.

→ **Bristol** – O hotel possui uma linda fachada de vidro e está localizado a 2km do centro de convenções Ulysses Guimarães, e a 3 km do Congresso Nacional. Possui quartos bem discretos, piscinas interna e externa, restaurante bem arejado e *lounge* com piano, mas seu grande diferencial é a localização: praticamente ao lado de dois *shoppings* e bem perto do parque da Cidade.

→ **Ibis Styles Aeroporto de Brasília** – É um hotel descontraído a menos de 1 km do aeroporto internacional de Brasília e a 11 km do Museu Vivo da Memória Candanga. Possui restaurante, bar 24 h e sala de ginástica. Oferece ao hóspede *Wi-Fi*, estacionamento e café da manhã gratuitos.

Brasília também oferece aos visitantes (e aos brasilienses) muitas alternativas no que se refere à **gastronomia** das regiões sudeste, nordeste e centro-oeste do País. Esse é o caso do restaurante *Tia Zélia*, localizado na Vila Planalto, um bairro bem próximo das sedes dos três poderes. Esse, aliás, é um dos poucos locais de Brasília cuja aparência faz lembrar uma típica cidade brasileira, repleta de puxadinhos e gambiarras.

Nesse restaurante, quem comanda a cozinha é a baiana Maria Oliveira da Costa, mais conhecida como Zélia (Vai entender!?!?). Ela ficou famosa por ter conquistado o estômago do ex-presidente Luís Inácio Lula da Silva que tornou o restaurante seu favorito na cidade. Nele o esquema é bem simples: são três pratos por dia e assim o seu cliente é poupado do estresse de escolher, uma vez que todos são servidos com direito a reposição ilimitada, cobrando-se por isso um módico preço fixo. Assim, num dia o cardápio pode englobar rabada, carne de sol e galinha à cabidela (com sangue); no outro pode incluir feijoada, pernil e carneiro, e assim por diante. **Porém, tudo muito gostoso!!!**

Mais arrumado e igualmente farto é o *Fred*, na Asa Sul, **o paraíso do picadinho!!!** O local possui ar-condicionado, conta com garçons vestindo gravata borboleta e as mesas são guarnecidas com toalha de pano. A despeito do prato principal da casa, o restaurante também serve bons filés, bacalhau e no seu cardápio há ainda diversas opções de comida alemã. O que mais se vê por ali são garçons carregando panelões com carne, ovos *pochê*, arroz, farofa e banana à milanesa.

No fim de semana um grande programa gastronômico é ir ao *Quituart*, na RA do Lago Norte. Trata-se de uma Cooperativa de Artesãos Moradores do Lago Norte, que, além de opções de artesanato, também reúne num único espaço uma grande variedade de restaurantes. No local o visitante poderá experimentar pratos nacionais (mineiros, paraenses, nordestinos etc.) e internacionais (japoneses, italianos, árabes etc.).

Mas existem muitos outros ótimos restaurantes instalados em Brasília, como:

- *Saveur Bistrot* – No seu menu o destaque é o coelho braseado sob nhoque de mandioquinha e ragu. A apresentação dos pratos é excelente, o ambiente é bem intimista, a música é boa e, para algumas pessoas, é o melhor restaurante de alta gastronomia da capital federal.
- *New Koto* – É um restaurante japonês bem aconchegante, com pratos tradicionais e atendimento nas mesas e no balcão. Oferece uma boa variedade de pratos orientais tradicionais, além de um excelente padrão de qualidade nos alimentos e no serviço.
- *Taypá* – É um restaurante peruano bem sofisticado, cujo ambiente sereno é invadido por aromas e sabores andinos. O ceviche e o cordeiro servidos ali são ótimos, porém, o preço é um pouco elevado.
- *La Chaumière* – Trata-se de um dos restaurantes mais antigos de Brasília. O ambiente é bem chique e a casa possui uma boa carta de vinhos. Serve comida francesa, sendo especializado em filés com molhos. O *chef* e os garçons da casa são bastante simpáticos.
- *Santé 13* – Possui um ambiente rústico-contemporâneo, com jardim e mesas adornadas com velas. A comida servida na casa é uma fusão de sabores internacionais, mas os preços são salgados.

- *Villa Tevere* – É um ótimo restaurante, especializado na culinária italiana clássica. Seus pratos são contemporâneos e servidos num ambiente sofisticado e aconchegante, tendo uma boa adega.
- *Dom Francisco* – Possui um espaço bem aconchegante com música ambiente e oferece uma excelente carta de vinhos. A comida é muito boa, em especial a picanha com arroz, brócolis e farofa de ovos.
- *Mangai Brasília* – Trata-se de um restaurante bonito, moderno e sofisticado, localizado à beira do lago. Oferece serviços de *buffet* e *self-service*, servindo pratos tradicionais e reinventados do nordeste brasileiro.
- *Bloco C* – É um restaurante sofisticado e contemporâneo, cujo cardápio é bastante variado. O ponto fraco é a espera que se faz necessária na calçada, sempre que o restaurante está cheio – algo que, aliás, não condiz com o padrão de uma casa desse nível!?!?
- *NAU Frutos do Mar Brasília* – Esse é um restaurante sofisticado que serve pratos brasileiros e bem elaborados (alguns bem originais) com frutos do mar. O lugar é bonito e bastante agradável para se curtir um jantar à beira do lago.
- *Trattoria da Rosário* – É um restaurante com ambiente sofisticado, cujo cardápio tradicional é preparado pela *chef* Rosário.
- *Toro* – Trata-se de um restaurante típico argentino, que serve a aclamada e típica *parrillada*. Conta com uma boa carta de vinhos argentinos, que são servidos num ambiente clássico e requintado.
- *Ticiana Werner* – É um restaurante de ambiente contemporâneo e aconchegante. Como entrada oferece um *buffet* de saladas, queijos, pães. Conta ainda com uma ilha de massas e um rodízio de risotos.
- *Rubaiyat Brasília* – Localizado à beira do lago Paranoá, é uma *steak house* que faz parte de uma rede de grelhados e cortes nobres. Além de bonito, o ambiente é familiar e tradicional, e conta com um *buffet* amplo e bastante diversificado. Os preços, entretanto, são bem salgados.
- *Gero Brasília* – Localizado dentro do *shopping* Iguatemi, é considerado um restaurante sofisticado e caro, no qual a comida é de excelente qualidade.
- *Outback Steakhouse* – Há dois restaurantes dessa rede, sendo o primeiro no *Park Shopping* Brasília e o outro no Plaza *Shopping*.

Serve carnes, frutos do mar e outras comidas típicas de uma boa churrascaria.

- ⇢ *Oliver* – Esse restaurante tem um ambiente muito agradável e música de boa qualidade. Nele são servidas verdadeiras iguarias, como carne de avestruz, lagosta grelhada, *paella* e antepastos incríveis. O atendimento da casa é considerado excelente.
- ⇢ *La Tambouille* – Também está localizado no *Park Shopping* Brasília e conta com um ambiente elegante e intimista. Sua culinária é autoral, refinada e diversificada, servida inclusive em mesas dispostas ao ar livre.

Claro que em Brasília há pelo menos mais algumas dezenas de bons restaurantes, mas essa amostra já é suficiente para que o visitante saiba que não faltarão bons lugares para se alimentar com pratos deliciosos na capital nacional.

Já para os moradores ou os que visitam a cidade – em especial a trabalho – e, por alguma razão, se sentem frustrados e desejam "**afogar as mágoas**", a capital federal dispõe também de ótimas opções de "bares ocultos". Isso rompe de vez o paradigma de que se Brasília não possui esquinas (!?!?), e nela não é possível beber uma cerveja num "boteco da esquina"!!!

Calma!!! Apesar da ausência de esquinas na cidade, existem nela ótimos botecos – embora não seja assim tão fácil encontrá-los... Esse é o caso, por exemplo, do bar *Amigão*, localizado num setor misto da Asa Sul, ao lado de lojinhas (bem feias) e de frente para um prédio residencial tão quadrado como qualquer outro de Brasília. Nele o atendimento é incrível, as mesas são de plástico e os preços são bem acessíveis.

Mas há outros bares na cidade, como o *Pauliceia* (onde todo o corredor é tomado pelo *buffet* de alumínio que abriga o almoço por quilo) ou o *Faisão Dourado*, que também serve o almoço mais **típico** do DF (em que se pode misturar filé *mignon*, picanha, carne de sol, frango, fígado ou lombo, tudo acompanhado de arroz, feijão, batata frita, farofa e vinagrete!).

Brasília também conta com bares turísticos. O mais famoso deles é o *Beirute*, com unidades nas duas asas do Plano Piloto. Seu cardápio, embora extenso, não é exatamente empolgante. De fato, o que atrai as pessoas para essa casa é a possibilidade de observarem a verdadeira "**fauna humana**" que o frequenta. O público é bastante variado, formado por estudantes, funcionários públicos, funcionários de embaixadas, *hippies* idosos vendendo bijuterias e outros visitantes, e todos ali dentro parecem se sentir deslocados, como os próprios turistas...

Aliás, essa prática de *"people watching"* ("**observar pessoas**") é ainda mais interessante no chamado Baixo Asa Norte, um setor botequeiro adjacente a UnB. O local abriga cerca de 30 bares de todos os tipos, desde os chamados "**pés-sujos baratos**" (que vendem cerveja de litro para os calouros) até os que comercializam cerveja artesanal (para o público mais exigente e endinheirado).

Há também os bares com uma pegada mais alternativa, que contam com garçonetes fantasiadas e servem comida tradicional de botequim (como bolinhos de carne) e cerveja gelada, tudo ao som de *punk rock*. Nesses lugares a badalação começa depois do pôr do sol e segue noite adentro. Uma grata surpresa para o turista que frequenta esses lugares é saber que na vida noturna brasiliense é possível escutar conversas diferentes daquelas envolvendo só as "mazelas políticas"...

No âmbito **esportivo**, o DF é a sede de dois clubes de futebol reconhecidos nacionalmente: o Brasiliense Futebol Clube, de Taguatinga, e a Sociedade Esportiva do Gama (ou simplesmente Gama). Ambas as equipes chegaram a disputar jogos pela primeira divisão do Campeonato Brasileiro de Futebol, todavia, o melhor resultado já obtido foi o vice-campeonato alcançado pelo Brasiliense na Copa do Brasil, na edição de 2002.

Os principais estádios de futebol da cidade são o Nacional de Brasília, o Mané Garrincha, o estádio Elmo Serejo Farias (o "Serejão") e o estádio Walmir Campelo Bezerra (o "Bezerrão"). Recorde-se que havia um quinto estádio na cidade, o Edson Arantes do Nascimento (o "Pelezão"). Na época em que foi inaugurado ele era o primeiro e principal estádio de Brasília, porém, foi **abandonado** e **demolido** em 2009.

Brasília foi uma das seis cidades-sede dos jogos da Copa das Confederações, em 2013, e uma das doze sedes da Copa do Mundo de Futebol de 2014. Os jogos de ambas as competições aconteceram no estádio Mané Garrincha, localizado no complexo poliesportivo Ayrton Senna (antigo setor Esportivo). Trata-se de um dos mais completos centros poliesportivos da América Latina, e que abriga também o ginásio de esportes Nilson Nelson (com capacidade para 16 mil pessoas), o autódromo internacional de Brasília Nelson Piquet, entre outras estruturas.

Por ser uma cidade localizada em altitude superior a 1.000 m em relação ao nível do mar, Brasília revelou atletas de primeira linha. Eles são corredores fundistas e meio fundistas, como Joaquim Cruz (campeão olímpico de 1984) e Hudson de Souza (800 m e 1.500 m rasos); Carmem de Oliveira e Lucélia Peres (5.000 m, 10.000 m e maratona); Valdemar Pereira dos Santos (5.000 m e 10.000 m); Maílson Gomes dos Santos (5.000 m, 10.000 m, meia maratona e maratona).

Até 2017, a capital do País contava com a equipe de basquete UniCEUB/ BRB Brasília, uma das mais importantes desse esporte no País e que, inclusive, sagrou-se campeã nacional quatro vezes, nas temporadas entre 2007 e 2012. Em 2019, a equipe que representou Brasília na NBB é o Universo/ Brasília. Já a equipe de vôlei feminino de Brasília tem participado nesses últimos anos da Superliga, mantendo-se, entretanto, nas posições intermediárias, uma vez que não conta com um grupo de atletas de ponta e necessita de reforços para poder almejar a conquista do título ou pelo menos ficar entre as primeiras colocadas.

Infelizmente em 2019, o Brasília Vôlei foi rebaixado para a Superliga Feminina B...

Um incrível jardim japonês em Caldas Novas.

Caldas Novas

PREÂMBULO

As termas de Caldas Novas existem devido a um processo conhecido como geotermia, não havendo assim nenhuma ligação com atividade vulcânica na região. Durante as chuvas, a água se infiltra nas rochas através de fissuras, chegando até profundidades de 1.200 m. É claro que quanto mais próxima do centro da Terra, mais quente ela fica. De fato, a cada 30 m a água esquenta 1ºC, com a pressão exercida no interior das rochas ela é jogada para fora, **misturando-se** com a água fria dos lençóis freáticos e adquirindo uma temperatura média de **37,5ºC, perfeita para se relaxar num banho de imersão!!!**

Em todos os meses do ano em Caldas Novas os visitantes podem desfrutar de excelentes momentos na cidade, o que a torna verdadeiramente **turística**. Claro que existe uma estação mais seca, com temperaturas mais amenas, que vai de maio até setembro. Já o período mais chuvoso inclui os meses de outubro a abril, quando as temperaturas são mais elevadas.

Ao se realizar uma enquete com os turistas que visitaram Caldas Novas – e inclusive retornaram à cidade outras vezes –, chegou-se à seguinte lista das dez melhores atrações locais:

1. Lago Corumbá, ideal para quem gosta de canoagem e *jet-ski*.
2. Náutico Praia Clube, com águas aquecidas por caldeiras e um parque para as crianças.
3. Cachaçaria Vale das Águas Quentes, que até quem não bebe cachaça deve visitar.
4. Igreja matriz, com arquitetura bem interessante.
5. Lagoa quente de Pirapitinga.
6. Casarão dos Gonzaga, construído em 1907, no estilo colonial.
7. Prática do ecoturismo, com escalada esportiva.
8. Visita ao parque estadual da serra de Caldas, com banho na cachoeira.
9. Feira do Luar para a compra de produtos artesanais interessantes.
10. Visita aos parques aquáticos do município de Rio Quente.

A HISTÓRIA DE CALDAS NOVAS

Caldas Novas é um município no Estado de Goiás, localizado a uma distância de 152 km de sua capital, Goiânia, e a 175 km da importante cidade mineira de Uberlândia. Além disso, ela está localizada a 700 km de BH e a 763 km de São Paulo, ambos grandes centros, de onde parte uma boa parcela dos turistas que a visitam anualmente.

Segundo estimativas, no início de 2019 a cidade contava com uma população de 88 mil habitantes. Os municípios limítrofes são: Morrinhos, Marzagão, Piracanjuba, Corumbaíba, Rio Quente, Ipameri, Santa Cruz de Goiás e Pires do Rio. A cidade ocupa uma área de 1.589,52 km^2, e é conhecida por abrigar **a maior estância hidrotermal do mundo**, com águas que brotam do chão em temperaturas que variam de 43ºC a 70ºC.

Retornando um pouco ao passado, deve-se lembrar que Caldas Novas pertencia à capitania de São Paulo, quando o Brasil ainda era colônia de Portugal. Em 1722, época em que ocorreu o descobrimento das águas termais na região, o governo português, ávido por controlar as riquezas minerais naturais que ali havia, guardou-as para futuras explorações!?!?

E, de fato, a partir das décadas seguintes as tais fontes passaram a ser exploradas, primeiramente com a passagem pela região de Bartolomeu Bueno Filho (filho de Anhanguera) e, depois, com a chegada de Martinho Coelho de Siqueira, procedente de Santa Luzia (hoje Santa Cruz), considerada a primeira capital do Estado de Goiás. Foi nessa época que a região passou a se chamar Caldas Novas de Santa Cruz.

Com o tempo as fontes termais de Caldas Novas, localizadas na parte oriental da serra de Caldas, se tornariam **história** – aliás uma história repleta de lendas, coragem e perseverança. Por exemplo, conta-se que, durante uma de suas conhecidas caçadas de animais silvestres, Martinho Coelho de Siqueira teria sentido de perto a agressividade de seus cães, assim como sua utilidade para farejar "coisas novas". Na ocasião, os animais passaram em disparada por ele e só pararam diante da lagoa quente de Pirapitinga, onde permaneceram latindo. Era como se eles tivessem sido atiçados por um fogo desconhecido!!! Nasceu aí a primeira história das águas quentes de Caldas Novas, ou seja, a história de um arraial que depois virou cidade e, essa por sua vez, se transformou na **"capital mundial das águas quentes"**.

Mas voltando à narrativa oficial, no final do século XIX, chegaram à região Orcalino Santos, Victor Ozeda Alla, João Batista da Cunha, Joaquim

Rodrigues da Cunha, Josino Ferreira Brettas, Orosimbo Correia Neto, entre outros. Esse contingente chegou liderado por Bento de Godoy, e tinha como objetivo desenvolver essa pequena vila. Vale lembrar que o local somente se tornaria cidade a partir dos anos 1900.

A autonomia política de Caldas Novas viria a partir da petição feita pelo grupo de pioneiros à sede de Morrinhos. Assim, em 5 de julho de 1911, por ordem do presidente do Estado, Urbano Gouveia, foi nomeado Bento de Godoy como presidente da primeira intendência local. Esta somente seria instalada em 21 de outubro daquele ano e, desde essa época, comemora--se nessa data o aniversário de Caldas Novas. É importante ressaltar que foi durante a administração de Bento de Godoy (1911 a 1915) que Caldas Novas tomou um grande impulso e começou a se desenvolver de forma surpreendente.

Hoje em dia, no âmbito da **saúde**, a cidade dispõe de clinicas médicas, UPAs, centros médicos, centros de reabilitação e alguns hospitais. Esse é o caso do Hospital Materno Infantil Municipal; do Centro Médico Rezende, um hospital pequeno mais bastante limpo e organizado; do Hospital Santa Mônica, que é particular; do Hospital do Rim e do Hospital e Maternidade Nossa Senhora Aparecida, que tem bons profissionais trabalhando nele, mas que, infelizmente, está sempre lotado e não dispõe de estrutura para atender bem nem a população local nem os turistas. Dito isso, no caso de problemas de saúde mais complexos as pessoas precisam se dirigir a Goiânia.

Já no que se refere ao **comércio**, o visitante e o morador de Caldas Novas têm hoje a sua disposição bons centros de compras, como os *shoppings* Águas Calientes, Serra Verde (na realidade este é um local onde se vende muito artesanato) e a Galeria Villa das Águas.

No que concerne ao **acesso**, é a rodovia GO-123 que liga Caldas Novas a Morrinhos e, para se chegar até esta última, os viajantes vindos de Goiânia e Brasília se utilizam da BR-153. A cidade possui uma ampla rodoviária integrada a um centro de convenções. Nela operam empresas que transportam pessoas oriundas de várias cidades de Goiás e de outras partes do Brasil.

Caldas Novas possui o aeroporto Nelson Ribeiro Guimarães, inaugurado em 2002, Com uma área coberta de pouco mais que 3.000 m², atrás apenas do aeroporto internacional Santa Generosa, em Goiânia. Assim, ele já é o segundo terminal de passageiros e de carga de Goiás. A cidade possui voos comerciais regulares das empresas Azul e Gol, com conexões em Goiânia, Campinas e São Paulo.

Muita gente utiliza o aeroporto de Caldas Novas porque ele fica a apenas 27 km do município de Rio Quente, onde está localizado o incrível Rio Quente *Resorts*. Somente em 2018, estima-se que o local tenha recebido 1,65 milhão de pessoas, muitas das quais foram transportadas em aproximadamente 2000 voos fretados.

Toda essa visitação à pequena cidade de Rio Quente começou em 1964, quando foi criada aí pousada do Rio Quente. O empreendimento tinha grande **potencial** em seu objetivo de acomodar os turistas interessados em banhar-se nas águas quentes da região, que, "brotavam" das profundezas.

Mas foi somente em 2003 que a pousada do Rio Quente ganhou o nome de Rio Quente *Resorts*. Bem antes disso, entretanto, o local já havia crescido e se transformado em um complexo de hotéis, restaurantes e atrações, entre elas o *Hot Park*, seu parque aquático, inaugurado em 1997, que está aberto a **hóspedes** e **não hóspedes**!!!

Atualmente o grupo também conta com o *Eko Aventura Park*, e conta com 1.300 quartos em sete hotéis. Também existe ali a opção de *time sharing*, um formato de pagamento anual que permite que diferentes famílias se hospedem em um mesmo local em épocas alternadas. Desse modo, o complexo Rio Quente *Resorts* inclui atualmente áreas de acomodação e de lazer em diversas partes do município, embora todas bem próximas.

A maior dessas áreas é o *resort*, onde há três hotéis, além das instalações do *Hot Park* e de outras atrações, algumas delas gratuitas para os hóspedes. Assim, quem se hospeda ali tem acesso ao *Hot Park* e a maior parte das opções de lazer, inclusive ao parque das Fontes. O primeiro hotel do grupo, o Pousada (classificação 4 estrelas), fica ao lado do *Marcelo Café* e da *pizzaria Oliva*, e continua sendo procurado sobretudo pelos mais idosos. Na sua entrada minúscula há uma linha do tempo que mostra a história do *resort*.

O segundo hotel é o Turismo, bastante procurado por casais e famílias. Embora seja simples, ele é confortável e o mais bem localizado do *resort*, estando bem próximo das atrações principais. O hotel Cristal é o mais novo do *resort*, e tem um perfil mais moderno, com piscina com borda infinita. Também há no local um DJ (*disc jockey*) para controlar a música no fim da tarde, e essa "*sunset party*" ("festa ao pôr do sol") pode ser aproveitada pelos hóspedes dos demais hotéis.

A maioria dos pacotes do Rio Quente *Resorts* prevê meia pensão, com café da manhã e almoço. Em alguns casos é possível trocar o almoço pelo jantar ou até incluir as três refeições, lembrando que as refeições previstas num pacote devem ser feitas sempre no restaurante do hotel, para evitar riscos de lotação. Assim, é bom saber o tipo de comida servido em cada local. Os restaurantes são:

- → ***Pequi*** (fruta mais famosa de Goiás) – Fica no hotel Turismo, e nele o hóspede poderá apreciar pratos que utilizam os ingredientes do cerrado, com destaque para o arroz com pequi.
- → ***Da Mata*** – Fica no hotel Cristal, no qual se investe em opções da gastronomia internacional. À noite são organizados jantares temáticos, em que são servidos especificamente frutos do mar, comida japonesa, mexicana, italiana etc.
- → ***Casa da Cora*** – O seu nome é uma homenagem à poetisa Cora Coralina, e a casa oferece serviço de bufê no almoço e no jantar, tendo como foco a comidinha de fazenda e o churrasco.

O diretor de *marketing* do Rio Quente *Resorts*, Flávio Monteiro, enfatizou: "Houve quem duvidasse que as pessoas pudessem '**pular ondas**' no cerrado!?!? Mas agora isso é a pura verdade, uma vez que a 'praia do Cerrado' é uma das principais atrações do *Hot Park*, uma piscina de águas quentes e naturais, com ondas artificiais que chegam a 1,2 m de altura. Pode não ter a autenticidade do mar, mas diverte muito. Além disso, para os interessados em aprender a surfar são oferecidas aulas. E para ficar ainda mais parecido com a praia, areia clarinha circunda toda a área, onde ficam dispostas cadeiras sob o sol.

E se alguém quiser a mordomia de um cantinho exclusivo, poderá alugar uma das cabanas *VIP*, para até 8 pessoas. O local conta com espreguiçadeira, cama, espumante, frios, cesta de frutas, petiscos e bebidas variadas, custando algo próximo de R$ 500.

Há também espaço para se jogar futebol de areia e vôlei de praia. Esses e outros detalhes fazem com que o hóspede até se esqueça que está no interior do Estado de Goiás. Entre esses detalhes está a barraca de tatuagem de hena e caixas de som emitindo sons do mar.

No caminho até a praia do Cerrado, outras atrações são as piscinas com água de rio represada, bares molhados e brinquedos para crianças bem pequenas. Já para aqueles que gostam de frio na barriga, há outras opções. Porém, **nada é muito extremo**, uma vez que a proposta do nosso parque não é essa!!! Neste sentido, o *Xpirado* é o toboágua mais radical, com 32 m de altura e 142 m de comprimento. No caso, o mais interessante não é a queda, mas o que vem antes dela: o trajeto que leva até a atração começa com um filme contando a história de uma piranha assassina num fictício vilarejo, e o caminho que leva ao tobogã simula o tal vilarejo!!! Outro brinquedo radical é o *Half Pipe*, um escorregador em formato de U, com 13 m de altura. Ele se parece com uma pista de *skate*, e de lá despencam as boias.

As crianças, por sua vez, se divertem no *Hotbum* e no *Clubinho da Criança*. No primeiro, um brinquedo com pequenos escorregadores e chuveirões, fica aquele maravilhoso 'baldão', que tomba quando cheio, molhando todo mundo. Já o *Clubinho* tem piscinas, minitoboáguas e um rio lento para crianças menores e bebês. Além disso, a turminha do Cerrado – a equipe de monitores do parque – promove muitas brincadeiras.

Já a parada gastronômica pode ser num dos dois restaurantes locais, o *Bartô* ou o *Hot Park*."

O parque das Fontes fica a 630 m acima do nível do mar, e nele estão as 18 fontes que abastecem o complexo, a começar pelas piscinas que obrigam a água represada do rio a obedecer os contornos construídos pelo homem naquele trecho. Logo ao lado fica o próprio rio, que segue seu curso natural de 12 km dentro do parque. A piscina de cascata é a mais famosa do parque, e é de fato uma delícia ficar debaixo da ducha aquecida (37ºC).

Além de tudo isso, o visitante tem a oportunidade de sentar-se numa das cadeirinhas dos bares molhados – que recebem esse nome por ficarem dentro da água – e servir-se de petiscos e bebidas. Uma possibilidade bem agradável, não é mesmo? E o melhor é que essas piscinas ficam abertas 24h, oferecendo serviço de bar!!!

Agora, caso os hóspedes queiram usar os poços do Governador e da Primeira Dama, precisarão tomar alguns cuidados, pois trata-se de dois buracos na rocha de onde brota água bem quente, criando as vezes um *ofurô* natural. Obviamente as águas dessas "piscinas" são constantemente renovadas, uma vez que se trata de água corrente do rio.

A vazão do rio é de 5,2 milhões de litros por hora e, depois de usada a água vai para uma estação de tratamento do próprio *resort*. Parte da água limpa volta ao leito do rio e parte e reutilizada nas estruturas internas. Ao redor das águas transparentes e das pedras – o que dá ainda mais sensação de rio – são enfileiradas espreguiçadeiras para acomodar os que estão apenas interessados em adquirir vitamina D. A vegetação garante sombras agradáveis, principalmente no caminho do hotel Turismo. O projeto paisagístico foi do famoso Roberto Burle Marx.

Bem pertinho do parque das Fontes está o *spa* Manacá, no qual são oferecidos sete tipos de tratamentos, incluindo massagens relaxantes. Após cerca de 25 min de massoterapia, em que o profissional consegue ir direto aos pontos mais doloridos, o cliente recebe um chá quentinho e castanhas de baru (típicas do cerrado), percebendo o quanto está sendo bem tratado!!!

Se algum hóspede preferir fazer exercícios, há também uma academia no local, toda aberta e com uma vista incrível para o parque das Fontes. Também é possível pescar ou praticar tênis numas das seis quadras do *resort*, se bem que essas atividades exigem um módico pagamento por parte do interessado.

E não se pode esquecer que, no *resort*, todas as noites são animadas com *shows* temáticos gratuitos realizados no Toldo do Bosque, havendo noites dedicadas ao sertanejo, ao *flashback* etc. Os espetáculos são estrelados por funcionários do *resort*, que, pela manhã, assumem a tarefa de monitores...

Fora do *resort*, o grupo Rio Quente *Resorts* possui quatro boas opções de hospedagem mais acessíveis. Para que gosta de sossego, a melhor pedida são os eco chalés no *Eko Aventura Park* (cada um com capacidade para 4 pessoas). Há também os hotéis no entorno do *resort*: Flat 1, Flat III e Giordino. Todos contam com restaurantes e piscinas, ônibus gratuitos para levar os hóspedes até as atrações e opções de *time sharing*.

Aliás, no *Eko Aventura Park*, podem ser realizadas outras atividades interessantes, como: prática de arco e flecha; de *airsoft* (uma espécie de *paintball* sem tinta); o *ducking* (um passeio de caiaque pelas águas quentes do rio); e o uso de quadriciclos.

O interessante é que, independentemente do hotel escolhido, todos os hóspedes têm entrada livre no *Hot Park* e no *Eko Aventura Park*. O complexo oferece ônibus grátis para que o visitante possa ir de uma atração para a outra, e eles passam a cada 20 min.

Seguindo a tendência dos parques temáticos internacionais, tudo funciona com um mesmo cartão – o *smartcard* –, que é recebido pelo hóspede no *check-in*. Ele pode ser usado para se fazer uma compra no bar molhado ou até mesmo para abrir a porta do quarto. Isso é bem mais prático e seguro para o hóspede que andar com o cartão de crédito ou dinheiro. Na hora do *check-out*, o visitante acerta todas as despesas acumuladas no *smartcard*.

Para se conhecer e desfrutar do *Hot Park* e do *Eko Aventura Park* não é preciso ser necessariamente um hóspede. Assim, são muitos os turistas que chegam a Caldas Novas e seguem para o Rio Quente, onde compram ingressos do tipo *day use* (válidos para um dia). Claro que existem muitas atividades pelas quais hóspedes e não hóspedes têm que pagar à parte.

Flávio Monteiro comentou: "Continuamente buscamos ampliar as novidades de entretenimento que oferecemos no complexo. Assim, a *Hot City* terá um *boulevard* com palco para *shows* do lado de fora do *resort*, que deverá ser inaugurado até 2020. O complexo já organiza festivais ao longo do ano e, em 2018, tivemos entre 11 e 18 de março o evento *Noites Douradas*, com a presença do cantor Sidney Magal; em maio aconteceu o *Festival Alemão* e o de *Comédia*; e em setembro apresentou-se o *Festival Bem-Estar* (na sua programação tinha aulas de meditação, relaxamento, dança de salão etc.).

Sabemos que as novidades são vitais para manter alto o nosso número de visitantes, porém, mais do que investir em novas atrações a cada ano, o grupo pretende explorar melhor as cerca de 80 que já existiam em 2018. Oferecer diversos pacotes, incluindo mais ou menos opções de diversão, pode ser um dos caminhos. O outro é destacar que o complexo é um bom destino em qualquer estação do ano, inclusive no inverno. Afinal, que não quer água quente nos pés o ano todo?"

Mas voltando a Caldas Novas, deve-se destacar que ela também é muito visitada, e a questão interessante é: "**Por que ela recebe tantos visitantes?**" A resposta é simples: "**Ela é uma cidade encantadora e repleta de atrações!!!**"

Uma grande atração de Caldas Novas é o **ecoturismo**, uma vez que a cidade está localizada às margens do lago de Corumbá, e ao lado da serra de Caldas Novas. Neste sentido, no parque estadual da serra de Caldas Novas, os turistas têm a sua disposição várias fontes de água que se transformaram em riachos em meio a uma vegetação exuberante. Aliás, esse parque foi criado também com o objetivo de proteger a área de captação da chuva que abastece o lençol termal. Tanto que a visitação de turistas é controlada, de modo a preservar o cerrado goiano e o manancial hidrotermal.

Além das trilhas para caminhada e das cachoeiras que o parque estadual da serra de Caldas Novas possui, os amantes da natureza ainda podem praticar o *mountain bike* ("ciclismo de montanha"), pois a região oferece trajetos com paisagens deslumbrantes. De fato, esse esporte cresceu tanto na região que, anualmente, realiza-se ali uma competição que atrai atletas de todo o País, chamada *Desafio das Águas Quentes de Mountain Bike*.

A principal fonte de renda do município é o **turismo**, além de todo o setor de serviços envolvido com ele, que representa cerca de 65% do PIB local (estimado em R$ 780 milhões em 2019). O valor adicionado bruto da agropecuária para esse PIB foi de 8,5% e o restante veio da indústria, de outros serviços e dos impostos.

Sem dúvida os maiores atrativos turísticos de Caldas Novas são seus parques aquáticos, que oferecem lazer para toda a família e geram um grande movimento de turistas o ano todo. Na alta temporada, Caldas Novas chega a receber quase 700 mil turistas. De fato, ao longo de todo o ano de 2018, estima-se que cerca de 3,2 milhões de pessoas tenham visitado a cidade.

Os seus parques aquáticos possuem uma estrutura completa para agradar a toda a família e a todas as idades. Isso inclui toboágua tipo radical e para crianças, rio lento, atrações com boias, piscinas termais, de ondas, *ofurô*, bar molhado, sauna, recreação com monitores e *shows* musicais. Entre eles destacam-se o diRoma Thermas, o Clube Privé, CTC, Náutico Praia Clube, Lagoa Termas e alguns outros. Estão anexos a hotéis ou clubes, e podem ser visitados pelos turistas.

Vale lembrar que a cidade de Caldas Novas se tornou conhecida por suas **festas sertanejas**, sendo que o *Caldas Country* é o **maior festival desse estilo no mundo**, com uma média de público de 100 mil pessoas nos dois dias duração!!! Não é para menos, visto que em sua 13ª edição (nos dias 15, 16 e 17 de novembro de 2018, para aproveitar o feriadão) o evento recebeu Jorge e Mateus, Simone e Simaria, Gusttavo Lima, entre outros. Vale recordar que outros nomes famosos já se apresentaram em edições anteriores, como: Paula Fernandes, Luan Santana, Chitãozinho e Xororó, Fernando e Sorocaba, Lucas Lucco etc.

Recentemente um novo festival de música sertaneja, o *Verão Sertanejo*, passou a acontecer na cidade. Em sua 9ª edição, nos dias 11 e 12 de janeiro de 2019, o evento contou com várias atrações consagradas, como Bruno e Marrone, Fernando e Sorocaba, Maiara e Maraisa etc., ocorreu dentro da normalidade, pois nos dias do evento a segurança foi reforçada.

Para os caldenses e turistas amantes do **esporte**, em especial do futebol, há na cidade duas equipes profissionais, ambas fundadas em 1982: o Caldas Esporte Clube, que já conquistou alguns títulos na segunda divisão do futebol goiano; e o Caldas Novas Atlético Clube, que foi profissionalizado em 2007 e se tornou campeão goiano da 2ª divisão em 2014.

Quem visita Caldas Novas não pode reclamar de que ela não dispõe de boas opções gastronômicas. Afinal, a cidade possui vários estabelecimentos com uma grande variedade de pratos das mais diversas culinárias. Veja a seguir uma lista de restaurantes:

- *Nonna Mia* – Restaurante italiano que oferece um rodízio de massas e galetos assados, além de filés, batatas fritas e vinhos, tudo num ambiente informal e aconchegante.
- *Chicago Steakhouse* – Restaurante e choperia no qual se pode saborear costelinhas, hambúrgueres e tomar drinques num espaço temático que lembra a cidade de Chicago, nos EUA. O ambiente é descontraído e ostenta imagens de competições esportivas nas telas.
- *Ipê* – Restaurante e choperia que oferece *buffet* variado, além de pratos à *la carte* e sobremesa, chopes e drinques, tudo numa atmosfera bem tranquila.
- *Morada Bistrô* – Os pratos principais da casa são o surubim e o salmão ao molho de maracujá.
- *Trem Bão* – Especializado na boa e saborosa comida mineira completa, com picanha, fraldinha e cupim.
- *Deck* – Oferece um cardápio bastante variado, que inclui risoto de frutos do mar. Na saída ainda serve aos clientes café e leite com canela. A comida (considerada maravilhosa) é servida ao som de boa música; o serviço é excelente; o local conta ainda com *piano bar*.
- *Pianos Bar* – Um restaurante que oferece comida maravilhosa como o risoto de frutos do mar e ao fundo ouve-se boa música.

Além desses estabelecimentos há ainda: *Sarandi; Dady's Restaurante & Casual Bar; Talher Mineiro; Picanha na Brasa; Frango Assado; Bella Nápoles; Empadão Goiano da Tânia; Sucolândia; Boulevard Chope Bar; Cantinho de Goiás; Il Ponticello*, entre outros.

Fora dos *resorts*, Caldas Novas dispõe de uma ampla rede hoteleira, inclusive com alguns hotéis cinco estrelas. Estima-se que em 2018 a cidade contasse com cerca de 80 hotéis de grandes porte. Assim, uma pergunta frequente entre os visitantes é: "**Qual a melhor opção em Caldas Novas?**" A resposta se baseará em dois critérios básicos: **economia** e **luxo**!!!

Assim, para quem estiver em busca de economia, uma ótima escolha é o hotel Holiday House, que possui piscina externa, serviço de quarto, recepção 24 h, jardim e parquinho. Em contrapartida, para os que procuram um hotel de luxo a escolha perfeita seria o Morada das Águas, que oferece vários itens importantes para garantir o conforto do hóspede: churrasqueira, bar, piscina e um bom restaurante.

Outras boas opções para quem deseja hospedagem de qualidade são:

- **Taiyo Thermas**, que oferece duas piscinas externas, *ofurô*, sauna, área de diversão com quadra esportiva, salão de festa, quantos limpos e bem organizados, com serviço de quarto nota 10.
- **Privé Riviera Park**, que tem acomodações com o máximo de conforto, além de três piscinas com espreguiçadeiras para os hóspedes relaxarem. Um diferencial, neste caso, é o acesso grátis ao *Thermas Privé Water Park*.
- **Thermas diRoma**, que é um hotel descontraído localizado a 1 km do Jardim Japonês.
- **diRoma Exclusive**, um hotel com uma vista panorâmica incrível.
- **diRoma Fiori**, um local excepcional com boa recepção; quartos com ar condicionado, cozinha com geladeira e fogão; piscinas; estacionamento e funcionários atenciosos.

Há também os hotéis L'acqua diRoma I, II e III; o Bica Pau Hotel Thermas; o Império Romano, o Golden Dolphin Supreme, Grand e Express, a pousada do Ipê, o Lagoa Quente, o Rio das Pedras Thermas, entre outros. Ou seja, o visitante não poderá reclamar de "falta de opções" dentro do seu orçamento.

Para os turistas que não desejam gastar muito, há também diversos condomínios espalhados pela cidade, que, embora contem com uma estrutura um pouco inferior em relação aos parques, dispõem de piscinas termais, toboáguas, saunas e outras atrações.

Além dos hotéis e dos condomínios existentes em Caldas Novas, o visitante pode recorrer a pousadas e chalés, nos quais é possível se hospedar por preços módicos, ou então optar por algumas áreas reservadas para acampamentos!?!?

Excluindo-se as pensões e as pousadas, praticamente todos os hotéis de Caldas Novas estão instalados em edifícios com mais de 10 andares, com o que ela se transformou na cidade com o maior número de prédios altos em todo o interior do Estado de Goiás.

Um aspecto de Campina Grande, a "terra do maior São João do mundo!!!"

Campina Grande

PREÂMBULO

Campina Grande conquistou vários apelidos, entre eles os de "**capital do trabalho**", "**rainha de Borborema**" e "**terra do maior São João do mundo**". Aliás, por falar em São João, aconteceu no período de 1º de junho a 1º de julho de 2018, no parque do Povo, o evento *O Maior São João do Mundo*, que desde 1983, garante à cidade uma posição de destaque no cenário nacional.

E, neste caso, quando se diz "**maior**" não se trata de algum exagero ou de uma brincadeira. De fato, embora no início esse *arraía* de nome já grandioso fosse bem pequenino, contando apenas com algumas barraquinhas montadas sobre o chão de terra batida, hoje ele se transformou num evento de grande porte. Quem poderia imaginar, não é? **Pois aconteceu**!!!

Em sua última edição, a festança reuniu nomes como Luan Santana, Bell Marques, Wesley Safadão, entre outros, que se apresentaram num palco montado em 360º. No dia 5 de junho foi a vez de todas as quadrilhas juninas fazerem suas apresentações e, na ocasião, foi escolhida a rainha do São João 2018. No local do evento também foram montados oito restaurantes, 25 barracas de alimentação e duas palhoças dedicadas à apresentação dos trios de forró. No total, compareceram ao evento cerca de 2,6 milhões de visitantes!!!

De fato, O *Maior São João do Mundo* é atualmente o principal evento turístico do interior do Brasil, e colocou Campina Grande em destaque no cenário nacional. O evento aquece bastante a economia local, sobretudo o setor de serviços, favorecendo todos os negócios associados ao turismo, transporte (taxistas, por exemplo), comércio em geral, hotelaria, bares e restaurantes. Aliás, todos os indicadores econômicos sempre demonstraram que essa festa pode ser considerada o "segundo Natal de Campina Grande", gerando muita prosperidade para diversos segmentos da cidade. Além disso, o evento também fez surgir um novo ciclo na produção do artesanato local, o que contribuiu para enriquecer ainda mais a cadeia produtiva do evento, sinalizando a transformação desse setor numa efetiva indústria criativa.

As cidades circunvizinhas e os distritos de Campina Grande também são beneficiados com o público que chega para acompanhar o evento. Bons exemplos disso são Galante, Ingá, Fagundes e a região de Brejo, que possuem muitas belezas naturais e atrativos turísticos. Toda essa movimentação demonstra a importância da programação forrozeira campinense para todo o turismo regional.

A HISTÓRIA DE CAMPINA GRANDE

Campina Grande é um município com 593,03 km², localizado a 125 km da capital paraibana, João Pessoa. No início de 2019 sua população foi estimada em 425 mil pessoas, o que a torna a segunda cidade mais populosa da Paraíba. A Região Metropolitana de Campina Grande (RMCG) é formada por 17 municípios, com uma população total de cerca de 670 mil habitantes, já os municípios limítrofes são: Lagoa Seca, Massaranduba, Pocinhos, Puxinanã, Boqueirão, Caturité, Fagundes, Queimadas, Riachão do Bacamarte e Boa Vista.

Estima-se que em 2018 seu PIB tenha sido de R$ 8,5 bilhões, o que representa algo como 18% do total das riquezas da Paraíba. Nos anos recentes a cidade já foi classificada como uma das 100 melhores para se **trabalhar** e **fazer carreira**. Ela também é vista como a mais dinâmica do nordeste do País, e a que mais se desenvolverá nas próximas décadas!!!

Desde os primórdios do município até hoje, sua urbanização está fortemente vinculada a atividades comerciais. Inicialmente o município foi lugar de repouso de tropeiros. Mais tarde, surgiu ali uma feira de gado e uma grande feira geral, que se tornou um grande destaque na região. Em seguida, por conta das atividades tropeiras e do crescimento da cultura do algodão – quando Campina Grande se tornou a **segunda maior produtora de algodão no mundo** (!!!) –, o município deu um grande salto de desenvolvimento.

No geral, acredita-se que a origem de Campina Grande esteja associada à ocupação da região pelos índios ariús, que foram liderados pelo capitão-mor dos sertões Teodósio de Oliveira Lêdo, em 1º de dezembro de 1697. Entretanto, alguns historiadores discordam dessa versão, sugerindo que o local já fosse povoado e denominado Campina Grande quando da chegada do capitão-mor e dos índios ariús!?!? De acordo com essa última versão, o capitão-mor teria apenas consolidado o povoado existente e seu desenvolvimento. Ele também teria integrado o sertão ao litoral, considerando a privilegiada posição geográfica local, que era passagem dos viajantes do oeste para o litoral paraibana.

Em 1750, Campina Grande foi elevada ao *status* de **freguesia**, recebendo o nome de Nossa Senhora dos Milagres. Posteriormente o governo da capitania de Pernambuco propôs a criação de três vilas no Cariri paraibano. Vale lembrar que, nessa época, Paraíba dependia administrativamente de Pernambuco, cujo governador era dom Tomás José de Melo.

Foi só em 1787 que o ouvidor da província da Paraíba, Antônio Felipe Soares de Andrade Preterades sugeriu ao governador de Pernambuco que criasse três vilas na capitania. Duas dessas vilas o ouvidor criaria em Caicó e em Açu, locais onde já havia povoamentos que faziam parte da capitania da Paraíba. A terceira ele pretendia que fosse criada na região do Cariri (constituída hoje por 11 municípios), que compreendia parte do que hoje são as microrregiões do Cariri Oriental e do Cariri Ocidental.

Na época, as freguesias de Campina Grande e Milagres eram ambas candidatas a se tornar vila naquela região. Então, em 6 de abril de 1790, Campina Grande foi escolhida e passou a se chamar Vila Nova da Rainha, em homenagem à rainha Maria I. Todavia, apesar da mudança os habitantes locais continuaram a chamar o lugar de Campina Grande, utilizando o novo nome somente em textos oficiais e formais. Importante ressaltar que a escolha de Campina Grande se deu pelo fato de suas terras cultivadas produzirem mais riquezas e, mais especificamente, devido a sua melhor localização geográfica (entre a capital, no litoral, e o sertão).

Após a escolha, logo surgiu a primeira rua do núcleo urbano, com casas de taipa. A igreja, construída no alto da ladeira, deu origem às várias casas em seus arredores. Hoje o lugar abriga a catedral da cidade, no largo da Matriz. A rua da antiga igreja, por sua vez, tornou-se uma das vias mais importantes da cidade: a avenida Floriano Peixoto.

A economia da vila era sustentada pela feira das Barrocas, por onde passavam muitos boiadeiros e tropeiros. O local passou a ter Câmara, cartório e pelourinho. A cadeia da cidade somente seria construída em 1814, no largo da Matriz. O prédio em questão abriga atualmente o Museu Histórico e Geográfico de Campina Grande.

O fato é que a Vila Nova da Rainha não despertou grande interesse por parte da província, e cresceu lentamente ao longo das primeiras décadas do século XIX. Mesmo assim, em 1852, sua população já era de 17.900 pessoas. Lamentavelmente, em 1856, uma epidemia matou cerca de 1.550 habitantes, reduzindo sua população em quase 10%. Foi uma época alarmante, quando sequer havia espaço para o sepultamento dos corpos junto às igrejas.

Em 11 de outubro de 1864, de acordo com a lei provincial Nº 127, Campina Grande foi finalmente elevada à categoria de município. Na época havia na Paraíba mais cinco cidades – Parahyba (atual João Pessoa), Mamanguape, Areia, Sousa e Pombal – e 16 vilas. Fora a capital, o município de Areia (que alcançara esse *status* em 1846) se tornou o mais destacado do Estado em termos econômico, social e político, e, também possuía uma grande influência cultural e intelectual.

Campina Grande, por sua vez, embora não fosse tão bem edificada quanto Areia, possuía o mesmo tamanho e contava com três largos, quatro ruas, cerca de quatrocentas casas, uma cadeia, Câmara Municipal, Paço Municipal e um prédio construído em 1864 que abrigaria o Mercado Municipal (destaque da cidade). Além disso o município também possuía duas igrejas: a matriz (hoje catedral) e a antiga igreja Nossa Senhora do Rosário, que posteriormente foi destruída pelo prefeito Vergniaud Wanderley (!?!?). Hoje no mesmo local funciona outra igreja com o mesmo nome.

Todavia, apesar de todo o desenvolvimento comercial obtido por Campina Grande, o aspecto urbano foi evoluindo vagarosamente, tanto que no final do século XIX ainda havia na cidade somente cerca de 500 casas. Um fato importante ocorrido ainda nesse século, mais precisamente em 1870, foi a promulgação da lei provincial Nº 381, que proibiu banhos e/ou lavagem de roupas e animais no açude Novo. Também foram proibidas vaquejadas nas ruas da cidade.

Somente no início do século XX foi que aconteceram mudanças econômicas significativas no município, capazes de provocar alterações positivas nas condições de vida dos campinenses. Nessa época, o **algodão** se tornou a principal atividade de Campina Grande, e o maior responsável pelo crescimento da cidade, atraindo para ela comerciantes de todas as regiões da Paraíba e de outras partes do nordeste. Assim, nas primeiras décadas do século XX o município testemunhou o crescimento de sua população, que pulou de 20 mil (em 1907) para 130 mil (em 1939) – um crescimento de 650% em 32 anos. O mais interessante é que a própria capital, João Pessoa, só atingiria uma população equivalente na década de 1950.

Até a década de 1940 Campina Grande era a segunda maior exportadora de algodão– no mundo, atrás somente de Liverpool (Inglaterra), o que, aliás, garantiu para a cidade nordestina o apelido de "**Liverpool brasileira**". Todavia, é importante ressaltar que o município de Campina Grande **nunca produziu algodão** – produto que era chamado de "**ouro branco**". Seu sucesso nessa atividade aconteceu pelo fato de o município ser o único do Brasil a possuir uma máquina de beneficiamento do produto, enquanto a matéria prima necessária vinha dos municípios vizinhos, os verdadeiros produtores.

O beneficiamento do algodão teve um forte impulso com a chegada na cidade das linhas ferroviárias. O uso do trem também promoveu uma radical mudança na economia local, uma vez que se tornou mais fácil a exportação do produto (e de outros) para os portos mais próximos, principalmente o de Recife. Em 1931 o Estado da Paraíba era o maior produtor de algodão do País, com um total de 23 milhões de quilos de algodão em caroço. Porém, com a crise do café no Estado de São Paulo, este passou a produzir algodão como alternativa para sua agricultura, alcançando em 1933 uma produção de 105 milhões de quilos – um grande salto, se comparado com 1929, quando sua produção fora de apenas de 3,9 milhões de quilos.

Mas no que se refere a Campina Grande, vários fatores foram responsáveis pela sua decadência no ramo do algodão, sendo os principais:

1º) Inexistência de um porto na Paraíba capaz de receber navios de grande porte, o que obrigava Campina Grande a utilizar o porto de Recife, mais distante.

2º) Preço mais alto do produto em comparação ao praticado em São Paulo.

3º) Ingresso de várias outras empresas estrangeiras e bastante competitivas no mercado do algodão.

Vale ressaltar que no decorrer do século XX a capital da Paraíba, João Pessoa perdeu importância no cenário nacional, e sua economia, na primeira metade desse século, praticamente estagnou-se. Enquanto isso, Campina Grande passou por uma forte ascensão, tanto que até os anos 1960 ela praticamente se tornou a capital administrativa do Estado. O município também superava João Pessoa como polo comercial e industrial, tornando-se um grande destaque na região nordeste.

João Pessoa nessa época de fato tinha poucas indústrias e desempenhava mais as funções administrativas e comerciais. Porém, a partir dos anos 1960, após grandes investimentos privados e governamentais, tanto do governo estadual quanto do federal, a capital da Paraíba ganhou novas indústrias e a sua importância, voltando a ter a posição de principal cidade do Estado em termos econômicos.

Já a RMCG foi criada pela lei complementar estadual Nº 20 de 2009, aprovada pela Assembleia Legislativa no dia 17 de novembro e sancionada pelo governo do Estado no dia 15 de dezembro do mesmo ano. Como já mencionado, ela compreende 17 municípios: Campina Grande (cidade sede), Lagoa Seca, Massaranduba, Boqueirão, Queimadas, Barra de Santana, Caturité, Boa Vista, Puxinanã, Fagundes, Gado Bravo, Aroeiras, Itatuba,

Ingá, Riachão do Bacamarte, Serra Redonda e Matinhas. De fato, a RMCG chegou a possuir 23 municípios, porém, em 8 de junho de 2012 constituiu-se a Região Metropolitana de Esperança (RME), e seis municípios – Esperança, Areial, Montadas, São Sebastião de Lagoa da Roça, Pocinhos e Alagoa Nova – passaram a integrá-la.

Campina Grande exerce atualmente uma grande influência política e econômica sobre o chamado "**compartimento da Borborema**", que é composto por mais de 60 municípios onde vivem mais de 1,2 milhão de habitantes do Estado da Paraíba, englobando cinco microrregiões. Por isso, ela é também chamada de "**rainha da Borborema**". Apesar de Campina Grande não possuir uma grande quantidade de rios, a cidade conta atualmente com dois açudes: o Velho e o de Bodocongó. Destes, o maior e mais importante é o açude Velho, que tem uma área de 2.500 m² e é um dos cartões postais da cidade. No passado havia um terceiro açude, o Novo, porém, ele foi encoberto pela construção de um parque público!?!? Esse parque, aliás, é outro símbolo visual de Campina Grande, e abriga um obelisco que representa o centro da cidade!?!?

Outra característica hidrográfica é que Campina Grande separa, como área dispersora de águas fluviais, os afluentes do rio Paraíba (para o sul e sudeste) dos afluentes do rio Mamanguape (para o norte e nordeste). Já no que se refere a flora, a do município é bastante diversificada, apresentando formações de palmáceas, cactáceas em geral, leguminácea e bromeliáceas, além de rarefeitas associações de marmeleiros, juazeiros, umbuzeiros, algarobeiras etc.

Campina Grande encontra-se próxima das fronteiras de várias microrregiões de vegetações e climas distintos. A nordeste do município a vegetação é mais verde e arborizada, como é o caso do brejo paraibano. Ao sudeste encontra-se uma paisagem típica do agreste, com árvores e pastagens. A caatinga, vegetação rasteira, é a predominante no oeste e no sul do município, e típica do clima e da vegetação do Cariri.

No que se refere a **economia**, as principais atividades econômicas do município de Campina Grandes são: extração mineral, desenvolvimento de *software*; comércio varejista e atacadista; culturas agrícolas; pecuária; indústrias de transformação e serviços diversos. No setor da pecuária, o foco é a produção leiteira.

Como já mencionado, a posição geográfica privilegiada de Campina Grande – ela está situada no cruzamento das rodovias BR-230 e BR-104

– contribui para que a cidade seja um centro receptador e distribuidor de matéria prima e mão de obra de vários Estados. Além disso, a cidade fica bem perto de outras quatro capitais estaduais: Recife (181 km), Natal (260 km), Maceió (375 km) e de Aracaju (531 km).

Na **agricultura**, a cidade atualmente se destaca no cultivo de: algodão herbáceo, feijão, mandioca, milho e sisal, além de outros produtos de natureza hortifrutigranjeira que juntos representam uma comercialização mensal de cerca de 9.000 t na própria cidade. No campo industrial, estima-se que em 2018 Campina Grande possuísse cerca de 2.500 fábricas, cerca de 350 casas de comércio atacadista e aproximadamente 5.000 unidades de comércio varejista. A empresa Alpargatas, a maior fábrica de calçados do Brasil, e a Coteminas, maior indústria de tecelagem do País, estão também em Campina Grande.

No âmbito da **informática**, o município se tornou um grande produtor de *software* para exportação. Desde 1967, quando acadêmicos conseguiram apoio para comprar o primeiro computador do nordeste, um *mainframe* IBM ao custo de US$ 500 mil, criou-se uma tradição na área da computação que hoje tem reconhecimento mundial. Em torno desse computador desenvolveu-se o Núcleo de Processamento de Dados da Universidade Federal da Paraíba, *campus* II [hoje Universidade Federal de Campina Grande (UFCG)].

Nas duas últimas décadas, o mais importante vínculo criado na cidade foi com o Tec Out Center, em 2004, que fez aliança com a Fundação Parque Tecnológico da Paraíba. Desde a sua fundação, em 1984, este já deu origem a mais de 150 empresas de tecnologia. O Tec Out Center surgiu com o objetivo de aproximar as empresas de tecnologia brasileiras das companhias chinesas, propiciando uma interação tecnológica entre o Brasil e o gigante asiático, gerando empregos e fortalecendo o desenvolvimento local.

Aliás, em sua edição de abril de 2001, a revista norte-americana *Newsweek* escolheu nove cidades no mundo que se destacaram com um **novo modelo de centro tecnológico**, e a única cidade da América Latina a compor essa lista foi Campina Grande. Em 2003, uma nova menção foi feita à cidade, que dessa vez se destacou como "**Vale do Silício brasileiro**". E isso não se deve apenas à alta tecnologia (*high tech*) local, mas às pesquisas envolvendo o algodão colorido ecologicamente correto.

Segundo estimativas de 2018, a área de informática movimentou nesse ano cerca de R$ 180 milhões (o que ainda é bem pouco diante do grande potencial oferecido pelo desenvolvimento dos *softwares*). Assim, Campina Grande se tornou uma referência nas indústrias de informática e eletrônica.

Na área de **prestação de serviços**, a cidade é um centro importante, em especial para as dezenas de cidades que fazem parte do compartimento de Borborema. De fato, muita gente oriunda dessas cidades acaba vivendo em Campina Grande para poder estudar em suas IESs públicas e privadas.

Recorde-se que a primeira escola de Campina Grande foi fundada em 1822, numa época em que a lei exigia o ensino da leitura, das quatro operações matemáticas básicas, noções de geometria prática, gramática do português e a religião católica. Além disso, até 1849, só podiam frequentar as escolas públicas em Campina Grande pessoas do sexo masculino!?!? As primeiras escolas para mulheres foram criadas em 1857.

O primeiro grupo escolar da cidade foi o Solon de Lucena, que existe até hoje e o primeiro professor da rede pública local foi Antônio José Gomes Barbosa. No ensino público o destaque vai para o Colégio Estadual Dr. Elpídio de Almeida (ou Colégio Estadual da Prata, mais conhecido como "**o gigantão da Prata**"). Fundado em 1954, ele tem capacidade para mais de 3.500 alunos e é considerado atualmente o maior colégio estadual de ensino médio da região, e o segundo maior colégio do Estado da Paraíba. Isso é claro, beneficia não somente os jovens campinenses, mas aqueles oriundos de várias cidades vizinhas.

Já no âmbito privado, o professor Clementino Procópio foi quem fundou em 1878 a escola São José, primeira IE privada em Campina Grande. Além dela surgiram com o tempo diversas outras escolas particulares, como o Colégio Alfredo Dantas (1919), o externato Pio XI e o Colégio Imaculada Conceição (ambos fundados em 1931), que apesar de antigos funcionam até hoje. Além desses, há os seguintes colégios particulares: o Motiva, o Virgem de Lourdes, o Panorama, o Djanira Tavares, o Autêntico e o Petrônio Figueiredo (que também oferece curso preparatório para a entrada na faculdade). Vale ressaltar que essas IEs estão entre as que obtiveram as 25 melhores médias no Enem de 2015-2016 na Paraíba.

Estima-se que no início de 2019 estivessem matriculados no ensino fundamental cerca de 110 mil alunos, que tinham cerca de 4.000 professores. Já no ensino médio o total de alunos era de 23 mil, com um total de 1.300 docentes.

No que se refere a IESs públicas, existe atualmente na cidade o Instituto Federal de Educação, Ciência e Tecnologia da Paraíba (IFPB). O instituto iniciou suas atividades em 2006, em seu *campus* localizado no bairro Dinamarca, nas proximidades do ginásio de esportes "O Meninão". O IFPB oferece em Campina Grande cursos superiores de tecnólogo em telemática e construção de edifícios; licenciatura em matemática e física, bacharelado em engenharia da computação, além dos cursos técnicos integrados e subsequentes em mineração, manutenção e suporte em informática, petróleo e gás.

Também está na cidade a Universidade Estadual da Paraíba (UEPB), que além da sede em Campina Grande possui outros *campi* espalhados pelas cidades paraibanas de Lagoa Seca, Guarabira, Araruama, Catolé do Rocha, Monteiro, Patos e João Pessoa. Fundada em 11 de outubro de 1987 pelo então governador Tarcísio de Miranda Buriti, ela deixou de se chamar Universidade Regional do Nordeste para se transformar numa universidade pública estadual, reconhecida em 1996 pelo Conselho Federal de Educação.

Atualmente a UEPB oferece cerca de 50 cursos de graduação, divididos entre licenciatura e bacharelado, nas áreas de Letras; Direito; Engenharia Sanitária e Ambiental; Odontologia; Filosofia; Geografia; Fisioterapia e Enfermagem. A UEPB também dispõe de alguns cursos de nível técnico e aproximadamente duas dezenas de programas de pós-graduação, divididos em mestrados profissionais e mestrados e doutorados acadêmicos. Estima-se que no início de 2019 estudassem na UEPB cerca de 22 mil alunos nos cursos técnicos de graduação e pós-graduação, e que trabalhassem na IES aproximadamente 1.300 docentes.

A UEPB também tem uma atuação significativa na modalidade EAD, oferecendo cursos de graduação e cerca de 40 cursos de especialização. A pós-graduação da UEPB está se consolidando cada vez mais graças às parcerias que estabeleceu com outros programas de pós-graduação das mais importantes universidades públicas do País. Pelo RUF 2018, estava na 67ª posição entre as universidades públicas brasileiras. A Universidade Federal de Campina Grande (UFCG), por seu turno, foi criada em 9 de abril de 2002, a partir de um desmembramento da Universidade Federal da Paraíba (UFPB).

A história da UFCG começou a ser construída com a fundação da Escola Politécnica da Paraíba, em 1952, no governo de José Américo de Almeida. O curso oferecido era o de engenharia civil, autorizado por um decreto de 14 de julho de 1953, pelo presidente Getúlio Vargas. A implantação da Politécnica acelerou muito o desenvolvimento da cidade, promovendo nela mudanças econômicas, sociais, culturais e urbanas.

Foi a partir da sua criação que outras IESs foram se instalando na cidade, e transformando Campina Grande num **centro universitário**, que começou a atrair cada vez mais estudantes de vários Estados do País e depois do exterior. Também foi a Politécnica a primeira IES nordestina a contar com processamento de dados, por meio de um computador IBM1130.

Um dos grandes responsáveis pela consolidação da Politécnica foi o professor Lynaldo Cavalcanti, que ingressou na IES em 1957. Ele teve um papel de liderança na escola, sendo seu diretor no período de 1963 a 1970. Nesse período ele criou o curso de engenharia mecânica, os mestrados em engenharia elétrica e de sistemas, e buscou recursos para pesquisas em agências de fomento no Brasil e no exterior.

Em 2004, durante entrevista ao projeto Memória, do Conselho Nacional de Desenvolvimento Científico e Tecnológico (CNPq), ele relembrou suas pretensões, afirmando: "Com a Escola Politécnica fui sempre ambicioso. Quis fazer dessa 'escolinha' de Campina Grande, como ela foi chamada pelos cearenses e pernambucanos, uma grande escola; uma que fosse respeitada, que tivesse conceito, qualidade, professores qualificados, pesquisa, tecnologia e relação com a indústria. Esse foi o meu sonho!!!" Em 1970 a Escola Politécnica se tornou parte da UFPB, que em 2002 desmembrou-se para fazer parte da UFCG.

Atualmente a UFCG é considerada como um dos polos de desenvolvimento científico e tecnológico do nordeste, pois nela são ofertados diversos cursos de pós-graduação, nos níveis de especialização, de mestrado e de doutorado, nos quais os alunos são pessoas que vem de todas as partes da Paraíba, dos estados vizinhos e alguns até do exterior.

Um fato importante é que num levantamento feito sobre os maiores depositantes de patentes no País até 2017, constatou-se que a UFCG foi a segunda, com 70, atrás apenas da Unicamp, com 77.

Estima-se que em 2019 estudassem nela cerca de 19 mil alunos, nos diversos cursos oferecidos, e trabalhassem nessa IES 1.320 docentes. A UFCG possui 95 cursos de graduação distribuídos em sete *campi* localizados nas cidades de Campina Grande (sede), Pombal, Patos, Sousa, Cajazeiras, Cuité e Sumé, no interior do Estado. Naturalmente, o maior número de cursos de graduação, mestrado e doutorado são ministrados na sede da IES. A UFCG é a sétima melhor universidade do nordeste, e está na lista das melhores IESs do Brasil, aparecendo na 36ª posição no RUF 2018. De fato, numa recente avaliação realizada pelo ministério da Educação, ela obteve o conceito 4 (de um máximo de 5) no Índice Geral de Cursos (IGC).

Em Campina Grande há atualmente quase duas dezenas de IESs privadas, que oferecem tanto o ensino presencial como possuem polos de EAD. Desse modo, campinenses e moradores da RMCG têm à sua disposição várias alternativas, como: a Unifacisa, a Faculdade de Ciências Médicas, Universidade Corporativa da Indústria da Paraíba, Instituto Campinense de Ensino Superior, União de Ensino Superior de Campina Grande, Faculdade Rebouças, Faculdade de Ciências Sociais Aplicadas, Centro de Educação Superior Reinaldo Ramos, entre outras.

A Unifacisa, surgiu em 1999, tendo sido formada por três IESs, ou seja: a Faculdade de Ciências Médicas (FCM), a Faculdade de Ciências Sociais Aplicadas (Facisa) e da Escola Superior de Aviação Civil (ESAC). Oferece assim cursos de graduação nas áreas de saúde, ciências exatas e humanas.

Tornou-se o melhor centro universitário das regiões norte e nordeste, no qual os alunos tem uma excelente experiência universitária, pois de fato oferece a eles uma educação de qualidade.

Aliás, os estudantes da Faculdade de Direito da Unifacisa tem obtido um significativo índice de aprovação no exame da OAB (da ordem de 39%).

A Unifacisa faz parte de um conglomerado de empresas voltadas para as áreas de cultura, educação, saúde e de desenvolvimento social. Integram o grupo uma emissora de televisão, um teatro, três clínicas-escola, um centro de treinamento em aviação e a premiada Fundação Pedro Américo.

Assim ela organiza interessantes eventos como o *Unifacisa Week,* cujos *shows* são presenciadas por milhares de pessoas como foi o caso daquele em 20 de outubro de 2018, com a apresentação do Luan Estilizado.

A Unifacisa pretende construir até 2020 o Hospital de Ensino e Pesquisa (Help), ao lado do Hospital do Trauma, que terá padrões internacionais de excelência em atendimento e ensino médico, orientado segundo os critérios da sustentabilidade.

Para o seu bom fucionamento, firmou um acordo de parceria com o Hospital Allegheny International Services, de Pittsburgh (EUA).

Ele deve ter cerca de 15.000 m^2 de área construída, centenas de leitos e nele trabalharão cerca de 600 pessoas.

→ **Vamos torcer, muito, para que ele seja inaugurado logo, não é?**

Recentemente, ou seja, no dia 30 de maio de 2019, a equipe de basquete da Unifacisa tornou-se campeã da Liga Ouro, ao vencer na quinta partida o São Paulo, por 80 a 78, em partida realizada na capital paulista, com o que garantiu a sua participação na nova edição da NBB.

Segundo estimativas, no ano de 2019 estudavam nas IESs públicas e privadas de Campina Grande um total de 50 mil alunos, sendo que mais de 50% desse total eram oriundos de outras localidades.

No âmbito da **saúde**, há na cidade cerca de uma centena de UBSs, algumas UPAs e centros de referência, além de um serviço municipal de saúde. Campina Grande também possui cerca de 20 hospitais e dezenas de clínicas especializadas. Entre esses estabelecimentos destacam-se:

→ **Hospital Universitário Alcides Carneiro** – Os profissionais lotados nesse hospital seguem sua missão da maneira correta, ou seja, prestando um atendimento rápido, qualificado e totalmente gratuito para a comunidade. Trata-se de um nosocômio mantido pelo SUS. Entre os comentários, o mais comum de quem já ficou internado nesse hospital é: "O atendimento é excelente, especialmente por parte da equipe de enfermagem, que é superatenciosa, antes e depois das cirurgias."

→ **Hospital Escola da FAP (Fundação Assistencial da Paraíba)** – Fundado em 1965, é o hospital pioneiro no tratamento do câncer em Campina Grande, no qual trabalham muitos médicos extremamente dedicados, como por exemplo o doutor Rogério Lira, que sistematicamente tem sido elogiado pelos pacientes pela assistência que dispensa a eles.

→ **Centro Hospitalar João XXIII** – Trata-se de um hospital de grande importância para o município, mas que já está ficando antiquado e precisando de uma reforma. Mesmo assim, ele é bem instalado e possui médicos competentes que prestam um ótimo serviço à sociedade.

→ **Instituto de Saúde Elpídio de Almeida** – Possui uma boa equipe multidisciplinar para atender aos pacientes, porém, assim como acontece em praticamente todos os serviços públicos, por conta da grande demanda ele não consegue oferecer um atendimento humanizado, como é esperado de qualquer maternidade.

- **Hospital Pedro I** – Um hospital geral completo, com bom atendimento especializado e em condições para realizar diversos tipos de exames. Com uma administração eficiente, ele está melhorando a cada ano que passa.
- **Hospital Antônio Targino** – É um hospital particular que ocupa um prédio novo e muito bonito. Muitos pacientes que recorrem a ele mencionam que os atendentes são ótimos, embora o quadro médico se mostre indiferente e até ineficiente.
- **Clínica Santa Clara** – É um hospital particular do qual os pacientes não têm feito bons comentários. Eles dizem que, apesar de contar com bons médicos, o atendimento dos recepcionistas deixa muito a desejar.
- **Hospital Doutor Edgley** – A avaliação desse hospital oscila entre o satisfatório e o péssimo. Alguns pacientes gostam do atendimento dos bons profissionais que trabalham ali, e salientam o fato de que a equipe médica é de alta qualidade. Outros afirmam que prevalece entre os atendentes o menosprezo pelos enfermos que precisam de ajuda urgente.
- **Hospital Regional de Emergência e Trauma Dr. Luiz Gonzaga Fernandes** – É um hospital geral que, segundo muitos pacientes, conta com boa estrutura. Entretanto, boa parte dos funcionários (inclusive médicos) é vista como mal humorada e insatisfeita, como se ali todos trabalhassem forçados e de graça e estivessem fazendo um favor aos pacientes.
- **Hospital Clipsi** – É considerado o maior hospital geral particular de Campina Grande. Ele foi fundado em 1967 e o seu primeiro nome era Clínica e Pronto Socorro Infantil, daí o Clipsi. Embora as equipes médica e de enfermagem sejam bem avaliadas, os pacientes reclamam muito do atendimento demorado e da limpeza que deixa a desejar e afirmam que a instituição precisa evoluir no quesito administração hospitalar.

Também existem na cidade algumas boas clínicas voltadas para o atendimento pediátrico, cardiológico etc.

Quando o assunto é **compras**, nos *shopping centers* de Campina Grande há boas opções. Eles atraem muitos clientes, tanto da RMCG como do compartimento de Borborema, especialmente os que vem de bem longe para participar das famosas festas juninas da cidade. Entre eles se destaca o Partage *Shopping* Campina Grande, que é um centro comercial com alguns bons atrativos, como cinema, praça de alimentação, supermercado, farmácia, casa de câmbio etc. Segundo os frequentadores, vale a pena sair de casa para passear por seus corredores, visitar suas lojas e, inclusive, desfrutar um tempo de lazer e/ou bater papo com os amigos ao redor de uma mesa, deliciando-se com petiscos e bebidas. Além disso, ele passou por uma boa reforma que ampliou seu estacionamento.

Também estão localizados na cidade outros centros de compras, como os *shoppings*: Luiza Motta, Cirne Center, Babilônia Center, Edson Diniz etc.

No que se refere ao **transporte**, o sistema de transportes urbano é gerenciado pela Superintendência de Trânsito e Transportes Públicos (STTP), uma autarquia municipal de direito público, com autonomia administrativa e financeira. Entre outras atribuições, cabe a STTP planejar, coordenar e executar o sistema viário de Campina Grande, além de controlar o sistema de transporte coletivo, mototáxi e taxis, no âmbito municipal.

No tocante a **mobilidade**, cerca de 95% da área do município é servida pelo sistema de transporte coletivo, com um frota de mais de 240 ônibus urbanos, em 19 linhas reunidas em quatro grandes grupos: circulares, transversais, radiais e distritais. Mas além dessa frota de ônibus para o transporte público, a cidade conta agora com cerca de 620 taxis e aproximadamente 1.250 motoristas cadastradas.

Em 2007 teve início a construção do primeiro sistema integrado de ônibus, no parque Evaldo Cruz. Também nesse mesmo ano, em outubro, foi instalado o sistema de bilhetagem eletrônica da cidade. Já em 2008, foi inaugurado o primeiro terminal de integração de Campina Grande, no largo do Açude Novo.

Campina Grande dispõe ainda de um moderno terminal rodoviário de passageiros, o Argemiro de Figueiredo. Ele oferece interligação com as mais importantes cidades e capitais da região e de todo o País, apresentando diariamente um grande fluxo. Já para dar suporte aos ônibus que fazem linhas intermunicipais de curta distância, a cidade dispõe do terminal rodoviário Cristiano Lauritzen, popularmente conhecido como "**rodoviária velha**".

A cidade de Campina Grande possui um importante sistema rodoviário que possibilita sua interligação não apenas com as maiores cidades do Estado, mas também com diversas capitais e estaduais. Em geral, a cidade faz parte da maioria das rotas entre o interior (parte do sertão e do agreste) e o litoral. Suas estradas, totalmente asfaltadas, são compostas pelas rodovias federais BR-104, BR-230, BR-412 e pelas conexões BR-230/104 e Alça Sudoeste, mas existem outras rodovias estaduais na região.

O município também é atendido pelo sistema de transporte ferroviário, sob a administração da RFFSA, que faz a interligação com várias cidades do Estado, do litoral à zona sertaneja (inclusive sua capital, João Pessoa), com o porto de Cabedelo (na Paraíba), além de outras capitais estaduais do nordeste, em uma linha que vai desde Propriá (Sergipe) até São Luís (Maranhão). A disponibilidade desse tipo de transporte é um grande reforço de infraestrutura, permitindo o escoamento de parte importante da produção do Estado para outros centros de consumo, bem como barateando os custos de transporte.

Já o sistema de transporte aeroviário de Campina Grande dispõe do aeroporto Presidente João Suassuna, que tem uma pista de 1.600 m de extensão e 45 m de largura, possuindo todo o serviço de infraestrutura para o apoio e a segurança das aeronaves. Operando com tráfegos regular e não regular, o aeroporto conta com voos diários comerciais das empresas Azul e Gol, que conectam Campina Grande com várias importantes cidades do País. A cidade tem ainda um aeroclube, que está localizado no distrito de São José da Mata, que opera com aviões de pequeno porte, para finalidades comerciais e de lazer. Estima-se que em 2018 o movimento do aeroporto alcançou 145 mil passageiros.

Um problema que não está resolvido em Campina Grande, nem na maioria das cidades encantadoras desse livro, é a questão da **habitabilidade**. No início de 2019, havia aproximadamente 50 áreas da cidade nas quais cerca de 43 mil campinenses viviam em favelas (um total que representa cerca de 20% da população da cidade).

Grandes construtoras brasileiras até estão se empenhando para resolver a questão da **habitabilidade** nos centros urbanos, mas o problema está longe de ser solucionado. Nesses últimos quatro anos houve uma redução do crédito para financiamento de imóveis, o desemprego cresceu a partir dos anos de crise econômica e ocorreu a queda na renda familiar. Tudo isso fez com que o sonho da casa própria ficasse distante de milhões de brasileiros, em especial dos que vivem nas cidades encantadoras descritas nesse livro.

Existem divergências sobre o número exato do déficit habitacional brasileiro. Aliás, institutos, fundações, associações e órgãos governamentais não conseguem chegar a um consenso sobre essa carência de moradias que aflige os que vivem no Brasil. Estima-se que o ano de 2018 tenha fechado com um déficit de cerca de 8,6 milhões de unidades habitacionais.

Com os alugueis elevados, são muitas as famílias brasileiras que dividem a mesma casa ou estão sendo obrigadas a viver em cortiços e favelas. A maior carência de moradias atinge principalmente as famílias que ganham até três salários mínimos mensais, mas a demanda por moradias também atinge pessoas com rendas intermediárias.

Alguns avanços foram alcançados com o programa Minha Casa Minha Vida (MCMV) – um importante programa habitacional brasileiro voltado para pessoas de baixa renda –, porém, o que se notou é que ele foi **insuficiente**, uma vez que a população do País também continuou crescendo. Desse modo, a carência de moradias também não parou de aumentar, pelo menos na série histórica que abrange de 2011 até agora.

Para suprir essa demanda por moradias na próxima década, seria necessário que fossem construídos anualmente 1,2 milhão de imóveis, o que obviamente dependeria não apenas de um grande apoio governamental, mas também de um significativo incremento na sua construção por parte das empresas privadas.

Neste sentido, é bem interessante a declaração de Eduardo Fisher, presidente da MRV Engenharia – empresa que em 2017 foi eleita como a mais inovadora no uso da TI na indústria da construção, que disse: "Tenho um olhar bem otimista para o que vai ocorrer no mercado imobiliário a partir de 2019, em especial por causa da excelente equipe que está à frente da economia do País, ciente do potencial desse setor – a **construção civil** - para a criação de postos de trabalho.

Os juros básicos estão em um patamar bem baixo, ou seja, a 6,5% ao ano, o que alivia na hora de contratar um financiamento imobiliário. Temos no País agora uma demanda por moradias não somente dos consumidores de baixa renda, mas também há carência de empreendimentos de valores mais altos e que dependem de financiamento de recursos da poupança. Vamos, dessa forma, lançar bem mais empreendimentos do que em 2018, para aproveitar o aquecimento da demanda e vender inclusive imóveis de padrão mais alto, de olho nas famílias de classe média que adiaram a compra da casa própria durante a recessão econômica."

Um outro sério problema em Campina Grande (e também em muitas grandes cidades das regiões norte e nordeste) é o **saneamento básico**, algo que expõe os campinenses a vários tipos de doenças e, ao mesmo tempo, representa uma séria ameaça ao meio ambiente. Estima-se que no início de 2019 apenas 84% dos campinenses fossem atendidos pelo **esgotamento sanitário**. Mas o triste é que desse total a maior parte do esgoto coletado não é tratada!?!?

Note-se que em 31 de dezembro de 2019 terminará o prazo para que os municípios brasileiros concluam seu Plano Municipal de Saneamento Básico, contendo não apenas o diagnóstico da situação, mas o detalhamento de ações, objetivos e metas de universalização de serviços. Claro que o descumprimento desse prazo implicará para os municípios em sanções, ou seja, a não conclusão dos projetos impedirá o acesso dos mesmos a recursos da União ou àqueles administrados por órgãos ou entidades ligadas à administração pública federal.

Como os municípios com maior probabilidade de não concluírem esse plano são justamente os de menor porte, cujos orçamentos são fortemente dependentes de transferências da União (em maior proporção) e dos Estados, as respectivas prefeituras com certeza terão muitas dificuldades para sustentar os serviços que prestam às suas populações.

No final do 1º trimestre de 2019, corriam esse risco cerca de 55,4% dos 5.570 municípios brasileiros. Vale ressaltar que mais de 80% dos municípios não contam com profissionais de engenharia especializados e capazes de orientar uma licitação na área de saneamento básico. Claro que esse não é o caso de cidades encantadoras como BH, que em 2018, segundo o Instituto Trata Brasil, estava classificada como a 2ª melhor capital no âmbito de saneamento (a 1ª colocada foi Curitiba), com 100% de seu esgoto coletado.

Entretanto, populações de municípios que não dispõem de serviços adequados de água encanada, coleta e disposição de esgotos, e coletas de lixo, estão sujeitas a diversas moléstias, como aliás ainda ocorre em muitas cidades que integram regiões metropolitanas das capitais estaduais nas regiões norte e nordeste. A falta de condições adequadas de saneamento básico está entre as principais causas de doenças, como dengue, diarreia, verminoses e chikungunya, entre outras.

Segundo estimativas de 2018, cerca de 38% dos municípios do País apresentaram ocorrências de endemias ou epidemias associadas a condições ruins de saneamento básico, o que é um claro indicador de um País doente por causa da **ineficiência da administração pública**.

Por isso, não há dúvida de que uma das prioridades do governo do presidente Jair Bolsonaro será investir em saneamento, o que permitirá reduzir a mortalidade infantil e as internações por doenças infectocontagiosas, oferecer melhores condições para o desenvolvimento urbano e turístico, criar empregos, e promover o desenvolvimento tecnológico da engenharia nacional, entre muitas outras conquistas.

Na **saúde**, por exemplo, segundo os dados da OMS, os impactos são incontestáveis: para cada dólar investido em saneamento é possível economizar US$ 4,3 em despesas com saúde pública!!! Infelizmente na história brasileira há muitos exemplos de que nas últimas décadas os investimentos em saneamento pecaram pela falta de planejamento.

Relatórios do TCU têm indicado nesses últimos anos muito desperdício de dinheiro público, ou seja, aquele que vem do bolso do contribuinte e que foi muito mal aplicado!?!? Num estudo publicado no final de 2018 pelo Instituto Trata Brasil, revelou-se que o País deixou de ganhar **R$ 56,3 bilhões** por ano por conta da **não universalização de seu sistema de saneamento básico**.

Pois bem, se hoje todo brasileiro tivesse acesso à rede de água e esgoto, os ganhos econômicos iriam muito além dos empregos gerados, das obras realizadas ou dos impostos pagos. Esses benefícios, além dos já mencionados, incluem a valorização imobiliária, o aumento de produtividade, uma queda no número de ausências registradas nas escolas por causa de problemas de saúde etc.

Levando-se em conta todos esses fatores, o Instituto Trata Brasil estimou que os ganhos econômicos somariam cerca de R$ 76,1 bilhões por ano. Claro que haverá despesas em contrapartida. Estas incluem o investimento necessário para a instalação de toda a rede, assim como os gastos da própria operação, que se traduzem nas tarifas pagas pela população. Todavia, esses custos somariam R$ 19,8 bilhões por ano, o que, descontados os benefícios acumulados, ainda resultaria num saldo positivo de **R$ 56,3 bilhões**.

O economista Fernando Garcia de Freitas, pesquisador do instituto, explicou: "Para fazer essa estimativa analisamos um cenário em que todo o País tivesse acesso a saneamento básico, entre 2016 (considerando os dados mais recentes disponibilizados pelo governo) até 2036. Já os cálculos dos benefícios e custos foram feitos em valores atuais, com os preços de 2017.

Infelizmente a nossa rede de saneamento tem avançado muito lentamente no País, talvez pelo fato de que, de acordo com a Constituição brasileira, são os municípios os responsáveis por esse tipo de serviço. Há cidades com a *expertise* necessária, porém, há muitas outras que não têm nenhuma estrutura."

Entretanto, o setor de saneamento tem atraído grandes empresas chinesas que estão ávidas para adquirir ativos nos segmentos de água, esgoto e resíduos em nosso País, o que significa claramente que elas enxergam um bom potencial de ganhos no mesmo.

Note-se que desde de 2016, as companhias chinesas já investiram cerca de R$ 90 bilhões no Brasil, principalmente nas áreas de energia elétrica, óleo e gás. A China Gezhouba Group Company tornou-se a pioneira chinesa no setor de saneamento, quando em maio de 2018 adquiriu os direitos do consórcio do sistema produtor São Lourenço, responsável pelo abastecimento de água para uma grande região de São Paulo.

O fato é que, no final de 2018, havia no País cerca de 447 projetos de saneamento interrompidos. Vamos torcer para que essas obras sejam retomadas por empresas brasileiras, ou quem sabe por PPPs que envolvam também empresas chinesas, e que dessa forma, a qualidade de vida dos brasileiros seja aprimorada, não é?

Será que a partir de 2019 serão concluídas em Campina Grande as obras que melhorarão o saneamento na cidade, e com isso ela passará a fazer jus ao seu lema *Solum Inter Plurima* ("Única entre muitas")?

No **esporte**, destacam-se atualmente em Campina Grande o Campinense e o Treze, que estão entre os maiores times de futebol do Estado. Diferentemente do que acontece em outros Estados do País, onde as capitais concentram o principal polo futebolístico, na Paraíba esse papel cabe à cidade de Campina Grande. Ela tem sido o palco das maiores glórias do Estado, apresentando jogos memoráveis para milhares de pessoas!!!

O Campinense Clube, que utiliza as cores vermelho e preto, é conhecido como "**rubro negro paraibano**" e "**raposa**", o que aliás explica o fato de seus torcedores –cerca de 500 mil e considerados os mais vibrantes e entusiasmados do Estado – serem chamados de "**raposeiros**". A equipe conta com estádio próprio, o Renato Cunha Lima (ou simplesmente "Renatão"), onde são realizados alguns amistosos. O local, que passou por uma grande reforma em 2013, abriga também o centro de treinamento do Campinense.

Vale ressaltar que o Campinense é o único time hexacampeão no Estado, tendo vencido o campeonato no período de 1960 a 1965. Ele é também o único pentacampeão paraibano, entre 1971 a 1975. Além desses títulos a equipe possui muitos outros. Suas principais conquistas foram a Copa do Nordeste, em 2013, e o vice-campeonato nessa mesma competição em 2016, feitos únicos no Estado. A "raposa" também é o único time paraibano que já participou do Campeonato Brasileiro, na Série B, em 2008.

A outra equipe de Campina Grande é o Treze Futebol Clube, cujas cores são o preto e o branco. Apelidado por seus torcedores de "**galo**", o time também é conhecido como "**o galo da Borborema**" ou "**alvinegro de Campina Grande**". A equipe é proprietária do estádio Presidente Vargas, que também foi reformado recentemente. O local tem capacidade para 15.000 espectadores, e é palco dos principais jogos oficiais do Estado.

O Treze é o clube com maior torcida do Estado da Paraíba, tendo praticamente o dobro de torcedores do seu adversário. Entre as maiores conquistas do Treze Futebol Clube está a conquista do Campeonato Brasileiro da Série B, em 1980, e a quinta colocação na Copa do Brasil, em 2005, quando inclusive eliminou a Associação Desportiva São Caetano e o Coritiba Futebol Clube da competição. Campinense e Treze já se enfrentaram mais de 400 vezes, sendo que o "galo da Borborema" leva vantagem no número de vitórias. Todavia, a maioria dos jogos terminou mesmo empatada!!!

Em Campina Grande existem outras agremiações, como a Associação Desportiva Perilima, a Associação Atlética Leonel, o Grêmio Recreativo Serrano, o Lucena Esporte Clube e o Sport Clube Campina Grande, porém, nenhum deles obteve a mesma popularidade alcançada pelo Campinense e o Treze. Um grande orgulho para os campinenses é que na cidade nasceram e surgiram diversos atletas de renome nacional e internacional. Esse é o caso do futebolista Givanildo Vieira de Sousa, mais conhecido como Hulk, que jogou na seleção brasileira, integrou algumas equipes de ponta na Europa (Porto e Zenit) e, em 2019, estava jogando na China, e ganhando muito dinheiro.

Outros atletas de renome são a jogadora de voleibol Mari Paraíba, os lutadores de MMA (artes marciais mistas, em português) Antônio "*Bigfoot*" da Silva e Bethe "*Pitbull*" Correia, entre outros.

Outro atleta famoso na Paraíba é o ex-jogador da seleção brasileira, Marcelinho Paraíba, filho de Pedro Cangula, que atuou tanto pelo Campinense como pelo Treze, e se tornou ídolo da cidade ao marcar o gol de abertura do estádio "O Amigão", o maior do município, em 1975.

Em janeiro de 2019, Marcelinho Paraíba jogou pelo Perilima – 23º clube na sua carreira – na abertura do campeonato estadual Paraibano. Com 43 anos de idade, ele foi o responsável pelo passe que permitiu a Tibério, seu irmão, marcar o único gol da equipe (que infelizmente foi derrotada no final pelo Botafogo, por 4 a 1).

Vale recordar que Marcelinho Paraíba correu o jogo todo, até o último minuto, deixando no banco de reservas seu filho, Rogério, de 21 anos. Talvez seja por causa de todo esse fôlego que ele seja chamado de "dinossauro do futebol", "interminável" ou "imortal". O fato é que apesar de sua idade avançada para esse esporte, ele está longe de bater o recorde de seu conterrâneo campinense, Pedro Ribeiro de Lima, ou simplesmente Lima, que, além de atacante, foi também o empresário fundador do clube, presidente e treinador da equipe, e cujo nome certamente inspirou o da própria equipe.

Aliás, o Perilima se tornou um time folclórico na Paraíba por causa do próprio Lima, que somente conseguiu marcar seu primeiro gol no ano de 2007, seu último como profissional. Vale ressaltar que esse tão esperado gol – um pênalti convertido em cima do goleiro Jailson (titular do Palmeiras quando a equipe paulista conquistou o Campeonato Brasileiro de 2016) – foi comemorado até pelos torcedores da equipe adversária, o Campinense.

Além dos estádios já citados, a cidade conta ainda com dois outros: o estádio municipal, localizado no distrito de Galante, com capacidade para 2.000 espectadores, que foi inaugurado em 2016 pelo prefeito da cidade Romero Rodrigues; e o outro é o estádio Governador Ernani Sátyro, "O Amigão", para 19 mil torcedores. Além disso existem na cidade alguns bons ginásios de esportes, como o complexo esportivo Plínio Lemos, o da Associação Atlética Banco do Brasil, o Campestre, o do Trabalhador, entre outros. Neles é possível praticar futebol de salão, basquete, voleibol, handebol etc.

No campo **cultural**, como herdeira da cultura nordestina, Campina Grande tem lutado arduamente para manter vivas as manifestações culturais e populares da região. Neste sentido, a quadrilha junina, o pastoril, as danças folclóricas, o artesanato etc., são alguns exemplos de manifestações populares que ainda são exibidas na cidade.

Historicamente, Campina Grande sempre teve papel destacado como polo disseminador da arte dos mais destacados artistas arraigados na cultura popular nordestina, a exemplo dos "**cantadores de viola**", dos "**embaladores de coco**" e dos poetas populares em geral.

É inegável, especialmente na música, a importância desta cidade na divulgação de artistas do quilate de Luiz Gonzaga (1912-1989), Rosil Cavalcante, Jackson do Pandeiro (1919-1982), Zé Calixto, Elba Ramalho, Marinês (1935-2007), entre outros. Eventos como *O Maior São João do*

Mundo, Festival de Videiras, Canta Nordeste e as vaquejadas que se realizam na cidade, assim como programações específicas das emissoras de rádio campinenses (cerca de vinte FM e algumas AM), contribuem fortemente para a preservação da cultura regional.

Campina Grande também é a sede do **maior encontro de apologia cristã do mundo**, o **Encontro para a Consciência Cristã**, que surgiu em 1999 e agora reúne muitos milhares de pessoas das mais diversas denominações cristãs durante o Carnaval, para debater temas ligados à fé, ética e sociedade. Esse evento faz parte do calendário oficial da cidade desde 2007 e do calendário turístico do Estado da Paraíba a partir de 2015.

Quem visita Campina Grande fica admirado com a existência na cidade de muitas áreas verdes e praças muito bem cuidadas, dentre as quais destacam-se:

- **Açude de Bodocongó** – Esse é um açude de água salgada, originalmente criado para suprir a escassez de água na região, uma vez que os açudes Novo e Velho já não estavam mais atendendo as necessidades da população. Além disso, o açude de Bodocongó fica bem distante desses outros, podendo assim abastecer locais mais afastados do centro da cidade.

- **Mata florestal** – Na mata florestal do distrito de São José da Mata ainda é possível ver um pouco da mata atlântica existente na região.

- **Açude Velho** – Este foi o primeiro açude de Campina Grande, construído por causa da seca enfrentada pelo nordeste entre 1824 e 1828. Assim, a construção do açude Velho pelo governo provincial da Paraíba foi iniciado em 1828 e concluída em 1830, tendo sido por quase um século o maior açude da cidade. No local estão localizados o monumento símbolo de Campina Grande denominado "Os Pioneiros" e as estátuas de Luiz Gonzaga e Jackson do Pandeiro.

- **Açude Novo** – No passado era um açude, mas agora é o parque Evaldo Cruz. Com formato circular, ele ocupa uma área de 46.875 m^2 no centro da cidade, próximo ao parque do Povo. No local há muitas árvores e bancos, um obelisco na parte central e alguns pequenos restaurantes ao redor de uma fonte.

- **Louzeiro** – Esse espaço está localizado entre os bairros da Conceição, Jeremias, Rosa Mística, Alto Branco, Jenipapo, Cuités e Palmeiras, sendo uma APA. Sua rica diversidade natural faz parte da história do município de Campina Grande e consequentemente do Estado da Paraíba. Segundo a classificação feita por George Eitel sobre a caatinga, o bioma de Louzeiro se enquadra na caatinga florestal, possuindo árvores de grande porte como baraúnas, malungus, catanduvas, entre outras.

- **Parque das Pedras** – Está localizado entre os municípios de Campina Grande e Pocinhos, e sua fauna e flora causam muita admiração entre aqueles que vem passear no local.
- **Parque do Povo** – Esse é o parque onde acontece *O Maior São João do Mundo* e o **Encontro para a Consciência Cristã**. Localizado no centro da cidade, possui uma área de 42.500 m², e nele está a "pirâmide do parque do Povo", a única área coberta no mesmo.
- **Arena Unifacisa** – Foi inaugurada em agosto de 2017 e tem uma área de 1.300 m². Possui uma estrutura diferenciada, com o piso de madeira maciça, com amortecedores para absorver os impactos, uma arquibancada móvel para 800 pessoas, que foi fabricada nos EUA.
- **Praça Clementina Procópio** – Conhecida popularmente como "praça dos *hippies*", o local abriga o monumento que homenageia Teodósio de Oliveira Lêdo, coretos e outras estátuas famosas.
- **Praça da Bandeira** – Também chamada de praça dos Pombos, é o principal ponto de encontros devido principalmente a sua posição estratégica no centro da cidade.

Além dessas áreas verdes, existem ainda os seguintes parques: da Criança, das Pedras; do Trabalho, da Liberdade, dentre outros.

No que se refere a **cultura**, Campina Grade estabeleceu acordos de **cidade-irmã** somente com a cidade paulista de Cubatão e com a cidade chinesa de Zhaoqing, o que é um número praticamente insignificante, principalmente numa época em que se busca praticar o intercâmbio com os mais diversos países e culturas do mundo. Campina Grande deveria sem dúvida adotar esse tipo de parceria com pelo menos três dezenas de cidades de diferentes países e continentes, o que lhe permitiria incrementar o intercâmbio de seus alunos universitários. Estes passariam a ter acesso a culturas estrangeiras e, ao mesmo tempo, receberiam a visita anual de alunos universitários de outros países, que, por sua vez, teriam a oportunidade de se envolver com os eventos festivos campinenses.

No âmbito do **teatro**, a história campinense teve início em 1925, quando foi fundado na cidade o Cine Teatro Apolo, o que possibilitou o surgimento do primeiro grupo teatral campinense, o **Corpo Cênico do Grêmio Renascença**. A década de 1940 não ofereceu novidades para as artes cênicas em Campina Grande, enquanto na década seguinte foi implantada a Rádio-Teatro Borborema por Fernando Silveira. Ainda nos anos 1950, o pernambucano Raul Prhyston criou o grupo teatral Os Comediantes, cujas principais peças foram *A Mulher que Veio de Londres* e *A Vida Tem Três Andares*. Atualmente existe na cidade um teatro com o nome desse pernambucano, ou seja, o Teatro Raul Prhyston.

Em 1962 foi fundado o Teatro Municipal Severino Cabral, cujas dimensões eram grandes para a época. Ele foi responsável por impulsionar o teatro campinense. O Festival de Inverno da cidade surgiu em 1975, apresentando muitas peças e *shows* teatrais.

Todavia, na década de 1980 a crise econômica brasileira afetou bastante o teatro local, o que se refletiu em uma certa decadência física no Teatro Municipal Severino Cabral. Nessa época, o número de grupos teatrais reduziu-se bastante, o que fez diminuir significativamente a quantidade de eventos importantes, exceto os relacionados ao Festival de Inverno.

Mais recentemente, ou seja, em 28 de novembro de 2012, inaugurou-se na cidade o Teatro Facisa, uma referência em infraestrutura. Ele possui mecanismos cênicos de alto padrão, que o equiparam às grandes casas do sul e sudeste do País e o colocaram na rota de apresentações dos grandes espetáculos nacionais e internacionais.

Em Campina Grande existem ainda outros bons teatros, como: o Espaço Cultural Sesc (centro); o teatro do hotel Garden; o Rosil Cavalcante; o Elba Ramalho; o Ariano Suassuna e o Paulo Pontes, anexo ao Teatro Municipal Severino Cabral.

Campina Grande também possui atualmente 12 museus, nos quais estão guardados importantes acervos culturais da cidade, do Estado e do Brasil:

- **Museu Histórico e Geográfico** – Localizado no centro da cidade, seu acervo é constituído por fotografias, artigos, mapas, móveis, armas, veículos, joias, bonecos e ferramentas, tudo organizado por temas, de modo a contar o desenvolvimento histórico, social e cultural de Campina Grande.

- → **Museu de Artes Assis Chateaubriand** – Seu acervo é constituído por 474 obras de arte, nas quais podem ser observadas as mais variadas técnicas e diversos procedimentos artísticos, incluindo desenhos, pinturas, esculturas, gravuras, colagens e outros métodos. Nesse museu apresenta-se a arte em diversos momentos do cenário brasileiro. Por sinal, a coleção Assis Chateaubriand, com 120 obras, pode ser vista no prédio da reitoria da UEPB.
- → **Museu Luiz Gonzaga** – Dedicado ao popular compositor Luiz Gonzaga, esse museu abriga um acervo composto de fotos, discos, jornais, gravações sobre o "**rei do baião**" Luiz Gonzaga.

Bem, além desses museus também estão na cidade os seguintes estabelecimentos: Museu da História Natural; Museu de História e Tecnologia do Algodão, localizado na tradicional estação Velha, numa área bem próxima do centro da cidade; Museu Geológico da UFCG; Museu do Maior São João do Mundo; Museu do Esporte Plínio Lemos, localizado no bairro José Pinheiro; Museu Vivo do Nordeste; Museu de Arte Popular da Paraíba e Museu Digital do Sesi.

Em Campina Grande existem alguns centros culturais, com destaque para o Lourdes Ramalho, no qual a prefeitura de Campina Grande oferece várias cursos em diversas áreas, com dança, artes marciais, música, idiomas etc., e em diversos turnos e horários, cobrando mensalidades ou anualidades acessíveis à população em geral.

Nesse centro, e em outros similares – como no Hare Krishna, e os já citados Espaço Cultural do Sesc Centro e Espaço Cultural Casa Severino Cabral – é que estão sendo formadas e estimuladas as pessoas a abrirem negócios nos diversos setores da EC. Aliás, em Campina Grande existe a Vila do Artesão, que foi construída na gestão do então prefeito Veneziano Vital do Rego Neto. Nela tem-se atualmente cerca de 80 lojas, alguns restaurantes e lanchonetes e seis galpões, onde mais de 400 artesãos e artesãs produzem e comercializam seus produtos.

A cidade tem a Academia Campinense de Letras, entidade literária em Campina Grande. Entre as bibliotecas mais importantes que se tem na cidade destacam-se: a Átila Almeida da UEPB; a central da UFCG; a do Museu Histórico e Geográfico; a do Sesc no açude Velho, a José Alves Sobrinho, no Museu Assis Chateaubriand; a do Sesc Centro; a municipal Félix Araújo; a central da UniFacisa; a do seminário diocesano São João Maria Vianney e as do Núcleo Bibliotecário Campinense (cerca de 80 bibliotecas).

O **cinema** chegou em Campina Grande 14 anos depois de os irmãos Lumière terem inventado o cinematógrafo. Isso aconteceu com a inauguração do Cine Brazil, em 1909, no antigo prédio da instrução no bairro das Boninas. Em 1910, José Gomes inaugurou o seu Cine Popular, que foi frequentado por pessoas de baixa renda.

Os negócios com a exibição de filmes tiveram uma trajetória relativamente lenta em Campina Grande. Na sua primeira fase em 1912 surgiu também o Cine Apollo e em 1918, o Cine Fox. A "**era de ouro**" do cinema campinense ocorreu com o passagem do cinema mudo para o falado.

Foi Olavo Wanderley, que em 20 de novembro de 1934 inaugurou a maior sala de exibição cinematográfica campinense – o Capitólio (cujo edifício depois foi tombado pelo órgão que cuida do patrimônio histórico da cidade) com capacidade para 1.000 lugares na praça Clementino Procópio.

Com o fechamento dos cines Apollo e Fox, surgiu em 1930 o Cine Paratodos. Mas foi no dia 7 de julho de 1939, com a exibição do filme *Primavera*, que inaugurou-se o Cinema Babilônia, uma luxuosa casa de exibição no qual se concentru o encontro da sociedade campinense.

O Babilônia possuía 898 lugares e concorria diretamente com o Capitólio. Com o fim da 2ª Guerra Mundial em 1945, Campina Grande ganhou outras importantes salas para exibição de filmes, ou seja, dos cines Avenida, Arte e São José (cujo prédio também foi tombado).

Nas duas últimas décadas do século XX os cinemas entraram em declínio, por vários motivos e talvez o principal tenha sido a ampliação dos canais de televisão, inclusive com transmissão a cores. Atualmente a cidade de Campina Grande conta com alguns cinemas nos *shopping centers* e em algumas instituições como no Espaço Cultural do Sesc Centro e no ginásio da Associação Atlética Banco do Brasil.

Falando em televisão aberta, estão na cidade as emissoras afiliadas das principais redes, como Globo, Bandeirantes, SBT, Record e TV!, além de vários canais focados em temas religiosos. A cidade também possui quase duas dezenas de estações de rádio que operam em FM e apenas duas que funcionam em AM.

A **arquitetura** de Campina Grande mescla elementos contemporâneos, como os seus grandiosos e modernos edifícios, que vem sendo profusamente construídos na cidade desde o início da década de 2000, com as construções antigas e de grande importância histórica, principalmente no chamado centro histórico da cidade. Destaca-se a arquitetura em *art* déco, um estilo surgido no início do século XX que influenciou tanto a arquitetura quanto as artes plásticas.

Campina Grande possui atualmente um dos mais importantes e bem conservados acervos de construções em *art* déco do Brasil. Esses prédios até são utilizados por empresas do ramo comercial, porém elas são obrigadas a preservar as suas fachadas!!! O que se pode dizer é que todas essas edificações não impressionam apenas os que estão envolvidos diretamente com a arquitetura, mas todos os visitantes interessados em observar a evolução do estilo *art* déco na encantadora Campina Grande.

Os visitantes que vêm para *O Maior São João do Mundo*, além de poderem assistir aos *shows* de cantores e grupos como César Menotti e Fabiano, Simone e Sismaria, Os Gonzagas, Aviões do Forró, Elba Ramalho, padre Fábio de Melo, entre muitos outros, num grande palco aberto para os dois lados, tanto para o público em geral quanto para os camarotes (estes com acesso pago), durante o dia podem aproveitar as festas paralelas em outras locais de Campina Grande e nos municípios próximos.

Nesse evento, um dos destaques para os apaixonados por música são as **"ilhas do forró"** nas quais a música e a dança nunca param. E aí que os casais aproveitam cada segundo coladinhos na dança. Todo mundo fica animado, pois é impossível não se sacudir com o som dos trios de forró pé na serra que tomam conta dos palcos.

Para quem vem para essa festa, o comer também não decepciona, pois em Campina Grande consegue-se agradar a todos os paladares. O destaque é o famoso *Manoel da Carne de Sol*, conhecido como um dos melhores restaurantes da cidade. Porém há muitas outras opções de lugares para "matar" a fome durante a festa. E os pratos vão desde os tradicionais sabores à base de milho até comida japonesa e mexicana (um pouco fora da temática, mas sempre há uma fila de pessoas que apreciam essa apimentada culinária).

Um local que impressiona (e satisfaz) muito aos visitantes que desejam sentir o clima mais tradicional dos festejos juninos, enquanto participam do evento *O Maior São João do Mundo*, é o sítio São João, que tem todo o jeitinho de arraial do interior. Esse espaço foi todo construído para lembrar a vida simples das cidades pequenas no século XIX, e certamente desperta a memória afetiva de muitos turistas que têm família no interior do Brasil. Os cenários da festa reproduzem casas de taipa, engenhos de cana-de-açúcar, casa de farinha, a capelinha da cidade e, claro, a **bodega**, afinal, festa junina sem cachaça perde metade da graça, não é?

O arraial do sítio São João é um lugar especialmente interessante para famílias e crianças, pois as atividades acontecem ali durante o dia. Ali pode-se comer e dançar tranquilamente – trios de forró, repentistas declamadores de poesia nordestina e a banda Pífanos animam, a festa. Outro lugar ao qual os visitantes devem ir é o arraial da Casa de Cumpade, que é bem ajeitado. A festa acontece na antiga fazenda Olho d'Água, no município de Galante, e atrai especialmente o público que deseja **beber muito, comer bem e dançar um bocado!!!**

O ingresso (um pouco mais de R$ 100) da direito a *open bar* e o visitante só paga uma vez para beber à vontade. Assim, a cerveja e a cachaça ficam garantidas e com certeza não faltará um par para dançar. Quem vai ao arraial da Casa de Cumpade dificilmente fica parado, consegue refestelar-se com comida farta (com sabores autênticos da fazenda) e fica com os ouvidos zunindo com o forró pé de serra que toca sem parar.

No mesmo município de Galante está a fazenda Santana, na qual os visitantes desfrutam de um ambiente tranquilo e despojado. Trata-se também de um local ideal para ir com a família e as crianças. O almoço é farto e o forró também anima a festa no final da tarde. Para as crianças tem-se um parquinho, piscina, charrete etc.

O *Bar do Cuscuz*, assim como no caso de *O Maior São João do Mundo*, começou bem pequenininho, mas hoje lota por conta dos *shows* de forró e sertanejo que acontecem na casa durante o período dos festejos juninos. Para quem deseja curtir o agito do mês de junho, mas não necessariamente ir a um arraial o *Bar do Cuscuz* – que fica às margens do açude Velho, na rua Dr. Severino Nº 771 – é uma excelente opção.

Além dos *shows*, quem vai ao *Bar do Cuscuz* não deixa de provar a deliciosa comida regional. Os visitantes podem aproveitar o passeio musical chamado *Locomotiva do Forró*, ou seja, um trem que parte de Campina Grande rumo à cidade de Galante durante os festejos juninos levando centenas de pessoas, com o único objetivo de dançar um bom forró pé de serra.

Dentro de cada vagão há um trio de forró comandando a festa e os passageiros dão o tom da dança no embalo do trem. **E bota embalo nisso!!!** A cada freada o sacolejo só aumento a animação e é difícil ficar parado em meio ao balanço dos casais e da sanfona. A música acompanha a viagem de ida e da volta, com 1h 30 min de duração cada uma. No intervalo os passageiros descem na cidade de Galante e ainda aproveitem os festejos juninos por lá. Essa diversão tem um custo de cerca de R$ 135,00, o que pode pesar no bolso, mas ela vale esse preço, viu?

E as variedades de passeios e atrações em Campina Grande são muitas. Esse é o caso do **Ônibus do Forró**, um ônibus turístico de dois andares, bem espaçoso e vista panorâmica, que realiza um passeio turístico pela cidade. Os turistas são acompanhados por um trio de forró e as informações turísticas são transmitidas em formato de cordel. Neste sentido, tem-se dentro do veículo um repentista bem animado que, vez ou outra interrompe a programação para recitar um novo poema. **É um passeio inolvidável!!!**

Difícil mesmo é se segurar sentado enquanto rola solta a música ao vivo, mas a regra é só dançar quando o ônibus estiver parado!!! O percurso feito pelo ônibus passa por atrações como o Museu de Arte Popular da Paraíba, um projeto do famoso arquiteto brasileiro Oscar Niemeyer; o açude Velho, o parque do Povo e a Vila do Artesão.

E, caso o visitante queira algo mais radical, ele poderá experimentar um salto de paraquedas no **Avião do Forró**. A aventura é organizada pelo Clube de Paraquedismo da cidade, no aeroclube que fica no distrito de São José da Mata, sendo patrocinada pela prefeitura.

Na Vila do Artesão, além de se fazer boas compras, na época das festas juninas se poderá escutar boa música rolando solta e degustar comidas típicas da região. Com sorte haverá ainda alguma apresentação de quadrilha, o que alegrará ainda mais o passeio.

No decorrer das festas juninas de 2018, o montante de artigos de festa junina comercializados na Vila do Artesão alcançou R$ 6 milhões. Vale ressaltar que algumas dezenas de milhares de pessoas que visitam a cidade em junho, utilizam o avião, mas a maioria usa carros e ônibus. Naturalmente, para atender as centenas de milhares de visitantes que a cidade recebe durante o ano foram inaugurados bons locais para que eles se hospedassem. Aí estão algumas sugestões de hotéis em Campina Grande:

➔ **Titão Plaza** – Localizado a 8 km do aeroporto e a apenas 2 km da estação rodoviária, ele tem quartos com ar condicionado e oferece acesso gratuito a Internet sem fio (*Wi-Fi*). Seu café da manhã, bem nordestino, com uma variedade de frutas frescas, pães e opções de pratos quentes, agrada muitos aos hóspedes. O hotel possui restaurante e o bar também dispõe de uma seleção de refeições especiais e bebidas refrescantes.

- **Campina Plus** – Sua localização é excelente, ficando bem próximo de alguns dos melhores restaurantes de Campina Grande. Seus funcionários oferecem ótimo atendimento aos hóspedes, sendo extremamente atenciosos. O hotel aceita que os hóspedes tragam seus animais de estimação. O estacionamento é gratuito. Existem áreas para fumantes e quartos para não fumantes; acesso *Wi-Fi* disponível em várias áreas gratuitamente. Café da manhã excelente com frutas tropicais e itens regionais variados, com bolo de milho, pé de moleque, tapioca etc.
- **Village Premium** – Tem piscinas cobertas e ao ar livre, banheiras de hidromassagem, academia e bar. *Wi-Fi* e estacionamento são gratuitos. Está localizado a 5 km do parque do Povo, a 200 m de um *shopping* e a apenas 500 m da estação rodoviária Argemiro de Figueiredo. A acomodação nesse hotel tem sido avaliada como uma das melhores em Campina Grande no que se refere ao custo-benefício.
- **Village Confort** – Possui quartos bem espaçosos, um excelente *buffet* de café da manhã, elevador panorâmico com vista para o açude Velho, três piscinas etc. Quem se hospeda nesse hotel fica a uma curta caminhada das áreas de lazer, como os parques do Povo e da Criança.

Em Campina Grande os visitantes podem ainda hospedar-se em locais como os apartamentos em Catolé, onde o visitante fica em apartamentos com dois quartos – as famílias com crianças menores de 12 anos em geral podem solicitar camas extras (até uma, o serviço não costuma ser cobrado) –, o banheiro é bem equipado, televisão de tela plana, *Wi-Fi* gratuitamente, cozinha completa que lhe permite trazer alimentos de fora e preparar a própria comida.

Por conta do menor custo em relação aos hotéis tradicionais, estabelecimentos como o Catolé estão proliferando em Campina Grande

No que se refere a alimentação, em Campina Grande há pelo menos uma dezena de bons restaurantes e cerca de uma centena de aprazíveis lanchonetes, de forma que os visitantes não devem se preocupar com a possibilidade de passar fome... Ai vão algumas sugestões:
- *Campina Grill* – Serve bacalhau, *paella* e carnes assadas, num espaço decorado de forma contemporânea que possui uma área específica para entreter as crianças.

- ➤ *Yoi Comida* – Voltado para a culinária japonesa, conta com uma bela estrutura e oferece um ótimo atendimento. Serve uma boa variedade de *sushis* e sobremesas deliciosas, além de tocar boa música.
- ➤ *La Palomma* – Serve um frango assado maravilhoso, boas *pizzas* salgadas e doces, tudo com preços justos.
- ➤ *Casa Galiotto* – Concentra-se em culinária italiana. Oferece um ambiente agradável aconchegante, boa música, ótimo atendimento e comida maravilhosa.
- ➤ *Tábua de Carne* – Serve comida regional de boa qualidade. Nele é possível degustar carne de sol de filé *mignon*, pirão de queijo, bem como fartas porções de carne, frango e peixe etc., tudo num espaço bem aconchegante, no qual há inclusive um parque para as crianças.
- ➤ *Mororó* – Espaço pequeno, rústico e tradicional onde o cliente pode tomar caldinhos de feijão, comer galinha de capoeira, carne de sol e tomar cachacinhas incríveis com pratos e petiscos da culinária nacional comum.
- ➤ *Vila Antiga* – Oferece serviço *self service*, pratos diversificados de culinária nacional e um atendimento de qualidade.

Além desses, outras boas opções para o visitante se alimentar são: *Daikôn, Prata da Casa, Recanto do Picuí, Bodódromo, China Taiwan, Gulas, La Cucina 150, Casa da Maria* etc.

No que se refere a lanchonetes, ou seja, aos restaurantes *fast-food*, existem muitas deles que vão desde o *Subway* (que oferece uma boa variedade de sanduiches e sorvetes deliciosos) ao *Frida Tacos* (um espaço bem colorido com arte e *sombreros* onde se pode comer *tacos, quesadillas, burritos* etc.

Bem, com todas essas atrações você já programou passar ao menos alguns dias de junho na encantadora Campina Grande?

Vista aérea do lago que existe no Parque das Nações Indígenas, o maior de Campo Grande, ocupando uma área de 119 ha e que recebe em média 2.300 pessoas por dia.

Campo Grande

PREÂMBULO

Campo Grande possui avenidas amplas e largas que se cruzam nas direções norte-sul e leste-oeste, formando um desenho semelhante a um tabuleiro de xadrez.

A cidade viveu uma grande expansão, em especial nas décadas de 1970 e 1980, particularmente a partir de 11 de outubro de 1977, quando se tornou capital do Estado de Mato Grosso do Sul (MS). Nessa época foram construídas diversas estradas de acesso à cidade, o que promoveu nela uma alta **empregabilidade**.

A cidade continuou crescendo nesses últimos vinte anos, inclusive havendo um grande investimento na construção de moradias para as classes A e B, motivado pelo aumento da renda populacional e pela existência de áreas que foram doadas ou adquiridas por preços bem baixos em relação aos praticados nos demais grandes centros brasileiros, por empresas construtoras.

O fato é que não existe na cidade aquela concentração de indigentes e pedintes de rua, tão comum nas outras capitais nacionais. Os programas sociais dos governos municipais conseguiram amenizar a situação crônica enfrentada pelas famílias excluídas. Aliás, Campo Grande foi a primeira capital a **eliminar** todas as **favelas** e, além disso, seus índices de violência são considerados baixos para os padrões brasileiros.

Bem, quem vier para Campo Grande para passar as férias encontrará muitas coisas interessantes para fazer na cidade, como:

1ª) Ir a algum *show* ou a uma balada sertaneja, mesmo que não seja este seu gênero musical favorito.

2ª) Visitar as cachoeiras que existem no município.

3ª) Aproveitar os rodízios de churrasco nos vários restaurantes especializados.

4ª) Passar um tempo em algum barzinho para desfrutar a vida noturna local.

5ª) Incrementar seus conhecimentos culturais visitando o Museu Dom Bosco, onde estão expostas obras de vários segmentos.

6ª) Percorrer o parque dos Poderes, onde estão as instalações dos poderes executivo e legislativo.

7ª) Fazer algumas compras no Mercado Municipal, levando algo típico de lembrança para a sua casa!!!

A HISTÓRIA DE CAMPO GRANDE

Campo Grande é um município da região centro-oeste brasileira e a capital do MS. No início de 2019 ela possuía praticamente 900 mil habitantes, distribuídos por uma vasta área de quase 8.092,95 km². Os seus municípios limítrofes são: Jaraguari, Rochedo, Nova Alvorada do Sul, Sidrolândia, Ribas do Rio Pardo e Terenos.

Campo Grande foi fundada por **mineiros** que vieram aproveitar os campos de pastagens nativos e as águas cristalinas da região dos cerrados. A cidade foi planejada e se desenvolveu no meio de uma ampla área verde, tendo ruas e avenidas largas, com diversos jardins por entre as ruas. Por conta disso, a capital do MS é hoje uma das cidades mais **arborizadas** do Brasil, e **97,5%** de suas residências estão protegidas pela sombra das árvores.

Em 1870, em razão da guerra da Tríplice Aliança, chegou a notícia aos moradores de Monte Alegre de Minas, no Triângulo Mineiro, de que existiam terras extremamente adequadas e férteis para a agropecuária na região do então chamado "**Campo Grande de Vacaria**". Isso acabou animando bastante o mineiro José Antônio Pereira, que precisava de terras para alojar sua família.

Em 21 de junho de 1872 ele se instalou nas terras férteis e completamente desabitadas da serra de Maracaju, na confluência de dois córregos – mais tarde denominados Prosa e Segredo –, que hoje abrigam o Horto Florestal.

O primeiro historiador da cidade, Rosário Congro, escreveu: "José Antônio Pereira em 1873 voltou a Monte Alegre deixando a João Nepomuceno a responsabilidade de cuidar de seu rancho. Finalmente, em 14 de agosto de 1875, José Antônio Pereira retornou ao local trazendo consigo um grupo de 62 pessoas, composto por sua família (esposa e oito filhos), escravos e outros indivíduos.

Todavia, ao chegar no local em que havia construído seu primeiro rancho, ele encontrou Manoel Vieira de Souza e família vivendo ali, juntamente com seus dois irmãos, Cândido Vieira de Souza e Joaquim Vieira de Souza, mais alguns empregados. Essas pessoas também tinham sido atraídas pelas notícias de que as terras da região eram boas. Essas famílias acabaram se unindo e isso deu origem à primeira geração de campo-grandenses.

Foi no final de 1877 que José Antônio Pereira cumpriu a promessa que fizera ao retornar e ergueu no local a primeira igrejinha. A construção era bem rústica, feita de pau a pique e coberta com telhas de barro. Em seguida surgiram as casas que, num precário alinhamento, formaram a rua Velha (atual rua 26 de Agosto) que terminava num pequeno largo (atual praça dos Imigrantes) onde havia uma bifurcação que dava origem a outras duas ruas.

José Antônio Pereira, fundador do arraial, construiu sua residência definitiva na ramificação de baixo, que hoje se chama rua Barão de Melgaço. Ele faleceu em sua fazenda Bom Jardim, em 11 de janeiro de 1900, alguns meses depois da emancipação política da vila, em 26 de agosto de 1899".

A partir de 1879, novas caravanas de mineiros foram chegando, distribuindo-se nas terras devolutas, marcando suas posses, quase sempre sob a orientação do fundador!!! Estabeleceram-se assim as primeiras fazendas do arraial de Santo Antônio do Campo Grande.

Naquela época os campo-grandenses mais destacados costumavam se reunir na rua em que estava a loja de comércio e na farmácia que pertenciam a Joaquim Vieira de Almeida que, sendo o homem de melhor instrução no local, se tornara o redator de documentos de caráter público ou privado. Também eram em suas propriedades que os problemas comunitários eram resolvidos e que saíam as reivindicações para o governo, inclusive uma de autoria do próprio Joaquim Vieira de Almeida, que solicitava a emancipação da vila.

Campo Grande está localizada numa posição equidistante dos extremos norte, sul, leste e oeste do Estado de MS, o que facilitou a construção das primeiras estradas da região, contribuindo para que ela se tornasse uma grande encruzilhada, ou seja, o polo de desenvolvimento de uma vasta área.

Não há dúvidas de que Campo Grande seja hoje a cidade de maior expressão e influência cultural, assim como o mais importante centro impulsionador das atividades econômica e social do Estado. Vale lembrar, entretanto, que ela também exercia esse papel na época do antigo Estado de Mato Grosso, do qual se desmembrou em 1977.

Se em 1950 o município concentrava cerca de 16,3% do total de empresas comerciais da região que atualmente compõe o Estado, em 1980 esse número subiu para 24,3% e, em 2000, alcançou 36%. No início do ano de 2019, as estimativas são de que esse percentual já esteja próximo de **47%**!?!?

Campo Grande registrou também um crescimento populacional bem acima da média nacional nos anos de 1960, 1970, 1980 e 1990, atraindo muita gente oriunda dos Estados vizinhos de São Paulo e Minas Gerais, assim como do Rio Grande do Sul. No século XXI, Campo Grande ganhou *status* como cidade privilegiada em termos da infraestrutura, o que se revelou um fator decisivo para atrair investimentos. Estima-se que em 2019 o PIB da cidade tenha alcançado R$ 31 bilhões.

Por causa da cor de sua terra (roxa ou avermelhada), Campo Grande recebeu o apelido de "**cidade morena**", mas ela também é chamada de "**capital dos ipês**", pela grande presença dessa árvore no município, assim como de "**capital do cerrado meridional**" que decorre, obviamente, de sua importância não apenas econômica, mas também social, política e cultural para o País. O lema da cidade é: "**Poder, prosperidade e altruísmo.**"

Em Campo Grande as temperaturas variam bastante ao longo do ano, mas predomina o clima **tropical**. Há duas estações muito bem definidas: no verão a cidade é quente e úmida; no inverno é menos chuvosa e as temperaturas são mais amenas. Aliás, nos meses de inverno a temperatura pode cair bastante e, em certas ocasiões, a sensação térmica pode chegar a 0ºC, havendo geadas ocasionais, mas leves.

Interessante lembrar que, recentemente, em 18 de julho de 2017, a sensação térmica registrada no município de Campo Grande foi de -11ºC, batendo o recorde do ano anterior, quando fora de -9ºC durante a madrugada de 18 de julho. Já as maiores temperaturas registradas na cidade foram de 40,2ºC, em 15 de outubro de 2014, o que superou a verificada em 17 de novembro de 1985, que chegara a 39,7ºC.

A precipitação média ao ano é de 1.534 mm, com pequenas variações para mais ou para menos. A **qualidade de vida** do município não atraiu apenas brasileiros de outros Estados, mas também muitos imigrantes estrangeiros. É por isso que entre seus moradores há muitos descendentes de espanhóis, italianos, portugueses, japoneses, sírio-libaneses, armênios, paraguaios e bolivianos.

Campo Grande é também a capital estadual que concentra a 2ª maior comunidade indígena do Brasil. No município nota-se também uma grande interação entre as zonas rural e urbana (que ocupa cerca de 154,46 km²), o que gera grandes deslocamentos em ambos os sentidos. É bem grande a influência exercida pelo campo na cidade, o que aliás se percebe por meio dos alimentos consumidos, como o mel, a carne, o leite etc., que são produzidos no próprio município!!!

As religiões predominantes em Campo Grande são o catolicismo e o protestantismo, os dois principais ramos do **cristianismo**. Assim, **56% dos** campo-grandenses seguem o **catolicismo**. A cidade pertence à arquidiocese de Campo Grande e seu padroeiro é santo Antônio (1195-1231). Os **protestantes/evangélicos** são cerca de **32%** da população, que se dividem pelas igrejas adventista (com mais de 100 templos na cidade), universal, batista, presbiteriana, metodista, luterana etc.

Como a maioria das cidades brasileiras, Campo Grande começou a se desenvolver à beira de um curso de água e à sombra de uma igreja. Por isso, algumas edificações frequentadas pelos religiosos se mesclam com a história da cidade!!! Entre as principais igrejas históricas de Campo Grande está a catedral da Virgem da Abadia, a primeira igreja construída na cidade, por volta de 1880, em homenagem ao santo protetor de José Antônio Pereira.

Ela foi demolida em 1977 para a construção da atual igreja matriz, que recebeu o título de catedral metropolitana de Nossa Senhora da Abadia, depois da bênção de João Paulo II, em 1991. Outra importante igreja da cidade é a de São Benedito, que está ligada à ex-escrava Eva Maria de Jesus, a tia Eva, que faleceu em 1926 e cujo corpo está sepultado em frente à igreja. Líder de sua comunidade, ela construiu a igreja em 1910 para pagar uma promessa feita a Benedito, o Mouro. Em junho de 1998 o templo foi decretado como **patrimônio cultural** de Campo Grande. A imagem de são Benedito, esculpida em madeira e trazida de Goiás por tia Eva, permanece no local até hoje. Desde de 1905 os devotos do santo e os descendentes de tia Eva se reúnem para a tradicional Festa de São Benedito, no mês de maio, que inclui eventos culturais, bailes, comidas típicas, leilões, jogos de quermesse, rezas e fogos de artifício.

Também é famosa na cidade a paróquia da Virgem do Perpétuo Socorro, fundada em 1938, e que está localizada num dos primeiros e mais centrais bairros da cidade: o Amambaí. Em importância, essa igreja rivaliza com a paróquia de São Francisco de Assis, que pertence aos sacerdotes franciscanos e é uma das poucas que ainda conservam a arquitetura original. Ela é usada para a prática religiosa e outros cultos, e está situada ao lado da estação de trem, formando juntamente com o conjunto ferroviário um marco referencial urbano da parte antiga da cidade. Uma das maiores e mais frequentadas construções históricas de Campo Grande é a paróquia São José, que foi construída em 1938 e possuidora de belos vitrais.

Já dentro do protestantismo, um templo importante é a igreja presbiteriana Central de Campo Grande, que foi construída em 1935 e é uma das mais procurados para a realização de casamentos.

No âmbito da **economia**, estima-se que em 2019 houvesse na população economicamente ativa (PEA) cerca de 350 mil habitantes, dos quais aproximadamente 58% eram do sexo masculino. De um modo geral, a maior parte da mão de obra ativa do município é absorvida pelo **setor terciário**, ou seja, de prestação de serviços e comércio de mercadorias. Nele, boa parte da empregabilidade está associada à construção civil, aos serviços públicos (educação, saúde e outras funções na prefeitura) e, principalmente, nos *shopping centers*, hotéis, restaurantes etc.

O cenário de crescimento atual permite que a cidade tenha condições de oferecer muitos empregos, embora ela tenha o desafio de seguir crescendo de forma planejada, sem que essa expansão se transforme numa catástrofe social e tire de Campo Grande um dos principais chamarizes para os investimentos: **sua qualidade de vida**.

Um exemplo otimista pode ser observado nos supermercados populares que proliferaram pelos bairros da cidade. Famílias de baixa renda movimentam bastante o comércio local, um reflexo do momento de prosperidade vivenciado pelos campo-grandenses.

Os moradores locais e os turistas têm à sua disposição alguns bons centro comerciais, como:

- **Eldorado Campo Grande** – Localizado na avenida Afonso Pena Nº 4009, é um excelente local para compras, lazer e alimentação. Possui um ambiente climatizado, lojas bastante variadas, cinema e ótimos restaurantes que ficam fora da praça de alimentação.
- **Bosque dos Ipês** – Situado na avenida Consul Assaf Trad Nº 4634, é um *shopping* com arquitetura diferenciada que abriga grandes marcas franqueadas (Jin Jin, Forever, Montana Grill etc.) e cinemas – além de ser *pet friendly* ("amigo dos cães") e, portanto, um lugar onde os latidos podem ser ouvidos enquanto se toma cafezinho... O estabelecimento também valoriza a divulgação da cultura, promovendo exposições, feiras, *shows* de música e dança e apresentações teatrais. Também é um ótimo local para os comilões se deliciarem com uma boa gastronomia.
- **Norte Sul Plaza** – Fica na avenida Presidente Ernesto Geisel Nº 2.300, e tem diversas lojas, boa e diversificada praça de alimentação, várias atrações ao ar livre, brinquedoteca para crianças, amplo estacionamento e um mercado anexo.

Apesar da importância do setor terciário, o setor **primário** (agricultura) também tem uma contribuição significativa para o PIB da cidade. Neste caso, prevalecem as culturas de soja, milho, arroz e mandioca, os rebanhos de bovinos e ovinos, a criação de aves, a produção de leite, de ovos e mel.

A junção dos setores primário e secundário, em especial na agroindústria, desempenha papel importante na economia local, sendo um dos seus pilares. De acordo com um levantamento recente do IBGE, há um total de 1.450 indústrias de transformação no município. Estimativas do início de 2019 mostram que somente nos polos industriais estavam instaladas aproximadamente 200 indústrias, nas quais trabalhavam cerca de 20 mil funcionários.

De fato, existe hoje em Campo Grande uma grande variedade de indústrias, voltadas para a produção dos mais diversos produtos: roupas e calçados, mobiliário, alimentos, refrigerantes, artigos de limpeza, materiais plásticos, produtos veterinários e farmacêuticos, papel e papelão etc.

Estima-se que no início de 2019 houvesse na cidade quase 32 mil estabelecimentos comerciais, nos quais trabalhavam aproximadamente 195 mil pessoas. Vários importantes grupos varejistas estão instalados na nela, como: Magazine Luiza, Comper, Atacadão, Casas Bahia, Pernambucanas, C&A, Lojas Romero, além de hipermercados como Extra, Carrefour, Wal--Mart, entre outros.

No campo da **saúde**, Campo Grande possui variadas modalidades médicas distribuídas por diversas unidades de saúde, que incluem desde hospitais até maternidades e prontos-socorros. Entretanto, os principais centros públicos voltados para a saúde sofrem com superlotação. Isso acontece por conta da alta demanda de pacientes oriundos do interior do Estado que procuram atendimento na cidade. Estima-se que no início de 2019 existissem na cidade cerca de 900 unidades de saúde, dentre os quais 27 eram hospitais, entre públicos e privados. O número total de leitos hospitalares estava próximo de 2.800.

Entre alguns dos hospitais que existem em Campo Grande aí vão as suas resumidas descrições:

- **Hospital de Mulher Vó Honória Martins Pereira** – –Um hospital público que passou por uma reforma e agora tem sido bem avaliados pelos que recorrem aos cuidados nele.
- **Hospital Universitário Maria Aparecida Pedrossian** – Tem uma excelente equipe de médicos, enfermeiros e demais colaboradores.

- **Hospital do Câncer Alfredo Abrão** – Nele trabalham profissionais bem competentes e eles têm recebido elogios dos pacientes, especialmente pelo acolhimento e agilidade nos diagnósticos.
- **Hospital Regional de MS** – Tornou-se inclusive uma opção para os moradores de toda a região, apesar da demora para serem atendidos, o que infelizmente acontece em quase todos os hospitais públicos devido a alta demanda.
- **Hospital Santa Marina** – Tem médicos competentes, enfermeiros atenciosos e um ambiente agradável. São poucos os pacientes que encontram nele graves defeitos nos cuidados recebidos.
- **Hospital Adventista do Penfigo** – É particular, com excelente avaliação dos pacientes, ficando aberto 24 h por dia.
- **Hospital Proncor** – É particular, aberto 24 h por dia.
- **Hospital El Kadri** – Atende 24 h por dia e, apesar de precisar de alguns reparos, tem uma equipe de profissionais bem dedicada.

Claro que há outros hospitais na cidade (Santa Casa, Hospital São Julião, Hospital Infantil São Lucas etc.) e diversas clínicas especializadas, porém, no campo da saúde há sempre espaço para que sejam abertas mais unidades hospitalares, inicialmente porque a população está aumentando e, o mais importante, as pessoas estão vivendo cada vez mais tempo e consequentemente precisando de cuidados médicos por períodos mais prolongados!!!

Infelizmente a cidade não está adequadamente preparada para administrar o **lixo** produzido nos hospitais, tanto que, em alguns casos, este é descartado junto com o lixo comum!?!?

Um dado curioso a respeito de Campo Grande é que a cidade se destaca pelo grande número de cemitérios: são oito no total, entre públicos e privados.

No setor da **educação**, em Campo Grande havia em 2018 cerca de 470 escolas de ensino básico, fundamental, médio e profissionalizante. Aliás, o município oferece creches em período integral para crianças de 6 meses a 5 anos.

Em Campo Grande tem-se o Colégio Militar, que é uma unidade do Exército brasileiro, sendo subordinado à diretoria de Educação Preparatória e Assistencial, integrando o Sistema Colégio Militar do Brasil, juntamente com outros 12 colégios militares. Seus alunos têm obtido boas notas no Enem, ficando geralmente entre as 10 melhores IEs públicas do Estado.

Aliás, entre as IEs administradas pelo Estado, tem se destacado em Campo Grande pelas notas obtidas por seus alunos no Enem as seguintes: Amélio de Carvalho Bais (com corpo docente incrível e em período integral); Professor Severino de Queiroz (para alguns a melhor do MS em ensino, educação e organização); Lúcia Martins Coelho (atualmente funciona com ensino em tempo integral); Prof. Emygdio Campos Widal (com excelente avaliação pelos alunos que se formaram); General Malan; José Antônio Pereira e Coração de Maria.

Também foram bem avaliadas as seguintes IEs públicas administradas pelo Estado: Luiza Vidal Borges Daniel; Adventor Divino de Almeida; Maria Constança Barros Machado; Maria Eliza Bocayuva Correa da Costa; Arlindo de Andrade Gomes; Maestro Heitor Villa Lobos; Elvira Mathias de Oliveira; Aracy Eudociak; Vespasiano Martins; 11 de Outubro, Rui Barbosa, Hércules Maymone.

Há em Campo Grande diversas IEs municipais nas quais também se oferece um bom ensino, como a Geraldo Castelo (com boa avaliação); Professor Alcídio Pimentel, Professor Danda Nunes, Professora Oliva Enciso, Professor Arlindo Lima, Padre Heitor Castoldi, entre outras.

Entre as IEs privadas, têm se destacado o Colégio Bionatus, que já figura entre os 20 melhores do Brasil, com seus resultados no Enem, bem como o Colégio Harmonia, que ficou em 1º lugar no MS. Atendendo os diversos níveis de ensino, as seguintes IEs particulares obtiveram em Campo Grande uma excelente ou boa avaliação: Desafio Educacional; Escola O Quintal e Metropolitano; Colégio Raul Sans de Matos, Centro Educacional Fênnix; Colégio Evangélico; Colégio Salesiano Dom Bosco; Colégio (CbaAbc) Escola Carrossel Novo Estilo; Colégio Alexander Fleming; Colégio e Curso Geração 2001; Colégio Maria Montessori; Colégio Adventista; Colégio Impacto; Escola GAPPE; Elite Rede de Ensino; Colégio Atenas; Instituto Batista de Educação etc.

Qualificar a educação pública e desenvolver um ambiente propício à **inovação** são os dois maiores desafios do ministério e das secretarias estaduais e municipais de Educação. Os países que há alguns anos enfrentaram essas tarefas, alcançaram resultados estruturais positivos, ou seja, isso os levou ao crescimento econômico de longo prazo e à melhoria substancial nas avaliações de qualidade de vida de suas populações.

A necessidade da implementação das duas estratégias é imperiosa. De um lado, jovens motivados e com formação de qualidade são a base do surgimento dos processos inovadores. De outro, só uma sociedade que estimula um ambiente transformador é capaz de gerar uma educação inclusiva e em sintonia com a revolução digital.

É vital, portanto, conectar todas as escolas à Internet rápida, garantir uma infraestrutura necessária para seu uso em cada sala de aula e prover conteúdos digitais. Neste sentido, a boa formação de professores é crucial para que estes sejam os protagonistas na incorporação da tecnologia em sala de aula. Essa prática certamente elevará os indicadores de aprendizado, motivará a comunidade escolar e promoverá um ambiente de maior igualdade em termos de oportunidades.

Infelizmente, o que se nota hoje é que o Brasil ainda não acordou para esse desafio, apesar de existirem certas iniciativas nos âmbitos federal, estadual e municipal (algumas bastante louváveis), que de fato visam inserir as IEs públicas na era digital. Porém, entre as coisas que atrapalham a consecução desse objetivo deve-se citar a velocidade de conexão, a infraestrutura e a própria formação "insuficiente" dos docentes.

A escassez de recursos nesses últimos anos foi sem dúvida outro obstáculo bem relevante, assim como limitações na nossa infraestrutura de telecomunicações. Estamos lentamente saindo da grave crise econômica em que o País esteve envolto nos últimos quatro anos, e torna-se vital, portanto, que no governo do presidente Jair Bolsonaro seja uma prioridade a implementação de políticas e estratégias que tragam de vez para nossas IEs públicas a **educação digital**, de modo que estas não fiquem ainda mais distantes das IEs privadas, onde a revolução digital já é uma realidade!!!

No **ensino superior** há em Campo Grande três IESs públicas, o Instituto Federal de Mato Grosso do Sul (IFMS), a Universidade Federal de Mato Grosso do Sul (UFMS) e a Universidade Estadual de Mato Grosso do Sul (UEMS). As principais IESs privadas são a Estácio de Sá, a Anhanguera e a Universidade Católica Dom Bosco (UCDB).

A UFMS é uma IES pública federal sediada em Campo Grande. Considerando-se o *campus* campo-grandense como o centro de um círculo hipotético, esta universidade exerce influência numa área geográfica-educacional que resulta num raio de mais de 500 km. Esta área abrange cerca de 100 municípios, incluindo também outros Estados e até mesmo os países vizinhos Paraguai e Bolívia, de onde, aliás, origina-se a maior parte do contingente de alunos dessa IES. Isso só demonstra o quanto a educação superior impacta a **visitabilidade** de uma cidade!!!

Além da sede em Campo Grande a UFMS mantém nove *campi* espalhados pelas cidades de Aquidauana, Chapadão do Sal, Corumbá, Coxim, Naviraí, Nova Andradina, Parnaíba, Ponta Porã e Três Lagoas. Obviamente o objetivo é descentralizar o ensino para atender a demanda de várias regiões do Estado. Visando ultrapassar os objetivos essenciais de aprimoramento do ensino e o estímulo às atividades de pesquisa e extensão promovidos pela IES, a UFMS também participa ativamente do ensino e da preservação dos recursos naturais do meio ambiente, em especial da fauna e da flora do Pantanal, região onde está inserida, o que motiva os estudos e as pesquisas ecológicas que realiza.

A UFMS teve sua origem em 1962, com a criação da Faculdade de Farmácia e Odontologia em Campo Grande, que seria o embrião do ensino superior público no sul, do então Estado do Mato Grosso. Daí para frente foram criados diversos institutos e ocorreram fusões de IESs, até que após a criação do Estado de Mato Grosso do Sul, surgiu a UFMS em 5 de julho de 1979.

Atualmente a UFMS possui cursos de graduação e pós-graduação, ambos presenciais e pelo sistema EAD. Aliás, este último teve início em 1991 e agora está bastante aperfeiçoado tecnologicamente. Os cursos de pós-graduação englobam os de especialização, bem como os programas de mestrado e doutorado.

Estima-se que no início de 2019 estudassem na UFMS cerca de 23 mil estudantes, entre os cursos de graduação e pós-graduação. E para atender a esse contingente de alunos estavam empregados nessa IES cerca de 1.350 docentes.

A UEMS é uma IES pública que foi criada pela Constituição federal de 1979 e ratificada pela Constituição de 1989, conforme os termos do disposto no artigo 48 do ato das disposições constitucionais, tendo sido instituída pela lei Nº 461, de 20 de dezembro de 1993, com sede e foro na cidade de Dourados. Hoje ela tem *campi* em 15 municípios do Estado, sendo que no *campus* de Campo Grande estão os cursos de graduação em Artes Cênicas e Dança, Geografia, Letras, Medicina, Pedagogia e Turismo, além de alguns de pós-graduação (mestrado *stricto sensu* e mestrado profissional).

O objetivo dessa IES é propagar o ensino superior no interior do Estado, com a finalidade de reduzir as disparidades em termos de conhecimentos e, ao mesmo tempo alavancar o desenvolvimento regional. Estima-se que estudem atualmente nessa universidade cerca de 9.000 alunos.

O maior desafio hoje não só das IESs de Campo Grande, mas de todas espalhadas pelo País é o que deve ser feito para educar as novas gerações para as incertezas: **antecipando o futuro**, e não apenas relatando o passado, para garantir que os graduados estejam em condições de se adaptar às mudanças que ocorrem no mercado de trabalho, e isso globalmente.

É necessário formar jovens para viverem e trabalharem num mundo que não se pode antever com toda a clareza, no qual muitas das profissões que conhecemos, com grande probabilidade, perderão a sua função e as tecnologias disponíveis serão muito diferentes das atuais.

Qual é, então, a forma mais adequada para prepararmos os jovens para esse futuro?

Isso não é fácil de responder. Não foi, pois, por acaso, que para ter alguma resposta para essa questão, que em maio de 2018, reuniram-se na octocentenária Universidade de Salamanca, na Espanha, muitas centenas de reitores do mundo todo para discutir as profundas mudanças que precisam ser introduzidas no ensino e no aprendizado. E, na ocasião, uma ideia teve aprovação quase unânime: a de que dali em diante deveria se dar mais importância para fazer com que o aluno pensasse mais sobre o **futuro** do que continuar dando ênfase à tentativa de transmitir às novas gerações **tudo** o que fora acumulado no **passado**.

Educação implica em mudança de comportamento, rompimento de paradigmas, fortalecimento da independência de pensamento e da capacidade de argumentação, de comunicação e tomada de decisões. Um currículo que pretenda **educar para o futuro**, num mundo que não podemos ainda desvendar claramente (!?!?), deve privilegiar o respeito aos direitos de todos, a capacidade de trabalhar em grupos multidisciplinares, de liderar e de aceitar a liderança de outrem, manter a referência permanente aos valores éticos e o respeito à vida e ao meio ambiente.

Nesse currículo ideal, o método e a abordagem devem ter prioridade sobre o conteúdo, pois daqui para a frente são os instrumentos comportamentais que irão assegurar o sucesso em qualquer situação de instrução. Por isso, as IESs precisam oferecer ambientes de ensino nos quais os alunos estejam continuamente prontos para a atualização tecnológica, em especial quando ela acontece de forma **repentina**.

Sem dúvida a revolução digital é uma mudança irreversível no mundo, influenciando a vida de todos. Ela já chegou há bastante tempo no entorno das IESs, apesar de ainda não ter sido absorvida adequadamente pelas mesmas, especialmente em nosso País. É surpreendente que toda a comunidade acadêmica – professores, técnicos e estudantes –, mesmo estando diretamente envolvida com a revolução tecnológica e digital e com o uso de *smartphones*, *tablets*, *streaming* na televisão, plataformas digitais, Internet etc., continue resistindo à incorporação desses dispositivos e serviços em seu dia a dia profissional.

Também não é exagero descrever o ambiente universitário no País – composto por estudantes "**digitais**" e professores "**analógicos**" (no que diz respeito ao processo de ensino-aprendizagem) –, como algo que precisa mudar, e não de forma gradual, mas **imediatamente**!!! E note-se que as IESs que resistirem a essa mudança se tornarão obsoletas!!!

A **conectividade cada vez mais intensa** está levando a uma reconfiguração das relações sociais em todos os níveis, e a educação faz parte desse pacote. Aliás, em quase todas as conferências do *Consumer Electronic Show (CES)* 2019, que aconteceu em Las Vegas (nos EUA) em janeiro de 2019, um termo foi onipresente: **5G** - apelido dado à conexão móvel de quinta geração, sucessora da 4G.

Ela já começou a funcionar em algumas cidades dos EUA, e com essa tecnologia não apenas se conseguirá fornecer velocidades superiores a 1 *gigabyte* por segundo (ou seja, no mínimo 10 vezes mais rápida que a velocidade máxima do 4G), como também serão possíveis avanços com a Internet das Coisas (IoT na sigla em inglês) na casa conectada e com o carro autônomo!!!

Claro, para que a revolução digital chegue às IESs é necessário inicialmente um significativo investimento em infraestrutura. Não é possível sequer planejar um ensino em ambiente em que o estudante não tenha acesso a máquinas inteligentes, não disponha de conectividade de elevada qualidade ou que não tenha técnicos competentes para manterem a qualidade de acesso digital e garantirem a utilização adequada das ferramentas técnicas.

Sem dúvida, a maneira de transmitir um conteúdo nesse novo ambiente digital deve ser bem diferente da forma como tem sido passado o mesmo em sala de aula convencional. Assim, apenas usar o formato clássico de transpô-lo para o formato digital não vai de maneira nenhuma funcionar, pois não será atraente ou se tornará até monótono, como é o caso de gravar uma aula clássica com 50 min de duração.

Daqui para frente, de cada tópico é necessário escolher os aspectos essenciais que sejam mais apropriados à abordagem digital, colocando esse novo conteúdo num formato conveniente. Desse modo, é natural que a capacitação docente específica continue sendo o maior entrave ao ensino eficaz no ambiente digital. E não se trata somente de **"adaptar"** o formato clássico para o formato digital, mas de escolher um conteúdo que permita **"conversar"** com os jovens, e não apenas **"falar"** para os jovens, que aliás costumam não aderir a uma plataforma digital quando o seu papel é apenas passivo, como por exemplo nas situações em que eles somente precisam ler textos muito longos!?!?

Essa mudança do ensino tradicional para um ambiente digital evidentemente produzirá impactos na distribuição de poder e na condução da vida acadêmica, a começar pela organização do currículo, dos módulos didáticos e pela maior necessidade de integração e de flexibilidade curricular, com muito do aprendizado ocorrendo fora da própria IES!!!

Mais radicais serão ainda as alterações no uso do espaço físico, que já começaram nas bibliotecas, que estão deixando de ser apenas depósitos de livros, revistas, vídeos etc., para se transformarem em espaços para trabalhos colaborativos em rede, e para o uso massivo de recursos digitais.

Mas sem dúvida a mudança que provocará o maior impacto nas IESs será o desaparecimento do domínio dos docentes e dos departamentos sobre os pequenos espaços, bem como das várias divisões, pois o trabalho em rede os tornará obsoletos. Obviamente os benefícios da revolução digital serão notados, em especial na administração, e na drástica diminuição da burocracia, o que trará economia de tempo e pessoal, eficiência e rapidez nos diversos processos e eliminação de redundâncias.

Claro que com isso tudo ganharão as próprias IESs, pois terão mais recursos financeiros para aplicar principalmente no aperfeiçoamento do ambiente digital voltado ao ensino e, principalmente à sociedade, que estará continuamente recebendo e sendo servida por profissionais preparados de forma correta para atuar com proficiência na nova configuração tecnológica que existe em todas as organizações que se estruturaram para sobreviver no século XXI.

No tocante à **mobilidade**, o transporte urbano de Campo Grande engloba quatro modalidades: ônibus (uma frota de 650 veículos; operação em 60 linhas e 10 terminais); ônibus executivos (uma frota de 40 veículos; operação em 10 linhas); sistema de táxis (aproximadamente 1.000 veículos e 100 pontos); e mototáxi (cerca de 1.000 unidades e 100 pontos). Note-se que para melhorar o transporte o prefeito de Campo Grande, Marcos Trad, em 17 de julho de 2018 divulgou o novo decreto regulamentando o uso de aplicativos com Uber, 99, Vapt Vupt etc. O acesso rodoviário é feito utilizando-se as seguintes opções: BR-60, BR-163 e BR-262, além das estradas estaduais. A cidade conta com um terminal rodoviário no qual operam 20 empresas com linhas para diversas partes do País.

Já para os que desejam acessar a capital por via aérea, a cidade abriga o aeroporto internacional de Campo Grande, localizado a apenas 6 km do centro. Tem atualmente um pátio de manobras de 31.468 m² e um pátio de estadia de 34.000 m². No que se refere ao estacionamento de aeronaves, tem espaço para 11 posições de aviões de grande e médio porte, e 12 posições para aviões de pequeno e médio porte no pátio de estadia.

O terminal de passageiros ocupa uma área de 7.215 m², com uma ala internacional. O aeroporto conta com duas pistas homologadas para pouso e decolagem: a principal com 2.700 m de extensão e 60 m de largura; e a *taxiway*, com 2.600 m de comprimento e 30 m de largura.

O pátio para estacionamento de veículos acomoda cerca de 405 unidades e tem uma capacidade de receber por ano algo como 1,6 milhão de passageiros (embarque e desembarque) sendo que nos últimos anos a movimentação por ano está próxima de 800 mil passageiros e um transporte de 2.700 t de carga.

Mas existem outros dois aeroportos para aviões pequenos particulares e agrícolas na cidade. O primeiro é o Santa Maria, situado no leste da cidade, na zona rural; o segundo é o aeroporto Teruel, nome da cidade, a 15 km do centro.

Campo Grande tem como **cidades-irmãs** Pedro Juan Caballero (no Paraguai), Iquique (no Chile), Torino (na Itália), Zlin (na República Tcheca) e Lishui (na China). O objetivo desse tipo de acordo é realizar intercâmbios culturais e adquirir conhecimentos que ajudem a aprimorar a solução de problemas que aflijam ambas as cidades.

A **cultura** em Campo Grande é marcada pela diversidade de **costumes**, **música** e **gastronomia**, e reflete traços culturais singulares devido à herança deixada pelos índios e por diversas raças de imigrantes que vieram até ela. Os monumentos são marcos da história de uma cidade e eternizam a importância dos povos que contribuíram para a sua evolução.

Dessa maneira em Campo Grande algumas edificações se mesclam com sua história. Esse é o caso do monumento do Aviador, na base aérea de Campo Grande, que homenageia o tenente aviador Chaves Filho (que foi o subcomandante da base). O monumento ao Índio, por sua vez, simboliza e homenageia a cultura indígena, e está localizado no parque Nações Indígenas.

Há ainda o monumento da Imigração Japonesa, na praça da República, de autoria do escultor Yutaka Toyota. Inaugurada em 26 de agosto de 1975, essa obra representa uma casa tipicamente japonesa. Ela não apenas marca a chegada da colônia japonesa à região, no início do século XX, mas homenageia os 70 anos de imigração nipônica no País.

O monumento Carro de Boi, localizado ao lado do Horto Florestal, também conhecido como monumento dos Imigrantes, é considerado o **marco da fundação da cidade.** Ele foi erguido em homenagem às primeiras famílias de migrantes que chegaram a Campo Grande, oriundas de Minas Gerais para desbravar a região. Idealizado pela artista plástica Neide Ono, a obra foi construída em 1996 e destaca o carro de boi, ou seja, o meio de locomoção utilizado pelos colonizadores da cidade!!!

O monumento Pantanal Sul, no aeroporto internacional de Campo Grande, é representado por dois tuiuiús, um símbolo do Pantanal. Já o Obelisco da cidade também foi construído em homenagem aos fundadores de Campo Grande, tendo sido inaugurado no dia 26 de agosto de 1933, na gestão do então prefeito Ytrio Corrêa da Costa. O projeto foi do engenheiro Newton Cavalcante, na época, comandante da Circunscrição Militar, e foi tombado como patrimônio histórico da cidade em 26 de setembro de 1975.

Também não se pode esquecer do famoso Relógio Central da cidade, originalmente com 5 m de altura e quatro faces. Ele foi erguido inicialmente na confluência da rua 14 de Julho com a avenida Afonso Pena, local que se tornou ponto de referência da cidade por abrigar grandes reuniões e comícios políticos. No ano de 2000 foi inaugurada uma réplica, pois o original precisou ser demolido em nome do progresso!?!?

Um dos maiores símbolos de Campo Grande nasceu da inspiração de Conceição Freitas da Silva, mais conhecida por Conceição dos Bugres. Suas esculturas de bugrinhos ficaram famosas no mundo todo. Mesmo depois de sua morte, seus descendentes continuaram seu projeto. Aliás, o artesanato indígena, principalmente o terena e o kadiwéu, pode ser encontrado em vários lugares da cidade. Na produção terena se destacam a cerâmica, os adornos, os objetos de palha e de barro, e a tecelagem. Já na produção kadiwéu o realce é mais para o barro.

Atualmente na cidade há uma variedade de peças esculpidas em osso e couro de peixe. Além disso, há muitas esculturas de tuiuiús, garças e onças. No artesanato rural os itens mais comuns são os arreios, os berrantes e diversos agroprodutos. Em Campo Grande também existem diversos espaços públicos como a Casa do Artesão, a Feira Central, a Feira Indígena, o Mercado Municipal Antônio Valente, entre outros, nos quais os visitantes podem adquirir artigos artesanais.

No que se refere à **música** do MS, na capital sempre se destacaram os seguintes gêneros: o chamamé, a guarânia, o vanerão e o sertanejo. Aliás, nesta última variedade, a cidade já revelou grandes artistas solo, como foi o caso de Almir Sater, Luan Santana e Michel Teló, além de duplas valorosas, como Maria Cecília & Rodolfo, Munhoz & Mariano, João Bosco & Vinícius, entre outras.

Todavia, Campo Grande continua crescendo musicalmente a cada ano e já se nota uma mudança significativa na qualidade do seu produto musical. O estilo sertanejo, por exemplo, que sempre foi o ponto forte da região, começa a dividir espaço com novos movimentos musicais que abrigam bandas de *rock*, *jazz*, MPB, grupos de percussão, música eletrônica e até música clássica.

Assim, músicos como Geraldo e Tetê Espindola e grupos como Dombraz, Crazy Dick, Tradição, Curimba, O Bando do Velho Jack, entre outros, conseguiram se destacar no cenário musical campo-grandense, cada qual em seu respectivo gênero.

No campo da música de concerto, a Orquestra Sinfônica de Campo Grande, dirigida pelo maestro Eduardo Martinelli, tem atraído grandes plateias. Dentre os eventos realizados neste segmento destaca-se o já tradicional Encontro com a Música Clássica, que acontece a cada ano sempre no mês de outubro. A cidade conta ainda com as orquestras jovens da Fundação Barbosa Rodrigues e a GIC Viver Bem, cujas constantes apresentações têm sido bastante importantes para a popularização da música erudita na cidade.

O Carnaval de Campo Grande consta fundamentalmente do desfile de escolas de samba e blocos de enredo. Entre as principais escolas de samba da cidade estão o Grêmio Recreativo e Escola de Samba (GRES) Igrejinha, o GRES Unidos de Vila Carvalho e o Grêmio Recreativo e Cultural Escola de Samba Tradição do Pantanal.

No âmbito **gastronômico**, vale ressaltar que a culinária campo--grandense incorpora vários sabores locais. Desse modo, os restaurantes da cidade trazem em seus cardápios receitas desenvolvidas com produtos regionais e, um ótimo exemplo disso é o nhoque de mandioca com molho de carne seca. Também se destaca o churrasco de carne bovina (com forte influência gaúcha) servido com mandioca (um hábito adquirido com os índios) e algumas gotas de *shoyu* (um tempero japonês cujo significado é "soja"), algo que se tornou não apenas popular entre os campo-grandenses, mas indispensável em diversos pratos. Aliás, do Japão também veio outro prato típico da região: o sobá, um tipo de macarrão. Campo Grande foi a primeira cidade brasileira a oferecer esse prato num restaurante.

Os peixes também têm sua importância gastronômica em Campo Grande, sendo comuns os pratos com pacu, dourado, pintado e piranha. A sopa paraguaia – um bolo com milho, cebola e queijo – também é bastante comum na região. Outro alimento popular é a chipa, algo semelhante ao pão de queijo.

Além disso, outras delícias bem comuns são os pratos feitos com pequi, como o arroz ou a galinha preparados com o fruto – sendo que o cozinheiro deve tomar muito cuidado para não se machucar com os espinhos. Outras delícias regionais que não podem ser esquecidas são a guariroba e o arroz carreteiro com charque.

A bebida típica é o **tereré**, uma infusão de erva mate em água gelada, servida numa guampa, geralmente em formato de chifre de boi com uma bomba (um "canudo de ferro"). Trata-se de uma bebida de fácil preparo, tomada nos encontros entre amigos e familiares. Mas existem regras bem definidas numa roda de tereré, e que devem ser respeitadas. A bebida é consumida especialmente nos fins de semana, e acompanhada de música regional.

Ainda no que se refere à **cultura**, encontra-se em Campo Grande a Academia Sul Mato Grossense de Letras, cognominada "Casa Luís Alexandre de Oliveira", sucessora da Academia de Letras e História de Campo Grande, fundada em 11 de outubro de 1972 e que desde 1979 possui o nome atual. Trata-se de uma associação cuja finalidade é exclusivamente literária cultural, que representa o Estado perante a ABL.

Não se pode esquecer da União Brasileira de Escritores (seção MS), que surgiu a partir do antigo Movimento de Escritores Independentes, e atualmente congrega escritores da capital e do interior do Estado. Nas últimas três décadas ela tem realizado eventos interessantes, como a *Noite da Poesia*, um concurso de poesia que contempla texto e declamação.

Graças à parceria estabelecida nos últimos anos com a Fundação de Cultura de Campo Grande, a entidade conseguiu trazer grandes nomes – como

Adélia Prado; Wally Salomão; Arnaldo Antunes; Nélida Piñon; Gabriel, o Pensador; Affonso Romano de Santana; entre outros – para a apresentação de palestras.

No âmbito **esportivo**, a cidade possui uma boa infraestrutura e recebe todos os anos importantes eventos automobilísticos, por exemplo, como as etapas do *Stock Car*, do *Fórmula Truck* e da *Motovelocidade*. Essas competições acontecem no autódromo internacional Orlando Moura, localizado a 15 km a oeste do centro da cidade, que conta com uma pista de 3.433 m de extensão. Mas também ocorrem eventos no kartódromo Ayrton Senna, que fica a 15 km ao sul do centro da cidade, no bairro Cidade Morena. O local possui uma pista com 930 m de extensão.

No que se refere ao futebol profissional, as principais equipes de Campo Grande são o Comercial (competiu no Campeonato Brasileiro na Série D em 2017) e o Operário, que estava disputando a Série D em 2019, seguidas pelo Clube Esportivo Nova Esperança (Cene), Moreninhas, Portuguesa, Campo Grande, Guaicurus e o Novo Futebol Clube. A cidade possui alguns estádios, como o Morenão, o das Moreninhas (localizado no parque Jacques da Luz), o Olho do Furacão (de propriedade do Cene).

Para a prática de outros esportes existem vários ginásios espalhados pela cidade, como o Guanandizão, o do parque Ayrton Senna, do Sesc, chamado Camillo Bonni, o Moreninho (na cidade universitária, que pertence a UFMS); o Obra Social Paulo VI, o do Centro de Treinamento Esportivo, o do Clube do Trabalhador e aquele do Centro Poliesportivo da Mace.

Aliás, a cidade tem ainda outros equipamentos esportivos que inclusive permitem impulsionar bastante o chamado **turismo esportivo**, ou seja, pessoas que vem aos milhares das cidades vizinhas para acompanhar as competições em Campo Grande.

Campo Grande, por sinal, dispõe de uma razoável infraestrutura, tanto para o turismo tradicional quanto para o de eventos e histórico. Essa cidade encantadora é de fato uma das opções por onde começa a aventura turística dos que se propõem a conhecer o Pantanal.

Ela também se destaca no **turismo de eventos setoriais**, nos quais são discutidas as oportunidades para os mais diversos negócios. Existe também a possibilidade de o visitante se envolver com o **turismo rural**, podendo conhecer estâncias, pousadas, pesqueiros, trilhas ecológicas, cachoeiras, praticar esportes radicais e fazer cavalgadas.

Em Campo Grande a rede hoteleira chega a cerca de 70 bons estabelecimentos que totalizam aproximadamente 6.000 leitos. Todavia, especialistas afirmam que para um bom atendimento da demanda seriam necessários pelo menos mais 1.500 leitos. Entre os bons hotéis existentes na cidade destacam-se:

- **Grand Park** – Inaugurado em 15 de fevereiro de 2011, é um estabelecimento bem moderno, no qual os hóspedes podem desfrutar de um completo café da manhã de padrão internacional, sauna, piscina, estacionamento coberto, *Wi-Fi* e academia, tudo já incluso no valor da diária. Esse hotel é 100% para não fumantes e está dentro da NBR-9050 (Norma Brasileira de Acessibilidade).
- **Metropolitan** – Um hotel incrível com oito andares, 200 apartamentos, dois restaurantes, seis salas de conferências, uma sala de ginástica e galeria de lojas para atender aos hóspedes das classes A e B.
- **Deville Prince** – Tem 12 andares e 191 apartamentos, sendo quatro suítes. Oferece piscina externa, restaurante com 188 lugares, bar, *business center*, seis salas de eventos (que acomodam 750 pessoas) e academia de ginástica.

Também fazem parte da relação de bons hotéis da cidade o Bristol Exceler Plaza, o Turis, o Ibis Budget, o Jandaia, o Novotel, o Bahamas Apart e algumas dezenas de outros bons estabelecimentos voltados para a hospitalidade.

É claro que os visitantes e moradores de Campo Grande também demandam por boas refeições e, para atender a esse desejo a cidade dispõe de restaurantes para os mais variados gostos e recursos financeiros. Aí vão algumas sugestões:

- *Fogo Caipira* – Oferece pratos típicos da região pantaneira, como carne de sol na manteiga, assados e nhoque de batata doce.
- *Lagoa da Prata* – Serve culinária de raízes regionais, com pescados de água doce em porções mistas, com destaque para o bolinho e o quibe de tilápia, razoavelmente apimentados.
- *Casa Colonial* – Um lugar para almoço e jantar, seja em família, casal, entre amigos, ou até para tratar de negócios. Sua arquitetura e decoração são coloniais e em seu cardápio se destaca o galeto, a costelinha e o talharim.

- **Pietro i Maria** – Tem um cardápio de massas e risotos caseiros, além de ossobuco. Oferece ainda uma boa carta de vinhos. O local é rústico-contemporâneo.
- **Outback Steakhouse** – Um *pub* com proposta e estilo norte-americano, muita personalidade e comida no padrão da rede. É um ótimo lugar para se tomar um chope e saborear deliciosos petiscos.
- **Cantina Masseria** – Seu menu é italiano e variado. Oferece um *buffet* com saladas, carnes, massas, sobremesas e bebidas, por preços em conta.
- **Cantina Romana** – Um estabelecimento com foco na gastronomia italiana, com serviços *buffet* e à *la carte*, com carnes, massas, saladas e antepastos, tudo em uma atmosfera requintada.
- **Imakay** – Um local repleto de sabores japoneses e peruanos, incluindo *sushis*, ceviches, quinoa e pisco, em um estabelecimento contemporâneo e descolado.
- **Yallah** – Serve comida árabe, com destaque para as esfihas, as carnes, as pastas e os doces, tudo servido num ambiente casual.
- **Vermelho Grill** – Com uma decoração rústica e despojada, e um atendimento cortês, a casa oferece um cardápio variado de cortes grelhados dispostos bem à vista do cliente. É considerado como o melhor restaurante de Campo Grande nos quesitos carnes nobres e cerveja gelada.

Obviamente existem outras dezenas de bons restaurantes na cidade. Esta, portanto, é apenas uma amostra para provar a todo aquele que for a Campo Grande que ele ou ela poderá com certeza alimentar-se muito bem quando chegar lá!!!

Em Caxias do Sul, a catedral Santa Teresa D'Avila (que foi inaugurada em 1899), na praça Dante Alighieri.

Caxias do Sul

PREÂMBULO

A cidade de Caxias do Sul apresenta o maior Índice de Desenvolvimento Socioeconômico dos municípios do Rio Grande do Sul (Idese), tendo obtido uma avaliação próxima de 0,85, inclusive nos quatro principais blocos avaliados: educação, renda, saúde, saneamento e habitação – todos acima de 0,8.

A obtenção desse elevado Idese se deveu, em parte, à boa atuação da administração pública municipal, que tem investido em uma multiplicidade de programas de fomento econômico, como por exemplo no programa de Economia Solidária, nos arranjos produtivos locais (APLs), nas associações de recicladores, nos polos de moda, informática e metal-mecânica, na Associação de Garantia de Crédito da Serra Gaúcha, na Instituição Comunitária de Crédito (ICC – Banco do Povo) e em outros projetos, convênios e parcerias com as mais variadas entidades públicas e privadas.

Neste sentido, também foi crucial o trabalho da Câmara da Indústria, Comércio e Serviços de Caxias do Sul, que hoje agrega mais de 1.500 pessoas jurídicas de micro, pequeno, médio e grande portes, representando a indústria, o comércio e os serviços. Trata-se da maior associação do gênero no interior do Estado, principalmente no que se refere à criação de empregos e programas de capacitação.

A HISTÓRIA DE CAXIAS DO SUL

Caxias do Sul é um município muito importante do Estado do Rio Grande do Sul. Ele ocupa uma área de 1643,91 km², e os municípios limítrofes são Campestre da Serra, São Marcos, Monte Alegre dos Campos, Vale Real, Nova Petrópolis, Gramado, Canela, São Francisco de Paula e Farroupilha. Estima-se que no início de 2019 vivessem na cidade cerca de 500 mil habitantes, e seu PIB já chegou a ultrapassar os R$ 25,3 bilhões.

Antes da chegada dos imigrantes italianos no século XIX, a região onde fica o município foi habitada pelos índios caingangues, e é daí que vem a sua denominação antiga: Campo dos Bugres. Por essa região passaram tropeiros em seus deslocamentos entre o sul do Estado e o centro do País; também foi por lá que os jesuítas tentaram se estabelecer, embora sem sucesso!?!?

Na segunda metade do século XIX, em virtude da guerra de unificação italiana, aquele país europeu se encontrava em grave crise social e econômica, o que fazia com que os agricultores empobrecidos não conseguissem sequer garantir a subsistência. Nessa mesma época, o governo imperial do Brasil decidiu empreender a colonização de áreas desabitadas do sul do País. Desse modo, após o sucesso de uma iniciativa semelhante com os alemães, ele incentivou a vinda de imigrantes italianos.

A área escolhida era conhecida como Fundos de Nova Palmira, uma região formada por terras devolutas, delimitada ao norte pelos Campos de Cima da Serra e ao sul pela região dos vales, de colonização alemã. Em 1875 chegaram os primeiros colonos, em sua grande parte oriundos da região do Vêneto. A árdua travessia dos imigrantes pelo oceano Atlântico durou cerca de um mês e aconteceu em navios superlotados, nos quais as mortes por doenças e más condições gerais eram **comuns**.

Inicialmente os imigrantes aportavam no Rio de Janeiro, onde permaneciam em quarentena na Casa dos Imigrantes. Daí embarcavam em um vapor até a cidade de Porto Alegre, de onde eram encaminhados ao antigo porto Guimarães, hoje município de São Sebastião do Caí. Depois disso eles subiam a serra e atravessavam uma região ainda praticamente selvagem até chegarem ao seu destino: área hoje denominada Nova Milano.

A partir de 1876 os moradores daquela região se transferiram para a chamada sede Dante – a primeira a ser demarcada na região –, o centro administrativo da colônia, e que viria a se tornar futuramente a cidade de

Caxias do Sul. Na época eles foram recebidos num barracão de madeira, donde, aliás, surgiria o epíteto Barracão, atribuído à pequena sede colonial.

Posteriormente essas pessoas foram distribuídas pelos lotes de terra que lhes foram cedidos pelo governo. Em 11 de abril de 1877 há havia no local cerca de 2.000 colonos e a denominação oficial do lugar passou a ser colônia Caxias (em homenagem ao duque de Caxias). Apesar do pequeno auxílio dado pelo governo, as condições iniciais de sobrevivência eram bem difíceis.

Por conta da ausência ou precariedade das estradas as famílias permaneciam em grande parte isoladas umas das outras. Além disso, os moradores desconheciam o ambiente ainda selvagem em que haviam sido lançados. O ferramental de que dispunham era primitivo ou escasso e as técnicas agrícolas que haviam trazido da Itália não se adaptavam bem ao clima e ao solo locais.

Enquanto a casa não ficava pronta e a agricultura não dava frutos, o sustento dos colonos vinha da coleta, da caça e da venda da madeira derrubada. Somente muita resiliência e bastante empenho de cada núcleo familiar é que possibilitou a sua sobrevivência nos primeiros tempos. Neste sentido, uma vez que as famílias dependiam de muitos braços trabalhadores, elas precisavam ser numerosas, o que fez com que a colônia Caxias crescesse rapidamente. Mas o fluxo de novos imigrantes também continuou e logo a economia local se estruturou com **base em subsistência**.

Os principais produtos da região eram o trigo, o feijão e o milho, seguidos pela batata inglesa, a cevada e o centeio. Aos poucos foram sendo introduzidas várias espécies frutíferas, como castanheiras, marmeleiros, macieiras, pereiras, laranjeiras e cerejeiras. Também eram criadas galinhas, coelhos, ovelhas, cabras, porcos e vacas. Adicionalmente, surgiu alguma produção de mel e, inclusive, de seda.

Porém, apesar desse perfil agrícola, logo ocorreu um certo desenvolvimento comercial e industrial na sede urbana. O objetivo era, essencialmente processar e fazer circular os excedentes da produção agropecuária, mas isso acabou fazendo surgir as primeiras **casas de secos e molhados**, assim como vários pequenos negócios e estabelecimentos familiares, como: carpintarias, marcenarias, olarias, ourivesarias, ferrarias, selarias, sapatarias e alfaiatarias. Tudo isso conferiu um certo grau de autossuficiência à colônia emergente.

O resultado de todas essas atividades pôde ser visto em 1881, com a primeira Feira Agro-Industrial de Caxias – que, aliás, deu origem à moderna Festa da Uva – que centralizou as pequenas feiras e festas agrárias e artesanais que se realizavam na zona rural.

Todavia, em 12 de abril de 1884, quando já tinha uma população de 10.500 habitantes, Caxias perdeu sua condição de colônia da coroa imperial e foi anexada ao município de São Sebastião do Caí, tornando-se seu 5º distrito. Seu nome foi mudado para freguesia de Santa Tereza de Caxias, e a região foi redefinida como uma unidade administrativa, possuidora de paróquia própria.

Em 30 de outubro de 1886 a Câmara Municipal de São Sebastião do Caí estabeleceu um Código de Postura para a freguesia de Caxias e nomeou João Muratore como seu primeiro administrador distrital, porém, a administração *de facto* ainda continuava nas mãos de funcionários imperiais, que viam com desconfiança os italianos administrando a freguesia.

Assim, somente em 28 de junho de 1890 os italianos conseguiram postos de comando, dando início a uma tradição que, no entanto, tardaria para se consolidar. Nessa data o presidente do Estado, que já havia emancipado no dia 20 de junho o distrito, elevando-o a condição de município autônomo, nomeou a primeira **junta governativa** de Caxias, composta pelos italianos Angelo Chitolina, Ernesto Marsiaj e Salvador Sartori.

Em 1895 as linhas de telégrafo já cruzavam a vila e em 1906 foi inaugurada a primeira rede telefônica. No dia 1º de junho de 1910 Caxias recebeu o *status* de cidade e neste mesmo dia chegou até ela o primeiro trem ligando-a com a capital do Estado, Porto Alegre. Em 1913 foi instalada a iluminação elétrica. Vários ciclos econômicos marcaram a evolução do município ao longo do século XX.

Em suas primeiras décadas o modelo econômico que predominou foi ainda o de subsistência. O comércio foi favorecido pela ferrovia e pela rede de entrepostos criada pelos alemães, mas logo os italianos puderam criar canais próprios para o escoamento de seus produtos, gerando um capital significativo que possibilitou no futuro uma industrialização em maior escala.

Caxias do Sul veio a ser um grande centro comercial e posteriormente industrial graças à fabricação de vinho, banha e farinha, tendo Porto Alegre como principal ponto de distribuição. Pioneiros como Antônio Pierucinni e Abramo Eberle se destacaram respectivamente como comerciantes de vinho e de produtos metalúrgicos, abrindo mercados em São Paulo.

A Associação dos Comerciantes, fundada em 1901 teve um papel de enorme relevo em toda a região e surgiu como a maior força social, depois da **intendência** e da **Câmara Municipal** caxienses. Ela mantinha um controle rígido e eficiente sobre o comércio, tinha grande influência junto ao poder constituído, intervindo de forma positiva em crises econômicas e em problemas de infraestrutura local, além de atuar na área de assistência social.

Essa associação, apesar de algumas crises internas e desavenças com as autoridades, liderou todas as questões que de uma forma ou de outra diziam respeito aos interesses das classes produtoras, mesmo quando se tratava de assuntos exclusivamente agrícolas, já que todas as atividades produtivas nessa fase, acabavam desembocando no comércio!!!

Enquanto isso, embora a cultura local ainda dependesse bastante do modelo tradicional de organização familiar, com suas raízes rurais, e mantivesse uma íntima ligação com a Igreja Católica, teve início um processo de refinamento e laicização. Por seu turno, com o fim da fase de assentamento de imigrantes, surgiu uma elite urbana mais educada e interessada em adquirir conhecimentos, capaz de se dedicar mais ao lazer e à cultura, e que, portanto, adotou um comportamento menos folclórico e mais cosmopolita, o que acabou beneficiando a população em geral.

Em vista disso, fundaram-se clubes socio-recreativos que ofereciam programação cultural, como o Clube Juvenil e o Recreio da Juventude. Também surgiram clubes esportivos amadores, como o Esporte Clube Juventude e o Grêmio Esportivo Flamengo, o atual S.E.R. Caxias. No que se refere à educação pública, ela também começou a se estruturar e, em 1917, foi criada a primeira biblioteca municipal.

Os primeiros teatros e salas de cinema – como o Cinema Juvenil, o Central e o Cine Theatro Apollo – trouxeram para a cidade a produção cinematográfica mais atualizada da época e, ao mesmo tempo, criou-se um espaço para as apresentações de companhias itinerantes de teatro, de grupos amadores locais e até mesmo de outros grupos artísticos.

Em 1937, foi muito importante a criação do Centro Cultural Tobias Barreto de Menezes, por Percy Vargas de Abreu e Lima, um importante intelectual da cidade. Nele foram oferecidos cursos noturnos gratuitos, inclusive de Humanidades e Ciência, abertos para toda a população. Também foram desenvolvidas ali uma série de outras atividades culturais e, em função das ideias socialistas de seu fundador, o local se tornou palco de muitas discussões políticas. Aliás, a atual Casa da Cultura da cidade leva o nome de Percy Vagas de Abreu e Lima.

Em 1925 foi comemorado o cinquentenário da imigração italiana no Brasil, num período que se mostrou extremamente propício para se iniciar uma consagração pública dos sucessos já alcançados e consolidados, objetivando primeiramente integrar as elites coloniais no panorama histórico estadual até então dominado pelas representações pastoris-latifundiárias dos descendentes de portugueses.

Nesse contexto a Festa da Uva passou a constituir o maior evento da cidade, associando a **glorificação** do trabalho feito pelos italianos com as possibilidades do festejo com um importante fórum econômico. Ao mesmo tempo, na Itália fascista, surgiu o interesse de se **reconstituir** a história dos imigrantes italianos, interpretando-a como uma notável contribuição civilizatória da **raça latina** ao Novo Mundo, e estimulando os italianos que estavam no Brasil para que divulgassem, defendessem e se orgulhassem da sua **origem étnica**.

Tal posicionamento ufanista e racista, que não estava, entretanto, isento de uma manipulação estrangeira, foi imediatamente combatido e suprimido pelo então presidente do Brasil, Getúlio Vargas. Ele adotou uma linha de desenvolvimento nacionalista, passando a minimizar a autonomia estadual e as singularidades regionais, os chamados "**quistos sociais**", que haviam se formado inconvenientemente, em várias regiões do Brasil, em especial no sul.

Nesse momento a autoimagem excessivamente otimista e confiante construída pelos italianos começou a ser posta abaixo, e em vez de colaboradores no processo de crescimento e povoamento do País, os imigrantes passaram a ser vistos como **potenciais inimigos da pátria!?!?** O processo chegou ao ápice com a entrada do Brasil na 2ª Guerra Mundial, ao lado das nações aliadas contra os países do Eixo (Alemanha, Japão e Itália) ocasionando uma ruptura profunda dos laços entre a Itália e o Brasil, com pesadas consequências para as regiões onde havia imigrantes italianos.

Aliás, entre 1941 a 1944, havia muitas manifestações populares anti-italianas organizadas pela Liga da Defesa Nacional que procuraram suprimir os signos identificadores da etnia estrangeira, criando-se inclusive uma atmosfera de terror em vários atos públicos de agressão. Ao mesmo tempo os italianos e seus descendentes foram proibidos de falar a sua língua.

Tal medida formou em torno dos imigrantes italianos e seus descendentes um muro de silêncio, visto que a maioria deles mal sabia se expressar em português!?!? O deslocamento deles no País também passou a ser controlado e eles dependiam para poder viajar da concessão de salvo-condutos, o que prejudicou radicalmente sua interação em todos os níveis com os brasileiros. Tamanha repressão originou um esforço de autocensura por parte dos próprios italianos e seus descendentes, desestimulando o cultivo da memória até no recesso do próprio lar. Com isso, a partir de 1938 foi interrompida a celebração da Festa da Uva.

Vale lembrar que estrangeiros de outras origens étnicas – japoneses e alemães – também receberam tratamento semelhante àquele aplicado aos italianos. Na retomada da Festa da Uva, em 1950, data que coincidiu com a comemoração dos 75 anos da imigração italiana e teve, inclusive, um **espírito de reconciliação**, os imigrantes passaram a ser chamados de **pioneiros**. Isso indicou uma reorientação na identidade a ser construída por aquelas pessoas, agora com implicações progressistas que se abriram para os não italianos (ou seja, os filhos de italianos nascidos no Brasil), que passaram a ser considerados como **parceiros** em todo o processo civilizador.

Outro evento de grande significado simbólico fui a construção do monumento ao Imigrante, inaugurado em 1954 e mais tarde transformando em **monumento nacional**. O **desenvolvimento econômico** de Caxias do Sul ao longo do século XX obedeceu a um padrão semelhante ao que ocorreu no resto do País, utilizando técnicas e maquinário desenvolvidos nos países industrializados e adaptando-os às condições locais.

Na 2ª metade do século XX, as principais empresas caxienses já tinham filiais em Porto Alegre e a cidade já tinha desenvolvido um comércio expressivo de produtos suínos, laticínios, farinha, madeira e no setor vinícola. As suas indústrias metalúrgicas também estavam em crescimento, aproveitando inicialmente o trabalho artesanal de ferreiros, serralheiros e funileiros. Porém, em torno da década de 1950 elas adquiriram o perfil de indústrias modernas, principalmente com os investimentos feitos com o capital derivado da poupança e da expansão dos próprios estabelecimentos.

Um diferencial na evolução econômica caxiense (ou sul-caxiense) foi a formação de profundos vínculos de confiança na comunidade, o chamado **capital social**, possibilitando a organização da economia sobre bases mais fortes, a aceleração do ciclo econômico e a obtenção de resultados mais significativos. A rápida diversificação da sua economia se deveu também à progressiva urbanização e à falência do sistema colonial do minifúndio familiar. A sucessiva fragmentação das propriedades rurais entre os múltiplos herdeiros as tornou incapazes de prover o sustento das famílias, geralmente bem grandes, ocasionando o êxodo rural e transformando boa parte dos **antigos agricultores** em **operários da indústria e comércio!?!**

Assim como a primeira metade do século XX representou uma abertura e maior integração da cidade ao contexto estadual e nacional, já a segunda metade tornou-se uma fase de abertura de Caxias de Sul para o mundo com a mudança em seu perfil produtivo, político e cultural, ou seja, o início de sua penetração no mercado internacional e a consolidação de sua posição como uma das maiores economias do Brasil.

A cidade cresceu aceleradamente, passando a sua população de 54 mil habitantes em 1950 para 180 mil em 1975 e cerca de 360 mil pessoas em 2000 e agora em 2019 está ultrapassando meio milhão de municípios!?!? Claro que isso trouxe consigo diversos problemas sociais, culturais, econômicos e ambientais, típicos das cidades brasileiras com grande taxa de expansão.

O dinamismo industrial da cidade se intensificou a partir da década de 1970, alicerçado na diversidade de empreendimentos que eram desde material de transporte (talvez a mais significativo...) ao mobiliário, aos produtos alimentícios, à metalurgia, ao vestuário, aos calçados e artefatos de tecido, tomando-a a **segunda** área em importância econômica do Estado, atraindo pela sua alta **empregabilidade, gente** de outros Estados e naturalmente do interior do Rio Grande do Sul.

Em anos mais recentes a economia local sofreu uma drástica mudança de ênfase, assumindo grande importância a **setor terciário**. Houve também um grande crescimento da informatização e automatização nas empresas, uma melhoria na infraestrutura, uma maior preocupação com o meio ambiente e foram criados novos empregos e novos mercados em várias frentes internacionais.

Em 1994 foi criada a Aglomeração Urbana do Nordeste do Rio Grande do Sul (AUNE), composta pelos municípios de Bento Gonçalves, Carlos Barbosa, Caxias do Sul, Farroupilha, Flores da Cunha, Garibaldi, Monte Belo do Sul, Nova Pádua, Santa Tereza e São Marcos, que no final de 2018 tinha uma população de praticamente 1 milhão de habitantes, sendo a segunda maior do Estado, destacando-se pela concentração populacional e pelo dinamismo de sua estrutura econômica. Da fragmentação da antiga colônia Caxias nasceram os atuais municípios Flores da Cunha, Farroupilha e São Marcos.

Em Caxias do Sul, agora cerca de 93,7% da sua população vive na zona urbana. Estima-se que em 2019 a composição étnica da população residente no município era: 89% de brancos; 8% de pardos; 2,6% de negros e os restantes 0,4% de amarelos, indígenas e de etnia não declarada. Quanto à religião cerca de 81% da sua população eram católicos, 14,4% seguindo credos evangélicos; 1,9% não seguindo nenhuma religião e os restantes 2,7% distribuídos entre espíritas, umbandistas, muçulmanos, judeus etc.

No tocante ao meio ambiente a cidade conta com um posto do Ibama (Instituto Brasileiro do Meio Ambiente e dos Recursos Naturais Renováveis) e a prefeitura implementou e fiscaliza uma extensa legislação criada pela Câmara dos Vereadores e mantém uma secretaria de Meio Ambiente, responsável por ações de preservação e manejo dos recursos naturais. Dentre as suas atividades destacam-se programas de educação ambiental, como: Plante uma Árvore, o Repovoamento da Araucária, as Conferências do Meio Ambiente, o Calendário Ecológico, a Olimpíada Ambiental, a Semana do Meio Ambiente e algumas outras.

A cidade tem algo próximo de 16,4 m^2 de área verde para cada habitante, tendo cerca de 50 praças e vários outros espaços verdes e APAs, como por exemplo o parque municipal Mato Sartori, os 186.000 ha no entorno da bacia de captação de Caxias do Sul, no distrito de Fazenda Souza, a maior APA para extração de água da mata atlântica e o aterro sanitário do Rincão das Flores, que tem a maior parte de sua área de 275,8 ha destinada à preservação.

Vários parques possuem áreas de flora nativa e áreas urbanizadas com equipamentos de esporte e lazer, entre eles os parques dos Macaquinhos, do Cinquentenário e Dr. Celeste Gobath. Caxias do Sul tem também um Jardim Botânico com 50 ha, e preserva a flora local ao mesmo tempo em que propicia a recuperação das áreas degradadas por meio da coleta e da reprodução.

Um dos principais problemas ambientais que se vive hoje em Caxias do Sul é a elevada **poluição**. As águas dos afluentes do rio Jaguari, por exemplo, estão contaminadas com agrotóxicos, esgotos domésticos e efluentes industriais, sendo os esgotos da cidade os maiores responsáveis pela poluição do rio Caí. No sentido de resolver este problema, a prefeitura tem feito grandes investimentos em programas de despoluição hídrica. A **poluição sonora** também se tornou uma grande preocupação, embora exista na cidade uma legislação especial para tratar desse problema.

Já a **poluição visual** no centro de Caxias é intensa, atingindo, inclusive, prédios históricos tombados, e com isso descaracterizando-os. Para minimizar esse problema, por meio da lei complementar Nº 412 de 12 de junho de 2012, foi criada uma série de regras para a comunicação visual na cidade. Entre outras medidas, a lei determina um limite máximo para o tamanho das placas, dos letreiros ou *banners* (peças publicitárias) utilizados na parte frontal dos estabelecimentos, em especial de lojas, escritórios e empresas. O interessante é que com a retirada dessas propagandas muitas fachadas históricas foram novamente **reveladas**!!!

Já no que se refere ao meio ambiente, apesar da proteção legal, o desmatamento e as queimadas na região da **mata atlântica** de Caxias do Sul continuam ocorrendo, e muitas vezes de forma dissimulada. Ai, nas encostas e nos terrenos de difícil acesso, espécies nativas são substituídas por outras mais exóticas, como o *pinus* e a acácia, apenas para atender aos mercados de madeira e papel. Outra forma de degradar a mata original é abrindo espaço para a criação de lavouras. Para despistar, um cinturão de vegetação nativa é mantido como camuflagem.

Outra causa de desmatamento é a **desvalorização comercial da terra** quando ela possui grande cobertura de mata protegida, o que em tese impede a sua exploração mais intensa. A fiscalização até existe, sendo feita por terra e ar pela Patrulha Ambiental de Caxias do Sul, ligada à Brigada Militar, porém, seu contingente é pequeno e insuficiente para cobrir a grande área sob sua jurisdição, que inclui 13 cidades.

Nos últimos anos também têm ocorrido em Caxias do Sul vários alagamentos e deslizamentos de terra provocados, respectivamente, pela ocupação inadequada das encostas. Nesses locais a cobertura do solo é frágil e, por conta de uma urbanização mal planejada, ele se torna impermeabilizado em áreas naturalmente propensas a enxurradas. Esses desastres infelizmente afetam mais as classes mais pobres, impelidas a se ficarem em zonas impróprias à urbanização, uma vez que somente aí elas encontram lugar para morar.

No que concerne a **economia**, estima-se que no início de 2019 a agropecuária respondesse apenas por 1,8% do valor adicionado bruto ao PIB caxiense. E apesar de sua pouca relevância econômica, o município é responsável pela produção de leite, ovos, carne (suína, bovina, frango), milho, tomate, cebola, mel de abelha, uva, caqui, maçã, laranja, pêssego, entre outros. Em contrapartida, a maior contribuição no PIB do município de Caxias do Sul vem do setor terciário, ou seja, de serviços, cerca de 60% de toda a riqueza produzida em Caxias do Sul.

A indústria é responsável por cerca de 38,2% do PIB de Caxias do Sul. Aliás, em 2019, o setor industrial contava com cerca de 7.500 empresas, distribuídas da seguinte forma: material de transporte (27%); têxtil de vestuário e artefatos de tecido (16%); produtos alimentícios, bebidas e álcool etílico (12%); mecânica (11%); química de produtos farmacêuticos, veterinários e perfumaria (10%). Depois disso vem os demais segmentos, com um número menor de empresas.

No tocante PEA, segundo estimativas, a cidade contava no início de 2019 com quase 200 mil trabalhadores, dos quais, entretanto, apenas 67% encontravam-se no mercado formal. Por outro lado, 61% das pessoas com carteira de trabalho assinada estavam no setor industrial, sendo que o maior contingente estava empregado no setor metal-mecânico.

Enquanto isso, no setor informal destacam-se as indústrias de fundo de quintal, como as malharias e confecções, as fábricas de alimentos e as empresas de serviços com baixo valor tecnológico agregado (reparos, limpeza, serviços domésticos etc.).

Estão em Caxias do Sul cerca de duas dezenas de empresas consideradas entre as maiores da região sul do País – algumas delas, as maiores do Brasil em seus respectivos campos de atuação. Nessa situação estão a Randon, um conglomerado do segmento de veículos; a Agrale, a única montadora de caminhões e ônibus de capital nacional; a Chies & Chies Ltda, líder no setor moveleiro; a Marcopolo, que produz mais da metade das carrocerias de ônibus do País; a Intral, uma referência na fabricação de componentes, reatores e luminárias de alta performance; e a Gazola S/A Indústria Metalúrgica, pioneira na fabricação de utilidades domésticas em aço inox.

Nesses últimos 15 anos, o setor da construção civil teve um grande crescimento. Com isso, empreiteiros e construtores se viram obrigados a buscar mão de obra até mesmo fora do Estado, para conseguirem executar suas obras. Isso, naturalmente, criou uma elevada empregabilidade na cidade.

A cidade não conta com grandes rios ou lagos naturais, por isso a água é captada em represas construídas para essa finalidade, que acumulam a vazão de pequenos arroios. O **serviço de abastecimento** de água é feito pelo Serviço Autônomo Municipal de Água e Esgoto (Samae), segundo o qual 100% da população urbana e 99,7% da população total do município recebem água captada nos sistemas Faxinal, Maestra, Samuara, Dal Bó, Galópolis e poços artesianos. Também foi inaugurado em 2012 o sistema Marrecas, para atender à expansão da demanda regional.

Historicamente sempre se priorizou no município o abastecimento de água, tanto que a preocupação com a **coleta do esgoto** ocorreu de fato só a partir das duas últimas décadas. No passado o esgoto era recolhido em fossas privadas ou lançado na rede de esgoto pluvial!?!? Somente em 1997 começou a funcionar efetivamente o primeiro sistema de coleta de esgoto com tratamento, que, entretanto, até poucos anos atrás, contemplava apenas uma pequena porcentagem da população. Neste sentido, o Samae vem realizando grandes obras voltadas para o tratamento de esgoto. No início de 2019, acredita-se que 88% do total de esgoto coletado na cidade já esteja sendo tratado.

No que se refere à **coleta de lixo**, esta é uma responsabilidade da Companhia de Desenvolvimento de Caxias do Sul, uma empresa de economia mista. No centro urbano a coleta é diária, enquanto nos bairros menos povoados ela acontece a cada dois dias, mas em ambos os casos, 100% dos domicílios são atendidos. O material recolhido é depositado em um aterro sanitário autorizado pela Fundação Estadual de Proteção Ambiental, onde recebe tratamento realizado pela prefeitura. Algumas associações de recicladores selecionam e comercializam o lixo seco recolhido. Já o tratamento do lixo industrial, hospitalar e laboratorial é de responsabilidade dos próprios emissores.

A **energia elétrica** é distribuída em Caxias do Sul pela empresa Rio Grande Energia, que atende o norte e o nordeste do Estado e tem uma de suas duas sedes regionais na cidade. A rede tem a tensão de 230V e as linhas com voltagem maior são administradas pela CEEE (Companhia Estadual de Energia Elétrica – Rio Grande do Sul).

No âmbito da **segurança**, a Polícia Civil de Caxias do Sul tem se esforçado no combate aos roubos, furtos, crimes contra a vida, assim como na luta contra o jogo clandestino e o consumo de drogas, entre outras coisas. Porém, a segurança está longe de ser eficiente e completa. O Poder Público, tanto nos níveis estadual quanto municipal, tem feito diversas iniciativas para melhorar a segurança da cidade, como a instalação de câmeras de vigilância em espaços públicos, dando recursos e equipamentos aos órgãos de segurança e ampliando o quadro de efetivos, entretanto ainda há vários problemas afetando a segurança. No município de Caxias do Sul há uma penitenciária que já foi considerada modelo, quando foi inaugurada em 2008. Porém, nesses últimos dez anos o local foi palco de rebeliões, bem como de tortura de apenados!?!?

No campo da **educação**, a rede municipal de ensino conta com quase 100 escolas de ensino fundamental e aproximadamente seis dezenas voltadas para a educação infantil. Existem cerca de 4.200 professores, que, segundo estimativas para o início de 2019, atendem a um público total estimado de 45 mil alunos, inclusive adultos e pessoas que necessitam de educação especial.

A rede particular, também em 2019, atendia a aproximadamente 20 mil crianças (entre creche, ensino médio e ensino especial), enquanto a rede estadual contava com cerca de 37 mil alunos matriculados (ensino básico e médio). O município possui vários grandes colégios de longa tradição, fundados no início do século XX. Este é o caso do La Salle Carmo, do La Salle Caxias e do São José. O ensino técnico conta com unidades do Senai e do Senac, e mais umas duas dezenas de escolas profissionalizantes.

No ensino superior destaca-se a Universidade de Caxias do Sul (UCS), que é privada, filantrópica e comunitária. Trata-se da IES privada com o maior número de estudantes do Estado do Rio Grande do Sul. Estima-se que no início de 2019 fossem cerca de 39 mil alunos.

Vale lembrar que a implantação dos primeiros cursos superiores em Caxias do Sul aconteceu ainda na década de 1950, um período marcado por grandes transformações no campo econômico, social e político, decorrentes do processo de modernização enfrentado pelo País. Na época, a superação dos problemas sociais e do atraso econômico e cultural eram alguns dos temas que mobilizavam os setores organizados da sociedade.

Ainda no campo da educação, a **universalização** da instrução primária, a expansão do ensino secundário e a política oficial do incentivo à instalação de IESs privadas foram algumas das proposições lançadas pelo governo federal como uma forma de inserir a educação no seu esforço desenvolvimentista.

Na década de 1950, Caxias do Sul já era a segunda maior cidade do Estado e vivenciava um período de crescimento econômico e modernização. Assim, ela gradualmente foi se transformando, enquanto sua população modernizava seus pensamentos e hábitos, com o surgimento de novas prioridades. Entre as novas demandas sociais estava a criação de novas opções de ensino com a implantação de cursos de nível superior para atender os jovens da cidade e da região!!!

No final da década de 1950 diversas entidades e personalidades da comunidade se mobilizaram para obter do governo federal a autorização para instalar na cidade os primeiros cursos de educação superior. No início dos anos 1960, Caxias do Sul já contava com cinco IESs, que juntas ofereciam cursos nas áreas de Ciências Econômicas, Filosofia, Pintura e Música, Enfermagem e Direito, entre outros. As primeiras faculdades foram:

- → Faculdade de Ciências e Faculdade de Filosofia, sob a orientação da mitra diocesana.
- → Escola de Enfermagem Madre Justina Inês, da Sociedade Caritativa--Literária São José.

- Faculdade de Direito, sob a direção da Sociedade Hospitalar Nossa Senhora de Fátima.
- Escola de Belas Artes, ligada à prefeitura municipal.

Frequentadas por alunos de Caxias do Sul e dos municípios vizinhos, essas faculdades foram os pilares sobre os quais se ergueria a futura UCS, fruto da união das mantenedoras dessas faculdades em torno de um ideal comum: a criação de uma universidade que, no entender de seus idealizadores, deveria simbolizar a expressão cultural da região e de seu tempo, mantendo fortes vínculos com sua comunidade.

Fundada em 10 de fevereiro de 1967, a UCS congregou inicialmente as entidades mantenedoras das primeiras faculdades citadas, reunidas sob a denominação de Associação Universidade de Caxias do Sul, sua entidade mantenedora. Ela foi instalação no prédio do antigo internato Sacré Coeur de Marie, no bairro Petrópolis, onde atualmente está a reitoria.

Seu *campus* ocupa uma área bem grande do bairro, e foi construído num modelo modernista na forma de blocos isolados e implantados num imenso jardim, o que possibilitou a continua expansão física dessa IES. Em 1974, após um período de crise financeira e institucional a associação mantenedora foi transformada em **fundação** – entidade jurídica de direito privado, sem fins lucrativos – numa configuração institucional que melhor representava o caráter comunitário e as propostas de regionalização preconizadas pelos fundadores da universidade.

Os integrantes da direção dessa fundação eram os membros da antiga associação e representantes do ministério da antiga associação e representantes do ministério da Educação, do governo estadual, dos municípios e de entidades da comunidade. Entre as décadas de 1970 e 1980, a UCS manteve-se fiel aos ideais de seus fundadores. Praticando uma política de ação regional, ela estendeu sua atuação aos diversos municípios da região, ao mesmo tempo em que promovia ações integradas com outras IESs isoladas, instaladas em municípios da região.

No final dos anos 1970 os alunos do UCS lutaram pela sua **federalização**, porém, não conseguiram alcançar seu objetivo. A partir de 1990 com base na prerrogativa de autonomia universitária, o processo de regionalização da UCS ganhou um forte impulso com a implementação de estratégias de ação que fortaleceram seu caráter comunitário e regional. Foram criadas novas unidades universitárias em subpolos regionais e assim passaram a integrar a UCS a Fundação Educacional da Região dos Vinhedos, com sede em Bento Gonçalves, e a Associação Pró-Ensino Superior dos Campos de Cima da Serra, cm sede em Vacaria.

Em 1993, o **projeto de regionalização** da UCS, submetido ao ministério da Educação, obteve parecer favorável e no documento oficial, as palavras do relator resumiram o sentimento de todos os que, através dos anos haviam abraçado a causa da UCS, com ele enfatizando: "O tempo ensinou que a soma de forças é a melhor opção agora em forma de universidade regional. Verifica-se, pois, que essa tão sonhada e perseguida regionalização chegou na hora certa: na maturidade plena das IESs participantes; na jovialidade perene dos que se lançam e perseveram na arte e na ciência de promover os seres humanos através da educação."

Em 2010 a UCS foi considerada pelo Instituto Nacional de Estados e Pesquisas Educacionais como a segunda melhor universidade particular do Brasil, sendo superada apenas pela Pontifícia Universidade Católica de São Paulo. Na realidade, há um bom tempo que a IES tem se destacado como uma das melhores universidades privadas do País.

Note-se que a partir da década de 1950 houve um grande crescimento da estrutura física do *campus*-sede da UCS – também chamado de Cidade Universitária – com a construção de novos prédios para abrigar salas de aula, laboratórios, unidades de serviços e outras facilidades, objetivando o conforto de todos os frequentadores do *campus*.

Seguiu-se também nessa expansão uma proposta de arquitetura, ecologicamente planejada, na qual se buscou criar uma atmosfera acolhedora, plena de muito verde e muita luz, propícia para o desenvolvimento das relações interpessoais. É verdade que diversas construções antigas foram mantidas e restauradas, criando-se assim um espaço no qual o moderno e o tradicional convivem em harmonia.

Com entrada franca e tendo um bom sistema de segurança, a Cidade Universitária oferece à população de Caxias do Sul e cidades vizinhas uma ampla área de lazer, propícia para a realização de práticas esportivas e obtenção de novos conhecimentos, em particular os culturais. No local estão uma capela ecumênica, a Vila Olímpica, o espaço cultural Nau Capitânia, o Zoológico e o Museu de Ciências Naturais, entre outros espaços que atraem muitos visitantes, especialmente nos fins de semana.

A Vila Olímpica é um órgão do Centro de Ciências Biológicas e da Saúde e tem como finalidade realizar, estimular e apoiar as atividades de ensino, pesquisa e extensão que envolvem os **esportes**, em suas diferentes modalidades, assim como a prática de atividades que promovam a **saúde** e o **bem-estar**. Assim, ela representa um importante espaço de apoio aos cursos da UCS, em especial àqueles da área de Saúde. As atividades e os serviços proporcionados ali estão disponíveis tanto para a comunidade interna quanto para a externa.

A Vila Olímpica possui um complexo esportivo-educacional, numa área superior a 30.000 m^2, que inclui salas de aula, laboratórios, três academias de ginástica, três ginásios, piscina, pista de atletismo, quadras de tênis e *paddle*, campo de futebol e quadras de vôlei e de futebol na areia.

Contribuindo ainda para a concretização da extensão universitária, a Vila Olímpica mantém diversas escolinhas de iniciação esportiva e oferece atividades dirigidas em suas academias de ginástica e piscinas abertas ao público. Também apoia com pessoal, orientação técnica e infraestrutura os programas de caráter comunitário desenvolvidos pela UCS, em especial o programa Cidadão do Século XXI e a Universidade de Terceira Idade.

A criação dos cursos de graduação em Fisioterapia e Nutrição, e de especialização em Medicina do Esporte e do Exercício e Ciências de Esporte e de Saúde, bem como a criação em 2001, do Instituto de Medicina do Esporte e Ciências Aplicadas ao Movimento Humano, vieram a incrementar as ações da UCS, no âmbito de ensino da pesquisa e da extensão votadas par os esportes, a saúde e a qualidade de vida da população.

Em 1997, a UCS, como parte das atividades comemorativas dos seus trinta anos de fundação lançou o programa UCS Olimpíadas, cuja finalidade foi de estimular a formação de atletas nas modalidades olímpicas, que logo em seguida passou a contar com a parceria do Instituto de Medicina de Esporte e Ciências Aplicadas ao Movimento Humano, que tornou-se um órgão interdisciplinar voltado à realização de ações com foco no esporte de alto rendimento.

Assim, em sua essência, o programa UCS Olimpíadas visa incentivar a formação de atletas em modalidades olímpicas, promovendo ações voltadas para: os esportes de formação, de alto nível, universitário, e para atletas portadores de necessidades especiais. Como programa marcadamente extensionista, deve também alimentar as atividades de ensino e pesquisa desenvolvidas pela comunidade acadêmica – e se alimentar delas.

O programa abriga atividades em 22 modalidades esportivas (atletismo, basquete, canoagem, futebol, futsal, handebol, luta olímpica *tae kwon do*, tênis, tiro ao prato, triatlo, voleibol etc.), de categorias que vão do mirim ao adulto, nas quais estão envolvidos cerca de 1.600 atletas. As atividades também constituem campo de estágio para acadêmicos dos cursos de graduação e pós-graduação da UCS.

Distribuídos pela Cidade Universitária estão também instalados outros importantes órgãos que apoiam e sustentam ações da UCS nas mais diferentes áreas de competência, com destaque para a Biblioteca Central (todo o acervo da UCS na realidade está atualmente distribuído em 12 bibliotecas existentes em seus vários *campi*, contando com mais de 1.060.000 exemplares), o Hospital Geral, o ambulatório central, o Centro de Teledifusão Educativa, a UCS TV, a Casa do Professor, a editora da IES, o UCS Teatro, entre outros, o que faz com que hoje a UCS tenha mais de 105.000 m² de área construída.

Por sinal, o teatro da UCS, ou seja, UCS Teatro, foi inaugurado em agosto de 2001 com um *show* da famosa cantora Mercedes Sosa (1935-2009) e também a participação do cantor brasileiro Fagner. O USC Teatro tornou-se um espaço onde **conhecimento, arte, cultura e entretenimento** se alternam e se misturam, oferendo à comunidade a possibilidade de desenvolver e ampliar o seu gosto cultural e estético, ao presenciar muitos espetáculos musicais, *shows* e peças teatrais.

Com capacidade para receber confortavelmente 755 pessoas, o USC Teatro é um local privilegiado para realização de grandes eventos acadêmicos, formaturas, palestras e encontros estudantis. Na sua agenda há sempre um luga reservado para os ensaios e apresentações da Orquestra Sinfônica da USC, que já formou um público cativo e uma vez por mês, apresenta um espetáculo com **entrada franca**.

No palco do UCS Teatro já se apresentaram grandes nomes do cenário artístico nacional e internacional, como: Roberto Carlos, Nei Matogrosso, Ana Carolina, Ed Motta, Zeca Baleiro, Ivan Lins e os humoristas Chico Anísio e Tom Cavalcanti, e já recebeu espetáculos como *Quixote,* com Carlos Moreno; *Pequeno Dicionário Amoroso*, com Cristiana Oliveira e Eri Johnson entre outros; e as óperas *Madame Butterfly* e *A Viúva Alegre*.

Atualmente a UCS possui *campi* nas cidades de Bento Gonçalves, Vacaria, Canela, Farroupilha, Guaporé, Nova Prata e São Sebastião do Caí, e, além disso, ainda o *campus* 8 no qual há cerca de 150 opções de cursos em nove áreas de conhecimento.

No que se refere ao *campus* 8 ele oferece os cursos de arquitetura e urbanismo, *design* de moda, educação artística, artes visuais e tecnologia, além de abrigar a orquestra da UCS, o que lhe rendeu o apelido de "**Cidade das Artes**". No *campus* 8 formam-se profissionais que irão atuar em algum setor da EC, fazendo com que pouco a pouco Caxias do Sul se aproxime cada vez mais de uma **cidade criativa**, além de ser, evidentemente, uma **cidade encantadora!!!**

Localizado no km 69 da Rodovia RS 122, entre Caxias do Sul e Farroupilha o *campus* 8 é um prédio isolado, construído em meio a uma imensa área verde. Fruto do auge do modernismo do final da década de 1950, ele foi projetado pela construtora Niederauer e Marchioro, que o ergueu a partir de 1957. O prédio foi inaugurado em 1961 como Colégio Santa Francisca Xavier Cabrini, pela madre Rita Coppaloni, que até então dirigia a matriz do colégio no bairro de Vila Mariana, em São Paulo.

Na mesma época, foi construída a capela administrada por freiras missionárias do Sagrado Coração de Jesus (cabrinianas). Com uma estrutura simples, mas impecavelmente conservada (apesar do grande intervalo de tempo em que o complexo ficou abandonado), ela é muito valorizada por seus detalhes, que, aliás, são considerados verdadeiras obras de arte. Os vitrais com imagens de santos, idealizados pelas próprias irmãs, foram fabricados com materiais importados por uma das empresas mais conceituadas da época, a Casa Genta S.A.

O colégio funcionou até 1971, quando fechou por motivos de ordem econômica. Desde então, várias tentativas foram feitas para transformar o prédio num hospital, num hotel, numa unidade da UCS, até que em 1974, instalou-se ali uma indústria metalúrgica que permaneceu no local durante a década de 1980, até se transferir para a cidade paulista de São Bernardo do Campo. Finalmente em 1995, o espaço foi ocupado pela UCS.

A UCS tem um excelente programa de línguas estrangeiras [alemão, chinês (mandarim), espanhol, francês, inglês, italiano, japonês, russo, latim] que possibilita de forma eficiente o aprendizado de um idioma para diferentes públicos: adolescentes, adultos e terceira idade. Os próprios alunos da UCS frequentam estes cursos, em especial quando se inscrevem nos programas de intercambio e são aceitos em IESs de países cuja língua não dominam.

E não se pode esquecer que a UCS mantém um centro tecnológico (CETEC), que é na realidade uma escola de ensino médio e profissional com unidades em Caxias do Sul (sede), Bento Gonçalves e Veranópolis. O

CETEC foi criado em 1995 e se tornou uma IE de excelência em educação de jovens, valendo-se de uma proposta que alia uma sólida base de educação geral à formação para o trabalho, integrando ensino médio de qualidade e cursos técnicos, que tanto prepara o jovem para ingressar em algum curso de nível superior, como o habilitam a iniciar uma atividade profissional na área técnica.

Para concretizar sua proposta educacional, o CETEC seguiu uma diretriz filosófica e um currículo especialmente elaborados para o jovem contemporâneo, que está em busca de conhecimentos, competências e autonomia intelectual e ética, e necessita, portanto, de orientação, incentivo e apoio para realizar com sucesso esta etapa de sua formação. Neste sentido, o aluno que estuda no CETEC é:

- Desafiado a explorar ao máximo sua capacidade de aprender, priorizando o estudo e a pesquisa no seu processo de aprendizagem.
- Incentivado a desenvolver suas competências pessoais, intelectuais e sociais, chamando para si a responsabilidade pelo seu processo de formação.
- Desafiado a explorar ao máximo sua capacidade de aprender, priorizando o estudo e a pesquisa no se processo de aprendizagem.
- Estimulado a desenvolver suas competências pessoais, intelectuais e sociais, chamando para si a responsabilidade pelo seu processo de formação.
- Provocado a investigar, analisar e propor, tendo como referencial um código de princípios e valores éticos.
- Incentivado a interagir e construir, coletivamente, ideias, projetos e conhecimentos, aprendendo a respeitar as diferenças e a valorizar o bem comum.
- Direcionado de modo a assumir responsabilidades e ser capaz de planejar seu caminho rumo à maturidade, construindo sua identidade, tornando-se um cidadão preparado para intervir de maneira positiva e transformadora na sociedade.

Em última análise, quem estuda no CETEC tem a possibilidade de desenvolver seu **potencial criativo**, acostumando-se a ter ideias capazes de quebrar pressupostos ou romper paradigmas. E, como fator essencial para o desenvolvimento de sua proposta, o CETEC mantém um corpo docente formado por professores com diversas experiências acadêmicas e profissionais, com diferentes titulações, capacitados a atuar como intermediadores (facilitadores) de processo de desenvolvimento do estudante.

Bem, hoje, a UCS é sem dúvida uma parte essencial do projeto de desenvolvimento regional e busca cada vez mais através da **qualificação** contínua e do incentivo aos universitários, crescer e consolidar sua presença no panorama universitário nacional e internacional. A cidade possui também dois centros universitários o FSG Centro Universitário do Serra Gaúcha, que foi fundado em 1999, e que conta com mais de 50 cursos de graduação e dezenas de cursos de pós-graduação e o Uniftec.

Outras IESs são a Faculdade dos Imigrantes, a Faculdade IDEAU, a Faculdade Fátima, além de unidades do grupo educacional Anglo-Americano da Universidade Estadual do Rio Grande do Sul (UERGS), da Universidade Norte do Paraná e da Universidade do Vale do Rio dos Sinos (Unisinos, criada em 2008), entre outras. Além disso, por conta do desenvolvimento da cidade, diversas IESs têm interesse de se instalar em Caxias do Sul, começando essa empreitado pelos polos EAD. Há também um movimento por parte de alguns colégios tradicionais no sentido de abrir seus próprios cursos de nível superior.

No que se refere à **ciência** e a **tecnologia**, existem na região de Caxias do Sul algumas instituições envolvidas com essas áreas. Uma delas é o IFRS (Instituto Federal de Educação, Ciência e Tecnologia do Rio Grande do Sul), que tem um *campus* na cidade e oferece **gratuitamente** ensino médio, cursos técnicos, graduação e pós-graduação. Com estímulo à pesquisa e ao empreendedorismo nos campos da inclusão social e do cooperativismo. O IFRS concede o prêmio Técnico Empreendedor e atualmente está ampliando bastante suas instalações.

Também funcionam na cidade unidades da Faculdade de Tecnologia, oferecendo cursos de graduação, pós-graduação e extensão em Análise e Desenvolvimento, *Design* de Moda, *Design* de Produto, Engenharia de Computação, Gestão de Tecnologia da Informação, Logística, *Marketing*, Produção Multimídia e Redes de Computadores, entre outros, formando gente apta a abrir novos negócios em vários setores da EC.

A prefeitura organiza as atividades em três polos tecnológicos: o Trino Polo, sediado na incubadora tecnológica, abrangendo os setores metal-mecânico automotivo, de moda e da informática, integrando muitos produtores, comerciantes e IEs.

Já se falou bastante da UCS, convém entretanto ressaltar que ela possui também **núcleos de inovação e desenvolvimento**, abrangendo as áreas como agricultura sustentável, agroenergia, estudos e pesquisas em políticas públicas e sociais, estudos e saberes regionais, tecnologia agroindustrial e TI aplicada às organizações e vários pesquisadores ligados à UCS já foram premiados pelos trabalhos que desenvolveram nas suas especialidades.

No campo da **saúde**, estima-se que em 2018 houvesse na cidade cerca de 240 estabelecimentos de saúde, sendo uns 30% deles públicos e uns 15% privados, mas conveniados com o SUS. Entre os principais hospitais de Caxias do Sul, todos com mais de 100 leitos e especialização em várias áreas (como pediatria, cirurgia, ginecologia-obstetrícia, psiquiatria, medicina interna, neurologia, ortopedia, entre outras), destacam-se o Hospital Nossa Senhora de Pompeia, o Hospital Geral Presidente Vargas, o Hospital Saúde, o Hospital Virvi Ramos, o Hospital do Círculo Operadora e o Hospital Unimed de Caxias do Sul.

O Hospital Unimed foi inaugurado em 2004, sendo um hospital geral com 132 leitos, sendo o único da região com heliponto e que conta com uma central própria para o tratamento de efluentes, tendo, inclusive, o nível 3 em acreditação hospitalar pela avaliação da Organização Nacional para Acreditação.

Por sua vez, a Círculo Operadora, por meio de seu hospital, possui uma das estruturas mais modernas e completas na área de saúde, com equipamentos de última geração que garantem precisão em seus diagnósticos e tratamentos. Esse hospital ocupa uma área de 15.000 m^2, tendo 149 leitos e 9 unidades de internação (clínica, pediatria e maternidade, UTI adulto, pediátrica e neonatal, centros cirúrgico e obstétrico, emergência, completa unidade de diagnósticos por imagem com equipe médica, laboratórios e farmácia trabalhando 24 h/dia.

O seu corpo funcional conta com cerca de 650 profissionais, com o hospital tendo se tornado referência nas áreas de cardiologia, cirurgia plástica, materno-infantil e atendimentos de alta complexidade. Sua arquitetura contemporânea representa uma inovação na cidade e, ao mesmo tempo, valoriza o bem-estar dos pacientes: a estrutura é horizontal, e todos os quartos foram projetados para que os internados tenham vista direta para os jardins; o jardim interno proporciona leveza e conforto no ambiente hospitalar e permite que pacientes e familiares se mantenham em contato com a natureza, aspectos positivos que influenciam na recuperação do paciente. O hospital dispõe ainda de cafeteria, brinquedoteca, fraldário, caixas eletrônicos e capela, tudo para atender às necessidades dos visitantes.

A história do Hospital Pompéia, por sua vez, teve início em 1913, numa época em que a medicina era muito diferente daquela praticada no século XXI. Mesmo assim, há mais de 106 anos já existia um remédio que ajudava a curar muitas doenças: a **solidariedade**. Naquele ano, um grupo de 26 mulheres de Caxias do Sul se uniu para realizar **obras na comunidade**. Desde então, as **damas da caridade**, como passaram a ser conhecidas, não pararam mais!!! Elas decidiram criar um lugar que atendesse aos mais necessitados, e foi exatamente assim que nasceu esse hospital: com o propósito de ajudar o próximo e exercitar o espírito cristão da caridade.

No início o Hospital Nossa Senhora de Pompéia ocupava uma pequena sede na avenida Júlio de Castilhos. Na época a instituição era mantida com a ajuda da comunidade e com o trabalho incansável das damas da caridade. No entanto, como acontece com esse tipo de sonho, o Pompeia foi crescendo e precisou de muito mais espaço para se desenvolver. Um número cada vez maior de pessoas passou a recorrer ao Pompéia. Mas as damas da caridade sobrepujaram esse grande desafio com a inauguração, em 1940, de uma nova sede do Hospital Pompéia, no centro da cidade.

E o hospital não parou de crescer e todos que nele trabalhavam de fato abraçaram sua missão, sua visão e os princípios orientadores para o negócio, ou seja, a **assistência hospitalar**:

Missão – Zelar pela vida por meio da assistência hospitalar à comunidade, primando pela qualidade dos serviços prestados.

Visão – Ser uma referência, por excelência, nas áreas de tratamento, diagnóstico, ensino e pesquisa.

Princípios orientadores:

1º) Ser fraterno e atuar com sensibilidade.

2º) Agir com ética e profissionalismo.

3º) Ter qualidade e credibilidade no atendimento.

4º) Respeitar e valorizar o ser humano.

Hoje o hospital voltou para a avenida Júlio de Castilhos Nº 2030, e por trás de sua fachada histórica, existe um nosocômio moderno e dinâmico, que alia o espírito católico à vocação tecnológica em todos os momentos. Assim, dia após dia, o Hospital Pompéia está sempre renovando seu compromisso social de atender a quem precisa de cuidados, sendo um símbolo de luta e caridade. As damas da caridade jamais desistiram de seu projeto, e de fato ele está mais vivo do que nunca!!!

No que se refere ao Hospital Virvi Ramos, ele foi fundado em março de 1957 e vive numa busca constante pela qualidade e excelência nos serviços prestados. A sustentabilidade e o investimento em tecnologia são marcas importantes da instituição, que conta hoje com 133 leitos de internação.

Prova disso é que o hospital investiu na modernização de seu serviço de diagnóstico por imagem, com a aquisição de aparelhos de raios-X e mamografia digitais. Além disso, atendendo à nova normatização da Anvisa (Agência Nacional de Vigilância Sanitária), foram investidos recursos na modernização das UTIs, que tiveram os respectivos números de leitos ampliados de 11 para 19, dos quais 9 são para uso neonatal, e 10 para uso adulto.

Outro destaque do Hospital Virvi Ramos em termos de investimento é o setor de hemodinâmica, que conta com aparelhos supermodernos, o que facilita e agiliza a realização de exames. Assim, o hospital tornou-se referência regional nessa área. Além disso, o hospital também conta com equipe própria de fisioterapia, que atua ativamente na reabilitação de pacientes. Os laboratórios de Análises Clínicas, com uma unidade dentro do hospital e duas outras no centro da cidade, também se destaca pela qualificação dos serviços prestados, visto que é o único na cidade a possuir um moderno aparelho de urocultura, que proporciona resultados mais rápidos e precisos.

O cuidado com o **meio ambiente** também é uma prioridade do hospital, que desde 2012 conta com uma ETE, que visa dar destino correto a todos os resíduos gerados na atividade hospitalar, evitar danos e garantir a prevenção à poluição ambiental. Além disso, o hospital mantém um programa de sustentabilidade, que conta com iniciativas focadas na reciclagem de lixo, na gestão do desperdício alimentar, no uso racional da água e da energia e no descarte adequado de materiais eletrônicos, pilhas, baterias, dentre outros.

Vale lembrar também que o Hospital Virvi Ramos foi o primeiro da cidade a constituir um serviço de *home care*, criado em 1958, quando pacientes começaram a ser atendidos em suas próprias residências. O serviço, que está em funcionamento até hoje, envolve uma equipe formada por enfermeiros, técnicos de enfermagem, médicos, fisioterapeutas e nutricionistas.

No que se refere ao atendimento clínico, o Virvi Ramos possui um serviço ambulatorial que atende a situações de urgência e emergência em tempo integral, contando com uma equipe médica permanente e especialistas de apoio para quaisquer exigências.

Uma menção especial deve ser feita ao Hospital Geral (HG), cujas atividades, aliás, somente se tornaram possível por meio da assinatura do convênio Nº 334/97, celebrado entre o governo do Estado do Rio Grande do Sul e a Fundação Universidade de Caxias do Sul (FUCS), em 19 de março de 1988. Com isso, a FUCS ficou responsável por preservar o cumprimento da missão e dos objetivos do HG, assim como por prestar contas ao Estado e à sociedade e zelar pelo patrimônio público. Todavia, a inauguração oficial do hospital aconteceu somente no dia 27 de março de 1998, nove anos após o governador Pedro Simon ter autorizado o início de suas obras!?!?

O HG começou a ser idealizado após pedidos do titular da 5ª Delegacia Regional da Saúde, Milton Comassetto. Sua construção ocupou – e ocupa até os dias de hoje – uma área que pertencia e foi cedida pela secretaria estadual da Agricultura, ou seja, na rua Prof. Antônio Vigudi Nº 255. Os primeiros serviços oferecidos no HG foram de neonatalogia e obstetrícia e ginecologia.

Depois disso a instituição gradativamente passou a atender diversas outras especialidades, tornando-se referência em muitas delas e para mais de 1,4 milhão de habitantes, usuários do SUS, oriundos de 49 municípios da 5ª Coordenadoria Regional da Saúde, e oferece um **atendimento universal e gratuito**, comprometido com a comunidade local e regional.

Outro hospital da região que vale a pena mencionar é o Hospital Saúde, cujos quartos são confortáveis e espaçosos. Sua ala de maternidade é considerada excelente e, de modo geral, o atendimento é elogiado pelos pacientes. Ainda em Caxias do Sul tem-se o Centro Médico Medianeira e o hospital particular da Associação Cultural e Científica Nossa Senhora de Fátima.

A prefeitura caxiense proporciona serviços de vigilância sanitária e ambiental; um serviço especializado na área da saúde do trabalhador, que cobre dezenas de municípios da região; tem vários núcleos de saúde mental; possui um programa de monitoramento da criança, desde a sua concepção, o Acolhe Bebê; tem o SAMU, bem como diversos serviços especializado, em um centro, além de manter uma **ouvidoria** para receber sugestões, críticas e reclamações dos munícipes sobre os serviços públicos de saúde.

E não se pode deixar de ressaltar o trabalho da APAE (Associação de Pais e Amigos dos Excepcionais) da cidade, que dá atendimento a pessoas com necessidades especiais através de assistência social de caráter preventivo, habilitador e reabilitador, buscando seu desenvolvimento global, inclusão e integração social. Atualmente a APAE atende cerca de 600 usuários, em ações de estimulação precoce, fisioterapia, escola especial, oficinas protegidas e de encaminhamento ao mercado de trabalho, com acompanhamento em psicologia, serviço social e pedagogia.

Quanto à **mobilidade**, inicialmente deve-se ressaltar que os principais acessos rodoviários a Caxias do Sul são as rodovias BR-116, RS-122 e RSC-453. A cidade possui uma malha rodoviária que tem cerca de 1430 km, dos quais cerca de 80% são pavimentados. Estima-se que em 2019 circulassem na cidade mais de 341 mil veículos, dos quais cerca de 255 mil fossem carros e aproximadamente 48 mil motocicletas. O restante seriam táxis, ônibus, micro-ônibus, caminhões, *vans*, tratores etc.

Diariamente, cerca de 230 mil passageiros utilizam o transporte coletivo. A exploração do transporte por ônibus é feita pela concessionária Viação Santa Tereza, e os habitantes também utilizam os táxis (cerca de três centenas) e os micro-ônibus. A estação rodoviária fica próxima do centro da cidade e recebe linhas que interligam Caxias do Sul a quase todas as localidades importantes do Estado, atendendo as cidades das regiões sul, nordeste e centro-oeste. O terminal tem 19.000 m^2 e conta com uma área construída de 6.800 m^2.

O volume de engarrafamentos na cidade vem crescendo ano a ano em vista da contínua expansão da rede privada de veículos e pela atual convergência da grande maioria das linhas de ônibus urbanos para o centro da cidade. Isso, por sua vez, também tem aumentado o número de acidentes de trânsito, em especial entre os jovens. Em geral as causas são o excesso de ingestão de bebida alcoólica, a imprudência, a negligência, a falta de atenção e o excesso de autoconfiança.

A secretaria municipal de Trânsito, Transporte e Mobilidade, junto com entidades privadas, tem desenvolvido projetos no sentido de melhorar a mobilidade urbana e humanizar o trânsito, incluindo programas de educam de maneira lúdica, especialmente entre o público infantil. Todavia, os resultados alcançados até agora têm sido insatisfatórios.

O **transporte aéreo** é feito utilizando-se o aeroporto regional Hugo Cantergiani, que comporta aeronaves do tipo *Boeing 737*. Estima-se que o fluxo de passageiros no primeiro trimestre de 2019 tenha sido de aproximadamente 60.000 pessoas, entre embarques e desembarques, com um total de 2.750 pousos e decolagens. Infelizmente a demanda desse aeroporto ainda é pequena, uma vez que operam nele apenas duas empresas: Gol (para São Paulo) e Azul (para Campinas), e mesmo assim com poucos voos. A atividade do aeroporto também é prejudicada pela pequena extensão da pista e pela urbanização em seu entorno, o que praticamente impede qualquer tipo de ampliação. Entretanto, já foram realizadas diversas melhorias em sua infraestrutura.

A prefeitura de Caxias do Sul já está construindo um novo aeroporto regional na Vila Oliva, que ocupará um terreno maior e terá possibilidades de expansão. Tomara que não demore muito para que ele fique pronto, pois na **era da velocidade**, qualquer cidade mais distante que pleiteie atrair mais visitantes precisa contar com um bom aeroporto!?!?

Como já foi dito, a colonização dessa região se deu numa sequência de grandes sacrifícios e privações materiais. As pessoas viveram num meio ambiente bastante selvagem e, com a escassa ajuda do governo, mesmo quem trabalhasse muito ainda poderia passar fome!!! E, de fato, apesar de todo o esforço por parte dos trabalhadores, muitos passaram fome nesse início tão difícil.

E num contexto tão adverso, **não houve muito tempo para que os colonizadores se dedicassem a atividades culturais**, a não ser as de aspectos folclóricos. Neste sentido, as mais destacadas foram as festas de caráter religioso e aquelas ligadas à produção e a distrações domésticas, como a confecção de rendas, a prática de jogos e a entoação de canções.

A despeito de suas variadas procedências e culturas diferenciadas, o amparo às dificuldades dos imigrantes ficou por conta deles mesmos, com o que criou-se entre eles uma forte rede de cooperação mútua, que acabou levando rapidamente ao florescimento de uma próspera nova cidade, que terminou centralizando a circulação dos excedentes da produção das colônias familiares do entorno. Afinal, a terra se revelou ser bem prodiga!!!

Também os uniram os laços de religião, de parentesco, de ancestralidade, formando-se comunidades com um perfil conservador e tradicional num universo cultural essencialmente pragmático e funcional, mas dominado como João Carlos Tedesco, pelo "*ethos* (caráter moral) **do colono**", do imigrante, de estrangeiros arrancados de suas raízes, mas ainda pouco integrados à cultura do novo país.

De fato, os imigrantes formaram na região uma espécie de **quisto cultural**. No núcleo urbano, à medida que as dificuldades iniciais eram superadas e a comuna enriquecia rapidamente, foi possível investir em formas mais refinadas de arte, e em breve começou a florescer uma produção de pintores, santeiros, decoradores e fotógrafos de mérito.

No início do século XX, o centro da cidade ficou repleto de sobrados com fachadas decoradas, palacetes e prédios imponentes e requintados, como a catedral, o palácio episcopal, o Cine Teatro Central, o Clube Juvenil, e diversas sedes de bancos. Nessa época também surgiram os clubes de elite e o povo não apenas se tornou fã do cinema, mas passou a apreciar as operetas!!!

Envaidecidos diante de tanta prosperidade, e influenciados pelo fascismo de Benito Mussolini – que chegou a elogiar publicamente os imigrante de Caxias do Sul e seus descendentes –, os moradores da região que tinham origem italiana encheram-se de um **exagerado ufanismo**. Ainda assim, prevaleceu nessa época a política nacionalista da era Vargas e tanto o quisto cultural como o orgulho étnico acabaram sendo dissolvidos, sob muita violência e repressão por parte do governo federal. Vale lembrar que somente nos anos 1950 aconteceria uma certa reconciliação social entre as partes, mesmo que nesse processo de integração forçada fossem perdidas diversas tradições e caríssimos valores comunitários.

A situação hoje é bem distinta, pois Caxias do Sul abriu-se para a cultura cosmopolita e cultiva as artes em suas mais diversas manifestações. A prefeitura mantém diretamente ou apoia de várias formas uma ampla gama de departamentos, programas, grupos e instituições culturais, entre elas a Casa da Cultura Percy Vargas de Abreu e Lima, que inclui o Teatro Municipal, a Biblioteca Pública e a Galeria Municipal de Arte; o Centro Cultural Henrique Ordovas Filho, várias unidades de teatro, dança, música, literatura e o departamento de Arte e Cultura Popular, além de dinamizar diversos outros centros comunitários.

A prefeitura tem também participado por meio de uma lei de incentivo à Cultura, concedendo anualmente vários prêmios e troféus para diversas áreas culturais e graças a isso a cidade em 2008 recebeu o título de "**capital brasileira da cultura**".

Entre os anos 1950 e 1960, vários fatores provocaram uma rápida descaracterização das feições étnicas e tradicionais da cultua caxiense, principalmente na zona urbana. Entre eles estavam: o declínio da religião como uma força social aglutinadora; os novos hábitos de consumo; a profunda mudança no sistema produtivo local; a padronização do ensino brasileiro; o descaso das novas gerações para com a língua e os costumes de seus avós; a presença de um grande número de migrantes recentes de ascendência não italiana, para os quais as tradições coloniais nada significavam; a grande popularização dos meios de comunicação e entretenimento, como o rádio, a TV e o cinema e a progressiva abertura da cidade para o mundo.

Pressentindo uma perda iminente de raízes, a partir de meados da década de 1970, alguns intelectuais nativos da região começaram a se preocupar com o resgate da herança cultural ancestral. Entre eles, Loraine Slomp Giron e João Spadari Adami, que desenvolveram importantes pesquisas que resultaram na publicação de vários livros essenciais para o estudo da história local.

Entretanto, durante esse período em que houve uma verdadeira explosão de bibliografias sobre o tema da imigração (e não apenas em Caxias do Sul), a história dos colonos acabou sendo revista e novas leituras foram introduzidas. Dessa vez, ao contrário do que haviam feito os escritores das gerações entreguerras, narrativas mais francas, objetivas e científicas foram inseridas em comparação àquelas que apenas glorificavam os colonos. As novas pesquisas apresentavam a história caxiense com suas contradições e seus conflitos, com o intuito de tornar a imagem do imigrante menos mítica, mais real e mais rica.

O mesmo interesse pelo passado fez com que o governo municipal reestruturasse e reabrisse em 1975 o Museu Municipal, e criasse o Museu Ambiência Casa de Pedra, dois dos mais importantes museus históricos da cidade atualmente. Já em 1976, foi fundado o Arquivo Histórico Municipal e na década seguinte foi criado o departamento de Patrimônio Histórico da prefeitura, iniciando-se um trabalho de preservação e resgate das tradições imateriais, do legado artístico e da herança arquitetônica italianas, que estavam de fato desaparecendo rapidamente sob uma apressada onda de progresso.

O trabalho dessas instituições que se buscou em uma consciência de que o progresso pode conviver com o passado, junto com a atuação de grupos artísticos como o Miseri Coloni – de teatro realizado no dialeto característico da região, o *talian* – foram as forças ativas que lutaram para preservar e revitalizar aspectos importantes da tradição italiana, reinserindo-os com uma leitura crítica na vida de uma cidade que se tornava cada vez mais cosmopolita.

Por outro lado, na zona rural ainda são encontradas espontaneamente tradições que remontam aos primórdios da colonização. Entre elas o **Filó**, uma reunião de famílias que se confraternizam nas cozinhas das suas casas ou nas cantinas. Aí, enquanto os homens conversam e/ou jogam cartas, bocha ou a mora, as mulheres envolvem-se com artes manuais, como crochê, costura e confecção de ***dressa***, uma trança de palha de milho que dá origem depois aos chapéus, enquanto trocam suas experiências e as crianças se divertem com brinquedos bem rústicos.

Em meio a essas reuniões, sempre acompanhadas de um bom copo de vinho, do salame, dos *grostoli* (uma espécie de bolinho doce), do pão e do queijo, chega a hora da cantoria, quando todos em coro (geralmente *a cappella*), entoam longas canções antigas que lembram a terra natal, seus antepassados, e falam do amor e do trabalho.

No Natal, grandes grupos percorrem caminhos das comunidades rurais e visitam os amigos. Eles trazem nas mãos tochas enfeitadas com estrelas feitas de papel e cantam canções da *stela* anunciando a nova *stela* ("estrela") que simboliza o nascimento de Jesus Cristo. No dia do padroeiro das capelas comunitárias ocorre a *Sagra*, uma outra festa ritual também marcada pela prática coletiva da música e banquetes comunitários.

O mesmo acontece nos casamentos, nas festas de Ano Novo e em outras datas importantes para a cultura rural, como a vindima. Um pouco dessas tradições coloniais ainda sobrevive, mesmo no centro urbano, em especial na culinária e em algumas festas religiosas, como as "**procissões do encontro**" e o "**beijo do Senhor Morto**", durante a Semana Santa, que ainda atraem milhares de devotos.

Também permanece viva a figura de Nanetto Pipetta, um personagem literário criado em 1924 pelo frei Aquiles Bernardi, com uma encarnação das utopias acalentadas pelos imigrantes, em contraste com a dura realidade que enfrentavam na empreitada colonizadora. Suas aventuras foram publicadas no dialeto *talian*, originalmente na forma de folhetim pelo jornal *Staffetta Riograndense*, e tiveram sucesso imediato.

Essas narrativas foram reunidas em livro várias vezes, sempre esgotando as tiragens. De fato, já foram vendidos mais de 160 mil exemplares, inclusive para o exterior e, aliás, o livro já até recebeu uma continuação a partir de 1990, escrita por vários autores. Ele também foi escrito em *talian* e publicado pelo mesmo jornal, hoje chamado *Correio Riograndense*.

Também foi criada uma paródia bem-humorada da imagem do colono, pelo cartunista Carlos Henrique Iotti, com o seu Radicci e família. Ela foi publicada em vários jornais e, inclusive, recebeu o troféu HQ Mix, o maior prêmio brasileiro dedicado aos quadrinhos.

A memória folclórica e a história oficial construídas na cidade de Caxias do Sul ainda têm por base o culto do trabalho e as virtudes do imigrante italiano, todavia, elas, às vezes tendem a ignorar ou minimizar outras contribuições. Porém, embora os italianos tenham de fato formado o grupo inicial e predominante na cidade, compondo 90% da população em 1898, não foram somente eles que ergueram Caxias do Sul. Tampouco foram os italianos os primeiros a chegar lá, uma vez que outras etnias tiveram participação importante no local – há muitos séculos (ou até milênios) a região já era povoada por indígenas.

De outra parte, a maciça penetração da cultura brasileira e internacional veiculada pelos diversos meios de comunicação, junto com o crescimento contemporâneo de outras tradições, tornaram a cultura local um mosaico, sendo cada vez mais difícil se definir limites e conter as interpenetrações étnicas e culturais.

Como exemplo deve-se citar a popularização do **tradicionalismo gauchesco**, que realiza anualmente um Rodeio Crioulo Nacional que atrai mais de 170 mil pessoas e que conta mais de vinte Centros de Tradições Gaúchas (CTGs), com destaque para o Rincão da Lealdade, o mais antigo ao passo que só permanece ativa uma sociedade italiana!?!?

Porém, no processo de cosmopolitização que a cidade passou nas últimas décadas, a força da **tradição italiana** ainda é **bem grande**. Um exemplo disso foi a rejeição da comunidade de Criúva, quando se propôs a criação de um parque temático indígena na região. E pressionado, o poder público municipal se rendeu aos protestos...

Também sobrevivem histórias do folclore urbano, como a da "**Martha Rocha de Caxias**", uma senhora que se identificava com a famosa *Miss* Brasil Martha Rocha, e usava maiô e faixa de *miss* em praça pública; a de Garibaldi, um golpista que oferecia para venda até obras públicas, como viadutos; as que narram a tradicional rivalidade entre Caxias do Sul e a vizinha Bento Gonçalves (motivo para muitas piadas populares); e várias narrativas envolvendo o padre Giordani, uma das grandes lideranças comunitárias.

A principal festividade de Caxias do Sul é a **Festa da Uva** – ou **Festa Nacional da Uva** –, que, depois de décadas, infelizmente deixou de ser realizada em 2018, simplesmente por **falta de recursos**. Nesta feira e festa comunitária, que nos últimos tempos acontecia a cada dois anos, comemora-se a história, a cultura e a produção agroindustrial da cidade de Caxias do Sul e de toda a região. Ela foi uma evolução de uma série de feiras do setor agroindustrial que aconteceram no período entre 1881 e 1931, e cujo objetivo primário foi promover a cidade por meio da exposição de seus produtos mais típicos.

A partir de 1932 teve início uma importante transformação nas características dessa celebração, que passou a incorporar ideologias e articular narrativas que enalteciam a imigração italiana, a ligação com a terra, a vitoriosa história de progresso da comunidade, a operosidade do povo italiano e seu papel enquanto civilizadores e construtores de riquezas.

Entretanto, durante seu governo, o presidente Getúlio Vargas impôs um rápido abrasileiramento da até então cultura italianizada prevalente na região. Neste sentido, muitos dos laços existentes com as origens e tradições desse povo foram cortados e teve início um período de crise de identidade quando a celebração foi suspensa!?!? Depois do término da 2ª Guerra Mundial, em 1945, iniciou-se um período de reconciliação da Nação com a herança italiana e com a festa, que foi retomada em 1950 por ocasião do 40º aniversário da cidade e dos 75 anos de imigração italiana no Brasil.

Recorde-se que em 1931, Joaquim Pedro Lisboa foi quem organizou uma feira específica para os produtos que, naquela época, mais caracterizam Caxias do Sul: a **uva** e o **vinho** – a base da economia da cidade. Na ocasião, a motivação fora essencialmente a oportunidade de oferecer aos agricultores a possibilidade de entrarem em contato uns com os outros e trocar experiências.

Outro objetivo foi proporcionar acesso a uma assessoria técnica provida pelos organizadores, cujo intuito era melhorar a produção do vinho e as condições de cultivo das castas de videiras mais adaptadas à região, e, ao mesmo tempo, orientar os agricultores para que estes abandonassem sua preferência pela uva *Isabel*, considerada imprópria para a produção de vinhos de alta qualidade.

Dessa forma, em 8 de março de 1931 foi inaugurada aquela que tradicionalmente é considerada como a primeira Festa da Uva, com uma exposição de uvas e vinhos nos salões do Recreio da Juventude – ocasião em que a primeira rainha eleita foi a bela jovem Adélia Eberle. Todavia, por conta de suas características e de seu objetivo específico, que diferem do modelo atualmente em vigor, sua escolha como festa inaugural continua sendo bastante controversa!?!?

Da mesma maneira, Joaquim Pedro Lisboa é tradicionalmente considerado o criador da festividade, porém, tal atribuição foi contestada na década de 1960 num estudo feito por João Spadari Adami, em seu trabalho publicado em 1966 intitulado *Festas das Uva 1881 – 1965*, que acredita que o mérito da sua idealização se deve aos esforços combinados da Estação Experimental de Viticultura e Enologia de Caxias, da prefeitura e da Sociedade Vinícola Riograndense.

Mais recentemente, Miriam Santos, autora de um dos mais substanciais estudos sobre a Festa da Uva (denominado *Bendito é o Fruto: Festa da Uva e identidade entre os descendentes de imigrantes italianos*, publicado em 2015), voltou a questionar o papel de Lisboa ao afirmar: "Parece-nos claro que Joaquim Pedro Lisboa, que na época exercia o cargo de fiscal do Instituto Riograndense do Vinho, não criou a exposição, mas cumpriu a ordem de organizá-la. Observando-se deste ponto de vista, o papel de fundador da Festa da Uva deveria ser de Celeste Alexandre Gobbato (1890-1958), ex--intendente e diretor da Estação Experimental.

A festa de 1932, por seu turno, foi um completo sucesso, consagrando a ideologia e a ética do trabalho, mesclada a um fundo étnico, cultural e também político, afinando-se à filosofia positivista que dominava os meios políticos do Rio Grande do Sul e tinha entre suas bases e metas o progresso ordeiro e moral da sociedade.

Acima de tudo, brilhava o triunfo da italianidade como um importante fator de coordenação no progresso da Nação; um triunfo em parte sustentado também pela forte penetração regional do fascismo italiano, que antes de sua degeneração totalitarista, buscava a construção de um novo homem, controlado, regrado e moderado, e cujo protótipo deveria ser a própria gente italiana, herdeira de um passado de importantes realizações que remontava a Roma antiga, e que deveria ser revivido e atualizado.

Cleodes Ribeiro escreveu em 2002, o trabalho *Festa e identidade: como se fez a Festa da Uva*, no qual destacou: "Em 1933 iniciou-se a tradição de eleger-se as rainhas da festa, que passaram a encarnar as mais elevadas aspirações da sociedade local e servir de embaixatrizes de toda uma cultura."

Porém, a partir de 1938, dois fatores principais levaram à suspensão da celebração da Festa da Uva. Primeiramente, o governo federal passou a redefinir sua política e organizar a chamada **campanha de nacionalização** para forçar rapidamente a integração dos imigrantes. Com isso, os vários sinais de italianidade começaram a ser reprimidos e suprimidos. Por exemplo, proibiu-se que se falasse italiano em público (ou no dialeto comum do *talian*), o que foi um sério golpe em suas raízes e em seu senso de identidade.

Mais tarde a situação agravou-se muito com a eclosão em 1939 da 2ª Guerra Mundial, quando foram cortadas as relações diplomáticas do País com a Itália, que havia se alinhado à Alemanha nazista. E, mais uma vez esse fato repercutiu com intensidade na região colonial. Nesse período o governo proibiu os "estrangeiros" de se deslocarem sem autorização, de realizarem reuniões, mesmo em caráter privado, como aniversários e banquetes, de discutirem qualquer fato relativo à situação internacional e de distribuírem escritos em língua estrangeira, além de reforçar a proibição da fala em italiano em locais públicos.

Num contexto completamente adverso, não havia maios condições de continuar festejando a cultura italiana e o sucesso dos seus descendentes, que de promotores de progresso passaram a ser vistos como potenciais traidores e inimigos da Pátria brasileira.

A festa só foi reativada em 25 de fevereiro de 1950, quando ocorreu sua 9ª edição. Na época, para tentar compensar os danos sociais provocados pela anterior censura, a festa foi organizada em uma escala de **inédita grandiosidade**. Dez municípios da região colonial enviaram representações, e o corso alegórico contou com 49 carros.

Foram oferecidas aos visitantes várias atrações sociais, culinárias, culturais, artísticas, recreativas e esportivas. Num pavilhão especial, a história da região e a cultura italiana foram pela primeira vez resgatadas com a mostra de relíquias e documentos ligados ao passado. Segundo a imprensa da época, o evento suscitou a mais viva emoção, nas mais de cem mil pessoas (oriundas dos mais diversos lugares) que circularam pelo local.

O presidente da República na época, Eurico Gaspar Dutra, compareceu à abertura da festa de 1950, fato que foi interpretado como a mais clara evidência da força e do prestígio da elite caxiense. Posteriormente, essa sensação seria ainda mais fortalecida com a inauguração da festa de 1954 pelo presidente Getúlio Vargas – o mesmo que promovera a sua censura no passado. Na ocasião, foi erguido um grandioso monumento nacional ao Imigrante, o que foi entendido como um ato de desagravo à humilhação e aos ultrajes sofridos. Isso coroou o processo de revalorização da herança italiana.

Adelar Vincenzi, sobre a edição de 1961, escreveu no *Correio Riograndense*: "Feliz o povo que pode expressar dessa forma sua síntese histórica, todos os seus feitos, todas as suas glórias, todos os seus sonhos. Feliz o povo que pode mostrar, em uma surpreendente Feira, tudo o que pode realizar com sua capacidade criadora, e pode revestir sua técnica num tom de deliciosa ternura humana, com uma Festa da Uva, poema de graça e beleza, fabuloso painel onde ostenta seus coloridos característicos e os delicados matizes de sua vibratilidade. Se a Feira Agroindustrial é uma exaltação de sua capacidade técnica, a Festa da Uva, com seu desfile de carros alegóricos, é um deslumbramento para os olhos e uma carícia à sua sensibilidade, na sua mais profunda tessitura."

Em 1965 o evento já era considerado o maior do seu gênero em toda a América do Sul, sendo visitado por mais de 300 mil pessoas. Porém, ele também começava a perder um pouco do seu caráter de "evento caxiense", abrindo-se para uma maior participação de outros municípios e crescendo cada vez mais!!! Assim, em 1974 um novo local foi escolhido para sua realização, o parque Mário Bernardino Ramos, que contava com uma grande área construída para os expositores, além de infraestrutura de apoio, estacionamento e uma área verde.

O novo complexo foi inaugurado em 15 de fevereiro de 1975, na 13ª edição da Festa da Uva, juntando-se às comemorações do centenário da imigração italiana, que desencadeou uma verdadeira explosão na bibliografia sobre o tema e a multiplicação de iniciativas em toda a região colonial visando o resgate da memória através da fundação de museus, arquivos e monumentos, tombamentos de edifícios históricos e a coleta de relatos de antigos pioneiros.

Foi dessa movimentação que nasceram em Caxias do Sul o museu temático da Casa de Pedra e o Arquivo Histórico Municipal. A edição de 1975 também marcou época pela transformação da festa em uma **empresa**, a Festa da Uva Turismo e Empreendimentos S.A., motivada pela percepção de que ela estava grande demais e deveria se estruturar de maneira autossustentável e caráter permanente, dar lucro, adequando-se a uma nova realidade social e econômica!!!

Contudo, considerando-se a dimensão do evento e as crescentes necessidades financeiras, e embora de certa forma necessária, tal mudança traria repercussões funestas para o significado da celebração. Se antes ela tinha um caráter comunitário, espontâneo, romântico e era visto como uma dádiva, a festa adotou uma imagem empresarial, profissional, objetiva e turístico--comercial.

Perderam-se assim importantes características identitárias e simbólicas e, com isso, a motivação e o engajamento da comunidade em torno de seu símbolo máximo se esvaziaram. Ao mesmo tempo, um outro golpe para os caxienses foi a venda da maioria das ações da nova empresa constituída para a Embratur (Empresa Brasileira de Turismo), a fim de fazer frente aos altos investimentos assumidos na construção do novo parque de exposições.

Além disso, a escolha da diretoria da festa passou a ser responsabilidade do governo estadual!?!?

No final das contas, a festa deixou de ser caxiense e se submeteu a um controle externo, que nem sempre se revelaria atento aos anseios e às expectativas da população local. Assim, as edições subsequentes acabaram se caracterizando pelo crescente afastamento da comunidade e por uma grande variedade de críticas por parte dos caxienses. Estas englobavam a perda de sentido e de identidade do evento, o agressivo e indiscriminado comércio de bens – que muitas vezes não tinham nenhuma relação com as tradições da comunidade –, e o **intolerável ofuscamento da própria uva!?!?**

Toda essa crise somente se resolveria, ainda que parcialmente, em 1993, quando o controle acionário da empresa voltou para o município!!! Desse modo, na edição da Festa da Uva de 1994 foram introduzidas ao evento as Olimpíadas Coloniais, com provas que recriaram as atividades típicas da zona rural, como o manejo de trator, carriola e plantadeira, o debulhe de milho, o amassamento de uva e o preparo de massa. Isso contribuiu para transformar em símbolos positivos elementos que, até então, estavam relegados a um segundo plano ou eram considerados irrelevantes.

A Festa da Uva de 1994 teve uma grande aprovação do público, que voltou a se sentir representado. Neste sentido, o ex-prefeito Pepe Vargas explicou: "A Festa da Uva teve que viver sua transição de buscar cada vez mais o caráter de festa, e menos o de feira. Agora as empresas caxienses participam com uma postura mais institucional. A Festa da Uva deve se caracterizar pelo seu aspecto festivo, enquanto o aspecto feira estará cada vez mais voltado aos bens de consumo, afinal, o grande público que visita a festa não o fará para comprar ônibus ou autopeças!"

A multiplicidade étnica e cultural contemporânea foi enfatizada de modo especial em duas edições do evento: a de 2006, com o tema *A Alegria de Estarmos Juntos* – ocasião em que o carro alegórico homenageou, entre outros grupos, os negros, os indígenas e os alemães, como colaboradores na construção da cultura regional; e em 2014, quando o tema foi *Na Alegria da Diversidade* – quando no cartaz do evento havia um cacho de uvas formado por impressões digitais de várias cores e, em sua base, um grupo de pessoas de várias etnias.

Todavia, continuou quase impossível deixar de ressaltar não apenas a importância das origens italianas, mas o longo predomínio da italianidade no evento, uma vez que a base factual e historiográfica sobre a qual a Festa da Uva se assentara, já estava bem estabelecida. Então, mesmo com suas dificuldades e contradições, a Festa da Uva contemporânea, celebrada a cada dois anos, tornou-se um megaevento, e o principal do seu gênero no País. Ela também é a **maior e mais longeva celebração de cunho comunitário** em Caxias do Sul. Porém, a despeito de todos os esforços por parte de seus organizações no sentido de tornar a festa um evento nacionalmente importante, ela continua sendo um evento **basicamente estadual!?!?**

Segundo uma pesquisa da UCS sobre a última Festa da Uva, a de 2016, que recebeu cerca de 941 mil visitantes, 51,5% deles eram de Caxias do Sul e de seus arredores. Aliás, em 2016 foi lançado o documentário de longa metragem *Festa da Uva 80 anos – A Celebração de uma Identidade*, que serviu não apenas para divulgar nacionalmente o evento, mas como inspiração para a criação de vários outros similares no País. O fato é que em suas cerca de trinta edição ao longo de 87 anos, o evento superou crises de gestão e de preservação de identidade, graças a uma articulação simétrica de poderes, envolvendo organizações públicas e privadas, coordenadas pela prefeitura.

Infelizmente, por falta de dinheiro (!?!?), a cidade não teve condições de realizar a festa em 2018. **Será que ela retornará em 2019 ou 2020?** Certamente deveria, pois ninguém pode desprezar o *status* que ela já conseguiu de atrair quase 1 milhão de visitantes, o que obviamente movimenta muito a economia de Caxias do Sul, em especial no período de sua realização.

Hoje a operadora Festa Nacional da Uva Turismo e Empreendimentos S.A., é uma empresa de direito privado que tem como acionista majoritário a prefeitura de Caxias do Sul.

A empresa é responsável pela administração e manutenção do parque das exposições Dr. Mario Bernardino Ramos, que tem 55.000 m² de área coberta, dividida em três pavilhões principais, 19 baterias de sanitários, um espaço coberto multiuso de 1.440 m², um centro de eventos coberto de 10.993 m², que inclui um restaurante, um espaço multifuncional com 12.600 m², três restaurantes e um estacionamento para cerca de 4.000 veículos.

Também se encontram no parque uma réplica do centro da antiga vila de Caxias, que hoje é dotada de um espetáculo de som e luz e sedia pequenas lojas e a Associação Caxiense do Artesão, o Museu da Água, o Museu do Lixo e o Museu do Comércio; os monumentos a Naneto Pipetta, o Cacho de Uva e o Jesus do Terceiro Milênio, este de autoria de Bruno Segalla, onde ocorrem encenações da Via Sacra na Semana Santa; o memorial Atelier Zambelli; museu sobre a história e produção da família Zambelli, importantes santeiros da cidade; o memorial da Festa da Uva, com uma coleção de fotografias e documentos históricos; um parque de rodeios e a gruta de Nossa Senhora de Caravaggio.

Em anos recentes foram instalados no parque um sistema de drenagem, captação e reaproveitamento da água da chuva, um espaço para churrasqueiras e uma ciclovia. A área florestada foi ampliada, bem como a recepção, o acesso viário e o estacionamento. Além disso, os sanitários públicos também foram reformados.

Ao longo de todo o ano esse parque é cedido para muitos outros eventos e *shows*, dentre os quais destacam-se: o Feirão de Carros; o Rodeio Nacional Campo dos Bugres; a Mercopar – Feira de Subcontratação e Inovação Industrial; a Plastech Brasil – Feira de Tecnologias para Termoplásticos e Termofixos, Moldes e Equipamentos; a Hortissera, um evento técnico de hortifrutigranjeiros; a Mãos da Terra – Feira Internacional de Cultura e Artesanato. Com esses e outros eventos, Caxias do Sul tem conseguido manter sua **visitabilidade** num patamar elevado, e ao longo de todo o ano, viu?

Todavia, a visitação a Caxias do Sul também é feita por pessoas de fora que se interessam por artesanato, artes, arquitetura, pela culinária, e pelo esporte existentes na cidade. O **artesanato** caxiense ocupa uma posição importante por apresentar uma atividade de expressiva repercussão econômica, artística, turística e social. São mais de 2.200 artesãos cadastrados pela prefeitura, muitos deles reunidos em associações.

Aliás, o ex-prefeito José Ivo Sartori, ao abrir os eventos Feira Internacional de Cultura e Artesanato, Mãos da Terra e a Mostra do Artesão Caxiense, realizados conjuntamente, ressaltou: "As mãos são o símbolo do trabalho, da construção e da amizade. O artesanato não é apenas um produto, mas uma forma de vivenciar as crenças e a cultura de um povo. Façam desse evento uma oportunidade de boas vendas, de troca de experiências e de fortalecimento dessa atividade como fonte de renda."

E de fato, toda vez que esse evento é realizado participam dele artesãos de vários Estados brasileiros. São mais de uma centena de expositores locais e representantes de cerca de 20 países que, com seus belos produtos, buscam "encantar" os cerca de 100 mil visitantes do evento.

Além da atuação da prefeitura, o **campo das artes visuais** é especialmente dinamizado por duas entidades privadas. A mais importante delas é o Núcleo de Artes Visuais (NAVI), que agrega muitos artistas plásticos. Em seguida vem a UCS, que mantém um curso regular de licenciatura em artes, uma galeria de exposições e uma multiplicidade de atividades de extensão voltadas para a comunidade.

Ligado a UCS está o nome mais destacado das artes visuais caxienses na atualidade. É a Diana Domingues, que é coordenadora de um grupo de pesquisa vinculado à IES para estudos avançados em arte associada à tecnologia, o Artecno. Este congrega pesquisadores com doutorado e mestrado, e já foi responsável pela realização de diversas exposições e pela publicação de uma grande quantidade de livros e artigos sobre o tema.

A atuação de Diana Domingues também tem sido importante como artista e pensadora independente. Ela é considerada uma das mais notáveis artistas da América do Sul, e faz parte de conselhos editoriais e comitês de arte de vanguarda de reputação internacional.

Apesar de tudo isso, e embora recentemente o acervo do município tenha sido contemplado com uma nova reserva técnica (ligada a uma pequena galeria de exposições, no Centro de Cultura Dr. Ordovás), a cidade não dispõe de um museu específico para as artes visuais. Assim, todos os museus existentes ostentam, principalmente, um perfil histórico.

A **fotografia** também vem consolidando sua presença na cidade, embora fotógrafos notáveis como Júlio Calegari (1886-1938) e Ulysses Geremia (1911-2001)já tivessem deixado ali sua marca desde o início do século XX. Ressalte-se que o ativo Clube do Fotógrafo de Caxias do Sul, comemorou seus 30 anos de existência em 2010, e celebrou a ocasião com uma importante mostra de Arte Fotográfica em preto e branco. Aliás, a fotografia é objeto de um curso superior oferecido pela UCS. Existem atualmente muitos estúdios profissionais em atividade na cidade, o que inclusive explica a frequente realização de exposições nessa técnica artística.

Na **música erudita**, as duas mais importantes formações caxienses são a Orquestra Municipal de Sopros e a Orquestra Sinfônica da UCS. A primeira é mantida pela prefeitura e apresenta um repertório erudito e popular. Ela também realiza uma série de concertos didáticos que abordam o tema História da Música, e executa audições comentadas de autores célebres do passado. Já a UCS, é bem conhecida por já ter levado a música orquestral a mais de 150 mil pessoas.

No âmbito da **música popular**, diversas bandas animam o cenário local, apresentando estilos para todas as preferências. Destacam-se a Apocalypse, criada em 1983; a Noisekiller, uma banda estilo *trash* que já foi apontada como revelação nacional; e a The Trippers, especializada em *rock* e na releitura da estética dos anos 1960. Ela já foi finalista no festival Pepsi Music 2010 e saiu como vencedora no prêmio Sesi Descobrindo Talentos 2009, com a canção *As Coisas São Como São*.

O *Descarrilhado Rock Festival* é um evento independente que abre espaço para a musica autoral e para outros grupos de todo o Estado e até de fora dele. Mas é com outro festival que a prefeitura comemora o Dia Mundial do *Rock*: o *Rock On*, exibido diversas vertentes do rock, como *rockabilly, hard core, indie, punk, surf,* eletrônico, e até mesmo trabalhos inovadores. A prefeitura caxiense também apoia o projeto Gravaêh, promovido pela ONG Cirandar, e dedicado ao registro fonográfico da produção local de várias tendências.

A cidade tem várias escolas de samba, além de diversos espaços para o cultivo da MPB, com intérpretes locais. Essas iniciativas contam inclusive com o apoio oficial nos projetos Ordovás Acustíco e Série de Grandes Nomes, realizada no Centro Cultural Ordovás Filho. Além disso, há um público considerável para a música gauchesca e diversos nomes de destaque da MPB já se apresentaram na cidade, como Armandinho, Jota Quest, Sergio Reis etc.

A **literatura** vem ganhando reconhecimento na cidade, que, inclusive, já possui uma Academia de Letras e conta com alguns autores premiados nacionalmente, que nasceram e atuam em Caxias do Sul. Esse é o caso do poeta Fabrício Carpinejar, que publicou mais de 15 livros e ganhou prêmios importantes, como o Olavo Bilac, da ABL; de José Clemente Pozenato, autor de *O Quatrilho*, obra que recebeu uma versão cinematográfica (dirigida por Bruno Barreto) indicada ao Oscar de filme estrangeiro; e Jayme Paviani, poeta e filósofo com diversos títulos publicados e intensa atuação docente junto a UCS.

Realiza-se na cidade a Feira de Livro de Caxias do Sul, um evento bem movimentado, que em toda nova edição apresenta centenas de atrações culturais (encontros com autores, mesas temáticas, sessões de autógrafos, música, leitura de histórias, oficinas, palestras, apresentações teatrais etc.). Segundo estimativas, nesses últimos anos a feira já recebeu cerca de 320 mil visitantes e registrou uma média de 130 mil livros vendidos.

Há vários locais para **apresentações teatrais** espalhados pela cidade, tais como auditórios escolares e centros culturais privados, mas também existem teatros bem equipados. Um deles, na Casa da Cultura, é o Teatro Municipal Pedro Parenti, de porte modesto (são 286 lugares); outro é o teatro da UCS, de porte bem maior (são 750 lugares).

Mais recentemente foi inaugurado o Teatro Moinho da Estação (com 250 lugares). Ele está situado bem diante da antiga estação ferroviária, no prédio histórico do moinho Aristides Germani, transformado num centro cultural. Todos esses teatros têm sido utilizados para apresentações de grupos locais e nacionais, incluindo companhias de atores consagrados como Paulo Autran, Fernando Montenegro, Cristiana Oliveira, José Wilker, Patrícia Pilar, Edson Celulari etc. A prefeitura caxiense, por meio de sua unidade de Teatro, organiza ou apoia diversos grupos locais e vários eventos, como a mostra de Teatro Estudantil, o Caxias de Cena (de abrangência internacional) e a mostra de Teatro Mulher.

Merece uma nota especial o grupo Miseri Coloni, que desde 1987 desenvolve um trabalho de criação teatral no dialeto *talian*, recriando situações vividas pelos primeiros colonizadores dentro de uma abordagem crítica, que resgata a memória ancestral, ao mesmo tempo em que faz enlaces com a vida moderna. Paralelamente, o grupo também faz adaptações livres, ainda em *talian*, de textos de autores clássicos, como Goldoni.

A **dança** também tem recebido atenção da prefeitura de Caxias, que mais uma vez ocupa um espaço especial nas artes da cidade, promovendo vários programas neste gênero artístico e atraindo inclusive nomes internacionais para Caxias. A prefeitura também fomenta a produção local, além de manter uma companhia estável. Todavia, outros grupos também são ativos, como a tradicional escola de dança Dora Ballet, com mais de 55 anos de atividade durante os quais ganhou vários prêmios; o Ney Moraes Grupo de Dança; o *ballet* Margô Brusa, premiado entre outros eventos no prestigioso Festival de Dança de Joinville e o Núcleo de Dança Faculdade da Serra Gaúcha, que recebeu o prêmio Desterro do Festival de Dança de Florianópolis.

No tocante a **arquitetura**, vale destacar que o interesse oficial pela preservação do patrimônio histórico e arquitetônico na cidade é relativamente recente. De fato, isso teve início de forma lenta no final da década de 1970 e, somente nos últimos dez anos, vem sendo impulsionado. Como resultado, **poucos edifícios antigos sobreviveram à modernização urbana** iniciada em meados do século XX, o que provocou perdas graves e irreparáveis para a cidade.

Esse foi o caso do Cine Teatro Ópera, exemplar único de seu tipo, que, após ter sido consumido por um incêndio supostamente criminoso, deu lugar a um estacionamento!?!? Outro exemplo é o da Casa da Pedra, um exemplo típico de construção colonial do século XIX, bastante comum no passado.

Ela foi a única edificação do seu gênero a resistir à passagem do tempo na área urbana da cidade. Embora transformada em um museu desde 1975, apenas em 2003 o prédio foi tombado.

Na última década, entretanto, a prefeitura caxiense em parceria com outras instituições, têm desenvolvido um trabalho de identificação, tombamento e restauro de diversos prédios de valor histórico e arquitetônico da cidade. Isso envolve tanto a área urbana quanto rural, o que, aliás, também permite a proteção do patrimônio histórico imaterial.

Entre os imóveis tombados em Caxias do Sul estão os de estilo eclético, erguidos entre o fim do século XIX e o início do século XX, como a livraria Saldanha; o Hospital Carbone; o palacete Eberle; as casas Scotti, Sassi e do Patronato Agrícola; a capela do Santo Sepulcro (uma interessante estrutura neogótica) e os prédios históricos da metalúrgica Abramo Eberle.

Embora não esteja ainda tombada, é de grande interesse e importância arquitetônica a catedral de Caxias do Sul, construída a partir de 1895 em estilo neogótico, com uma bela série de vitrais alemães, altares laterais com estatuária de artistas locais, como Pietro Stangherlin e Michelangelo Zambelli, e um grande altar-mor ricamente entalhado, uma obra de Francisco Meneguzzo. Aliás, a catedral faz conjunto com a Casa Canônica, um palacete em estilo eclético que serve como residência do bispo.

Além da proteção do tombamento, de acordo com a lei orgânica municipal de 1999, nenhum edifício ou obra com mais de 50 anos de idade, seja ele um prédio público ou particular, uma igreja, capela, um monumento, uma estátua, praça ou cemitério, pode ser demolido sem a autorização prévia do Conselho Municipal do Patrimônio Histórico e Cultural.

Outras instituições da cidade, ligadas ao departamento de Memória e Patrimônio Cultural da secretaria municipal de Cultura se dedicam a resgatar, estudar, sistematizar, preservar e divulgar relíquias do passado, e de várias formas. Dentre elas se destacam:

O Museu Municipal de Caxias do Sul, voltado para a preservação dos registros materiais do processo imigratório e civilizatório na região. Ele foi instalado na antiga residência Otolini, possui um grande acervo de utensílios dos antigos agricultores, outros ligados a ofícios urbanos variados, uma bela seção de arte sacra e uma multiplicidade de outras pelas. O museu é bem estruturado e oferece uma série de atividades voltadas para a comunidade.

O Arquivo Histórico Municipal João Spadari Adami, criado em 1976. Atualmente ele ocupa o prédio do antigo Hospital Carbone e nele são estudados e conservados documentos escritos e visuais variados, de origem pública e privada.

- ↠ O Memorial Atelier Zambelli, que preserva e expõe os remanescentes do estúdio de esculturas da importante família de santeiros e decoradores que viveram no local. Eles atuaram não somente no município, mas em toda a região de colonização italiana.
- ↠ O Museu da Uva e do Vinho Primo Slomp, no qual se enfocam as atividades produtivas mais caraterísticas do município. O museu foi criado em 2002, no prédio histórico da Cooperativa Vitivinícola Forqueta, com um variado acervo de objetos utilizados no cultivo da uva e na produção do vinho, incluindo objetos empregados em atividades correlatas, como a tanoaria e a cestaria.

E não se pode esquecer do Museu dos Capuchinhos, que é dependente da Ordem dos Capuchinhos, que além de realizar exposições temporárias temáticas, abriga um importante acervo de arte sacra recolhido de todo o Estado. O objetivo é preservar ainda outros objetos, como paramentos litúrgicos, livros, pinturas, fotografias, manuscritos, instrumentos musicais, ferramentas agrícolas, material doméstico e mobiliário, que de alguma forma se relacionam com a história da província de Capuchinhos do Rio Grande do Sul.

No âmbito **esportivo**, nota-se em Caxias do Sul uma significativa atividade, o que acaba servindo como bom **entretenimento** não apenas para os moradores, mas também para os torcedores (em especial do futebol) oriundos de cidades vizinhas, que acabam vindo para a cidade, incrementando sua visitabilidade.

Existem na cidade vários clubes com longa tradição. No futebol o destaque é a Sociedade Esportiva e Recreativa Caxias do Sul, sediada no estádio Francisco Stedile, que já foi campeã gaúcha de futebol de 2000. Há também o Esporte Clube Juventude, com seu estádio Alfredo Jaconi, que em 2018 estava disputando também a Série B do Campeonato Brasileiro e, inclusive, já conquistou o Campeonato Gaúcho em 1998 e uma Copa Brasil em 1999.

No basquete, a equipe Caxias do Sul Basquete já conquistou seis títulos no Campeonato Gaúcho e em 2018 participou do Novo Basquete Brasil (NBB). Durante suas partidas o ginásio Vasco da Gama sempre esteve lotado e a equipe conseguiu grandes resultados, chegando inclusive às quartas de final da competição. Infelizmente a equipe deixou de disputar o NBB em

2019!?!? Vale lembrar que a cidade já sediou o Campeonato Brasileiro de Basquete Master e, em 2010, também aconteceram ali as disputas do adulto masculino do Sul-Brasileiro de Clubes.

No handebol feminino a equipe APAHAND/UCS/Prefeitura de Caxias do Sul participou da Liga Nacional de Handebol, obtendo bons resultados. Algumas de suas jogadoras foram inclusive convocadas para a seleção brasileira, que conquistou a medalha de bronze nos Jogos Olímpicos da Juventude, em Cingapura, em 2010. No vôlei a equipe da UCS participou de várias edições da Superliga Brasileira; no tênis o Recreio da Juventude compete no Circuito S.C.A. de tênis gaúcho, e acontece na cidade o Aberto de Caxias do Sul.

Clubes recreativos tradicionais, como o Recreio da Juventude e o Clube Juvenil, também possuem boa estrutura esportiva. Assim, eles conseguem oferecer aos caxienses a possibilidade de praticar esportes variados, como futebol, futsal, ginástica artística, handebol, judô, natação, tênis e voleibol. Por conta disso, ambos já conquistaram títulos em várias competições estaduais e nacionais.

Através de sua secretaria de Esporte e Lazer, a prefeitura tem apoiado e financiado uma série de outras associações, campeonatos e clubes esportivos. Estes, por sua vez, atuam em diversas categorias e com diferentes faixas etárias, e oferecem aos interessados o atletismo, o *squash*, o *motocross*, o bolão, a canoagem, a natação, entre outras atividades esportivas.

Exceto pela já mencionada e tradicional Festa da Uva, que tem fortes raízes folclóricas e atrai um público de quase 1 milhão de pessoas, o turismo em Caxias do Sul foi até há pouco tempo praticamente inexplorado, pelo menos de forma planejada. Todavia, na última década essa situação mudou e hoje o setor turístico já recebe bem mais atenção.

Em 2010, a secretaria de Turismo de Caxias do Sul lançou o projeto Semana Municipal do Turismo, com programas e passeios para o público e debates entre especialistas para estimular a visitabilidade à cidade. Com isso, além de consolidar os roteiros já existentes – como *La Città*, *Caminhos da Colônia*, *Estrada do Imigrante* e *Ana Reach* –, nos quais o participante tem a oportunidade de conhecer a história da cidade e dos imigrantes, enquanto saboreia pratos tradicionais e aprecia paisagens características, nesses últimos anos a prefeitura em parceria com o Sebrae/RS identificou outras regiões com potencial turístico. Entre eles estão os distritos rurais de Fazenda Souza, Santa Lúcia do Piaí, Vila Cristina, Vila Oliva e Vila Seca, desvendando possibilidades que nem mesmo a população local conhecia...

A partir deste estudo surgiram novas propostas de dinamização do setor. Segundo estimativas, desde 2014 a cidade recebeu uma média de 950 mil turistas por ano, em especial por conta da Festa da Uva. Também de acordo com estimativas, no início de 2019 existiam na cidade algumas dezenas de bons hotéis, pousadas e hotéis-parque. É bem verdade que nos últimos anos diversos hotéis antigos, fortemente ligados à história local, fecharam suas portas, como o Alfred Hotel e o Real Hotel. Entretanto, entraram no mercado da hospitalidade muitos estabelecimentos novos e, para 2019, acredita-se que os visitantes tenham à disposição uma boa rede hoteleira, e algo próximo de 35 mil leitos na cidade!!!

Nesse quesito, destacam-se os seguinte hoteis:

- **Blue Tree Towers** – Trata-se de um hotel moderno e com ótimos apartamentos, localizado no centro da cidade, a apenas 6 min de caminhada da igreja São Pelegrino; a 1,8 km do parque municipal Getúlio Vargas e a 1,9 km do Museu Ambiência Casa de Pedra.
- **Personal Royal** – Possui ótimas acomodações e seus quartos são silenciosos. Tem ainda um bom restaurante e fica a 14 min de caminhada do parque Mato Sartori e a 6 km do *shopping* Iguatemi Caxias do Sul.
- **Cosmos** – É um hotel simples, mas os preços são bons, o atendimento é considerado de ótima qualidade e o café da manhã é digno dos deuses. Está localizado a 9 min a pé da praça Dante Alighieri.
- **Bergson Flat** – Possui quartos confortáveis e café da manhã completo incluído no preço. Sua localização também é boa.
- **Ibis** – Dispõe de restaurante com cozinha internacional e seu bar fica aberto 24 h.
- **Super 8** – Está localizado bem na entrada da cidade, em frente ao *shopping center* Iguatemi.
- **Intercity** – Trata-se de um hotel 4 estrelas, com quartos confortáveis, bistrô, *spa*, salão de beleza e piscinas interna e externa. Está localizado a 50 m do *shopping center* Iguatemi e a 10 min de carro do aeroporto.
- **TRI** – É um local discreto, com copa 24 h, *buffet* de café da manhã e *Wi-Fi* gratuitos. Está localizado no centro da cidade, a 8 min de caminhada do estádio Alfredo Jaconi.

Além desses há também o Swan Tower (com piscina aquecida coberta e academia); City Hotel (com minicozinha no quarto e um *buffet* de café da manhã de cortesia); Excelsior (com café da manhã gratuito); Piacenza (com *Wi-Fi* gratuito); Bela Vista Parque; Bandeira; Executive e o Hostel Famiglia Sussin etc. Portanto, como se nota, o visitante tem como se acomodar bem em Caxias do Sul, não é?

Já no que se refere a **culinária**, nota-se em Caxias do Sul que a base da cozinha folclórica italiana é o galeto assado (*galeto al primo canto*), a polenta mole ou frita e as massas como os *bigoli* (macarrão) e os *tortei* (trouxinhas de massa embutidas com purê de abóbora temperado com noz moscada).

Outros pratos também são populares, como a sopa de *agnolini* (trouxinhas de massa recheada de carne de galinha), a salada de *radicci* com *pancetta* (uma variedade de almeirão com folhas estreitas e sabor amargo temperado com toucinho frito), a canjica de milho, o *crem* (um tipo de raiz forte ralada e conservada em vinagre tinto usado como tempero de carnes), pães e biscoitos caseiros, a canja de galinha, o risoto, compotas e doces, com destaque para a uvada, salames, a *fortaia* (omelete com queijo ou salame), e queijos, além de diversas variedades de vinho.

Entretanto, por influência de outras etnias e por força das condições locais que impuseram o cultivo de produtos mais adequados ao clima da região, a cidade desenvolveu uma culinária com características mais variadas e, em muitos aspectos, bem original. Dos alemães, por exemplo, foi incorporada a batata, e dos gaúchos aprendeu-se a apreciar o charque, o churrasco, o feijão, o arroz, a mandioca, a batata doce, o chimarrão, a cachaça, os frutos silvestres autóctones, como a gabiroba, a amora e a pitanga, e o pinhão da araucária.

Em tempos mais recentes, para agradar novos clientes, até a culinária tradicional acabou sendo adaptada ou pelo menos "atenuada", assim o *radicci*, antigamente apreciado pelo seu amargor, agora é comumente servido nos restaurantes com suas folhas mais novas, que são menos amargas; as tábuas de queijo e salame são enriquecidas com muitas variedades que antigamente não faziam parte do cardápio dos primeiros imigrantes e as receitas foram alteradas usando ingredientes diferentes dos tradicionais, bem como a própria apresentação dos pratos foi sendo modificada sob a influência de padrões internacionais e das agências de turismo!?!?

De qualquer modo, a cidade se tornou conhecida pela **fartura de comida** e pela **qualidade de sua cozinha**. No início de 2019, a estimativa é de que existissem cerca de 350 restaurantes em Caxias do Sul, variando entre excelentes e mais modestos. Além disso, acredita-se que houvesse aproximadamente 700 estabelecimentos comerciais voltados para o fornecimento de comida e bebida na cidade.

Vários desses locais são especializados em culinária tradicional, mas em anos mais recentes muitos têm se tornado mais abertos à cozinha internacional, e incrementado seus cardápios com a culinária oriental (japonesa, chinesa etc.). Porém, o que mais tem crescido são as *pizzarias*, os rodízios e os sistemas de entrega de alimentos (*delivery*). O setor de lanchonetes e padarias também cresceu bastante e passou por um processo de diversificação, transformando-se em restaurantes!?!?

E por falar em restaurantes, veja a seguir alguns destaques:

- *Dom Claudino* – É pequeno, com capacidade máxima para 60 pessoas. Sua cozinha é italiana, fina e variada, e conta com uma boa adega. O ambiente é aconchegante, apesar da rusticidade.
- *Andrea* – Seu atendimento é impecável por parte dos garçons e dos proprietários. A comida é ótima, em especial os peixes. Os preços são acessíveis.
- *Familia Gelain* – Trata-se de um lugar bastante agradável, onde o cardápio traz comida italiana caseira. A casa possui uma boa carta de vinhos e cervejas artesanais.
- *Arcanjo* – Nele é servido ótimo *fondue* e os coquetéis são ótimos.
- *Colina Grill* – O ambiente é amplo e descontraído. O cardápio é variado, oferecendo pratos frios e quentes, além de massas, churrasco, carne assada e frutos do mar.
- *Don Augusto* – O ambiente é limpo, climatizado e sóbrio, e conta também com espaço para eventos. A comida é servida por quilo e inclui pratos quentes grelhados, saladas e sobremesas.
- *Tranquilo* – Nesse restaurante a comida é servida até tarde da noite. Oferece uma boa variedade de cervejas e um excelente bauru no prato.
- *Tulipa* – Local com ambiente aconchegante e *buffet* farto.
- *Labareda Grill* – O cardápio oferece pratos cotidianos no sistema *buffet*, com comida diversificada, que inclui carnes grelhadas e várias sobremesas.
- *Serra Gaúcha* – Nesse local o cliente pode se servir à vontade no *buffet*.

- *Galeto Brasile* – Local de decoração bem moderna. O destaque do cardápio é o galeto, mas oferece também pratos variados da cozinha italiana.
- *Zanuzi* – Atende até tarde da noite e oferece *buffet* à vontade.

E existem outros restaurantes na cidade, e isso é importante para que os visitantes bem alimentados e com suas energias revigoradas fiquem animados para conhecer as diversas atrações da cidade, como a igreja de São Pelegrino, que abriga uma grande e importante série de pinturas de Aldo Locatelli, além de notáveis portas em bronze lavradas por Augusto Murer. Há também a réplica de um trecho do núcleo original, construído no parque de exposições da Festa da Uva; o monumento nacional ao Imigrante, uma obra de Antônio Caringi; o Museu Ambiência Casa da Pedra; a catedral da cidade; o Museu Municipal, entre outras.

Naturalmente há aqueles que gostam de praticar o **turismo de compras**!!! E neste caso, existem alguns bons *shopping centers* em Caxias do Sul. Esse é o caso do Iguatemi, que é também um ótimo lugar para se passear com a família. Ele oferece cinema, livrarias, boas lojas (como *Puket*, por exemplo), bons restaurantes, cafés e um estacionamento bem grande.

Há também o Bourbon San Pellegrino, que é um ótimo lugar para entretenimento, oferecendo uma boa praça de alimentação, bons serviços de bancos e restaurantes, supermercado, *Wi-Fi* e, segundo algumas pessoas, o melhor cinema da cidade. Também existe o Serra *Shopping* Caxias, um local bacana e ideal para se fazer compras, pois os preços são acessíveis. O lugar abriga o restaurante *Forquetense*, cuja comida é muito boa. Outro *shopping* é o Prataviera, localizado no centro da cidade. É aconchegante e, além de uma boa variedade de lojas, oferece uma boa praça de alimentação, com bons cafés. O último destaque é para o Caxias *Plaza Shopping*, mas existem outros. O importante é que nesses centros comerciais trabalham alguns milhares de pessoas, que, por sua vez, atendem juntos a cerca de 20 mil pessoas diariamente!!!

Como é, caro (a) leitor (a), ficou animado(a) para visitar a encantadora Caxias do Sul e estender o seu passeio pelos seus incríveis arredores?

A belíssima cachoeira Véu da Noiva, na Chapada dos Guimarães, que fica bem perto de Cuiabá.

Cuiabá

PREÂMBULO

Tive a oportunidade de conhecer alguns políticos de Cuiabá que se tornaram grandes administradores. Esse foi o caso de Wilson Santos, que, aliás, se transformou no prefeito de Cuiabá e promoveu muitas melhorias na cidade. Seu lema era: "**Construir o futuro é o nosso presente, afinal, Cuiabá somos todos nós!!!**"

No decorrer de sua gestão ele procurou organizar a cidade e criar condições para que crianças e jovens pudessem seguir o caminho da educação, do esporte e do lazer, fazendo-os ter a certeza hoje de que o amanhã seria bem melhor!!! Ele também tentou administrar Cuiabá de modo a dar aos mais carentes mais dignidade e proporcionar a todos os munícipes água tratada, transporte urbano, alimentos e mais saúde.

Uma vez que a capital era rodeada por belos lugares, durante sua administração Wilson Santos incentivou bastante os empresários a investirem em **turismo**. E parece que ele estava certo em suas previsões, visto que a 65 km de Cuiabá, encontra-se o parque nacional da Chapada dos Guimarães, criado em 1989. A atração ocupa uma área de 32.630 ha e é um local em que natureza é simplesmente maravilhosa. O local abriga cachoeiras, em especial a Véu de Noiva, e recebe, em média, cerca de 185 mil visitantes por ano. No Estado do Mato Grosso esse parque só perde em visitação para o Pantanal.

A revista *Camalote Eco&Turismo*, com sede em Cuiabá, tem divulgado as muitas atrações turísticas do País, em especial do Estado do Mato Grosso, e não somente relativas à natureza, mas também de ordem cultural, particularmente as atividades desenvolvidas pelo departamento de Artes da Universidade Federal do Mato Grosso (UFMT). Elas se referem à música (com eventos de canto lírico), arte (com pintura *naïf*), que têm atraído também muitos espectadores, tanto os cuiabanos como visitantes oriundos de outras cidades e Estados brasileiros.

A HISTÓRIA DE CUIABÁ

Cuiabá é a capital do Estado de Mato Grosso e está localizada na região centro-oeste do País. O município ocupa uma área de 3.291,82 km^2, sendo que apenas 126,9 km^2 desse total são de área urbana. Os municípios limítrofes são: Rosário Oeste, Chapada dos Guimarães, Campo Verde, Santo Antônio de Leverger, Várzea Grande, Acorizal e Rondonópolis.

Segundo estimativas, no início de 2019 viviam em Cuiabá cerca de 610 mil habitantes, enquanto a população oriunda de conurbação superava os 905 mil. Considerando-se a região metropolitana (criada em 2009) esse número chegava a 935 mil pessoas, mas se fossem contados os moradores do chamado "colar metropolitano" o total superava 1,1 milhão de habitantes, o que deu a Cuiabá o apelido de **"capital da Amazônia meridional"**.

Existem várias versões para a origem do nome "Cuiabá". A primeira delas diz que o nome tem sua origem na palavra bororo *ikuiapá* (onde "*pá*" significa lugar e "*ikuia*" é uma espécie de flecha para pescar; portanto temos em "*ikuiapá*" um "lugar para pescar"). O nome designa assim uma localidade onde os bororos costumavam caçar e pescar utilizando-se dessa flecha, no córrego da Prainha, afluente à esquerda do rio Cuiabá.

A segunda explicação para o nome da capital mato-grossense é de que Cuiabá seria uma aglutinação de *kyyaverá*, cujo significado no guarani seria "rio da lontra brilhante". Esse termo teria posteriormente se transformado em *cuyaverá*, depois em *cuiavá* e, finalmente em Cuiabá.

Uma terceira hipótese diz que a origem da palavra está no fato de que existiram árvores que serviram para produzir cuias à beira do rio e que "Cuiabá" significaria "rio criador de vasilha" (*cuia* significa vasilha e *abá*, criador). Assim para alguns "Cuiabá" seria um vocábulo equivalente a "fabricante ou fazedor de cuias"

Finalmente a quarta possibilidade é de que os próprios índios bororos também fossem conhecidos como "cuiabás".

Bem, os primeiros indícios dos bandeirantes paulistas na região onde fica a cidade de Cuiabá datam de 1673 a 1682, quando da passagem de Manoel de Campos Bicudo. Foi ele quem fundou o primeiro povoado da região, no local onde o rio Caxipó deságua no rio Cuiabá, batizando-o de São Gonçalo Beira-Rio.

Em 1718 chegou ao local – na época já abandonado (!?!?) – a bandeira do sorocabano Pascoal Moreira Cabral. Em busca de índios para escravizar, ele e sua comitiva subiram o rio Coxipó e travaram uma batalha com os índios coxiponés. Embora a luta tenha sido perdida (!!!) e os bandeirantes não tenham conseguido capturar os índios, no caminho de volta eles encontraram **ouro** e passaram a se dedicar ao garimpo.

Em 1719, Pascoal Moreira Cabral foi eleito, em plena selva, comandante da região de Cuiabá. Em 8 de abril daquele mesmo ano ele assinou a ata da fundação da cidade, num local conhecido como Forquilha, às margens do rio Coxipó, de modo a garantir os direitos pela descoberta do ouro à capitania de São Paulo. A notícia sobre a existência de ouro na região de Cuiabá espalhou-se rapidamente, tornando a imigração para a região bastante intensa.

Em outubro de 1722 os índios escravos de Miguel Sutil, outro bandeirante sorocabano, descobriram às margens do córrego da Prainha uma quantidade de ouro bem maior àquela que fora anteriormente encontrada em Forquilha. A partir daí o afluxo de pessoas para essa região tornou-se muito maior, e não só de garimpeiros, mas também de moradores de Forquilha.

Assim, em 1723 já havia inclusive sido erguida na região da Prainha a igreja matriz dedicada ao Senhor Bom Jesus de Cuiabá, no lugar onde atualmente encontra-se a basílica da cidade.

Em 1726 chegou a Cuiabá o capitão-general, governador da capitania de São Paulo, Rodrigo César de Menezes, um importante representante do reino de Portugal. Por conta disso, em 1º de janeiro de 1727, Cuiabá foi elevada à categoria de vila, recebendo o nome de **Vila Real do Senhor Bom Jesus de Cuiabá**.

Por questões ideológicas, isso tem sido bastante confundido com a fundação do arraial da Forquilha. Todavia, estudos historiográficos já explicitaram há muito tempo a diferença entre ambas as fundações. No caso, alega-se que 1º de janeiro seria a data da elevação de arraial de Forquilha à categoria de vila, o que é um contrassenso, pois não se pode fundar um município num lugar que só viria a ser descoberto anos depois!?!?

Porém, a data de 8 de abril de 1719 se firmou como a de criação do município (!?!?), desejoso de ser o primeiro do oeste brasileiro. Logo, infelizmente, as lavras na Vila Real do Senhor Bom Jesus de Cuiabá se mostraram menores que o esperado, o que provocou a saída dela de boa parte de sua população!!!

Cuiabá foi elevada à condição de **cidade** em 17 de setembro de 1818, tornando-se a capital da então província de Mato Grosso em 28 de agosto de 1835 (antes a capital era Vila Bela da Santíssima Trindade). Entretanto, nem mesmo a mudança da capital para o município foi suficiente para impulsionar seu desenvolvimento.

Com a guerra do Paraguai, ocorrida entre 1864 e 1870, Mato Grosso acabou sendo invadido. Várias cidades da província foram atacadas pelos paraguaios, embora as batalhas não tenham chegado à capital. O grande problema que se abateu sobre ela foi a epidemia de varíola (doença que foi conhecida popularmente como "bexiga negra") trazida pelos soldados brasileiros que retomaram dos paraguaios o município de Corumbá – na época, 50% dos seus cerca de **12 mil habitantes de Cuiabá morreram** infectados pela doença.

Somente após a guerra do Paraguai, e do retorno da navegação nos rios Paraguai, Cuiabá e Paraná, é que o município voltou a crescer. Nesse período as bases da economia estavam na produção de cana-de-açúcar e no extrativismo. Porém, esse momento produtivo não duraria por muito tempo, e o município voltaria a ficar estagnado, lamentavelmente até 1930.

Foi somente a partir daí que o isolamento de Cuiabá foi encerrado, com o estabelecimento de conexões rodoviárias com os Estados de Goiás e São Paulo e o início da aviação comercial. Aliás, a explosão cuiabana aconteceu mesmo depois da década de 1950, com a transferência da capital federal para Brasília e, em especial, com o programa do governo federal de povoamento do interior do País. Desse modo, nas décadas de 1970 e 1980, o município cresceu muito, embora os serviços e a infraestrutura não tenham acompanhado esse mesmo ritmo.

O agronegócio expandiu-se pelo Estado e o município começou a modernizar-se e a industrializar-se. Vale lembrar que em 1970 viviam em Cuiabá cerca de 101 mil pessoas e em 1980 esse número saltou para 213 mil habitantes, o que representou um crescimento de quase 111% em apenas uma década. Em 1990 a população cuiabana atingiu 400 mil pessoas. É bem verdade que a partir daí a taxa de crescimento populacional diminuiu bastante.

Aí o **turismo** começou a ser visto como fonte de bons negócios, até porque o belíssimo município de Chapada dos Guimarães fica bem próximo, a 65 km, enquanto a distância entre Cuiabá e a região pantaneira é de apenas 100 km!!! O município também é cercado por três grandes biomas: o do

Pantanal, o do cerrado e o da Amazônia – aliás, ele é considerado como a porta de entrada da floresta amazônica.

A vegetação predominante na região é a do **cerrado**, tanto no que se refere às variantes mais arbustivas quanto às matas mais densas à beira dos cursos de água. A cidade é abastecida pelo rio Cuiabá, afluente do rio Paraguai, que separa a capital do Mato Grosso de sua vizinha, a cidade de Várzea Grande. Mas o município também é banhado pelos rios Coxipó-Açu, Pari, Mutuca, Claro, Coxipó, Aricá, Manso, São Lourenço, das Mortes, Cumbuca, Suspiro, Coluene, Jangada, Casca, Cachoeirinha e Aricazinho, além de córregos e ribeirões.

O clima em Cuiabá é tropical e úmido. As chuvas se concentram nos meses de outubro e abril. Nos outros meses no ano o clima se mantém mais seco. A temperatura máxima pode alcançar os 40ºC nos meses mais quentes, enquanto a média mínima já registrada nos meses de inverno foi de 16,6ºC.

No âmbito da **economia**, segundo os números divulgados pelo IBGE em 2018 (referentes a 2016), Cuiabá alcançou pouco mais de R$ 22 bilhões, ficando ainda abaixo de Campo Grande e Goiânia. Ainda assim, a cidade responde por aproximadamente 19% do PIB estadual.

Atualmente a economia de Cuiabá está mais concentrada na indústria e no comércio. Apesar da contribuição da agricultura para o PIB municipal ser pouco significante, cultivam-se no município lavouras de subsistência e hortifrutigranjeiros. Já o setor industrial é representado, basicamente, pela agroindústria. Muitas indústrias, principalmente as que devem ser mantidas distantes das áreas populosas, ficam no **distrito industrial** de Cuiabá, criado em 1978.

No comércio, a maior representatividade fica por conta da cadeia varejista, constituída por milhares de lojas que comercializam desde gêneros alimentícios até vestuário, eletrodomésticos, objetos e artigos os mais diversos. Mas apesar de essa atividade acontecer também no centro histórico e no "calçadão", ela se concentra especialmente nos grandes centros comerciais espalhados pela capital, que atraem diariamente muitos milhares de consumidores. Aliás, vale lembrar que esses centros de compras também garantem o emprego e o salário digno de outros milhares de funcionários. Entre esses centros comerciais destacam-se:

- → **Estação Cuiabá** – É o mais novo empreendimento na capital mato-grossense, sendo um *shopping* com uma estrutura moderna, uma boa variedade de lojas, sendo uma nova opção de lazer e entretenimento.

- **Goiabeiras** – Com quase três décadas de existência, já foi o único da cidade e que está melhorando bastante com as reformas realizadas especialmente a das escadas rolantes, tendo alguns bons locais para entretenimento, incluindo os cinemas da rede Cinemark.
- **Pantanal** – Possui um grande estacionamento, um amplo espaço em seu corredor, está muito bem localizado na avenida Historiador Rubens de Mendonça Nº 3300 no Jardim Aclimação. Conta com lojas bem conhecidas, locais onde os clientes podem recarregar seus telefones celulares e bons cinemas da rede Multiplex.
- **3 Américas** – Um lugar incrível para se distrair, fazer relacionamentos e conhecer melhor Cuiabá. É bem seguro, possui muitas lojas e salas de cinema da Cinépolis.
- **Popular** – Um lugar onde se pode ter acesso a diversos tipos de serviços e adquirir uma grande variedade de itens. A praça de alimentação também é boa.

Vale ainda mencionar dois outros espaços comerciais interessantes, ou sejam, os *shoppings* CPA, um local com potencial para crescer, desde que ofereça produtos com preços competitivos e o Promo, que possui uma boa variedade de produtos, com preços justos.

No **setor de serviços** estão empregados dezenas de milhares de cuiabanos, especialmente os que trabalham nas áreas do transporte, da saúde e da educação. E por falar nessa última, Cuiabá se tornou um importante centro educacional de nível médio e superior do Estado do Mato Grosso. De fato, existem muitas dezenas de escolas públicas em Cuiabá. Destacam-se entre elas:

A escola estadual (EE) Professor Ulisses Cuiabano (que oferece, além de um bom sistema de ensino, uma boa administração); a EE da Polícia Militar Tiradentes (para algumas pessoas a melhor da cidade, com excelentes professores e alunos disciplinados); a Nilo Póvoas (na qual a maioria dos professores tem bastante experiência e todos são verdadeiros mestres nas disciplinas que lecionam); a EE Tancredo de Almeida Neves (com professores muito bons); a EE Antônio Epaminondas; a EE Presidente Médici (uma das maiores do Estado, que oferece desde o ensino fundamental até o ensino médio); a EE de 1º e 2º graus Djalma Ferreira de Souza (cujos professores são dedicados); a EE Fenelon Müller.

Além dessas EEs, deve-se ressaltar as seguintes, todas com avaliações acima de 4: Padre Ernesto Camilo Barreto; Souza Bandeira; Barão de Melgaço, Newton Alfredo Aguiar; Liceu Cuiabano Maria de Arruda; Santos Dumont; Antônio Cesário de Figueiredo; André Avelino Ribeiro e André Luiz da Silva Reis, nas quais os jovens podem adquirir conhecimentos e cultura sem precisar pagar.

Já para as pessoas com mais recursos financeiros e que desejam oferecer aos seus filhos um ensino de melhor qualidade e num ambiente mais aconchegante, há em Cuiabá diversos colégios particulares. Entre eles destacam-se:

O Supremus & Clube do Mickey, que foi criado em 1985, para atender somente à educação infantil. Posteriormente a instituição foi ampliada e passou a oferecer o ensino fundamental até a 4ª série e recentemente obteve a nota 5, máxima, na avaliação de uma IE; o Master, que conta, talvez, com os melhores professores de Cuiabá, usa uma metodologia moderna apoiada por tecnologia de ponta, possui sala de estudos, boa iluminação, ótima limpeza, e uma avaliação de 4,7; o Espaço do Saber, que possui o que há de mais atual no ensino voltado para a educação infantil e fundamental, e conta com uma equipe de professores muita boa; o Batista, cuja avaliação é 5, ou seja, máxima. Além dessas escolas ainda existem várias outras dignas de menção: Aptus, Adventista do Porto, Coração de Jesus, Notre Dame de Lourdes, Adventista do CPA, Maxi, Poente, São Benedito, Portal e Plural Centro Educacional etc.

Entre as principais IESs da cidade estão a Universidade Federal de Mato Grosso (UFMT); o Instituto Federal de Educação, Ciência e Tecnologia de Mato Grosso (IFMT), que oferece cursos tecnológicos (nível superior), técnicos e de nível médio; a Universidade de Cuiabá; o Centro Universitário Cândido Rondon; a Faculdade Católica Dom Aquino e a Faculdade de Cuiabá, entre outras.

A UFMT é uma IES pública federal, vinculada ao ministério da Educação, cuja sede fica em Cuiabá. Ela possui ainda *campi* espalhados por cinco cidades: Barra do Garças, Pontal do Araguaia, Rondonópolis, Sinop e Várzea Grande.

Na realidade a UFMT surgiu graças à lei Nº 5647, de 10 de dezembro de 1970, a partir da fusão da Faculdade de Direito de Cuiabá (criada em 1952) e do Instituto de Ciências e Letras de Cuiabá. Em 1970 foram abertos os 11 primeiros cursos oferecidos no *campus* universitário, na região de Coxipó, e em seguida foram criados os primeiros centros e iniciadas as obras para a construção de diversos blocos.

Na década de 1980 foi implantado o Hospital Universitário Júlio Müller. Atualmente as atividades de ensino, pesquisa e extensão da UFMT estão concentradas em 99 cursos de graduação, incluídas aí as habilitações e 60 de pós-graduação e especialização, sustentados em núcleos de investigação. Segundo estimativas, estudavam nos seus seis *campi* no início de 2019 cerca de 36 mil alunos e trabalhavam neles aproximadamente 2.000 docentes.

Com o objetivo de contribuir para o desenvolvimento econômico e regional, a UFMT vem desempenhando funções sociais relevantes e, neste sentido, tem se preocupado com a preservação do ecossistema, com a cultura e a formação profissional de seus alunos, tornando-se referência no ensino e na pesquisa no Estado de Mato Grosso.

A UFMT conta ainda com um Hospital Veterinário próprio, uma fazenda experimental em Santo Antônio de Leverger (com 1.775 ha), uma base avançada para pesquisa no Pantanal (no município de Poconé), estações meteorológicas (em Cuiabá e em Rondonópolis), herbário, biotério, zoológico, ginásio de esportes, parque aquático, museus e o único teatro da cidade de Cuiabá com as especificações técnicas exigidas para receber as diversas modalidades de artes cênicas. A UFMT possui o maior sistema de bibliotecas do Estado, com mais de 350 mil volumes, 70% deles no *campus* sede. No quesito comunicação, além da TV Universitária (afiliada a TV Brasil), a UFMT é responsável pela retransmissão da TV Senado em Cuiabá e região e administra uma *Web Radio* Acadêmica.

No âmbito da modalidade EAD na educação superior, a UFMT foi a **pioneira no Brasil** a oferecer essa nova oportunidade de ensino às pessoas. Esse projeto teve início em 1994 e o curso de Pedagogia foi o primeiro a ser ofertado pela universidade, assim como o primeiro a ser reconhecido pelo ministério da Educação.

A oferta fazia parte do programa Interinstitucional de Qualificação Docente em Mato Grosso, que tinha como meta profissionalizar todos os professores dos sistemas municipal e estadual do Estado. A experiência de Mato Grosso acabou se expandindo para outros Estados e, por meio de parcerias com IESs públicas a UFMT acabou atendendo com esse programa cerca de 17 mil professores da rede pública, consolidando-se e tornando-se uma **referência nacional**, tanto no campo da formação de professores como na própria modalidade EAD.

De fato, em muitas IESs do Brasil, um aluno já pode fazer um curso de graduação ou pós-graduação valendo-se do sistema EAD em praticamente todas as áreas do conhecimento, o que obviamente é muito bom para os jovens que vivem em cidades onde não são oferecidos cursos presenciais em diversas profissões, bem como em muitas outras cidades brasileiras, em especial naquelas em que não se têm IESs. Aliás, agora que na pós-graduação *lato sensu* e na educação corporativa a EAD já avançou muito, também está sendo regulamentado o sistema EAD para os programas de pós-graduação *stricto sensu*!!!

A EAD sem dúvida veio para ficar e a cada ano conta com um número crescente de estudantes. Tanto que, se 2002, época em que prevalecia uma baixa qualidade de Internet, o que não colaborava com a popularização da EAD, apenas 1% dos universitários brasileiros fazia um curso por esse sistema (enquanto a maioria sequer conhecia bem a metodologia adotada), no início de 2019 estimou-se que 23% das matrículas (cerca de 1,9 milhão de alunos) no ensino superior estavam na EAD, cujo futuro parece extremamente promissor, em especial para quem deseja gastar menos e ter maior flexibilidade nos estudos. Mas, de fato, a grande vantagem para aqueles que desejam cursar uma IES pública é poder fazê-lo sem ter de se mudar para perto dela.

A EAD não é mais uma novidade, e sim uma realidade. Trata-se da modalidade que mais cresce no mercado educacional, já com a perspectiva de que no início de 2023 existam no País mais alunos no sistema EAD do que no ensino presencial. O perfil do estudante do sistema EAD também tem mudado bastante com o passar dos anos. No início os adeptos eram pessoas mais velhas que optavam por esse caminho porque geralmente não podiam pagar nem tinham tempo para participar do ensino presencial. Com o tempo ele foi se popularizando entre os mais jovens, tanto que atualmente a maioria dos alunos da EAD tem entre 19 e 40 anos.

A metodologia do ensino também passou a ser mais reconhecida pelas empresas e ganhou credibilidade, tanto para os que concluem os cursos no nível de graduação quanto nos de pós-graduação. O material didático da EAD é apresentado em múltiplas linguagens. Assim, além de serem usados livros e apostilas digitalizados, também se incluem os vídeos, os *podcasts*, os jogos, as plataformas responsivas, a realidade virtual e a aumentada.

Note-se que houve uma importante alteração na legislação feita pelo ministério da Educação no final de 2018, que mudou as regras do ensino presencial e à distância, diversificando ainda mais a maneira de estudar dos universitários. Assim, a partir de 2019, os cursos de graduação na modalidade EAD devem oferecer apenas 30% das aulas no modo presencial. O ideal é que nesses encontros presenciais, sejam oferecidas algumas atividades práticas, em grupo e nos laboratórios. Já as aulas de disciplinas teóricas são pelo sistema EAD.

No que se refere aos cursos de pós-graduação à distância, eliminou-se a obrigatoriedade de que parte das aulas aconteçam nos polos físicos. Já na modalidade presencial, houve uma ampliação de 20% para 40% da carga horária que pode ser ofertada pelo sistema EAD, salvo em cursos das áreas de engenharia e saúde, que continuam funcionando dentro das condições anteriores.

E agora a EAD está, aos poucos, chegando à educação básica, mais especificamente ao **ensino médio**, sendo que a lei Nº 13.415/17, do "novo ensino médio", criada a partir de uma medida provisória do presidente Michel Temer, abriu a possibilidade para que o sistema seja oferecido aos estudantes da educação secundária. Porém, esse documento gerou inclusive bastante "resistência" por parte de muitos gestores educacionais, professores e especialistas em metodologias de ensino e aprendizagem.

Esses profissionais defendem que nesse final da 2ª década do século XXI, o que de fato deve ser bem ensinado aos alunos são **competências socioemocionais**, tais como empatia, resiliência, persuasão etc., que possibilitem aos alunos não apenas desenvolver um melhor relacionamento com os colegas, realizando com eles trabalhos em conjunto, mas também com os seus professores, que precisam escutar e dialogar mais com os estudantes. Para isso, os próprios professores precisam planejar melhor suas atividades de modo que consigam ensinar aos alunos a melhor maneira de adquirir tais capacidades socioemocionais.

Assim, do mesmo modo como planejam suas aulas de Português ou Matemática, os professores devem elaborar algo especial, como um projeto Empatia, no qual os alunos tenham de criar e encenar peças para que todos aprendam sobre respeito, colaboração, diversidade etc. Esse é o tipo de prática que, sem dúvida, não dá para ser aplicada no sistema EAD!?!? De qualquer modo, nesse final da 2ª década do século XXI é fundamental que no ensino médio se tenha a preocupação de oferecer aos alunos um currículo equilibrado, que englobe tanto os aspectos **cognitivos** quanto os **emocionais**.

Os mais "apocalípticos" (e talvez os mais realistas...) se mostram contrários a EAD, afirmando que esse sistema promoverá um caos no ensino:

desemprego de muitos professores; fechamento de laboratórios e bibliotecas e o aniquilamento dos **espaços de convivência estudantil**!!! Isso, segundo essas pessoas, terá também um efeito devastador na posterior qualidade profissional dos alunos que concluíram o ensino médio através da EAD. Os profissionais que defendem essa tese acreditam que as novas tecnologias devem **fortalecer a escola, não substitui-la**!!! Eles também enfatizam que a educação básica deve continuar **presencial**!!! Desse modo, a EAD deveria ser admitida somente nos casos excepcionais já previstos nas normas nacionais, como é o caso da EJA (educação de jovens e adultos), no ensino médio, e também nos cursos profissionais de nível técnico. Para os especialistas e os docentes, tanto as crianças quanto os jovens têm o direito a uma experiência escolar completa, intensiva e extensiva, em que possam conviver uns com os outros, pois somente assim eles conseguirão se tornar bons seres humanos!!!

Enquanto isso, nos EUA já é bem grande a oferta de cursos EAD que reúnem todo o material ensinado numa *high school* (o ensino médio brasileiro). E de fato não se pode negar que a EAD desenvolve várias habilidades importantíssimas para os alunos do século XXI, como gestão do próprio tempo de estudo e o uso de TICs, portanto, não há motivo para privar os estudantes da oportunidade de desenvolvê-las. Paralelamente, vale salientar que, em muitos países de língua inglesa têm crescido de maneira sólida e constante o movimento *home schooling*, no qual, as crianças são educadas em casa pelos próprios pais e/ou por tutores que, por sua vez, usam muito as informações e dados que conseguem repassar para elas, obtendo-os na Internet!!!

De qualquer modo, a validação do sistema EAD no ensino médio não significa que tudo será feito à distância. A tendência mundial é no sentido de um ensino "*blended*" (hibrido), ou seja, no qual prevaleça uma combinação da educação presencial e à distância. Desse modo o argumento de que a EAD influenciará negativamente as relações humanas não se sustenta (!?!?), até porque hoje uma grande parte das relações entre jovens (e pessoas em geral) já acontece *on-line*.

Por isso, permitir que os colégios incluam em seus currículos atividades e disciplinas utilizando EAD não significa uma ameaça à formação dos jovens. Ao contrário, é um reconhecimento de que o nosso contexto mudou e as TICs e a Internet desempenham hoje um papel essencial na aprendizagem, na comunicação e no trabalho. Nesse sentido, a EAD pode contribuir inclusive para uma melhor formação dos jovens.

No Brasil temos em nossas IEs públicas e privadas centenas de milhares de professores competentes e capazes de combinar metodologias e tecnologias para preparar bem os alunos do ensino médio para uma modalidade pela qual eles possam optar no nível superior, assim como para a cidadania na cultura digital – que, de qualquer modo, eles já exercem fora da escola.

Pode-se assim chegar à conclusão de que permitir que as IEs ofereçam EAD e que os alunos do ensino médio tenham essa opção significa também respeitar suas capacidades e sua autonomia. Na realidade, cria-se um diálogo para os alunos numa linguagem que esses jovens se comunicam muito atualmente. A EAD naturalmente não resolverá todos os problemas da educação básica no País, mas certamente contribuirá muito para melhorá-la bastante, em especial se for bem combinada com a **educação presencial!!!**

E você, caro(a) leitor(a), apoia ou não o uso da EAD no ensino médio?

No que se refere a **saúde**, Cuiabá conta com diversos hospitais, clínicas e pontos de atendimento para os cuiabanos, como prontos-socorros, postos de saúde e outras unidades de assistência médica. Porém, há uma certa insatisfação com a atuação da secretaria municipal de Saúde por parte dos munícipes. Entre os hospitais, centros de saúde e clínicas, deve-se citar:

- **Hospital do Câncer** – Nele os pacientes recebem um ótimo tratamento oncológico e os atendentes, médicos e dentistas são muito atenciosos!!!
- **Hospital Geral** – Instituição sobre a qual os pacientes têm feito boas avaliações, destacando o atendimento recebido por parte de seus profissionais dedicados e competentes.
- **Centro Médico I** – Trata-se de uma instituição fundada em 2006, reunindo uma equipe médica formada por mais de 20 profissionais da saúde, e que obteve nota máxima na avaliação dos que aí já se trataram.
- **Complexo Hospitalar** – Hospital privado que obteve nota 4 em sua avaliação, o que significa que o atendimento é considerado bom.
- **Hospital Universitário Júlio Müller (HUJM)** – É bem avaliado pelos que já recorreram a ele, tanto nas cirurgias a que se submeteram como no acompanhamento recebido pelos profissionais durante o período de recuperação. E por falar no HUJM, vale ressaltar que ele é o único hospital essencialmente público de Cuiabá, que atende de maneira plena somente pacientes referenciados pelo SUS. Aliás, ele

também serve como local de estágio de alta qualidade para estudantes de Medicina, Nutrição, Enfermagem, Fisioterapia e Serviço Social, entre outras especialidades ligadas à saúde. O HUJM apoia, especialmente, os programas de residência médica em clínica médica, cirurgia geral, obstetrícia e ginecologia, anestesiologia, pediatria, infectologia, cardiologia, neonatologia etc., que são desenvolvidos sob a responsabilidade da Faculdade de Ciências Médicas. No campo da pesquisa científica, sob o controle da sua comissão de ética em pesquisa, o HUJM tornou-se um excelente campo operacional para a produção de teses em cursos de especialização e mestrados oferecidos pela UFMT, assim como de trabalhos científicos publicados em revistas nacionais e estrangeiras, indexadas e, inclusive, apresentados em congressos e jornadas nacionais e internacionais.

E aí vão alguns outros nosocômios e estabelecimentos focados na assistência à saúde das pessoas que infelizmente têm recebido avaliações inferiores a 4, mas aos quais os cuiabanos precisam recorrer para se curar de seus males e de suas doenças: Hospital Militar, Hospital Santa Helena, Hospital Santa Rosa, Santa Casa de Misericórdia, Centro de Saúde Cidade Alta, Centro de Saúde Cidade Verde, Hospital Jardim Cuiabá, Hospital e Pronto-Socorro Municipal de Cuiabá, Hospital Sotrauma, Hospital Amecor, Centro Médico Unimed, Tiradentes Médico Hospitalar Ltda, entre outros.

Pois é, o setor de saúde, tanto aquele no qual atua o governo como o setor privado, precisa melhorar muito, pois, se resume a algumas "ilhas de excelência" nas quais o trabalho é feito com esmero e dedicação, particularmente no sistema público, ou então fica inacessível para a maioria da população brasileira que não pode pagar pelos elevados custos dos planos de saúde, em especial se as pessoas tiverem mais de 50 anos de idade!!!

No âmbito do **transporte**, na cidade utilizam-se muito os ônibus coletivos – cuja frota em 2018 era de 470 unidades) e os micro-ônibus (aproximadamente 90), além dos táxis e das mototáxis, que, aliás, já foram regulamentadas pela Câmara Municipal. Já no seu aglomerado urbano, que agrega o município de Várzea Grande, a frota de ônibus chega a 700 unidades, sendo que 25% deles possui ar-condicionado e rampa de acessibilidade. Desse total, algumas dezenas possuem motorização traseira, o que eleva ainda mais a qualidade do transporte. A cidade conta também com ônibus articulados. Estima-se que, no total, houvesse em Cuiabá cerca de 305 mil veículos em

2018, sendo que, desse total, 205 mil fossem carros, aproximadamente 67 mil motocicletas ou motonetas e o restante se dividisse entre caminhões, caminhonetes, ônibus etc. A cidade tem também um terminal rodoviário que a interliga com outras cidade do Estado e lugares mais distantes, com as pessoas chegando nas diversas linhas de ônibus.

Cuiabá utiliza o aeroporto internacional, o Marechal Rondon, que está localizado no município vizinho de Várzea Grande. Recentemente ele foi modernizado, uma vez que Cuiabá foi escolhida para ser uma das 12 sedes da Copa do Mundo de Futebol, realizada em 2014. Com essa reforma o aeroporto, apesar de ainda padecer de algumas deficiências, passou a ter a capacidade para receber até 3 milhões de passageiros por ano. Ele conta com um terminal de passageiros com dois pisos, uma razoável praça de alimentação, algumas lojas etc., e é climatizado. O local conta ainda com um terminal logístico de carga, cuja utilização vem aumentando ano a ano.

Se de um lado esse aeroporto está renovado e pronto para receber os turistas que visitam a encantadora Cuiabá, para admirá-la e aproveitar as incríveis belezas que se encontram bem próximas da capital mato-grossense, o que entristece esses visitantes é o fato de que, ao sair do local eles se deparam com uma sucessão de obras inacabadas que já deveriam ter sido inauguradas para a Copa de 2014. A questão é que elas ficaram paradas por conta de irregularidades, como por exemplo em seus contratos. Algumas delas chegaram a ser retomadas e novamente interrompidas, como a do VLT, cuja licitação ainda está sento investigada pela Polícia Federal, por suspeita de fraude!?!? O governo atual estuda agora uma solução para a retomada das obras, mas ainda não tem um prazo para a sua conclusão...

No que concerne a **cultura**, boa parte das tradições cuiabanas se deve ao isolamento sofrido pelo município com a sua decadência econômica. Outro fator que explica parte das características das manifestações culturais foi o convívio de várias culturas desde a fundação de Cuiabá, ou seja, dos índios que ali viviam, dos bandeirantes paulistas e dos negros que foram levados para lá como escravos. Todos esses fatores se refletem até hoje na gastronomia, nas danças, no modo de falar e nos artesanatos da região.

A base da **culinária** local são os peixes de água doce (como pacu, pintado, caxara, dourado, entre outros), que são pescados nos rios da região e consumidos de várias maneiras, seja acompanhados de farinha de mandioca, abóbora e banana, seja com pratos tradicionais (como o "**maria isabê**"), ou ao lado de uma farofa de banana ou de um pirão. Um dos principais pratos típicos é a **mojica**, feito à base de peixe. A culinária cuiabana – como, aliás, a brasileira de modo geral – tem suas raízes nas cozinhas indígenas, portuguesa, espanhola e africana. Frutos como o pequi são adicionadas a pratos à base de arroz e frango, a mandioca, a manga e o caju, o charque, peixes frescos ou secos.

Pacu assado, piraputanga na brasa, mojica de pintado, arroz com pacu seco, moqueca cuiabana, caldo de piranha, ventrecha de pacu frita, dourado ou piraputanga na folha de bananeira e caldeirada de bagre, são pratos nascidos nas barrancas do rio Cuiabá e nas baias do Pantanal. O "maria isabê" é um combinado de arroz e carne seca fatiada (popularmente conhecido como arroz carreteiro), um prato exclusivo da culinária local; a paçoca de pilão feita com carne de charque e farinha de mandioca temperada; o furrundum é um doce preparado com mamão verde; rapadura e canela; o pixé, elaborado com milho torrado e socado com canela e açúcar; o bolo de arroz cuiabano; o francisquito; os doces de caju e manga; o licor de pequi e o guaraná de ralar.

Nos dias de hoje Cuiabá é uma metrópole e, naturalmente, nela existem muitos restaurantes que servem a culinária cuiabana, assim como existem muitos outros que servem comida nacional e os voltados para a cozinha internacional. Veja a seguir algumas sugestões de restaurantes, bares e lanchonetes onde, especialmente o visitante, poderá se alimentar bem:

- *Sesc Mangaba* – Voltado para a comida cuiabana, tem grande enfoque nos peixes, com destaque para o filé de pintado à milanesa. É um local superfamiliar, aconchegante e com ótimo atendimento, cujo *buffet* é espetacular!!!
- *Mahalo Cozinha Criativa* – Serve pratos maravilhosos, como o pintado grelhado com crosta de castanha do Brasil e o roesti de mandioca. Nele o cliente passa de fato por um conjunto de sensações intensas, profundas e gratificantes.
- *Okada* – Um espaço simples e familiar, focado em pratos como peixes na brasa (pintado, piraputanga, matrinxã etc), acompanhados de farofa e saladas.
- *Pé de Pequi* – Restaurante no qual se oferece um rodízio de comida japonesa, num ambiente aconchegante e bem refrigerado.
- *Seu Majó* – Serve gastronomia autoral, com pratos que valorizam a cozinha italiana com toques brasileiros. Tudo isso num ambiente bem acolhedor e intimista, onde existem poucas mesas.

- *Al Manzul* – O local é decorado de forma impecável, com almofadas, tapetes, etc. O ambiente conta ainda com música e dançarinas maravilhosas, recepção e atendimento de alta qualidade. O cliente, entretanto, deve gostar de pratos tipicamente árabes.
- *Cedros* – Ambiente familiar com mesinhas na calçada. Oferece pratos e sobremesas árabes e também serve deliciosos filés. Tudo isso, além de cervejas bem geladas.
- *Choppão* – Trata-se de um boteco agitado com menu de cozinha brasileira, com petiscos e pratos e animação em varanda aberta para a rua.
- *Varadero* – Serve pratos variados com petiscos, saladas e grelhados, além de cervejas e drinques (como excelentes "caipirinhas"), tudo num ambiente aconchegante.
- *Getúlio* – Possui três ambientes, incluindo um restaurante com cardápio, um *lounge* com *tapas* (petiscos) e um espaço ao ar livre para chopes. O destaque vai para as costeletas de cordeiro com risoto de *shitake*.
- *Originale Diparma* – Em amplo espaço e à meia luz pode-se comer massas, picanha, cordeiro, bacalhau, caldos etc., ou seja, o cardápio é bem variado, com uma boa carta de vinhos e bons chopes!!!

E além dessas opções, recomenda-se também os seguintes restaurantes: *Serra, Galeto Cuiabano, Haru Cozinha Oriental, Detroit Steakhouse, Taberna Portuguesa, Acácia Cozinha de Família, Confrade, Talavera, Regionalíssimo.....*

Os visitantes que vão a Cuiabá têm hoje na cidade alguns bons hotéis para se hospedar, dentre os quais estão:

- **Deville Prime** – Um estabelecimento com cinco estrelas localizado a 1 km do centro da cidade, cujos quartos são amplos e bem limpos. O local conta com um excelente serviço de atendimento, porém, é um dos mais caros de Cuiabá.
- **Gran Odara** – Esse estabelecimento é classificado como cinco estrelas, oferece um excelente café da manhã como cortesia, estacionamento gratuito e funcionários prontos para prestar o apoio necessário aos hóspedes na recepção durante 24 h. O hotel fica a apenas 250 m do parque Mãe Bonifácia, a 800 m do *shopping* Goiabeiras e a 3,5 km da rodoviária de Cuiabá. No seu restaurante

AVEC, o hóspede poderá saborear os pratos das culinárias francesa e regional, ou provar os coquetéis no seu bar. O hotel possui piscina, salão para massagem, *spa* e solário.

- **Intercity Premium** – Está localizado na região de Goiabeiras, próximo a bares e restaurantes e distante 9 km do aeroporto internacional. Classificado como 4 estrelas, seus apartamentos são equipados com TV a cabo, mesa de trabalho, telefone e ar-condicionado. O hotel oferece academia, piscina, bar, estacionamento e serviço de quarto. Já os serviços gratuitos são café da manhã e *Wi-Fi*.

- **Delmond** – Está localizado a 500 m do Pantanal *Shopping* e a apenas 20 km da Chapada dos Guimarães. É um estabelecimento quatro estrelas e suas acomodações são equipadas com ar-condicionado, TV de tela plana com sinal a cabo, secador de cabelo e frigobar. As comodidades incluem *Wi-Fi* gratuita, academia, *spa*, sala de reuniões e estacionamento. A recepção atende 24 h e, além disso, se o hóspede optar pela suíte *king*, desfrutará de banheira com hidromassagem e de uma cama bastante confortável.

- **Golden Tulip** – Hotel categoria quatro estrelas localizado no bairro Areão, a 1 km do centro da cidade. Seu estacionamento é grátis e a recepção atende 24 h. As acomodações são equipadas com TV a cabo, Internet *Wi-Fi*, ar-condicionado e frigobar. Alguns quartos dispõem de sala de estar.

- **Delcas** – Esse hotel categoria quatro estrelas está localizado a 11 km do aeroporto internacional e a 50 min de carro da Chapada dos Guimarães. Ele dispõe de piscina ao ar livre e suas acomodações são equipadas com ar-condicionado, TV a cabo e Internet gratuita. Entre as comodidades estão estacionamento gratuito e *business center*.

- **Amazon Plaza Hotel** – Esse hotel é categoria quatro estrelas e está localizado no centro da cidade, a 4 km do terminal rodoviário e a 8 km do aeroporto internacional. Oferece acesso gratuito *Wi-Fi*, e suas acomodações dispõem de ar-condicionado, TV LCD *(liquid crystal display)* com canais a cabo, frigobar e banheiro privativo. No que se refere a recreação, o hotel conta com jardim, piscina e academia. Já em termos de comodidade, a recepção funciona 24 h e o local conta com *business center*, estacionamento e serviço de lavanderia.

Claro que existem algumas dezenas de outros hotéis inclusive mais modestos na cidade, nos quais o visitante poderá passar a noite com tranquilidade, visto que provavelmente programou passar o maior tempo possível conhecendo a encantadora Cuiabá e os incríveis tesouros naturais em suas proximidades.

No âmbito da **cultura**, vale ressaltar que em Cuiabá existe um razoável número de museus. Neles é possível aprender muito, e não apenas a respeito da história da cidade, mas também do Estado e do País. Entre os mais relevantes estão: Museu do Índio, Museu de Antropologia Mato-grossense, Museu do Ouro, Museu do Pantanal, Museu do Coxipó, Museu Barão de Melgaço, Museu do Rio Cuiabá, Museu do Cinema, Museu da História do Mato Grosso, Museu Marechal Rondon, Museu das Pedras, Museu Couto Magalhães, Museu da Imagem e do Som, Museu do Morro da Caixa D'Água, Museu da Arte Sacra de Cuiabá e Museu da Educação.

Como se pode notar, principalmente os professores dos ensinos fundamental e médio, têm muitos lugares para aonde levarem seus alunos ao programarem suas atividades extracurriculares e, desse modo, incrementarem o conhecimento deles. Uma dessas opções é dar uma chegada no Aquário Municipal.

Quando o assunto é **música**, há em Cuiabá algumas agremiações carnavalescas de destaque, como é o caso da Imperatriz da Portuária e do bloco carnavalesco Banana da Terra. Aliás, Cuiabá já foi enredo da famosa escola de samba carioca Mangueira, no Carnaval de 2013 (*Cuiabá: um paraíso no centro da América*).

Para incrementar não apenas o intercâmbio cultural, mas também adquirir conhecimentos sobre como são resolvidos problemas que afetam as cidades ao redor do mundo, nessas últimas décadas Cuiabá firmou diversos acordos e se tornou **cidade-irmã** de Aricá e Iquique (no Chile), Hamamatsu (no Japão), Lishui (na China), Pedro Juan Caballero (no Paraguai), Torino (na Itália), Zlin (na República Tcheca) e com a cidade brasileira de Cratéus, no Estado do Ceará.

Realmente esse programa deveria ser incrementado e mais utilizado, de modo a desenvolver eventos mútuos com essas cidades. Afinal, elas representam países bastante diversos e com certeza essas apresentações atrairiam muitos visitantes para Cuiabá. A recíproca certamente seria verdadeira sempre que eventos similares fossem realizados nas respectivas cidades-irmãs!!!

Cuiabá possui diversos atrativos turísticos. Isso acontece pelo fato de a cidade estar situada em uma região de várias paisagens naturais, e por estar bem próxima de locais onde existem verdadeiros **tesouros naturais**, como a Chapada dos Guimarães e o Pantanal. Além disso, por ser um município bem antigo, Cuiabá possui um **património histórico importante**. Assim como acontece em outras cidades históricas brasileiras, a arquitetura da área urbana inicial é tipicamente colonial, com modificações e adaptações a outros estilos – como o neoclássico e o eclético –, ocorridas com o passar do tempo.

Ela foi bem preservada até meados do século XX, mas depois dessa época, o enorme crescimento demográfico e o desenvolvimento econômico afetaram o patrimônio arquitetônico e paisagístico do centro histórico. Vários prédios antigos foram demolidos, entre eles a antiga matriz, em 1968, para dar lugar a atual.

Somente na década de 1980 é que ações concretas foram tomadas para garantir a preservação desse patrimônio. Em 1987, o centro foi tombado provisoriamente como patrimônio histórico nacional pelo IPHAN, e definitivamente em 1992, quando o tombamento foi homologado pelo ministério da Cultura. Desde então vários prédios foram restaurados, entre os quais estão as igrejas de Nossa Senhora do Bom Despacho (inspirada na Notre Dame de Paris) e do Nosso Senhor dos Passos.

O mesmo ocorreu com o palácio da Instrução (hoje um museu histórico e biblioteca), o antigo Arsenal da Guerra (atualmente um centro cultural mantido pelo Sesc) que foi criado em 1818, o Mercado de Peixes (que é hoje o Museu do Rio Cuiabá) e o sobrado onde atualmente está localizado o Museu da Imagem e do Som de Cuiabá. Realmente a área tombada pelo IPHAN permitiu preservar bastante as feições originais da cidade. Esse é o caso das antigas ruas chamadas de Baixo, do Meio e de Cima (hoje, respectivamente, ruas Galdino Pimentel, Ricardo Franco e Pedro Celestino) e suas travessas, que ainda mantêm preservadas as características arquitetônicas das casas e sobrados.

Outros locais que devem ser visitados em Cuiabá são: O Parque Zoológico (localizado na UFMT, na avenida Fernando Correa da Costa, e que possui animais típicos da fauna mato-grossense e do Pantanal); o Museu Rondon (repleto de artefatos indígenas), o Museu de Arte e Cultura Popular (que fica também no *campus* da UFMT), o obelisco e o marco do centro geodésico da América do Sul, na praça Moreira Cabral, um local que já foi praça de enforcamento de condenados e também um campo de touradas.

Estão em Cuiabá muitas igrejas e templos incríveis. Esse é o caso da catedral metropolitana, da igreja de São Gonçalo no bairro do Porto, da mesquita de Cuiabá, localizada no morro da Luz, no bairro Bandeirantes, do grande templo da igreja Assembleia de Deus, um dos maiores do País, que consegue receber muitos milhares de crentes.

Na cidade os seus habitantes seguem diversas religiões, com preponderância dos católicos e dos evangélicos/protestantes – cerca de 85% dos que vivem em Cuiabá seguem essas crenças - , com isso há outras igrejas e templos que atraem muitos visitantes, como é o caso das igrejas Nossa Senhora da Guadalupe (uma doação do governo francês que veio em blocos, trazidos inicialmente de navio e montados depois na cidade), a Nossa Senhora da Boa Morte, a Nossa Senhora da Guia, o templo mórmon Jesus Cristo dos Santos dos Últimos Dias, a igreja batista nacional Morada da Serra, os templos da igreja cristã maranata e dos presbiterianos e luteranos.

Em Cuiabá há muitos **parques**, com o que ela é também chamada de "**cidade verde**", por causa da grande arborização. Entre esses parques destacam-se o Mãe Bonifácia, que ocupa 77 ha de área verde e nele estão diversas espécies de flora e vegetação típica do cerrado. O local possui diversas pistas para caminhada e está localizado na avenida Miguel Sutil; o Massairo Okamura, que tem 7 ha de área verde, com vegetação e flora típicas do cerrado e pistas para caminhada; o Zé Bolo Flô; o da Vila Militar; o Tia Nair; o das Águas Termais; o parque aquático Sesi Park e o Horto Florestal, na confluência do rio Cuiabá com o Coxipó.

Também é possível visitar as comunidades ribeirinhas, onde se pode conhecer o modo de vida da população local e apreciar os artesanatos fabricados por eles, bem como os rios e as baías frequentadas para pesca e banho. Há em Cuiabá a Casa do Artesão, na qual se tem uma bela amostra da cultura mato-grossense, bem como o Museu do Artesanato, com uma exposição permanente de peças caboclas e indígenas onde o turista pode comprar suvenires.

Para envolver-se com as **artes cênicas** a cidade possui alguns espaços adequados para essas apresentações, como o Cine Teatro Cuiabá, os teatros da UFMT e do Sesc Arsenal, bem como os anfiteatros do Liceu Cuiabano e da EE Presidente Médici. Cuiabá está bem servida de meios de comunicação, com jornais impressos como o *Diário de Cuiabá*, *A Gazeta*, *Folha do Estado*, entre outros. Há também diversos canais de televisão (afiliados das principais redes brasileiras), várias emissoras de rádio (AM e FM); companhias de telefonia fixa e móvel; e serviço de Internet cada vez mais eficiente.

No quesito **esporte**, recorde-se que em 31 de maio de 2009, Cuiabá foi anunciada como uma das sedes da Copa do Mundo de Futebol de 2014, representando o Pantanal. Essa escolha deixou a comunidade esportiva perplexa, em especial pelo fato de que na cidade não havia nenhuma equipe de futebol profissional de peso no cenário nacional, que sequer figurasse nas séries oficiais do Campeonato Brasileiro. Mesmo assim, as obras da Arena Pantanal começaram em abril de 2010 e foram concluídas em 2014. O custo divulgado pelo governo foi de R$ 681 milhões!!!

Paralelamente às obras do estádio, começaram a partir de 2011 outras obras para melhorar a mobilidade urbana, dentre elas a duplicação da ponte Mário Andreazza. Em 2012 o município também conseguiu aprovar o novo modal de transporte urbano, ou seja, o VLT (uma espécie de metrô de superfície), uma obra que exigiu recursos de R$ 1 bilhão, mas que até agora, bem depois do término da competição, não está pronta... (um grande desperdício de dinheiro, não é?). O fato é que Cuiabá recebeu apenas quatro jogos na Copa, todos da fase de grupos e, depois disso, nada de espetacular aconteceu na Arena Pantanal em termos de futebol, e, aliás, tampouco o futebol cuiabano evoluiu significativamente. **Isso que é um legado às avessas, não é mesmo?**

Para a Copa do Mundo de Futebol de 2014, foi construído no *campus* de Cuiabá um Centro Oficial de Treinamento, próximo ao ginásio poliesportivo da UFMT. Ele tem capacidade para abrigar 1.500 torcedores e, além de uma pista de pista oficial de atletismo de padrão internacional, possui um campo de futebol que, inclusive, foi utilizado para treinamento por duas seleções que jogaram na Arena Pantanal: Nigéria e Coreia do Sul. Essas instalações atendem agora à comunidade acadêmica e aos cuiabanos de modo geral.

Infelizmente, nem o setor público – em especial os governos municipal e estadual – nem os empresários do setor privado se sensibilizaram em relação ao quanto é importante ter numa cidade equipes competitivas em algum esporte competitivo, como por exemplo se observa em cidades dos Estados do Paraná, Santa Catarina e Rio Grande do Sul, que com investimentos relativamente pequenos têm excelentes equipes de futebol de salão, basquete, voleibol e handebol.

Com essas equipes acabam fazendo uma média de 30 jogos por ano nas diversas competições de que participam, isso acaba sendo prestigiado pelo público que vive na cidade e, inclusive, atraindo também espectadores que moram nas cidades vizinhas. Essa visitabilidade cresce proporcionalmente com o poderio da equipe. Isto é, quanto mais forte for o time, e quanto mais jogos eles ganharem, mais seus torcedores se sentirão entusiasmados a acompanhá-los e, indiretamente, divulgando a imagem vencedora de sua cidade pelo País!!!

Felizmente em 2019, os cuiabanos e os que vivem perto de Cuiabá e gostam de futebol puderam acompanhar os jogos do Cuiabá Esporte Clube – fundado em 12 de dezembro de 2001 pelo ex-jogador Luís Carlos Toffoli, popularmente conhecido como Gaúcho e, que em 2009 foi adquirido pela família Dresch, proprietária da empresa Drebor Borrachas Ltda. – que foi vice-campeão da Série C do Campeonato Brasileiro em 2018, obtendo o direito no ano seguinte de disputar a Série B, tendo um desempenho muito bom no início do mesmo...

Note-se que nessa sua breve história o Cuiabá Esporte Clube já tem muitas conquistas, entre elas, foi nove vezes campeão estadual.

Mas apesar de Cuiabá ainda não atrair muitos visitantes por causa de seus eventos esportivos, ela compensa isso por conta da existência ali bem perto da Chapada dos Guimarães, de Nobres, de Bom Jardim e outros municípios com belezas incríveis, como o parque nacional da Chapada dos Guimarães ou então no lago Manso de Cuiabá.

Bem, Chapada dos Guimarães é uma simpática cidadezinha em cujo município está localizado o parque. Mais alta que Cuiabá (a 800 m acima do nível do mar), ela tem um clima mais fresco à noite, em especial no inverno. Isso é um alívio, fazendo muitos cuiabanos irem até ela para fugir do calorão na sua cidade. Na cidade de Chapada dos Guimarães, bem no centrinho, na praça no entorno da igreja de Nossa Senhora de Sant'Ana, construída no século XVIII, acontece uma feira de artesanato. Ali existem diversos bares e lojinhas atraentes que vendem camisetas de boa qualidade com frases tradicionais do Estado de Mato Grosso. Quem quer se deliciar deve adquirir na *Delícias do Cerrado*, um picolé ou sorvete de massa com algum sabor típico, como umbu, buriti e tamarindo.

Mais afastado do centro, vale a pena reservar um almoço no *Morro dos Ventos*, um restaurante com um belo mirante – em dias claros dá para ver até os prédios de Cuiabá. Nesse local várias são as opções, mas uma inesquecível é a costelinha de porco com arroz, acompanhada de feijão, torresmo, farofa de banana e salada. Depois dessa refeição é imprescindível dar uma boa caminhada para facilitar a digestão, pois não há quem resista e come-se muito...

E as pessoas vão à Chapada dos Guiamarães e se hospedam em algum dos seus hotéis para depois poder passear no parque e na região. Nele existem muitas cachoeiras, a mais apreciada delas é a que se chamou originalmente de Bocaina do Inferno, uma queda de água de 86 m, que depois virou Véu de Noiva, rebatizada pelo arcebispo Aquino Correa (1885-1956), o primeiro mato-grossense a entrar na ABL.

Véu de Noiva é até um nome comum para essa cachoeira sem par no País, circundada por paredões erodidos à moda chapadense, frequentada por araras de vozes estridentes e cores atraentes. Pena essa cachoeira estar vetada ao contato íntimo com os visitantes. Isso se deve ao fato de que em 2008 um grupo de jovens em excursão desceu a trilha até o lago ao pé do Véu da Noiva e foi surpreendido pelo desabamento de uma rocha de arenito. Uma garota morreu. Agora os visitantes ficam protegidos da Bocaina do Inferno, ou seja, do Véu da Noiva, com o que ela **só pode ser vista**. E não se pode esquecer que nessa região há cerca de 450 cachoeiras catalogadas, a maioria delas muito bonita, sendo que sete estão dentro do parque.

No parque estão belezas como a Cachoeirinha e a queda chamada dos Namorados, ambas localizadas a uma distância de 50 m uma da outra.

Chega-se a elas por uma trilha de 1.200 m, percorrendo um caminho no qual se nota uma transição entre o cerrado-paisagem mais encardida de árvores baixas e tons terrosos – e uma mata que se vê em muitos filmes que mostram florestas tropicais, constituídas por corredores verdes sempre acompanhados de riozinhos. Quase no fim da trilha há muretas e degraus de pedra já cobertos por vegetação.

E depois que a pessoa se livra de uma sequência de cipós grossos pendendo de árvores finas e altas, surge a Cachoeirinha, uma queda de 15 m formada pelo rio Coxipozinho, com prainha e uma piscina rasa adequada para um banho. E ao lado fica a cachoeira dos Namorados, formada pelo córrego Piedade, com uma queda de 7 m, onde o visitante não resiste e participa de um outro banho. A cortina de espuma da cachoeira escorrega pela escarpa de ponta a ponta e dá para andar e se esconder atrás dela, talvez dai tenha nascido o seu nome romântico.

Atualmente pesquisadores, ambientalistas, fotógrafos e produtores de vídeos, ufoturistas, excêntricos de todos os tipos e um grande contingente de visitantes curiosos são atraídos pela Chapada dos Guimarães – essa borda do planalto central – apelidada de "**coração da América do Sul**", como é a sua divulgação mais popular.

Quem vai a Chapada dos Guimarães consegue observar os enormes paredões avermelhados devido a ação do óxido de ferro no arenito, as estranhas formações esculpidas pelo vento e uma enorme concentração de nascentes, grutas, vales e tudo isso assentado sobre uma das placas geológicas mais velhas da Terra (de uns 150 milhões de anos), com sítios arqueológicos e signos das mutações espalhadas, ou seja, fósseis, pinturas rupestres, conchas etc.

A Chapada dos Guimarães já foi geleira, mar, deserto. Porém, o que alimenta muito o papo místico é a polémica sobre a cidade ser ou não o **centro geodésico** do continente, ou seja, o **"ponto equidistante"** entre os oceanos Atlântico e Pacífico, no qual **"teria descido um índio num disco voador"**!?!?

Só que o verdadeiro centro fica de fato em Cuiabá. O que há na face sul dos paredões chapadenses é uma plaquinha com um marco de altitude, em um mirante com vista para a planície pantaneira, que é mesmo assim loucamente cultuada especialmente pelos ufofuturistas!!!

Há aí vários mirantes como a Porta do Céu, o Portão do Inferno (que lamentavelmente está fechado para visitação...) e passarelas de onde se pode admirar a depressão cuiabana, o Pantanal, o rio Cuiabá, o lado mais fotogênico do morro de São Jerônimo (que para alguns é o **"aeroporto de óvni"**) e a própria Cuiabá. O visitante observando com mais detalhes as diversas formações rochosas começa a pensar que foram talhadas por "gente" como é o caso da Pedra do Camelo e a Pedra do Sapo – esta última que, aliás, foi vítima recente do ato de vandalismo de algum "simpático" ser humano que achou "divertido" fixar um sapo de cimento em cima dessa escultura natural (!?!?) que lembra o anfíbio, e que demorou milhões de anos para ser moldada pela chuva e pelo vento. O visitante também acaba cruzando com a estátua de um ET (extraterrestre) na entrada da *Casa do Mel Buriti*, que evidentemente foi esculpida por seres humanos!!! Esse complexo é composto de um apiário, uma pousada, uma lanchonete, uma piscina e uma lojinha, além, é claro, do o principal: **uma vista panorâmica espetacular**. Também é daí que sai a trilha do Mel, com 6 km entre ida e volta, e em cujo trajeto se passa por diversas formações rochosas esculturais.

O apicultor Sidarta Spíndola é o arrendador da propriedade, administrador da trilha e afirma ter visto objetos voadores não identificados na região!?!? Aos que chegam aí recomenda não deixar de comprar o inigualável mel retirado das mais de uma centena de caixas de abelhas!!!

Como é, estimado (a) leitor (a), será que quando for aproveitar suas férias e seu merecido período de lazer você vai dar prioridade nos seus planos para visitar Cuiabá, Chapada dos Guimarães e redondezas?

Em Curitiba, um aspecto do Museu Oscar Niemeyer (MON).

Curitiba

PREÂMBULO

A Fundação Cultural de Curitiba iniciou seus passos em um depósito de pólvora localizado no bairro Prado Velho, local que em 1971 foi transformado no Teatro do Paiol. Foi ela que reuniu sua pequena equipe e promoveu a tomada de posse do "**calçadão**" – um trecho da rua XV de Novembro que foi fechado ao tráfego de veículos – pelas crianças, estendendo imensos rolos de papel e tintas pelo chão. Aos poucos, timidamente, os adultos começaram a perceber o calçadão como um ponto de encontro, uma sala de visitas pública, ao ar livre. Todavia, essa mudança foi bem mais profunda, pois a repercussão nacional e até internacional desse novo urbanismo de Curitiba foi muito intensa!!!

Dessa forma Curitiba entrou para o mapa do mundo, com seu plano aplicado que pregava – e continua pregando – a **integração de funções e dos serviços urbanos**. Em 1993, o então prefeito Cassio Taniguchi declarou: "Curitiba é uma cidade que avança, tem sido bastante eficiente na solução de seus problemas. E vai continuar nesse caminho, que aponta para um futuro melhor pela via do trabalho. É isso o que busco na minha gestão, ou seja, fazer Curitiba cada vez melhor para todos os seus habitantes e **atrair** os não nascidos aqui a fincarem suas raízes para realizarem seus sonhos."

A urbanização acelerada dinamizou a cidade, mas também potencializou seus problemas, em especial para manter a qualidade de vida dos curitibanos. Neste sentido, tornou-se vital a implantação de bons programas em conjunto com as cidades que fazem parte da Região Metropolitana de Curitiba (RMC), no que se refere ao transporte, abastecimento, planejamento, saúde, saneamento etc. E a prefeitura de Curitiba tem tido sucesso na criação de oportunidades para a geração de trabalho e renda.

Um ato recente e muito importante foi a ação estratégica do prefeito Gustavo Fruet, para que a cidade de Curitiba fosse aceita como integrante da RCC da Unesco na categoria "*design*", o que se conquistou em 2014 e obviamente está incrementando as inovações curitibanas nesse setor.

A HISTÓRIA DE CURITIBA

Curitiba, a capital do Estado do Paraná, está localizada num planalto a 934 m de altura, e a uma distância de aproximadamente 110 km do oceano Atlântico. O município ocupa atualmente uma área de 435,036 km², sendo que a área urbana é de 319,4 km². Os municípios limítrofes são: Almirante Tamandaré, Colombo, Pinhais, São José dos Pinhais, Fazenda Rio Grande, Araucária, Campo Largo e Campo Magro. Segundo estimativas, viviam em Curitiba no início de 2019 cerca de 1,92 milhão de habitantes, o que, de acordo com o IBGE, torna Curitiba a 8ª cidade mais populosa do País. No final de 2018, o PIB do município chegou a R$ 85 bilhões.

De acordo com o filólogo, etimólogo, dialectólogo e lexicógrafo brasileiro Antenor Nascentes, Curitiba é um nome derivado da língua tupi, formada por *kuri* (que significa "pinheiro") e *tuba* (sufixo coletivo que significa "muito"), que juntos formam "muitos pinheiros ou pinheiral". Mas a cidade também já foi chamada de Corityba, cujo significado era bem diferente, ou seja, *coré* ("porco") e *tyba* ("muito"), com o sentido de "muitos porcos".

Foi o presidente do Estado do Paraná, Affonso Alves de Camargo, quem estabeleceu oficialmente a atual ortografia, Curitiba, por meio do decreto-lei datado de 1919. Até então, o nome da cidade era escrito de ambas as formas: Curityba e Corityba. Todavia, a "confusão" continua, pois a denominação dos habitantes nascidos no município é **curitibano**, topônimo de um município localizado no Estado vizinho de Santa Catarina (Curitibanos), que, aliás, foi criado por moradores históricos de Curitiba!!!

De qualquer modo, os primórdios do atual município de Curitiba remontam ao século XVII, quando o caminho de Queretiba era percorrido por bandeirantes que seguiam a caminho de Paranaguá, e procuravam ouro fora da serra do Mar. Na época, o chefe da primeira expedição oficial, que também era o responsável por coordenar os serviços de exploração de minas nas regiões sulinas (que incluía Curitiba) era Eleodoro Ébanos Pereira.

Não se tem a data em que foi fundado o núcleo Nossa Senhora da Luz dos Pinhais de Curitiba, mas acredita-se que isso tenha ocorrido em 1661. Somente bem depois disso, em 29 de março de 1693, é que o povoado se tornou uma **vila**, abrigando entre seus moradores Baltasar Carrasco dos Reis e Mateus Martins Leme. Em seguida, além dos **exploradores de minérios**, também começaram a surgir na região os **pecuaristas**, que se alocaram nos campos, e os **agricultores subsistentes**, que se alojaram nas áreas florestais e consumiam os próprios produtos plantados. Vale ressaltar que Curitiba localiza-se exatamente onde no passado haviam se estabelecido esses mineradores, agricultores e pecuaristas.

Entretanto, a atividade de mineração não se manteve ali por muito tempo e, ainda no final do século XVII, os mineradores acabaram seguindo para Minas Gerais. Já no século XVIII, a pecuária e o comércio bovino favoreceram o estabelecimento de muitos povoadores na região, o que levou ao seu desenvolvimento. A vila Nossa Senhora da Luz dos Pinhais ficava no caminho do gado, que foi aberto pelos tropeiros em 1730, entre Viamão (no Rio Grande do Sul) e a feira de Sorocaba (em São Paulo) e cidades de Minas Gerais para comercializar bovinos e muares.

Importante ressaltar que, em seu contorno atual, Curitiba não estava exatamente na rota dos tropeiros, porém, era um importante ponto de comércio e abastecimento dos fazendeiros. O ciclo tropeiro, que se estendeu por mais de um século, deu força a Curitiba, que em 1812 foi elevada à condição de 5ª comarca de São Paulo. Mais tarde, em 5 de fevereiro de 1842, essa comarca foi elevada à condição de **cidade**, pela lei provincial Nº 5. Posteriormente, e depois de uma dura luta política, Curitiba foi desmembrada da província de São Paulo e, pela lei imperial Nº 704 de 29 de agosto de 1853, tornou-se capital da recém-criada província do Paraná.

Em 1820, a então chamada Nossa Senhora da Luz dos Pinhais de Curitiba dispunha apenas de 220 casas, porém, a erva-mate e a madeira começaram a ser exploradas e comercializadas, o que impulsionou novamente seu crescimento. Em 1842, quando se tornou cidade, já havia no local 5.819 habitantes. Em 1855 surgiu o primeiro grande plano urbano de cidade, elaborado pelo engenheiro francês Pierre Taulois.

Na Curitiba de 1857, as duas únicas ruas que se cruzavam em ângulo reto – hoje Doutor Muricy e Marechal Deodoro da Fonseca – foram o ponto de partida para um traçado urbano de forma regular, quadrilátera. As ruas subsequentes foram sendo "endireitadas", conforme essa orientação, estando entre elas as que hoje se tornaram Barão de Serra Azul e São Francisco.

Na década de 1860, a colonização por meio da imigração de europeus foi bastante estimulada pelo governo provincial paranaense, com a vinda especialmente de italianos e poloneses. A partir de 1867 foram fundados 35 núcleos coloniais nas terras de **floresta ombrófila mista**, na periferia dos campos de Curitiba. Teve início um novo surto progressista, o que fez com que a cidade se tornasse local de destino de muitas famílias estrangeiras, quando, além dos italianos e poloneses, também vieram alemães, ucranianos etc. Curitiba também recebeu muitos migrantes (mineiros, fluminenses, catarinenses, paulistas e gaúchos), o que ao longo do tempo exerceria uma forte influência na formação de sua sociedade, cultura e economia.

A comercialização da erva-mate e da madeira, que eram transportadas e exportadas em barcaças por via fluvial, ganhou um poderoso impulso com a construção da Estrada de Ferro Paranaguá-Curitiba (EFPC), construída em apenas 5 anos (entre 1880 e 1885), que foi certamente a maior obra de engenharia local. Depois de implantada a República no Brasil, em 1889, o primeiro prefeito a governar a cidade foi Cândido Ferreira de Abreu (de maio de 1893 a dezembro de 1894), que procurou planejar seu futuro desenvolvimento. A partir daí, um dos mais relevantes acontecimentos na história de Curitiba foi a fundação da Universidade Federal do Paraná (UFPR), em 19 de novembro de 1912, que foi idealizada por Victor Ferreira do Amaral, Nilo Cairo da Silva e Pamphilo de Assumpção.

A influência francesa se fez notar novamente no segundo grande plano urbano para a cidade, de 1943. Na época, a prefeitura de Curitiba contratou a empresa paulista Coimbra Bueno & Cia Ltda. para executar o plano de Alfredo Agache e tornar a cidade radial, com um sistema de vias em torno do centro. Curitiba estava crescendo depressa, mas infelizmente não dispunha de todos os recursos necessários para a implantação completa do plano Agache. Mesmo assim, essa iniciativa deixou várias marcas sólidas, como o surgimento das grandes avenidas Visconde de Guarapuava, Sete de Setembro e Marechal Floriano; a construção das galerias pluviais da rua XV de Novembro e do bairro Rebouças. Também permaneceram diretrizes importantes desse plano, como o recuo obrigatório de 5 m para as novas construções; a concentração de fábricas na zona industrial; e a previsão de áreas para o Centro Cívico e o Centro Politécnico.

Após o término da 2ª Guerra Mundial, em 1945, a cidade começou a progredir ainda mais, por conta, basicamente, da crescente produção de café (no norte do Estado) e do incentivo dado à agricultura, em especial no oeste paranaense.

Pode-se dizer que o plano Agache orientou o crescimento da cidade até o final da década de 1950, quando foi instituído o departamento de Urbanismo na prefeitura de Curitiba. Também foi criada a Comissão de Planejamento da Cidade (Coplac). Porém, na década de 1960, a prefeitura da cidade sentiu novamente a necessidade de implantar um novo plano global e integrado e, a partir de 1971, Curitiba começou a mudar radicalmente, quando sua administração municipal conseguiu respostas convincentes para duas perguntas básicas:

1ª) **Para onde a cidade vai crescer?**
2ª) **Do que vivem os curitibanos?**

A partir daí ocorreram na cidade três transformações fundamentais, a de ordem **física**, a de caráter **econômico** e a de âmbito **cultural**. A primeira – **física** – linearizou Curitiba, sendo implantado um traçado estrutural que ligava os pontos cardeais e facilitava o transporte, o que induziu a cidade a crescer. Foi criado o sistema trinário de vias: um corredor exclusivo para ônibus, ladeado por duas vias de tráfego lento em sentidos inversos e duas vias rápidas em paralelas, também com sentidos inversos.

Grandes áreas desocupadas foram reservadas para parques, que teriam dupla função: promover o **saneamento** e, ao mesmo tempo, garantir a **preservação ambiental**. Assim, um trecho da rua XV de Novembro foi fechado ao tráfego de veículos, surgindo desse modo o primeiro calçadão para pedestres do País, em 1972.

A partir de um decreto de 1971, deu-se também muita atenção ao setor histórico da cidade. Nessa época comerciários e prestadores de diversos serviços compunham o maior volume de trabalhadores de Curitiba, não cabendo, portanto, à indústria o papel de puxar a economia da cidade. Porém, essa relação começou a se alterar bastante a partir de 1973, quando foi iniciada a implantação da Cidade Industrial. Localizada no oeste de Curitiba, nas terras denominadas Prado de São Sebastião, ela com o tempo se transformou num extenso bairro curitibano, considerado, inclusive, como "**uma cidade dentro da cidade**".

Desse modo, aconteceu uma verdadeira revolução econômica em Curitiba, tanto que no início do ano 2000 o ICMS industrial da Cidade Industrial representava 25% de tudo que se obtinha no Estado. Cerca de 250 mil curitibanos trabalhavam nas empresas ali localizadas.

Os comerciantes da rua XV de Novembro fizeram a maior grita contra o calçadão!?!? Eles achavam que ninguém entraria em suas lojas se tivesse que ir até elas caminhando... Assim, uma parte significativa deles entrou em um sério conflito com a prefeitura!?!? Porém, o calçadão foi implantado e depois dele ganhou corpo o plano humanizador para Curitiba, iniciado pelo arquiteto e urbanista Jaime Lerner.

Desse modo, não somente foram sendo modificadas as características do centro, mas também a mentalidade de sua população no que tange à melhoria da qualidade de vida. Jaime Lerner, que já havia sido prefeito em dois mandatos (1971-1974 e 1979-1983), quando foi indicado pelos então governadores do Estado (durante o regime militar), ocupou novamente o cargo em 1988 como prefeito eleito, e em 1989 começou a implementar grandes mudanças na cidade. Ele foi sucedido por Rafael Greco e Cássio Taniguchi, que não apenas deram continuidade, mas também aprimoraram significativamente os projetos idealizados por Jaime Lerner.

Recorde-se que Cassio Taniguchi, graduado em engenharia eletrônica pelo Instituto Tecnológico de Aeronáutica (ITA), em 1964, presidiu tanto a Urbanização de Curitiba S/A, empresa que gerencia o sistema de transporte de massa da cidade, como o Instituto de Pesquisa e Planejamento Urbano de Curitiba (IPPUC), uma autarquia municipal que desenvolveu, detalhou e monitorou a implantação das transformações urbanas da capital paranaense. Ambos os cargos (além de outros que ocupou no setor público) foram muito importantes para que ele, com todo o conhecimento adquirido, continuasse ao longo de dois mandatos consecutivos (1997-2001 e 2001-2004) a introduzir melhorias em vários setores da cidade.

Aliás, toda essa bagagem fez com que ele se tornasse um demandado consultor para grandes projetos urbanísticos, tendo feito parte de equipes administrativas em cidades como Campo Grande, Goiânia, Brasília, Aracajú e mais recentemente ocupando o cargo de superintendente da Região Metropolitana da Grande Florianópolis (RMGF).

À medida que crescia sua população, Curitiba desenvolveu nas últimas cinco décadas vários planos urbanísticos e legislações para melhorar a qualidade de vida aos seus munícipes. A cidade foi se tornando famosa internacionalmente pelas suas inovações, pelas melhorias no transporte público – algo que inspirou diversas metrópoles latinas, particularmente a cidade de Bogotá, na Colômbia, que implantou seu próprio TransMilênio – e pelos seus cuidados com o meio ambiente. Aliás, num estudo conjunto entre a empresa Siemens e a entidade Economist Intelligence Unit, no que se refere ao Índice Verde de Cidades, Curitiba foi classificada em 2015 como a mais ambientalmente sustentável da América Latina.

A capital paranaense também conquistou uma posição destacada na educação no País, por ter uma das menores taxas de analfabetismo e uma boa qualidade na educação básica. Em dezembro de 2014, Curitiba foi aceita pela Unesco para integrar a RCC. Na realidade isso se deveu a iniciativa de três jovens *designers* – Juliana Mayumi Ogawa, Bruno Patias Volpi e Thiago Alves – que contou com a liderança do IPPUC, resultando na escolha da capital paranaense para fazer parte da rede na categoria *design*!!!

Aliás na época o presidente da IPPUC Sérgio Pires Póvoa comentou: "Essa chancela concedida pela Unesco vai ajudar Curitiba a atrair investimentos para o município nessa área, como já está acontecendo com as outras integrantes da RCC. É um reconhecimento efetivo de Curitiba como cidade inovadora e criativa. Foi muito importante para essa conquista o apoio do prefeito Gustavo Fruet, que resolveu investir em *design* como forma de promover o desenvolvimento da cidade, destacando sua criatividade e inovação. Note-se que Curitiba já é a cidade do Brasil que mais atrai e retém profissionais das áreas criativas como *design*, moda, arquitetura, televisão, cinema, jogos etc."

Em uma pesquisa publicada pela revista *Forbes*, Curitiba foi citada como a terceira cidade mais **sagaz** do mundo. Esse levantamento considera uma cidade *smart* ("esperta ou inteligente") quando ela se preocupa, simultaneamente, em ser **ecologicamente sustentável**, oferecer **qualidade de vida** aos munícipes, contar com **boa infraestrutura** e buscar **dinamismo econômico**. A capital paranaense também aparece classificada na lista de **cidades autossuficientes** criada pela Globalization and World Cities Study Group & Network (GaWC).

Mas embora ainda persistam na cidade diversos problemas socioeconômicos, inclusive uma alta taxa de suicídios, a situação em nada se parece com o caos vivenciado pelo Rio de Janeiro (e por todo o Estado fluminense), que, inclusive, fez com que o governo federal decretasse em 16 de fevereiro de 2018 uma intervenção na Segurança Pública, colocando o general do Exército Walter Braga Neto no comando das polícias Civil e Militar, e dos bombeiros, em substituição ao então governador Luiz Fernando Pezão.

A Editora Três, que publica várias revistas, entre elas *Isto É*, lançou em 2015 o *ranking* **As Melhores Cidades do Brasil**, no qual são reconhecidas as mais inspiradoras práticas de gestão em âmbito municipal. O presidente executivo da Editora Três, Caco Alzugaray, comentou: "Essa pesquisa é particularmente importante em um momento crítico em que no País existe uma visível crise politica e econômica. Hoje, mais do que nunca, entendemos que é preciso destacar os bons exemplos para evitar que bons gestores afundem no mar de mal feitos que nos assola. Só se consegue mudar um País a partir da **transformação de suas cidades**."

A cerimônia de premiação ocorreu em 17 de setembro de 2015, e nela foram homenageadas cidades de **grande porte** (acima de 200 mil habitantes), **médio porte** (de 50 mil a 200 mil habitantes) e **pequeno porte** (com menos de 50 mil habitantes). Na ocasião, Curitiba foi classificada em 1º lugar na categoria **grande porte**, sendo que as demais cidades mais bem colocadas foram Joinville (2º), BH (3º), Maringá (4º) e Caxias do Sul (5º).

Depois de receber o prêmio o então prefeito de Curitiba, Gustavo Fruet, disse: "Essa láurea é de fato muito importante, pois confirma as boas ações que estão sendo desenvolvidas pela prefeitura. Nossas linhas de ônibus transportam 23 mil usuários por hora, mas mesmo com veículos com grande capacidade, nos cruzamentos, em horários de pico, há risco de formação de comboios e não existe ganho de velocidade, pois os ônibus estão enfileirados nas canaletas. Por essa razão, acredito que a solução para o transporte público em Curitiba seja a construção do metrô. Claro que se trata de um projeto caro, mas que nos permitira expandir a capacidade de transporte, atendendo mais 25 mil passageiros por hora!!!

Durante minha administração também já foram feitos vários ajustes na **semaforização**, de forma que, em alguns eixos da cidade onde há até 40 cruzamentos, os ônibus parem apenas duas ou três vezes durante seu deslocamento. Isso, no horário de pico, proporciona um ganho de 25% no tempo gasto no trajeto. A prefeitura também já está testando a quarta geração de ônibus, movidos integralmente a eletricidade e/ou biodiesel, e cada um desses veículos é capaz de transportar até 230 passageiros.

Outro ajuste nos semáforos curitibanos foi feito em abril de 2015, depois que a prefeitura constatou que, nos últimos anos, 40% das vítimas fatais de atropelamentos envolviam idosos. A mudança em questão atingiu 120 equipamentos e teve como objetivo facilitar a travessia não apenas de idosos, mas também de deficientes físicos. O sistema funciona com o cartão cadastrado por esses pedestres para usar gratuitamente o transporte coletivo. Assim, quando o idoso ou deficiente precisa atravessar a rua, ele simplesmente aproxima o cartão do equipamento instalado no poste próximo à faixa de segurança. O semáforo identifica o indivíduo cadastrado e aumenta automaticamente o tempo em que permanece com sinal verde para pedestres.

Foi devido a várias ações simples e eficazes como essa que Curitiba se tornou uma referência mundial em **criatividade e pioneirismo em gestão pública**. Aliás, em 2014 a cidade foi agraciada também com o prêmio Hermès de l'Innovation, na França, conferido pelo Instituto Europeu de Estratégias

Criativas e de Inovação, na categoria Qualidade de Vida nas Cidades. Essa avaliação foi feita por diretores das grandes empresas globais mediante 12 critérios: dimensão universal, melhoria da autonomia das pessoas, diversidade cultural, melhoria da qualidade de vida, boa gestão, crescimento e desenvolvimento econômico, desenvolvimento do emprego e da riqueza, excelência científica e técnica, capacidade de liderança, iniciativa, espírito pioneiro e compromisso, respeito ao meio ambiente e desenvolvimento humano.

Em 2015 estamos arrecadando R$ 85 milhões com a taxa de lixo, mas gastaremos R$ 180 milhões com limpeza, coleta, transporte e destinação final do lixo. Esse é o segundo maior déficit da cidade depois da saúde, sendo maior do que com o transporte coletivo. E deve-se destacar que 15% desse lixo é separado e parte desse processo se dá com o Câmbio Verde, ou seja, um programa que consiste na troca do lixo reciclável por hortifrutigranjeiros. Assim, para cada 4 kg de lixo entregue a pessoa recebe 1 kg de frutas e verduras. Também é possível trocar o óleo vegetal e animal na proporção de 2 litros de óleo para 1 kg de alimento.

Atualmente, vivemos um período de história em que é muito difícil obter uma grande aprovação para a administração municipal, por isso, o que digo para a minha equipe e para todos os servidores é: "**Não se incomodem com a falta de reconhecimento por parte dos munícipes. Mantenham o foco no seu trabalho, alcancem a clareza no que pode ser feito e deem bastante atenção ao plano do governo.**"

Pois bem, apesar de ter sido também deputado federal por três mandatos, Gustavo Fruet – filho do ex-prefeito de Curitiba Maurício Fruet – não deve ter agradado muito aos curitibanos como prefeito. Afinal, ao tentar a reeleição em 2016 ele foi derrotado por Rafael Greca (que já havia sido prefeito da cidade), ficando inclusive de fora do 2º turno das eleições, depois de obter apenas 20,03% do total dos votos!?!?

Talvez essa derrota tenha acontecido por causa das constantes críticas recebidas de um de seus maiores opositores, Jaime Lerner (prefeito da cidade em três períodos e por duas vezes consecutivas governador do Estado, entre 1995 a 2003), que se mostrou totalmente contrário à construção do metrô curitibano. Segundo Jaime Lerner, no lugar de se construir um metrô, o mais racional seria utilizar os recursos financeiros para revitalizar o sistema já existente de ônibus trafegando em canaletas exclusivas, no qual, antes de embarcarem, os passageiros acessam uma estação tubular e pagam antecipadamente a tarifa (como, aliás, acontece no metrô)!!!

O incrível é que na abertura da 4ª Edição do evento *Connected Smart Cities* (algo como "*Cidades Inteligentes Conectadas*"), foi anunciado o *ranking* das cidades inteligentes (CIs), que engloba indicadores de 11 setores, a saber: economia, educação, empreendedorismo, energia, governança, meio ambiente, mobilidade, saúde, segurança, tecnologia e inovação e urbanismo. Esse evento ocorreu em 4 de setembro de 2018, em São Paulo, e contou com a presença de mais de 2.000 pessoas.

As dez CIs escolhidas entre as 700 cidades participantes (entre pequenas e megacidades) analisadas foram: Curitiba (1ª), São Paulo (2ª), Vitória (3ª), Campinas (4ª), Florianópolis (5ª), Rio de Janeiro (6ª), BH (7ª), Porto Alegre (8ª), Santos (9ª) e Niterói (10ª). Como se nota, seis delas estão incluídas nesse livro, duas (São Paulo e Rio de Janeiro) estão no livro *Cidades Criativas* e outras duas (Campinas e Santos) estão no livro *Cidades Paulistas Inspiradoras*.

Especificamente sobre Curitiba, cabe destacar a declaração do seu prefeito Rafael Greca: "Desde o início da minha nova gestão à frente da prefeitura de Curitiba, em 1º de janeiro de 2017, a capital paranaense vem recuperando sua capacidade de inovar e ser novamente referência nacional também na gestão pública. Minha administração tem o compromisso de melhorar a qualidade de vida dos seus moradores com uma gestão moderna e inteligente.

Neste sentido, a prefeitura vem incentivando e fomentando um **ambiente de inovação** na cidade por meio do programa Vale do Pinhão, que se baseia em cinco pilares: educação e empreendedorismo, ações integradas de incentivo à tecnologia, revitalização de regiões com criação de empregos e renda, articulação e fomento (incentivos) e integração. Nós também temos difundido esse movimento por todos os setores da prefeitura e do próprio ecossistema curitibano, buscando tornar a cidade de fato **inteligente**.

Em 2017 o Engenho da Inovação, sede do Vale do Pinhão, ofereceu mais de 50 eventos voltados à inovação; já o Paiol Digital – um evento gratuito – tem sido realizado mensalmente. Aliás, em 2018 nós relançamos o Curitiba Tecnoparque, ou seja, o programa de atração de empresas de base tecnológica para a capital paranaense, oferecendo-lhes um desconto de 2% a 5% sobre o Imposto sobre Serviços (ISS). Foi com o resultado desses esforços que Curitiba foi se destacando ano a ano, e finalmente alcançou o 1º lugar em 2018 no *ranking Connected Smart Cities*, um estudo realizado pela Urban Systems, em parceria com a empresa de eventos Sator!!

Por seu turno, Thomaz Assumpção, presidente da Urban Systems e sócio da plataforma *Connected Smart Cities*, comentou: "Esse *ranking* mostrou claramente a importância de um bom planejamento estratégico nas CIs, considerando-se especialmente a conexão entre os 11 eixos temáticos analisados e a sinergia existente entre o resultado de investimentos realizados neles. A educação, por exemplo, que muitas vezes é vista como um eixo básico, tem evidentemente uma grande importância no desenvolvimento do empreendedorismo e na busca da sustentabilidade econômica das cidades, possibilitando dessa forma que muitos atores sejam responsáveis pelo desenvolvimento de uma cidade.

Em 2018 Curitiba assumiu a liderança entre as CIs brasileiras, e esse resultado demonstra a importâncias não apenas das ações de curto e médio prazo realizadas em anos anteriores e dos planos estratégicos implementados na cidade (que não necessariamente seguiram apenas o ciclo político de quatro anos), mas das ações que foram executadas na capital paranaense em diferentes épocas, isto é, em curto, médio e longo prazo. Assim, graças à administração de vários prefeitos, em 2018 havia em Curitiba quatro parques tecnológicos (polos) e sete incubadoras de empresas. Além disso, de 2017 para 2018, registrou-se um crescimento de 20% no número de microempresas individuais na cidade!!!"

O processo de **conurbação** atualmente em curso na chamada Grande Curitiba, acabou criando uma metrópole cujo centro se encontra na capital paranaense. A RMC foi criada em 1973, e em 2018 já se constituía de 29 municípios e contava com uma população estimada de 3,7 milhões de habitantes, o que representava cerca de 1,76% da população brasileira. Hoje, segundo o IBGE, a população curitibana se compõe da seguinte forma: 79% brancos, 16% pardos, 3% pretos, sendo o restante de amarelos ou indígenas. Sabe-se que praticamente 57% dos habitantes de Curitiba nasceram na própria cidade, o que mostra que muita gente veio de outros lugares, em especial dos Estados de São Paulo (5,2%), Santa Catarina (4,7%) e Rio Grande do Sul (2,4%).

É no Estado do Paraná que se tem as maiores comunidades eslava e ucraniana do País. De fato, cerca de 300 mil descendentes de ucranianos vivem no Paraná, sendo que boa parte deles em Curitiba. Os imigrantes japoneses, por sua vez, só começaram a chegar na região em 1915, e segundo estimativas, no final de 2019 viviam na cidade cerca de 42 mil nipo-brasileiros.

Os imigrantes que vieram da Polônia, começaram a chegar a partir de 1871, fixando-se em colônias rurais próximas a Curitiba e influenciando muito a agricultura da região. Curitiba tem a segunda maior colônia polonesa do mundo, perdendo apenas para Chicago (nos EUA). O memorial da Imigração Polonesa foi inaugurado em 13 de dezembro de 1980, após a visita do papa João Paulo II (que era polonês) à cidade, em junho do mesmo ano. Ele ocupa uma área de 46.000 m², na qual antes estava instalada uma fábrica de velas!!!

A capital paranaense também possui uma comunidade judaica bem estabelecida. Os judeus começaram a chegar na região em 1870, mas, em 1937, com a conquista do poder pelos nazistas na Alemanha, muitos acadêmicos notáveis de origem judia-alemã acabaram sendo admitidos no Brasil. Algumas dessas pessoas fixaram-se em Curitiba, dentre elas os pais dos ex-prefeitos da cidade, Jaime Lerner e Saul Raiz. Por causa desses imigrantes, um monumento em memória do Holocausto foi construído na cidade. Aliás, existe também em Curitiba um centro comunitário, ou, mais especificamente, uma casa Chabad (Beit Chabad), bem como duas sinagogas e dois cemitérios judaicos.

E tal qual a variedade cultural que se tem em Curitiba, também são diversas as manifestações religiosas presentes na cidade. Apesar de sua matriz social predominantemente católica (tanto devido à colonização quanto à imigração), com a maioria de sua população declarando-se católica (63%), existem na cidade os que se afirmam protestantes (25%), os que são ateus (7%) e o restante, composto dos que seguem outras doutrinas (espíritas, budistas, muçulmanos, mórmons, judeus etc.).

A arquidiocese de Curitiba foi criada como diocese em 27 de abril de 1892 e elevada a arquidiocese em 10 de maio de 1926. A catedral metropolitana – também chamada catedral-basílica menor Nossa Senhora da Luz, em homenagem à padroeira de Curitiba – está localizada na praça Tiradentes, no centro da cidade.

Como na cidade há muitas pessoas que seguem credos protestantes ou reformados, foram construídos muitos templos das igrejas luterana, presbiteriana, metodista, episcopal anglicana, batista etc. O mesmo ocorre com os evangélicos, ou seja, os que seguem a Igreja Universal do Reino de Deus, a Congregação Cristã do Brasil, a Igreja Pentecostal Deus é Amor etc.

Um dos templos mais magníficos de Curitiba é o dos membros da Igreja de Jesus Cristo dos Últimos Dias, também conhecidos como mórmons, que foi aberto em 2008. Ele é um dos principais do País e atende aos seus mais de 45 mil integrantes, dispersos pelos Estados do Paraná, Santa Catarina e São Paulo.

No que se refere à **educação**, estima-se que no final de 2018, 74% dos habitantes acima de 18 anos já tivessem completado o ensino fundamental;

57% deles tivessem terminado o ensino médio; e que aproximadamente 27% do total tivessem concluído (ou estivessem cursando) o ensino superior. Isso significa que a população curitibana possui, em média, 10,95 anos de estudo. Enquanto isso, de acordo com o último censo do IBGE, a taxa de analfabetismo local é de 1,9%, com uma grande concentração entre os habitantes na faixa etária acima dos 50 anos.

Ao todo, no início de 2019, Curitiba contava com cerca de 520 IEs votadas para a educação infantil e os ensinos fundamental e médio. Isso engloba as redes pública (federal, estadual e municipal) e privada, onde estão matriculados aproximadamente 390 mil crianças e jovens. Quando o assunto é Enem, algumas IEs curitibanas têm aparecido entre as 200 melhores do País, com destaque para o Colégio Dom Bosco.

Já nos cursos superiores (especialização, graduação e pós-graduação), estima-se que estivessem matriculados no início de 2019 algo próximo de 155 mil alunos, boa parte deles oriundos de outras partes do Paraná e até de outros Estados do Brasil. Existem atualmente em Curitiba cerca de 40 IESs, nas quais os jovens podem se formar nas mais variadas habilitações.

A principal delas é a já citada UFPR, que, como destacado, foi a **primeira universidade do Brasil**. Ela possui três *campi* em Curitiba, sendo o maior deles localizado no Jardim das Américas – o Centro Politécnico –, outro no centro da cidade, e o terceiro no bairro do Jurerê. Essa universidade já conquistou boa reputação em praticamente todos os seus 47 cursos nas áreas de ciências humanas, biológicas e exatas. De fato, segundo uma avaliação do Enade (Exame Nacional de Desempenho de Estudantes), cerca de 30% dos cursos da UFPR obtiveram a nora máxima (5), o que a coloca como a melhor do Estado e a terceira melhor na região sul do País.

Deve-se lembrar que a UFPR começou como uma IES privada, em 19 de dezembro de 1912. Suas atividades, entretanto, tiveram início em 1913, num antigo prédio da rua Comendador Araújo, residência do ervateiro Manoel Miró. A construção de sua primeira sede – um prédio constituído de um bloco de cinco andares e uma cúpula central, projetado pelo engenheiro militar Baeta de Faria – começou em 1913, na praça Santos Andrade, sendo inaugurada em 1915.

A partir daí a IES sofreu várias ampliações (em 1923, 1925, 1940 e 1950), a medida que novos cursos eram abertos. Aliás, em 1951, ela foi federalizada, passando a se chamar Universidade Federal do Paraná. Em 1954, o edifício começou a ocupar toda uma quadra, entre a praça Santos Andrade, as ruas

XV de Novembro e Presidente Faria e a travessa Alfredo Bafren. Após tantas ampliações, as últimas modificações feitas na fachada do prédio foram a inclusão de várias colunas e de uma ampla escadaria, assim como a retirada da cúpula. A inauguração dessa obra com 17.000 m² em estilo neoclássico aconteceu em 1955.

Na década de 1960, período do regime militar, houve uma reforma educacional com objetivo de garantir para o governo um maior controle sobre a comunidade estudantil. Assim, as faculdades e os setores foram substituídos por setores, e a sigla da IES passou a ser definitivamente UFPR (!!!), com o intuito de se evitar confusão com novas universidades criadas em outros Estados.

Em 1999, depois de uma votação popular para a escolha do símbolo da cidade, a prefeitura de Curitiba assinou a lei que transformou o edifício da UFPR no **símbolo oficial da capital paranaense**. Atualmente, as instalações da UFPR estão distribuídas entre os diversos *campi* de Curitiba e das cidades paranaenses de Jandaia do Sul, Matinhos, Palotina, Pontal do Paraná e Toledo.

A UFPR adota desde 2004 em seu vestibular um sistema de cotas próprio que reserva 20% das vagas de cada curso para estudantes oriundos de escolas públicas e 20% para alunos negros e pardos. Em 2013, ela passou a adotar concomitantemente o sistema de cotas instituído pelo governo federal, com o que essa proporção total passou a ser de 50%.

Estima-se que no início de 2019 estivessem matriculados na UFPR cerca de 42.500 alunos, dos quais aproximadamente 31.800 estavam em cursos de graduação e os demais 10.700 cursavam a pós-graduação. Além disso, acredita-se que nesse mesmo período o número de docentes nessa universidade fosse algo próximo de 2.500. Vale ressaltar que, além de suas atividades acadêmicas, a UFPR opera o Hospital de Clínicas do Paraná, especializado em transplante de órgãos.

Em Curitiba também está o primeiro e maior *campus* da Universidade Tecnológica Federal do Paraná (UTFPR), que detém agora uma grande tradição em cursos de graduação e pós-graduação na área de tecnologia, desde os tempos do CEFET.

A UTFPR originou-se na verdade do Centro Federal de Educação Tecnológica do Paraná (CEFET-PR), quando em 7 de outubro de 2005 uma lei federal sancionada pelo então presidente da República, Luís Inácio Lula da Silva o transformou em universidade. Nessa época o CEFET oferecia cursos técnicos integrados, e o ensino superior, nos vários cursos de bacharelado, licenciatura e tecnológico e permitindo que os acadêmicos pudessem estender sua formação para mestrados e doutorados, em várias áreas de conhecimento.

Atualmente a UTFPR possui ainda 12 *campi*, espalhados pelas cidades de Apucarana, Cornélio Procópio, Dois Vizinhos, Francisco Beltrão, Campo Mourão, Guarapuava, Londrina, Medianeira, Pato Branco, Ponto Grossa, Toledo e Santa Helena, além, obviamente, de seu *campus* em Curitiba. Juntos, esses *campi* ocupam uma área total de 3.314.156 m², dos quais 248.090 m² são de área construída. São cerca de 264 salas, 334 laboratórios, 11 bibliotecas (com um acervo total de aproximadamente 240 mil exemplares), 15 auditórios (que compreendem salas de videoconferência, teatros, miniauditórios e salas multimídia), dez ginásios esportivos, duas piscinas e sete quadras.

Essa IE foi criada em 1909, e depois de ter sido um importante centro de aprendizagem industrial, tornou-se uma universidade, como já foi dito, em 2005. No início de 2019, segundo estimativas, trabalhavam na UTFPR cerca de 2.600 docentes e estavam matriculados nessa IES 32 mil alunos.

Já no âmbito das IESs particulares, as maiores são a Pontifícia Universidade Católica do Paraná (PUCPR), a Universidade Positivo e o Centro Universitário Curitiba.

A PUCPR, como o próprio nome já diz, é uma IES brasileira católica e privada, que foi criada em 14 de março de 1959 como Universidade Católica do Paraná, por dom Manoel da Silveira D'Elboux, arcebispo de Curitiba. A fundação da PUCPR resultou da união das seguintes IEs e IESs: Círculo de Estudos Bandeirantes (criado em 1929); Escola de Serviço Social do Paraná (iniciada em 1944); Escola de Filosofia, Ciências e Letras de Curitiba (criada em 1956) e Escola de Enfermagem Madre Léonie (criada em 1953); e das faculdades Católica de Direito do Paraná (criada em 1956), de Ciências Médicas (criada em 1956) e de Ciências Econômicas (criada em 1957).

Em 1972, a PUCPR criou o coral Champagnat, formado por alunos e funcionários da universidade e cantores de Curitiba, e no ano seguinte, em dezembro, o arcebispo dom Pedro Fedalto entregou a sua administração aos maristas. Em 1977, o Hospital Universitário Cajuru foi adquirido pela Associação Paranaense de Cultura, mantenedora da PUC PR, tornando-se um hospital-escola no qual os alunos da universidade atendem a comunidade local.

Em abril de 1980 foi criado pela PUCPR o grupo de teatro Tanahora e, em agosto de 1985, o Vaticano concedeu à universidade a condição de **pontifícia**. A partir de 1991 a PUCPR começou a se expandir no Estado do

Paraná, criando um *campus* em São José dos Pinhais. Mais tarde, em 2000, surgiu o *campus* de Toledo e em 2002 outro em Londrina. Finalmente, em 2004, foi a vez do *campus* em Maringá!!!

Em 2008, foi fundada a Agência PUC de Ciência, Tecnologia e Inovação, uma entidade responsável pelo Tecnoparque, um grupo de edifícios nos quais se procura desenvolver e compartilhar novas tecnologias em parceria com diversas empresas. O Tecnoparque já elaborou mais de 2 mil projetos de desenvolvimento e conseguiu aproximadamente **100 patentes** e **registros de proteção intelectual** para o setor empresarial brasileiro.

Em 2009 a empresa Nokia e a PUCPR firmaram uma parceria e fundaram o Centro Tecnológico da Nokia, no Tecnoparque, que é coordenado pelo curso de engenharia elétrica da universidade e que já estabeleceu outras parcerias com várias empresas para o desenvolvimento de serviços profissionais em TICs, para atender aos mercados da América Latina.

Em junho de 2014, a PUCPR e a Nokia Networks inauguraram o Laboratório de Estudos Avançados em Redes Móveis de Telecomunicações, que desenvolve projetos para redes 4G e 5G no Brasil e também para a área de engenharia elétrica para testes de funcionalidade avançadas de rádio. A estação rádio-base Flexi Multiradio 10 e as redes heterogêneas de telecomunicações formam a base das pesquisas.

Em 2017, o *ranking* Times Higher Education (THE) Latin America, classificou a PUCPR em 1º lugar entre as IESs públicas e privadas do Paraná, e a primeira universidade paranaense entre as 45 melhores da América Latina. Nesse mesmo ano, ela ficou na 3ª posição entre as universidades públicas e privadas da região sul do Brasil, e foi considerada a 3ª melhor universidade privada do País.

A PUCPR possui 63 cursos de graduação, 16 programas de pós-graduação *stricto sensu* (mestrado e doutorado) e mais de 150 cursos de pós-graduação *lato sensu*. Além disso, para proporcionar intercâmbio para seus alunos e docentes, a PUCPR mantém convênios com cerca de 240 IESs de 13 países. Estima-se que no início de 2019 estivessem matriculados na PUCPR cerca de 32 mil alunos.

A Universidade Positivo é uma IES privada que se originou da criação das Faculdades Positivo, em 1988, com a oferta de cinco cursos de graduação, dois cursos de especialização (pós-graduação *lato sensu*) e um mestrado interinstitucional na área de Administração em convênio com a Universidade Federal do Rio Grande do Sul. Em 1998 ela se transformou no Centro Universitário Positivo (Unicen P), passando a oferecer 18 cursos de graduação. Em 2000 a IES transferiu seu *campus* para o bairro de Campo Comprido. Finalmente, em 2008, o ministério da Educação autorizou a transformação da Unicen P em universidade e, no mesmo ano, foi criado o Centro Tecnológico Positivo.

Atualmente a Universidade Positivo oferece 30 cursos de bacharelado, 25 cursos superiores de tecnologia, três licenciaturas, quatro mestrados (administração, biotecnologia, gestão ambiental e odontologia), três doutorados (administração, gestão ambiental e odontologia), dezenas de programas de especialização e MBAs, além de diversos cursos de educação continuada e programas de extensão. Além do *campus* em que fica a sede, no bairro Ecoville, a Universidade Positivo tem mais sete unidades espalhadas por diversos pontos de Curitiba e faz parte dela agora a Faculdade Arthur Thomas, de Londrina.

Por décadas os engenheiros formados na UFPR, UTFPR, PUCPR e em outras IESs da cidade preferiram empregos em multinacionais, como Volkswagen, Renault etc. Isso se deve talvez à própria cultura de Curitiba, cujos habitantes eram – segundo a definição do poeta Paulo Leminski (nascido na cidade) – **"muito cautelosos, meio ariscos e bastante analíticos"**.

Essas são características que não ajudam na criação de um ambiente colaborativo, vital para o surgimento de muitas *startups*. Porém, em especial nas duas últimas décadas, a inspiração nos sucessos de empresas abertas no Vale do Silício, na Califórnia (EUA) criou uma onda de empreendedorismo por todo o mundo. Nos últimos anos essa onda chegou a Curitiba, que no início de 2019 tinha nove aceleradoras, sete incubadoras e 14 espaços de inovação aberta, e em atuação.

A cidade atraiu nomes importantes, como a aceleradora paulistana Ace, ou a incubadora norte-americana Founders Institute, que têm sedes locais dentro do Jupter, um misto de espaço de eventos e fundo de investimentos. E depois da Jupter e da M3 (ambas do empreendedor Marcel Malczewski), começaram a aparecer investidores especializados em *startups*, como o Curitiba Angels, um grupo de 63 investidores-anjo.

As *startups* curitibanas perceberam que precisavam falar mais de si mesmas e da cidade!!! Um excelente exemplo foi o da Ebanx, que nasceu em 2012 e processa pagamentos para *sites* estrangeiros. Hoje a empresa está em sete países, processou em 2018 cerca de US$ 1,3 bilhão para seus clientes, como Spotify, Airbnb e AliExpress. E para divulgar o orgulho de sua terra, o departamento de *design* da empresa criou um adesivo com os dizeres: "**Eu amo Curitiba**", – e no lugar do coração, há uma araucária, símbolo do Estado. Agora o adesivo está colado nos computadores de vários sócios da companhia, mesmo sem nenhum logo da Ebanx.

Além dessas grandes universidades, também são bastante tradicionais na cidade as IESs estaduais voltadas para profissões importantes dentro da EC, como a Faculdade de Artes do Paraná (FAP) e a Escola de Música e Belas Artes do Paraná (EMBAP). A FAP, por exemplo, é uma IES pública que integra a Universidade Estadual do Paraná (UNESPAR). Ela está voltada exclusivamente para a formação artística e é mantida pelo governo estadual.

Clotilde Leinig, aluna da Academia de Música do Paraná (fundada em 1931) projetou em 1956 o Conservatório de Canto Orfeônico. Em 1966, já como sua diretora, ela o transformou em Faculdade de Educação Musical do Paraná. Naquela época, o único curso disponível era o de licenciatura em Música, que logo mudou para Educação Artística. Dali em diante, vários outros cursos foram abertos na faculdade, como o pioneiro de Musicoterapia e o de Artes Visuais, Com isso a IES ampliou seu leque de opões e comprovou sua já evidente vocação para o ensino das artes.

Mais tarde, em 1991, a IES se tornou a FAP e daí para frente surgiram os cursos de Teatro e Dança, Cinema e Vídeo (na época, ou seja, em 2005, o único em todo o Estado). Nos últimos anos a FAP intensificou sua atuação na área de pesquisa, abrindo novos cursos de pós-graduação e firmando contratos com instituições de fomento. Dessa forma ela consolidou ainda mais sua vocação interdisciplinar no campo das artes. Estima-se que no início de 2019 a FAP tivesse 1.100 alunos regulares. Seu corpo docente é formado por mestres e doutores, o que facilita a boa formação de profissionais talentosos, tanto para exercerem o trabalho docente quanto para atuarem em diversos setores da EC.

A FAP conta com um *campus* principal, criado em 1997, cuja sede está localizada à rua dos Funcionários Nº 1357, no bairro Cabral. As salas específicas para o Teatro também ficam na mesma rua, porém no Nº 1758. Há ainda um segundo *campus* – o CINETVPR –, que está localizado no parque Newton Freire Maia, em Pinhais, que faz parte da RMC.

A EMBAP é uma IES pública, que desde 2001 integra a UNESPAR. Ela foi criada em 17 de abril de 1948, graças a um movimento articulado pela Sociedade de Cultura Artística Brasílio Itiberê, com o apoio da Academia Paranaense de Letras, do Centro de Letras do Paraná, do Círculo de Estudos

Bandeirantes, do Centro Feminino de Cultura, da Sociedade de Amigos de Alfredo Andersen, do Instituto de Educação e do Colégio Estadual do Paraná, que juntos elaboraram um documento que foi entregue ao então governador do Estado, Moisés Lupion, destacando a necessidade de se ter na cidade uma escola voltada para as **belas artes**!!!

Para tirar do papel o projeto da EMBAP, foi escolhido o professor Fernando Corrêa de Azevedo, que visitou IESs similares em várias capital brasileiras e reuniu um corpo de professores com notoriedade e experiência, como Bento Mossurunga, Waldemar Curt Freyesleben, Frederico Lange, Oswaldo Pilotto, Prudência Ribas, Raul Menssing, Altamiro Bevilacqua etc. As atividades da escola iniciaram-se logo após a sua fundação no centro da cidade e por cerca de três anos ela ficou instalada no mesmo edifício da Escola de Professores de Curitiba (hoje Instituto de Educação do Paraná).

A EMBAP realmente só foi oficializada quando o governador Lupion encaminhou seu parecer favorável à Assembleia Legislativa do Paraná, que resultou no decreto estadual Nº 259, de 3 de outubro de 1949. Em 1951, a EMBAP mudou-se para uma sede própria, num prédio localizado ao lado da Escola de Professores de Curitiba. Todavia, esse edifício precisou passar por reformas, uma vez que era de interesse de preservação pelo patrimônio histórico municipal, o que fez com que em 2010 a EMBAP ocupasse endereços provisórios no centro da cidade. Estima-se que no início de 2019 estudassem na EMBAP mais de 1.280 alunos e trabalhassem na IES cerca de 100 docentes, todos especialistas em artes.

No tocante à **saúde**, o município abriga instituições dos três níveis de governo: federal, estadual e municipal. Estima-se que no início de 2019 Curitiba possuísse cerca de 1.000 estabelecimentos ligados à saúde, entre hospitais, prontos-socorros postos de saúde e serviços odontológicos. Desses, aproximadamente 20% são **públicos** e os 80% restantes – a grande maioria – são **privados**.

No que se refere especificamente a hospitais, existem na cidade 37, dos quais oito são públicos, 22 privados e sete de caráter filantrópico. Também de acordo com essas estimativas, há na cidade cerca de 6.300 leitos para internação, sendo que 82% deles também são oferecidos por entidades privadas. No total, acredita-se que trabalhem em Curitiba cerca de 16.000 médicos, o que daria 8,33 médicos para cada mil habitantes.

O hospital mais antigo de Curitiba é a Santa Casa, inaugurada pelo imperador dom Pedro II em 22 de maio de 1880. Além dele, há outros hospitais que se destacam na cidade, como o Hospital Cardiológico Costantini, o Hospital das Clínicas da UFPR, o Hospital Marcelino Champagnat, o Hospital Evangélico, o Hospital Universitário Evangélico, o Hospital e Maternidade Victor Ferreira do Amaral e o Hospital do Idoso Zilda Arns. Além desses, há também estabelecimentos voltados para a saúde mental, como o Hospital Espírita de Psiquiatria Bom Retiro e o Hospital Psiquiátrico Nossa Senhora da Luz.

Vale a pena ressaltar que, num *ranking* divulgado em novembro de 2017 pela *AméricaEconomía Intelligence*, o Hospital Marcelino Champagnat apareceu pela primeira vez na lista dos melhores hospitais e clínicas da América Latina, ocupando a 43ª posição entre os 49 destacados. Essa lista de países inclui, além do Brasil, a Argentina, o Chile, a Colômbia, a Costa Rica, o México, Peru, o Uruguai etc.

Curitiba conta com o SAMU e com o Serviço Integrado de Atendimento ao Trauma em Emergência (Siate). Ambos oferecem assistência médica e, em média, recebem 600 ligações por dia, oriundas de toda a RMC. Vale lembrar, entretanto, que muitas vezes esses contatos são feitos por pessoas que, embora estejam em situações de desespero, estas não dizem respeito a emergências médicas!!!

No âmbito do **transporte**, o trânsito de passageiros em Curitiba está estruturado de forma integrada. Neste sentido, um grande contingente de curitibanos utiliza-se dos ônibus que trafegam nas vias do **sistema trinário**. Este é composto por um conjunto de quatro vias: as **centrais**, exclusivas para os ônibus expressos que trafegam em mão dupla; e as **vias rápidas**, pistas laterais simples dedicadas aos veículos particulares que se locomovem paralelamente aos ônibus, nas quais é permitida uma velocidade superior!

O sistema de ônibus na capital paranaense se baseia num conceito criado na década de 1970, de **VLP**, cuja primeira linha entrou em operação em 1974. Esse sistema, que foi projetado não apenas com o objetivo óbvio de transportar pessoas, mas de nortear (!!!) o crescimento da cidade, permite a integração físico-tarifária de 14 municípios da Grande Curitiba. Sua estrutura define o que se chama de Rede Integrada de Transporte (RIT), que conta com 85 km de corredores de ônibus, geralmente operados por veículos biarticulados que conectam os terminais integrados nas várias regiões e transportam cerca de 2,4 milhões de passageiros diariamente.

Além da interligação por ônibus expressos, os terminais são providos de ônibus alimentadores, que compõem a ramificação secundária do sistema e atendem aos passageiros dos bairros próximos aos terminais. Adicionalmente, uma outra categoria de ônibus expressos (os chamados **ligeirinhos**) provê uma rápida transferência de passageiros entre os terminais, disponibilizando trajetos diferentes e com poucas paradas intermediárias.

Lamentavelmente, o sucesso da RIT e, ao mesmo tempo, o grande crescimento populacional de Curitiba são fatores que aumentaram em muito a demanda pelo VLP. Isso fez com que o sistema começasse a apresentar sinais de saturação nos últimos anos!?!? Mesmo assim, o transporte público curitibano inspirou diversas cidades no Brasil e em outros países, que passaram a adotar estratégias semelhantes.

Nacionalmente, cidades como Rio de Janeiro, BH e Brasília já começaram a implantar corredores exclusivos para ônibus. Aliás, em 1998, o então prefeito de Bogotá, o economista e urbanista Enrique Peñalosa Londoño, visitou Curitiba e **encantou-se** com o VLP. Posteriormente ele implantou o sistema com algumas modificações na capital colombiana, batizando-o de TransMilenio, e com isso obteve muito sucesso na melhoria do transporte púbico de sua cidade.

Com uma grande frota de veículos, estima-se que no início de 2019 a cidade tenha alcançado uma taxa de motorização de 1,78 habitante para cada carro, ou seja, um índice maior do que em outras grandes cidades brasileiras, como São Paulo, Rio de Janeiro e BH. Os táxis em Curitiba são padronizados com a cor laranja, tendo em suas laterais uma pintura quadriculada em preto, além de alguns detalhes em preto nos para-choques. A frota da cidade é composta por 2.400 veículos, divididos entre **comum**, **especial** ou **para deficientes**.

A principal rodovia de ligação entre Curitiba e outros pontos do País é a BR-116, conhecida no trecho entre a capital paranaense e São Paulo como rodovia Régis Bittencourt. Trata-se de uma rodovia considerada bastante perigosa e que finalmente depois de muito tempo foi completamente duplicada. Aliás, por muitos anos ela dividiu a cidade de Curitiba em duas porções (norte e sul), cortando ao meio bairros como Pinheirinho, Uberaba, Cristo Rei e Atuba, entre outros. O trajeto urbano desta rodovia acabou sendo desviado, surgindo uma série de contornos rodoviários, em especial o contorno Sul, que atravessa o bairro Umbará.

A cidade é ligada ao litoral do Paraná pela BR-277, que atravessa a serra do Mar até o porto de Paranaguá. Mas há também uma conexão secundária, pela histórica estrada da Graciosa (PR-410), cujo trajeto se inicia no vizinho município de Quatro Barras. Ao interior do Estado, Curitiba está ligada pela rodovia do Café, trecho paranaense da BR-376. Há ainda diversas rodovias secundárias e estaduais que ligam a cidade a outras localidades: rodovia da Uva (PR-417), que leva a Colombo; rodovia dos Minérios, que chega a Almirante, Tamandaré e Vale do Ribeira; a rodovia do Xisto, que dá acesso a São Mateus do Sul e ao sudeste do Estado; e a estrada do Cerne (PR-190), que leva a Campo Magro e ao norte do Estado.

O **acesso aéreo** a Curitiba se dá pelo aeroporto internacional Afonso Pena, que, aliás, é o principal terminal aeroviário internacional da região sul do Brasil. Ele está localizado no contíguo município de São José dos Pinhais (na RMC) a 18 km do centro de Curitiba. Existe outro aeroporto na cidade, o de Bacacheri, localizado no bairro homônimo. Entretanto, este não recebe voos comerciais, apenas aeronaves particulares e de transporte executivo. Nele encontra-se o centro de comando do tráfego aéreo brasileiro e o Cindacta II, responsável pelo tráfego aéreo da região centro-sul do País.

No primeiro quadrimestre de 2019, o aeroporto internacional movimentou 2.116.171 passageiros, o que representa um crescimento de 31% em relação ao mesmo período de 2018. Aliás, em 2018, o aeroporto registrou praticamente 6,3 milhões de passageiros – tendo uma capacidade para receber até 15 milhões de passageiros – e foram transportadas cerca de 12.000 to de carga.

Dessa maneira, esse aeroporto é o 2º mais movimentado da região sul do País e, no âmbito nacional, fica na 12ª posição. Operam aí aproximadamente 179 voos por dia, transportando entre embarques e desembarques cerca de 17 mil passageiros, principalmente pelas empresas aéreas Gol, Latam e Azul.

Estima-se que em 2019 existiam em Curitiba algo próximo de **620 mil domicílios** (entre casas, apartamentos e cômodos), dos quais 72% são próprios. Desse total, 79% já estão quitados. Praticamente todos esses imóveis já são atendidos pelo serviço de coleta de lixo e escoadouro sanitário. Além disso, cerca de 99,3% deles são servidos pela rede geral de abastecimento de água e energia elétrica. Os serviços telefônicos fixo e, especialmente, móvel também estão cada vez mais acessíveis.

O abastecimento de água na cidade é feito pela Companhia de Saneamento do Paraná. A água utilizada na cidade é retirada dos mananciais da região, como os rios Iguaçu, Iraí, Passaúna e Pequeno, assim como do aquífero Karst etc., e então devidamente tratada. Além disso, estima-se que existam em Curitiba mais de 1.100 poços artesianos, usados principalmente por condomínios, empresas e hospitais. A Sanepar atende também a muitos municípios que fazem parte da RMC. Quanto ao fornecimento de energia elétrica, este é feito pela Companhia Paranaense de Energia (Copel), que tem se destacado pela confiabilidade e disponibilidade.

O PIB de Curitiba é o quinto de todo o País, e, segundo estimativas, atingiu em 2018 cerca de R$ 86 bilhões. Entre empresas e estabelecimentos comerciais, acredita-se que atualmente estejam instalados na cidade algo próximo de 105 mil, onde trabalham aproximadamente 850 mil pessoas. Além disso, já no início do século XXI a capital paranaense tornou-se um polo de informática, com a instalação nela de muitas empresas de tecnologia. Num *ranking* elaborado pela revista *Exame*, Curitiba já foi eleita várias vezes como "**A melhor cidade brasileira para se fazer negócios**".

O setor **primário** (agricultura) sempre foi o **menos relevante** da economia curitibana. Desde 2000 a população de Curitiba tem se concentrado na região urbana, com o que se percebeu uma significativa redução da prática agrícola no município. Hoje, segundo estimativas, as atividades de cultivo não ocupam mais de 1.400 ha do município. Enquanto isso, o **setor secundários** (indústria) é o 2º mais relevante para a economia local, contribuindo com cerca de 27%.

O parque industrial da RMC ocupa mais de 48.000.000 m², tendo atraído grandes empresas, como Exxon Mobil, Electrolux, Elma Chips, Sadia, Mondelez, Siemens, Johnson Controls, Volvo etc. Isso permitiu também a evolução de empresas locais, como O Boticário, Positivo Informática, GVT etc. O grande marco é a Cidade Industrial de Curitiba (CIC), localizado na região oeste da capital, que começou a ser criado em 1972. Hoje a CIC ostenta um portfólio invejável, abrigando mais de 8.300 empresas, dentre as quais 1.900 são indústrias. Destas, 3.900 operam na área comercial, enquanto as demais são prestadoras de serviços.

Mas nem sempre a CIC foi tão disputada. No passado o local não possuía infraestrutura e era dominado por terrenos vazios. As primeiras empresas que apostaram nessa localização foram a fabricante de máquinas e equipamentos agrícolas New Holland, a multinacional de tecnologia Siemens e a indústria química Carbomafra. Mais tarde vieram a montadora Volvo, a fabricante de alimentos Kraft Foods e a Positivo Informática (em 1997). No final da década de 1990 chegaram também à RMC montadoras como a Volkswagen e a Renault.

A busca por novos endereços para a instalação de indústrias no Estado tem sido motivada, entre outras coisas, pelas constantes invasões de terrenos na CIC, que levaram à ocupação de áreas anteriormente destinadas a companhias. Hoje não existem mais terrenos disponíveis para empresas de grande porte na CIC, assim, uma das prioridades (e um dos desafios) da prefeitura é a regularização fundiária!?!?

Com uma área de 43 km², o bairro CIC abriga atualmente 190 mil pessoas, sendo o maior de Curitiba. Aliás, se ele fosse uma cidade, ocuparia a 4ª posição na RMC. As pessoas que ali vivem foram atraídas por incentivos fiscais e garantia de financiamentos de longo prazo. Com isso, elas acabaram gerando mais de 45 mil empregos diretos e uns 115 mil indiretos. Por exemplo, no início de 2018, a Volvo – para a qual o Brasil já representou o segundo maior mercado de caminhões no planeta, depois dos EUA – fez uma previsão de que suas vendas seriam 25% superiores às registradas em 2017. Com isso, ela anunciou a contratação de 250 funcionários para retomar o segundo turno de produção de caminhões, onde já estavam empregados 3.450 trabalhadores.

Mas tudo o que acontece na CIC nos dias de hoje é um reflexo do passado. Afinal, não se pode deixar de ressaltar que foram os imigrantes europeus que se dedicaram inicialmente à fabricação de artefatos de couro e madeira, começando dessa forma o processo de industrialização na cidade, nas primeiras décadas do século XIX. Depois das peças de mobiliário e dos artigos feitos com couros e peles, começaram a ser produzidos alimentos, produtos químicos e farmacêuticos, bebidas etc.

O **setor terciário** (comércio e serviços) é a maior fonte geradora do PIB curitibano (72%), destacando-se principalmente o **comércio**. A cidade possui vários centros comerciais de grande porte:

Localizado no centro cívico de Curitiba, e com fácil acesso a partir de qualquer lugar do centro, o Mueller é o mais antigo *shopping* da cidade, tendo sido inaugurado em 1983. Mesmo assim, ele ainda é uma referência na cidade. O edifício ocupa as antigas instalações de uma metalúrgica, assim, procurou-se preservar a arquitetura de um prédio histórico do final do século XIX, sem, entretanto, deixar de modernizá-lo. O local conta com mais de 200 lojas, cinemas e uma boa praça de alimentação.

Aliás em setembro de 2019 nesse *shopping* a *startup* curitibana Ebanx abriu uma loja física temporária da loja virtual AliExpress (que pertence a gigante empresa chinesa Alibaba) exibindo as mercadorias disponíveis no *site*. Note-se que a Ebanx (*fintech*) é a plataforma de pagamentos da AliExpress desde 2013 e a iniciativa visou reduzir não só a desconfiança sobre o comércio *online*, mas também o receio sobre os produtos que vem da China.

O Palladium, em contrapartida, é o maior e mais completo *shopping* de Curitiba e da região sul do País. Localizado no bairro Portão, ele possui mais de 300 lojas e recebe diariamente milhares de visitantes. O prédio também abriga o único cinema IMAX Digital da região, com uma tela seis vezes maior que as tradicionais, na qual são exibidos filmes normais e em 3D. A praça de alimentação é ampla e variada, mas a gastronomia diferenciada se revela no espaço Boulevard, onde estão restaurantes como o *Madero*, o *Babilônia Gastronomia* e o *Bier Hoff*, entre outros.

O *Park Shopping* Barigüi, por sua vez, já foi eleito pela revista *Veja Curitiba* como o melhor da cidade!!! Sua arquitetura é bem diferenciada e ele se tornou uma referência em termos de **consumo**: o local abriga mais de 200 lojas, uma boa praça de alimentação e também um Park Gourmet, com **opções gastronômicas** mais sofisticadas, como *Outback Steakhouse* e o *Bistrô do Victor*. O **entretenimento** também é garantido, pois o *shopping* possui cinemas e um dos mais modernos parques internos do País, o *Hot Zone*. De fato, milhares de visitantes vão todos os dias até esse *shopping* só para tomar uma bebida e comer uma sobremesa, desfrutando de um ambiente confortável e que oferece uma intensa sensação de bem-estar.

O Pátio Batel é o mais novo *shopping* de Curitiba. Ele foi inaugurado em setembro de 2013, numa das regiões mais movimentadas da cidade: o bairro Batel. O diferencial desse *shopping* está em sua arquitetura incrível, em seu ambiente luxuoso e principalmente em sua mescla de lojas brasileiras e internacionais – algumas até então inéditas na região sul do País, como as grifes Louis Vuitton, Prada e Tiffany. De fato, o *shopping* Batel procura sempre oferecer aos visitantes experiências únicas de compra.

O *shopping* Curitiba também está localizado no bairro Batel, sendo um dos mais práticos e visitados da cidade. O imóvel que ocupa é do século XIX, que por muito tempo abrigou o Comando da 5ª Região Militar do Exército Brasileiro. Em 2008 passou por uma revitalização interna e externa, que o deixou bem charmoso. O local abriga o Largo Curitiba, um ambiente diferenciado com música e espaços para cultura e gastronomia.

O Crystal Plaza também fica na região do Batel, e é reconhecido pelo público curitibano como um *shopping* elegante. Ele é charmoso e compacto, possuindo 130 lojas que são referências no universo da moda, gastronomia e cultura. Ele também abriga o Espaço Itaú de Cinema, que oferece uma programação é diferenciada e salas de cinema com atendimento especial (*VIP*).

O *shopping* Estação está localizado na região central de Curitiba, sendo portanto um dos mais práticos e visitados da capital. Ele conta com mais de 150 lojas e oferece um bom *mix* de marcas. Sua praça de alimentação é a maior da cidade e o entretenimento é garantido. Pelo fato de o *shopping* ficar ao lado da antiga estação ferroviária de Curitiba, ele abriga o Museu Ferroviário. Também fica ali o Teatro de Bonecas Dr. Botica, o Teatro Regina Vogue e dez salas de cinema.

O Polloshop Champagnat é um *shopping* no qual existem lojas de vários ramos, porém, menos conhecidas. Seu foco é a comercialização de produtos com desconto, portanto, ele é uma ótima opção para quem precisa de produtos de qualidade a preços menores. O local possui uma boa praça de alimentação.

O Omar é outro *shopping* bastante tradicional da cidade. Ele também é compacto, abrigando 70 lojas e uma praça de alimentação. É uma ótima opção para os curitibanos que trabalham ou moram no centro. Todavia, ele se revela especialmente atraente para os cinéfilos, pois abriga o cine Omar. Este, aos sábados, oferece ingressos (retirados antecipadamente), pipoca e estacionamento gratuitos, além de uma programação diferenciada com filmes clássicos.

O Itália também é um *shopping* dos mais antigos de Curitiba. Localizado no centro, é uma excelente opção para quem trabalha na região. O fato de estar rodeado por muitos edifícios comerciais, lhe permite desfrutar de grande visitabilidade.

Mas além desses, há outros *shoppings* na cidade, como o Água Verde, o Cidade, o Jardim das Américas, o Popular, o Total etc. Também não se pode esquecer do Mercado Municipal de Curitiba, inaugurado em 2 de agosto de 1958, que atrai muitos clientes por oferecer produtos de boa qualidade e com preços acessíveis.

A região central de Curitiba também concentra um parcela bastante expressiva de estabelecimentos comerciais e de serviços, destacando-se o comércio popular de roupas e acessórios, de alimentos, de peças de artesanato etc. Também é muito importante ali a presença de microempresas e, no *ranking* de formalização, de microempreendedores individuais (MEIs), o que faz com que Curitiba ocupe o primeiro posto nessa área em toda a região sul do País.

No que se refere à **cultura**, em 2003, Curitiba foi escolhida para ser a quarta **capital americana da cultura**, juntamente com a Cidade do Panamá. Ela foi a 2ª cidade brasileira a conseguir esse título, depois de Maceió, em 2002.

Uma iniciativa da assessoria de Relações Internacionais de Curitiba visou integrar a cidade a outras de todo o mundo. O objetivo foi incrementar o **intercâmbio cultural** e, ao mesmo tempo, fortalecer a amizade e o sentimento de felicidade, assim como garantir uma maior fraternidade entre as pessoas de várias partes do planeta, intensificando o respeito recíproco.

Oficialmente, Curitiba é **cidade-irmã** de: Akureyri (na Islândia), Assunção (no Paraguai), Bahia Blanca e Córdoba (na Argentina), Coimbra (em Portugal), Columbus, Jacksonville e Orlando (nos EUA), Cracóvia (na Polônia), Durban e Port Elizabeth (na África do Sul), Guadalajara (no México); Hangzhou (na China); Himeji (no Japão), Lyon (na França), Montevidéu (no Uruguai), Murmansk (na Rússia), Santa Cruz de La Sierra (na Bolívia), Suwon (na Coreia do Sul) e Treviso (na Itália).

A Fundação Cultural de Curitiba (FCC) é responsável pelo **setor de cultura** em Curitiba, e tem como objetivo primordial planejar e executar a política do município nessa área por meio da elaboração de programas, projetos que busquem o desenvolvimento cultural e o incremento da visitabilidade à cidade. Ela está vinculada diretamente ao gabinete do prefeito, e integra a administração pública indireta do município. Possui autonomia administrativa e financeira, assegurada especialmente por dotações orçamentárias, patrimônio próprio, aplicação de suas receitas e pela assinatura de contratos e convênios com outras instituições.

A FCC foi criada em 5 de janeiro de 1973, e encontra-se instalada num prédio conhecido como Moinho Rebouças. Ela atua em parceria com várias outras entidades culturais, diretamente subordinadas (ou não) a algum órgão público, como: a Casa Romário Martins, a Cinemateca de Curitiba, o Teatro Universitário da cidade, o Circo Chic-Chic, o Teatro do Piá, o Solar do Barão (construído em 1820 por Ildefonso Pereira Corrêa, o barão do Serro Azul), a Casa da Memória, a Gibiteca, o Museu Metropolitano de Arte de Curitiba, o Teatro Novelas Curitibanas, o Conservatório de Música Popular Brasileira, o Memorial de Curitiba (edifício onde ocorrem mostras de artistas como Poty Lazzarotto e João Zaco Paraná), a Casa Erbo Stenzel (na qual viveu o escultor Erbo Stenzel e estão expostos seus trabalhos), o Teatro Cleon Jacques e a rede de bibliotecas (as Casas da Leitura, a Casa Hoffmann e o Espaço Cultural Capela Santa Maria).

E por falar em bibliotecas, no centro de Curitiba (na rua Candido Lopes, Nº 133) está localizada a maior de caráter público na região sul do País. Oficialmente chamada de Biblioteca Pública do Paraná, ela foi criada em 1857 e sofreu uma grande reforma em 1953 para as comemorações do centenário do Estado. Nesse local as pessoas têm acesso a cerca de 620 mil livros. Mas além dessa enorme biblioteca, os curitibanos possuem espalhados pela cidade as edificações chamadas **Faróis do Sabor**, que servem como pequenas bibliotecas nos bairros mais distantes do centro. Nelas são oferecidos alguns cursos e as crianças e os adolescentes podem se entreter.

Curitiba é o local de nascença, de residência e também a principal inspiração para o contista Dalton Jérson Trevisan, assim como do controverso escritor, poeta e compositor Paulo Leminski (1944-1989), autor da obra experimental em prosa, *Catatau*. Aliás, muitos escritores brasileiros que se tornaram famosos como Machado de Assis (1839-1908), Olavo Bilac (1865-1918) e Aluísio Azevedo (1857-1913), escreveram artigos e livros sob pseudônimos para poderem se expressar de forma contundente e não serem punidos, pois estavam "escondidos", visto que as pessoas, em especial as atingidas pelas suas críticas não sabiam quem eram os verdadeiros autores delas!!! A partir da década de 1950, entretanto, o uso de pseudônimos praticamente desapareceu, até porque, não se considera um bom negócio que alguém que queira se tornar famoso troque subitamente de nome!?!? Dalton Trevisan não se esconde atrás de pseudônimos, mas quase nada se sabe a seu respeito!?!?

Dalton Trevisan tornou-se um escritor popular, porém, no início de sua carreira chegou a achar que algumas de suas ideias tivessem sido roubadas. Por esse motivo, pouca gente consegue entrevistá-lo. Hoje, aos 94 anos, ele só aparece nas fotos quando alguém o pega desprevenido, pois é totalmente avesso a entrevistas. Assim, uma parte de sua fama vem do fato de que ele não fala com quase ninguém. Para conhecê-lo, somente através de seus livros, sendo talvez o mais famoso *O Vampiro de Curitiba*.

Também curitibanos foram o boêmio Emílio de Menezes (1866-1918), poeta satírico e imortal da ABL, ocupante da cadeira Nº 20, e o simbolista Tasso da Silveira (1895-1968), filho do também simbolista e morretense, Silveira Neto.

No que se refere a **artes cênicas**, desde 1992 ocorre na cidade o Festival de Teatro de Curitiba, que se tornou com o passar do tempo um dos festivais de teatro mais importantes do País. Habitualmente ele é composto com atrações internacionais e grandes atrações nacionais, montagens locais e uma mostra alternativa. Tudo isso costuma atrair um grande número de espectadores – em média 85 mil por ano – para presenciarem alguns dos muitos espetáculos apresentados ao longo do evento.

Na sua 26ª edição, que ocorreu de 29 de março a 9 de abril de 2017, foram 350 atrações na programação. Entre elas a leitura de *Nelson Rodrigues - por Ele Mesmo*, feita por Fernanda Montenegro na abertura do festival.

Há em Curitiba cerca de 36 salas para apresentação de espetáculos que, anualmente, recebem uma programação bastante atraente. Dentre elas destaca-se o Teatro Guaíra, certamente um dos maiores e bem equipados teatros da América Latina. Ele possui três salas, sendo que a maior delas disponibiliza 2.173 lugares. Esse teatro tem também com um corpo de balé, chamado Balé Teatro Guaíra, um dos mais importantes do País.

Dentre os demais teatros importantes estão o Teatro Paiol (um antigo depósito de munição construído em 1906, que foi adaptado para servir como teatro, e então restaurado em 1971) e o Teatro Lala Schneider [uma homenagem a um dos grandes nomes do teatro brasileiro, conhecida como a "primeira-dama do teatro paranaense" (1926-2007)].

Em Curitiba acontecem anualmente outros eventos culturais bastante importantes.

Por exemplo, a 28ª edição do Festival de Curitiba – considerado o maior festival de artes cênicas da América do Sul –, que foi aberto em 26 de março de 2019, teve apresentações incríveis, como foi o caso do espetáculo *Aquele que Cai* ("*Celui qui Tombe*"), do diretor, coreógrafo e acrobata francês Yoann Bourgeois, no qual ele procura ignorar a queda como fracasso, dando outra interpretação ao mito de Sísifo. Recorde-se que no mito grego de Sísifo, um sujeito é condenado pelos deuses a rolar uma grande pedra até o cume de uma montanha, apenas para vê-la despencar novamente, numa maldição eterna...

Aliás, o ato de cair, tão comum na infância, faz do desenvolvimento humano um desafio de equilíbrio e até mesmo de oposição. Se hoje se constata que o sentimento de vazio é coletivo e mundial, em meio a tanta desesperança, esse espetáculo – no qual os bailarinos se equilibram em uma plataforma giratória – procurou oferecer uma solução conjunta que os impeça de cair: **segurando uns aos outros!?!?**

A esse respeito Yoann Bourgeois comentou: "A poética que desenvolvo há alguns anos encontra sua base na problemática filosófica do existencialismo dos seres humanos. No espetáculo *Aquele que Cai* procurei tornar visível a fragilidade dessa humanidade em luta. Estamos vivendo uma sequência histórica sem precedentes de profunda mutação civilizatória."

Mas no Festival de Curitiba os espectadores puderam "deliciar-se" com outros espetáculos incríveis, como foi o caso de *As Comadres*, da diretora francesa Ariane Mnouchkine, que estreou seu primeiro espetáculo fora do Théâtre du Soleil, com 20 atrizes brasileiras; o retorno ao festival da coreógrafa brasileira Lia Rodrigues, com o seu novo *Fúria* (que teve estreia mundial em Paris) e da soprano brasileira, Gabriella di Luccio, que já foi nomeada uma das 100 mulheres mais influentes e inspiradoras do mundo pela rede britânica de TV BBC, apresentando-se no *Do Convento à Sala de Concerto*, um projeto que recupera a composição de mulheres ao longo de cinco séculos da música erudita.

O Festival de Curitiba de 2019 conseguiu atrair um público que alcançou 200 mil espectadores.

Depois da Mostra Internacional de Cinema de São Paulo e do Festival do Rio de Janeiro, a mostra *Olhar de Cinema* de Curitiba, dedicada ao cinema independente, é o terceiro maior festival internacional do País. Ele ocorreu no período de 5 a 13 de junho de 2019, ocupando simultaneamente o Espaço Itaú, o Cineplex Batel, o Cine Passeio e a Cinemateca da Cidade.

Em sua 8ª edição, foi a primeira vez que o festival aconteceu sem o patrocínio estatal, uma vez que a Petrobras decidiu que não deseja mais ocupar o posto de grande patrocinadora da cultura em nosso País!?!? Mesmo assim, ele conseguiu desenvolver o mesmo tipo de programa que o tornou importante, tanto pela sua ousadia como por suas descobertas.

Com mais de 130 filmes, a mostra foi dedicada ao cineasta chileno Raúl Ruiz, e nele foram exibidos diversos filmes nacionais, entre os quais os longas mais recentes de alguns diretores brasileiros, como: Júlio Bressane, com o filme *Sedução da Carne*; Marcelo Gomes, com *Estou me Guardando para Quando o Carnaval Chegar*; e Sinai Sganzerla – filha de Rogério Sganzerla e Helena Ignez – que fez uma homenagem a sua mãe no filme *A Mulher de Luz Própria*.

Em 2018 a Bienal Internacional de Arte de Curitiba comemorou 25 anos, como o segundo maior evento do tipo no País. Ela foi aberta no dia 18 de outubro no Museu Oscar Niemeyer. Dessa vez, entretanto, as obras não ficaram restritas apenas ao museu, mas foram exibidas pelas galerias da cidade, como a Soma, a SIM, a Ponto de Fuga e a Airez.

Todas essas atrações sempre acabam atraindo dezenas de milhares de participantes a cada nova edição.

Também são populares os festivais relacionados à imigração, como é o caso da Festa da Uva, relacionada à imigração italiana. Para prestigiar a presença e a cultura japonesas, a cidade celebra quatro festivais típicos, ou *Matsuri*, como são chamados: o *Imin Matsuri* ("Festival da Imigração"), que celebra a chegada dos imigrantes nipônicos no Brasil; *Haru Matsuri* ("Festival da Primavera"), que celebra o final do inverno e o início da primavera; o *Hana Matsuri* ("Festival das Flores"), que celebra o nascimento do buda Xaquiamuni; e o *Seto Matsuri* ("Festival de Seto"), em memória de Cláudio Seto, idealizador do primeiro *Matsuri* de Curitiba.

O primeiro *Imin Matsuri* de Curitiba aconteceu em junho de 1991, por sugestão de Cláudio Seto ao então presidente do Nikkei Clube do Brasil, Rui Hara. Na época, o festival foi uma renovação da tradicional festa junina do clube e, por conta de seu grande sucesso, no mesmo ano surgiu a ideia de se realizar o primeiro *Haru Matsuri*.

Como em 1993 os dois primeiros festivais atingiram proporções que o Nikkei Clube já não conseguia comportar, assim, o *Imin Matsuri* foi transferido para a praça do Japão, cujos jardins e lagos ostentam estilo japonês, e onde já existe um portal, uma Casa da Cultura e uma casa de chá, enquanto o *Haru Matsuri* passou a ser realizado no parque Barigui. Já o primeiro *Hana Matsuri*, que também é conhecido como o "Natal budista" e visa comemorar o nascimento de Xaquiamuni (o primeiro buda), aconteceu em 2005.

De uma forma resumida, pode-se dizer que o calendário de eventos de Curitiba é bastante amplo e variado, oferecendo diversas opções de diversão, entretenimento e aprendizagem, tanto para os curitibanos quanto para os visitantes.

- **Janeiro** – A cidade organiza a Oficina de Música, com duração de 20 dias. Nela são oferecidos cursos e apresentações de todos os estilos musicais.
- **Fevereiro** – Nesse mês acontece o pré-carnaval do bloco Garibaldis e Sacis, com muita diversão durante os quatro domingos que antecedem o Carnaval. Também acontece a Festa da Uva, uma festividade típica italiana com gastronomia e apresentações culturais.
- **Março** – Ocorre o Psycho Carnival, um dos maiores festivais de *rock* do Brasil, paralelamente ao Carnaval e ao desfile das escolas de samba. Também nesse mês acontece a comemoração do aniversário da cidade (29 de março), com atrações culturais, esportivas e de lazer espalhadas por toda Curitiba. Tem-se ainda a Feira Especial de Páscoa, na qual há muita gastronomia e artesanato temático. Porém, o evento de maior destaque é o Festival de Curitiba, ou seja, o maior festival de teatro da América Latina, com mostras culturais e várias atrações gastronômicas.

- **Abril** – A cidade recebe uma etapa do *Stock Car*. Também nesse mês acontece o *Warung Day Festival* (música eletrônica), o *Curitiba Restaurant Week* (um interessante festival gastronômico) e o *Hana Matsuri*.
- **Maio** – Os principais eventos são o *Mia Cara Curitiba* (um festival cultural e gastronômico que traz um pouco da Itália para o Brasil), o *Curitiba Country Festival* (com música sertaneja), o *Brasil Sabor* (um festival gastronômico em restaurantes da cidade), a Meia Maratona Internacional e a CasaCor Paraná, uma importante mostra de arquitetura e *design* de interiores.
- **Junho** – Acontece a Feira Especial de Inverno (artesanato temático e gastronomia), o Inverno em Curitiba (com cultura, entretenimento e gastronomia), o Festival Internacional de Cinema e o *Imin Matsuri*.
- **Julho** – Esse é um mês bem movimentado. Acontece o Festival Folclórico de Etnias do Paraná; a Festa do Frango, Polenta e Vinho; o Festival Espetacular de Teatro de Bonecas do Paraná; o Festival de Inverno do Centro Histórico: "Gastronomia, música e afeto" e o Inverno em Curitiba, com uma programação voltada para a cultura, o entretenimento e a gastronomia.
- **Agosto** – Nos anos ímpares acontece a Bienal Internacional de Curitiba e o Festival da Cultura Cervejeira Artesanal (anualmente).
- **Setembro** – É a vez da Bienal de Quadrinhos de Curitiba. Também acontece a Festa da Luz, uma homenagem à padroeira da cidade; a Feira Especial da Primavera e da Criança (com apresentação de artesanato temático e gastronomia variada); e o *Haru Matsuri*.
- **Outubro** – Acontece outra prova de Stock-Car; o evento Centro Histórico Divertido, com atividades e brincadeiras para as crianças e suas famílias; a Bienal Internacional de Arte.
- **Novembro** – É outro mês bastante movimentado, com muitos eventos, entre eles a parada LGBTI (lésbicas, *gays*, bissexuais, transexuais e intersexuais); a Virada Cultural (com diversos *shows* musicais); a Maratona Ecológica; a Feira Especial de Natal (com artesanato temático e gastronomia) e o Natal de Curitiba Luz dos Pinhais, com uma programação especial com diversas atrações para encantar os visitantes, como a monumental sequência de arcos e portais iluminados por mais de 70 mil lâmpadas.

→ **Dezembro** – No último mês do ano acontece a continuação do Natal de Curitiba Luz dos Pinhais e da Feira Especial de Natal. Além disso, há a parada de Natal do Batel, cujo percurso é de 750 m; o Nataleluia, um tradicional espetáculo realizado pela igreja batista, que, além de efeitos especiais de luz, reúne orquestra, teatro, dança, um grande coral e efeitos especiais de luz. E há ainda a incrível rua iluminada nas casas da família Moletta.

Como se pode notar, em quase todos os eventos a **gastronomia** está presente. Afinal, essa é uma das coisas que mais atrai visitantes para a cidade. Deve-se destacar que é graças ao excelente trabalho do Instituto Municipal de Turismo de Curitiba que a cidade conta com um calendário de eventos tão recheado!!!

No âmbito do **cinema**, sua história em Curitiba pode ser caracterizada pela inconsistência e alternância de períodos de ritmo intenso e completa inatividade. A produção do primeiro filme na cidade aconteceu em 1897, pouco após a invenção do cinematógrafo pelos irmãos Lumière. No entanto, até 1930, a história do cinema na cidade se limitou a algumas iniciativas isoladas por parte de três curitibanoa: Annibal Requião (que filmou entre 1907 e 1913), João Baptista Groff e Arthur Rogge.

Foi somente em meados da década de 1960 que surgiram os primeiros filmes do cineasta, poeta, roteirista e escritor Sylvio Back, que na época estava ligado ao cineclubismo e à crítica cinematográfica. Ele acabaria ganhando notoriedade em todo o País nas décadas subsequentes com filmes como *Lance Maior* e *Aleluia Gretchen*. E vale ressaltar que Sylvio Back continua produzindo nos dias atuais. De fato, seu último trabalho para o cinema foi o documentário de 2015, *O Universo Graciliano*.

Na década de 1970 surgiu a cinemateca do Museu Guido Viaro, responsável não apenas pelo movimentado cenário cinematográfico curitibano, mas também pela descoberta de novos talentos locais, em especial do cineasta Fernando Severo, que está na ativa até hoje. Posteriormente surgiu na capital paranaense a tendência de produção de documentários, em geral denuncistas ou atrelados a certos posicionamentos ideológicos. Nesse contexto, destacaram-se os trabalhos de Fernando Fullgraf, cujas produções são habitualmente relacionadas à ecologia, e de Sergio Bianchi.

Quando o assunto é **produção musical**, sua gestão pública fica a cargo do Instituto Curitiba de Arte e Cultura, criado em 2004. O órgão é responsável por cuidar e programar as atividades dos seguintes corpos artísticos: a já mencionada Escola de Música e Belas Artes; a Camerata Antiqua (coro e orquestra); o Conservatório de Música Popular Brasileira; a Orquestra à Base de Sopro; a Orquestra à Base de Corda; o Vocal Brasileirão; a Orquestra Filarmônica da UFPR, mantida pela própria IES; e a Orquestra Sinfônica do Paraná (mantida pelo governo estadual).

Aliás, a Orquestra Sinfônica do Paraná, que tem em seu repertório cerca de 920 obras, já interpretou a maioria dos grandes compositores de música erudita do mundo, tendo inclusive conquistado reputação no cenário internacional com o ciclo de obras de Beethoven.

Mas além da música clássica, grandes apresentações musicais internacionais voltadas para outros estilos já aconteceram na cidade, como o *Curitiba Rock Festival* e o *TIM Festival*, que juntos trouxeram para a cidade atrações como Paul McCartney, Iron Maiden, The Killers etc. Todavia, ambos os festivais chegaram ao fim e, nos últimos anos, as atrações se restringem a espetáculos isolados e mais modestos, mesmo que de algumas bandas de *rock* famosas.

Também existe em Curitiba um cenário musical voltado para a música celta, com diversas bandas – como a Thunder Kelt, os Gaiteiros de Lume e a Mandala Folk – que se apresentam em eventos e locais públicos. Esses músicos se especializaram em tocar instrumentos um tanto incomuns e até mesmo raros, como a própria gaita de fole, as vielas de roda e as harpas celtas. Isso evidencia o apreço popular por esse estilo musical, que, inclusive, contou com seu próprio festival em outubro de 2015: o *Curitiba Celtic Fest*, o maior festival dedicado a música celta já realizado no Brasil.

Essa foi a primeira vez que se celebrou a cultura da música celta fora do já tradicionalmente festejado dia de são Patrício, padroeiro da Irlanda. Além das bandas locais, o evento contou com a apresentação de gaitas de fole, de um grupo de danças irlandesas e de uma banda de São Paulo, e visou promover a integração de ambas as cenas regionais desse movimento musical. Atualmente existem na cidade outros grupos que tocam música antiga e medieval, como a Alla Rustica e os Trovadores.

Além da música, existem vários lugares e programas que atraem os visitantes para Curitiba – e ao mesmo tempo orgulham os curitibanos. Entre eles estão os seguintes:

> **Jardim Botânico** – Sem dúvida ele é o principal cartão-postal da capital paranaense, e o sol do inverno no final da tarde torna a visita ao local uma experiência ainda mais prazerosa que o normal. De

fato, nenhuma foto simboliza tão bem a cidade quanto a da estrutura metálica e de vidro da estufa, com três abóbadas transparentes. Ao redor da mesma tem-se belos canteiros floridos organizados de forma geométrica, que dão ao local uma sensação de harmonia e tranquilidade. Essa construção foi inspirada no palácio de Cristal, que se tem em Londres, na Inglaterra. No seu interior o visitante pode observar muitas plantas raras. Nos seus 178.000 m² estão, além de uma fonte, os vários jardins obedecendo exatamente o melhor estilo francês. Não é por acaso que casais e famílias inteiras de moradores (e visitantes) aproveitam para se deitar no gramado e relaxar, enquanto as crianças se divertem rolando sobre ele. A beleza do local – que abre diariamente das 6 h às 19 h 30 min e tem entrada gratuita – justifica sua grande visitação, especialmente nos finais de semana.

→ **Opera de Arame** – Trata-se de um belo teatro de estrutura tubular e teto transparente localizado no parque das Pedreiras. O local é usado para *shows*, e sua agenda anual está sempre repleta deles. Também no parque fica o Espaço Cultural Paulo Leminski (não aberto à visitação), outra casa de espetáculos da cidade.

→ **Museu Oscar Niemeyer (MON)** – A construção do MON tem o formato de olho e foi projetada pelo famoso arquiteto Oscar Niemeyer (1907-2012). O local, cujo ingresso custa R$ 20,00, foi inaugurado em 2002 e tem como foco as artes visuais, a arquitetura, o urbanismo e o *design*. Suas 12 salas já receberam mais de 300 mostras e, nesses últimos anos, o prédio se tornou o destino de obras apreendidas nas residências dos envolvidos em crime de corrupção, e já condenados, depois da operação Lava Jato. Mas existem muitos outros museus bem interessantes em Curitiba, como: Museu Paranaense (dedicado às artes plásticas e à história); Museu de Arte Sacra (que concentra imagens religiosas e arte sacra em geral); Museu do Expedicionário (no qual se conta a história da participação brasileira na 2ª Guerra Mundial); Museu da Imagem e do Som (voltado para o cinema e a fotografia); Museu Alfredo Andersen (dedicado às pinturas desse artista); Museu Metropolitano de Arte (focado em arte moderna) e Museu de História Natural (dedicado às áreas de biologia e botânica).

→ **Distrito de Santa Felicidade** – Ir a Curitiba e não conhecer esse distrito é quase o mesmo que dizer que nunca se esteve na capital paranaense. Desde o fim do século XIX o local abrigou a colônia imigrante e recebeu o atual nome em homenagem à dona Felicidade Borges, uma senhora de origem portuguesa que doou parte de suas terras aos italianos recém-chegados. Hoje o distrito abriga 16 bairros e em seu portal de boas-vindas fica uma estátua do Leão de São Marcos. A região é repleta de lojas de artesanato, restaurantes, vinícolas e adegas, dentre as quais se destaca a adega *Durigan* (uma enorme loja de vinhos, espumantes, frios e outros produtos de dar água na boca). Dentre os restaurantes, o mais famoso é o *Madalosso*, um clássico com duas unidades na agitada avenida Manoel Ribas. Com seus 4.645 lugares, e uma área total de 7.671 m², o local já foi apontado, em 1995, como o maior restaurante da América Latina, e figura inclusive no livro dos recordes, o *Guinness Book*. A cozinha é tipicamente italiana: rodízio de massas acompanhado de polenta e frango frito à vontade. De fato, tudo ali é tão saboroso que vale muito o aviso para o cliente: "Não coma muito logo na entrada, para não ficar sem espaço no estômago para algumas massas incríveis!!!" No início de 2018 o preço do rodízio era de R$ 53,00, portanto, quem visitar não pode deixar de fazer pelo menos uma refeição no *Madalosso*.

Trata-se do melhor lugar para quem deseja comer bem e com fartura. O restaurante foi aberto em 1963, em Santa Felicidade, e desde então não parou de crescer. O local recebe em média cerca de 57 mil visitantes por mês, que consomem mais de 55 t de frango. Mas apesar dessa multidão de clientes, o restaurante consegue manter o ar caseiro de uma cantina do Vêneto.

Muito disso se deve à matriarca Flora Madalosso Bertolli, que com 79 anos comanda a cozinha até hoje. Ela comentou: "Já estou aqui servindo há mais de 56 anos, e vi passar pelos nossos restaurantes muitas gerações." Vale lembrar que atualmente a família Madalosso comanda um império gastronômica, constituído por 15 restaurantes, bares e padaria, dentro e fora dos limites de Santa Felicidade.

Aliás, a cena gastronômica de Curitiba está cada vez mais diversa. O restaurante *Manu*, por exemplo, dá *chef* Manu Buffura, é considerado por muitos como um dos melhores do País. Nele se propõe uma cozinha autoral com menus de até dez tempos e harmonização com vinhos. O destaque é o cordeiro com polenta e salsinha.

Já o restaurante *Nomade*, dentro do hotel Nomaa (que é considerado por muitos como o melhor de Curitiba entre os 106 da cidade) aposta em pratos elaborados com ingredientes regionais e uma apresentação impecável. Dois pratos incríveis preparados pelo *chef* Lênin Palhano são: a costelinha de porco no mel de abelha jataí e pupunha; e o *canelone* de ricota da Lapa, com espinafre orgânico, gema caipira e cogumelos na brasa.

Com uma culinária igualmente bem executada – e a melhor vista panorâmica de Curitiba, como bônus –, o restaurante *Terrazza 40* é um excelente lugar para casais, em especial para jantares românticos. A sugestão de entrada, nesse caso, é a *bruschetta* de salmão defumado. Já como prato principal o cliente poderá deliciar-se com o *soffiati al gamberi* e finalizar com a **estação tubo**, uma sobremesa composta por bolo de frutas vermelhas e um cilindro de chocolate (inspirada nos pontos de ônibus da cidade).

Já os visitantes que apreciam pratos mais simples, mas igualmente deliciosos, não podem deixar de experimentar a comida no *box* do Eliseu, instalado no Mercado Municipal. Aí é servido o seu pão com bolinho (pão francês recheado com almôndegas).

Também existem muitos bares em Curitiba que atraem pela comida servida, como é o caso do *Baran*, de influência e decoração ucranianas. Ele é considerado o melhor boteco da cidade, com receitas típicas dos países do leste europeu (como *varenique* e *holoptchi*, duas especialidades ucranianas). Outra opção é o bar do *Alemão*, onde se pode beber o drinque tradicional da casa (o submarino, preparado com uma dose de *steinhäger* imersa na caneca de chope) e comer a salsicha escura (*bock wurst*).

E nesse passeio gastronômico o visitante deve reservar um tempo para passar também na *Marbô Bakery*, que é bem mais que uma simples padaria. Instalada numa cada moderníssima, construída em 1953 pelo arquiteto Lalô Cornelsen, esse restaurante e galeria funciona o dia todo. A melhor pedida é o risoto de pupunha com legumes e castanha-do-pará. Além disso, quem for até lá ficará abismado e perplexo com a beleza dos cobogós (estrutura feita de tijolos vazados) do seu terraço!!!

E não se pode esquecer de Júnior Durski, um homem muito simples, mas, ao mesmo tempo, ousado e bem-sucedido como empreendedor. Além do restaurante *Durski*, ele é responsável por coordenar uma equipe que, por sua vez, comanda mais de 120 restaurantes espalhados no País e no exterior (Miami, nos EUA), ou seja, a rede *Madero*.

Recorde-se que Júnior Durski se formou em Direito, mas foi trabalhar com o pai na indústria madeireira, tendo inclusive vivido numa pequena cidade de Rondônia, por cerca de 15 anos. Aí precisou aprender a cozinhar para alimentar a si mesmo e ao pai, e acabou desenvolvendo uma verdadeira paixão pela gastronomia. Depois que voltou para Curitiba, para garantir às filhas uma educação melhor, ele abriu o restaurante *Durski*, especializado em comida polonesa e ucraniana, em 1999. Na época foi mais um *hobby*, uma vez que ele continuou a trabalhar no setor madeireiro.

Embora estivesse localizado no centro histórico da cidade, o restaurante era pouco frequentado, tornou-se deficitário e acabou sendo desativado. Antes disso, porém, o *chef* Durski adquiriu um bar ao lado do restaurante e o transformou numa *steakhouse*, no estilo norte-americano, acreditando que **"carne sempre vende bem"**. Esse foi o primeiro restaurante *Madero* (nome que ele escolheu para homenagear a atividade que exerceu tanto tempo com a sua família).

Júnior Durski fez duas viagens aos EUA e nessas oportunidades visitou mais de 70 restaurantes diferentes. O objetivo foi experimentar os hambúrgueres preparados naqueles locais e chegar à melhor combinação. Então, ao retornar para o Brasil, ele começou a desenvolver sua própria receita, tendo como "cobaias" as próprias filhas e os amigos delas. Aliás, foi das filhas a ideia de chamar o seu hambúrguer de **"*The best burger in the world*"**.

Apesar de ter enfrentado muitos percalços até conseguir sucesso com o *Madero*, hoje todos os principais *shopping centers* – e não somente de Curitiba, mas também das cidades encantadoras e de tantas outras do País – querem uma filial dessa rede, pois isso atrai clientes!!!

Aliás, em 20 de outubro 2015, o *chef* reabriu seu restaurante *Durski*, que ficara fechado por mais de um ano. Ali é servida uma gastronomia internacional, refinada e variada, num ambiente neoclássico e chique, com *lounge* e mesas intimistas. O destaque, naturalmente, é a comida ucraniana.

Nesses últimos anos Júnior Durski lançou em Curitiba novas marcas, como o *Jeronimo* (nome do seu tataravô, o primeiro polonês a imigrar oficialmente para o Brasil), em 2017. Em 2018 foi a vez do *Dundee* (que oferece um hambúrguer mais barato e está instalado no *shopping* Estação); a *Vó Maria* (nome da avó do empresário), um restaurante de um prato só: filé à parmegiana; e *A Sanduicheria*, como nove opções de sanduíches servidos no baguete, ambos localizados no *shopping* Müeller.

Claro que a ideia de Júnior Durski é expandir essas instalações também nas ruas e nos contêineres, contando sempre com ambientes desenvolvidos pela sua esposa, a arquiteta Kathlen Ribas Durski. Segundo as palavras de Júnior DUrski: "Curitiba é o melhor lugar do Brasil em qualidade da gastronomia. O que nós estamos fazendo não é nada de novo.

Aliás, não se está inventando nada, mas apenas fazendo bem feito o que já existia. E essa *smart-food*, que para mim é a comida barata e saudável e feita com rapidez, é o que estamos procurando levar para outras cidades de nosso País."

Mas existem outros excelentes restaurantes em Curitiba. De fato, a capital do Paraná se tornou um importante centro gastronômico e nos cardápios locais estão muitas agradáveis surpresas para moradores e visitantes saciarem sua fome. Os pratos da culinária curitibana refletem a história do município, sendo bastante saborosos. Os três principais são: o **barreado**, o **pinhão** e a **carne de onça**. O **barreado** é um dos pratos mais famosos em todo o Estado do Paraná, estando presente na maioria dos restaurantes curitibanos. Originário da época da colonização portuguesa no litoral do Paraná, ele é preparado com carne bovina, toucinho e temperos típicos regionais. Há quem diga que é na cidade de Morretos, próxima a Curitiba, que se pode apreciar o melhor barreado do Estado!?!? A segunda especialidade local, o **pinhão** – que também é conhecido como semente de *Araucária angustifolia* –, é muito utilizado como tempero, e encontrado principalmente na região sul do País. Além de ingerido depois de cozido na panela de pressão ou assado na chapa, o pinhão também é muito usado no preparo de bolinhos ou receitas de frango com polenta. Em relação ao terceiro prato – a **carne de onça** –, o mais curioso é que o seu nome nada tem a ver com a carne desse felino!?!? Na verdade, trata-se de um prato composto de pão preto com cobertura de patinho cru ou moído três vezes (e na hora), e temperado com cebola, cebolinha, cheiro verde e azeite de oliva!!!

> **As microcervejarias** – Todo entendido em cervejas que já foi a Curitiba recomenda: "**Não deixe de ir a algumas microcervejarias da cidade!!!**" E o motivo para isso é que desde o início dos anos 2000, Curitiba tem se destacado como destino cervejeiro no País. Além de bons bares e atraentes *pubs*, nos quais se pode apreciar várias cervejas premiadas internacionalmente (em suas versões artesanais), no mês de agosto a cidade promove o Festival da Cultura Cervejeira Artesanal, no MON. Uma das cervejarias artesanais mais famosas do local é a Bodebrown, que desde a sua fundação em 2009 vem acumulado prêmios, inclusive no Mondial de La Bière de Montreal, no Canadá. Entre outras boas cervejas que também conquistaram boa reputação estão a Way Beer (com opções maturadas no barril e sazonais); a Morada Cia. Etílica, com a sua curiosa Hop Arabica, que de acordo com a própria marca "é o café mais lupulodamente refrescante", e a Swam Brewing, com quatro tipos de cerveja, entre elas uma "pilsen

checa". Quem é bom apreciador de cervejas, ao visitar Curitiba terá de reservar pelo menos algumas horas para participar de um *tour* cervejeiro, obviamente levando consigo algumas pessoas amigas – mas ainda não "convertidas" – que possam ampliar a população dos amantes da cerveja!!!

- → **Os bares** – No largo da Ordem estão boas opções de bares para serem visitados. Os visitantes, entretanto, não devem esquecer do conselho de um *sommelier* de cervejas: "É claro que se pode comprar algumas cervejas artesanais e tomá-las depois nas cidades de origem. Porém, as cervejas tomadas em Curitiba são sempre melhores, principalmente as da Way Beer, porque elas perdem muito do seu enorme frescor quando são transportadas em viagens!?!?"

- → **O largo da Ordem** – Esse largo está no centro, onde tudo indica que Curitiba tenha começado, existe um bebedouro para animais!!! No local estão vários prédios históricos como, por exemplo, a casa *Romário Martins*, a mais antiga construção existente. No largo acontece uma feira ao ar livre, que comercializa arte, artesanato, e uma variedade de produtos de cerca de **2 mil expositores**, além de se ter algumas dezenas de barracas nas quais são vendidos bons alimentos. Na área do largo também ocorre uma exposição de carros antigos, em frente a uma mesquita (que também pode ser visitada). E a poucos quarteirões do largo estão duas importantes igrejas católicas, sendo que em uma delas as missas acontecem em latim!!! A prefeitura de Curitiba oferece um passeio denominado *Na Trilha do Sagrado*, que é um *tour* por monumentos religiosos. Ele inclui a igreja Nossa Senhora do Rosário de São Benedito (inaugurada em 1946, no mesmo local onde em 1737 fora erguida a segunda igreja da cidade, que foi demolida em 1931) e aquela da Ordem Terceira de São Francisco de Chagas (a mais antiga da cidade, em estilo colonial, que já passou por várias reformas).

- → **Parques e bosques** – O município de Curitiba situa-se num domínio vegetacional chamado de **floresta ombrófila mista**, composta por estepes cobertas de grama e poucas árvores. A região também é entremeada por capões de florestas de araucária, além de outras formações, como várzeas e matas ciliares. Nessa vegetação original é possível encontrar diversos exemplares de *Araucária angustifolia*. Vale lembrar que as árvores dessa espécie que se encontram tanto nos bosques particulares quanto públicos estão protegidas pela legislação ambiental, que impede sua derrubada.

Atualmente a vegetação da cidade é caracterizada pela presença de uma grande quantidade de ipês roxos e amarelos. O municípios tem ainda uma boa parte da mata atlântica, um dos biomas mais devastados do Brasil. Ele também mantém uma grande quantidade de áreas verdes no território da metrópole. Segundo estimativas, no final de 2018 havia em Curitiba cerca de 63 m² de área verde por habitante, o que significa que no Brasil a cidade só perde para Goiânia, com 92 m² por habitante. De fato, de acordo com a ONU, Curitiba possui um índice um pouco maior que cinco vezes a área verde recomendada por habitante, que é de 12 m². A cidade inclusive já apareceu entre as primeiras em listas como: **"As grandes cidades mais verdes do mundo."**

A cidade conta atualmente com mais de 30 áreas verdes significativas, o que comprova que não faltam nela lugares para as pessoas relaxarem em meio à natureza. A boa notícia é que esses locais estão tanto na **rota do ônibus Linha Turismo** quanto no roteiro de vários *city tours*. O ideal, entretanto, é visitá-los com o próprio veículo e poder aproveitá-los de forma independente.

O parque Barigui, por exemplo, com 1.400.000 m² é o mais visitado pelos curitibanos. Ele oferece área para piquenique, churrasco, um lago de 230.000 m², aparelhos de ginástica etc. Dentro dele fica o Museu do Automóvel, criado em 1972, no qual estão expostos mais de 150 veículos antigos e são contadas suas histórias. Também há o parque Tingui, no bairro São João, no norte da cidade. Seu nome é uma homenagem à tribo indígena que habitou a região séculos antes. Dentro dele fica o Memorial Ucraniano, uma área construída em 1995 para celebrar a presença dos imigrantes dessa nacionalidade na capital paranaense. Nesse local também há uma réplica da igreja São Miguel Arcanjo (a original foi construída na cidade paranaense de Mallet), uma casa típica ucraniana aberta à visitação e uma loja na qual são vendidos artigos típicos ucranianos.

No parque Tanguá, localizado à beira do rio Barigui, funcionava antigamente um complexo de pedreiras. Hoje, entretanto, ele ostenta uma disciplinada disposição arquitetônica e paisagística, e conta com alguns atrativos interessantes: um mirante de 65 m, uma cascata e um belo jardim em estilo francês. De seu belvedere (mirante) o visitante tem uma visão privilegiada da natureza curitibana. Existe aí também um túnel de 45 m, aberto entre duas pedreiras.

Outro lugar que mescla história e natureza é o bosque João Paulo II, ou bosque do Papa, como é mais conhecido, que foi projetado pelo famoso paisagista brasileiro Roberto Burle Marx. O local se destaca por ser uma área verde idealizada em homenagem ao então papa polonês Karol Wojtyla (1920-2005), que visitou Curitiba em julho de 1980. Na ocasião ele esteve numa das casas que existe nesse parque, e que reproduzia cuidadosamente as residências típicas polonesas. Hoje esse local é uma capela em homenagem à Virgem Negra de Czestchowa, a padroeira da Polônia (local nem sempre aberto à visitação!). Essa capela fica ao lado de outras casas típicas feitas com troncos de pinheiro. Juntas elas formam uma espécie de aldeia polonesa em pleno parque, e reproduzem o cotidiano dos imigrantes poloneses na região, com seus trajes e utensílios mais usados.

Mas existem várias outras opções de passeios por parques e bosques para os curitibanos ou os visitantes que desejarem estar em contato com a natureza, como:

- **Passeio Público** – Esse foi o primeiro parque municipal da cidade, criado em 1886. Posteriormente ele foi transformado em uma das mais tradicionais áreas de lazer da cidade. Atualmente ele abriga um pequeno zoológico e possui muitas gaiolas nas quais encontram-se pássaros de variadas espécies. O portão desse parque é uma cópia do que existe no cemitério dos Cães de Paris, na França.
- **Parque do Passaúna** – Ele ocupa uma área de 6.500.000 m^2 e fica às margens da represa Passaúna, no bairro Augusta.
- **Parque São Lourenço** – Sua principal atração é o Centro de Criatividade, com atividades ligadas às artes.
- **Parque Baccacheri** – Tem um portal construído em pirâmides de concreto e arcos em tubo de ferro.
- **Parque Barreirinha** – Só o seu bosque sozinho ocupa 200.000 m^2. O local possui *playground*, lanchonete e churrasqueiras.
- **Parque dos Tropeiros** – Possui uma área de 332.000 m^2 que inclui o bosque Diadema e o Cainá, no bairro Fazendinha.
- **Parque Regional do Iguaçu** – Com uma área total de 8.200.000 m^2, o local possui sete setores distintos, dentre os quais um zoológico com mais de 90 animais, espaços para prática esportiva, bar e lanchonete.
- **Parque do Trabalhador** – Possui quadras de vôlei e futebol de salão, churrasqueiras e um *playground*.

- **Bosque Boa Vista** – Possui uma área de 11.600 m² e está equipado com churrasqueiras e um parque infantil.
- **Bosque 300 Anos** – Foi inaugurado em 1993, na comemoração do terceiro centenário da cidade.
- **Bosque Portugal** – Abriga a sede dos escoteiros locais e tem um parque com mata nativa.
- **Bosque Fazendinha** – Tem uma infraestrutura completa para recreação, com quadras esportivas e *playground*.
- **Bosque do Pilarzinho** – Tem 28.000 m² e equipamentos de lazer ligados à educação ambiental.
- **Bosque do Alemão** – Sua principal atração é o "oratório de Bach", uma sala de concertos feita em madeira.
- **Bosque Reinhard Maack** – Uma homenagem ao engenheiro e aventureiro alemão que em 1923 chegou ao Paraná e contribuiu para a preservação do seu meio ambiente.
- **Bosque João Carlos Hartley Gutierrez** – Com cerca de 36.000 m² e abriga um parque de preservação permanente.
- **Bosque Capão da Imbuia** – Estão aí vários pinheiros centenários, com troncos de quase um metro de diâmetro.

No âmbito **esportivo**, Curitiba tem como principais atrações seus três times de futebol profissional: o Clube Atlético Paranaense, o Coritiba Foot Ball Club e o Paraná Clube. Juntos eles têm centenas de milhares de torcedores, tanto na RMC como em outras cidades do Estado, que comparecem aos jogos disputados por essas equipes.

O Clube Atlético Paranaense (CAP), conhecido simplesmente como Atlético-PR, foi fundado em 26 de março de 1924, a partir da fusão do International Foot-Ball Club e do América Futebol Clube, com a denominação de Club Athletico Paranaense (grafia original da época). Suas cores tradicionais são o preto e o vermelho, que lhe renderam a alcunha de **rubro-negro**. A equipe manda seus jogos no estádio Joaquim Américo Guimarães, mais conhecido como Arena da Baixada. O local já sofreu duas grandes reformas, sendo a primeira em 1999 e a última (uma grande modernização) pouco antes da Copa do Mundo de Futebol de 2014, para poder receber jogos da competição. Sua capacidade atual é de 42.372 lugares.

O CAP foi o primeiro clube paranaense a participar de uma competição nacional, a Taça Brasil de 1959. Ele também foi o primeiro do Paraná a ser finalista da Copa Libertadores, edição de 2005, quando disputou dois jogos contra o São Paulo Futebol Clube, empatando o primeiro (1 x 1) e sendo derrotado no segundo (4 x 0)!!!

Dentre seus principais títulos possui o Campeonato Brasileiro de 2001 e outros 23 títulos paranaenses. A equipe já disputou cerca de 4.250 jogos em sua história, vistos ao longo de todas essas décadas por dezenas de milhões de espectadores – boa parte deles oriundas de outras cidades do Paraná e do País. O grande adversário do CAP é o Coritiba Foot Ball Club, cujo clássico se chama "**Atletiba**" e é considerado o de maior rivalidade no futebol paranaense.

É importante destacar que o Atlético-PR já viveu longos períodos negativos, sendo que o pior de todos foi certamente a crise financeira de 1967, quando, depois de uma campanha em que obteve somente três vitórias, onze empates e 14 derrotas, o clube **despencou** para a 2ª divisão do futebol paranaense.

Foi nessa época que surgiu Jofre Cabral e Silva, que conseguiu montar uma boa equipe e resgatar o Atlético-PR de volta para a primeira divisão. Na época ele deu ânimo aos jogadores rubro-negros ao trazer para a equipe os campeões mundiais de 1962, Djalma Santos e Bellini. Dessa forma o **"furacão"** (apelido que o clube conquistou em 1949, quando venceu o Paraná e foi inserido no hino atleticano, não só para idolatrar o esquadrão de 1949, mas porque arrasou todos os outros adversários por contagem acima de quatro gols...) voltou com tudo em 1968.

Infelizmente o Jofre Cabral e Silva acabou falecendo prematuramente, em 2 de junho de 1968, mas antes de morrer ele declarou: "Não deixem nunca morrer o meu Atlético." O fato é que, embora o moral baixo do Atlético-PR não permitisse que a equipe vencesse o campeonato paranaense daquele ano (!?!?), o time voltou a ser campeão em 1970!!!

Depois disso houve mais um período de declínio, em que a equipe não conquistaria títulos até 1982. Nesse ano, entretanto, o time voltou a se destacar, em especial por conta dos atacantes Washington e Assis, que levaram o time ao título estadual. Daí em diante o rubro-negro nunca mais enfrentaria longos períodos de jejum em conquistas importantes.

Em tempo, no dia 12 de dezembro de 2018, o Atlético conquistou seu primeiro importante título internacional: a **Copa Sul-Americana**. Com isso a equipe garantiu sua presença na Copa Libertadores da América de 2019. Jogando em seu campo contra o Junior Barranquilla, da Colômbia, após um empate no tempo normal e a manutenção desse resultado na prorrogação, o time conseguiu sair vitorioso por 4 a 3 na cobrança de penalidades. Foi uma vitória bastante sofrida para time e torcida, em especial pelo fato de o adversário ter perdido as maiores chances de desempate no 2º tempo e na prorrogação, inclusive desperdiçando um pênalti no tempo extra!?!?

Foi nesse mesmo mês que o seu presidente Mario Celso Petraglia apresentou o novo escudo e a camisa da equipe, bem como a volta da grafia: Club Athletico Paranaense, para resgatar o seu passado. Destaca-se que em 18 de setembro de 2019, o Athletico tornou-se campeão da Copa do Brasil, isso pela primeira vez, ao derrotar o Internacional no seu estádio em Porto Alegre. O Athletico vive um momento de sucesso palpável, tendo não só o retorno financeiro como também o esportivo.

O Coritiba Foot Ball Club, ou simplesmente Coritiba, foi fundado em 12 de outubro de 1909, por descendentes de alemães. Ele se tornou um dos clubes mais populares não apenas do Estado, mas de todo o sul do País. Popularmente chamado de **coxa branca**, ou **coxa**, ele ostenta como cores tradicionais o verde e o branco e manda seus jogos no estádio Major Antônio Couto Pereira, ou apenas Couto Pereira, que foi inaugurado em 1932 (no início com o nome de Belfort Duarte).

O Coritiba foi o primeiro clube do futebol paranaense a conquistar o campeonato Brasileiro, em 1985, quebrando a hegemonia de equipes dos Estados de São Paulo, Rio de Janeiro, Rio Grande do Sul e Minas Gerais, que prevalecia desde 1971. Além desse título o coxa soma 38 campeonatos paranaenses, razão pela qual é chamado de "**campeão do povo**", "**glorioso**" e "**campeoníssimo**". A equipe é atual recordista de taças na história do torneio estadual e detentor de um hexacampeonato no Estado (de 1971 a 1976).

O time também coleciona dois vice-campeonatos na Copa Brasil, em 2011 e 2012, e dois Campeonatos Brasileiros da série B, conquistados em 2007 e 2010. O alviverde curitibano foi também a primeira equipe paranaense a participar da Copa Libertadores da América, em 1986. O clube ainda detém a **terceira maior** marca mundial de **vitórias consecutivas** em competições oficiais e a maior sequência dentre os times profissionais brasileiros, com 24 vitórias consecutivas!!!

A torcida do coxa é a 4ª maior da região sul do País e costuma realizar no seu estádio um dos mais belos espetáculos do futebol, o *Green Hell* ("Inferno Verde"), no qual seus torcedores inovam cada vez mais em pirotecnia, fumaça, papel e luminosidade, e isso tanto nas partidas diurnas quanto noturnas. Uma antiga e folclórica tradição da torcida coxa-branca é vestir com faixa de campeão o *Homem Nu*, localizado na praça 19 de Dezembro, no centro de Curitiba, como parte da comemoração pelas conquistas do clube. Essa bela estátua de granito é uma obra dos artistas Erbo Stenzel e Humberto Cozzo. A mascote do Coritiba é um velhinho de descendência alemã, carinhosamente chamado de Vovô Coxa, em homenagem ao fotógrafo e torcedor do clube Max Kopf.

O maior rival do Coritiba é o Paraná Clube, cujo "duelo" se chama Parático ou *derby* da Rebouças, em referência às importantes corridas de cavalos. Nos 93 jogos disputados, o clube registra 35 vitórias, 27 empates e 31 derrotas. O Coritiba também leva vantagem em relação ao seu outro rival, o Atlético-PR, pois venceu 134 partidas das 352 disputadas, registrando ainda 109 empates e 109 vitórias do adversário.

O estádio Major Antônio Couto Pereira tem atualmente capacidade para 40.502 torcedores, um número bem superior à média de 10 mil torcedores que assistiu às partidas nas últimas três décadas. Houve, entretanto, algumas partidas em que se extrapolou a capacidade do estádio e mais de 50 mil pessoas conseguiram assistir os jogos!?!?

O terreno do estádio foi doado, ou melhor, vendido por um preço simbólico por Nicolau Scheffer, por conta dos impostos. Na época, em 1932, o local era considerado distante, tanto que se costumava dizer que um estádio ali não seria viável, mas isso não se concretizou.

Em 2005, depois de uma grande reforma, as dimensões do gramado foram ampliadas e as grades de proteção removidas, facilitando assim a visualização do jogo a partir de todos os setores. Além disso, equipamentos como bancos de reserva e traves foram modernizados. O gramado foi trocado e foram feitas reformas nas instalações internas (vestiários, lanchonetes, salas de imprensa etc.).

Um importante impulso para a formação de talentosos jogadores foi dado em 1988, pelo então presidente do clube Bayard Osna, que decidiu construir um centro de treinamento (CT) para o Coritiba. Na época um terreno foi adquirido na antiga estrada da Graciosa, próximo ao trevo do Atuba, a cerca de 9 km da sede principal.

O segundo passo só foi dado em 1995, quando Joel Malucelli, Sérgio Prosdócimo e Edson Mauad, assumiram a gestão do clube e iniciaram as obras do CT, com o vice-presidente do Coritiba o engenheiro José Arruda sendo responsável pela obra. A maior parte do dinheiro que viabilizou a construção veio da contribuições mensais do Conselho Deliberativo, presidido na época por Manoel Antônio de Oliveira.

O CT da Graciosa foi inaugurado em 1997, após muita dedicação e trabalho de todos que ajudaram para que o sonho se tornasse realidade. Em 2002 Giovani Gionédis se tornou presidente do clube e começou um planejamento estrutural arrojado, iniciado pela ampliação e modernização do patrimônio alviverde.

O CT ganhou o nome de Bayard Osna e hoje é uma referência em termos de modernidade e espaço para o trabalho dos profissionais do futebol, pois possui uma das melhores estruturas para treinamentos e formação de futebolistas. Nele o grande foco é o trabalho de aperfeiçoamento da base, ou seja, de estruturação de boas equipes formadas por jovens, com o que o time principal do Coritiba é alimentado continuamente com atletas formados no próprio CT. Enquanto isso, muitos outros são vendidos ou emprestados para equipes profissionais de menor expressão. Em 2012 o clube ganhou o prêmio *Folotball Business Awards* pela sua campanha de *marketing* intitulada *O Mais Vitorioso do Mundo*.

Segundo estimativas, em 2018 o valor de mercado do Coritiba chegou a R$ 130 milhões. Um fato curioso é o apoio que recentemente o time deu à prática do futebol norte-americano. O clube estabeleceu uma parceria com o Barigui Crocodiles, o que fez surgir o Coritiba Crocodiles, atualmente pentacampeão estadual, bicampeão da Conferência Sul e bicampeão brasileiro!!!

O Paraná Clube foi fundado em 19 de dezembro de 1989, após uma fusão entre o Colorado Esporte Clube e o Esporte Clube Pinheiros. Ele é chamado de "**tricolor da Vila**", em homenagem às suas cores – vermelho, azul e branco – e a sua principal praça esportiva, a Vila Capanema (estádio Dorival Britto e Silva).

O primeiro treinador do clube foi Rubens Minelli, que trouxe para a equipe sua comissão técnica depois de ter se sagrado tricampeão brasileiro, duas vezes pelo Internacional de Porto Alegre (em 1975 e 1976) e uma pelo São Paulo (em 1977). O primeiro elenco do time contava com cerca de 50 jogadores, oriundos do Colorado e do Pinheiros. O grupo mesclava atletas mais experiente e garotos revelados nas categorias de base.

No campeonato estadual de 1990 o Paraná ficou em 3º lugar, mas já em 1991 conquistou o Campeonato Paranaense e no ano seguinte se sagrou

Campeão Brasileiro da Série B, o que lhe permitiu entrar para a elite do futebol brasileiro. A equipe estabeleceu grande dinastia no Estado ao se tornar pentacampeão curitibano entre 1993 e 1997, ainda sob o comando de Rubens Minelli. No ano de 2000, o Paraná Clube foi campeão do módulo amarelo da Copa João Havelange, conquista que lhe valeu o retorno à elite do futebol brasileiro até 2007.

Nessa última década o Paraná Clube participou da Série B do Campeonato Brasileiro, sendo que em 2013 quase conseguiu retornar para a Série A. Porém, isso somente se concretizou em 2017, quando a equipe conquistou novamente o acesso para a principal competição do futebol profissional brasileiro que seria disputado em 2018, mas infelizmente foi rebaixado novamente para a Série B, que disputou em 2019.

O estádio Dorival Britto e Silva foi inaugurado em 23 de janeiro de 1947, sendo na época o terceiro maior estádio do País. Isso o credenciou para abrigar dois jogos da Copa do Mundo de Futebol de 1950. Durante um tempo, porém, o Paraná Clube só o utilizou para jogos eventuais e partidas das categorias de base.

Para atender aos clamores de sua torcida, o Paraná executou grandes reformas no estádio, inclusive ampliando sua capacidade total para 20.083 espectadores. Então, em 20 de setembro de 2006 ele foi reinaugurado numa partida válida pelo Campeonato Brasileiro, em que a equipe da casa venceu o Fortaleza por 2 x 0.

A mascote do time é a **gralha azul**, ave símbolo do Estado e principal disseminadora da semente de araucária. Esta árvore, aliás, que também é chamada de pinheiro-do-Paraná, também está no brasão do time, sendo também o símbolo do Estado do Paraná.

Costuma-se dizer que durante o outono, quando as araucárias frutificam, bandos de gralhas azuis laboriosamente estocam os pinhões para garantir alimento nos meses futuros. Assim, elas encravam os pinhões firmemente no solo, ou em troncos caídos e já em processo de putrefação, ou até mesmo nas partes aéreas das raízes de árvores que se encontram nas mesmas condições, sendo esses locais propícios para a formação de uma nova árvore!!!

No folclore do Estado do Paraná, atribui-se a formação e a manutenção das florestas de araucária a este pássaro. Suas ações são vistas como uma **missão divina**, razão pela qual no passado as espingardas negavam fogo (ou até explodiam!!!) quando apontadas para eles!?!? Isso explica o porquê de a gralha azul e a araucária causarem tamanha admiração não apenas nos paranistas (torcedores do Paraná Clube, que somam cerca de 420 mil no Estado), mas também de todos os paranaenses.

Ainda no âmbito do esporte, nessa última década a cidade infelizmente não tem nenhuma equipe de basquete, futebol de salão, handebol ou voleibol de destaque no cenário nacional, o que não significa que os curitibanos não aprovem essas modalidades esportivas. De fato, até acontecem alguns torneios na cidade.

De qualquer modo, Curitiba deveria inspirar-se nas várias cidades da região sul do País, que possuem excelentes equipes de futebol de salão, por exemplo, como é o caso de Joinville, Foz de Iguaçu, Carlos Barbosa, Jaraguá do Sul etc. Os jogos dessas equipes costumam atrair grandes plateias e, com isso, aumenta-se a visitabilidade à cidade.

Um ótimo exemplo disso aconteceu em julho de 2017, quando Curitiba foi palco da fase final da Liga Mundial de Vôlei, da qual participaram seleções de ponta: Brasil, Rússia, Canadá, Sérvia, EUA e França. A Arena da Baixada foi preparada para ter uma quadra de vôlei no meio do gramado e assentos para cerca de 30 mil pessoas. Um grande público compareceu a todos os jogos dessa competição que, infelizmente, culminou com a derrota do Brasil – maior vencedor da Liga Mundial, com nove títulos – para a França, a grande campeã do torneio!!!

Vale lembrar que em 1997 havia em Curitiba a equipe de voleibol da Rexona, comandada por ninguém menos que Bernardinho, certamente o técnico brasileiro que mais conquistou títulos nacionais e internacionais pelo Brasil (inclusive em campeonatos mundiais e nos Jogos Olímpicos). Porém, após conquistar dois títulos da Superliga feminina na temporada de 2004, a equipe Rexona-Ades se mudou para o Rio de Janeiro. Com isso a capital paranaense deixou de contar com esse extraordinário time de voleibol feminino.

Mas Curitiba tem instalações esportivas para promover grandes jogos de basquete e voleibol, e para que eles aconteçam basta que os setores público e privado encontrem uma forma de cooperar mutuamente no sentido de montar e manter equipes competitivas nos principais campeonatos nacionais, não é mesmo?

Uma imagem de Fernando de Noronha.

Fernando de Noronha

PREÂMBULO

No final de 2017, o aeroporto de Fernando de Noronha esteve muito movimentado, uma vez que um grande número de pessoas decidiu passar o *réveillon* no arquipélago. E entre os visitantes estavam algumas mulheres bastante famosas, como Isis Valverde, Paula Fernandes, Raica de Oliveira, Giovanna Lancellotti, Deborah Secco, Giovanna Ewbank, entre outras, juntamente com seus acompanhantes. Todos participaram de uma intensa programação de festas, que incluiu pelo menos uma "noite grandiosa" entre o Natal e o Ano-Novo. Isso mostra como Fernando de Noronha é **atraente**!!!

Todavia, não se pode esquecer que em 28 de dezembro de 2017, os moradores iniciaram uma série de protestos contra a construção desordenada de pousadas na ilha. Aliás, não é somente com isso que os locais estão revoltados. Outra reclamação diz respeito à concessão "em tempo recorde" à algumas celebridades da carteirinhas de morador, um documento que traz a essas pessoas uma série de facilidades – entre elas a isenção do pagamento da taxa cobrada aos visitantes –, e que, normalmente, só é fornecido a quem vive na ilha há pelo menos sete anos consecutivos.

Pois é, Fernando de Noronha atrai, entre outras coisas, por sua calma e tranquilidade. Porém, tudo isso está começando a ser abalado pela quebra de regras, pela "expansão" artificial de sua população e pela atribuição não merecida do *status* de morador a muita gente...

Como o índice limite previsto no plano de manejo dos visitantes estabelecido em 2005, de 89,7 mil por ano já foi superado há muito tempo, o ministro do Meio Ambiente, Ricardo Salles, foi ao arquipélago em 19 de julho de 2019 para observar que melhorias podem ser implementadas para atender melhor os turistas (cujo número não para de crescer) e rever as diversas taxas que já são cobradas dos mesmos...

A HISTÓRIA DE FERNANDO DE NORONHA

Embora Fernando de Noronha não seja uma cidade, mas um arquipélago brasileiro do Estado de Pernambuco, o local é considerado um dos mais belos do Brasil. E é por essa razão que ele foi incluído nesse livro entre as **"cidades encantadoras"** do País.

Situado no oceano Atlântico, a 360 km a nordeste de Natal (capital do Rio Grande do Norte) e a 545 km a nordeste de Recife (a capital pernambucana), o arquipélago é formado por 21 ilhas, ilhotas e rochedos de origem vulcânica, e ocupa uma área total de 26 km² (dos quais 17 km² formam a ilha principal). Ele pertence tanto à mesorregião metropolitana de Recife quanto à microrregião de Fernando de Noronha e estima-se que no início de 2019 vivessem aí cerca de 4.800 pessoas.

O arquipélago foi avistado pela primeira vez entre 1500 e 1502 e, embora existam controvérsias, sua descoberta foi atribuída a uma expedição comandada pelo explorador Fernão de Loronha. Um fato incontestável, entretanto, é que o primeiro a descrever esse conjunto de ilhas foi Américo Vespúcio, em uma expedição realizada entre 1503 e 1504.

Pelo menos três nomes – São Lourenço, São João e Quaresma – foram associados com a ilha na época de sua descoberta. Com base em registros escritos, a ilha Fernando de Noronha foi descoberta em 10 de agosto de 1503 por uma expedição portuguesa organizada e financiada por um consórcio comercial privado liderado pelo comerciante de Lisboa, Fernão de Loronha.

A expedição estava sob o comando geral do capitão Gonçalo Coelho e nela estava o aventureiro italiano Américo Vespúcio, que escreveu um relato sobre o que ocorreu na ocasião. A nau capitania da expedição bateu num recife e naufragou perto da ilha e a tripulação e sua carga tiveram de ser resgatadas.

Então, sob ordens de Coelho, Vespúcio ancorou na ilha e ali permaneceu durante uma semana, enquanto o restante da frota foi para o sul. Numa carta a Piero de Soderini, Vespúcio descreveu a ilha como desabitada e chamou-a de **"ilha de São Lourenço"**, uma vez que 10 de agosto é o dia em que se celebra a festa desse santo, e era costume das explorações portuguesas nomear os novos locais conforme o calendário litúrgico.

A existência do arquipélago foi relatada em Lisboa, e em 16 de janeiro de 1504 o rei dom Manuel I de Portugal emitiu uma carta de concessão da "**ilha de São João**" como uma capitania hereditária de Fernão de Loronha. A data e o novo nome ainda são um enigma para os historiadores.

Uma hipótese, entretanto, seria de que um navio perdido da frota de Coelho, sob o comando de um capitão desconhecido, pudesse ter retornado para a ilha (provavelmente no dia 29 de agosto de 1503, dia da festa de decapitação de são João Batista) para pegar Vespúcio, mas, sem encontrá-lo, ou a qualquer outra pessoa, teria voltado para Lisboa com a notícia...

Essa versão, reconstruída a partir de registros escritos, é severamente prejudicada pelo registro cartográfico. Uma ilha chamada Quaresma, que se parece muito com a ilha de Fernando de Noronha, aparece no **planisfério de Cantino**. O mapa de Alberto Cantino foi composto por um cartógrafo português anônimo e terminado antes de novembro de 1502, bem antes da expedição de Coelho ter sido realizada!?!?

Entretanto, não há consenso sobre qual expedição que poderia ter sido a primeira. O nome "Quaresma", sugere que o arquipélago deve ter sido descoberto em março ou início de abril, o que não corresponde bem com as expedições conhecidas.

Existem também outras versões sobre a descoberta do arquipélago, mas todas sem comprovações documentadas, o que mostra que pouco sabemos sobre o que de fato ocorreu no Brasil nos séculos XVI e XVII!!!

Já a transição do nome de "São João" para "Fernando de Noronha" foi, provavelmente, apenas pelo uso natural. Aliás, a carta régia datada de 20 de maio de 1559, aos descendentes da família Noronha (!?!?), ainda se refere à ilha por seu nome oficial, ilha de São João. No entanto, em outros documentos, como por exemplo no diário de bordo de Martim Afonso de Sousa, na década de 1530, referia-se ao arquipélago como "ilha de Fernão de Noronha" (lembrando que o "n" de "Noronha era um erro ortográfico comum para a palavra "Loronha"). Assim, o nome informal eventualmente se tornou o nome oficial!!!

O fato, entretanto, é que o comerciante Fernão de Loronha não apenas tornou a ilha uma capitania hereditária, mas também, entre 1503 e 1512, transformou-a em seu monopólio comercial no Brasil. Nesse período os agentes de Loronha ergueram uma série de armazéns (feitorias) ao longo da costa brasileira e envolveram-se com o comércio de **pau-brasil** (uma madeira nativa que servia como corante vermelho e era altamente valorizado pelos costureiros europeus) com os povos indígenas.

A ilha de Fernando de Noronha era o ponto de coleta central desta rede. O pau-brasil, continuamente colhido pelos índios costeiros era entregue aos diversos armazéns litorâneos e daí enviado para o armazém central no arquipélago, ao qual periodicamente aportava um navio maior para, então, transportar para a Europa todas as cargas coletadas.

Após o vencimento do alvará comercial de Loronha, em 1512, a organização da empresa de pau-brasil foi assumida pela coroa portuguesa, entretanto, Loronha e seus descendentes mantiveram a posse privada da ilha como uma capitania hereditária pelo menos até a década de 1560.

Como primeira capitania hereditária do Brasil, o arquipélago sofreu constantes invasões de ingleses, franceses e holandeses, entre os séculos XVI e XVII. Em 24 de setembro de 1700, Fernando de Noronha se tornou, por carta régia, dependência de Pernambuco, capitania com a qual já tinha uma ligação. Em 1736, a ilha foi invadida pela Companhia Francesa das Índias Orientais, passando a se chamar de *isle Dauphine*, porém, em 1737, uma expedição enviada de Recife, expulsou os franceses.

Nesse mesmo ano, para não perder aquele território, Portugal iniciou a construção do sistema de defesa do arquipélago, com dez fortes. Há vestígios deles pela região, com canhões espalhados pelo caminho, como no mirante São João Baptista dos Dois Irmãos, que dá vista para a baía dos Porcos.

A fortaleza de Nossa Senhora dos Remédios, de 1737, é a que está em melhor estado de conservação, pois passou por uma restauração realizada pelo IPHAN. Desse ponto é possível ver ao mesmo tempo os morros do Pico e dos Dois Irmãos.

Em 1738 a ilha foi transformada em colônia carcerária e recebia os condenados do continente. Havia celas solitárias, como aquelas na fortaleza de Nossa Senhora dos Remédios e inclusive um espaço para pernoite dos prisioneiros com mau comportamento, ou seja, a Aldeia dos Sentenciados, cujas ruínas podem ser vistas na Vila dos Remédios. Já os presos que não apresentavam riscos viviam em casas e faziam trabalhos forçados durante o dia. A eles era permitido levar suas famílias para acompanhá-los durante o cumprimento da pena.

Em 1828 o capitão Henry Foster, comandando o navio *HMS Chantecler*, parou em Fernando de Noronha, onde permaneceu algum tempo realizando pesquisas científicas com o pêndulo sobre a gravidade. Em seguida, para dar continuidade às pesquisas, em especial da longitude de diversos pontos da

América do Sul, o almirantado inglês enviou o *HMS Beagle*, sob o comando do capitão Robert Fitz Roy.

A embarcação chegou ao arquipélago em 19 de fevereiro de 1832, com o objetivo de confirmar sua longitude exata. O famoso naturalista Charles Darwin estava a bordo e, na ocasião, passou um dia todo visitando a ilha e fazendo algumas anotações para o seu livro de geologia.

Charles Darwin escreveu: "Toda a ilha é uma floresta e é tão densamente interligada que isso exige um grande esforço para passar. O cenário é muito bonito, com grandes magnólias, louros e árvores cobertas de flores delicadas que deveriam ter me satisfeito... Mas eu tenho certeza de que toda a grandeza dos trópicos ainda não foi vista por mim... Nós não vimos pássaros vistosos, nem beija-flores, nem grandes flores."

Todas as experiências de Charles Darwin sobre Fernando de Noronha foram registradas em seu diário, que mais tarde foi publicado como *The Voyage of the Beagle*. Uma breve descrição da ilha, feita com base nas observações feitas na viagem com o *HMS Beagle*, também foi inserida em sua obra *Geological Observations on the Volcanic Islands*, publicada em 1844.

Em 1897, o governo do Estado de Pernambuco tomou posse da prisão que foi construída na ilha ainda no século XVIII. A reportagem da revista *O Cruzeiro*, publicada em 2 de agosto de 1930, descreveu o presídio como um "fantasma infernal para aqueles proscritos da sociedade, que viviam ali completamente alheios ao que se passava no resto do mundo, apesar de o governo proporcionar aos prisioneiros uma vida saudável de trabalho e de certo conforto".

Entre 1938 e 1942, Fernando de Noronha foi uma prisão política, mas também recebia presos comuns. Em 1957 a prisão foi fechada e isso foi constatado na visita que o então presidente Juscelino Kubitschek fez ao arquipélago, mas no período da ditadura militar, entre 1964 e 1967 o local voltou a ser um presídio político. Inclusive, o ex-governador de Pernambuco, Miguel Arraes, ficou preso aí, após ter sido deposto do cargo pelo golpe militar de 1964.

No início de século XX os britânicos chegaram a prestar cooperação técnica em telegrafia para que a ilha pudesse se conectar com o resto do País, através da The South American Company. Mais tarde, os franceses vieram com o French Cable e, posteriormente, os italianos com a Italcable.

Durante a 2ª Guerra Mundial o arquipélago se tornou um **território federal**, que incluía o atol das Rocas e o arquipélago de São Pedro e São Paulo.

Ele foi criado em 9 de fevereiro de 1942, pelo decreto lei federal Nº 4102, desmembrando-se do Estado de Pernambuco, quando a colônia carcerária foi desativada. Essa entidade administrativa durou 46 anos.

Também no decorrer da 2ª Guerra Mundial, mais precisamente em setembro de 1942, um aeroporto foi construído no local pelas Forças Aéreas do Exército dos EUA. O objetivo era cobrir a rota Natal-Dakar, e assim surgiu uma ligação transoceânica entre o Brasil e a África Ocidental Francesa para o trânsito de aeronaves levando carga e pessoas durante a campanha das forças aliadas na África. Na ocasião a ilha chegou a ser ocupada por cerca de 3.000 militares brasileiros e norte-americanos.

O Brasil transferiu o aeroporto para a jurisdição dos EUA em 5 de setembro de 1944. Após o fim da 2ª Guerra Mundial em 1945, a administração voltou para o governo brasileiro e, atualmente, o aeroporto de Fernando de Noronha é servido por voos diários que saem do Recife e de Natal.

Em 1988 o governo brasileiro designou cerca de 70% do arquipélago como um **parque nacional marítimo**. Em 5 de outubro de 1988 o território federal foi dissolvido e Fernando de Noronha foi reintegrado ao Estado de Pernambuco. Hoje a economia local depende essencialmente do **turismo**, restrito pelas limitações de seu delicado ecossistema.

Além do já mencionado interesse histórico, o arquipélago tem sido alvo da atenção de vários cientistas dedicados ao estudo de sua flora, fauna, geologia etc. Aliás, o Programa das Nações Unidas para o Ambiente listou 15 possíveis espécies de plantas endêmicas do arquipélago. Além disso, as ilhas têm duas aves endêmicas e dois répteis.

Em 2001 a Unesco declarou o arquipélago de Fernando de Noronha e o atol das Rocas como **patrimônios mundiais**. Os motivos que levaram a organização a isso foram:

1º) A importância da ilha como área de alimentação para várias espécies, incluindo o atum, o peixe agulha, os cetáceos, os tubarões e as tartarugas marinhas.

2º) Uma elevada população de golfinhos residentes.

3º) Proteção para espécies ameaçadas de extinção, como a tartaruga-de-pente e diversas aves.

As ilhas deste arquipélago são na realidade partes visíveis de uma cadeia de montanhas submersas. A ilha principal, ou seja, Fernando de Noronha tem 10 km de comprimento e 3,5 km de largura no ponto máximo, sendo que a sua base está a cerca de 4.000 m abaixo do nível do mar. Seu planalto central é chamado de "Quixaba". As ilhas do Rata, Sela Gineta, Cabeluda e São José, juntamente com as ilhotas do Leão e Viúva, compõem praticamente todo o restante do arquipélago.

Foi após uma intensa campanha liderada pelo ambientalista José Truda Palazzo Junior que, em 14 de outubro de 1988, a maior parte do arquipélago foi declarada como um parque nacional marinho, cuja área abrange cerca de 11,27ha. O objetivo é a proteção das espécies endêmicas existentes e da própria área de concentração dos **golfinhos-rotadores** (*Stenella longirostris*), que se reúnem diariamente na baía dos Golfinhos – o lugar de observação mais regular da espécie em todo o planeta!!!

Atualmente o parque é administrado pelo Instituto Chico Mendes de Conservação da Biodiversidade (ICMBio). Ele é um ótimo local para encantar o turista, porém, devido à fiscalização do instituto, algumas das ilhas têm visitação controlada.

Em Boldró está localizado o centro de convenções do projeto TAMAR/ICMBio. O nome dessa praia foi dado por militares norte-americanos e se origina da expressão inglesa *bold rock*, cuja tradução é "**pedra saliente**". Embora o local esteja protegido pela designação de **parque nacional**, muito do seu ecossistema terrestre já se encontra destruído, uma vez que a maior parte da sua vegetação original foi cortada ainda na época em que a ilha funcionava como presídio. Isso aconteceu para impedir que os prisioneiros se escondessem e também para dificultar sua fuga da região.

Existe também o problema das espécies invasivas, em especial a **linhaça**, que originalmente foi introduzida com a intenção de alimentar o gado. Hoje sua disseminação pelo território está fora de controle e ameaça o que resta da vegetação original. Vale lembrar que sem a cobertura das plantas a ilha não retém água suficiente na estação seca, e desse modo a vegetação adquire um tom marrom e seca.

A precipitação pluviométrica média anual é de 1.418 mm, sendo abril o mês mais chuvoso (290 mm), enquanto outubro e novembro, com respectivamente apenas 12 mm e 13 mm de precipitação, são os mais secos. Observa-se também a incoerência de se permitir a criação de ovelhas na ilha, ao mesmo tempo em que se pede aos visitantes que preservem a mata atlântica insular, que se encontra em fase de recuperação.

Uma outra espécie invasiva em Fernando de Noronha é o **lagarto**, que localmente é conhecido como **teiú**. Ele foi introduzido na região para tentar controlar uma infestação de ratos, porém, a ideia não funcionou, uma vez que os roedores são noturnos, enquanto essa espécie de lagarto é diurna. Agora é o próprio lagarto que se tornou uma praga em vez dos ratos!?!?

Mas voltando ao parque, é nele que está a praia de Sancho, eleita três vezes como **a mais bonita do mundo** pelo *site* Tripadvisor. Para se chegar até ela é preciso descer uma escada de ferro presa na fenda de uma rocha. Além disso, a subida e descida só é permitida entre as 6 h 30 min e às 18 h 30 min. Mas como ela é isolada, uma outra forma de se chegar até ela é utilizando um barco. Aliás, essa praia é um dos poucos pontos do arquipélago em que é permitida a parada de embarcações para o banho dos turistas, uma vez que essa prática não implica em qualquer prejuízo no local.

As praias de Fernando de Noronha são divididas em dois conjuntos: as que estão do lado voltado para o Brasil são as de "**mar de Dentro**", e as voltadas para a África são as de "**mar de Fora**". As primeiras têm águas tranquilas na maior parte do tempo, diferentemente das demais, que costumam ter águas agitadas – calmas somente em pontos de arrecifes.

A baia de Sancho localiza-se no mar de Dentro e por se tratar de uma APA não é permitido ali o uso de barracas, tampouco o trabalho de vendedores ambulantes. Por essa razão os visitantes precisam levar água e lanches em suas mochilas. Outra coisa que os turistas não podem deixar de levar são seus *snorkels* (máscaras), pois a praia de Sancho é também considerada um dos melhores lugares do mundo para a prática de mergulho livre.

As praias dos Americanos – antigo ponto de nudismo – de Cacimba do Padre, de Boldró, da Conceição e do Porto já não estão na área do parque e, portanto, têm acesso livre, não sendo necessária a compra de ingresso para frequentá-las. Essa última, por exemplo, é um dos pontos de mergulho preferido pelos visitantes, sendo também reconhecida como um lugar ideal para se mergulhar por conta da vida marinha abundante e da boa visibilidade na água. E também é da praia do Porto que saem os passeios de barco e logo no começo do trajeto os turistas avistam os **golfinhos-rotadores**, um dos símbolos locais. Os barcos se deslocam pelo mar de Dentro, que se estende da praia do Porto até a Ponta da Sapata.

Em fevereiro de 2019, a paisagem da praia da Cacimba do Padre mudou um pouco e em caráter temporário. Isso aconteceu por causa da realização do campeonato *Oi Hang Loose Pro Contest*, uma importante competição da divisão de acesso do Circuito Mundial de surfe, ocorrida entre 19 e 24 daquele mês. Por se tratar de uma região que agrega uma APA e um parque nacional marinho, tudo foi organizado de modo a não prejudicar o ecossistema local.

Patrícia Dias, secretária da Associação de Surfe de Fernando de Noronha, explicou: "Seguindo as recomendações do ICMBio, foi montada uma infraestrutura que respeitasse a altura mínima dos palanques, isso por causa do período de desova das tartarugas-marinhas. Assim, quando elas saíssem do mar para desovar, poderiam passar por baixo dos palanques, sem ficar presas. Note-se que toda a estrutura para a montagem desse palanque viajou milhares de quilômetro por terra e mar.

Num dia normal a praia é bem tranquila e a quantidade de pessoas nela é pequena, mas no dia da competição comparece muita gente, e justamente num período de desova das tartarugas. Por isso o evento teve de respeitar rigorosamente o horário de encerramento, que era às 17 h, para que não houvesse luz e brilho no local, o que impediria que os animais pudessem desovar.

Outra medida introduzida foi que esse seria um evento com o lema **Plástico Zero**. Não podemos agredir a natureza. Assim, após uma conversa com os funcionários da usina de tratamento de lixo, foi feito um trabalho diário que contou com a ajuda voluntária dos próprios atletas, inclusive de Gabriel Medina, o brasileiro bicampeão mundial de surfe, que hoje é um esporte olímpico.

Realizar um evento como esse em Fernando de Noronha e, ao mesmo tempo, organizar a chegada de todos os atletas, da comissão técnica e ainda ser capaz de receber tantas pessoas, é uma verdadeira operação de guerra. O palanque, por exemplo, saiu de Santos e foi de caminhão até Recife. Lá a estrutura foi colocada em um barco e desembarcada no porto de Fernando de Noronha e então o material foi transportado até a praia da Cacimba do Padre, onde foi montada!!!"

Esse evento contou com 135 atletas, e o vencedor foi Jadson André. O potiguar, numa final bastante equilibrada, eliminou o catarinense Yago Dora, mas não sem antes eliminar nas quartas de final o próprio Gabriel Medina. Pela conquista o vencedor recebeu um prêmio de US$ 20 mil, o que é bem pouco para se manter na elite do surfe!?!?

Para o tamanho da população que vive em Fernando de Noronha, existe na região um grande número de pousadas e aí vão as mais destacadas. Vale, entretanto, salientar que não se deve ter grandes expectativas em relação a conforto e comodidade nessa região, é claro que com poucas e caríssimas exceções:

- **Marina** – Localizada a 800 m da Vila dos Remédios, a 1,9 km do porto de Santo Antônio, trata-se de uma pousada bem simples. Os hóspedes, entretanto, têm à sua disposição camas confortáveis. Os quartos são limpos e o atendimento da equipe é muito bom.
- **Alto Mar Guest House** – Assim como 99% das pousadas da ilha, ela fica distante do mar. Dessa maneira, para quem deseja aproveitar a ilha a ideia é alugar um *buggy* para se deslocar rapidamente pela região. Os quartos são bons e as camas e os chuveiros cumprem bem o objetivo. O custo-benefício é bom, uma vez que o visitante desejará passar a maior parte do tempo curtindo as praias e trilhas. O café da manhã é excelente, bem como o restaurante, que fica junto à pousada.
- **Casa da Tereza** – Para muitos, esse é o melhor lugar para se ficar em Fernando de Noronha. Sua localização é privilegiada, pois é uma das poucas pousadas da ilha situada na praia. A pousada é no estilo que se vê no programa *Big Brother*, com poucos quartos e muita atenção por parte das proprietárias, Tereza e a filha Néia, atende a todos os desejos dos hóspedes com incrível desprendimento, fazendo de tudo para deixá-los confortáveis.
- **Corrente Marítima** – Sua localização é bem próxima do centro e do mercado. O local conta com um bom armazenamento de água, o que evita o transtorno de se ficar sem banho, o que costuma acontecer em outros locais. O café da manhã é bom. As acomodações são simples, embora confortáveis. O destaque do local é o senhor Eufrásio, que está sempre presente e disposto a auxiliar os hóspedes e sugerir passeios, restaurantes etc. Este, aliás, é o diferencial em relação a outras pousadas, que não contam com um funcionário todos os dias caso o hóspede tenha algum problema...
- **Malibu** – Sua localização e equipe de recepção são excelentes. O local parece bem novo e, na verdade, é um complexo formado por três pousadas – Malibu, Tubarão e Germana. O café da manhã é muito bom, sendo que o destaque é a tapioca feita na hora.
- **Verdes Mares** – Trata-se de um local recém reformado, bem decorado e com ambiente aconchegante. Essa pousada também é mais barata que a maioria e sua equipe é bem atenciosa. Lamentavelmente o lugar não dispõe de uma vista para o mar, tampouco de infraestrutura de lazer ou sequer de uma piscina.

- **Toca do Garoupa** – É um lugar bem simples, mas com acomodações confortáveis, limpas e um esforço evidente por parte dos proprietários para que os hóspedes fiquem bem à vontade. Seu preço é justo se comparado à média das pousadas da ilha.
- **Maga** – Café da manhã excelente, cama confortável e atendimento irrepreensível.

E além dessas pousadas, deve-se citar outras, como: Pérola *Surf House*, Casa Guedes Noronha, das Flores, Meu Paraíso, da Jô, Junco Noronha, Morada do Sol, Alvorada, Atalaia, do Lopes, Casa *Swell Hostel*, Jomar, Casa do Tadeu *Homestay*, *Flat* Visual do Porto, Casa da Praia, Carmô etc.

Também há várias opções de restaurantes onde o visitante poderá se alimentar, como:

- *Varanda* – Provavelmente o melhor da ilha, com um ambiente bonito e aconchegante, uma varanda que faz jus ao nome e oferece uma vista incrível para o oceano. O prato de carne do sol com queijo vem numa porção tão generosa que dá para alimentar bem três pessoas!!!
- *Cacimba Bistrô* – Um espaço charmoso e estilizado, que serve versões sofisticadas da culinária brasileira regional, que vai desde uma fantástica moqueca de peixe e camarão (que serve três pessoas) até um delicioso pastel com recheio de lagosta ou um ceviche com cerveja bem gelada!!!
- *Xica da Silva* – Um local de ambiente muito agradável, e uma excelente opção para quem deseja comer bem: os pratos servem perfeitamente até duas pessoas. A moqueca de frutos do mar é deliciosa!!!
- *Tricolor* – Esse restaurante se concentra na comida baiana, como o vatapá, sururu, abará e o acarajé. Também serve boas sobremesas e excelentes sucos, como o de coco.
- *Corveta* – Esse restaurante tem um estilo moderno e aconchegante. Os pratos são preparados pelo *chef* Everton, e são excelentes!!! Suas receitas são contemporâneas, com destaque para os frutos do mar. O sistema utilizado é o *self-service*, e os preços são bem atraentes.
- *Mergulhão* – É um dos restaurantes que o visitante não pode deixar de conhecer. Ele fica próximo de vários passeios e das raras lojas de *souvenirs* que existem na ilha. No que se refere aos pratos, seus aperitivos e suas entradas são fantásticos, e seu filé de atum é sim-

plesmente imperdível, porém, os preços são elevados. A vista do local é incrível!!!
- *Edilma* – Seus pratos são fartos e servem pelo menos duas pessoas. Os preços são justos!!! Os destaques são o excelente filé à parmegiana e o peixe grelhado acompanhado de arroz, farofa e feijão.
- *O Pico* – Sua localização é ótima, a vista é linda e o atendimento é bom!!! O ceviche e o peixe grelhado são deliciosos, com um tempero marcante. Vale à pena fazer uma refeição nessa casa, embora os preços sejam elevados.
- *Empório São Miguel* – Oferece o sistema *self-service* no almoço, uma ótima opção para quem deseja economizar. A comida é boa e as sobremesas são saborosas.
- *Boldró* – Trata-se de um local rústico, tranquilo e aconchegante, com uma varanda e um jardim. As *pizzas* servidas são artesanais e consideradas as melhores da ilha. Nessa casa os clientes poderão beber bons vinhos e "caipirinhas" sem se preocupar com o transporte, que é grátis da pousada até o local (ida e volta).
- *Bar do Meio Noronha* – É um dos melhores lugares para se ver o pôr do sol na ilha. Os funcionários são atenciosos e a comida é bem saborosa. O problema é que, assim como em vários outros lugares de Fernando de Noronha, os preços são bem "salgados". Isso, aliás, é algo que costuma aborrecer e até afastar os turistas da ilha!?!?

Embora Fernando de Noronha não seja exatamente uma **cidade encantadora**, possui as características principais para seduzir e conquistar os turistas e, assim, criar **visitabilidade**. Em 2018, o número de visitantes ao arquipélago simplesmente explodiu, chegando a 103.548 pessoas.

Isso aconteceu pelo fato de muitas atrações da ilha terem sido criadas pelo homem. Nesse quesito destaca-se o empresário José Maria Coelho Sultanum, que chegou a Fernando de Noronha em 1987 e hoje tem 11 negócios. Ou seja, ele se tornou o principal promovedor do **turismo de alto luxo na ilha**, assim como o grande anfitrião de celebridades num dos mais importantes santuários ecológicos marinhos do País.

Aliás, no dia 2 de janeiro de 2019, a primeira quarta-feira desse ano, estiveram presentes na galinhada que ele promoveu na ilha a atriz Bruna Marquezine, a cantora Manu Gavassi, a apresentadora Giovanna Ewbank, a modelo Izabel Goulart, o humorista Marco Luque, o empresário Victor Carvalheira e o ator Bruno Gissoni, entre outros.

E de fato toda quarta-feira e todo sábado ele consegue reunir em seu restaurante na ilha um grande grupo de turistas. Para se ter uma ideia, em 2018, cada um deles pagava R$ 230 para ter acesso a uma mesa farta de frutos do mar e carnes variadas. Foram poucos os dias em que o grupo de participantes dessa comilança foi pequeno...

O governo de Pernambuco ampliou o número de voos para Fernando de Noronha – único meio de transporte para os turistas acessarem a ilha –, que chegaram a oito por dia na alta temporada. Todo esse movimento também levou ao surgimento de mais pousadas de alto luxo e pequenas pensões, e, consequentemente, do número de leitos. Todavia, essa movimentação não veio acompanhada de investimentos em infraestrutura. O esgoto, por exemplo, só é coletado em 53% dos imóveis e a água que chegava a cada cinco dias às cisternas em 2018 agora enfrenta um intervalo de oito dias!?!? Por causa disso, muitos moradores ficam sem água. A principal fonte de água é um dessalinizador instalado na ilha ainda na década de 1990.

A Compesa, empresa responsável pelo abastecimento, admite que está tendo dificuldades de abastecer todos aqueles que precisam de água e para resolver essa defasagem é necessário investir cerca de R$ 22 milhões para se produzir mais água potável. O próprio plano de manejo do parque nacional marinho da ilha já apontou que o número máximo de visitantes que ele é capaz de receber é de 89 mil, se bem que o governo de Pernambuco acredita que o máximo é 104 mil!?!?

Apesar de Fernando de Noronha estar discutindo há pelo menos 20 anos os seus limites para receber visitantes, o governo do Estado do Pernambuco permitiu o aumento do número de turistas ao arquipélago, acreditando que os próprios empresários locais estão melhorando suas estruturas, valendo-se de tecnologias e seguindo critérios ambientais.

Assim, entre outras técnicas sustentáveis, os estabelecimentos da ilha contam com painéis solares e fazem o reuso da água. Os turistas, entretanto, viram surgir muitas filas e grandes dificuldades para fazerem certos passeios nas trilhas. Por exemplo, a piscina natural do Atalaia, uma das principais atrações da ilha, agora só pode receber 96 pessoas por dia – em grupos de 16 – para obedecer a regras ambientais. Assim, devido à demanda, uma pessoa só consegue uma vaga para o passeio três dias (ou mais), depois que tenta fazer o agendamento.

Essa explosão turística ainda não se refletiu em uma degradação ambiental evidente, porém, já afetou a rotina dos golfinhos, um dos animais típicos da região e verdadeiros "**cartões-postais**" do arquipélago. Tanto que nos últimos anos eles deixaram de passar mais tempo na baía dos Golfinhos, que assim fora batizada justamente pela grande e constante presença desses mamíferos no passado. Tal mudança se deve ao aumento do tráfego de embarcações, cujo barulho incomoda os animais. Estes, afinal, precisam se manter atentos aos veículos para evitar serem surpreendidos pela sua aproximação.

Vale lembrar que há alguns anos 11 barcos eram autorizados a fazer passeios turísticos naquela região, e circulavam apenas duas vezes por semana. Hoje, cada um deles chega a fazer dois passeios por dia!!! A baía dos Golfinhos era um local em que os animais descansavam, acasalavam e protegiam os filhotes, porém, como agora os mamíferos se mantém em guarda, têm menos tempo para descansar, acasalar e proteger seus filhotes, o que é um indício claro de uma potencial redução do número de golfinhos no local.

Em tempo, no que se refere à **saúde**, cabe dizer que em Fernando de Noronha existe apenas o Hospital São Lucas, ao qual os visitantes podem recorrer para cuidar de ferimentos, situações de mal-estar ou relacionadas a gravidez.

Se você for a Fernando de Noronha e tiver poucos dias para permanecer por lá, (digamos entre três e quatro dias), aí vão algumas recomendações para que você não desperdice seu tempo ou acabe frustrado com o passeio.

Em primeiro lugar, **recuse o *transfer* gratuito para hotéis ou pousadas**. Na realidade, pode ser que isso até tenha sido oferecido pelo estabelecimento onde você irá se hospedar. O problema é que essa "gentileza" visa apenas ministrar ao passageiro uma interminável "palestra introdutória", cujo objetivo é **vender passeios** e distribuir os visitantes pelas muitas hospedagens existentes, o que faz com que o turista acabe perdendo uma tarde toda com isso.

A recomendação é que você vá direto do desembarque ao ponto de táxi (que custa pouco) e, assim, em menos de uma hora poderá estar aproveitando o mar, antes do pôr do sol. Aliás, na parte oeste da ilha, ou seja, no **mar de Dentro**, tem-se as seguintes praias: de Santo Antônio, Biboca, Conceição, Boldró, Americano, Bode, Quixabinha, Cachorro, Meio, assim como as baías dos Porcos, do Sancho (com águas transparentes e cercadas por falésias cobertas de vegetação) e dos Golfinhos, ou a enseada da Carreiro de Pedra e a ponta da Sapata. Já no **mar de Fora**, ao leste, estão as praias do

Leão e Atalaia, as pontas das Caracas e a da Air France, a enseada da Caeira, o buraco da Raquel e a baía Sueste.

O pior é que muitos visitantes neófitos em Fernando de Noronha, além de perderem a sua primeira tarde com o *transfer* e a palestra, também desperdiçam boa parte do segundo dia num passeio pinga-pinga por todas as praias citadas há pouco, sem aproveitar nenhuma delas!?!? E só então descobrem que não há muito como se perder na ilha, que é pequena e bem sinalizada. Assim, todo turista que permanecer no local entre quatro e cinco dias poderá visitar várias de suas praias sozinho e aproveitá-las bem mais.

Desse modo, além de economizar o dinheiro gasto no "ilha-*tour*", o turista poderá usá-lo para pagar o ingresso no parque marinho nacional, uma visita que realmente vale à pena. Outra sugestão para quem deseja ver a topografia da ilha em vez de gastar com o aluguel de um veículo barulhento e nada ecológico, é comprar uma passagem de ônibus – que passa a cada 30 min – e cruzar a ilha de ponta a ponta. Se resolver ir às praias do Sancho ou Cacimba do Padre, mas não quiser caminhar 15 min, desça o ponto de ônibus, deve pegar um táxi da Vila dos Remédios até a praia do Sancho. Outra boa opção é alugar uma bicicleta elétrica!!!

O aquário natural da praia do Atalaia só pode ser visitado com um guia e o número diário de visitantes é controlado. Dessa maneira, para poder visitá-lo é necessário agendar isso pessoalmente no posto do ICMBio na Vila do Boldró. Para todo aquele que ficar menos de uma semana na ilha, é bem provável que não consiga vaga. Para garantir o passeio, a sugestão é comprar o ingresso no parque nacional marinho com antecedência (em parnanoronha.com.br). Com o número do *voucher* em mãos, um guia indicado pela pousada pode fazer a reserva pessoalmente com 10 dias de antecedência.

Naturalmente as praias de Fernando de Noronha são muito promovidas para os turistas, bem como a possibilidade de eles fazerem mergulhos recreativos. Devido à corrente sul equatorial, que empurra água quente da África para a ilha, o mergulho a profundidade de 30 m a 40 m não exige uma roupa de mergulho. A visibilidade debaixo da água pode chegar até 50 m.

Próximo à ilha existe a possibilidade de se fazer um mergulho avançado e "visitar" a corveta *Ipiranga*, que repousa a 62 m de profundidade, depois de ser afundada naquele local intencionalmente, após um acidente de navegação. A ilha conta com três operadoras de mergulho que oferecem diferentes níveis de qualidade de serviço. Além disso, o arquipélago possui interessantes pontos de mergulho livre, como a piscina natural do Atalaia, a laje do Boldró e o naufrágio do navio *Eleani Stathatos*, no porto de Santo Antônio, dentre outros. Aliás, por falar em naufrágios, são três os de navios gregos de uma mesma linha em Fernando de Noronha, visto que além do Eleani, encontram-se também na região os destroços dos navios *Themone Stathatos* e *Maria Stathatos*.

No arquipélago existe uma diversificada vida marinha, sendo comum observar diversas espécies de peixes recifais, tartarugas, golfinhos e, eventualmente, tubarões. São bastantes requisitados pelos visitantes os passeios exclusivos em canoas havaianas nas quais as únicas companhias são o guia e o grupo de golfinhos curiosos sob a embarcação. Quem oferece essa experiência para os turistas é o Canoe Clube.

Essa canoa de estilo havaiano faz *tours* de aproximadamente 2 h 30 min, seguindo pelas águas calmas do mar de Dentro. Durante o passeio as pessoas têm a oportunidade de contemplar o rochedo do Rugido do Leão (como é chamada a rocha que produz um forte ruído por conta da força da água que adentra seu interior por uma fenda), avistar o morro do Pico, ou ainda vislumbrar o grupo de golfinhos que costuma acompanhar a embarcação, particularmente nas saídas.

Outros passeios que encantam os visitantes em Fernando de Noronha são os realizados nas trilhas, em especial o que percorre a costa Esmeralda, que apresenta oito dessas faixas de areia em uma caminhada leve de aproximadamente 5 km. Andar por ela permite conhecer os endereços mais cobiçados da ilha, tudo em um único dia.

Essa trilha tem início na praia do Cachorro e termina na cenográfica baía dos Porcos, onde todos os esforços por ter caminhado em terreno arenoso e com pedras é recompensado pela possibilidade de se fazer mergulhos demorados em piscinas naturais, que de quebra apresentam a vista para o icônica morro Dois Irmãos. Embora seja autoguiada, essa trilha costeira conta com desvios para pontos escondidos que só os noronhenses costumam visitar – como o atalho para a Pedra do Meio, entre as praias do Meio e da Conceição.

É na trilha Capim Açu que Fernando de Noronha mostra o seu lado mais isolado. Segundo divulgou a Acitur, a associação de guias de destino, nesses últimos três anos a trilha recebeu somente algumas centenas de visitantes. Todavia, ela possui muitos atrativos e certamente será mais percorrida nos próximos anos, visto que é uma das caminhadas mais cenográficas da ilha. Ela está localizada no parque nacional marinho de Fernando de Noronha, e só pode ser feita com guia, mediante agendamento prévio na sede da ICMBio.

Os 10 km de trilha têm início na Vila da Quixaba e ela segue por uma área reflorestada até a primeira parada, onde fica o farol. Logo a caminhada em terreno íngreme e de mata fechada se desvia para um mirante natural sobre o extremo sudoeste, com vista para a ponta da Sapata, um dos endereços mais intocados da ilha. De volta à trilha, o caminhante dá início ao trecho mais difícil do roteiro: são 3,4 km sobre pedras às margens do mar de Fora, até a praia do Leão, o ponto final do Capim Açu.

Porém, antes de encarar esse trecho complicado, ainda dá para perder o fôlego contemplando a geografia acidentada que se vê lá do alto, perder o equilíbrio na generosa ladeira por onde se chega ao mar e renovar as energias nas piscinas naturais que se formam próximo à boca da caverna do Capim Açu.

Há ainda a trilha do Piquinho que passa pela antiga via usada pela Aeronáutica para realizar a troca de lâmpadas do farol, no ponto mais alto de Fernando de Noronha, o morro do Pico, com 321 m de altura. Essa trilha de 3 km ostenta um nível médio de dificuldade e possui mirantes naturais com vista panorâmica do tapete vermelho que corta aquele cenário vulcânico de 12 milhões de anos e atrações naturais que as pessoas só costumam ver do nível do mar. É como se o turista tivesse do alto toda a ilha somente para si!!!

A trilha passa por mata fechada, o que confunde o caminhante, exige dele pequenas escaladas e não lhe oferece qualquer sinalização. Por isso, embora não seja obrigatório, contar com a companhia de um guia é altamente recomendável. A caminhada termina aos pés do morro do Pico. Dali a pedida é ir assistir o pôr do sol atrás do morro Dois Irmãos, no mar de Dentro.

A ilha tem ainda outros pontos turísticos como o forte de Nossa Senhora dos Remédios, o fortim da praça da Atalaia, a igreja de Nossa Senhora dos Remédios, o palácio de São Miguel e os redutos de Nossa Senhora da Conceição, de Santa Cruz do morro do Pico, de Santana, de Santo Antônio, de São João Batista, de São Joaquim, de São José do Morro, de São Pedro da praia do Boldró e do Bom Jesus.

Não é difícil perceber que o PIB do arquipélago de Fernando de Noronha advém praticamente todo do **turismo**, e estima-se que em 2018 ele tenha chegado a R$ 90 milhões. Aliás, há duas agências bancárias na ilha: uma do Bradesco e outra do Santander, além de um banco postal (do Banco do Brasil) na agência dos Correios na Vila dos Remédios.

Fernando de Noronha é realmente um dos melhores lugares do Brasil para a prática do surfe, e suas ondas tubulares e cristalinas atraem surfistas para praias como Cacimba do Padre, Boldró, Cachorro, entre outras. Além disso, em Fernando de Noronha os moradores praticam vários esportes e participam de várias competições em quatro modalidades: futebol de campo, futebol de salão, futebol de areia e voleibol, na chamada Copa Noronha, organizada pelo Conselho de Esportes de Fernando de Noronha, um setor esportivo do governo distrital.

O futebol é praticado na ilha desde os tempos do presídio Comum (que durou um pouco mais de 200 anos), ainda que o fosse mais praticado pelos militares da força policial de Pernambuco – responsável pelo seu controle – que pelos presidiários. Na década de 1920, com a chegada de estrangeiros – italianos e franceses – para uma cooperação técnica, incrementou-se a prática dos esportes, principalmente o futebol e o voleibol, como uma oportunidade de promover a confraternização entre eles e a população da ilha, na época, em sua maioria constituída pelos encarcerados. Entretanto, poucos presos na realidade tiveram a chance de jogar.

Essa prática foi mais estimulada entre 1938 e 1942, quando foi implantado no local o presídio político da União, e Pernambuco perdeu, ainda que temporariamente, seu poder sobre a ilha. Na ocasião, os comunistas, integralistas e aliancistas que se encontravam presos no local faziam tudo o que lhes era permitido (e possível) para passar o tempo, desde ministrar cursos de alfabetização até ensinar línguas estrangeiras. Eles também participavam de jogos diversos, como voleibol, basquete e futebol.

A chegada dos militares a partir de 1942, tanto para implantar o território federal como para acolher um destacamento misto da 2ª Guerra Mundial, deu ao futebol um maior destaque, construindo-se precários campos para essa prática esportiva. Finalmente na década de 1970, esses campos foram aprimorados e existem até hoje.

O principal deles é o estádio distrital Salviano José de Souza Neto, conhecido como "Pianão", que antes era apenas o estádio distrital de Fernando de Noronha (ou "Noronhão"). Sua denominação é uma homenagem àquele que foi sem dúvida o mais famoso jogador do futebol noronhense, e cujo apelido era Piano. Ele faleceu em um acidente automobilístico no início dos anos 2000, com pouco mais de 30 anos. Nesse campo acontecem os campeonatos noronhenses, com vários times que representam tanto os setores público como privado (pousadas, restaurantes, empresas de mergulho etc.).

Foram também os militares que construíram uma quadra esportiva na Vila dos Remédios, modificando o espaço urbano colonial que havia ali. Hoje essa quadra é usada para várias finalidades e nela são praticados diversos esportes. O fato é que em Fernando de Noronha, além dos esportes tradicionais também há o desenvolvimento de novas modalidades, como a capoeira, o futebol feminino, as corridas de bicicleta, a hidroginástica para idosos, entre outros, sempre com o objetivo de estimular o espírito de congraçamento dentro do lazer, aproveitando as horas ociosas e, ao mesmo tempo, promovendo uma boa saúde.

Nas eleições de 7 de outubro de 2018, os eleitores do arquipélago de Fernando de Noronha – o único distrito estadual do Brasil – puderam pela primeira vez votar nos seus conselheiros distritais – quando se apresentaram 17 candidatos. Dessa maneira, graças a uma autorização da Justiça Eleitoral, as 2.743 eleitores de Fernando de Noronha puderam votar para deputado estadual, deputado federal, senador, governador, presidente da República e, em seguida, escolheram o seu candidato para conselheiro em uma única urna!?!?

Semelhante a uma Câmara de Vereadores, mas sem poder para legislar, esse Conselho Distrital de Fernando de Noronha é composto por sete conselheiros, que são escolhidos a cada dois anos, tendo a prerrogativa de fiscalizar a administração da ilha e deliberar sobre temas como saúde, educação, orçamento público e habitação. Assim como o presidente e governador, os candidatos a conselheiro têm uma numeração formada por dois dígitos. O candidato ao conselho não tem a obrigação de ser filiado a algum partido e os 17 tiveram o mesmo tempo de TV e rádio, pois as emissoras locais são públicas!!!

O atual presidente do Conselho Distrital é Milton Luna, que já ocupa seu sétimo mandato. Já Ailton Junior, que também já ocupou a presidência em três ocasiões e agora integra a equipe de Milton Luna, comentou: "Nenhum conselheiro aqui tem direito a verba de gabinete ou a qualquer outro benefício. Mas cada um recebe R$ 259 por sessão."

Além de defender a mudança na lei estadual para que possam propor leis, todos os candidatos ao Conselho tinham um pleito em comum, ou seja, a alteração da Constituição pernambucana para que o administrador de Fernando de Noronha fosse escolhido pelo voto popular... Porém, em 2019 o cargo ainda continua sendo ocupado por alguém indicado diretamente pelo governador e posteriormente aprovado pela assembleia do Estado de Pernambuco – neste caso, o advogado Guilherme Rocha.

Uma vista aérea do centro da cidade de Florianópolis, com destaque para a ponte Pedro Ivo Campos, que tem 1.252 m de extensão, inaugurada em 8 de março de 1991. Ela tem ao seu lado a ponte Colombo Salles, cujo projeto é de autoria de Pedro Paulo de Mello Saraiva, tendo sido inaugurada em 8 de março de 1975 e que tem 1.227 m de extensão.

Florianópolis

PREÂMBULO

A cidade de Florianópolis, ou **Floripa** para os mais íntimos, também é chamada de "**ilha da magia**". Quando o calor do verão se instala, ela se torna um ótimo destino para "acalmar" os turistas, oferecendo-lhes as muitas delícias dessa estação.

De fato, Florianópolis tem muitas opções. Uma delas é para quem se hospeda na região da lagoa de Conceição, pois terá acesso fácil às aulas de surfe ministradas na Barra da Lagoa. Outra possibilidade é curtir um mergulho na ilha do Campeche ou ainda flutuar sobre as águas da lagoa com pranchas do tipo *wakeboard* ou *flyboard*. Já para os que preferem ficar em terra, uma boa ideia é praticar *sandboard* nas dunas da praia da Joaquina ou até mesmo percorrer as várias trilhas existentes na região.

Para os que ficam em Jurerê, ou ao norte da ilha, as melhores pedidas são aproveitar o maior parque aquático da cidade, o *Aqua Show Park*; as saídas para mergulho, que acontecem na ilha do Arvoredo; ou as numerosas aulas oferecidas pelo Jurerê Sports Center (como circo, trampolim acrobático, vôlei de praia, futebol norte-americano e dança), voltadas especialmente para o público adolescente.

No leste da ilha, depois de percorrer a trilha da Costa da Lagoa – um caminho quase sempre plano e refrescado por sombras e riachos – chega-se ao centrinho da Costa, um vilarejo de origem açoriana onde fica o maior aglomerado de restaurantes da região.

Atualmente Florianópolis é o principal centro de prática de *skate* do País (um esporte que agora é olímpico) e conta com mais de 20 excelentes *bowls* (estruturas de concreto usadas como pistas e construídas no formato de meia tigela). A própria prefeitura considera que esse esporte esteja garantindo visibilidade internacional para a cidade.

Já no que se refere a **gastronomia**, não se pode esquecer que é graças a esse quesito que a cidade não apenas passou a ser considerada uma **cidade criativa** pelos seus visitantes, mas também foi aceita como tal pela RCC da Unesco.

E uma boa experiência gastronômica em Floripa começa quando você se senta a uma mesa "pé na areia", no bairro Ribeirão da Ilha e saboreia uma ostra – o Estado de Santa Catarina é o maior produtor dessa iguaria no Brasil – ou opta pela famosa "**sequência**" de pratos da casa.

A HISTÓRIA DE FLORIANÓPOLIS

Florianópolis é a capital do Estado de Santa Catarina. O município é composto pela ilha principal, chamada Santa Catarina, mas possui também uma parte continental e algumas pequenas ilhas circundantes. Ele ocupa uma área de 675,4 km^2, dos quais 38 km^2 são de área urbana. Tem somente um município limítrofe: São José.

Estima-se que no início de 2019 vivessem em Florianópolis cerca de meio milhão de habitantes. Além disso, a capital catarinense é a segunda mais populosa do Estado, atrás apenas de Joinville. Em 2018, a população em sua região metropolitana ultrapassou 1,18 milhão de pessoas. Nos dias de hoje a economia de Florianópolis se baseia fortemente no setor de **serviços**, em **TI** e no **turismo**. Vale lembrar que há mais de 100 praias registradas no município.

No decorrer do século XXI, Florianópolis granjeou muitos elogios. Em 2006, por exemplo, a revista norte-americana *Newsweek* considerou Florianópolis como uma das "**dez cidades mais dinâmicas do mundo**". Além disso, em 2009, o jornal *The New York Times*, também dos EUA, afirmou: "**Florianópolis é o destino do ano.**" Em 2010, foi a vez da revista brasileira *Veja* classificar a cidade como "**o melhor lugar para viver no Brasil**". Nessa mesma época, o Índice de Cidades Empreendedoras (ICE), elaborado pela filial brasileira da ONG norte-americana Endeavor, elegeu Florianópolis como a cidade com o "**melhor ambiente para o empreendedorismo no País**".

Como resultado dessas divulgações positivas, Florianópolis foi crescendo e atraindo para si não somente brasileiros de todos os Estados (em especial os paulistas), mas também argentinos, norte-americanos e muitos europeus!!! Aliás, em 2014 a Unesco, como já foi dito, incluiu Florianópolis na sua RCC.

No que se refere ao passado, deve-se ressaltar que, por volta do ano 1000, os povos indígenas tapuias que habitavam a região onde hoje se localiza Florianópolis foram expulsos para o interior do continente por causa da chegada de povos do tronco linguístico tupi, provenientes da Amazônia.

Já no século XVI, quando chegaram os primeiros europeus à região, eles constataram que o local era habitado por um desses povos do tronco tupi, os carijós – que mais tarde seriam escravizados pelos colonos de origem portuguesa oriundos de São Vicente. Esses indígenas praticavam a agricultura, mas tinham na pesca e na coleta de moluscos suas principais atividades de subsistência.

A ilha de Santa Catarina era chamada pelos carijós de *Meiembipe*, cujo significado era "**montanha ao longo do mar**". O estreito que a separava do continente era denominado por eles como *Y-Jurerê-Mirim*, uma expressão que significava "**pequena boca de água**".

No início do século XVI, as embarcações que se dirigiam à bacia do Prata, costumavam aportar na ilha de Santa Catarina para se abastecer com água e víveres. Entretanto, somente por volta de 1673 é que chegou aí o bandeirante Francisco Dias Velho, junto com sua família e com agregados, e teve início o povoamento da ilha. Na ocasião ela foi batizada de Santa Catarina pelo fato de a chegada ter ocorrido justamente no dia em que se celebrava esta santa.

E por muito tempo o local continuou sendo chamado apenas de ilha de Santa Catarina, mesmo depois de se tornar vila e receber o nome oficial de Nossa Senhora do Desterro, como comprovam as correspondências oficiais e as cartas de navegação da época. De qualquer modo, aquele núcleo de povoamento se tornaria o segundo mais antigo do Estado, ainda fazendo parte da vila de Laguna, e desempenhou um importante papel político na colonização da região.

Naquela época aconteceram ali alguns naufrágios de embarcações que posteriormente dariam origem a dois projetos de arqueologia subaquática em Florianópolis, um no norte e outro no sul da ilha. Diversos artefatos e partes dessas embarcações já foram recuperados pelos pesquisadores responsáveis por tais iniciativas, que, aliás, são financiadas principalmente por empresas privadas.

A partir da vinda de Dias Velho, intensificou-se o fluxo de paulistas vicentistas que ocuparam vários outros pontos do litoral. Então, em 15 de março de 1726 o povoado da ilha de Santa Catarina foi separado daquele da vila da Laguna, e, em 26 de março do mesmo ano, foi elevado à categoria de **vila**.

A ilha de Santa Catarina, por sua posição estratégica como vanguarda dos domínios portugueses no Brasil meridional, passou a ser ocupada militarmente a partir de 1737, quando começaram a ser erigidas as fortalezas necessárias à defesa de seu território. Esse fato resultou num importante passo na ocupação da ilha.

A partir de meados do século XVIII, a ilha de Santa Catarina passou a receber uma expressiva quantidade de imigrantes açorianos, que chegaram ao Brasil incentivados pela coroa portuguesa para aliviar seu excedente populacional e ocupar a parte meridional de sua colônia na América do Sul.

Com a chegada dos açorianos, prosperaram a agricultura e a indústria manufatureira de algodão e linho. E no que concerne à confecção artesanal da farinha de mandioca e das rendas de bilro, ainda hoje permanecem na região resquícios desse passado.

Também em meados do século XVIII ocorreu a implantação das "**armações**" para a pesca da baleia, ou seja, a armação da Piedade, na vizinha Governador Celso Ramos, e da armação do Pântano do Sul. Todavia, o óleo de baleia foi comercializado por Portugal fora de Santa Catarina e por isso não trouxe qualquer benefício econômico para a região!!!

No século XIX, em 24 de fevereiro de 1823, a vila de Desterro foi elevada à categoria de cidade, tornando-se a capital da província de Santa Catarina. Com isso iniciou-se ali um intenso período de prosperidade, com o investimento de recursos federais. Desse modo, projetaram-se a melhoria do seu porto e a construção de vários edifícios públicos, entre as diversas outras obras urbanas.

A modernização política e a organização de atividades culturais também começaram a se destacar, inclusive com os preparativos para a recepção do imperador dom Pedro II. Então, em outubro de 1845, a embarcação imperial ancorou nos arredores da ilha e, a partir dali, dom Pedro II permaneceu em solo catarinense por quase um mês, período no qual o imperador foi várias vezes à igreja (hoje catedral arquidiocesana), passeou pelas ruas da vila do Desterro e, no interior da "Casa do Governo", concedeu aos moradores o "**beija-mão**"!

Recorde-se que quando a vila foi elevada à condição de cidade, tentou-se fortalecer o seu nome correto, deixando apenas Desterro!!! Embora fosse uma referência à fuga da sagrada família para o Egito, esse nome desagradava alguns moradores, uma vez que a palavra lembrava "**desterrado**", ou seja, alguém que estivesse no exílio ou preso num lugar desabitado. Tal descontentamento com o nome fez com que acontecessem algumas votações para uma possível mudança. Uma das sugestões foi a de Ondina, nome de uma deusa da mitologia que protege os mares.

Em 1891, quando o marechal Deodoro da Fonseca, por influência da Revolta da Armada, renunciou à presidência da recém instituída República, o cargo foi assumido pelo então vice-presidente Floriano Peixoto. Todavia, contrariando a Constituição que fora promulgada naquele mesmo ano, ele não convocou novas eleições. Isso gerou duas revoltas: a Segunda Revolta da Armada (que se originou na Marinha, no Rio de Janeiro) e a Revolução

Federalista (patrocinada por fazendeiros gaúchos) em 1894. Ambas as insurreições chegaram a Desterro com o apoio dos catarinenses, entre os quais estava Elesbão Pinto da Luz.

Floriano Peixoto conteve as duas revoltas, aprisionando seus líderes e, com isso, restaram no domínio da cidade apenas simpatizantes do presidente em exercício. Assim, em sua **homenagem** – e por iniciativa do então governador Hercílio Luz – a cidade foi rebatizada com o nome Florianópolis, ou seja, **"cidade de Floriano"**.

Mesmo assim, a cidade ainda era um dos principais pontos de oposição ao presidente. Então, com o intuito de destruir toda e qualquer resistência ao seu governo, ele enviou para lá um exército. Na ocasião foram fuziladas cerca de 300 pessoas, dentre as quais oficiais do Exército, juízes, desembargadores e engenheiros, três dos quais eram franceses.

O nome Florianópolis foi dado logo após esse incidente ocorrido na fortaleza militar da ilha de Anhatomirim, ao norte da ilha de Santa Catarina, que também ficou conhecido como chacina de Anhatomirim ou "tragédia de Desterro". Até hoje existem na cidade movimentos que pedem uma nova mudança de nome, até porque Floriano Peixoto não deixou boas lembranças com o que fez para esmagar os revoltosos.

Ainda no final do século XIX, mais precisamente em 1898, um importante colégio foi fundado na cidade pela congregação das irmãs da Divina Providência: o Colégio Coração de Jesus. Mais adiante, já no século XX, a cidade começou a passar por profundas transformações. A construção civil foi se tornando um de seus principais suportes econômicos.

Nessa época foi erguida a imponente ponte Hercílio Luz, que ajudou muito para se ter um grande processo de desenvolvimento urbano da região. A isso somou-se a implantação das redes básicas de energia elétrica, do sistema de fornecimento de água e da rede de esgotos. Em 1943, foi anexado à cidade uma parte de terra continental, antes pertencente ao município vizinho, São José.

Nas três últimas décadas do século XX, a ilha experimentou singular afluência de novos moradores. Estes se sentiram atraídos para Florianópolis pela possibilidade de trabalhar e viver bem (!!!), mas é claro que inicialmente essa migração foi motivada pela transferência da sede da Eletrosul do Rio de Janeiro para a cidade, e mais especificamente para o bairro Pantanal.

Nessa mesma época foi erguido o *campus* da Universidade Federal de Santa Catarina (UFSC), em Trindade. A construção do aeroporto Hercílio Luz, no sul da ilha, e a pavimentação da BR-101, foram obras que colaboraram muito para diminuir o isolamento da cidade.

Também foram construídas duas novas pontes para ligar a ilha ao continente: a Colombo Salles e a Pedro Ivo. Foram criados ainda dois grandes aterros no centro e no sul da ilha. Os bairros mais afastados também foram objeto de intensa urbanização e surgiram novos bairros, como o Jurerê Internacional, cujo padrão socioeconômico é bastante elevado.

Todavia, em alguns outros locais começou uma **ocupação desordenada**, desprovida de zelo e respeito pelas obras de urbanização. Assim, já no início do século XXI a cidade passou a apresentar um dos piores trânsitos do Brasil, com uma proporção de um veículo para menos de dois habitantes (e o número de automóveis está crescendo bem mais que o de moradores). E com a chegada do verão, a mobilidade urbana piora muito mais, afinal é nessa época que a cidade recebe muitos milhares de turistas, a maioria deles dirigindo seus próprios carros...

Ressalte-se que a ilha de Santa Catarina, está situada numa posição paralela ao continente e separada dele por um estreito canal. Com uma forma alongada e estreita (comprimento médio de 55 km e largura média de 18 km), ela ostenta um litoral bastante recortado, composto de várias enseadas, pontas, ilhas, baias e lagoas. Seu relevo é formado por cristas montanhosas e descontínuas, que servem como divisor de águas da ilha. Seu ponto mais alto é o morro do Ribeirão, com 532 m de altura.

Paralelamente às montanhas surgem esparsas planícies na parte leste da ilha – onde muitas dunas se formam pela ação do vento – e também na porção noroeste da ilha. Também existem na ilha de Santa Catarina duas lagoas importantes: uma grande de água salgada, a lagoa da Conceição; e outra de água doce, a lagoa do Peri.

Infelizmente os rios locais, em geral pequenos riachos, não têm recebido a devida atenção por parte das autoridades. No centro da cidade o rio da Bulha já foi canalizado. Porém, mais recentemente, a poluição nos rios do Brás e Papaquara, ambos no norte da ilha, só chamou a atenção necessária depois que a praia de Canasvieiras se revelou imprópria para a balneabilidade!?!? Outros mananciais importantes são as bacias do Ratones, Saco Grande, Itacorubi e Rio Tavares. Todos têm um manguezal em sua foz, sendo o do Itacorubi o 2º maior em área urbana do mundo!!!

Com o objetivo de atrair turistas, durante décadas a cidade de Florianópolis divulgou em seus *slogans* que ali havia 42 praias. Entretanto, por encomenda do Instituto de Planejamento Urbano de Florianópolis (IPUF), decidiu-se realizar pela primeira vez um levantamento completo das praias da capital catarinense, o que levou ao mapeamento e à catalogação de mais de 100 delas.

Vale ressaltar que, na época, o objetivo desse levantamento era estritamente toponímico, ou seja, estabelecer a nomenclatura desses locais e, assim, cumprir uma lei municipal que determinara a sinalização de todas as praias. Após a conclusão dessa empreitada, acredita-se que mais de uma dezena de praias ainda continue sem denominação, outras tenham mais de um nome e algumas delas sejam pouca conhecidas pelos turistas ou até mesmo totalmente "desconhecidas" por parte deles. Infelizmente, os testes de balneabilidade realizados nessas praias indicaram que muitas delas estão impróprias para o banho!?!?

Florianópolis é a **terceira capital estadual mais fria** do País, ficando atrás apenas de Curitiba e Porto Alegre. Ela é bastante afetada pelos ventos, em especial os do sul, comumente mais frios e secos. No inverno, isso em geral provoca uma sensação térmica inferior às temperaturas mínimas registradas (a média nos meses frios é de 13ºC). No que se refere à precipitação pluviométrica, ela é bastante significativa, chegando a 1.500 mm ao longo do ano. As chuvas também são bem distribuídas durante os 12 meses, não havendo uma estação seca na cidade.

A capital catarinense tem uma população composta em sua maioria por brasileiros de ascendência europeia, como alemães, italianos e portugueses açorianos. Estes últimos, como já foi dito, chegaram ao País no século XVIII e, desde então, alguns bairros localizados predominantemente no sul do município preservam ainda hoje a identidade rural e a herança deixada pelos antepassados açorianos. Isso é perceptível em sua maneira de falar, em suas atividades de artesanato, na arquitetura local e nas festas tradicionais.

A pequena aldeia de Santo Antônio de Lisboa é um exemplo da arquitetura desse período e, em Ribeirão da Ilha, a parte mais antiga da capital catarinense, seus moradores ainda falam o dialeto açoriano, que é bem difícil de compreender... Aliás, em Ribeirão da Ilha encontra-se a igreja de Nossa Senhora da Lapa do Ribeirão, construída em 1806. A região da lagoa da Conceição, com suas muitas dunas, seus restaurantes, sua agitada vida noturna e suas artesãs – que ainda fazem rendas para vender na rua –, também conseguiu manter muitos traços de sua arquitetura colonial.

A mais recente Pesquisa Nacional por Amostra de Domicílios (PNAD) indicou que a população de Florianópolis se constitui da seguinte forma: 89,8% são brancos; 8,9% são pardos; 1,2% são negros e os 0,1% restantes se dividem entre amarelos e indígenas.

Nessas últimas três décadas Florianópolis ganhou um ar bem cosmopolita com a chegada de brasileiros de outros Estados e estrangeiros que escolheram a ilha para **viver!?!?** De fato, nos últimos anos a população da cidade recebeu cerca de 15.000 moradores novos. Além disso, na temporada de verão ela normalmente dá as boas-vindas a cerca de 500 mil visitantes (!?!?), e esse número tem aumentado a cada ano...

O problema é que, á medida que o número de visitantes cresce, Florianópolis tem de enfrentar o desafio constante de garantir que sua infraestrutura e seus recursos limitados sejam atualizados para acomodar a todos adequadamente. Neste sentido, entre os problemas particularmente preocupantes está a falta de **saneamento básico** em algumas áreas. Muitas vezes o esgoto é drenado diretamente para o oceano (!?!?), o que polui as praias – o maior e mais importante atrativo para os turistas.

Lamentavelmente, tem havido nesses últimos anos uma explosão no número de moradores em algumas praias de Florianópolis, o que fez com que o esgoto chegasse até elas... Esse é o caso, por exemplo, da praia do Campeche, localizada no sul da ilha, a 25 km do centro da cidade, que em 2018 não possuía rede de esgoto – aliás, como nenhum bairro dessa área da cidade!?!?

Apesar de suas águas geladas, ondas grandes e forte correnteza, nos últimos tempos Campeche tem sido um dos lugares mais procurados pelos turistas e por quem deseja viver em Florianópolis. Até os anos 2000, essa praia – que se caracterizava por dunas rústicas, diversas ruas sem asfalto e, outrora, era considerada a mais limpa de Floripa – costumava ser o destino de quem buscava sossego e contato com a natureza.

Agora, entretanto, o local atraiu muitos condomínios repletos de apartamentos de quatro dormitórios. Cada um desses imóveis custa em média R$ 3 milhões e, mesmo assim, são vendidos rapidamente, algo que só acontecia em áreas como Jurerê Internacional.

Para se ter uma ideia da explosão populacional na praia de Campeche, em 2008 viviam ali aproximadamente 9.000 habitantes, mas no início de 2019 esse número saltou para mais de 45 mil. Com um crescimento tão acelerado, é claro que o volume de esgoto aumentou de maneira drástica, o que refletiu na qualidade da água da praia. Assim, os moradores foram orientados a construir fossas e os condomínios obrigados a instalar sistemas compactos de tratamento de esgoto. O problema é que sempre ocorrem vazamentos, o que permite que o esgoto alcance a praia através dos rios ou de enxurradas após as chuvas.

Por essa razão, em 2018 a ala esquerda da praia de Campeche, onde se concentra o maior crescimento imobiliário, começou a impressionar a todos pela quantidade nunca vista de poluição. Tanto que o presidente da Associação de Moradores do Campeche, Alencar Vigano, declarou: "Permitiram aqui um crescimento imobiliário e populacional incompatível. O norte e o leste da ilha já estão saturados, e deixaram que o sul fosse ocupado sem planejamento. O Campeche, que já foi um paraíso, se tornou infernal por causa do esgoto."

A prefeitura de Florianópolis parece estar atenta aos impactos ambientais do crescimento urbano na praia do Campeche, a ponto de já ter estabelecido um limite de dois pisos para as novas construções. Ela também tem fiscalizado o esgoto das casas e dos condomínios e, além disso, está implementando esforços para instalar uma nova ETE na região. Vale lembrar que a Companhia Catarinense de Água e Saneamento (Casan) já está construindo uma ETE que deverá entrar em funcionamento no final de 2019. O projeto inicial era atender 25 mil pessoas, mas o sistema foi ampliado e deverá servir a até 90 mil moradores!!!

Apesar de problemas como os mencionados na praia do Campeche, a cidade de Florianópolis se tornou um ponto de encontro de veranistas brasileiros e estrangeiros, em especial os argentinos e paraguaios. Isso porque tem praias de características muito diferentes entre si, capazes de agradar aos mais distintos perfis de viajantes.

O norte da ilha é a região mais concorrida, onde fica Canasvieiras, mas é no sul que se estendem seus maiores **tesouros**, ou seja, as **praias ainda preservadas** da degradação feita pelos seres humanos. Lagoinha do Leste, por exemplo, sem exagero, pode ser considerada uma das mais belas do País. Porém, ela só é acessível para aqueles que topam enfrentar uma trilha ou travessia de barco.

Vale a pena desbravar a área sul de Floripa, onde está localizada outra maravilha da cidade: a praia do Saquinho. É uma surpresa incrível!!! Para chegar até ela é preciso tomar uma estrada asfaltada até o Pântano do Sul, virar à direita em direção à praia dos Açores e seguir para a praia da Solidão.

Nesta, cercada por morros anda intactos, um pequeno rio desemboca no mar. A partir daí o visitante segue por alguns metros e, depois de cruzar o rio das Pacas, alcança uma trilha calçada de concreto que margeia uma encosta ao longo do morro do Trombudo. Ali começa um verdadeiro festival de cenários, um mais deslumbrante que o outro.

O percurso total da caminhada é de cerca de 30 min. Ele é bem marcado e, embora um pouco inclinado, não é difícil. Porém, não convém que os visitantes se distraiam ao longo da caminhada, observando os teiús tomando banho de sol sobre as pedras ou as ariranhas cruzando seu caminho. Aliás, também há muitos outros nichos de passarinhos ao longo dessa trilha.

De um dos mirantes avistam-se com clareza as praias da Solidão, de Açores e do Pântano do Sul. Mas a praia mais cobiçada é a do Saquinho... No momento em que começa a descida final até a praia é preciso redobrar a atenção, porque os blocos de cimento na trilha podem estar escorregadios. A mata atlântica nesse trecho da ilha é farta e inibe a incidência direta de luz solar, o que favorece ainda mais a umidade. Não é recomendável, portanto, fazer a trilha de chinelos. Eles devem ser levados na mochila e somente utilizados na areia.

A praia fica situada numa área de preservação ambiental voltada para o oceano Atlântico, e possui uma faixa de areia branca e fina com cerca de 80 m. As águas geralmente são frias, claras e ostentam um tom azul-turquesa. As ondas são boas e fazem a alegria dos praticantes de surfe. Amendoeiras e outras árvores compõem um jardim sombreado à beira-mar.

No canto direito da praia, blocos de pedra ajudam a manter intocada a paisagem. Na parte mais alta do morro, vivem comunidades de pescadores, que ainda preservam costumes nativos. Durante a temporada de verão, algumas famílias improvisam bares em suas casas, servindo petiscos para atender aos turistas. Todavia, o consumo depende do **pagamento em dinheiro**!?!?

Em Florianópolis, como já foi dito, está localizada a ponte Hercílio Luz, construída pela empresa American Bridge entre 1922 e 1926. Todo o material utilizado foi trazido dos EUA. Ela foi inaugurada em 13 de maio de 1926 e desde então se tornou a maior ponte pênsil (mantida por cabos) do País. De fato, ela é a única ponte desse tipo no mundo a ter um vão central suspenso apenas por barras de olhal, peças de metal com a extremidade arredondada e perfurada, cada qual pesando quase duas toneladas.

Somente em 1979 é que os pagamentos dos empréstimos para a construção da ponte foram quitados, ou seja, 53 anos depois de sua inauguração!!! Em 1982 a ponte foi fechada para **automóveis** devido a uma fissura numa barra de olhal. Posteriormente, em 1991, ela também acabou sendo interditada para **pedestres**!!!

Em 2008 o consórcio Florianópolis Monumento foi contratado para a restauração, entretanto a obra só começou em 2010. Três anos depois, entretanto, a obra não havia se desenrolado, até que o Banco Nacional de Desenvolvimento Econômico e Social (BNDES) depositou R$ 87 milhões na conta do Estado de Santa Catarina e, com o dinheiro em caixa o governo estadual, que então teve autoridade para cobrar o cumprimento do contrato.

Mesmo assim, a obra de restauração somente voltou a prosseguir quando foi contratada a empresa portuguesa Teixeira Duarte, a um custo de R$ 262,9 milhões. Esse preço, entretanto, recebeu posteriormente um aditivo e chegou a R$ 313 milhões). O prazo previsto para a conclusão é 2019!!!

Ivo Pelegrini, um operário que trabalha nessa ponte desde 1959, declarou: "A grande tragédia é que ninguém poderia imaginar que a ponte pudesse ficar desativada tanto tempo. Lamentavelmente, durante esses quase 60 anos em que trabalho nela, vi diferentes empresas assumindo a manutenção, depois a reforma, algumas até sem licitação.

Essas companhias queriam que a obra fosse eterna, pois viam ali uma mina de ouro!?!? Algumas alegavam que o governo não pagava em dia e que até os operários ficaram sem receber. Eu mesmo entrei com uma reclamação na Justiça, cobrando um ano de salário que o consórcio me deve. Muita gente sem nenhuma sensibilidade quis que a ponte fosse derrubada, mas nunca perdi as esperanças de que ela seria reaberta algum dia.

Sou mestre de obras e sempre tive essa vocação para coordenar uma construção. Sei montar essa ponte sozinho. Conheço cada partezinha dela. Já recebi aposentadoria, mas quando chegar o dia da reabertura, quero continuar trabalhando na sua manutenção. De uma coisa eu tenho certeza: no dia que reinaugurarem a ponte, virão milhares de pessoas, loucas para passar por ela. E isso vai se tornar uma verdadeira febre. E tudo isso porque a ponte Hercílio Luz é a ponte mais bonita do mundo!!!"

No que se refere a **economia**, estima-se que em 2018 o PIB de Florianópolis tenha ultrapassado R$ 20 bilhões. As atividades agrícolas contribuíram com algo próximo de 0,2%, enquanto o setor secundário, ou seja, da indústria, com aproximadamente 4%. Enquanto isso, o setor de comércio e serviços (**terciário**) foi o responsável por 95,8% desse PIB.

Recorde-se que entre 1970 e 2005 a população de Florianópolis triplicou de tamanho, crescendo ao longo desse período de 138 mil pessoas para 408 mil habitantes. O lado positivo é que a economia do município nesse mesmo período cresceu cinco vezes e, com isso, a renda *per capita* dos moradores aumentou.

Enquanto muitas cidades brasileiras nessa época se esforçavam para extrair rendimentos da indústria, graças em parte a uma regra federal que por décadas barrou a operação de indústrias pesadas na ilha, Florianópolis se voltou para os serviços, o que entre outras coisas incentivou a abertura de várias IESs públicas e privadas na cidade. Isso fez da cidade uma das mais **acadêmicas** do País.

Assim, já no final da década de 1990 muitas empresas migraram para a ilha, ou emergiram principalmente das "incubadoras" da UFSC. Entre as inovações que tiveram origem em Florianópolis destaca-se a **criação da urna eletrônica** brasileira, que acabou tornando as eleições nacionais mais eficientes e livres de fraudes (!?!?).

A cidade sedia diversas empresas de energia, dentre as quais se destacam a Eletrosul e a Tractebel, além de outras de menor porte, como Baesa, Enercan, Foz do Chapecó, Maesa e TSLE (Transmissão Sul Litorânea de Energia). Atualmente, Florianópolis é atendida pela rede de distribuição elétrica da Celesc (Centrais Elétricas de Santa Catarina S.A.) e pela rede de transmissão da própria Eletrosul.

Centenas de milhares de turistas que chegam a Florianópolis, o fazem através da SC-401 Norte, a rodovia que liga o centro da cidade a praias famosas, como Canasvieiras e Jurerê. Pois bem, essa via, que oficialmente se chama José Carlos Daux, abriga agora diversas empresas de tecnologia, iniciantes ou veteranas do ecossistema, por isso há alguns que a chamam também de **"Rota do Silício"**, em referência ao famoso vale norte-americano.

Provavelmente a SC-401 virou um polo de TI, pois faltava espaço na região central de Florianópolis para a necessidade de expansão, ao mesmo tempo em que a estrada permite uma ligação rápida com o centro da cidade. Essa rodovia foi inaugurada em 1972, mas só começou a ser ocupada pelas empresas do setor no início dos anos 1990, graças à parceria entre o Estado e a iniciativa privada, que visava povoar a região – a primeira delas foi o Parque Tec Alfa, cujos terrenos foram vendidos por licitação, exclusivamente para empresas de tecnologia.

Hoje o local sedia várias *startups*, como a Exact Sales (fundada em 2015 por Théo Orosco, e que fornece um sistema que ajuda vendedores a filtrar quais são e serão seus melhores clientes); a Hórus Aeronaves (criada em 2014 pelo engenheiro mecânico Fabrício Hertz e seus dois sócios, ex-alunos da UFSC, que fabrica e vende *drones* para o setor agrícola); a Celta, incubadora pioneira da Fundação Centros de Referência em Tecnologias Inovadoras (Certi). Aliás, a *startup* Softplan também ocupou um edifício no Parque Tec Alfa, antes de se mudar para o Sapiens Parque, um novo parque tecnológico localizado no norte da cidade, cujo acesso fica logo após o término da SC-401.

De 2015 em diante a evolução nessa rodovia foi notável, com o surgimento de novos *hubs* de inovação. Esse é o caso da nova sede da Associação Catarinense de Tecnologia (Acate), que agora ocupa um galpão de 6.000 m², sendo que antes o local tinha quadras de tênis. O espaço atual impressiona pelas instalações, não fazendo feio se comparado aos centros de inovação paulistas, como é o caso do Google Campus e o Cubo.

Hoje o local abriga o Impact Hub, um espaço destinado ao *coworking* (trabalho compartilhado), seguindo a filosofia: "Não queremos gerar os mágicos unicórnios, mas sim zebras, animais que existem e são brancos e pretos ao mesmo tempo."

O local também é sede da Darwin Starter, uma aceleradora de empresas montada pelo CVentures (fundo de Investimentos da Fundação Certi) e financiada por várias empresas. Além de alterar bastante a paisagem da cidade, com prédios coloridos e vidros espelhados ao lado de muito verde, as *startups* e outras empresas de TI mudaram muito o movimento de especialistas dessa área em Florianópolis.

Assim, eventos como o *Startup Summit SC*, que em 2018 reuniu cerca de 3 mil pessoas ao longo de duas semanas, para discutir o ecossistema local, ajudam muito a capital catarinense a ter uma nova vida durante o inverno, trazendo muitos visitantes fora da alta temporada turística.

A Acate estimou que em 2018 as empresas de TI da Grande Florianópolis (a região inclui municípios como São José e Palhoça) faturaram algo próximo de R$ 7,2 bilhões. Também segundo estimativas, no início de 2019, **um em cada 38 habitantes** de Floripa trabalhava no setor de TI. Esses são números bastantes relevantes, porém, são ainda pouco conhecidos no Brasil, um País que ainda tende a lembrar da cidade por nomes enigmáticos e paradisíacos, como Campeche ou Joaquina, e muitos menos pelos *apps* ou pelos sistemas aí desenvolvidos. O superintendente da Fundação Certi declarou: "Não basta sermos bons; precisamos cacarejar mais por aí, para que todos saibam que somos bons em TI!!!"

Pois é, se no início do seu período de colonização da cidade ela foi um importante centro de caça de baleias, a cada ano que passa Floripa se torna um polo tecnológico na área de TI cada vez mais respeitado e evoluído!!!

O **espírito empreendedor** e a **diversidade** têm impulsionado a economia de Florianópolis, assim como de outras duas grandes cidades do Estado de Santa Catarina, Joinville e Blumenau. Outro exemplo disso em Florianópolis é o rápido crescimento da *startup* Resultados Digitais, que embora tenha sido criada em 2011, apenas oito anos mais tarde (em 2019) já estava instalada num grande prédio envidraçado de oito andares na capital catarinense. De fato, ela cresceu além da capacidade do seu prédio-sede e, por causa disso, precisou recorrer a um novo prédio próximo do *shopping* Floripa. Esse fenômeno reflete o avanço do setor de tecnologia, um dos motores da economia local, paralelamente ao **turismo**.

Recentemente a empresa divulgou que tem mais de mil vagas abertas (!!!) para novos ocupantes. Por conta disso, ela está recrutando gente talentosa dentro e fora do Estado de Santa Catarina. Bruno Ghisi, um dos sócios da empresa, foi bastante enfático ao abordar esse assunto: "Não se trata exatamente de postos que queremos preencher. Basicamente, assim que detectamos alguém que é bom no nosso ramo, procuramos contratá-lo(a)!!! E temos recursos para isso, pois recentemente recebemos um aporte de quase US$ 20 milhões do grupo norte-americano TPG. Florianópolis é um lugar onde há uma cultura bem flexível, por causa de muita gente que veio de fora, o que favorece a inovação."

Num País em que o crescimento econômico ainda segue frágil, relatos tão otimistas sobre a expansão numa empresa e abertura de vagas pode até causar surpresa, mas não em Florianópolis, uma cidade na qual a mistura de boas opções de ensino universitário e qualidade de vida possibilitou de fato o florescimento de uma cultura empreendedora, encontrada tipicamente nas **cidades criativas**.

De acordo com um *ranking* elaborado pela International Endeavor, uma ONG que apoia empreendimentos de impacto, nos anos de 2016, 2017 e 2018, Florianópolis foi eleita a **segunda melhor cidade** no Brasil para se abrir uma empresa, atrás apenas de São Paulo. Os desenvolvedores que se estabeleceram na capital catarinense dizem que aí existe um ambiente inovador, semelhante àquele encontrado no Vale do Silício, berço das *startups* mais importantes dos EUA.

Sem dúvida, hoje a economia florianopolitana está alicerçada principalmente no setor da TIC, e estima-se que em 2019 entivessem instaladas em seu polo tecnológico 700 empresas de *software*, *hardware* e serviços de alta tecnologia. Vale lembrar que esse setor é responsável pela arrecadação de cerca de 48% do PIB do município.

Quanto o assunto é *shopping centers*, galerias e outros locais para se fazer compras a preços acessíveis, utilizar certos serviços e apreciar alguns momentos de descontração, destacam-se em Florianópolis as seguintes opções:

- **Beiramar** – Dispõe de uma boa variedade de lojas e ótima infraestrutura.
- **Iguatemi** – Ele segue o mesmo padrão dos demais *shoppings* da rede e, além de lojas para todos os gostos e bolsos, conta com uma praça de alimentação rica em tipos de comida e um grande estacionamento.
- **Floripa** – Ele oferece bons cinemas da rede Cinemark e é um ótimo lugar para se fazer um lanche ou simplesmente passear com a família.
- **Jurerê *Open*** – Tem bons restaurantes e lojas de marcas conhecidas.
- **Casa & *Design*** – Comercializa bons produtos, abriga o restaurante **Benedito's**, onde a comida é muito boa, e também um restaurante de comida japonesa.
- **Canasvieiras** – Um *shopping* maravilhoso onde as muitas lojas comercializam os mais variados itens, desde artesanato até produtos importados. O local também dispõe de boliche, sinuca e várias opções gastronômicas na praça de alimentação.
- **Trajano** – Considerado um ótimo lugar para compras a preços acessíveis.
- **Trindade** – Uma galeria com várias lojas pequenas e espaço para lanches rápidos.
- **Muller Jr.** – Uma galeria com ambiente limpo e agradável.
- **Via Lagoa** – Possui lojas interessantes, além de bons restaurantes e cafés.
- **Mac Estreito** – Dispõe de uma boa variedade de lojas e produtos.

- ↠ ***Top*** – Um centro comercial praiano bem bacana e com preços acessíveis.
- ↠ ***Point*** – Dispões de algumas lojas e praça de alimentação.

Juntos esses locais recebem diariamente dezenas de milhares de clientes, que, por sua vez, são atendidos por alguns milhares de funcionários. Isso faz com que esse setor seja um dos maiores empregadores de Florianópolis.

No período de 5 a 11 de novembro de 2018 ocorreu em São Paulo o evento *Mercado das Indústrias Criativas*. Na ocasião, houve um painel no qual os representantes das cidades brasileiras que já fazem parte da RCC descreveram como elas foram aceitas pela Unesco.

Anita Pires, presidente da Associação Floripa Amanhã e coordenadora geral do programa Florianópolis Cidade Criativa da Unesco da Gastronomia, relatou: "Tivemos inicialmente muita dificuldade para estruturar e levar o projeto para que nossa cidade fosse declarada uma **cidade criativa**, inclusive não tendo no começo sequer o apoio formal da prefeitura... Mas depois de muito trabalho, em 2 de dezembro de 2014, Florianópolis foi aceita pela Unesco na RCC. Isso porque a cidade tem muitos dos indicadores necessários para ser considerada uma **cidade criativa**.

Ela é um importante polo tecnológico, um demandado destino turístico, oferece excelente qualidade de vida e tem um calendário repleto de eventos artísticos. Claro que tudo isso atraiu para a cidade muitos profissionais da indústria criativa. Aliás, também não se pode esquecer que na cidade há restaurantes incríveis que oferecem em seus cardápios pratos típicos muito saborosos, que agradam bastante não somente aos residentes, mas especialmente aos turistas. Por isso a Unesco não teve dificuldades em incluir Floripa na RCC na categoria **gastronomia**!!!"

Agora estamos realizando eventos com o objetivo de promover a cooperação entre as cidades que têm a criatividade como estratégia do seu desenvolvimento, estimulando sempre o **turismo sustentável**. Esse foi o caso do evento que aconteceu na cidade entre 26 e 29 de março de 2019 – a 2ª Ecriativa – com a participação do ministério do Turismo e no qual se reuniu os oito destinos turísticos brasileiros considerados cidades criativas pela Unesco. Isso foi fundamental para o compartilhamento de ações, estratégias, experiências, ideias e melhores práticas no campo da indústria criativa e no desenvolvimento urbano."

Além dos centros comerciais a cidade também conta com muita gente trabalhando nos muitos restaurantes da cidade. Florianópolis tem uma culinária regional bastante diferenciada, e entre os seus melhores restaurantes, destacam-se:

- *Artusi* – Conta com um ambiente refinado e menu italiano refinado, composto de massas artesanais, pescados, carnes e aves.
- *Antonio's* – Ambiente sofisticado e familiar, cuja cozinha é especializada em frutos do mar e peixes, com opções de massas e carnes.
- *Dolce Vita* – Local refinado e com ótimo ambiente. Conta com uma boa carta de vinhos e serve excelentes pratos.
- *Ostradamus* – Local romântico e recomendado para um encontro inesquecível. Seu ambiente externo é coberto e tem vista para o mar. A decoração conta com um aquário de ostras vivas, que são preparadas de diferentes formas pelo *chef*.
- *Rita Maria Lagosteria* – Local com ambiente bastante aconchegante e ótimo atendimento. A gastronomia é de alta qualidade, com sabores complexos: o peixe grelhado com creme de ouriço, ou mesmo a feijoada de frutos do mar, são deliciosos. Os preços não são baixos, mas condizem com a qualidade da comida servida, pois trata-se de um restaurante *gourmet*.
- *Pier 54* – Esse é um lugar belíssimo para se fazer eventos ou mesmo para jantar. O ambiente é elegante, oferece vista para o mar, e é considerado um cartão-postal de Floripa. Nele se tem a culinária tradicional de Santa Catarina. Vários de seus pratos incluem frutos do mar e a carta de vinhos é bem completa.
- *Meu Cantinho* – Restaurante com ambiente bem decorado e bom atendimento. O destaque na entrada são os bolinhos de peixe e de siri. Os pratos geralmente servem três pessoas...
- *Rancho Açoriano* – Local bastante agradável e decorado com elementos rústicos, porém chiques. Seu menu inclui frutos do mar à moda açoriana. É necessário fazer reserva, ou corre-se o risco de ficar um bom tempo na fila de espera.
- *Sabor da Costa* – Restaurante com ambiente praiano e *deck* flutuante sobre a lagoa. Serve pratos requintados da culinária brasileira. É seguramente o melhor lugar na Costa da Lagoa para se comer peixes e frutos do mar!!!

- *Casa do Chico* – Ambiente agradável e casual, decorado com temas caiçaras coloridos. Os garçons são atenciosos. A casa é especializada em gastronomia costeira e regional, que inclui frutos do mar e peixes. Os pratos são bem servidos.
- *Vereda Tropical* – Localizado à beira da praia Barra da Lagoa, o restaurante possui um bar para os clientes que preferem beber cerveja ou outras bebidas e saborear generosas porções (lula, polvo, camarão etc.). O destaque gastronômico são as ostras gratinadas e o linguado à *belle meunière*.
- *Rosso* – Com uma culinária refinada e descontraída, baseada em frutos do mar. As receitas são elaboradas pelo *chef*, com destaque para o polvo.
- *João de Barro* – Culinária internacional que oferece inclusive opção vegana. Apresenta *shows* de tango e tem espaço de distração para crianças. Ambiente aconchegante e incrível vista panorâmica.
- *Freguesia* – Localizado à beira da praia, serve gastronomia diversificada à base de frutos do mar. O atendimento é excelente. O bar conta com um ambiente descontraído e área externa, com apresentação de *shows* musicais e comediante *stand-up*.
- *Toca da Garoupa* – Gastronomia nacional fina, à base de frutos do mar e servida em um ambiente elegante decorado com tema náutico. O pastel de siri é ótimo, assim como todos os pratos que utilizam camarão na receita.
- *Zé do Cacupé* – Serve comida de ótima qualidade em um lugar bucólico na praia de Cacupé. Uma excelente pedida é o prato no qual se tem camarão, lula, polvo e mariscos (mexilhões).

E existem pelos menos mais umas três dezenas de bons restaurantes e ótimos bares na cidade, como: *Restinga, Recanto, Residencial Beira Mar, Macarronada Italiana, Box 32*, entre outros!!!

Naturalmente os frequentadores desses locais não são apenas de Florianópolis!!! De fato, os principais clientes dessas casas são os visitantes, que, de modo geral, ficam tão impressionados com a gastronomia na cidade que programam voltar para ter novamente a oportunidade de se deliciar com os pratos incríveis servidos nos seus restaurantes.

Em Florianópolis também há uma boa rede hoteleira. Aí vão alguns dos hotéis onde o visitante poderá ficar e curtir uma boa estadia:

- **Majestic Palace** – Tem uma ótima localização, ficando a apenas 2 min de caminhada do *shopping* Beiramar e de boas praias. Dispõe de quartos amplos com camas confortáveis e banheiros com ducha de qualidade. Tem piscina, *spa*, *fitness center* e restaurante, tudo aliado ao charme e *glamour* do maior hotel da cidade. Oferece *Wi-Fi* e café da manhã gratuitos. Apesar de ser sofisticado, o preço da diária é inferior ao cobrado por hotéis equivalentes em cidades grandes.

- **Blue Tree Premium** – Está localizado no centro, bem em frente à praia e a 1,6 km da catedral metropolitana e 1,7 km do Museu Histórico de Santa Catarina. Dispõe de ótimos quartos e oferece um excelente café da manhã. O café expresso pode ser consumido à vontade na recepção, porém, os hóspedes costumam reclamar do preço do estacionamento.

- **Novotel** – Fica em frente à praia de Fora e a 2,2 km do centro de convenções Centro Sul, bem próximo de bares, restaurantes e *shopping*. O local conta com piscina de borda infinita e oferece café da manhã e *Wi-Fi* gratuitos. Além disso, há no estabelecimento um ótimo restaurante francês.

- **Porto da Ilha** – Esse hotel está instalado num edifício moderno, com varandas externas em zigue-zague. Possui quartos e suítes sofisticados e um restaurante informal. Oferece *Wi-Fi* e café da manhã gratuitos.

- **Mercure** – Dispõe de acomodações modernas, com *Wi-Fi* e estacionamento gratuitos. Além disso, possui restaurante, bar, piscina e sauna, além de estrutura para o recebimento de pequenos eventos.

- **InterCity Premium** – Trata-se de um estabelecimento moderno e elegante, localizado a 4 min de caminhada da estação de ônibus intermunicipal; a 5 min do parque náutico Walter Lange e a 9 min do Mercado Público. Seus quartos são limpos, os atendentes são educados e o café da manhã e o *Wi-Fi* são gratuitos.

- **Plaza** – Está instalado em um moderno edifício espelhado, de frente para uma marina. Fica a 11 min de caminhada do centro de convenções Centro Sul e a 1,6 km da catedral metropolitana. O *Wi-Fi* e o café da manhã, além de gostosos são gratuitos. Muitos dos quartos oferecem vista para o mar. O hotel possui restaurante, bar, sauna e permite animais de estimação.

- **Ibis** – Fica a 17 km da praia do Campeche. Possui quartos funcionais, modestos e um restaurante casual. Permite a presença de animais de estimação e seu bar fica aberto 24h.
- **Maria do Mar** – Está localizado a apenas 9 km do centro da cidade, em uma região de fácil acesso, próximo às principais praias da ilha. Revela-se encantador em sua gastronomia, sendo conhecido por oferecer a **melhor feijoada da cidade**, pela qualidade e pelo capricho. Possui quadra de tênis, *playground*, piscina infantil e para adultos, boa estrutura para eventos corporativos e sociais, em especial para casamentos.
- **Valerim** – Estabelecimento bem moderno, localizado a 10 min de caminhada da estação de ônibus intermunicipal; fica a 1,4 km do centro de convenções Centro Sul e a 6 km do estádio Orlando Scarpelli. Os quartos são bons e as camas confortáveis. Oferece *Wi-Fi* e um ótimo café da manhã, ambos gratuitos. Trata-se de um hotel 3 estrelas, classificado entre os 10% melhores nessa classe.
- **Porto Sol Ingleses** – É um hotel moderno e discreto, localizado a 2 min a pé da praia dos Ingleses e a 3,9 km do Costão Golf Club. Possui bar/*lounge*, piscina externa, *playground* e oferece estacionamento, *Wi-Fi* e café da manhã gratuitos.

  O hotel Porto Sol Ingleses é a opção ideal para quem busca relaxar na cidade de Florianópolis, conta com uma estrutura completa nos seus 7.600 m² de área, para receber eventos corporativos ou sociais de grande porte, além de contar cm excelente área de lazer. Seu restaurante, o *Maricota*, oferece um cardápio regional e contemporâneo, onde os frutos do mar são protagonistas de verdadeiras obras primas.
- **Castelmar** – O hotel ocupa uma torre em uma rua arborizada e está situado a 6 km do estádio Orlando Scarpelli. Conta com um ambiente bem descontraído e quartos casuais com vista para a baía Norte. Dispõe de piscina externa, e oferece *Wi-Fi* e café da manhã gratuitos.
- **Florianópolis Palace** – Fica em um edifício de vários andares, a 1,8 km da ponte Hercílio Luz. Oferece estacionamento, *Wi-Fi* e café da manhã gratuitamente.

Além desses, há os hotéis Cecomtur, Rio Branco *Apart*, Oscar, Slaviero Executive, Faial Prime Suites e Lumar, todos com boa avaliação das pessoas que se hospedaram neles.

No tocante ao **transporte**, o dado lamentável é que Florianópolis tem a **pior malha viária** entre as 27 capitais brasileiras. Um dos principais critérios para a elaboração dessa classificação é o **valor de integração em cada via**, ou seja, a representação numérica do quão acessível é cada rua ou avenida em relação às demais.

O transporte público em Florianópolis é realizado principalmente por meio do ônibus. Destaca-se nesse sentido o seu **sistema integrado de mobilidade**, formado por seis terminais de integração: o da região central; o de Trindade; o da Lagoa; o do Rio Tavares; o de Santo Antônio e o de Canasvieiras. Nesse sistema, as linhas alimentadoras ligam os bairros aos terminais de cada região, que, por sua vez, se ligam ao da região central pelas linhas principais. Também existe em Florianópolis o chamado **transporte executivo**, cujos ônibus são mais confortáveis e mais caros, e não têm pontos de parada predefinidos.

O sistema de ônibus da capital catarinense é operado por cinco empresas – Transol, Estrela, Emflotur-Biguaçu, Insular e Canasvieiras – que formam o consórcio Fênix. Na cidade o tráfego de ônibus oriundos dos municípios vizinhos também é bem intenso. O sistema intermunicipal, que atende à região metropolitana é operado por cinco empresas, duas das quais são do grupo de empresas do consórcio Fênix, a Estrela e a Emflotur-Biguaçu. As outras três são a Jotur, a Santa Terezinha e a Imperatriz. Todas as linhas intermunicipais, interestaduais e internacionais chegam ao terminal rodoviário Rita Maria.

Já o aeroporto internacional Hercílio Luz se firmou nas últimas temporadas de verão como um dos principais destinos brasileiros para turistas domésticos e internacionais. O nome desse aeroporto é uma homenagem ao governador Hercílio Luz, que foi um importante político do Estado de Santa Catarina. A história do aeroporto nos leva aos primórdios da aviação na América do Sul.

Em 1922, a capital catarinense foi escolhida para abrigar as instalações do **Sistema de Defesa do Litoral** do Brasil. No ano seguinte, em 1923, começaram as obras no campo da Ressacada, que abrigaria o Centro de Aviação Naval de Santa Catarina. Na época, o céu era exclusividade dos **hidroaviões**!!! A inauguração do aeroporto ocorreu em 21 de junho de 1927. O ministério da Aeronáutica inaugurou no ano de 1955 um terminal de passageiros sob administração do então departamento de Aviação Civil.

Entre outras instalações, existia ali uma torre de controle, um pátio para aeronaves e a pista compartilhada com a Base Aérea de Florianópolis, que se mantém até os dias de hoje. Em 1974, a empresa estatal Infraero (Empresa Brasileira de Infraestrutura Aeroportuária) recebeu a jurisdição do aeroporto. Nos anos seguintes foram inaugurados o terminal de cargas e o novo terminal de passageiros. A pista, com extensão de 2.300 m e largura de 45 m, foi aberta ao tráfego público em 1978.

Em 3 de outubro de 1995, o aeroporto foi elevado à categoria **internacional** pelo então ministério da Aeronáutica. Em 2000, ele foi climatizado e ampliado em 2.000 m². A última intervenção no atual terminal de passageiros ocorreu em 2010, com a instalação de um módulo de 1.000 m² na salas de embarque e desembarque.

O leilão para a concessão do aeroporto internacional Hercílio Luz ocorreu em 16 de março de 2017 e a proposta vencedora foi do grupo Flughafen Zürich AG, que administra outros aeroportos não somente o de Zurique, na Suíça, mas também na Colômbia, nas Antilhas Holandesas e no Chile. Esse grupo faz parte do consórcio que controla 51% do aeroporto internacional Tancredo Neves, em Confins, que atende BH.

Em 27 de julho de 2017, no palácio do Planalto, o então presidente da República Michel Temer assinou o contrato de concessão do aeroporto internacional Hercílio Luz para a Flughafen Zürich AG, por um período de 25 anos. Finalmente, em 3 de janeiro de 2018, a gestão do aeródromo foi integralmente repassada à Floripa Airport – a nova identidade do aeroporto –, uma empresa do grupo Flughafen Zürich AG.

Em seguida começou a construção de um novo terminal a sudoeste da estrutura existente. Para implementar o acesso ao empreendimento, o governo do Estado de Santa Catarina tem sob sua responsabilidade intervenções no trânsito da região. As obras, divididas em quatro lotes, preveem a duplicação da avenida Domício Freitas, entre o entroncamento com o elevado Oscar Manoel da Conceição (trevo da Seta) e o futuro elevado a ser construído nas proximidades do estádio da Ressacada.

Ademais, está prevista a construção de uma nova via em pista dupla entre o atual trevo da Ressacada e o rio Fazendinha, na intersecção com a rodovia Aparício Ramos Cordeiro e o acesso ao novo terminal. A fase mais atrasada é justamente a construção da nova via entre o trevo da Ressacada e o trevo de acesso ao novo aeroporto, que cortará o loteamento Santos Dumont.

As obras ainda dependem de licenciamento ambiental pelo ICMBio, em razão de sua proximidade com terrenos de mangue que compõem a reserva extrativista marinha do Pirajubaé. As autoridades do governo do Estado comprometeram-se a entregar as obras até o fim de 2019, para se inaugurar o novo terminal.

Isso é necessário para atender a uma demanda cada vez maior, com o aumento de voos extras, dentre os quais os *charters* de países como Argentina, Chile e Uruguai, que trazem milhares de turistas para a região. Estima-se que em 2018 tenham passado pelo aeroporto internacional Hercílio Luz cerca de **4,1 milhões de passageiros**, do quais cerca de 55% são oriundos de São Paulo e 18% de países da América do Sul.

E não se pode esquecer de que ano após ano vem aumentando a quantidade de carga que chega ao aeroporto internacional Hercílio Luz. Em 2018, por exemplo, chegou-se a algo próximo de 3.400 t. O local, que possui hoje uma área de 908 ha, tem ainda muito espaço para ampliações. Vale também lembrar que no século XXI, toda cidade que quiser ter conexões com o mundo precisará ter um grande aeroporto e almejar se tornar uma **aerotrópole**. Florianópolis certamente está destinada a se tornar uma.

Apesar de a cidade estar numa ilha, o **transporte marítimo** é bem pouco utilizado no município, exceto em função do turismo. No entanto, existem linhas regulares de transporte lacustre na lagoa da Conceição, que ligam a Costa da Lagoa (que está isolada por terra) à sede do distrito Lagoa da Conceição e à margem oposta da lagoa.

No âmbito da **educação,** inicialmente deve-se destacar que na cidade de Florianópolis existe uma significativa quantidade de escolas estaduais (EEs) e básicas (EBs) públicas, nas quais se oferece um ensino de qualidade. Esse é o caso das seguintes IEs: EB Brigadeiro Eduardo Gomes, Colégio Estadual Presidente Roosevelt (com ensino fundamental e médio), EB Antônio Paschoal Apóstolo; EEB Professor Anibal Nunes Pires; EB Hilda Teodoro Vieira; EEB Prof. Henrique Stodieck; EB Júlio da Costa Neves App; EB Vitor Miguel de Souza; EEB Jurema Cavallazi; EEB Edith Gama Ramos; EB Beatriz de Souza Brito; EB Acácio Garibaldi Santiago; EB Jornalista Jairo Callado etc. Os alunos mais esforçados e talentosos que concluem o ensino básico e médio nessas IEs acabam tentando e conseguindo continuar seus estudos especialmente nas IESs públicas.

Em Florianópolis existe também uma razoável contingente de IEs particulares, nas quais o processo de ensino e aprendizagem é mais bem avaliado do que na rede pública. Esse é o caso do Centro Educacional Tempo de Despertar (especializado na educação infantil e nos ensinos fundamental e médio); da Escola Fazenda, que abriu suas portas em 1944 e conta com uma proposta bastante interessante, oferecendo educação infantil e ensino fundamental; Escola do Parque, fundada em 1988, que conta com um ambiente familiar, um ensino multidisciplinar e atividades lúdicas para desenvolver as crianças; Escola Dinâmica, que conta com várias unidades na região, é bilíngue e oferece educação infantil, e os ensinos fundamental e médio, e ainda a *high school* bilíngue (similar ao nosso colegial); Colégio Santa Catarina, que conta com um ótimo método de ensino, bons professores e oferece os ensinos fundamental e médio; Escola Expressão, que conta com um excelente ambiente e, além de oferecer até o ensino médio, recebe crianças desde o berçário); Escola da Ilha, que além de um ensino de qualidade, tem como principais características as práticas do respeito e da inclusão; Escola Autonomia, na qual os professores ensinam seus alunos a refletir, estudar periodicamente e inovar.

Existem ainda outras boas IEs particulares, e, de um modo geral, Florianópolis está bem atendida para que seus jovens concluam o ensino médio e estejam aptos a ingressar em algum curso superior. Aliás, neste sentido, tanto na capital catarinense como em diversas cidades do Estado, existem várias IESs públicas e privadas onde os jovens poderão se formar em qualquer carreira desejada.

Esse é o caso da UFSC, que é um IES pública federal. É a maior universidade do Estado de Santa Catarina e uma das principais da região sul do Brasil. Sua sede e a cidade universitária ficam em Florianópolis, no *campus* Reitor João David Ferreira Lima, também chamado *campus* Trindade. Ali está concentrada a grande maioria dos cursos oferecidos.

Na segunda metade da década de 2000, como parte do plano de expansão das vagas no ensino superior do governo federal, a UFSC iniciou seu processo de interiorização, abrindo novos *campi* nas cidade de Araranguá, Curitibanos, Blumenau e Joinville.

Com o passar do tempo ela se tornou uma das principais IESs do Brasil e, de acordo com o Inep (Instituto Nacional de Estudos e Pesquisas Educacionais Anísio Teixeira), é a 7ª melhor universidade pública do País. A UFSC também foi considerada a 15ª melhor universidade da América Latina no *ranking* da

Times Higher Education; a 22ª, pelo *QSWorld University Rankings*, e a 10ª melhor IES da América Latina pelo *Webometrics Ranking of World Universities*.

Sem dúvida, essas ótimas posições atraíram alunos de todas as partes do Brasil e do exterior para estudar na UFSC, estimando-se que em 2019 estudassem nela cerca de 30.600 alunos na graduação e uns 15.000 na pós-graduação. Além disso, lecionavam nessa IES cerca de 2.420 docentes.

A UFSC oferece atualmente mais de 120 cursos de graduação e cerca de 60 programas de pós-graduação. Além disso, ela oferece cursos de EAD e o ensino básico. Sua instalação e consolidação foi muito importante para o crescimento de Florianópolis e para o fortalecimento de diversas áreas em Santa Catarina, em especial do setor de TIC. E não se pode jamais esquecer que com a vinda de tantos alunos essa IES acaba impulsionando a visitabilidade. Além disso, quando eles se formam, em geral pensam em abrir negócios na própria cidade e, obviamente, em viver nela!!!

A UFSC surgiu em 18 de dezembro de 1960, com a união de faculdades que já existiam há décadas em Florianópolis, como de Direito, Farmácia e Bioquímica, Odontologia, Ciências Econômicas, Medicina, Filosofia e Serviço Social. Lembrando que as quatro primeiras surgiram das duas primeiras instituições a oferecer cursos de ensino superior na cidade: o Instituto Politécnico, fundado em 1917, e a Academia de Comércio, que veio depois, os primeiros a oferecer na cidade cursos de ensino superior.

A faculdade de Direito surgiu em 1932, sendo a primeira do Estado. Ela foi fundada por José Arthur Boiteaux, que também liderou o Instituto Politécnico. A UFSC incorporou essas faculdades e as outras surgidas até então, e todas foram federalizadas. Uma nova IES surgiu na época da fundação: a Escola de Engenharia, o que permitiu o desenvolvimento de um centro tecnológico.

Em 1961 a UFSC fundou o Colégio de Aplicação – inicialmente com o nome de Ginásio de Aplicação – e ela foi chamada até 1965 de Universidade de Santa Catarina. Aliás, esse nome surgiu ainda na época de planejamento, quando a ideia era ter uma universidade estadual, a exemplo do que já acontecia em São Paulo. E essa ideia não morreu. Na verdade, essa instituição foi a origem da UDESC (Universidade do Estado de Santa Catarina), fundada em 1965.

A primeira reitoria da UFSC foi instalada na rua Bocaiúva, no centro de Florianópolis, e seu primeiro reitor foi João David Ferreira Lima. A instalação do *campus* gerou uma grande polêmica e colocou em lados antagônicos dois importantes personagens da UFSC: o próprio reitor e Henrique da Silva Fontes. O primeiro – juntamente com outros integrantes da UFSC e alguns políticos – defendia um *campus* para a UFSC na região do centro da cidade. O segundo lutava pela instalação do *campus* na fazenda Assis Brasil, no bairro Trindade. No final, o Conselho Universitário acabou se decidindo pelo bairro Trindade e então a fazenda foi reservada pelo governo catarinense para essa construção.

O primeiro grande movimento estudantil na UFSC surgiu com os protestos contra as ações do reitor João David Ferreira Lima. Na época ele seguia defendendo sua posição favorável à localização central do *campus*, mesmo depois que os primeiros prédios já estavam construídos em Trindade.

Todavia, foi a presença da UFSC em Trindade que contribuiu muito para a expansão da malha urbana não apenas até o *campus*, mas para o norte da ilha. Portanto, pode-se dizer que a disputa pela localização foi, em parte, um conflito de interesses econômicos. Atualmente todos concordam que foi a decisão mais acertada, pois graças a isso a UFSC ficou num lugar onde foi possível continuar se expandindo sem parar...

Posteriormente, enquanto o *campus* era ampliado com a construção de prédios – como a reitoria e a Escola de Engenharia – aconteceu também uma radical mudança na governabilidade do País. Em 1964 ocorreu um golpe militar, o que deu início a um período de ditadura no Brasil. Nessa época aconteceram prisões de muitos estudantes universitários, inclusive da UFSC.

Aliás, a UFSC passou a ter uma filial do Serviço Nacional de Informações na própria reitoria. O departamento coletava informações sobre pessoas e possíveis mobilizações de estudantes e professores. Os **centros acadêmicos** existentes até então desapareceram, e surgiram novas representações denominadas **diretórios acadêmicos**, subordinados às autoridades universitárias.

Paralelamente, a UFSC se reestruturou e, com a ditadura, implementou--se a reforma universitária (que só terminaria em 1976). Entre 1967 e 1969 surgiram os **centros de ensino**, sendo que hoje a UFSC possui 11 deles. Em 1966 foram iniciadas as obras do Hospital Universitário (HU), que no início foi chamado de Hospital das Clínicas. Suas obras foram paralisadas em 1969 e, posteriormente, retomadas.

E voltando à universidade, em 1972, Roberto Mündell de Lacerda assumiu a reitoria no lugar de João David Ferreira Lima e, a partir daí, os reitores passaram a ter mandatos de quatro anos. O reitor seguinte, Caspar Erich Stemmer, consolidou a UFSC em Trindade, e foi o responsável pela realização de um grande número de obras, incluindo a conclusão do HU, que finalmente começou a operar e a atender à comunidade em maio de 1980.

Ao longo de sua gestão, a maior parte das propriedades da UFSC no centro, que existiam antes do surgimento da IES, foi alienada. Em 1978 os prédios da antiga igreja da Trindade e da Casa do Divino – e algum tempo depois, o salão paroquial – foram incorporados a UFSC e então surgiu o atual teatro da UFSC.

Durante as várias décadas seguintes aconteceram na UFSC muitos movimentos grevistas, boa parte deles com motivações políticas. Outros eram de caráter reivindicatório e lutavam por melhorias nos mais diversos setores da IES. O que manchou bastante a imagem da UFSC foi o fato de que a partir de 2015 ela passou a ser investigada pela Polícia Federal, nas operações **Onipresença** e **Ouvidos Moucos**.

Nessa última, aliás, investigou-se a existência dentro dela de uma suposta organização criminosa que desviava recursos destinados a cursos de EAD. Nesse processo o reitor Luiz Carlos Cancellier de Olivo foi uma das sete pessoas presas na ocasião, sendo acusado de tentar obstruir as investigações. O fato é que duas semanas depois da operação da polícia federal o reitor em 2 de outubro de 2017 cometeu suicídio, atirando-se do $7^{\underline{o}}$ andar de um *shopping* no centro de Florianópolis (!?!?), para a perplexidade da comunidade universitária e de todos no País.

Amigos e familiares afirmaram que ele estava deprimido com a prisão e as consequências, e se dizia injustiçado. Vale lembrar que ele foi afastado do cargo e impedido de entrar na UFSC. Na época, a vice-reitora Alacoque Lorenzini Erdmann, que deveria ter assumido a reitoria e dado sequência à gestão, afastou-se em licença médica. Quem assumiu depois de uma nova eleição foi o professor dr. Ubaldo César Balthazar, cujo mandato vai até 2022.

Atualmente, o *campus* da UFSC em Trindade se chama Reitor João David Ferreira Lima, que faleceu em maio de 2001 – uma ironia, considerando que ele tanto se opôs à sua instalação nessa parte do município de Florianópolis. Dentre os diversos espaços de lazer, o local conta com grandes áreas gramadas, córregos, um bosque, um laguinho e a praça da Cidadania. Sua manutenção é feita pela prefeitura universitária.

O *campus* também recebe vários eventos acadêmicos e culturais, além de pacientes do HU, sendo por isso mesmo considerado um dos principais polos geradores de congestionamento de tráfego de Florianópolis. O Centro de Cultura e Eventos, por exemplo, foi inaugurado em 10 de maio de 2004 para abrigar uma grande quantidade de eventos anuais e oferecer muitos serviços terceirizados, tendo um prédio com 8.000 m² de área edificada.

Porém, desde a construção ele se tornou conhecido na comunidade como "**elefante branco**". Esse apelido continua até hoje, apesar de atualmente ser bastante utilizado pelos próprios estudantes, pois abriga uma praça de alimentação, duas livrarias, o museu patrimonial, uma loja da grife UFSC e outras coisas. Um lugar de destaque é o restaurante universitário, que oferece aos alunos a oportunidade de apreciar um bom almoço pelo preço simbólico de R$ 1,50.

Porém, pouco a pouco está aumentando bastante a utilização desse local, com a realização de eventos de pequeno e grande portes, atendendo os públicos local, nacional e até mesmo internacional na divulgação da cultura, na produção científica e no entretenimento, dinamizando assim a economia e aquecendo a vida social e cultural do município. Hoje ele se denomina Centro de Cultura e Eventos Reitor Luiz Carlos de Olivo.

O sistema de bibliotecas da UFSC é constituído por uma central e outras localizadas nos centros de ensino. O acervo é bem grande e composto por livros, periódicos (revistas e jornais), teses, dissertações, mapas e materiais audiovisuais. A maioria do acervo está disponível para empréstimo domiciliar. No edifício onde fica a biblioteca central há também um laboratório de computadores, com muitos equipamentos, onde a comunidade acadêmica tem acesso à Internet.

Na UFSC também há um prédio destinado a acomodar estudantes de baixa renda, porém, sua capacidade é bastante limitada, atendendo a menos de duzentos alunos. Isso é um problema, considerando que nos arredores da IES o aluguel de moradias é bem alto.

Ligados ao Centro de Ciências da Educação estão o Colégio de Aplicação, que oferece o ensino fundamental e o médio, e o Núcleo de Desenvolvimento Infantil, no qual se desenvolve educação para crianças pequenas. As vagas nessas IEs são distribuídas utilizando-se critérios sociais, de proximidade geográfica e por sorteio.

Também fica na UFSC o Museu de Arqueologia e Etnologia Oswaldo Rodrigues Cabral, que também é chamado de Museu Universitário. Ele está ligado à secretaria de Cultura e Arte e é especializado na história de Santa Catarina. O local conta com exposições permanentes de arqueologia pré--colonial e histórica, e de etnologia indígena, além do acervo do importante artista e professor catarinense Franklin Cascaes.

Esse museu pertence ao Centro de Filosofia e Ciências Humanas, mas é aberto a toda a comunidade. Aliás, no local fica também o único planetário do Estado, que possui um bom auditório onde são ministradas aulas e palestras, e uma sala na qual se projeta o céu noturno. O local desempenha funções didáticas e é visitado durante o ano todo por professores e alunos de diversas escolas. Nele também se oferece um curso de astronomia, aberto a todos que se interessam pelo tema.

Também não se pode esquecer do projeto Fortalezas da Ilha, no qual, após anos de abandono, as quatro fortalezas de defesa da ilha de Santa Catarina foram restauradas nas décadas de 1980 e 1990, e passaram a ser geridas pela UFSC. Elas foram projetadas e construídas pelo engenheiro militar, brigadeiro José da Silva Pais, no século XVI, e participaram de eventos históricos, como a invasão espanhola de 1777.

A UFSC é sem dúvida uma das IESs mais destacadas do ensino superior brasileiro. Por ela passaram ao longo das décadas muitas pessoas que se tornaram relevantes para o País, como a ex-prefeita de Florianópolis Ângela Amin (formada em Matemática), os ex-governadores do Estado de Santa Catarina, Luiz Henrique de Silveira e Espiridião Amin (ambos formados em Direito) e o prefeito de Florianópolis a partir de 2017, Gean Loureiro (formado em Direito).

Outra importantíssima IES de Florianópolis é a Universidade do Estado de Santa Catarina (UDESC) que foi criada em 1965. Ela se destaca como uma das melhores do País. Sua missão é: **comprometer a gestão do conhecimento com o momento e o futuro de Santa Catarina.**

Além de sua sede na capital catarinense, a UDESC possui *campi* nas cidades de Chapecó, Balneário Camboriú, Ibirama, Joinville, Lages, Laguna, Palmitos, Pinhalzinho e São Bento do Sul. Estima-se que em 2019 estudassem nos cursos presenciais dessa IES cerca de 10 mil alunos. Já pelo sistema EAD seriam mais de 3.400 estudantes. O corpo docente é composto por aproximadamente 936 trabalhadores.

A UDESC se divide em onze centros espalhados pelo Estado de Santa Catarina. Cada um deles está estrategicamente localizado em diferentes regiões, com o objetivo é suprir suas necessidades específicas de ensino. Um dessas unidades é o Centro de Artes, fundado em 1974. Ele fica no bairro do Itacorubi, bem próximo ao centro de Florianópolis.

A UDESC é uma das poucas IESs públicas a oferecer as três habilitações em *Design* (Gráfico, Industrial e de Moda), além de cursos de graduação em

Artes Plásticas, Artes Cênicas e Música. Além disso a UDESC oferece cursos de pós-graduação em Teatro, Artes Visuais e Música. Os alunos do Centro de Artes podem também ingressar na Inventário, uma Empresa Júnior de *Design* e Moda, que fornece base e incentivo para a capacitação profissional de seus integrantes. Com tudo isso, a UDESC forma e prepara muitos jovens talentosos para atuar em alguns dos setores da EC.

Já no Centro de Ensino da Região Sul, com sede na cidade de Laguna, é oferecido o curso de Arquitetura e Urbanização, enquanto no Centro de Educação do Planalto Norte, sediado em São Bento do Sul, ministra-se o curso de bacharelado em Sistemas de Informação, ambas profissões ligadas a EC.

O Centro de Educação à Distância, também no bairro de Itacorubi, oferece entre outras possibilidades a licenciatura plena em Pedagogia. A metodologia é híbrida, ou seja, foi desenvolvida para que o aluno estudasse 80% à distância e 20% através de encontros presenciais.

Claro que existem em Florianópolis algumas boas IESs particulares, como as faculdades Barddal e Borges de Mendonça, entre outras, mas não há dúvida de que quem vive principalmente na capital catarinense busca sempre uma vaga na UFSC ou na UDESC.

No que se refere à **saúde**, naturalmente existe em Florianópolis um significativo número de instituições para atender aos munícipes: como prontos-socorros, UBSs, SAMU etc. Mesmo assim, dentre as dezenas de hospitais na cidade, os florianopolitanos ainda precisam de mais. Veja a seguir alguns que são referências na cidade.

- ➢ **Hospital da Plástica** – Atende todos os pré-requisitos de segurança para a realização de cirurgias cosméticas que visam modificar, embelezar ou reconstruir partes externas do corpo.
- ➢ **Hospital Infantil Joana de Gusmão** – Oferece bom atendimento às crianças e faz parte do SUS.
- ➢ **Hospital Nereu Ramos** – Goza da apreciação dos que passaram por ele. Isso por causa do tratamento digno que essas pessoas receberam e pelo profissionalismo e amor demonstrados pelos funcionários desse hospital.
- ➢ **Hospital de Guarnição** – Trata-se de um nosocômio militar.
- ➢ **Hospital Dr. Carlos Corrêa** – Maternidade onde nasceu boa parte das pessoas que vivem em Florianópolis. Suas instalações são modernas e limpas, possuem isolamento térmico perfeito e uma equipe médica competente e muito atenciosa em vários setores.

- **Hospital Universitário Polydoro Ernani de São Thiago** – Apesar das turbulências pelas quais têm passado ao longo de várias décadas, nem sempre dispondo dos recursos financeiros para oferecer um serviço de alta qualidade, esse hospital se tornou uma referência não apenas pela sua recepção atenciosa, mas também pelo trabalho dedicado dos seus enfermeiros e médicos.
- **Maternidade Carmela Dutra** – As mulheres atendidas afirmaram que, no geral, a equipe médica e a limpeza são maravilhosas. A alimentação também recebeu nota 10. É um excelente hospital público.
- **S.O.S Cardio** – Trata-se de um hospital do coração, com uma equipe de médicos bastante especializados.
- **Hospital da Polícia Militar (HPM)** – Oferece um acolhimento bem humanizado. Seus médicos e enfermeiros são considerados competentes e atenciosos.
- **Hospital de Olhos** – Oferece todos os serviços inerentes à visão em um só lugar e conta com ótimos especialistas em oftalmologia.
- **Ilha Hospital e Maternidade** – Essa é talvez a melhor maternidade da ilha, onde as mulheres podem optar pelo parto natural, sempre de maneira respeitosa. Conta com uma estrutura excelente e profissionais incríveis.
- **Imperial Hospital de Caridade** – Conta com um bom corpo médico. O problema é que o prédio fica no alto de um morro. A subida é bem íngreme, o que torna a caminhada bem desgastante. Por outro lado, para os que optam por ir de carro, o estacionamento é bem caro.
- **Hospital Florianópolis** – Costuma impressionar os pacientes pela cordialidade e atenção demonstrada por todos os seus profissionais.
- **Hospital Governador Celso Ramos** – Oferece um serviço público de qualidade, além de ter bons médicos e enfermeiros. Infelizmente, por conta da enorme demanda, os pacientes precisam esperar bastante por atendimento. Além disso, o local não possui estacionamento.

  Entretanto, ele tem conseguido, ano após ano, fazer cada vez mais cirurgias por mês, com muita eficiência. De fato, em alguns meses de 2018, o hospital chegou a executar mais de 1.350 procedimentos cirúrgicos.
- **Hospital Baia Sul** – Dispõe de uma equipe médica muito boa e seu pessoal de enfermagem é bastante atencioso.

Com todos os problemas que vive o setor de **saúde pública** no País, de modo geral, o que acontece nos hospitais públicos de Florianópolis é bastante animador. Parece que estamos em um processo evolutivo, no qual a qualidade de serviço hospitalar está melhorando.

Quanto à **cultura**, deve-se inicialmente destacar os muitos acordos do tipo **cidade-irmã** assinados pela prefeitura de Florianópolis com diversas cidades do mundo. O objetivo é incrementar o intercâmbio e obter mais conhecimentos sobre como os mais diversos problemas urbanos são solucionados nesses locais. As cidades-irmãs de Floripa são: Mar del Plata, Córdoba e Luján (na Argentina); Praia da Vitória, Ponta Delgada, Angra do Heroísmo e Porto (em Portugal); Presidente Franco, Fernando de la Mora e Assunção (todas no Paraguai); Roanoke e San Diego (nos EUA); Viña del Mar (no Chile); Fray Bentos no Uruguai e Havana (em Cuba).

Existem vários museus e muitas galerias de arte na capital catarinense. Na região central destacam-se o Museu Victor Meirelles, que abriga suas obras e está localizado na casa onde viveu o pintor, e a galeria de arte da Fundação Cultural Badesc. No Centro Integrado de Cultura estão o Museu de Arte de Santa Catarina, o Museu de Imagem e Som e o Espaço Lindolf Bell. No palácio Cruz e Souza está instalado o Museu Histórico de Santa Catarina, com relíquias que contam um pouco da história do Estado.

Outros espaços são o Museu de Aromas Major Lara Ribas, localizado no forte Sant'Ana, ao lado da ponte Hercílio Luz, onde estão expostos artigos bélicos e históricos; a Galeria de Arte e o Museu Universitário do UFSC, e ainda a galeria do Espaço Cultural Arquipélago, localizada no bairro Agronômica. Também não se pode esquecer da Fundação Cultural de Florianópolis Franklin Cascaes, fundada em 29 de julho de 1987. Atualmente ela está instalada no forte de Santa Bárbara e no local ocorrem interessantes exposições.

Os teatros mais amplos de Florianópolis são o Ademir Rosa, localizado no Centro Integrado de Cultura; o Álvaro de Carvalho, na praça Pereira Oliveira e o Pedro Ivo Campos, situado no Centro Administrativo do Estado. Existem diversas salas menores, como o Teatro da Igrejinha da UFSC; o teatro da UBRO (União Beneficiente Recreativa Operária); o Teatro Armação e o Teatro do Sesc, além de e espaços alternativos, como a Casa de Máquinas do Casão da Lagoa. Todos localizados na parte insular da cidade.

Além desses locais existem alguns espaços alternativos privados, como a Célula Cultural Mané Paulo, no bairro João Paulo; o Círculo Artístico Teodora e também o Circo da Dona Bilica. A Academia Desterrense de Letras de Florianópolis, cujo patrono é o poeta barriga-verde Cruz e Sousa, também fica localizada no Centro Integrado de Cultura. Ela abriga a Biblioteca Pública de Santa Catarina, a maior e mais antiga do Estado.

As seguintes orquestras também estão sediadas em Florianópolis: Orquestra Filarmônica Santa Catarina, Orquestra Sinfônica de Santa Catarina, Orquestra Sinfônica de Florianópolis, Camerata Florianópolis, Orquestra Sinfônica das Comunidades, Orquestra Experimental do IFSC (Instituto de Filosofia e Ciências Sociais) e Orquestra de Cordas da Ilha.

Na cidade há mais de duas dezenas de salas de cinema, espalhadas pelos vários *shopping centers*. Além disso, há salas do circuito de arte no Centro Integrado de Cultura e no Espaço Cultural Sol da Terra. A capital catarinense também conta com cineclubes, como o Rogério Sganzerla, da UFSC; o da Alliance Française, localizado na Fundação Cultural Badesc; o Ó Lhó Lhó, no IFSC; o Carijó, no bairro Canasvieiras, e o Cinema Falado, no Museu Victor Meirelles.

Com o objetivo de absorver a grande demanda de eventos que ocorre o ano inteiro em Florianópolis, a cidade acabou conquistando um excelente centro de convenções – o CentroSul – que tornou-se um espaço para o qual são atraídos muitos visitantes para a capital catarinense – que já dispõe também de cerca de 19 mil leitos na rede hoteleira – devido aos seus diferenciais de localização, infraestrutura e segurança.

Tem cerca de 16.560 m² de área construída divididos em dois pavimentos, com salas modulares para acomodar até 3.500 pessoas confortavelmente sentadas e dois salões de exposições para receberem até 13 mil pessoas. Conta com dois restaurantes, um *snack* bar, *coffee shop* e um estacionamento para até 1.200 veículos na área externa.

Aliás no dia 6 de julho de 2019, no CentroSul aconteceu o evento *Empreende Brazil Conference* e entre os palestrantes estavam o empresário João Amoêdo (que em 2018 foi inclusive candidato a presidência do País), a cantora Anitta (que tem dado muitas palestras sobre o seu lado como empresária), Thiago Nigro (o *youtuber* conhecido como Primo Rico, autor de livros sobre como fazer fortuna) e o ex-bilionário Eike Batista (que falou sobre como ser um grande empresário sonegador).

Pois bem, para desfrutar de cerca de **15h de imersão** ouvindo "conselhos" de empreendedores de sucesso, cerca de 3.500 aspirantes a empreendedor ou aqueles já vivenciando o empreendedorismo, pagaram por ingressos que chegaram a R$ 3.000,00 (isso se alguém quisesse ser *VIP*, com direito a camarote e garçom servindo cafezinho).

Pois bem, um desses palestrantes foi Eike Batista, que inclusive esteve preso em 2017 num desdobramento da operação Lava Jato tendo sido condenado em primeira instância a 30 anos de prisão por envolvimento em esquemas de corrupção (ficando preso durante 90 dias), que recorre agora em liberdade e busca livrar-se de um total de multas impostas pela Comissão de Valores Mobiliários de R$ 559,5 milhões.

Na sua palestra disse ao público: "Falhou, levanta, faz de novo!!! Entrar num ciclo ruim acontece, não tenham vergonha disso. Entrem e saiam pela porta da frente. Já fui o sétimo homem mais rico do mundo. Falhei na auditoria das pessoas às quais dei cargos de responsabilidade nas muitas empresas que criei com o grupo EBX no anos 2000. Mas continuo sabendo identificar as oportunidades para se abrir grandes negócios, bem como atrair capital para eles. Fiquei 'adormecido' desde o início de 2018, aparecendo um pouco apenas *online* mas agora *I'm back* (estou de volta) e pretendo nos próximos anos criar cerca de dez unicórnios (*startups* com valor de mercado acima de US$ 1 bilhão) nas áreas de nanotecnologia, química e de materiais como o grafeno!!!"

O organizador do evento *Empreende Brazil Conference* Lucas Schweitzer comentou: "Convidei Eike Batista para palestrar por entender que ele tem uma grande mente empreendedora, independente de qualquer outra coisa. Todos os empreendedores estão sujeitos ao erro e todos têm direito a uma segunda chance!!!"

No **esporte**, a cidade se orgulha de ser o berço de alguns esportistas fora de série. Esse é o caso de Gustavo Kuerten, o Guga, que nasceu em Florianópolis e se tornou um tenista notável, sendo inclusive considerado o maior de todos os tempos no País. Ele foi condecorado com uma posição no *Hall* da Fama da Associação dos Tenistas Profissionais (ATP) e venceu muitos torneios, entre eles o de Roland Garros, em Paris, por três vezes. Essa competição é considerada uma das mais importantes do mundo e integra o *Grand Slam*, que inclui ainda os torneios: Australian Open (na Austrália), o Wimbledon (em Londres) e o U.S. Open (nos EUA).

Outro atleta de destaque na cidade foi o nadador Fernando Scherer, o Xuxa, especializado nas provas de 50 m e 100 m, que conquistou duas medalhas olímpicas e 10 medalhas em Jogos Pan-americanos, além de quebrar recordes mundiais e olímpicos. Aliás, como a cidade fica majoritariamente numa ilha, uma de suas principais atividades esportivas é o **mergulho livre e autônomo**. Os locais mais frequentados para a prática desse esporte são a reserva biológica marinha do Arvoredo e a ilha do Campeche.

Quando o assunto é futebol, há dois clubes profissionais na cidade: o Avaí e o Figueirense. Juntos eles possuem 34 títulos catarinenses, o que é um recorde no Estado. Desde 1924 eles disputam o chamado "**clássico da capital**", atraindo sempre um grande público!

O Avaí foi fundado em 1923 e tem como cores o azul e o branco. Ele é conhecido como o "**time da raça**" ou "**leão da ilha**". Seu estádio é o Aderbal Ramos da Silva, mais conhecido como Ressacada, no bairro Carianos. A equipe teve em seu plantel jogadores famosos no Brasil todo, como Zenon, Lico e Renato Sá (todos catarinenses). O time foi campeão brasileiro da Série C em 1998, sendo a primeira equipe catarinense a vencer uma das divisões do Campeonato Brasileiro.

Ele foi campeão catarinense 17 vezes, sendo que o último título foi conquistado em 2019. Na maior parte da década de 2000 o clube permaneceu na Série B nacional. Em 2008 ele subiu pela primeira vez para a Série A e, desde então, o clube alterna entre a primeira e segunda divisões do Campeonato Brasileiro. Na campanha de 2009 seu desempenho foi bem destacado, quando terminou a Série A na sexta posição – a melhor de um clube catarinense em toda a história. Depois disso ele retornou para a Série B, para somente retornar à Série A no campeonato de 2019.

O Figueirense foi fundado em 1921, e suas cores são o preto e o branco. Foi apelidado pelos seus torcedores de "**figueira**", mas também é chamado de "**furacão do estreito**", "**máquina do estreito**" ou "**esquadrão de aço**". A equipe conquistou o título estadual 18 vezes, sendo o mais recente o de 2018, o que faz dele o maior vencedor do Campeonato Catarinense. Seu estádio é o Orlando Scarpelli, localizado no bairro Estreito, na parte continental da cidade.

Em 2007 o time se tornou o primeiro clube da cidade a chegar a uma final nacional, sendo vice-campeão da Copa do Brasil. Em 2018 disputou a Série B do Campeonato Brasileiro, tendo também alternado entre as Séries A e B desde 2009. No período de 2002 a 2008 ele esteve consecutivamente na Série A, algo jamais conseguido por nenhum outro clube catarinense.

Além do futebol, o remo é outro esporte bem popular em Florianópolis. Ainda hoje há três clubes principais que formam atletas nas principais categorias disputadas: o Clube de Regatas Aldo Luz, o Clube Náutico Francisco Martinelli e o Clube Náutico Riachuelo. Juntos eles formaram alguns dos principais atletas brasileiros, como Gibran Vieira e Fabiana Beltrame, que inclusive representaram o Brasil nos Jogos Olímpicos.

Florianópolis também se destaca no cenário nacional do rúgbi e assim o Desterro Rugby Clube, fundado em 1995, foi o campeão brasileiro em três oportunidades (1996, 2000 e 2005). O voleibol florianopolitano também já teve muito destaque no cenário nacional, primeiramente com a equipe masculina da Unisul, a partir do final da década de 1990, que após conquistar o título na temporada de 2003-2004 da Superliga se transferiu primeiramente para a cidade vizinha de São José e depois para Joinville, onde ficou até a Unisul encerrar o time.

Em 2005, a cidade de Florianópolis passou a ser representada na Superliga masculina pela Cimed, fundada naquele ano. A equipe participou de seis edições da Superliga, sendo finalista em cinco delas e conquistando quatro títulos entre 2005 e 2010. De fato, o time só perdeu na temporada 2006-2007. Além disso a equipe sagrou-se campeã sul-americana em 2009. O time continuou por mais um ano após a saída da Cimed em 2012, com o nome de Super Imperatriz Vôlei, mas infelizmente encerrou suas atividades.

Atualmente a cidade de Floripa não desfruta mais das espetaculares partidas de vôlei que ao longo de mais de uma década no século XXI encantaram as pessoas e atraíram para Florianópolis tantos amantes desse esporte, oriundos das cidades vizinhas.

Nesses últimos anos, entretanto, Florianópolis ganhou um novo apelido: "**a capital do *skate* do Brasil**". Mas isso não ocorreu por acaso, uma vez que os principais skatistas do País na categoria *park* (que reúne elementos construídos para a prática do esporte, como rampas, paredes e *bowls*) estão em Florianópolis. E vale lembrar que esse esporte agora é considerado olímpico e, inclusive, fará parte do programa dos Jogos Olímpicos de Tóquio, em 2020.

De fato, a capital catarinense é a maior referência nacional no que se refere a pistas no formato *bowl* e foi nela que ocorreu a primeira etapa da temporada 2019 do *Skate Total Urbe (STU)*, o circuito nacional do esporte. Os mais bem colocados nessa competição farão parte da seleção brasileira que irá para o Japão.

Vale lembrar que a relação de Florianópolis com o *skate* se fortaleceu a partir dos anos 1990. Nessa época, não apenas os já adeptos do esporte, mas também os surfistas que aderiram a ele, oriundos de outros locais do Brasil, se juntaram aos moradores da cidade e disseminaram a prática, principalmente no bairro Rio Tavares.

Esse bairro, que ficava afastado do circuito turístico da cidade e na época pouco habitado, foi um grande achado para a compra de terrenos baratos e a construção de pistas, tanto que atualmente estima-se que mais de 30 casas na região possuam pistas particulares. Com a popularização do *street* – a outra modalidade olímpica em que são utilizados para manobras obstáculos encontrados nas ruas (muros, escadas, corrimãos, degraus, bancos e calçamento etc.) –, os que preferiam até então os *bowls,* encontraram em Florianópolis um ambiente bem adequado!?!?

Em 1996, um campeonato da modalidade vertical organizado pela marca Drop Dead, na praia Mole, ajudou na divulgação do esporte. Foi um momento de união com o surfe, que resultou em mais visibilidade para o *skate*, com o que surgiram muitos novos praticantes, em especial entre as crianças.

Assim, André Barros, pai do campeão mundial no estilo *park* em 2018 e principal skatista do País na atualidade, Pedro Barros, foi um dos que ergueram sua primeira pista no local. Hoje são três e elas ficam abertas ao público três vezes por semana. Foi dessa forma que Pedro começou bem cedo sua trajetória no *skate*.

Quem seguiu o mesmo caminho foi Rafael Bandarra, que também construiu um *bowl* em 1997. Aliás, anos mais tarde esse espaço transformou-se numa pousada, a *Hi Adventure*, voltada justamente para a prática do esporte. Leo Kakinho, destaque do *skate* brasileiro nos anos 1980, também se mudou para Florianópolis e contribuiu para que a modalidade se estabelecesse na cidade. Atualmente, seu filho, Vi Kakinho, também já começou a se destacar nas competições nacionais e internacionais.

Do lado feminino, hoje treinam na escolinha da *Hi Adventure* a destacada skatista Isadora Pacheco, que terminou a temporada do STU de 2018 em 2º lugar e garantiu sua vaga na seleção brasileira de 2019. Outra importante representante de Florianópolis no *skate* é Yndiara Asp, que foi a líder do STU em 2018. Ela é o principal nome brasileiro no estilo *park* entre as mulheres.

Note-se que André Barros é hoje o presidente do Instituto Mundial de *Skate*, diretor de *marketing* do STU e empresário dos skatistas Pedro Barros,

Vi Kakinho, Yndiara Asp, Isadora Pacheco e Pedro Carvalho. Ele criou os eventos *Park Jam* e *Red Bull Skate Generation*. Ele comentou: "Não adiantaria meu filho ser um grande skatista no meio do nada. Eu tive de me envolver, fazer o *skate* crescer no Brasil. O meu maior objetivo foi, e ainda é, o de criar para o *skate* brasileiro uma independência em relação aos EUA. O *STU* foi o primeiro passo. Hoje, pela primeira vez, o bom skatista brasileiro pode viver do patrocínio, sem precisar competir só pelo *lifestyle* ou pelos vídeos no YouTube, e acredito que isso não morrerá mais..."

Então, com todos esses atletas destacados, Floripa merece ser chamada de capital do *skate*, não é mesmo?

Florianópolis é considerada uma **cidade encantadora**, tanto pelos florianopolitanos como pelos turistas que a visitam. O motivo é simples: ela detém uma beleza singular, além de seus fortes traços da cultura açoriana. Aliás, estes são facilmente observáveis em suas edificações, no artesanato, no folclore, na culinária e nas tradições religiosas.

Assim, de forma inteligente, a cidade se voltou para um **turismo diversificado**. Este, por sua vez, se tornou uma das suas principais fontes de renda, empregando seguramente mais de 100 mil florianopolitanos, de forma direta e indireta. Dentre os atrativos, além das praias, destacam-se as localidades marcadas pela instalação das primeiras comunidades de imigrantes açorianos, como Ribeirão da Ilha, Lagoa da Conceição, Santo Antônio de Lisboa e o próprio centro histórico.

Na cidade acontecem diversos eventos ao longo do ano, e todos merecem destaque por sua peculiaridade, relevância econômica, projeção e consistência. Um deles é a Fenaostra (Festa Nacional da Ostra e da Cultura Açoriana), cuja 19ª edição aconteceu em outubro de 2018 e reuniu gastronomia típica, cervejas artesanais, concursos, oficinas, exposição fotográfica e comercialização de artesanato local. Segundo a prefeitura, a cidade recebeu cerca de 80 mil pessoas durante os 10 dias de festa e vendeu 180 mil ostras.

O segundo evento de destaque é o *Ironman*. A cidade de Floripa sedia anualmente a única etapa latino-americana do campeonato mundial de triatlo radical, prova que agrupa as modalidades natação (1,9 km), ciclismo (90 km) e corrida (21 km). Em 28 de abril de 2019, os brasileiros Igor Amorelli e Pâmella Oliveira garantiram o bicampeonato do *Ironman 70.3 Florianópolis*, um evento que abriu a disputa do circuito *Ironman* no País em 2019.

A praça XV de Novembro é o principal ponto de convergência da cidade. O local empolga os visitantes por seus valores culturais e comportamentais, bem como pelos seus aspectos arquitetônicos. De fato, esse endereço é relevante desde a fundação da capital catarinense.

Tudo começou, como já foi dito, por intermédio do fundador, Francisco Dias Velho, que estabeleceu sua morada no ponto mais elevado do local e, bem ao lado, ergueu a então chamada "**casa da reza**" – a atual catedral metropolitana de Florianópolis. Somados aos seus valores interiores, nesse principal ponto do centro urbano é possível vislumbrar, além de uma bela e famosa figueira centenária, vários monumentos e hermas que reverenciam acontecimentos e personagens da história catarinense e brasileira.

A praça XV de Novembro é rodeada por muitas construções históricas que serviram como sede de governos que ditaram as regras para os barrigas-verdes (apelido dado aos nascidos no Estado de Santa Catarina) e para todos os florianopolitanos. Mas além da praça, há vários outros importantes pontos turísticos na capital catarinense, destacando-se:

- **As praias** – Entre elas as mais famosas são a do Saquinho, a dos Naufragados e da Lagoinha do Leste.
- **Os mirantes** – Os principais são os dos morros da Cruz e da Lagoa, além daqueles da praia Brava.
- **As fortalezas** – Como a de Ratones, de São José da Ponta Grossa, de Anhatomirim e a de Santana.
- **Os locais** – Vale a pena visitar o palácio Cruz e Souza, o largo da Alfândega, o Mercado Público Municipal, a ponte Hercílio Luz, a lagoa do Peri, a lagoinha do Leste, a ilha do Campeche, a trilha dos Macacos, as dunas das praias da Joaquina e dos Ingleses/Santinho, o Jurerê Internacional etc.

Como se nota, há muita coisa que o visitante pode apreciar em Florianópolis, e é por isso que a cidade recebe cada vez mais turistas. Eles fazem dela o seu local estratégico para visitar outras incríveis atrações que existem no Estado, às quais pode-se chegar em menos de 2 h, viajando de carro (como está indicado no final desse livro)!!!

Locais incríveis

que estão próximos de cidades encantadoras ou em outras regiões do País, atraindo muitos visitantes

1º) **Alter do Chão e a melhor praia fluvial do mundo!!!**
Pois é, a melhor praia brasileira não está no litoral de nenhum Estado nordestino, tampouco no litoral fluminense ou catarinense!!! **Aliás, ela nem está na costa!?!?** Segundo o jornal inglês *The Guardian*, numa publicação de 2016, a melhor praia brasileira está num rio da floresta amazônica, mais especificamente em **Alter do Chão**, no Pará.

O local se caracteriza por belas praias fluviais de águas doces, mornas, transparentes e de coloração ora dourada ora esverdeada. Elas pertencem ao imenso rio Tapajós, cuja imensidão lhe dá um aspecto de mar. Os visitantes ficam simplesmente deslumbrados com os encantos do lugar, seja enquanto caminham sobre os estreitos bancos de areia – de onde brotam troncos anárquicos de árvores baixas, que garantem sombra em lugares silenciosos e paradisíacos – ou provam um pirarucu assado na hora. São esses detalhes que dão ao lugar o apelido de "**Caribe amazônico**".

Fundada no século XVII, a vila de Alter do Chão já há muito tempo é frequentada pelos paraenses e manauaras. Aos poucos, entretanto, o lugar foi conquistando fama entre todos os brasileiros e hoje recebe também muitos turistas estrangeiros. Isso se deve, principalmente, ao surgimento de publicações como as da revista *Viagem*, de 2018, que indicaram o lugar como um dos **melhores destinos do mundo**. E isso não se deve somente às praias locais, mas também ao pôr do sol, à culinária local, à cultura, às árvores enormes e cheias de vida da Floresta Nacional do Tapajós (uma das primeiras unidades de conservação do País).

No âmbito da gastronomia, Alter do Chão abriga o restaurante *Casa do Saulo*, que já foi eleito o melhor da região norte do País pela revista *Prazeres da Mesa*, em 2019. Seu dono é o *chef* Saulo Jennings, que investe na cozinha tapajônica trazendo à mesa pratos como o feijão Santarém e o peixe no creme de castanhas do Pará, com camarão rosa grelhado e banana da terra.

Em 2018 foi inaugurada a *TY Comedoria e Bistrô*, um restaurante que pertence às donas da pousada Vila de Alter, Andrea Aymar e Regina Santos. A particularidade desse local é a possibilidade de o visitante se sentar numa cadeira de praia ou até mesmo no chão, sobre almofadas, enquanto toma um bom drinque e aprecia um prato típico.

As atrações são tantas que todo aquele que pretende visitar Alter do Chão precisa reservar no mínimo três dias no lugar, embora o ideal seja uma semana (para conseguir fazer todos os passeios com calma). Em setembro, por exemplo, a Festa do Sairé movimenta e lota a vila. Nessa ocasião se pode vivenciar uma das manifestações religiosas e artísticas mais emblemáticas do norte do País. Entre procissões, almoços e fogos de artifício, dois botos – Tucuxi e Cor-de-Rosa – revivem a lenda do boto namorador, disputando no Sairódromo o título do melhor do ano. A dinâmica é similar ao que acontece com os bois em Parintins.

Para visitar Alter do Chão, deve-se inicialmente chegar a Belém e, de lá, pegar um avião para Santarém. A partir dali o trajeto de carro é de apenas 39 km.

2º) Você não gostaria de visitar a "capital do meio do mundo"?

Inicialmente deve-se explicar o motivo pelo qual Macapá, capital do Estado do Amapá, é chamada de "**capital do meio do mundo**": a cidade é **cortada pela linha do Equador**. No local há inclusive um monumento ou, mais especificamente, um relógio do sol – o Marco Zero – para marcar a linha imaginária que divide o planeta Terra em dois hemisférios. Assim, os turistas que visitam a cidade têm o privilégio de assistir ao fenômeno denominado **equinócio**, quando os raios do sol incidem diretamente sobre a linha do Equador. O fenômeno acontece duas vezes por ano: em março, quando é conhecido como **equinócio da primavera**; e em setembro, quando é chamado de **equinócio de outono**. Durante a ocorrência os dias e as noites têm a mesma duração em todo o planeta.

O monumento Marco Zero, entretanto, não é apenas um relógio. Em seu terraço há um espaço para *shows*, um salão de exposições, um bar, uma lanchonete e lojas que vendem produtos locais. Trata-se do mais conhecido ponto turístico de Macapá.

Também na cidade fica uma edificação que muitos consideram como uma das **sete maravilhas brasileiras**: a fortaleza de São José de Macapá. Projetada pelo engenheiro Henrique Antônio Gallúcio – cuja inspiração foi o modelo do colega francês Sabastien Le Preste (marquês de Vauban) –, ela foi erguida entre 1764 e 1782 pelas mãos de negros e índios, escravos na época da colonização portuguesa, com a função de garantir o domínio lusitano no extremo norte do Brasil. Vista de cima, essa fortaleza assemelha-se a uma estrela e, como está bem conservada, é hoje um dos mais visitados locais de Macapá. Ela é uma das maiores referências para macapaenses e amapaenses de modo geral, pois representa um marco cultural, arquitetônico e histórico da cidade.

Outro local que atrai muito os turistas é o trapiche Eliezer Levy, com seus 472 m de comprimento. Ele foi construído na década de 1940 em homenagem ao então prefeito Eliezer Levy e durante muito tempo foi o ponto de chegada e saída da cidade. Antes da construção do trapiche, as embarcações aportavam na chamada Pedra do Guindaste, onde está hoje a imagem de são José. Em sua penúltima reforma o trapiche recebeu uma estrutura de concreto, onde funciona um restaurante e um bondinho para transportar os frequentadores. Agora as embarcações aportam em outros lugares, tais como o "igarapé das mulheres" e as rampas em frente ao bairro Santa Inês, próximo do centro comercial da cidade.

O nome Macapá, segundo uma interpretação, teria surgido como variante da palavra de origem tupi *macapada*, cujo significado é "lugar de muitas bacabas." A bacaba é uma palmeira nativa da região e um parente do açaizeiro. Ela é bastante popular e muito usada na culinária local que, por sua vez, tem grande semelhança com a paraense e tornou-se conhecida e apreciada não somente no Brasil, mas no exterior.

No que se refere a entretenimento, na cidade de Macapá acontecem diversos eventos que atraem muita gente, em especial de outras cidades do Estado. Veja a seguir alguns deles:

- **Panela do Amapá** – O festival foi criado especialmente para atender aos turistas e valorizar a gastronomia regional, com seus temperos exóticos. Durante o evento os restaurantes caprichamem seus cardápios e oferecem várias opções de comidas típicas.
- **Círio de Nazaré** – Trata-se do translado noturno da imagem de Nazaré, um evento que se repete desde 1934. Apesar de não ter a mesma grandiosidade da procissão de mesmo nome em Belém, a de Macapá consegue reunir anualmente – sempre num domingo de outubro – cerca de 300 mil pessoas. O cortejo do Círio é muito bem organizado e termina na igreja matriz de São José de Macapá, o monumento mais antigo da cidade, inaugurado em 5 de março de 1761.
- **Marabaixo** – Essa é uma manifestação folclórica realizada durante os festejos em louvor ao santo padroeiro das comunidades afrodescendentes do Amapá. Hoje o evento é um dos maiores símbolos da cultura e da identidade amapaense. No Marabaixo (ou "mar--a-baixo") os participantes dançam ao som de caixas (tambores) confeccionadas em madeira curada. Os homens ornam seus chapéus com flores e ramos de murta, enquanto as mulheres vestem saias rodadas e têm toalhas sobre os ombros. O "ciclo do marabaixo" dura aproximadamente 60 dias e é realizado em muitos bairros da zona urbana de Macapá.

Em 1998 foi inaugurado o sambódromo de Macapá, com capacidade para receber 18 mil pessoas e nele se realizam desfiles das escolas de samba e dos blocos carnavalescos, o festival de quadrilha junina e grandes *shows* musicais. Os visitantes de Macapá também vão a diversos locais, como o Museu Sacaca, onde estão reproduzidas as habitações de várias etnias indígenas, caboclos ribeirinhos e castanheiros; o Centro de Cultura Negra, onde se procura divulgar e preservar a cultura afro-brasileira; o Teatro das Bacabeiras, que é o centro das manifestações do povo amapaense; o Museu Histórico Joaquim Caetano da Silva, onde é possível observar quais foram os primeiros prédios da cidade; a Casa do Artesão, o maior centro de promoção do artesanato amapaense.

Então, caro(a) leitor(a), aproveitando que está no Amapá, depois de conhecer todas as maravilhas de Macapá, não deixe de dar um jeitinho e visitar também a cidade de Oiapoque. Ela fica a 600 km da capital amapaense e ficou famosa em todo o Brasil pela frase **"Do Oiapoque ao Chuí"**, que faz referências aos dois pontos mais extremos do País, respectivamente ao norte e ao sul. E chegando em Oiapoque, uma ótima pedida é tirar uma bela foto na **ponte da Amizade**, que liga o Brasil à Guiana Francesa!!! Essa, afinal, é uma aventura que poucos têm o prazer de apreciar.

3º) E que tal dormir na mesma suíte em que se hospedou dom Pedro II?

Isso pode se tornar realidade, caso visite o santuário do Caraça, a 120 de BH. Só não esqueça de reservar com antecedência o quarto onde o imperador dormiu em 1881.

Tudo começou em meados de 1770, quando o irmão Lourenço de Nossa Senhora resolveu construir uma capela e uma casa de hospedagem, na região onde estão hoje os municípios de Catas Altas e Santa Bárbara. A ideia vingou e em 1774 o santuário do Caraça foi inaugurado para receber peregrinos que cruzavam a região.

Com o passar do tempo decidiu-se que o espaço poderia ser também dedicado à educação de meninos, dando origem a um dos colégios mais tradicionais do País. De 1820 a 1868 estima-se que mais de 11 mil meninos tenham estudado no Caraça, sob severa disciplina imposta pelos padres da congregação da Missão. Muitos desses alunos seguiram a vocação religiosa, outros se tornaram respeitados médicos e advogados. Dois deles, ou seja, Afonso Pena e Artur Bernardes, alcançaram o cargo de presidente da República.

Esse lugar ganhou mais relevância ainda depois que dom Pedro II o visitou. Em 1881, quando aí esteve, demonstrou a sua admiração pelo santuário ao dizer: "Só o Caraça paga todo a viagem a Minas." Em 1968, um incêncio acidental mudou o rumo de uma das IEs mais tradicionais do Brasil. Quase completamente destruído após um fogareiro elétrico inflamar e o fogo se alastrar, o então Colégio do Caraça, inaugurado no século XIX, se despediu de sua vocação educacional. Porém, a partir daí, vislumbrou-se uma nova aptidão: a **turística**.

Incrustado bem no alto do Estado de Minas Geral, e emoldurado pela serra do Espinhaço – que abriga os picos do Sol, com 2.072 m de altura, do Inficionado, com 2.068 m, e o da Carapuça, com 1.995 m – e cercado pela mata atlântica, o lugar era muito especial para cair no esquecimento.

Foram necessários apenas dois anos para que suas portas voltassem a ser abertas, em 1970. Mas não para estudantes, e sim para todo e qualquer visitante interessado em conhecer de perto a riqueza do local, que merecidamente é denominado **santuário**.

O Caraça é hoje uma enorme área de 11.000 ha, onde história, cultura, espiritualidade e natureza se misturam. É um daqueles destinos onde as horas parece que duram mais, o céu tem um brilho extra e a vegetação é sempre viva. O visitante desfruta aí um providencial respiro na rotina fugaz em que vive no século XXI!!!

O santuário hoje tem a capacidade para acomodar 230 pessoas. As opções são: suítes imperiais (para duas pessoas, com frigobar e banheiros privativos), apartamentos (para duas pessoas com banheiros comunitários); chalés (para quatro pessoas) e casas (para até 15 pessoas). Todas essas opções funcionam com pensão completa e preços bem acessíveis.

O ato de reunir todos em volta da mesa para a refeição é levado a sério no Caraça. Assim o café da manhã, almoço e jantar são servidos em horários definidos, em refeitórios comunitários. De manhã, à tarde ou à noite, o protagonista é o fogão a lenha, aceso para cozinhar e manter quentinhos caldos, carnes e verduras. Ou mesmo, para o próprio visitante preparar o seu próprio pão na chapa, queijo de coalho ou ovo frito.

As verduras servidas vêm da horta orgânica da propriedade, usadas em saladas e receitas que vão do feijão tropeiro à galinha ao molho caipira. De sobremesa, há sempre algum doce de compota acompanhado de café, ou seja, aquela combinação mineira que todo mundo gosta... Não é só os turistas que visitam hoje o santuário da Caraça!!!

Pesquisadores e biólogos estão sempre na área, atraídos pela fauna e flora diversas. Palmeiras reais se alinham à frente da pousada e da igreja, e as árvores nativas da mata atlântica se espalham pelos jardins, repletos de bromélias e orquídeas, tudo isso encantando bastante os visitantes.

No que se refere a espiritualidade, está aí a igreja Nossa Senhora Mãe dos Homens, que foi inaugurada em 1883, sendo a primeira igreja neogótica do Brasil construída predominantemente com materiais locais como pedra-sabão, mármore e quartzito. Chamam a atenção seus belos vitrais franceses do século XIX e um órgão de fole com 628 tubos, que é utilizado um apresentações mensais.

Ainda que a inspiração católica prevaleça no santuário, ele foi aos poucos se consolidando como o espaço espiritual para gente de todas as crenças e vertentes. Se antes a ideia era "subir a serra para um encontro com Deus", agora vale mais a premissa de ir ao Caraça **para encontrar a si próprio**!!!

Por isso, peregrinos do Brasil e do exterior acreditam no poder do local para ajudá-las a pensar melhor sobre a vida que levam, nos seus hábitos e assim redimensiona suas atitudes no futuro. E uma curiosidade: no santuário pode-se admirar um "visitante" de quatro patas, ou seja, o **lobo-guará**.

Pois é, em meados dos anos 1980, os padres começaram a deixar uma vasilha com carne no adro da igreja para os lobos-guará – animais solitários e há apenas uma família vivendo ali por vez – que andavam remexendo o lixo. Os lobos gostaram do agrado e passaram a aparecer diariamente. O ritual, então, transformou-se em tradição e isso ajudou bastante na divulgação do santuário como destino turístico.

Hoje todos que passam a noite na pousada garantem um lugar na frente da igreja por volta de 18 h 30 min para aguardar o belo bicho, cuja pelagem dourada contrasta com as suas patas finas e negras. E ele não costuma falhar com a plateia. Surge quieto, escada acima para se deliciar com a comida oferecida, sem se incomodar com a presença humana nem com muitos *flashes* de câmeras e celulares!!!

4º) Você não gostaria de entender um pouco mais o passado arqueológico do nosso País?

Há muita gente que gosta de olhar para o passado da humanidade e, para essas pessoas, uma boa recomendação é visitar o ainda pouco conhecido Parque Nacional Cavernas do Peruaçu. Estima-se que em 2018 apenas 7.000 turistas tenham estado lá.

O local fica na fronteira do Estado de Minas Gerais com a Bahia, no limite entre o cerrado e a caatinga e, portanto, bem fora dos roteiros habituais. Porém, quem se aventurar pela trilha de 4,8 km do Janelão acabará tendo uma verdadeira aula sobre o passado geológico e arqueológico do País. No final o turista certamente concordará que valeu muito a pena investir seu dinheiro e seu tempo na passagem de avião até Montes Claros e no aluguel de carro para chegar aos municípios de Januária, a 635 km de Belo Horizonte e Itacarambi, vizinha a essa unidade de conservação ambiental.

Vale lembrar que os hotéis e restaurantes mais ajeitados ficam em Janaína, a 44 km da entrada do parque. Para percorrer a trilha do Janelão gasta-se aproximadamente 5 h, entre ida e volta, mas o tempo passa rápido por causa da quantidade de coisas que se pode ver – desde paisagens esculpidas há mais de 1 bilhão de anos até a arte rupestre de até 9.000 anos atrás!!!

Como é, caro (a) leitor (a), ficou interessado (a) em passar alguns dias no local e percorrer algumas trilhas?

5º) Em Brumadinho, o Inhotim será essencial para reerguer a cidade!!!

Ao tratar sobre BH já mencionamos a importância de o visitante reservar pelo menos um dia para visitar o Instituto Inhotim, localizado em Brumadinho, a 63 km e cerca de 70 min de carro da capital mineira.

O Instituto Inhotim é um espetacular museu de arte contemporânea a céu aberto, e um dos maiores do mundo. Ele foi aberto em 2006 e sua chegada, segundo o BID (Banco Interamericano de Desenvolvimento), dinamizou a economia local. Ou seja, a quantidade de leitos nos hotéis locais que em 2008 era de apenas 300, no início de 2019 chegou a 1.600. Além disso, nesse período o número de bares e restaurantes quase triplicou, chegando a mais de uma centena (vários deles comparáveis aos melhores de BH). Já o número de centros de compras e mercados cresceu mais de 7 vezes, sendo hoje cerca de três dezenas, isso de acordo com os dados da prefeitura da cidade.

Lamentavelmente, entretanto, no dia 25 de janeiro de 2019, às 12 h e 28 min, conforme mostrou o vídeo de segurança da empresa Vale S.A., um forte estouro denunciou o rompimento de uma barragem de rejeitos de minério da mina do Córrego do Feijão, na zona rural da cidade. O incidente provocou uma enorme tragédia que, entre outros danos, acarretou a morte de centenas de pessoas – até o momento foram contabilizados 242 mortos e 28 desaparecidos. E essa não foi a única catástrofe a envolver a Vale nos últimos anos: em 2015 a empresa já tinha passado por outra bastante similar, quando houve a ruptura da barragem em Mariana, até então o mais grave desastre ambiental da história brasileira provocado por vazamento de minério.

Importante lembrar que a Vale é a maior empregadora particular de Brumadinho, com cerca de 1.000 funcionários diretos e aproximadamente outros 1.000 terceirizados. Note-se que no início de 2019 a cidade tinha cerca de 40 mil habitantes, dos quais 9 mil estavam empregados.

E voltando ao Instituto Inhotim, é preciso destacar que ele fica a apenas 18 km da área atingida pelos rejeitos da barragem da Vale e, por conta disso, também teve de ser evacuado às pressas no dia do rompimento. Além disso, enquanto empresa, o instituto é outro grande empregador da cidade, com cerca de 600 funcionários, dos quais boa parte vive em Brumadinho. Assim, algumas dezenas dessas pessoas tiveram familiares desaparecidos ou mortos na tragédia.

Não por acaso, assim que o museu reabriu em 9 de fevereiro de 2019, seu diretor-executivo, o ator Antonio Grassi, comentou: "Hoje a imagem que se tem de Brumadinho é de que a cidade inteira está submersa. Mostrar que isso não é verdade não é nada fora do comum. Nós do instituto vamos nos empenhar nessa tarefa para mostrar que tanto a cidade como o Inhotim, que está no município, continuam funcionando. Dessa maneira, é nosso papel exibir um novo Inhotim, totalmente conectado com o lugar e com a sua necessidade de reconstrução."

Em duas semanas que o Instituto Inhotim ficou fechado, a cidade deixou de receber 20 mil visitantes. Antônio Grassi complementou: "A decisão de reabrir não foi simples. Ao mesmo tempo em que temos a plena certeza de que o Inhotim tem toda condição de trazer mais alento e respiro para Brumadinho, temos a clara compreensão e conexão com o luto que ainda paira na cidade."

Mas o fato é que a vida segue! Portanto, todo aquele que estiver em BH não pode deixar de visitar o Instituto Inhotim.

6º) **Que tal conhecer as águas termais de Piratuba, que a cada dia atraem cada vez mais gente?**

A cidade catarinense de Piratuba fica perto de muitas das cidades encantadoras já citadas nesse livro, ou seja, ela está a 415 km de BC, 350 km de Blumenau, 310 km de Caxias do Sul, 460 km de Curitiba, 440 km de Florianópolis, 450 km de Joinville e 460 km de Porto Alegre. Não é, pois, por acaso, que aqueles que visitam essas cidade acabam incluindo Piratuba em seus itinerários. Embora tenha cerca de 4.200 habitantes, em 2018 essa cidade recebeu cerca de 480 mil visitantes.

Com diversão e bem-estar para todas as idades (durante 365 dias), uma ampla infraestrutura e água a aproximadamente 38º C, o **parque termal de Piratuba** tornou-se referência em lazer e garantia de divertimento e momentos de descontração para todos os visitantes. Nele é possível desfrutar de piscinas ao ar livre e também cobertas, tobogãs e escorregadores, chuveiros e duchas, restaurantes e lanchonetes, um bulevar para caminhadas, quadras esportivas e *playgrounds*, *camping* com banheiros, churrasqueiras, demarcações para barracas ou *trailers* e energia elétrica.

É um local ideal para as férias de crianças, jovens, adultos e pessoas da melhor idade. Nele é possível brincar com os pequenos em piscinas com pouca profundidade. Já para que gosta de tobogãs ou escorregadores o lugar oferece essa alternativa, com total segurança. Para quem prefere se proteger do sol, também existe a parte coberta.

Espreguiçadeiras e guarda-sóis estão disponíveis, bem como uma área com mesas e cadeiras para uma conversa em família, para descansar ou relaxar tomando um gostoso chimarrão. Para quem gosta de atividade física a hidroginástica é uma boa opção, assim como nadar nas piscinas mais profundas. Outra possibilidade é relaxar nos banhos de imersão, nos chuveirinhos ao ar livre ou sentado ao redor da piscina. Há ainda um calçadão para caminhadas, um grande espaço verde, chafariz e jardins espalhados pelo parque. As opções de fato são muitas e ficam à escolha do freguês.

Porém, o motivo da grande visitação vai além da diversão. Afinal, a qualidade terapêutica das águas do parque espalhou-se não apenas por toda a região sul do País, mas, inclusive, já ultrapassou as fronteiras do Brasil, encantando nossos vizinhos do Mercosul, atraindo uruguaios, paraguaios e argentinos!!! A classificação da água é alcalina bicabornatada, fluoretada, litinada e hipertermal na fonte. Ela é benéfica para quem tem problemas de artrite, reumatismo ou artrose. Tem propriedades antiestresse, controla a ansiedade e previne o envelhecimento, assim, o turista é sempre convidado a participar de aulas de hidroginástica e usufruir de banhos de imersão e massagens relaxantes.

Um dos elementos presentes é o enxofre, popularmente chamado de "**mineral da beleza**", pelo fato de contribuir muito para manter a pele, as unhas e o cabelo bonitos e bem tratados. Outro elemento importantíssimo é o bicarbonato de sódio, que neutraliza a flacidez e exerce um efeito alcalino, convertendo-se num remédio natural para regular o pH (8,69) do corpo e melhorar a saúde. Aliás, segundo especialistas, a acidez no corpo humano pode estar associada a um maior risco de osteoporose, artrite e inclusive câncer.

O grande impulso do município de Piratuba, como uma estância hidromineral, ocorreu a partir de 1964. Nessa época a Petrobras, em sua busca por petróleo, acabou encontrando um lençol de águas termais a uma profundidade de mais de 674 m. Atualmente Piratuba e as cidades vizinhas ampliaram seus atrativos, fomentando ainda mais o turismo. Com isso formou-se uma rede hoteleira muito próxima ao complexo de piscinas. Entre eles estão os hotéis Rouxinol, Schäfer, Thermas Piratuba Park, Vila Germânica, Kirst, além de outras hospedagens, como a pousada Romântica, o Recanto Pousada etc.

Pois é, que tal unir divertimento, relaxamento e, quem sabe, a oportunidade de curar-se? **Então visite Piratuba!**

7º) Você já se divertiu no maior parque temático da América Latina?
Pois é, nos arredores do município de Penha, no litoral norte do Estado de Santa Catarina, está localizado o mundo mágico criado por Beto Carreto – o Parque Beto Carrero *World*. Esse parque é um destino completo para quem busca dias de muita diversão, entretenimento e boa gastronomia.

De fato, a diversidade de atrações surpreende e emociona todos os visitantes. Nele se podem ver espetáculos de padrão internacional, com artistas de todas as partes do mundo. Os brinquedos e as atrações fazem a alegria de crianças até daqueles que já alcançaram a "melhor idade". Para os amantes da adrenalina, montanhas-russas e outras atrações radicais conseguem acelerar os corações até dos mais corajosos. São mais de 100 atrações, nove áreas temáticas, cinco espetáculos ao vivo e um incrível zoológico com mais de 1.000 animais.

As áreas temáticas, que, aliás, podem ser percorridas por um trem, são as seguintes:

- **Avenida das Nações** – Nesse local se tem acesso a lugares e atrações mágicas, o carrossel veneziano e muito mais.
- **Terra da Fantasia** – Aí fica a vila árabe, o túnel da serpente, a casa de Beto Carreto etc., e tudo isso pode ser percorrido num passeio de trem que anda no parque todo!!
- **Mundo Animal** – Está aí um aviário, com pássaros e o zoológico.
- **Velho Oeste** – É a área que deu origem ao parque e abriga o memorial Beto Carreto.
- **Ilha dos Piratas** – Cenário de uma ilha onde fica o barco pirata e a caverna do tesouro.
- **Vila Germânica** – Local com arquitetura e culinária alemã, além de atrações como o *show Excalibur*.

- **Aventura Radical** – Estão aí várias atrações radicais, como montanhas-russas e torre de queda livre (com 100 m de altura).
- **Triplikland** – Com brinquedos direcionados para crianças pequenas.
- **Madagascar** – Com personagens da Dream Works e a área abriga o *Crazy River Adventure* (simulação de um *rafting* a bordo de um bote, com cenário de filme *Madagascar*).

E para quem se hospeda nos hotéis e nas pousadas de Penha, o acesso é bem fácil, pois todos ficam próximos do parque. Além disso, fora o parque a cidade conta ainda com 19 praias emolduradas por costões de mata atlântica, trilhas ecológicas para caminhadas e uma deliciosa gastronomia açoriana, com ênfase nos frutos do mar e nos peixes – afinal, Penha é o segundo maior produtor nacional de mariscos, o que permite que eles sejam servidos fresquinhos em diversos de seus restaurantes.

E note-se que bem próxima de Penha estão outras cidades encantadoras, como BC (a 35 km), onde além de praias deslumbrantes (como Laranjeiras) o turista pode curtir uma noite de baladas agitadas; Blumenau (a 58 km); Joinville (a 76 km) e Florianópolis (a 114 km). Tamanha proximidade permite que muitos turistas que visitam essas localidades passem pelo menos um dia no Beto Carrero *World*.

Pois bem, venha você também ao Beto Carrero World, onde encontrará diversão para toda a família o ano todo e perceberá como o tempo passa voando quando está se divertindo!!!

8º) Se quiser mergulhar na cultura de diversas partes do mundo, visite as cidades do Vale do Contestado!!!

Há uma região de Santa Catarina que, além de ser marcada por muita história e cultura, também é privilegiada com muitas opções de lazer. Trata-se do Vale do Contestado, que, como o próprio nome já diz, é o grande vale que serviu de cenário para a guerra do Contestado, ocorrida no início do século XX (entre 1912 e 1916).

O lugar, onde hoje vivem majoritariamente os descendentes de italianos e alemães, mantendo seus costumes e suas tradições, na época colocou em lados opostos camponeses e o governo federal, resultando em confrontos sangrentos que tiraram a vida de mais de 5 mil pessoas.

Atualmente a memória dessa guerra encontra-se preservada em museus, monumentos, sítios históricos e espaços de peregrinação religiosa, principalmente nos municípios de Caçador, Irani, Fraiburgo, Curitibanos e Canoinhas. Mas a região tem muitas atrações bonitas e alegres para os turistas, como suas cachoeiras, seus vales e seus planaltos de vegetação preservada, onde o **ecoturismo** é uma excelente opção de lazer.

Também não há como não se encantar com a arquitetura típica das construções e com a riqueza multicultural, resultante da colonização principalmente austríaca, italiana, alemã e japonesa.

Outra cidade incrível da região é Fraiburgo, bastante conhecida por seus pomares repletos de macieiras e por suas espetaculares floradas de maçã – e de outras flores –, na primavera, quando os pomares rosados exalam um aroma inconfundível. Nessa época são realizados muitos eventos ao ar livre na cidade.

O visitante, por sua vez, tem um local incrível para se hospedar ou seja, o hotel Renar, cuja arquitetura alpino-germânica é encantadora. Ele possui uma área de 150.000 m^2, e está envolto numa deslumbrante paisagem. Trata-se do lugar ideal para quem procura relaxar em meio à natureza, mas não abre mão do conforto e da qualidade. E para apreciar a fruta do local, o visitante tem em Fraiburgo a barraquinha da Maçã, um ponto central de venda de maçãs de várias qualidades, bem como de produtos derivados da maçã, além de artesanatos do local.

Em menor número, os imigrantes da região do Tirol fizeram da pequena cidade de Treze Tílias (com cerca de 7.300 habitantes) um verdadeiro pedacinho da Áustria no Brasil. Aliás, aí se formou a maior colônia austríaca do mundo e, por isso, quem a visita acaba achando que foi ao Tirol sem sequer ter tirado passaporte... A receptividade e a culinária são atrações à parte da pequena cidade, afinal, nos hotéis e nas pousadas da cidade o visitante encontra a verdadeira tranquilidade de uma pequena cidade europeia. O atendimento familiar, a hospedagem de qualidade e a excelente estrutura surpreendem os hóspedes. Estes ainda se encantam com a arquitetura e as apresentações artísticas, em especial as que são oferecidas na *Tirolerfest*. A culinária atrai pela variedade de sabores e temperos, assim como pelos diversos pratos da cozinha austríaca servidos nos restaurantes da cidade.

Na cidade de Arroio Trinta vive uma das maiores proporções de descendentes italianos do Brasil, enquanto os de japoneses estão presentes no município de Frei Rogério. Mas entre tantos outros municípios do Vale do

Contestado que merecem uma visita, deve-se citar também o de Joaçaba, que se destaca pela devoção ao frei Bruno, pelo museu local, pelas romarias e pela estátua de 37 m de altura em homenagem ao famoso religioso. A cidade também é bastante movimentada no Carnaval!!!

9º) Vale a pena explorar as veredas do jagunço Riobaldo!

Publicado em 1956, o livro *Grande Sertão: Veredas*, foi considerado uma das mais importantes obras da literatura de língua portuguesa. Aliás, em 2002, o Clube do Livro da Noruega elaborou uma votação com a ajuda de escritores oriundos de 54 países e, no final, esse livro de Guimarães Rosa foi o único brasileiro a figurar entre os **cem melhores**!!!

Como se sabe, foram necessárias duas tentativas para que Riobaldo, protagonista de *Grandes Sertão: Veredas*, conseguisse vencer o "liso do Sussuarão", a região de platô situada ao norte do Estado de Minas Gerais, na divisa do Estado da Bahia. Na obra, descreve-se muito bem como o personagem principal e o bando de jagunços do qual ele faz parte sofrem com o forte calor e com a geografia adversa do lugar, recoberto por longos trechos de mata seca do cerrado.

Essa composição natural, por sua vez, forma paisagens repletas de serras, chapadões, rios e veredas, e serve de hábitat para uma flora de frutos desconhecidos da maioria dos brasileiros [você leitor(a), já ouviu falar do grão-de galo, por exemplo?], e uma fauna bem variada de mamíferos, peixes e aves. São mais de 400 espécies catalogadas atualmente.

Grande parte de tudo isso integra hoje o Parque Nacional Grande Sertão Veredas, com o que se fez uma homenagem ao romance de Guimarães Rosa. Ele foi criado em 1989, após estudos realizados pela Fundação Pró-Natureza. Estes atestaram a importância ecológica da região, sobretudo do ponto de vista da biodiversidade e dos recursos hídricos, uma vez que por ali correm os rios Preto e Pardo.

Em 2004, esse parque foi ampliado e atingiu sua configuração atual, com 230.000 ha, entre os municípios mineiros de Chapada Gaúcha (onde fica sua sede e o portão de entrada principal), Arinos e Formosa, e a cidade baiana de Cocos. Além dos limites do parque há mais riquezas naturais e culturais na região. Sediadas em propriedades fronteiriças estão várias comunidades sertanejas, bem parecidas com aquelas que inspiraram os personagens do livro de Guimarães Rosa, como a da Estiva, a de Buracos e a de Buraquinho, que, aliás, podem receber turistas.

O turismo na região se concentra em três perfis: o visitante interessado em conhecer a natureza local, que aprecia fazer trilhas e travessias de rios; o turista apaixonado pela literatura roseana, que deseja ver *in loco* cenários de suas obras; e aquele que pretende pesquisar a biodiversidade do cerrado.

De qualquer modo, percorrer os caminhos do Parque Nacional Grande Sertão Veredas é melhor com um veículo com tração nas quatro rodas, mas pode ser feito num carro de passeio, desde que se tome bastante cuidado ao longo dos cerca de 150 km de estradas de terra que separam os dois portões de acesso!?!? Motos e bicicletas também podem cumprir os trajetos.

O local recebeu o apelido de "**oásis do sertão**", pois em meio à aridez do cerrado, surge de repente uma formação natural de solo irrigado, inclusive com pequenas lagoas e árvores de copa repletas de folhas verdes. Esse é o caso da mais típica delas: o buriti. A vereda mais exuberante é a Itaguari, que fica a 60 km da entrada principal do parque. Dentro dos limites do parque há duas cachoeiras: a do Mato Grosso e a Roncadeira, sendo que apenas a primeira está aberta à visitação.

O rio Preto corta grande parte do território sul do parque, onde cruza o rio Santa Rita, e também o rio Carinhanha. Este, ao longo dos seus 450 km (quando deságua no rio São Francisco), alterna trechos em que é possível atravessá-lo a pé e tomar banho com outros nos quais a profundidade é de 50 m!!!

Como salientou bem o articulista Luiz Felipe Silva em seu artigo *Explore as Veredas do Jagunço Riobaldo* (publicado no jornal *Folha de S.Paulo* em 13 de dezembro de 2018): "O clima de ode à obra de Guimarães Rosa é potencializado todos os anos em julho. O mês marca a data da festa do Encontro dos Povos, um evento que reúne manifestações folclóricas, culturais e artísticas de mais de 60 grupos de comunidades tradicionais. É também o mês do Caminho do Sertão, quando, em sete dias são percorridos 160 km a pé, desde a vila de Sagarana até a Chapada Gaúcha."

Em novembro de 2018 foi inaugurada durante o encontro dos Estados de Minas Gerais, Bahia e Goiás a sofisticada pousada Trijunção, dentro de uma propriedade de 33 ha de cerrado. A pousada é vizinha ao Parque Nacional Grande Sertão Veredas, e fica bem próxima a um dos acessos ao parque, no município de Cocos.

A visita guiada ao parque está inclusa na diária, bem como todas as refeições, que, aliás, têm inspiração na obra de Guimarães Rosa e, por isso, não são baratas... Todavia, para aqueles que puderem arcar com esse custo realmente valerá a pena, pois as receitas buscam valorizar a gastronomia dos três Estados vizinhos, com destaque para o pequi

Além disso, os hóspedes serão recompensados com as demais "atrações" locais, podendo participar de um safari noturno ou observar as estrelas num céu absolutamente limpo, sem a interferência da iluminação das cidades. Ou quem sabe admirar os diversos pássaros dentro da propriedade.

Aliás a pousada Trijunção está localizada a 388 km de Brasília e a 45 km da cidade goiana de Mambaí. A propriedade tem uma pista de pouso para aviões de pequeno porte, mas a opção mais comum é o turista chegar em Brasília num voo comercial e então alugar u um carro para completar a jornada até a pousada!!!

10º) Você gosta de pescar?

Se a resposta para essa pergunta é afirmativa então a sugestão é programar um tempo para essa prática no Estado do Mato Grosso, que é banhado por centenas de rios, agrupados em três grandes bacias hidrográficas: Amazônica, Tocantins-Araguaia e Paraguai-Pantanal (ou da Prata).

Uma parte da bacia Paraguai-Pantanal entra no Estado do Mato Grosso do Sul, onde está Corumbá, a maior cidade pantaneira, que está sempre de braços abertos para receber os amantes da pesca esportiva. Com aproximadamente 120 mil habitantes, Corumbá está localizada a 430 km da capital estadual Campo Grande.

Corumbá tornou-se um destino famoso para a pesca no Pantanal Sul, com mais de 263 espécies de peixe catalogadas, atividade praticada principalmente no caudaloso rio Paraguai e seus afluentes, os quais estão numa região com vegetação única.

Com tanta água e uma grande variedade de peixes, basta possuir uma vara, linha, anzol e uma licença de pesca em mãos para a concretização do sonho de uma grande pescaria, pois o conforto e a segurança na região estão garantidos. Afinal, já se tem aí excelente infraestrutura em termos de transporte, hospedagem e serviços especializados.

Uma das maneiras de pescar no Pantanal de Corumbá é a bordo de barcos que oferecem cruzeiros especializados, minuciosamente preparados com equipamentos que possibilitam pescar com muito conforto e segurança. Eles possuem apartamentos com banheiros privativos, bar, cozinha, *decks* panorâmicos, aparelhos de exercícios físicos, telefone via satélite, botes com a finalidade de facilitar o deslocamento nos afluentes do rio Paraguai, ou seja, com infraestrutura completa para se ter locomoção eficiente na região.

Com uma extensão territorial de 65.000 km², dos quais 70% pertencem ao Pantanal, Corumbá apresenta opções de aventurar-se pescando um quatro polos turísticos: Passo do Lontra, Porto da Manga, Albuquerque e Porto Morrinho.

Existem na região quase duas dezenas de bons hotéis de pousadas (como é o caso, por exemplo, do hotel Lontra Pantanal, às margens do rio Miranda) especializados para atender particularmente os que são devotos da pesca esportiva.

Em Corumbá há uma boa estrutura no porto, frota de barcos com motores, guias de pesca etc. Claro que quem gosta de pescar ao estar em Corumbá pode aproveitar para fazer algum safari para a apreciação de animais selvagens, cavalgar nas planícies exuberantes, remar para contemplar no rio o pôr do sol e caminhar pelas matas em busca de desafios e encantos junto à natureza.

Não se pode esquecer que no Pantanal Sul está a estrada Parque Pantanal, com aproximadamente 120 km, com 71 pontes de madeira, sendo um caminho selvagem com cenários naturais diversos.

Como o(a) caro(a) leitor(a) pode perceber, a cidade de Corumbá – ou o Pantanal – não é um destino apenas para os amantes da pesca esportiva! Todos podem e devem conhecer essa região, que ostenta uma **rara beleza**, e onde a natureza se faz notar por sua diversidade e alegria. E vale lembrar que nem é assim tão difícil chegar lá. Afinal, Corumbá está conectada ao maior núcleo distribuidor e emissor de turistas do Brasil, ou seja, o Estado de São Paulo (a partir dos aeroportos de Guarulhos e Campinas), com voos diários de apenas 1 h 40 min.

Por terra chega-se a Corumbá pela BR-262, uma rodovia pavimentada no qual circulam ônibus vindos regularmente de Campo Grande, São Paulo e Rio de Janeiro. Mas chegam também a Corumbá, muitas pessoas vindas da Bolívia, pois ela está ligada à cidade boliviana de Santa Cruz de la Sierra por dois trens turísticas, 12 linhas rodoviárias e inclusive um voo diário que parte da cidade boliviana Puerto Suaréz.

11º) Grande festa junina de Mossoró

Todos que já participaram das festas juninas em Campina Grande também deveriam reservar um tempo para ver como elas são em Mossoró. Aliás, a localização dessa cidade é privilegiada. Ela fica a 375 km de Campina Grande (PB) e entre duas outras grandes capitais, Natal (a 277 km) e Fortaleza (a 260 km).

O evento *Mossoró Cidade Junina* é realmente extraordinário, e constituído de um *mix* de atrações culturais que englobam *shows* com artistas nacionais, um festival de quadrilhas espalhadas por todo o Corredor Cultural. Em 2018 ele reuniu cerca de 1 milhão de pessoas, sendo por isso mesmo considerado a terceira maior festa de São João do País. O *Mossoró Cidade Junina* acontece na Estação de Artes Elizeu Ventania, antiga estação ferroviária do município. No mês de junho o local se transforma na Estação do Forró, uma área que abrange mais de 48.000 m² em que são montados bares, restaurantes, palcos, camarotes, arenas, barracas e o circo do forró.

Esse evento aquece muito a economia da cidade, nos mais variados setores: comércio, hotelaria, gastronomia, trabalho informal etc. Aliás, no mês *Mossoró Cidade Junina*, todos os que trabalham na informalidade conseguem uma polpuda renda extra. Já os turistas que forem se divertir terão a oportunidade de assistir ao espetáculo *Chuva de Bala no País de Mossoró*. Vale lembrar que Mossoró se tornou famosa como a terra que expulsou de seus limites o celebre cangaceiro Virgulino Ferreira da Silva – mais conhecido como Lampião – e seu bando.

O espetáculo *Chuva de Bala no País de Mossoró* – apresentado num palco a céu aberto – é uma adaptação do texto original do poeta e escritor potiguar Tarcísio Gurgel, no qual se descreve, no formato musical, a resistência dos mossoroenses, na época comandados pelo prefeito Rodolfo Fernandes e mais de 200 moradores, que impediram que a cidade fosse invadida pelo bando de cangaceiros em 13 de junho de 1927, quando "choveu" muita bala nela...

Claro que Mossoró oferece aos seus visitantes muitas outras atrações, além das suas festas juninas. Assim, os turistas se deliciam com sua gastronomia, a com a diversidade de suas paisagens naturais e com outros eventos, como a Festa do Bode, a Expofruit, a Festa de Santa Luzia, a Festa da Liberdade etc.

Como é, ficou animado (a) para conhecer Mossoró?

12º) Pelos vinhedos do sul do Brasil
Todos aqueles que chegam às encantadoras Porto Alegre e Caxias do Sul, em especial os que se utilizam de transporte aéreo, precisam reservar pelo menos uns dois dias para fazer uma visitinha a Bento Gonçalves (a apenas 40 km da segunda).

Aliás, se os visitantes chegarem na hora do almoço e quiserem se alimentar de forma divina, devem optar pela *Casa Di Paola* e provar o delicioso *galeto al primo canto*. Trata-se de uma receita tradicional da culinária gaúcha, em que a ave é criada ao ar livre, com alimentação orgânica, e então abatida aos 28 dias de vida ou até seu primeiro canto, o que vier primeiro. O frango é curtido em sálvia, cerveja e vinho branco por 12 h, assado na brasa até o ponto de fazer uma crosta macia na pele, e depois servido com polenta frita, salada, maionese e massa.

Aí, bem alimentado o visitante está apto a passear por Bento Gonçalves, um verdadeiro parque de diversões para apreciadores de vinho. Ali fica a Aprovale, associação de produtores de vinhos finos da região, com seus 26 associados, entre os quais as vinícolas Miolo e Valença. Esses locais podem ser visitados pelos turistas, e seus produtos degustados.

E agora se pode viver também a *Geisse Experience*, ou seja, um passeio pela Cave Geisse, do chileno Mario Geisse que produz um espumante incrível. Como é você vai programar um *tour* por Bento Gonçalves?

13º) Parque ambiental, um grande atrativo em Mato Grosso!!!
Pois é, uma antiga fazenda de gado em Rosário Oeste, a 145 km de Cuiabá, tornou-se no últimos anos um destino concorrido, especialmente entre os amantes de trilhas, da natureza e de aventuras no Estado do Mato Grosso.

Com certeza, o principal motivo de visitar a região é a cachoeira da Serra Azul, que despenca de quase 50 m de altura para formar um lago cristalino, circundado pela vegetação nativa do cerrado e majestosos paredões do arenito. Nele é permitido nadar, desde que o visitante esteja vestido com um colete salva-vidas!!!

Em 2012 o Sesc adquiriu a área que pertencera a um grande pecuarista da região. No local já havia uma grande escadaria – obra construída por iniciativa do antigo proprietário para facilitar o acesso de seus amigos e familiares, os únicos frequentadores na época – para chegar à cachoeira da Serra Azul.

Em 2015 o Sesc abriu o passeio ao Sesc Serra Azul, no parque ambiental em fase de implantação em uma área de 4.600 ha, cujo limite atual é de 100 visitantes diários. Em 2018 cerca de 18 visitantes estiveram no Sesc Serra Azul.

Todavia, para se chegar ao ponto desejado, o visitante precisa passar por um teste de resistência, ou seja, uma escadaria com 470 degraus, mais da metade deles encravada num íngreme pé da serra. A escadaria na subida tem 270 degraus e mais 200 serra abaixo. De fato, ela até poderá ser concluída em 15 min, mas, especialmente na primeira parte, exigirá algumas paradas para recobrar o fôlego...

À estrutura original foram adicionados corrimões e cordas que ajudam na subida e amenizam o risco de quedas. Para ampliar a acessibilidade, há um projeto que prevê a instalação de uma plataforma que permita o acesso de cadeirantes e pessoas com dificuldades de locomoção, porém, essa implantação depende ainda do licenciamento ambiental...

A partir de agora, quem quiser poupar os joelhos poderá descer a serra em uma tirolesa de 700 m, a uma velocidade de até 60 km/h. Outra opção para os turistas no parque é a rede de trilhas suspensas para a prática do arvorismo. Além disso, em breve serão abertos ao público outras opções: o cicloturismo, passeios de jipe e quadriciclos e a exploração de quatro cavernas já mapeadas dentro do complexo.

Com acesso por rodovias asfaltadas a partir de Cuiabá, o distrito de Bom Jardim, no município de Nobres, é o ponto de hospedagem mais próximo e estruturado para conhecer as belezas da região. Dali são cerca de 10 km em uma estrada de terra em boas condições até a porteira que dá acesso ao Sesc Serra Azul.

Como é, você já está pensando em conhecer esse **tesouro da natureza** caso for a Cuiabá?

14º) Pantanal, um paraíso para todos os gostos!

O Pantanal, como já foi dito, é um dos mais belos e surpreendentes cenários naturais do Brasil. Trata-se da maior planície inundável do planeta, localizada no centro da América do Sul, e ocupa 35% da área do Estado do Mato Grosso. Com grande biodiversidade, a região possui uma extraordinária concentração de vida selvagem, que, aliás, pode ser observada bem de perto: são aves (cerca de 560 espécies), peixes e mamíferos.

O Pantanal possui duas estações bem definidas: **seca** e **cheia**. Durante os meses de outubro a abril acontece a estação das chuvas. Ela vem para renovar a vida das plantas, das aves e dos bichos. Com as chuvas enchem-se os rios, lagos, campos etc., formando-se grandes áreas alagadas. Nessa época pode-se contemplar a flora pantaneira em passeios de barco, que somente tornam-se possíveis nessa época.

Já o período de seca vai de maio a setembro, quando o nível das águas começa a baixar. Essa é a melhor época para a observação dos animais. A água começa a ficar mais escassa nos lagos, nos pequenos rios e nos corixos. Aí começa a acontecer uma grande concentração de aves em busca de alimentos. Elas também se acasalam nessa época.

Nessa mesma época algumas árvores perdem as folhas, ficando com aparência de mortas. Tem início o espetáculo das flores no Pantanal, com a florada dos ipês, paratudo, cambarás, entre outras árvores. O Pantanal ganha cores incríveis, transformando-se num cenário encantador, infelizmente por apenas poucas semanas... Porém, tanto no período da seca quanto no de cheia, seja no amanhecer ou no entardecer, no Pantanal é possível contemplar as mais belas paisagens do planeta!!!

O portão de entrada para a famosa rodovia Transpantaneira – a estrada que dá acesso ao Pantanal – é a cidade de Paconé, localizada a 100 km de Cuiabá. Seu nome é originário dos índios beripocone, que habitaram a região. É uma cidade pantaneira e hospitaleira, na qual são mantidas vivas as tradições e a preservação dos costumes. Isso se nota tanta nos eventos festivos, como a *Cavalhada* e a *Dança dos Mascarados*, como nas festividades religiosas e populares, como a festa do Divino Espírito Santo (no mês de maio) e do Glorioso São Benedito (no mês de junho).

Em Poconé existem hoje vários receptivos turísticos que atendem adequadamente a todo aquele que queira conhecer o Pantanal em toda a sua exuberância. Aliás, ao longo da rodovia Transpantaneira foram surgindo confortáveis pousadas. Um bom exemplo é a pousada Rio Claro, situada no km 42 dessa rodovia, numa das regiões mais privilegiadas pelas belezas naturais do Pantanal, à beira do rio Claro.

O local conta com uma estrutura rústica e aconchegante, voltada para a preservação ambiental e para o turismo ecológico. Essa pousada é bem integrada e está em perfeita harmonia com a natureza. Seu objetivo é proporcionar aos visitantes momentos inesquecíveis, permitindo-lhes observar e admirar a exuberante biodiversidade local, tanto no que se refere à flora quanto à fauna pantaneira.

Os que realmente gostam de viajar e de se impressionar com o que há de belo no nosso planeta, não podem deixar de passar pelo menos uma semana de suas vidas no Pantanal!!!

15º) Um incrível *resort* às margens do lago do Manso

Quem vai à encantadora Cuiabá não pode esquecer que há cerca de 1 h 30 min de carro da capital mato-grossense encontra-se o Malai Manso *Resort* Iate Golf Convention & Spa, bem às margens do lago do Manso.

Esse incrível hotel que foi inaugurado no 2º semestre de 2016, ocupa 117 ha, tem capacidade para mais de mil pessoas, um centro de convenção gigantesco, vários restaurantes, campo de golfe com nove buracos, quadras, píer, heliponto, aeródromo e piscinas com lâmina de água de 3.000 m^2.

Nele são oferecidas diversas atividades esportivas que incluem desde pesca no lago até atrações como tirolesa com queda na água, arco e flecha e circuito de arvorismo etc. Há também o *spa* do *resort*, com a chancela da grife Shishindo, cujas instalações, sozinhas, ocupam 386 m^2.

Mas o que realmente impressiona por sua grandiosidade e beleza é o lago do Manso, que na verdade é uma represa. Sua construção começou a ser cogitada nos anos 1970, por conta das grandes enchentes que estavam devastando Cuiabá e seu entorno. O projeto, entretanto, só foi iniciado a partir de 1986, e sua estrutura ficou pronta em 1999. Em 2001 a represa ganhou seu volume, recebendo águas dos rios Manso e da Casca. Hoje a represa ocupa cerca de 470 km^2, o que representa quase dez vezes o volume do lago Paranoá, em Brasília. Ela também é um pouco maior que a baía de Guanabara, no Rio de Janeiro.

É no meio do lago do Manso que ficam as ilhas Bora Bora e Caribe, em torno das quais as águas são transparentes. Pode-se chegar a elas valendo--se do circuito de lanchas, e os visitantes também têm a oportunidade de praticar aí diversos esportes aquáticos, como o *stand up paddle* e o caiaque, por exemplo.

Ao redor do lago do Manso há também outras opções de hospedagem, menos sofisticadas que o Malai Manso, como as pousadas Águas do Manso e Marina do Sol, ou o Bangalô Lago do Manso.

Como é, ficou encantado e decidido a banhar-se nas águas transparentes – claro que longe dos jacarés e das piranhas – e com fundo de areia branca do lago do Manso?

16º) Que tal ir a Nova Trento, o paraíso da fé?

Nova Trento é um município catarinense localizado a 96 km da capital Florianópolis. Estima-se que no início de 2019 vivessem nele cerca de 16 mil pessoas.

Visitar Nova Trento é muito mais que um simples passeio. Ele se tornou reconhecida nacionalmente não apenas por sua religiosidade, mas como um dos principais polos da colonização italiana de Santa Catarina. Assim, os novo-trentinos preservam ambas tradições e orgulham-se de morar na mesma cidade da primeira santa do Brasil: santa Paulina do Coração Agonizante de Jesus.

A canonização de Amabile Lucia Visintainer ocorreu em 19 de maio de 2002 no Vaticano, pelo papa João Paulo II. Em 2018 cerca de 75 mil fiéis visitaram a cidade. Há em Nova Trento dois santuários: o de Santa Paulina e da Nossa Senhora do Bom Socorro. Além disso há quatro igrejas, dez oratórios e mais de trinta capelas distribuídas pelo município.

Especificamente no santuário Santa Paulina os visitantes podem unir a oração a agradáveis passeios por trilhas em meio a flores, plantas, cachoeiras e animais. A todo momento é possível sentir a presença de santa Paulina nos marcos históricos espalhados pelo santuário em sua homenagem (há cerca de 30 pontos espalhados pelo complexo).

E quem visitar Nova Trento também poderá fazer um saboroso passeio pela culinária europeia. As massas são o carro chefe dos pratos oferecidos em seus restaurantes, mas também não faltam os queijos e a tradicional polenta. Para os apaixonados por vinhos, um passeio pelas vinícolas do município certamente proporcionará momentos de prazer.

Aliás, ninguém jamais deixa a cidade de Nova Trento sem ter provado os deliciosos produtos coloniais, como os queijos, as cucas, as geleias, os licores, o melado, o mel, a cachaça, o salame, entre outros tantos, todos produzidos artesanalmente.

Nova Trento também é marcada por uma natureza rica e bem preservada. O ar puro, a luz do sol, o sonoro canto dos pássaros, a sombra e a proteção das árvores, bem como o brilho das estrelas ao cair da noite... tudo isso faz parte do belo cenário da cidade. **Que tal conhecê-la?**

17º) A prática de ecoturismo em Bombinhas

Inspirar-se em Bombinhas significa saber investir bem em **ecoturismo**. Bombinhas é o menor município do Estado de Santa Catarina, com não mais de 36,6 km², dos quais 70% são APAs. A cidade fica a apenas 71 km da capital catarinense, Florianópolis, um trajeto de 57 min de automóvel.

Nos meses quentes, a cidade vê sua população aumentar em até 20 vezes, quando seu número de habitantes sobe de 18 mil para até 360 mil pessoas. Que incrível visitabilidade, não é mesmo? Mas por que os turistas querem tanto investir seu tempo em Bombinhas?

A resposta e simples. Em Bombinhas existem 39 praias, das quais 26 são de fácil acesso. Nas demais só é possível chegar por trilhas ou utilizando embarcações. A cidade oferece outras atividades, como mergulho, pesca, passeios ecológicos etc.

Agora o projeto da sua secretaria de Turismo e Desenvolvimento Econômico está focado em desenvolver vários atrativos que independam de banhos de sol e do mar. Um deles é atrair as pessoas para a temporada da pesca da tainha, que vai de 15 de maio até 15 de julho, quando os visitantes, em alguns restaurantes, também podem deliciar-se com a ova de tainha com chiova (um peixe de água quente), batata e salada de repolho, um prato conhecido como **caviar de Bombinhas!!!**

E aí, você já esteve em Bombinhas? Não!!! Então informe-se mais sobre esse local encantador, pois vale a pena visitá-lo!!!

18º) Gravatal atrai pelas suas águas termominerais e um entorno repleto de instalações interessantes.

A cidade de Gravatal está estrategicamente localizada entre a serra e o mar, sendo a "**capital catarinense das águas termominerais**". De fato, ela possui um dos maiores complexos hidrominerais da região sul. Tanto que há anos a cidade se tornou um importante centro de relaxamento e tratamento de saúde.

No início de 2019, viviam cerca de 2.000 pessoas na região em que ficam as termas. Porém, a cidade está acostumada a receber muitos turistas. No mês de julho, mais especificamente, Gravatal chega a receber 50 mil visitantes.

E o que atrai tanta gente para lá é a água que brota do solo a 37ºC e abastece os quatro hotéis da cidade, o Termas, o Internacional, o Cabanas e o Termas do Lago, além de um complexo aquático que cobra um ingresso e pode ser frequentado pelos turistas que não estão hospedados na cidade.

E não é por acaso que essas termas recebem todo esse público. Em junho de 2018, quando na cidade de Foz de Iguaçu ocorreu o Festival Termatalia, no qual se avaliou a água mineral de várias cidades do mundo, a água gravataense ficou novamente em **terceiro lugar entre as melhores do mundo**!!!

E não se pode esquecer que Gravatal fica no centro da região Encantos do Sul, uma das 12 regiões turísticas em que é dividido o Estado de Santa Catarina. Seus municípios vizinhos ou no entorno de 100 km estão repletos de atrativos.

Perto de Gravatal, tem-se Laguna (a 45 km), com o museu Anita Garibaldi, que viveu na cidade; de São Murtinho (a 44 km), onde boa parte da população trabalha na decoração manual dos biscoitos vendidos nos restaurantes *Fluss Hauss*; de Nova Veneza (a 80 km), conhecida como a "capital nacional da gastronomia típica italiana", e uma das quatro do mundo que possui uma gôndola chamada *Lucille*, doada pela prefeitura de Veneza – as outras são Toronto (no Canadá), São Petersburgo (na Rússia) e Pequim (na China) – entre outras cidades próximas.

Pois é, quando você decidir passear em Santa Catarina, não esqueça de passar por Gravatal e por sua vizinhança espetacular!!!

19º) A colheita da maçã estimula muita gente a ir a São Joaquim!!!

A cidade de São Joaquim pode ser chamada de "**capital brasileira da maçã**". Na época da sua colheita, além de atrair centenas de turistas, chegam a ela 5.000 trabalhadores vindos de todas as partes do País, afinal, a maçã precisa ser retirada das árvores **manualmente**.

São Joaquim fica na região chamada **serra catarinense**, localizada a 156 km de Florianópolis. No início de 2019 a cidade tinha cerca de 28 mil habitantes. Nessas últimas décadas é que foram surgindo os primeiros hotéis-fazenda e as primeiras pousadas rurais do Brasil. Hoje a região conta com uma vasta rede de estâncias que oferecem todo o conforto e infraestrutura de lazer.

Cavalgar ao ar livre, respirando o ar puro da montanha é apenas uma das opções disponíveis para os visitantes, que obviamente não deixarão de provar as doces, suculentas e crocantes maçãs dos pomares de São Joaquim, tampouco de experimentar os outros produtos feitos com base nessa fruta.

Porém, retirá-las das macieiras é bem trabalhoso. Os trabalhadores precisam usar escadas para alcançá-las no topo das árvores, que chegam a 4 m de altura. A safra toda da serra catarinense em 2019 alcançou 400 mil toneladas, o equivalente a **um terço** da produção brasileira.

A colheita ocorre de fevereiro a maio, mas as maçãs duram muito mais. Para se ter uma ideia, as frutas colhidas no 1º semestre de 2019 podem ser consumidas até na ceia do *Réveillon* de 2020. Isso porque elas são armazenadas em câmaras refrigeradas com uso de tecnologia específica, ou seja, a retirada do oxigênio, deixando as maçãs num ambiente com umidade, mas elas respirando o mínimo possível...

O que torna a maçã da região muito saborosa é o fato de ela ficar muitas horas exposta ao frio, clima exclusivo das áreas com altitude elevada, como a de São Joaquim, acima de 1.100 m, onde não é raro nevar no inverno. Produzida em muitos países, a maçã é originária das áreas gélidas do Cazaquistão e da China, e foi justamente por isso que essa fruta se adaptou melhor à região da serra catarinense, que é bem fria.

A excelência da maçã é alcançada com uma média de 700h a 900h a temperaturas abaixo de 7,2ºC, período necessário para "**quebrar a dormência**" da gema da fruta e ter uma florada adequada. Vale lembrar que uma safra incrível será sempre influenciada não pelo inverno passado, mas pelo retrasado!!! Por isso, a expectativa para a safra de 2020 é de que seja melhor que o de 2019.

São Joaquim e outras sete pequenas cidades de sua região têm cerca de 2.400 fruticultores que cultivam aproximadamente 12.000 ha de pomares das variedades gala e fuji, plantadas respectivamente em 40% e 60% da área total disponível.

É importante plantar as duas variedades próximas, uma vez que elas têm polinização cruzada. Como o pólen não chega sozinho às flores, cada ha tem de quatro a seis colmeias (cada qual com até 60 mil abelhas). Normalmente os fruticultores alugam colmeias para que os pomares sejam ainda mais produtivos.

Muito se fala da beleza da floração das cerejeiras, mas a das maçãs também é **espetacular**!!! Portanto, vale a pena programar uma visita a São Joaquim na época da floração, e então voltar à cidade para comer algumas maçãs recém colhidas, e deliciar-se com o mel produzido pelas abelhas que ajudam muito a polinizar todas as macieiras!!!

SUGESTÕES DE LEITURA:

ECONOMIA CRIATIVA:
FONTE DE NOVOS EMPREGOS
Volume I

ECONOMIA CRIATIVA:
FONTE DE NOVOS EMPREGOS
Volume II

CIDADES CRIATIVAS:
TALENTOS, TECNOLOGIA,
TESOURO, TOLERÂNCIA
Volume I

CIDADES CRIATIVAS:
TALENTOS, TECNOLOGIA,
TESOURO, TOLERÂNCIA
Volume II

CIDADES PAULISTAS
INSPIRADORAS
Volume I

CIDADES PAULISTAS
INSPIRADORAS
Volume II

DVS EDITORA

www.dvseditora.com.br